Über dieses Buch Sie hat die Grundlinie der Mode im 20. Jahrhundert geprägt. Sie kürzte den Rock, schuf das Badekostüm der Frau, den Modeschmuck und »das kleine Schwarze«, das ein Grundbestandteil der modernen Damengarderobe ist. Sie brachte das erste Parfum auf den Markt, das nicht nach einer Blume roch. Durch sie wurde Paris das Modezentrum der Welt: Coco Chanel. Ihre Biographie ist das Spiegelbild einer ganzen Epoche, vor allem aber die Geschichte einer Frau, die sich trotz zahlreicher Liebhaber und berühmter Freunde – Diaghilev, Cocteau, Strawinsky, Picasso, Misia Sert und Colette – bis zuletzt auf sich alleingestellt sah.

Edmonde Charles-Roux zeichnet ein fesselndes Porträt dieser ungewöhnlichen Frau, die 1883 als Tochter eines Hausierers in den Cevennen geboren wurde, 1913 mit Hilfe eines reichen Liebhabers ihr erstes Geschäft eröffnete, jahrzehntelang die Mode beherrschte und 1971 vereinsamt starb.

Die Autorin Edmonde Charles-Roux, zunächst Redakteurin bei ›Elle‹, von 1950 bis 1966 Chefredakteurin der französischen Ausgabe von ›Vogue‹. 1966 wurde sie für ihren Roman ›Palermo vergessen‹ mit dem Prix Goncourt ausgezeichnet.

Edmonde Charles-Roux

COCO CHANEL

Ein Leben

Aus dem Französischen
von Erika Tophoven-Schöningh

Fischer Taschenbuch Verlag

Bildnachweise:
Collection Edmonde Charles-Roux: 1, 2, 3, 4, 5, 6, 7, 8, 9a, 9b, 10, 11, 12, 14, 15, 16, 18, 19
Collection Costa de Beauregard mit freundlicher Genehmigung von Comtesse Amedée Costa de Beauregard: 17
Roger Schall, Paris: 21
Votava, Wien: 13, 20, 22

19.–26. Tausend: Oktober 1991

Ungekürzte Ausgabe
Veröffentlicht im Fischer Taschenbuch Verlag GmbH,
Frankfurt am Main, Oktober 1990

Lizenzausgabe mit freundlicher Genehmigung der
Paul Zsolnay Verlag Gesellschaft m. b. H. Wien/Darmstadt

Die französische Originalausgabe erschien unter
dem Titel ›L'Irrégulière ou mon itinéraire Chanel‹

Umschlaggestaltung: Buchholz/Hinsch/Hensinger
Umschlagabbildung: Collection Edmonde Charles-Roux
Druck und Bindung: Clausen & Bosse
Printed in Germany
ISBN 3-596-25692-5

Für G. D.

... außerdem gibt es keinen Menschen ohne Tragödie, es gibt nur Menschen, bei denen man die Tragödie nicht vermutet. Alles ist Kostüm. Alles scheint sich abzuspielen, wie man es auf der Straße sieht, wenn jemand gleichgültig einen Fußgängerstreifen überquert. Scheinbar folgt jeder den Regeln, und doch hütet jeder ein Geheimnis.

ARAGON, HENRI MATISSE. ROMAN

Die Autorin möchte an dieser Stelle all jenen danken, die ihr bei der Arbeit an diesem Werk behilflich waren, besonders Baron Ferreol de Nexon, Mme Gaudin-Leclerc und M. Hervé Miller sowie den folgenden Persönlichkeiten in den nachstehenden Ländern:

In England: Lady Diana Duff Cooper, Lady Harlech. Mrs. Jeremy Hutchinson. Sir Michael Creswell. Beatrix Miller. Pater Jean Charles-Roux.

In Italien: General Lombardi.

In Deutschland: Herrn Theodor Momm. Professor Dr. Carlo Schmid. Professor Dr. Eberhard Jäckel.

In Kanada: Mme Wright geb. Fleming.

In Frankreich: Mme Etienne Balsan. Paul Morand. Me René de Chambrun. Maurice Goudeket. Marcel Jouhandeau. Georges Wormser. Baron Edouard de Nervo. M. und Mme de Beyser. Mme Marcelle Campana, französische Botschafterin. Stanislas Fumet. Dem Pfarrer von Ponteils. Pierre Chanel. Marcel Genermont. L'abbé Chaudagne, Pfarrer von Souvigny. Baronin Foy geb. Forlani. Sheila de Rochambeau. Comtesse Desoffy. Marguerite Vincent. Paule Gaspart aus dem Modehaus Caroline Reboux. Gabrielle Dorziat. Boris Kochno. Dominique Paulvé. Mme Denis. Mmes Antoinette Laget und Gabrielle Maurin, geb. Chanel. Mme Lucien Chanel. Mme Valet. Mme J. B. Reday. M. Jean Poggioli. Mlle Orsoni. Paule d'Alayer. M. Gernet, Konservator der Stadtbibliothek von Marseille.

INHALT

PROLOG

Im südlichen Frankreich gibt es eine Landschaft, die nie erobert, sondern immer nur von fremden Truppen gestreift wurde. Es besteht kaum ein Zweifel daran, daß sogar Hannibal ... An der Spitze seiner Elefanten und Karthager nahm er lieber einen Umweg in Kauf, als sich für das frontale Vorgehen gegen die cevennische Bergkette zu entscheiden, diesen Granitrücken, der ihm den Weg versperrte wie der Buckel einer zornigen Katze.

Es kam die Zeit der Cäsaren. Die Cevennenbewohner ließen sich romanisieren, aber nur von weitem. Und trotz der geringen örtlichen Erwerbsquellen entwickelten sie ein unverkennbares kaufmännisches Geschick. So kam es, daß der gabalische Käse als eine Köstlichkeit auf den Tischen der Römer geschätzt wurde. Dies ist bemerkenswert, denn das Beste des cevennischen Temperaments liegt in der Kraft, sich durch Schwierigkeiten und Armut nicht entmutigen zu lassen.

Als das Imperium zerfiel, wurde Rom bekanntlich von den Barbaren geplündert. Aber die gleichen Barbaren drangen bis an den Fuß der Cevennen vor, ohne sie zu überwältigen ... Als ob die Krieger instinktiv eine Gegend fürchteten, von der sie ahnten, daß sie für Ideen aufgeschlossener war als für Menschen. Zwei Jahrhunderte später beherrschten die Bergbewohner des Gévaudan und die Hirten von Villefort, immer noch im dichten Dunkel der Wälder und im Schutze der Höhlen, von hoch oben die engen Täler, durch die der erschreckende Schatten der islamischen Reiter huschte. Die Araber ... Auch sie gaben auf.

Nichts also, weder die Sarazenen noch die Engländer des Schwarzen Prinzen, noch die Pest, nichts störte im Laufe der Jahrhunderte diese Einsamkeit, es sei denn ein paar Räuber und die Wölfe.

Das ist die Besonderheit einer Gegend, die so abgeschlossen von der übrigen Welt war, daß die Körpermerkmale ihrer ersten Bewohner sich bis heute erhalten haben. Das sind auch die Gründe für das Rätselhafte eines gewissen Frauentyps, einer gewissen Schönheit ... Dem dunklen Haar der Volksstämme Kleinasiens, dem kräftigen schwarzen Haar der Gabalen verdanken es die cevennischen Bäuerinnen, daß sie wie Prophetinnen aussehen. Auch die Kopfhaltung, die manche Frauen dort unten haben... und jenen Gang, als ob sie die Erde nicht berührten.

Erst das Aufkommen des Protestantismus in Frankreich und die Religionskriege führten dazu, daß viele der verlorenen Landstriche bis ins Innerste erschüttert wurden. Die Auffassung, welche die Leute dort vom Christentum hatten, deckte sich nie mit der des Papstes. Sie strebten nach der Reinheit und Vollkommenheit der ersten Christen. Die *Vollkommenheit*... Ist sie nicht das einzige, für das zu sterben es sich lohnt? Vollkommenheit um jeden Preis. Damals erkannte man, wieviel Strenge die cevennische Seele enthielt, und auch wieviel Ungestüm...

Katharer, Hugenotten und Kamisarden fanden auf der Flucht vor den Verfolgungen durch den Papst oder den König Verstecke in der grünen Nacht dieser Wälder. Alle wurden sie zu Ketzern erklärt, allen drohte der Tod, aber alle wurden beherbergt, verborgen und verteidigt im Laufe von Bruderkriegen, die so mörderisch waren, daß sie zu den blutigsten der Geschichte zählen.

Die unbeugsame Rasse hat sich fortgepflanzt. Die Cevennenbewohner haben ihr Leben so weitergeführt, wie es ihrem Wesen entspricht. Man muß auch in dem Schauplatz ihrer Taten etwas mehr als nur eine zufällige Unebenheit des Geländes sehen. Jeder Stein dieser durchlöcherten, unendlich zerklüfteten Mauer, jeder Winkel, jede Schlucht war Zufluchtsstätte, Obdach oder Grab.

Im Herzen des Landes waren die Quellen.

In einem Herzen aus Granit, dessen Schiefer wie zahllose schwarze Sonnen glänzte und immer noch glänzt. Dort entsteht ein irrsinniger Wind, der die Schneekälte bis in die Straßen von Arles weht, die Ziegel von den Dächern reißt, dem Himmelsblau etwas Kobalt beimischt, das reife Korn niederdrückt und die königlichen Zypressen von Crau zu jenen zerzausten Fackeln macht, die Van Gogh einst malte.

Hier ist die Wiege des Mistral.

Hier, in dem Glanz einer mineralischen Landschaft, hat auch ein derbes, zähes Geschlecht seinen Ursprung, das von einem gebieterischen Erzeugungstrieb beherrscht war: die Familie Chanel.

Eine Frau, wie ihre Altvordern aus dieser Hochburg bäuerlichen Wesens hervorgegangen, ihnen in allem so ähnlich, daß man bei der Beschreibung der Vorfahren sie, die eine, charakterisiert, vom gleichen Körperbau, von gleicher Kraft und ebenso vollkommenheitsbesessen wie jene, voll von der gleichen Wollust, etwas zu erschaffen (das heißt: sich zu überleben), ebenso hart, ebenso gebieterisch, ebenso unnachgiebig, ungestüm und leidenschaftlich wie sie alle, und durch ihren Beruf ebenso dem unerbittlichen Rhythmus der Jahreszeiten unterworfen wie ihre bäuerlichen Verwandten, alles ihrer Arbeit unterordnend, ein Sproß jenes fruchtbaren Stammes war Gabrielle Chanel, die durch Tausende von Frauen zu einer Berühmtheit erhoben wurde. Sie erkannten bei diesem Mädchen aus den Causses eine außergewöhnliche Begabung: die Fähigkeit zu verschönern. Sie alle – anspruchsvolle Mätressen, besorgte Liebende, Milliardärinnen oder um eine harmonische Garderobe bemühte Durchschnittsfrauen – sie alle verlangten von ihr, die nichts hatte, daß sie Eleganz und Luxus zum einzig Erstrebenswerten ihrer Existenz machte, sie trieben sie dazu, sich der Mode zu verschreiben.

Gabrielle Chanel hat länger gezögert, als man behauptet.

Erst am Ende einer langen Entwicklung, als sie begriff, daß es für sie keinen anderen Ausweg in die Freiheit gab, ließ sie sich überzeugen.

Ihr Beruf war ein Mittel zur Flucht.

Sie griff danach und trat mit gesenktem Kopf in ihr neues Leben, wie ein Wirbelwind, wie ein cevennischer Wildbach.

Nichts von Bildung oder Gelehrsamkeit, keinerlei historische Anklänge gibt es in dem Stil, den sie kreierte.

Sie war eine Erfinderin.

Die Formen, die man ihr verdankte, waren unvergleichlich, ohne Anleihen oder Anspielungen. Das kam daher, daß sie die Forderungen des Alltags obenan stellte und ihr nur das als Leitfaden diente, was sie mit ihrer ländlichen Herkunft verband. Man nennt so was den gesunden Menschenverstand.

Wenn sie irgendein Detail, das es schon gab, verwenden zu müssen glaubte, suchte sie es bei einer Mode aus alten Zeiten, mied gefühlsmäßig alles Vornehme und besann sich nur auf ihre eigene Vergangenheit. So griff sie für ihr Unternehmen immer wieder auf Sachen zurück, die bis dahin als gar zu unscheinbar galten, als daß sie Beachtung gefunden hätten: auf Strapazierkleidung, Arbeitszeug oder Sportwaren. Ihr schöpferischer Akt war subversiv. Den Zwang des Zeremoniellen lehnte sie ab.

Der Hauch des Natürlichen, der durch ihre Mode wehte, verlieh dieser ihren besonderen Wert, und es war eines ihrer Paradoxe, daß sie das ganz offensichtlich Funktionelle mit höchster Raffinesse verband und so etwas schuf, das von der Bühne unserer Zeit nicht mehr wegzudenken ist.

Chanels Leben ist voller Kontraste.

Als Modeschöpferin hütete sie sich vor der Leichtfertigkeit; als Unternehmerin verstieß sie gegen alle Spielregeln und trieb ihre Forderungen bedenkenlos bis zum äußersten; als Modellmacherin war sie erst zufrieden, wenn ihre Entwürfe plagiiert wurden. Es war, als ob diese Frau, bei der jede neue Idee zu Gold wurde und die Multimillionärinnen aus aller Welt zu ihrem getreuen Kundenkreis zählte, es war, als ob Gabrielle Chanel sich keinen anderen Sieg gewünscht hätte, als zu erleben, daß ihre Mode-Richtlinien von der Straße und den kleinen Leuten aufgegriffen würden.

Sie erwarb sich ein riesiges Vermögen, und zwar außerhalb jeder Vertrautheit mit dem, was logischerweise ihr Milieu hätte werden müssen: die Großindustrie und alles, was dazu gehört, wie Banken, Börse, Politiker, Finanzleute, mit einem Wort – die Macht. Niemals hörte man sie von Reichtum schwärmen oder Loblieder auf das Geld singen. Keinerlei Jubelgeschrei. Etwas zu besitzen, war für sie gewiß ein angenehmes Gefühl, aber wichtig war dabei für sie, den Abstand von der Zeit zu messen, in der sie nichts besessen hatte.

Obwohl sie in einer Epoche lebte, die das Reisen zu einer beruflichen Notwendigkeit machte, blickte sie mit Verachtung auf alle, die sich den Strapazen einer *Geschäftsreise* aussetzten, und reiste selber weiterhin nur zu ihrem Vergnügen.

Sie vermochte früh das Talent bedeutender Künstler zu erkennen und fand unter ihnen die einzigen freundschaftlichen Verbindungen, die sie sich zur Ehre anrechnete. Aber sie empörte sich, wenn man ihren Beruf mit dem des Künstlers verwechselte, und konnte es nicht ausstehen, wenn man auf sie das Wort *Genie* anwandte. Sie wollte Handwerkerin sein.

Sie schien unbesiegbar, und ihre magische Ausstrahlung sowie ihr großes Talent als Verführerin trugen zum Erfolg ihres Unternehmens bei. Aber trotz ihrer Berühmtheit lebte sie wie im Exil, da sie in dem, worauf es ihr ankam, gescheitert war: in ihrem Leben als Frau. Und doch!... Konnte jemand unabhängiger, *freier* sein als sie? Ihr ungewöhnliches Schicksal widerlegt die Thesen, wonach die Gleichberechtigung der Geschlechter die entscheidende Voraussetzung für das Glück der Frauen ist. Gabrielle Chanel, die den Männern in ihrem Beruf gleichwertig, ja oft überlegen war, fühlte sich den Sehnsüchten des Herzens gegenüber hilfloser als jede andere Frau. Das Schlimmste war, daß, wenn auch die Kleider im Mittelpunkt ihrer ganzen Existenz standen, das Auschlaggebende für sie die Liebe blieb. Ein Gebiet, auf dem sie nur Enttäuschungen erlebte.

Sie, die von Männern herangebildet, entdeckt, ja erfunden worden war, arbeitete ihr Leben lang für die Frauen, ohne sie so sehr zu mögen, daß sie sich selbst darüber vergessen hätte. Jede Vertreterin ihres eigenen Geschlechts war in den Augen dieses leidenschaftlichen Geschöpfes eine potentielle Rivalin. Darum hat Gabrielle Chanel, die sich nicht als die sah, die sie war, sondern als jene, welche sie in ihren besten Jahren gewesen war, als sie mit aller Kraft darum kämpfte, anderen zu gefallen, bis zu ihrem letzten Atemzug ihre provozierendsten Kunstgriffe insgeheim sich selber zugedacht.

Jede ihrer Kollektionen war wie eine einsame Rückkehr, eine lange, uneingestandene Reise in das Arkanum ihrer Vergangenheit... jener Zeit, von der sie nie sprach.

Denn das, was mehr als alles andere an ihrem Leben auffällt, ist nicht nur ihr spektakulärer Erfolg oder ihre Popularität oder ihre außerordentlich große Anhängerschaft, sondern das Rätsel, das sie für alle, die sie näher kennenlernten, zu bleiben vermochte, die ungeheure Mühe, die sie sich gab, um ihre Herkunft zu verheimlichen. Was auffällt (und was dieses Buch zeigen möchte), ist die Kunst, mit der sie es verstand, sich undurchschaubar zu machen, und wenn sie dieses Ziel einmal erreicht hatte, die Beharrlichkeit, mit der sie sich tief in dieser Verstellungskunst verborgen hielt wie in einem hermetisch abgeschlossenen Gefängnis.

Sie lebte *besessen* von ihrer eigenen Legende.

DIE VORFAHREN
1792–1883

Zugegeben: die Wahrheit über einen Menschen liegt vor allem in dem, was er verheimlicht.

ANDRÉ MALRAUX, ANTIMEMOIREN

Das Bergnest

Ponteils besteht nur aus drei Behausungen, die sich so vollkommen in die Landschaft der Umgebung einfügen, daß sie aus den Tiefen der Erde entstanden zu sein scheinen. Die sehr steilen, mit Platten belegten, halb eingesunkenen, moosig-schwarzen Dächer, die wuchtigen, rauhen Mauern, alles, Mauern und Dächer, aus demselben groben, metallisch glänzenden Stein – einem in dünne Lamellen geschnittenen, messerscharfen Schiefer –, wen sollten sie beherbergen? Tiere oder Menschen? Man weiß es nicht recht. Unten im Talgrund schwellen Rinnsale beim geringsten Regenfall an und trocknen beim ersten Sonnenstrahl wieder aus. Woher kommen sie? Wohin fließen sie? Aber warum es wissen wollen? Nichts führt irgendwohin, nichts führt durch diesen Weiler. Die Straße hört hier auf; sie stößt auf einen hohen Kirchturm, der wie ein Leuchtturm über den wogenden Hügeln emporragt. Warum diese Kirche? Für welche Gläubigen? Alle Einwohner einer großen Ortschaft würden nicht ausreichen, sie zu füllen ... Wozu ist sie also da, in dieser Einsamkeit?

Wenn man durch die offen gelassenen Türen hineinschaut und im Innern der Häuser die Spuren früheren Lebens entdeckt – lange dunkle Scheunen mit Halftern an den Wänden, alten rostigen Eggen und staubgrauen umgekippten Karren, die ihre nackten, klobigen Deichseln wie Kanonenrohre zu dem rissigen Dach emporstrecken – so ist man bestürzt. Eine fleißige Vergangenheit schaut einen an. Das Landleben mit seinen Geheimnissen. Was ist nur geschehen, daß alles so preisgegeben wurde? Die *Trulli* Apuliens mit ihren konischen Dächern, die *Nuraghs* auf Sardinien mit ihren Schatzkammern und Geheimgängen, die sonderbarsten Bauten, die der Mensch je geschaffen hat, kommen einem in den Sinn, wenn man diese schlafenden Gebäude vor sich sieht.

Und doch sind es nur einfache cevennische Bauernhäuser und die zähen, sich dem Vergessen widersetzenden Erinnerungsstücke an eine Zeit, da diese Erde lebte und Menschen von ihr lebten.

Das ist lange her. Vor fast hundert Jahren fing die Abwanderung an, und der Wald, der den kleinen Ort mehrere tausend Hektar weit umgab – Kastanienbäume zumeist, die ebenso wertvoll wie das Brot waren –, begann sich zu lichten, bis nur noch ein wackliges Staket übrigblieb.

Die Kastanie ... Sie sicherte einst den Wohlstand von Ponteils. Man lebte davon, man verkaufte sie, man aß sie morgens, mittags und abends. Sie war Nahrung und Geld. Überm Feuer hing ein irdener Topf, in dem die Tagesration für die Familie brodelte. Auf Holzgestellen trockneten die Früchte, von denen das Vieh im Winter lebte. Und wenn die Zeit der Pacht- und Mietverträge heranrückte und von der Kreisstadt die Verpächter heraufkamen, um ihren Anteil einzutreiben, so wurden sie in Kilo Maronen bezahlt.

In den ersten Oktobertagen begann in Ponteils das Hin und Her von allem, was Räder hatte, Schubkarren und Handwagen, schwer beladen mit Säcken, die mit den Initialen ihrer Besitzer gekennzeichnet waren. F für Fraisse ... C für Causse ... V für Vidal. Rasch mit Schablonen aufgemalt ... Denn es mußte schnell gehen. Die ganze Ernte mußte abgesetzt sein, bevor die Verkäufe nachließen und die Preise unter den Selbstkostenpreis sanken. Dann drang ein lautes Rumoren aus dem Wald herauf, ein unaufhörliches Summen von Stimmen.

In den guten Jahren, wenn der Kastanienwald unter dem Gewicht der Früchte fast zusammenbrach, mieteten die Pächter bis zu dreißig Pferde, um schneller zu den Märkten im Tal zu gelangen. Denn es gab nicht mal ein Pferd da oben. Höchstens einen Maulesel pro Hof, wenn überhaupt ... Und doch war es die gute alte Zeit in Ponteils, seine Glanzzeit.

Damals war ein kleiner Saal mit einer winzigen Laube davor, der einzige Treffpunkt der Einheimischen, immer brechend voll. Der Weinausschank mit seinen langen Tischen und schmalen Bänken ... Das ganze Dorfleben spielte sich dort ab, zwischen den vier Wänden eines Hauses, das sich durch einen zyklopenartigen Unterbau von den anderen Häusern unterschied. Über der Tür waren in den Stein des Rundbogens zwei Initialen – A. B. – die der ersten Bewohner dieses Hauses, der Familie Boschet, und ein Datum – 1749 – das seiner Entstehung, eingemeißelt, eine Jahreszahl, die auch den Beginn des Wohlstandes in diesem Dorf anzeigte. Aber man mußte die ersten Jahre des 19. Jahrhunderts und die Blütezeit des Kastanienhandels abwarten, bis aus dem ordentlichen Bauernhaus eine Kneipe wurde.

Dort haben sie gesessen, durstige Häusler, Tagelöhner, die zum Kastanienauflesen eingestellt waren, Korbmacher, die auf Aufträge warteten, Hausierer aus der Stadt, die hier ihren Kleinkram loswerden wollten, und, sommers wie winters, all jene, welche die Landarbeit in Ponteils festhielt, die vielen Arbeitskräfte, die in den Familien selbst heranwuchsen, junge Burschen, Männer jeden Alters, Holzfäller, Schafhirten, Seidenraupenzüchter, und auch, ganz nahe am Feuer hockend, ein wenig zittrig, mit leicht gespreizten Beinen, die Alten von eh und je, mit ihren knotigen Händen. Die Kneipe ... Sie beherrschte alles weit und breit. Dort hingehen bedeutete soviel wie das Leben wiederfinden, Gerüchte, ein Echo vernehmen von dem, was anderswo geschah. Man fand dort auch jemanden zum Heiraten. Denn die Familienväter ...

»Sie kennen doch meinen Sohn ...«

Wahrhaftig, in diese Kneipe mußte man gehen. Wo sonst hätten sie leichter über die Zukunft ihrer Kinder sprechen können? Dort, in Anwesenheit des Pfarrers, Noé Roure, wurde so mancher Sohn, so manche Tochter »in die Hand« versprochen, was mehr verpflichtete als ein Vertrag. Danach wurde es begossen. Und warum anderswo einen Zeugen suchen? Es war immer derselbe, immer der Schankwirt, der bei Taufen, Hochzeiten oder Beerdigungen einsprang. Und ohne sich lange bitten zu lassen. Die Erfahrung hatte ihn gelehrt, daß, wenn die Zeremonie vorbei war, die Familien ... Der Durst, was sonst ... Also ließ er seine Frau die Krüge füllen und ging selbst die paar Schritte bis zur Kirche, um mit ungeschickter Hand die sechs Buchstaben seines Namens unter eine Urkunde zu setzen: Chanel Joseph, Wirt, geboren in Ponteils, 1792.

Es gibt keinen Namen, den man häufiger in den Registern findet als seinen. Chanel Joseph, Wirt ... Gabrielles Urgroßvater. Es scheint, daß er, als er erst einmal verheiratet war, ebensooft vorm Altar wie hinter seinem Schanktisch gestanden hat.

Vorher war er, wie so viele Bauernkinder der Umgebung, in jungen Jahren zugleich Tagelöhner und Handwerker gewesen, hatte bald die schweren Holzpantinen mit den Sägezähnen angezogen, um damit die Kastanien eines Nachbarn am Boden zu enthülsen, bald, an den langen Winterabenden, bei einem jungen Paar das Bett, den Schrank oder Küchengerät aus dem Waldholz geschreinert.

»Liebe nur, was dein eigen ist«, sagt ein jahrhundertealtes cevennisches Sprichwort. Um die Verbundenheit mit dem, was man im Schweiße seines Angesichts erworben hatte, auszudrücken, mußte alles verziert, mit Schnitzereien verschönt werden, der kleinste Löffel, die einfachste Schaufel. Es markieren ... Eine Gepflogenheit, bei der sich der animalische Höhlen- oder Nestinstinkt offenbart, das Typische der bäuerlichen Vergangenheit. Niemand fand so viel Gefallen an diesen Arbeiten wie Joseph Chanel. Dabei war er immer für *die anderen* tätig, immer für die, welche einen Acker und Wald, ein Dach überm Kopf, ein Bett zum Schlafen und schon einen festen Platz auf dem Friedhof besaßen. Niemals für sich selbst ... Worauf hätte er auch seine Initialen schnitzen sollen? Kein einziger Chanel hat ein eigenes Stück Land in Ponteils besessen, nicht mal ein Grab.

Josephs Schicksal besserte sich, als er, mit beinahe vierzig, sein Verlöbnis mit einer Thomas-Tochter feierte, deren Familie, in Ponteils ansässig, ein wenig Land besaß. Eine bescheidene Mitgift erlaubte der jungen Braut, nicht etwa das ganze solide Boschet-Haus zu mieten, dessen Besitzer schon soviel verdient hatten, daß sie fortzogen, um im Tal ein Geschäft zu eröffnen, nein, nur die Wohnküche, einen großen Raum mit einer Feuerstelle und dem Backofen fürs Brot, sowie eine kleine Kammer, wo das Bett aufgestellt werden konnte. Ein Speicher darüber, ein Keller darunter, von früh bis spät mußte man damit auskommen, denn alles andere, der Holzschuppen, der Weinkeller zu ebener Erde, der Kuh- und Schafstall, die Scheune und der Hühnerhof, der finster wie ein Brunnen war, das alles behielten die Boschets für sich. Was hätten die Chanels auch damit anfangen sollen? Sie besaßen ja nichts, weder Kühe noch Schafe.

Diese Stube mußte möbliert werden. Joseph zimmerte einfache Tische und Bänke, in die er endlich seinen eigenen Namen schnitzen konnte. Er beschränkte sich auf eine doppelte Initiale, zwei große C, die kreisförmig ein Christus-Monogramm, das Symbol seines Glaubens, umschlossen, während die Protestanten, in diesem Land mit zwei einander feindlich gesinnten Religionsgemeinschaften, als Glaubenssignum eine Taube hatten. Zwei große C... Weniger als ein Jahrhundert später sollten sie, aneinandergelehnt, das Markenzeichen für Gabrielles Schöpfungen und das Symbol für das größte Reich unter der Sonne werden, das je eine Frau mit ihren eigenen Händen aufgebaut hat. Zwei große C auf den Musselintüchern, Handtaschen, Puderdosen, auf jedem Firlefanz ... Sie hatte die Manie, alles zu markieren. Aber was ist letztlich der Mensch anderes als die Summe der Charakterzüge seiner Vorfahren?

Nachdem die Möbel einmal standen, beschaffte Joseph Chanel sich einen fruchtigen Landwein, der seinen Nachbarn schmeckte. Der erste Schritt war getan. Die Ehefrau stellte sich an den Backofen und hatte frisches, selbstgebackenes Brot anzubieten. Bald hing am Haus der Boschets ein Schild mit den vielversprechenden Worten: »Frisches Brot. Guter Wein. Lotto. Liköre. Bonbons.« Das war *Le Chanel*, eine Dorfkneipe. So hieß sie bei den Leuten der Gegend.

Um die Laube klammern sich heute nur noch die letzten Zweige eines kümmerlichen Gewächses, und die wenigen großen Kastanienbäume, die noch um das Haus herum stehengeblieben sind, haben ebensoviel totes Geäst wie Blätter. Das Wirtshausschild ist verblaßt. Die Gaststube hingegen hat sich kaum verändert. Immer noch der Backofen, die langen Tische und schmalen Bänke.

Hundertfünfzig Jahre sind vergangen, seitdem Gabrielle Chanels Urgroßvater in diesem Raum zu trinken ausschenkte. Und nach ihm sein Sohn ... Dann nichts mehr. Keine Türen mehr am Schafstall. Keine Geschäftigkeit mehr ums Haus herum. Und das schiefergedeckte Dach, das so oft und so lange von Schneestürmen gepeitscht wurde, biegt sich bedenklich. Die Fensterläden gähnen im Wind.

Zur Schneeseite hin, auf dem Friedhof, der gleich an die Berge grenzt, ruhen unter vermoosten Platten all jene, die in Ponteils mühevolle Tage verbracht haben, verbunden miteinander durch ihren Stolz auf die Arbeit und die Liebe zu ihrem Heimatboden. Hier liegen die Daudes, die Nègres und die Roux, hier die Castaniers und die Sylvain Chambons, hier die fürs Vaterland Gefallenen, hier der Mann, der Pfarrer in Arles oder Matrose in Afrika oder Zimmermann in Brest war, und die alle heimgekehrt sind in ihr Dorf, alle der Erde zurückgegeben wurden wie die Steine ...

Aber nicht eine einzige Spur von einem Chanel.

Nur der Name blieb für immer mit dem einer Gastwirtschaft verbunden. Und es gibt noch ein oder zwei Alte, die sich erinnern. Sie sagen: »Da soll früher mal eine Kneipe gewesen sein ... das Chanel.«

Mit Bedauern.

Ein Gastwirt und seine Söhne

Immer zuviel Kinder bei den Chanels, immer mehr Jungen als Mädchen, mehr Sprößlinge als Geld, und niedrige Häuser voller Geplärr.

Im Jahre 1830 wurde in der Gastwirtschaft von Ponteils der

Stammhalter geboren, der nach seinem Vater, dem Wirt, den Namen Joseph erhielt. Schon im Frühjahr 1832, Anfang April, eine zweite Geburt und ein zweiter Sohn. Die Anmeldung erfolgte in Anwesenheit des Bürgermeisters und zweier Zeugen, beide Landwirte und gute Kunden der Kneipe. Die Eltern erklärten, daß dieser Sohn Paulin Henri Adrien heißen solle. Gut. Kein Einspruch. Es wurde eingetragen, datiert und unterschrieben. So, das war erledigt.

Gabrielle Chanels Großvater war geboren.

1835 feierte der Wirt eine dritte Geburt, die von Jean-Benjamin, 1837 eine vierte mit der Ankunft des kleinen Ernest und 1841 endlich die Geburt einer ersten Tochter, Josephine. Das sind die Namen, die an der Spitze einer langen, sehr langen Dynastie stehen.

Unaufhörlich wurden dem Pfarrer von Ponteils neue Chanels zum Taufen gebracht. Denn andere Dorfbewohner desselben Namens, Brüder oder Vettern, zeugten mit einer typisch romanischen Beharrlichkeit gleichzeitig im selben Rhythmus.

Zwischen 1830 und 1860 erblickten nicht weniger als zwanzig Chanels in Ponteils das Tageslicht, und schon bemerkt man bei ihnen eine Vorliebe für männliche Vornamen mit historischem Anklang, die fortdauern sollte. Diesen Männern gegenüber, die mehr für Abenteuer als für Arbeit geschaffen waren und die sich einzig in der Liebe auskannten, diesen Chanel Marius, Chanel Auguste, Chanel Alexandre Urbain oder Jules-César gegenüber, sollten die Bräute von Ponteils, die dunklen Mädchen mit ihrer bernsteinfarbenen Haut, all die Maries, Virginies, Apollonies, die ihnen unter die Finger kamen, sie alle sollten, und zwar zwei Generationen lang, das sein, was, ohne Ausnahme, alle Ehefrauen Chanel gewesen sind: aufopfernde Wesen, fleißige Bienen, die alle Aufgaben im Bienenstock übernehmen mußten, Weibchen sein und zugleich Ernährerin, bis sie daran starben.

Wir haben das Jahr 1850. Die Chanels waren in ihrer Arbeit immer von der Nachfrage abhängig. Mit Ausnahme des Ältesten, der seinen Vater hinter dem Schanktisch ablöste, waren alle andern, die Habenichtse und Tagelöhner, nicht einmal den Geboten der Menschen unterworfen. Sie unterstanden den Geboten der Erde.

Und um die Erde stand es schlecht.

Zwei Feinde hatten sich gegen die Kastanienwälder verbündet, zwei gefürchtete Krankheiten, Baumkrebs und Trockenfäule.

Die Alten zählten entsetzt die toten Bäume.

Seit Menschengedenken hatte man so was nicht erlebt! Es war, als hätten die Kastanienbäume Fieber bekommen. Die Blätter blähten sich auf und fielen ab. Eine Kalamität. Das Landwirtschaftsministerium rührte sich nicht. Ganz Ponteils wartet lange auf einen Mann, einen Fachmann aus Paris, der nie kommt. Wer denkt schon an Ponteils, wer denkt an dieses verlorene Nest?

Es kamen immer weniger Leute in die Kneipe, und die Stimmung war bedrückt. War es ein böser Fluch, das verruchte Werk eines Satans? Was noch an Heidnischem in den Seelen der Bauern steckt, bricht plötzlich wieder hervor. In ihrer Angst sind selbst die Frömmsten nur noch halbe Christen. Fetische und Hausmittel werden hervorgeholt. Die Hausfrauen tauschen heimlich Talismane aus. Was nagelt man am besten an die erkrankten Baumstämme? Ein totes Käuzchen? Oder sollten vier Maulwurfspfötchen besser helfen? Oder gar ... eine Kröte? Man sagt auch, daß ein Kreuz aus Disteln ... Der Pfarrer stellt sich blind und tut, als sähe er nichts von dem, was er verlegen »alte Bräuche« nennt.

Nur die Hausierer kamen bei dem allgemeinen Unglück auf ihre Kosten. Die Leute aus Ponteils rissen einander die Heftchen über Weissagungen oder Geisterbeschwörungen aus der Hand. *Der wahrhaftige rote Drache oder die Kunst, böse Geister zu bannen, Die wunderbaren Geheimnisse des Kleinen Albert oder die natürliche und kabbalistische Zauberei* verkauften sich besser denn je. Abends, wenn man um die einzige Kerze herumsaß, las man nichts anderes mehr. Aber es war verlorene Mühe. Nichts half.

Es vergingen ein paar Jahre mit Warten und Hoffen. Aber alles hat einmal ein Ende, sogar die Hoffnung. Wie schnell werden die Veränderungen jetzt aufeinander folgen! Und wie leicht versteht man jetzt die Abwanderung aus Ponteils.

Der strotzend reiche Wald und alles, was an Freud und Leid mit ihm zusammenhing, sein unablässiger Neubeginn und das Vertrauen, das die Leute in ihn hatten, das alles geriet ins Wanken. Die Bäume starben dahin. Die Kastanienbäume ... das Kraftvollste, Geheimnisreichste, was die Erde hervorbrachte. Wozu noch bleiben?

Die Stunde des Abschieds war gekommen.

Die Ärmsten gingen zuerst.

Unter ihnen waren die jungen Söhne des Gastwirts, Henri-Adrien, Benjamin und der kleine Ernest. Dann folgen die Neffen und Vettern.

Sie zogen alle davon.

Damit begann für die Chanels eine Zeit der Wanderschaft und Vereinsamung in den Städten.

Einen Hausierer zum Großvater

Henri-Adrien Chanel ist zweiundzwanzig, als er Ponteils verläßt. Er ist Junggeselle. Er hat keinen Beruf erlernt, er kennt nichts anderes als die Felder und den Wald. Er verliert das eine wie das andere und muß schließlich, fünfzig Kilometer von seinem Heimatort entfernt, auf Arbeitssuche gehen. Erster Abstieg, erstes Abgleiten.

Arbeitslos und völlig fremd, während ihn in Ponteils alle kannten, fühlt Henri-Adrien sich zum erstenmal gedemütigt. Wird es ihm gelingen, eine Stelle zu finden? Er bleibt acht Monate in Travers-de-Castillon, einem kleinen Dorf am Fuße der Cevennen. Es ist nicht mehr der Wald oder das Gebirge, aber auch noch nicht die Ebene oder die Stadt. Es gibt wenig Arbeit. Man sagt ihm, daß in Alès ... Ja, richtig, Alès, mit seinen Bergwerken, seiner Steinkohle, da findet man was ... Doch er zögert. Soll er noch weiter fortziehen? Sagt man nicht hier schon, daß er *von weither* kommt? Wie würde es anderswo sein? Er sucht und tastet sich weiter voran. Irgend etwas in ihm widersteht noch der Anziehungskraft der Kreisstadt, den Träumereien vom Leben in Saus und Braus.

Schließlich kommt der Tag, da Bauersleute aus der Umgebung, die Fourniers, ihm Arbeit anbieten. Welch ein Glück ... Er hatte eine Bleibe gefunden: die Seidenraupenzucht der Fourniers in Saint-Jean-de-Valeriscle. Er zog hin. Die Landarbeit gefiel Henri-Adrien in jeder Form. Also auch der Umgang mit Maulbeerbäumen und Seidenraupen ... Leider hatten die Fourniers auch eine Tochter, Virginie-Angelina, sechzehn Jahre alt, die er sofort verführte. Schlafen mit einer Minderjährigen! Das Dorf geriet in Aufruhr. So was tat man nicht, es war ein Skandal. Was für ein Nichtsnutz, dieser Chanel! Die Fourniers waren empört und forderten Genugtuung. Andernfalls ... Henri-Adrien, Gabrielle Chanels Großvater, drohte das Gefängnis.

Er drückte sich nicht. Er heiratete. In Anwesenheit seiner Eltern, die aus ihren Bergen herbeigeeilt waren. Eine überstürzte Hochzeit, die morgens um sieben in Gagnières stattfand. Es war im Jahre 1854. Als Bürgermeister fungierte der Schloßherr, Alphonse de Lanouvelle, die Zeugen der Braut waren höchst respektable Leute: der Lehrer und ein Landbesitzer aus der Gegend, Casimir Thomas. Alle setzten eine tadellose Unterschrift unter den Trauschein. Der Lehrer malte seinen Namen in den schönsten Buchstaben. Eleganz und Distanz sprachen aus der Unterschrift des Bürgermeisters, dessen großes A wie ein Wehrturm aus der Feudalzeit den erbärmlich gekritzelten Namenszug des Gastwirts überragte. Was die Frauen betraf... Mit ihrer Bildung war es nicht weit her. Weder Angelina noch ihre Schwiegermutter wußten, wie man eine Feder hielt, was Monsieur de Lanouvelle mit den Worten vermerkte: »:.. haben nach erfolgter Lektüre erklärt, des Schreibens unkundig zu sein.«

Sobald die Zeremonie beendet war, zog Henri-Adrien mit seiner blutjungen Frau so weit weg, wie er nur konnte. Er sollte den Hof seiner Schwiegereltern niemals wiedersehen. Vertrieben... Ein zweiter Abstieg, ein zweites Abgleiten.

Da einer von Henri-Adriens Brüdern, Ernest, in Nîmes lebte, wo er Fischhändler geworden war, zog der junge Ehemann mit Angelina auch nach Nîmes, und dort war es auch, wo Henri-Adrien in Erinnerung an die Kolporteure, die von den Kalamitäten nicht berührt worden waren, sich in einem neuen Beruf versuchte. Das veränderte nicht nur sein Leben, es machte aus ihm beinahe einen anderen Menschen: er wurde Hausierer.

»Henri-Adrien Chanel, vormals Landwirt...« Diesen traurigen Vermerk findet man auf manchen von ihm unterschriebenen Dokumenten aus dieser Zeit. Der einstige Landwirt war hinfort, je nach der Jahreszeit, bald der Kurzwarenverkäufer, der den jungen Leuten Schnürsenkel und Hüte anbot, bald Straßenhändler, der allerlei Firlefanz für Kinder und Flitterkram für junge Mädchen verkaufte. Ein fahrender Gesell... das war Gabrielle Chanels Großvater geworden: ein fahrender Gesell.

Wenn sein abenteuerliches Eheleben Erwähnung verdient, dann deshalb, weil es einen Vorgeschmack von dem gibt, wie das Leben seiner Söhne und Enkel aussehen sollte.

Je weiter die männlichen Vertreter des Stammes Chanel sich von ihrem heimatlichen Wald entfernen, desto mehr verlieren sie von ihren vorväterlichen Tugenden. Sehr schnell gewinnen Leichtsinn und Prahlerei über die bäuerliche Redlichkeit die Oberhand. Sehr schnell lernen sie die verführerischen Schliche und Tricks der Landstraße und zögern nicht, sie anzuwenden. Viele von ihnen vergreifen sich an jungen Mädchen wie der Großpapa... Und schwängern sie. Bisweilen, ohne das Unheil wiedergutzumachen noch dafür einzustehen.

Die Chanel-Söhne brauchen Frauen, immer wieder Frauen. Sie nehmen sie ohne Skrupel und ohne Rücksicht auf Gefühle.

Sie sind Schürzenjäger und *fahrende Gesellen* vom Vater auf den Sohn.

Zum erstenmal die Stadt. Und überall viele Menschen, überall unbekannte Geräusche.

Und doch hatte Nîmes, ohne daß man es recht erklären konnte, noch etwas Ländliches bewahrt. Nicht nur wegen der botanischen Straßennamen – *rue du Mûrier d'Espagne, rue des Orangers, rue de la Violette* – nicht nur, weil so viele aus Ponteils stammende Familien sich hier wieder zusammengefunden hatten, nein, nicht nur deshalb ... Es war eine Welt von Gerüchen, welche die Vergangenheit heraufbeschworen, wenn der Wind aus den Causses über die *garrigue* fegte und den Duft von grünen Eichen und Melisse bis auf den Vorplatz der Sankt-Castor-Kirche wehte. Das waren die irrealen Wege, auf denen die Chanels aus Ponteils in ihre Heimat zurückkehrten. Sie lebten mit der Nase im Wind.

Henri-Adrien und Angelina fanden Unterkunft in der Nummer 4 der Rue du Bât-d'Argent, in unmittelbarer Nähe des Hauptmarktes. Das Haus mit seinem Stall und den beiden Steintrögen zu beiden Seiten der niedrigen Tür schien auf unsichtbare Viehherden zu warten. Die Gasse hatte nämlich lange als Treffpunkt für Viehhändler gedient. Es war ein ganz merkwürdiges Haus: die Keller, ein Labyrinth von düsteren Gewölben und dicken Mauern, waren wohl zum Schlachten benutzt worden. Man sah noch Blutspuren, und die Fliesen des Fußbodens sahen aus wie Opfertische.

Dort, in der Rue du Bât-d'Argent, wurde 1856 Albert, der Vater von Gabrielle Chanel, gezeugt.

Als ihre Stunde gekommen war, suchte Angelina, die inzwischen neunzehn Jahre alt war, das Armenkrankenhaus von Nîmes auf. Wo war ihr Mann? Fort, auf irgendeinem Jahrmarkt. Sie war allein, als sie ihr erstes Kind zur Welt brachte. Zwar wohnten viele Chanels in Nîmes ... Aber kein einziger Vetter, kein Verwandter kam an Angelinas Wochenbett. Was war zu tun, wo den Sohn anmelden? Drei Hospizangestellte, von denen einer siebzig Jahre alt war, erboten sich, die Anmeldung an Stelle der Mutter zu übernehmen. Der jüngste gab die Erklärung ab, die beiden andern waren die Zeugen. Aber der Anmelder machte einen Fehler und ließ den Neugeborenen unter dem Familiennamen Charnet eintragen, was dem Jungen später wer weiß wieviel Scherereien einbrachte. Auch standen keine Zeugenunterschriften auf der Urkunde. »Des Schreibens unkundig«, vermerkte der Standesbeamte, wie es üblich war. Die Zeugen waren Analphabeten.

Unter ähnlichen Umständen, und in welcher Stadt der Zufall es gerade wollte, wurden die folgenden Generationen Chanel zur Welt gebracht. Wo wohnte die Familie? Immer in unmittelbarer Nähe des Hauptmarktes und stets in Elendsquartieren. Die Mutter? Sie entband immer im Hospiz, und stets allein. Der Vater? Immer »auf Reisen«. Und die Zeugen unterzeichneten mit einem Kreuzchen.

Bei Gabrielle Chanel war es nicht anders.

Die Landflucht

Nîmes ließ sich gut an. Man konnte im Schatten der engen Gassen leben und war *unter sich*, das heißt unter Leuten aus den Cevennen. Die Familien-Clans von Ponteils hatten sich dort mehr oder weniger neu gebildet. Da waren die Castaniers mit ihren beiden Töchtern Olympe und Julienne, die unzertrennlich waren und deren Bruder, Bonaparte, Arbeit im Geschützpark der Artillerie gefunden hatte. Da waren die Magnes, deren Sohn Charles als Lagerverwalter in einem Konfektionsgeschäft arbeitete. Da waren die Einzelgänger von Ponteils, die auch in Nîmes allein blieben, Bonaventure Cucurule, früher Viehhirt, der Limonadenverkäufer geworden war, und Zélie Dessous mit dem unehelichen Kind, die nun auf den Strich ging. Es gab sogar bessergestellte Bürger, die auch durch irgendeine Naturkatastrophe vertrieben worden waren: vom Wasser fortgeschwemmtes Vieh oder eine verbrannte Ernte. Zu ihnen zählte die schöne Artemise vom Clan der Bouzigue, die immer mit einem Rüschenhäubchen herumlief und deren Ehemann, Ulysse, früher Pächter, nun ein kleiner Schreiber in einer Lakritzfabrik war.

Aber da war vor allem der Clan der Chanels, die alle nur ein paar Straßen voneinander entfernt wohnten, alle ganz nahe an der Place aux Herbes, dem Kräutermarkt, alle mit einem halbwüchsigen Mädchen verheiratet, das stets in anderen Umständen war. Denn Angelina war nicht die einzige, die Kinder kriegte. Ihre Schwägerinnen, kleine Mädchen mit dicken Bäuchen, hatten auch eine Schwangerschaft nach der andern.

So kam es, daß ein neues Dutzend Chanels, alles Vettern und Kusinen, das Licht der Welt in Nîmes erblickte. Der Zeugungswille bei ihnen war sehr stark, fast als wäre es eine Sache des Glaubens. Wie zu der Zeit, als das Vermögen einmal im Jahr an den Zweigen der Kastanienbäume hing, so hatten die Chanels, obgleich sie Städter geworden waren, doch nicht die uralte Angst vor dem rasch Vergänglichen verloren, eine Angst, die allen Bauern auf der Welt eigen ist. Da waren sie nun in Nîmes und vermehrten sich jährlich um ein

Kind ... oder gar mehr. Denn es konnte passieren, daß in derselben Familie zwei Chanels geboren wurden, einer im Januar, der andere im Dezember desselben Jahres. Und immer bekam der Älteste den Namen Joseph, eine Ehrenbezeigung der Ausgewanderten dem Stammesvater gegenüber, ihrem Ahnherrn, dem Kneipenwirt von Ponteils, der seinen Erinnerungen an das Gelächter von früher und an die fröhlichen Vesperstunden in der Laube nachhing und darüber alt wurde.

Hier machte sich nun der erste Bruch zwischen den einzelnen Familienmitgliedern bemerkbar. Die Seßhaften unterschieden sich immer mehr von den Herumreisenden, bis man diese ganz aus den Augen verlor. Denn während es einigen gelang, sich zu Handwerkern zu mausern oder durch die hinterste Tür in den Kleinhandel zu schlüpfen – und diejenigen unter ihnen, die durch Beharrlichkeit ihren Traum verwirklichten (eine Minderheit), diejenigen, die man immer in der Nähe der Bahnhöfe findet, schaffen es schließlich, zwei Generationen später, Eisenbahner zu werden, das heißt, die bestbezahlte Anstellung zu bekommen, die ein Chanel je für sich erhoffen konnte –, blieben die anderen hingegen, die unaufhörlich von einem Markt zum anderen fuhren, was sie immer schon waren: ein fahrendes Volk.

Zu ihnen gehörte Gabrielle Chanels Großvater. Mit Frau und Kind verließ er Nîmes kaum ein Jahr nachdem er dort angekommen war. Bald wechselte er – und das lag an seinem Beruf – von Jahr zu Jahr, von Saison zu Saison Stadt und Haus.

Wie könnte man vergessen, daß Gabrielle aus diesem vagabundierenden Zweig der Familie hervorgegangen ist? Logischerweise hätte man erwartet, ihre Vorfahren unter denen zu finden, die es zu Wohlstand brachten, nachdem sie einmal im Kleinhandel Fuß gefaßt hatten. Aber, so sehr es einen auch wundert, es entspricht nicht der Wahrheit.

Wo war die Zeit, da die aufeinanderfolgenden Generationen im selben Dorf geboren wurden, aufwuchsen und starben? Das Leben von Henrie-Adrien Chanel, seiner Frau und seinen Kindern spielte sich auf den Landstraßen ab, jedoch ohne daß sie dabei die Bindung an die Heimat verloren; denn das war wohl der Grund dafür, daß sie sich kaum aus dem Midi, dem südlichen Frankreich, wegtrauten, wo der Markt mit seinen Wohlgerüchen und seinem Getümmel immer so etwas wie eine Dorfkirmes war.

Nie wagte sich Henri-Adrien über eine imaginäre Grenze hinaus, die ihm, dem Südfranzosen, untersagte, seinen Stand an einem Ort aufzuschlagen, wo nicht mehr mit Öl gekocht wurde, wo die Dächer nicht mit Ziegeln gedeckt waren und der Wind nicht alles fortzuwehen schien. Seine Kinder wurden geboren, wo er gerade haltmachte, die meisten im Departement Gard: Louise, die Tochter, die eines Tages Gabrielle aufnehmen sollte, Louise kam 1863 mitten in den Cevennen zur Welt, Hippolyte 1872 in Montpellier, Marius 1877 in Alès.

Gabrielles Großvater zog also nie weit fort. Er reiste umher, so wie er die Äcker bestellt hatte: immer mit einem Blick auf den Kalender, und die Rundtouren wurden ihm von seinem alten Bauerninstinkt diktiert. Doch waren es hinfort nicht mehr die ersten Sonnenstrahlen noch die ersten Frostnächte, die ihn leiteten. Er richtete sich nach den Festen des Landes und nach allem, was die bäuerliche Frömmigkeit mit ihrem starken Glaubens- und Hoffnungsbedürfnis dem hinzugefügt hatte.

In den Jahren um 1860 wartete ein Chanel bei Tagesanbruch gespannt auf das Getrappel, das die Zusammenkunft der Bauern ankündigte. Was hörte er da? Tiere und Menschen machten sich langsam auf den Weg, das Vieh vorneweg. Was bedeuten die Zeichen in seinem Kalender? Ein Erinnern an die Daten, wo irgendein kleines Dorf ein Erntefest, irgendeine Handwerkerinnung ihren Heiligen feiert, mit Girlanden über den Straßen und einer ehrwürdigen Statue im Samtkleid, die, wie ein Idol geschmückt, aus der Kirche hinausgetragen wird. Dann machte auch er sich auf den Weg. Er mußte hinter ihnen her und sich beeilen. Denn kein christliches Fest ohne einen Jahrmarkt!

Hierher, meine Damen und Herren, immer heran, heran! Psalmen und Trinklieder, Rosenkränze und Zuckerpfeifen, Prozessionen und Karussellpferde, Weihrauch und Waffelduft, Kniefälle und Fratzenschneiden um die Wette, eines gehörte zum andern. Schaubuden, die wie Tragaltäre geschmückt waren, Moralpredigten und Geträller, der Wirrwarr dieser Märkte, dieser Feste war nötig, um den Großeltern Chanel ihren Lebensunterhalt zu sichern. Und das bis zu Henri-Adriens Tod mit über achtzig Jahren.

Das war die Schule, in der seine Kinder erzogen wurden. Denn was die andere, die richtige, betraf ... Zur Schule gingen Louise und Albert kaum. Ein paar Monate im Jahr, im Januar und Februar, wenn auf den Märkten so wenig zu tun war, daß der Vater es gut allein schaffen konnte. Und man staunt nur, daß beide trotz ihrer flüchtigen Schulbildung überhaupt lesen und schreiben konnten.

Eine zu verleugnende Familie

Gabrielle Chanels Vater und seine Schwester Louise ähnelten sich nur wenig. Louise war feiner als ihr Bruder und vernünftiger. Das muntere, lebhafte Wesen, ihre Geschicklichkeit und ihr ausgeprägtes Pflichtbewußtsein hatte sie von ihrer Mutter: sie war eine Fournier bis in die Fingerspitzen. Albert Chanel hingegen glich seinem Vater: der gleiche kräftige Hals, die gleiche kurze Nase, der gleiche Kopf mit der eigensinnigen Stirn, das gleiche dichte schwarze Haar. Und erst das Temperament! Aufbrausend wie sein Vater, ein Prahlhans und Schürzenjäger wie er.

Von ihrem zehnten Lebensjahr an bis zu ihrer Großjährigkeit waren Albert und Louise immer zusammen. Die Arbeit, die sie zu leisten hatten, war schwerer, als man denkt. Nicht nur, daß sie die elterlichen Warenkörbe schleppen mußten oder in der Hauptsaison als Ausschreier fungierten. Zu anderen Zeiten des Jahres, während des Heuens, der Getreideernte und der Weinlese, verdingten sie sich gemeinsam auf den Bauernhöfen. Louise half der Hausfrau tüchtig am Herd, Albert ging mit den Bauern aufs Feld. Das half der Familie über die Runden. War die gemeinsame mühevolle Jugendzeit der Grund dafür, daß beide sich ihr Leben lang so gut verstanden? In diesem Zweig der Familie blieb der Zusammenhalt lange bestehen.

Albert, Gabrielle Chanels Vater, trennte sich erst mit achtundzwanzig Jahren endgültig von seinen Eltern, um zu heiraten, wobei die Umstände merkwürdigerweise an die Hochzeit seines Vaters erinnerten. Nur waren sie diesmal noch schlimmer.

Albert lebte nur dafür, zu verführen, zu zeugen, davonzulaufen und wieder von vorn anzufangen.

Auch mit den Jahren besserte er sich nicht.

Seine Schwester Louise, die sein guter Geist war, heiratete erst mit vierundzwanzig Jahren. Der Auserwählte, der aus Ponteils stammte, war Eisenbahnangestellter. Für die Chanels, die ewig herumwanderten, war ihr künftiger Schwiegersohn so etwas wie ein Beamter, der mit einem festen Monatsgehalt rechnen konnte – ein paradiesischer Zustand! – und womöglich mit einer Beförderung. War er nicht obendrein auch noch aus den Cevennen? Louise machte eine gute Partie.

Der Verlobte arbeitete in Clermont-Ferrand, und in dieser großen Stadt wurde auch, in Anwesenheit der versammelten Familie und ganz Ponteils', die Hochzeit gefeiert. Angesichts des zukünftigen Schwiegersohns und um nicht allzu schäbig zu erscheinen, gab sich der Brautvater bei der Ausstellung der Heiratsurkunde als Händler aus. Das klang immerhin besser als Hausierer. Der Bruder der Braut, Albert Chanel, der seiner Schwester als Trauzeuge diente, tat das gleiche. Alles Händler ... Nur Angelina, die Mutter der Braut, wollte nicht für etwas gelten, was sie nicht war. Seit den fernen Tagen ihrer Hochzeit hatte sie noch immer nicht schreiben gelernt. Wozu es leugnen? Also verweigerte sie die Unterschrift.

»Des Schreibens unkundig«, vermerkte wieder einmal der Standesbeamte.

Hier sind wir nur noch ein paar Jahre von der Geburt Gabrielle Chanels entfernt.

Wie vieles stimmte nicht an dem, was sie erzählte! Man kann jedoch nicht umhin, ihr Talent zu erwähnen, mit dem sie alle, die ihr zuhörten, in ihren Bann zog. Sie beobachtete die anderen mit der wilden Genugtuung einer lauernden Spinne. Aber sie konnte auch Verachtung empfinden, Verachtung aus tiefster Seele. Sie waren zu gutgläubig, die anderen da, sie gingen ihr allzu leicht ins Netz ... Alles war für sie wichtiger als die Wahrheit.

Es ist interessant festzustellen, daß man bei ihr vergeblich nach einem Eingeständnis ihrer niedrigen Herkunft sucht. Ein Mädchen vom Lande, *sie*? Nie kam der Name des Ortes, aus dem ihre Vorfahren stammten, über ihre Lippen. Bald gab sie vor, sie käme aus der Auvergne wie ihre Vorfahren... die gar nicht von dort waren, bald aus der Provence wie ihr Vater ... der auch nicht von dort stammte; bald behauptete sie, protestantisches Blut in den Adern zu haben wie eine Großmutter ... die es ebensowenig gehabt hatte. Sie schmiedete ihre Legende mit verzweifelter Beharrlichkeit, und selbst wenn sie in die Enge getrieben wurde, versuchte diese Frau, von der man alles wußte – ihre Freunde, ihr Vermögen, ihre Liebesverhältnisse, ihre Meinungen, ihren Geschmack, ihren Erfolg, ihre Sorgen, ihre Fehlschläge –, sogar am Ende ihres Lebens noch, ihre Herkunft zu vertuschen und ein letztes Mal von ihren Spuren abzulenken, und sei es nur um ein paar Kilometer.

Wie kommt es, daß diese redselige Person, die so gern von sich erzählte, nie versucht war, einzugestehen, wie ihre Großeltern und später ihre Eltern wirklich gelebt hatten und wie verbissen der Kampf gewesen war, der so tief in der Geschichte ihres Landes wurzelte? Was waren ihre Vorfahren? Felsblöcke wie die Stelen aus der Gegend um Alès, jene statuenhaften Menhire, und ebenso fest und aufrecht im Boden verankert. Welchen Grund hatte Gabrielle, sie zu verleugnen? Und damit auch alles andere... Das Unrecht, die Mißachtung, die bedrückende Ungleichheit, unter der die Landbevölkerung immer gelitten hatte, all das wollte sie nicht wahrhaben, auch nicht ihren langen Weg in eine bessere Zukunft.

Warum der wahren Geschichte ihrer Vorfahren ein Gespinst aus Banalitäten vorziehen, aus dem sie sich ihre Biographie zurechtschneidern wollte? Glaubte sie tatsächlich, daß aus solchen Platitüden ihre Legende entstehen würde? Dachte sie auch nur einen Augenblick an die Frau, die ihre Mutter war, um sich wohlig daran zu schmiegen wie an eine Schulter... Dachte sie an die Ausdauer dieser Jeanne, an die Tochter einer Näherin und eines Tischlers, an Jeanne, das Waisenkind... Ist es möglich, daß in Gabrielles Gedächtnis nie Platz für ihre Mutter war? Und für ihren leichtsinnigen Vater? Wäre es nicht besser gewesen, ihn als den darzustellen, der er war, als sich einen Vater wie aus einem Schundroman zu erfinden? Aber Gabrielle Chanel hatte nicht die Offenheit eines Maurice Chevalier, der mit würdiger Stimme auf die Frage: »Was war Ihr Vater?« antwortete: »Trinker...«, so wie er »Notar« oder »Anwalt« gesagt hätte.

Lügen. Alles leugnen! Das war stets Gabrielle Chanels fester Vorsatz. Lügen, wenn die Journalisten sie ausfragten, lügen den Schriftstellern gegenüber, von denen sie erwartete, daß sie ihre Memoiren schreiben würden, lügen gegenüber ihren Freunden.

Wir werden noch sehen, welches Trauma daran schuld ist und woher es kam, daß sie sich ihrer Herkunft zeitlebens schämte. Liebe, Ehrgeiz und Hoffnung waren Bereiche, in denen die Folge der Mißgeschicke dazu führte, daß sie die meiste Zeit ihres Lebens in ihrem Innersten eine Elternmörderin war.

Einen Abenteurer zum Vater

Albert Chanel trieb es mit seinem Geschäftssinn sehr weit, viel weiter als sein Vater.

Das Wanderleben mit seinen Wechselfällen gefiel ihm.

Vor allem erst mal aus dem Gard heraus! Warum in Alès versauern? Es gab Besseres zu tun. Er, der es auf Jahrmärkte, Weine und Frauen abgesehen hatte, ahnte, was reichere und dichter besiedelte Provinzen zu bieten hatten.

Er zog gen Norden.

Vorsichtig tastete er sich voran und machte zunächst im Ardèche, der Nachbarprovinz, halt. Es gab in Aubenas ein Weinchen, das sich gut trinken ließ. Eine seltene Ware. Weinberge, die von der Reblaus verschont geblieben waren, fand man in den achtziger Jahren nicht an allen Ecken und Enden. Warum nicht diesen Wein in den Handel bringen, die Kneipen der Umgebung damit beliefern? Eine Art Handelsreisender werden mit einer neuen Spezialität: dem Wein ... Wein, Kurzwaren, Arbeitszeug, Küchenschürzen, das alles paßte auf einem Jahrmarkt gut zusammen. Das waren die Zukunftsideen, die Albert im Kopf herumspukten. Freilich hatte Aubenas etwas für sich. Aber es war doch nicht das Paradies. Also weiter!

Während seiner ganzen Kindheit hatte Albert von den Kirmesfesten in Puy-en-Velay gehört; dort wurde eine Muttergottes verehrt, deren Riesenstatue aus der Bronze von 213 Kanonen gegossen worden war, welche die Soldaten Napoléons III. in Sewastopol erobert hatten. Das Abbild der »Bonne Dame de Septembre« war 1860, vier Jahre nach Alberts Geburt, auf einer Bergkuppe aufgestellt worden. Immer hatten seine Eltern von diesem Jahrmarkt geträumt. Dorthin ziehen ...

Albert entdeckte schließlich diese heilige Stadt mit ihrem gigantischen Felsen. Er schlug seinen Stand dort auf. Was für ein Betrieb! Es war Sommer. Die ganze Provinz war auf den Beinen. Man konnte sich nichts Besseres wünschen. Keine Kirche der Umgebung, kein Kloster, das nicht eine eigene Schwarze Jungfrau hatte, wie wenig wundertätig sie auch sein mochte. Der Muttergottesfiguren gab es so viele, daß die September-Sonntage nicht ausreichten, um sie alle zu feiern. Manchenorts war an jedem Tag der Woche ein Fest.

So kam Albert Chanell in eine Gegend Frankreichs, wo der Jahrmarkt fast so etwas wie ein Kult ist. Er durchreiste diese gesegnete Provinz in allen Richtungen.

Nichts wurde ausgelassen. Er machte überall halt.

So kam er nach Courpière. An einem Markttag natürlich, dem letzten des Jahres. Plötzlich war ihm alles klar. Die Ufer der Dore, das Dorf mit den engen Gassen, die Häuser aus Stein und Holz oberhalb des Tals, schön um die Kirche herum angeordnet in einer Gleichmäßigkeit, die man sonst nur auf Ansichtskarten sieht, der große Platz, auf dem die Marktleute schon ihre Schießbude aufgebaut hatten, all das wartete auf ihn.

Die schlechte Jahreszeit rückte näher, daher beschloß Albert Chanel, in Courpière sein Winterquartier aufzuschlagen. Im November 1881 fand er eine Unterkunft bei Marin Devolle, einem

Tischler, der selbst Sohn eines Tischlers war und der noch viel Platz in seinem Haus hatte.

Zum Zeitpunkt ihrer Begegnung war Marin dreiundzwanzig und Albert fünfundzwanzig Jahre alt. Die beiden jungen Leute freundeten sich an. Marin hatte sehr jung die Tischlerwerkstatt seines Vaters übernommen. Mit zehn Jahren hatte er seine Mutter, mit siebzehn Jahren seinen Vater verloren. Mit einundzwanzig Jahren war er, als Ernährer der Familie, vom Dienst in der Armee befreit worden. Seine jüngere Schwester Jeanne, die zwar von Auguste Chardon, einem Onkel mütterlicherseits, aufgenommen worden war, mußte dennoch von Marin unterstützt werden. Er war das Familienoberhaupt. Das junge Mädchen wollte Schneiderin werden, so wie es ihre Mutter gewesen war. Sie kam jeden Tag bei Marin vorbei, um seinen Haushalt zu versorgen.

Bald führte Albert im Dorf das große Wort. Er hatte eine Selbstsicherheit und einen Nimbus, der Marin fehlte. Albert war Soldat gewesen, er hatte etwas erlebt und konnte erzählen, er hatte ein flinkes Mundwerk, eine angenehme Stimme und viel Phantasie. Er verstand es ebensogut, mit den reifen Frauen zu parlieren wie mit den jungen Mädchen im Dorf zu schäkern. Er blendete sie alle. Vor allem Jeanne, die nie aus Courpière herausgekommen war. Dieser Mann, der Gott weiß wo herkam, gab ihrem Leben einen neuen Sinn.

Eines Nachts bat er sie, im Dunkel einer Scheune auf ihn zu warten. Er konnte sie ungesehen und schweigend erobern, so wie er es sich gewünscht hatte.

Aber die Tage wurden länger, und Albert hatte gute Gründe, sich davonzumachen. Die Zeit der Jahrmärkte fing wieder an. Bald würde Sankt-Vinzenz, das Winzerfest, gefeiert werden, bald Mariae Lichtmeß mit seinen Pfannkuchen und den vielen langen Kerzen zu Füßen der Schwarzen Jungfrauen, die den Winter vertreiben sollten, bald Sankt-Blasius, der Schutzpatron der Ackersleute, mit den langsamen Prozessionen durch die Felder, bald... Bald würde Karneval kommen und die Städte mit seinem Tumult erfüllen. Ach ja, die Städte! Schnell, schnell wieder in die Stadt! Und fort von Jeanne mit ihren Seufzern, die schon lästig wurden. Nur fort...

Im Januar 1882 packte Albert seine Sachen und verschwand, ohne eine Adresse zu hinterlassen. Was er aber in Courpière zurückließ, waren ein paar gebrochene Herzen, viel Bedauern und ein junges Mädchen von neunzehn Jahren, das schwanger war: Jeanne Devolle.

Als Jeannes Fehltritt allzu sichtbar wurde, jagte ihr Onkel als angesehener Weinbauer sie davon. Sie fand Zuflucht bei Marin, in demselben Haus, wo sie geboren war.

Jetzt kam es darauf an, Albert Chanel ausfindig zu machen. Sogar der Bürgermeister mußte mithelfen. Victor Chamerlat, nach dem heute noch eine Straße in Courpière benannt ist, tat sein Bestes, um die Rachegelüste des jungen Devolle zu dämpfen. Wie konnte man außer acht lassen, daß ein Devolle Kanzleischreiber war? Außerdem waren alle Devolles angesehene Leute. Es mußte etwas geschehen. Wenn man den rücksichtslosen Landstreicher, diesen Abenteurer nicht dazu bringen konnte, Jeanne zu heiraten, so sollte er wenigstens das Kind anerkennen. Jedenfalls setzte der Bürgermeister von Courpière sich dafür ein.

Nun hatte Albert Chanel bei seinem Aufenthalt in Courpière einige Spuren hinterlassen. Zum Beispiel im Bürgermeisteramt ... Es war immer dieselbe Geschichte, die Berichtigung seines falsch registrierten Namens, eine lästige Sache, die ihn überall verfolgte.

Es vergingen ein paar Monate, bis man heraus hatte, wo die Eltern des Schuldigen wohnten. Der Jahrmarktshändler und seine Frau wechselten den Wohnort noch ebensooft wie in ihren jungen Jahren.

Da waren sie nun in Clermont-Ferrand. Vom Bürgermeister ermutigt, machten sich Marin Devolle und zwei seiner Onkel auf den Weg zu den Eltern, die in ihrer Angst gestanden, der Schuldige befinde sich in Aubenas.

Die Tore der Hoffnung öffneten sich für Jeanne. Kaum hatte sie die Nachricht, da eilte sie auch schon hin. Keiner durfte ihr zuvorkommen. Durch Drohungen würde man bei Albert nichts erreichen. Sie allein würde ihn rumkriegen.

Jeanne Devolle kam in den allerletzten Tagen ihrer Schwangerschaft nach Aubenas. Albert hatte sich in der Kneipe einquartiert. Dort wohnte er, dort trieb er seine Geschäfte. Und dort brachte Jeanne, kaum angekommen, abends um 8 Uhr eine Tochter zur Welt.

Der Vater willigte ein, das Kind als sein eigenes anzuerkennen, weigerte sich jedoch, die Mutter zu heiraten. Er wollte wohl eine Gefährtin, aber keine Ehefrau. War es denn nötig, ihrem Zusammenleben eine offizielle Form zu geben?

Man tat also so, als ob ...

Jeanne wurde als die rechtlich angetraute Ehefrau von Albert Chanel erklärt. Der Wirt, der sie beherbergte, wurde ins Vertrauen gezogen und willigte ein, es zu bezeugen. So kam es, daß Julia Chanel, Gabrielles ältere Schwester, am 11. September 1882 in der

Gastwirtschaft von Aubenas geboren, als Kind verheirateter Eltern angemeldet wurde.

Das erfüllte zwar nicht alle Wünsche, aber es war immerhin mehr, als Jeanne erhofft hatte.

Eine schuldige Mutter

Nach Hause zurück, nach allem, was passiert war? Wie hätte sie das gekonnt? In Courpière hatte sie hinfort nichts mehr zu erwarten, nur abgewandte Gesichter oder eisige Blicke, drückendes Schweigen vom Vetter Etienne, dem Notarschreiber, spitze Bemerkungen von ihrer Kusine Claudine, der Köchin, und ihrem Onkel, dem Weinbauern. Jeanne wußte es genau: es kam nicht in Frage.

Die Brücken waren abgebrochen.

Was Albert Chanel betraf, so bemühte er sich, möglichst weit von einer Provinz wegzukommen, in der nicht nur die Nähe seiner Eltern, sondern auch die von Jeannes Familie für ihn bedrohlich wurde. Außerdem schien sich das Glück von ihm abzuwenden: seine Geschäfte gingen schlecht. Jeanne vertrieb die guten Geister.

Was hatte er im Sinn, als er Ende des Jahres 1882 beschloß, quer durch Frankreich zu ziehen? Was erwartete er von Saumur? Es war nicht nur eine Flucht nach vorn. Es war der Atavismus seines Großvaters, des Gastwirts, der in ihm wach wurde, sein alter Traum, sich in einer Weingegend niederzulassen und dort einen Laden aufzumachen. Es war auch der Wunsch, Jeanne loszuwerden. Würde sie eine solche Reise wagen, hinter einem Mann herziehen, der nicht mal ihr Ehemann war, dazu noch mit einem Neugeborenen? Würde sie es riskieren?

Albert dachte, sie würde vielleicht ...

Aber er kannte sie schlecht.

Jeanne hatte keine Wahl. Wenn Albert ging, konnte sie nur mitgehen. Denn kaum daß er ihr den Rücken gekehrt hätte, würde der Wirt sie samt ihrem Kind auf die Straße setzen. Jede Mühe, sie umzustimmen, war daher vergebens. Aber Albert Chanel pochte auf sein Recht als Mann und dachte nicht daran, sie zu schonen. Sie wollte also mit? Sie wollte ihn ganz für sich haben? Na schön, da hatte sie ihn ... Ihre Tochter war kaum drei Monate alt, als Jeanne Devolle wieder schwanger war. Und im Januar 1883 kam sie nach Saumur, verlorener denn je, und suchte zugleich ein Obdach und eine Arbeit.

Saumur ... Da liegt die Stadt in ihrer ganzen Herrlichkeit, und da fließt die Loire, vielleicht das Schönste, was die Natur Frankreich beschert hat.

Was verdankte Gabrielle Chanel dieser Stadt, die übermütig wie ein Internat kurz vor den Ferien und zugleich streng wie ein Kloster war und sich ganz und gar dem Kult der Reitkunst verschrieben hatte? Niemals leugnete Gabrielle, daß in ihren tollen Jugendjahren ihre einzige, ausschließliche Leidenschaft das Pferd gewesen war. Ist es abwegig, zwischen ihr, die 1883 geboren wurde, und der Stadt eine Art Komplizenschaft zu entdecken? Ist es ein Zufall, daß sie zu einer Zeit dort zur Welt kam, als der Reitunterricht ebensooft in der freien Natur wie in der Reithalle stattfand, ausgerechnet sie, die sich ihr ganzes Leben bemühen sollte, einer Art von Freiheit und Natürlichkeit, ja einem »frischen Wind« zum Durchbruch zu verhelfen, der den Falbeln und Rüschen ein Ende bereitete.

Sicher ist, daß gerade 1883 der Einfluß von jenseits des Ärmelkanals sehr stark war. In jenem Jahr importierte Saumur Hunters in großer Zahl, die Sattler fingen an, englische Sättel zu nähen, und die Reitlehrer bevorzugten – welch ein Skandal, welch eine Revolution – den leichten Trab gegenüber dem Arbeitstrab, der bis dahin das sakrosankte Prinzip der französischen Schule gewesen war. In den Pariser Salons waren Worte wie *bal*, *tir au pigeons*, *réception*, *promenade* verpönt, da die Mode es wollte, daß man *night–party*, *gun-club*, *rout* und *footing* sagte. Man ging auch nicht mehr zum *déjeuner*, sondern zum *lunch*.

Das war der Anfang einer weitverbreiteten Vorliebe für alles Englische, aus der etwa dreißig Jahre später Gabrielle Chanels Kunst hervorgehen sollte.

Auch die Reiteruniform wurde schlichter zu jener Zeit. Kein Frack mehr am Abend, kein Degen mehr zur Galauniform, sondern ein Dolman mit Rockschnüren, und das Käppi verdrängte endgültig den Tschako. Die Infanterie schaffte die Schulterstücke ab, die sie durch eine Tresse und vergoldete Knöpfe ersetzte ... o Chanel!

Die Moden des Zweiten Kaiserreichs, seine Operettenreiter und ihre übertriebenen Haudegen-Allüren, verschwanden aus den Straßen von Saumur. Aber kann man sich heute noch vorstellen, wie das Mekka des Pferdes damals aussah? Verdankte man ihm nicht, was wie ein Wunder war: das Wiederaufleben der französischen Kavallerie? Keine Waffengattung hatte mehr als sie unter einem Krieg gelitten, der allen noch in Erinnerung war. Wie hätte man ihn auch vergessen können? Die Niederlage, die Preußen in Paris, der Kaiser abgesetzt, die Tuilerien abgebrannt, das alles war kaum dreizehn

Jahre her. Und gerade die Spuren dieser Erinnerungen wollte man verwischen, als Gabrielle geboren wurde.

Saumur war, als sich das ungetraute Paar Chanel dort niederließ, die einzige Stadt in Frankreich, wo die Läden bis lange nach Einbruch der Dunkelheit offen waren. Lehrer und Kadetten herrschten über die Hochburg des Pferdes, die von ihnen und für sie lebte. Was verband sie miteinander? Ein Vertrag in Form eines Idylls. Die ganze Bevölkerung unterwarf sich dem Rhythmus des militärischen Lebens.

Somit hielten sich *die bestallten Lieferanten der Herren Offiziere* bis spät in die Nacht bereit, um den Heißhunger der Lebemänner, der Söhne aus gutem Hause, ihre Gelüste in letzter Minute und ihren Appetit auf köstliche Nachtmahle zu befriedigen. Und das, obgleich die betreffenden jungen Leute es immer eiliger hatten, bedient zu werden, als ihre Schulden zu bezahlen Das wußten alle... Sogar die *Spießbürger*, die *Scheißzivilisten*, die merkten, wie ihre Einkäufe immer teurer wurden. Zahlten sie für die Kavallerie? Kein Zweifel! Aber wenn schon! Und was hätten sie nicht getan, um die Moral der Armee zu stärken?

Das war Saumur im Jahre 1883, das erst schlafen ging, wenn die Lichter der Tingeltangel erloschen und die letzten Chansons verstummt waren. Oh, es war keine Stadt, in der man sich lange ausschlief! Mit dem ersten Trompetensignal wurde man wach, wenn die Kadetten und Stallburschen zu den Ställen rannten, in denen die Pferde, die nahe Morgenstunde witternd, schnaubten... Die schönste Stunde in Saumur. Diese Stunde, da der Tag sich in den Gerüchen des Leders, des Heus und der gewendeten Streu ankündigte, die Stunde, da Jeanne Devolle, mit der kleinen Julia auf dem Arm, ihre Wohnung verließ und ebenfalls zu ihrem Arbeitsplatz eilte. An Arbeit fehlte es nicht in Saumur, und Jeanne, deren ehrliches Aussehen Vertrauen erweckte, hatte ohne allzu große Mühe etwas gefunden, wo sie ihr Können zu Geld machen konnte. Wie wäre es auch anders gegangen? Ihre Schwangerschaft sowie die Sorge für das Neugeborene machten ihr das lange Stehen auf dem kalten Marktplatz unmöglich. Daher mußte sie bis zu Gabrielles Geburt darauf verzichten, Albert Chanel auf die Place de la Bilange zu folgen. Denn dort baute er seinen Stand auf, dort bot er seine Untertaillen, Leibchen und die warmen Flanellsachen feil, mit viel Getue, Liebäugelei und galanten Worten für die Damen.

Und Jeanne, in der noch dunklen Luft der frühen Morgenstunde? Ohne etwas auf dem Kopf, mit einer grob gefältelten Schürze vor dem dicken Bauch, in dem sie Gabrielle trug, und mit Julia, die schwer auf ihrem Arm lastete, so ging sie zu den Häusern, wo bald eine düstere Küche, bald die weiße Ordnung, der schwache Geruch von Kernseife und die Feuchtigkeit einer Waschküche auf sie warteten, bald ...

Es gibt kein gewöhnliches Unglück. Jede Zeit hat ihr eigenes Elend. Jeannes Schicksalsschläge tragen das Siegel ihrer Zeit. Ihr Kampf um eine Arbeit als Küchenmagd, Büglerin oder Dienstmädchen! Vom Hôtel du Commandement, wo General Danloux herrschte, nur die Anrichte, vom Wohnsitz des Kommandanten de Bellegarde, dem Oberstallmeister, nur die Küchenherde gekannt zu haben, und wenn das noch nicht reichte, hier und da ein paar Stunden extra, mit anderer Arbeit, als Weißnäherin im *Haus der Drei Engel*, wo ein Mädchenpensionat untergebracht war, als Tellerwäscherin im Belvédère-Hotel, das außer den Offizieren die Fahrgäste der *Inexplosibles* empfing, jener Dampfer, die auf der Loire fuhren, das waren unter anderen die Gelegenheitsarbeiten, mit denen Jeanne sich in der ersten Zeit ihres Aufenthalts in Saumur abplagte.

Wer wird je sagen können, wie weit sie ihre Kraft und der quälende Hunger trieben? Nahm sie es in Kauf, wie manche behaupten, Arbeiten in den berüchtigten Straßen von Saumur zu übernehmen? Putzarbeiten in der Rue du Relais oder im Brückenviertel? In den Häusern für Offiziere, Häusern für die Truppe ... Jeanne, die schrubbte und wusch, Jeanne, die Stapel von Laken hin und her schleppte, die Treppen bohnerte, auf denen die Schritte der Kunden erst widerhallten, nachdem die Puffmutter gerufen hatte: »Bahn frei?« Jeanne über schmuddelige Betten gebeugt, Jeanne hier ebenso fremd wie anderswo, ebenso befremdet in diesen Bordellen wie in der Halle des Hotels du Belvédère, ebenso verlegen im »Grand 3« der Rue du Relais wie unter den jungen Mädchen des Hauses der *Drei Engel*, deren Frische und Anmut sie an die Zeit in Courpière erinnerten, an die Zeit ihrer Reinheit, als sie noch in ihrem leichten Rock, ihrer schwarzen Vorbindeschürze und ihrem enggeschnürten Mieder zu Marin hinübergelaufen war. Abends, zu Hause, wußte sie nicht recht, ob der Schmerz in ihrem Körper Erschöpfung oder Verwirrung darüber war, daß sie nicht an dem, was sie sah und zum erstenmal miterlebte, teilnehmen konnte.

Jeanne und ihr Liebhaber waren in einem zweistöckigen Haus untergekommen, in einer Dachkammer, die nach Norden lag. Zwischen ihnen und den beiden Märkten von Saumur, der Bilange, wo die ortsansässige Oberschicht einkaufte, und dem viel volkstümlicheren Markt mit dem mittelalterlichen Gepräge der Place Saint-Pierre, waren es nur ein paar Minuten, und Albert Chanels Adresse entsprach darin ganz der Familientradition. Das Haus stand in einer Geschäftsstraße mitten in einem baufälligen Viertel und war eines von jenen Gebäuden, die vor Alter schief und wackelig werden und dennoch stehenbleiben. Und so steht es immer noch da, mit seiner drei oder vier Meter langen Fassade, seinen hohen, schmalen Fenstern, zu denen die Rufe der Gemüsefrauen hinaufhallen: *»Salat! Frischer Salat! Kaufen Sie meinen Salat!«*

Am 19. August 1883 begab Jeanne Devolle sich in größter Eile allein in das alte Hospiz. Quer über dem hohen Portal, das einst den Zugang zu einem Johanniter-Lepraheim verwehrt hatte, stand in eingemeißelten vergoldeten Majuskeln das Wort *Hospices*. Die Kapelle, die einsam wie ein Schilderhäuschen mitten in einem grauen, strengen Hof stand, zog als erstes den Blick auf sich und kennzeichnete den religiösen Charakter einer Einrichtung, in der die Schwestern der Vorsehung den Pflegedienst versahen. Es ist möglich, wenn auch keineswegs bewiesen, daß Jeanne, plötzlich von den Wehen überwältigt, keine Zeit mehr hatte, sich ordnungsgemäß im Spital aufnehmen zu lassen, und Gabrielle im Vorzimmer zur Welt brachte. Es ist jedoch sicher, daß Albert Chanels Unterschrift weder auf der Geburtsurkunde noch im Taufregister steht. War der Vater *tatsächlich* abwesend, wie es dem Geistlichen gegenüber behauptet wurde? Oder wurde seine Abwesenheit nur vorgetäuscht, um die falsche Erklärung zu erleichtern?

Am 20. August mußte die Neugeborene zum Bürgermeisteramt gebracht werden. Aber wen konnte man damit beauftragen? Wieder einmal war durch Verschulden eines Chanel eine Frau allein in einem Spital von ihrem Kind entbunden worden. Für ein Trinkgeld boten zuverlässige Leute ihre Hilfe an: eine alte Jungfer, Joséphine Pélerin, 62 Jahre alt, zwei Männer, Jacques Sureau, 72 Jahre, und Ambroise Podestat, 62 Jahre, alle drei Angestellte des Spitals. Sie waren es gewohnt, alleinstehenden Müttern behilflich zu sein, und kamen dabei auf ihre Kosten. Als sie dem Beigeordneten des Bürgermeisters die kleine Gabrielle vorführten, gaben sie an, es sei das Kind eines gewissen Markthändlers Albert Chanel und einer Händlersfrau namens Jeanne Devolle, die *mit ihrem Ehemann* im Haus Nummer 29 der Rue St. Jean wohne. Da sie keine einzige Urkunde vorlegen konnten – aber warum sich darüber wundern, war es nicht selbstverständlich, daß der Mann, der Vater, der Abwesende, die Familienpapiere bei sich hatte? –, vermochten die Zeugen und Anmeldenden nicht zu sagen, wie der Name Chanel geschrieben wurde. Der Beigeordnete zögerte und schrieb ihn schließlich aufs Geratewohl. So wurde Gabrielle mit einem *s* in ihrem Familiennamen eingetragen. Nach Charnet nun Chasnel ... Eine Familientradition wurde fortgesetzt. Und als es ans Unterschreiben ging, gab es eine neue Überraschung: niemand konnte schreiben. Drei Spitalangestellte: drei Analphabeten. Es blieb dem Beigeordneten nichts anderes übrig, als das Manko mit der althergebrachten Formel zu vermerken – *haben das vorliegende Schriftstück nach Verlesung nicht unterzeichnet, da sie behaupteten, des Schreibens unkundig zu sein* – und sodann seinen Namen unter die Urkunde zu setzen, die andernfalls, da sie keine andere Unterschrift trug, sozusagen eine anonyme Akte gewesen wäre.

Am 21. August war allgemeiner Tauftag. Der Spitalgeistliche kam eigens aus diesem Anlaß aus seinem in der Nähe gelegenen Pfarrhaus herbei. Er war nämlich Vikar in einer der ältesten und schönsten Kirchen von Saumur: Notre-Dame de Nantilly. Dieser Geistliche taufte neben anderen Säuglingen auch Gabrielle. Die Taufe fand in der Spital-Kapelle statt, vor einem der Meisterwerke von Philippe de Champaigne, *Simon empfängt das Jesuskind am Eingang des Tempels*, einem riesigen Gemälde, das über den Gläubigen hing, die an jenem Tage in der kleinen Kirche vereint waren. Die vierzehn auf diesem Bild versammelten Personen beherrschten die Feierlichkeit, und unter ihnen als sichtbarer und zugleich unsichtbarer Mittelpunkt eine große, schlanke weibliche Gestalt, die Jungfrau Maria, deren verhaltene Anmut von Freunden des Schönen immer besonders hervorgehoben wird. Moïse Lion und die Witwe Chastenet, die aus Gefälligkeit als Pate und Patin auftraten, stellten Jeanne Devolles Tochter unter dem Namen *Chasnel* vor. Der Vikar von Notre-Dame hatte keinen Grund, die *rechtmäßige Ehe* zu bezweifeln, aus der dieses kleine Mädchen hervorgegangen war, da die Paten es so behaupteten. Der Vater war auf Reisen, die Mutter lag noch im Wochenbett, keiner von beiden stammte aus Saumur. Der Priester stellte in gutem Glauben einen Taufschein aus, der in nichts von der Tradition der vagabundierenden Chanel-

Sippe abwich. Die Familie war abwesend, der Name falsch, die Urkunde ebenfalls, und nur der Pate war imstande zu unterschreiben, da die Witwe Chastenet erklärt hatte, *des Schreibens unkundig zu sein*.

Sechzig Jahre später rechnete Gabrielle Chanel mit der Leichtgläubigkeit ihrer Zuhörerschaft, als sie erzählte, die Nonne, die den Auftrag hatte, sie zum Taufbecken zu tragen, habe sie Bonheur genannt, in der Hoffnung, daß dieser Vorname der Neugeborenen viel Glück auf ihrem Lebensweg bereiten möge. Es ist nichts Wahres daran. Jeanne – der Vorname ihrer Mutter und ihrer Patin – und Gabrielle sind die einzigen Vornamen, die auf der Urkunde stehen. Aber diese Erfindung ist typisch für Gabrielle, die, um das Geheimnis ihrer Vergangenheit zu wahren, die Wahrheit insofern verfälschte, als sie erlogene Handlungen und wirkliche Personen miteinander verquickte. So war es trotz ihrer Bemühungen oft möglich, aus ihren Erzählungen ein paar genaue Hinweise herauszuhören. Die Sache mit dem erfundenen Vornamen entspricht den Gepflogenheiten jener Zeit in Krankenhäusern, die von einem religiösen Orden geleitet wurden, und räumt einer wirklichen Person, nämlich jener Schwester der Vorsehung, die immer bei der Taufe von im Hospiz geborenen Kindern dabei war, einen Platz ein.

Man darf mit Recht vermuten, daß Mademoiselle Chanel ihren Vornamen einer Ordensschwester verdankt, die ihn frei wählen durfte, diesen Vornamen Gabrielle, der im Hebräischen Kraft und Stärke bedeutet und der, wenn man dem Omen im Nomen Glauben schenkt, den Frauen, die ihn tragen, eine dauerhafte Ausstrahlungskraft verleiht.

Das Leben in Saumur

Das folgende Jahr sollte für Jeanne und ihre beiden Töchter eine Ausnahme sein: es war das einzige, das sie zusammen anderswo als auf den Straßen verlebten, das einzige, in dem nicht eine Stadt nach der andern im Berry, im Limousin oder im Velay an ihnen vorbeizog, ein Jahr, das an ihrer ständigen Anwesenheit in Saumur keinen Zweifel läßt.

Obwohl Albert Chanel nun im Land des Weins lebt, ist er trotz aller Anstrengungen immer noch kein Weinhändler. Er ist nur ein vagabundierender Kaufmann, der mit seinem Karren von einer Kirmes, einem Marktplatz zum andern zieht und in der illusorischen Hoffnung auf einen großen finanziellen Erfolg lebt. Er verdankt es nur Jeanne, daß er ein Zuhause, ein Dach überm Kopf hat, und ebenfalls ihr, daß er, sooft er bei ihr haltmacht, stets Hilfe findet, denn als es wieder Frühling wird, nimmt Jeanne, für die Aufopferung und Liebe eins sind, ihre Arbeit unter seinem Kommando wieder auf, und immer häufiger sehen Käufer und Verkäufer die Liebenden von Saumur hinter den Brettergestellen vereint.

Den beiden kleinen Mädchen bekommt das Leben an der frischen Luft gut. Julia macht ihre ersten Schritte, Gabrielle ist seit kurzem von der Mutterbrust abgesetzt, und Jeanne, welche Arbeit und Kinderkriegen noch nicht erschöpft haben, ist eine gute Amme, eine fürsorgliche Mutter und eine umsichtige Gefährtin.

Auf den Fotografien, die der wandernde Künstler Eugène Atget ein paar Jahre später von anderen ambulanten Gewerbetreibenden, den Handwerkern in den Straßen machte, ist eine Jeanne, die Jeanne Devolle zum Verwechseln ähnlich ist; auch sieht man darauf deutlich, wie die Märkte von damals aussahen, diese zugigen Hallen, in denen Gabrielle die ersten Monate ihres Lebens verbrachte. Man braucht nicht viel Phantasie, denn Atget hat alles festgehalten, für immer. Die magere junge Marktfrau hinter ihren Körben, die ihr wettergebräuntes Gesicht zu den Passanten erhebt, ihr ein paar Monate altes Töchterchen schlummernd im Arm, das könnte Jeanne sein, sie ist es mit der schlafenden Gabrielle, es sind die straff nach hinten gekämmten Haare, die der Wind zerzaust hat, die wilden Locken, die wie ein Heiligenschein das Gesicht umgeben, es ist der feste kleine Knoten auf dem Hinterkopf, wie ihn die Frauen auf dem Lande trugen, es ist ihr grober Rock, ihr abgetragener Baumwollkittel, ihr umgeschlagener Kragen, den ein Band am Hals geschlossen hält, und der weite Ärmel, den eine bescheidene Rüsche in Ellbogenhöhe verziert.

Dieses Bild sagt uns mehr über Gabrielles Kindheit, mehr als es eine lange Beschreibung vermöchte. Diesen Blick, diese Haltung findet man nur bei Jeanne und Leuten in ihren Verhältnissen. Ich wüßte nicht, daß es in den Straßen jener Zeit, mit Ausnahme vielleicht der Matratzenstopferinnen, der Hundeschererinnen und Zigeunerinnen, ein schwereres Frauendasein gegeben hätte als ihres. Urteilen Sie selbst! Vergleichen Sie die Atget-Fotos untereinander, sehen Sie, schauen Sie nur, mit den Augen des Fotografen, wie kokett die Brotträgerin in ihrer gestärkten Schürze aussieht, wie mollig die Blumenverkäuferin, mit Schoßjäckchen und Mütze, angezogen ist, ein Umschlagtuch um die Schultern, dessen doppelte Enden sie schön warm halten. Während Jeanne... Das ganze Elend des ausgehenden 19. Jahrhunderts sehen wir da vor uns, in der Gestalt einer Frau, die auf der Erde sitzt und ihre kümmerliche Ware feilhält. Nichts vermag darüber hinwegzutäuschen.

Ich meine, daß Jeannes Elend sich durch ihren ausweichenden Blick verrät, durch das Lächeln, das keines ist – zwölf Jahre später lächelten die aus den englischen Bergwerken kommenden Arbeiterkinder die Gebrüder Lumière ebenso verkrampft an –, durch die Hand, die schlaff auf dem Korbrand liegt, durch die tiefen Spuren, die das Gewicht der Neugeborenen in der Schürze hinterlassen hat, und niemand ist da, dem man das Kind anvertrauen kann, das man immer tragen muß, das Hunger hat, quengelt, müde ist, schläft, und gleich danach das zweite, ebenso schwer, ebenso hungrig, ebenso quengelig, nach Julia nun Gabrielle. Aber hinzudenken muß man sich auf dem Kind, auf dem unschuldigen kleinen Körper, das Licht von Saumur, dieses vollkommene, liebkosende Licht, das alles, was es bescheint, verschönt... Ich möchte schließlich behaupten, daß die Zukunft dieses kleinen Mädchens, so unvorstellbar sie auch sein mag, dennoch für immer durch das geprägt war, was in den Augen von Gabrielles Zeitgenossen ein Makel zu sein schien: ihre ärmliche Herkunft.

So wollte es die finstere Mißachtung der Armut jener Zeit.

Wie wird Gabrielles Leben aussehen? Man wird behaupten, daß es zu früh sei, darüber zu sprechen. Man wird sagen... Aber was macht das schon, da in dem Bild von Saumur am Tage von Gabrielles Geburt schon ihr zukünftiges Leben enthalten ist. Urteilen Sie selbst... Sehen Sie, in welcher Unkenntnis voneinander die Leute lebten, die in der Stadt den Ton angaben, die Leute, die das Saumur von 1883 darstellten und die das im Schoß seiner Mutter schlafende kleine Mädchen nie sah. Hören Sie das geschäftige Treiben auf dem Markt, die Rufe der Marktfrauen Tag für Tag, die alltäglichen Geräusche, die das Kind wiegten, hören Sie das ungeduldige Schnauben des Pferdes vor dem abgestellten Karren und überall, zu jeder Tageszeit, in jeder Straße, das muntere Sporengeklirr der Offiziere im Kampf mit dem holprigen Pflaster Balzacs. Sehen Sie nur, wie stolz sie auf sich selbst und ihre Stiefel sind! Sehen Sie die ausländischen Kadetten, vor allem die Russen, junge Krösusse, die eines Tages Gardeoffiziere Seiner Majestät des Zaren sein werden. Man denke an die märchenhaften Summen, die ihnen von besorgten Müttern jeden Monat aus Sankt-Petersburg geschickt wurden und die das Postfräulein in Saumur ganz aus der Fassung brachten, und dann an die Wette, wer die meisten Flaschen kaputtschmeißt, von der noch lange im Café de la Renaissance die Rede war – Champagnerflaschen, Madame, und nicht einmal aufgekorkt waren sie –, und man sehe schließlich die Franzosen: die haben nur ihr Pferd und ihre Mätresse im Kopf. Wenn das schlafende kleine Mädchen sein Näschen vom Lätzchen erhoben hätte! Vielleicht hätte es eine Kalesche bemerkt mit einer dieser ... darin. Da sind sie, die Kurtisanen von Saumur, sehen Sie nur! Besser im Krieg fallen als lebend ins Bett eines solchen Weibsbildes geraten. Die Familien zitterten vor ihnen. Und wenn der junge Mann sich in eine verknallte? Gott gebe, daß er sich entschließt, mit ihr zu brechen, wenn er Saumur verläßt. Man ermutigte ihn, erleichterte ihm die Aufgabe. Na, na, mein Junge, solche Frauen heiratet man nicht. Man gab sie weiter an einen Kameraden, der ihr den gleichen Lebensstil und eine ebenso schöne Kalesche garantierte: so endete im allgemeinen ein Idyll von Saumur. Die Aufregung nahm ein Ende, und die Ehestifterinnen begannen wieder ihre Fäden zu spinnen.

Hätte die kleine Gabrielle in dem Augenblick die Augen geöffnet, als eine von diesen Frauen vorbeifuhr, was hätte Jeanne Devolles Tochter von alledem verstanden? Und Jeanne selbst? Wie konnte man sich vorstellen, daß zwanzig Jahre später ganz und gar gleich geartete Offiziere – denn sie werden sich nie ändern – hübsche Kavalleristen, welche die gleichen Tingeltangel besuchten, die gleichen Chansons sangen und von Liebe, Leben und Tod die gleiche leichtfertige Auffassung hatten – daß sie die ersten Liebhaber ihrer schlafenden kleinen Tochter sein würden. Was wäre, wenn Gabrielle selbst solch eine ... würde? Wäre es denn so schlimm? Hatte es nicht immer solche Frauen gegeben? Sie ermutigen, diese Rolle zu spielen, sie dazu nötigen, indem man ihr klarmachte, daß sie gar zu hoch hinaus wolle, daß ihr Träume unangemessen seien, und ihr, zugleich mit der Angst vor sich selbst, das Bewußtsein einimpfen, daß ein unüberbrückbarer Abstand sie von den anderen mit ihrem ungeschmähten Glück trenne, genau das war die Aufgabe der munteren Sprößlinge aus vornehmem Hause.

Wir werden sie im Verlauf von Gabrielles Jugend immer wieder antreffen, sie sind da wie das Meeresrauschen in einer Muschel.

GABRIELLES JUGEND

1884–1903

... sie war launisch. Von dieser Eigenschaft zum Eigensinn, dem schlimmsten Laster, das die Provinz kennt, ist es nur ein Schritt.

STENDHAL, ROT UND SCHWARZ

Eine Kindheit extra muros

Im Juli 1884 erfüllte sich für Jeanne, was sie kaum noch erhofft hatte: die Hochzeit.

Obwohl Albert nicht daran dachte, sich zu ändern, willigte er notgedrungen ein, ihr Verhältnis zu legalisieren. Es mußte sein. Jeanne war wieder schwanger.

Die Hochzeit fand am 17. November 1884 in Courpière statt, und es waren nicht nur jene gekommen, die von Anfang an für Jeanne Partei ergriffen hatten, sondern auch ihre Gegner. Der Standesbeamte war der gute Bürgermeister, Victor Chamerlat, persönlich. Marin, der hilfreiche Bruder, und Augustin Chardon, der Onkel, der Jeanne zwei Jahre früher mit Schimpf und Schande aus dem Haus gejagt hatte, waren die Trauzeugen der Braut, während ein Wirt – Albert Chanel hatte stets einen in der Hinterhand – dem Ehemann zur Seite stand.

Auch die Eltern Chanel, die zwar mit Schrecken an den Auftritt der rachsüchtigen Männer aus Courpière zurückdachten, waren anwesend. Sie hatten sich danach von dem lästigen Sohn etwas ferngehalten. Sich aus dem Staub machen, das verstanden die Chanels ausgezeichnet; Vater und Sohn hatten einander daher fast aus den Augen verloren.

Aber die Hochzeit änderte alles, und mehr bedurfte es nicht, damit das ländliche gute Einvernehmen sich wieder einstellte. Endlich schien Albert, dieser Schlingel, nun Vernunft anzunehmen, und kaum war die Zeremonie vorbei, als er auch schon zwei Kinder als seine leiblichen Töchter anmeldete: Julia und Gabrielle.

Es blieb nichts anderes übrig, als sie am Rand der elterlichen Heiratsurkunde zu vermerken. Was augenblicklich geschah. Aber die Überraschung war groß.

Da verkündete Adrien Chanel, als ob er seinem Sohn nicht nachstehen wollte, daß auch er guten Grund habe, sich zu freuen – er feierte seinen dreißigsten Hochzeitstag –, und auch er hatte eine Überraschung parat: er war soeben Vater geworden.

So erfuhr Albert am Tage seiner Hochzeit, daß er eine Schwester im Alter seiner eigenen Tochter hatte.

Sie war in Saintes zur Welt gekommen und hieß Adrienne.

Sie sollte ihr Leben lang Gabrielles beste Freundin sein.

Das Leben der Jungverheirateten nahm seinen Fortgang wie eh und je, mit dem einzigen Unterschied, daß es in einem Bürgermeisteramt in der Provinz eine Urkunde gab, die bescheinigte, daß Albert und Jeanne Mann und Frau waren.

Ein schwacher Trost. Denn was das übrige anging ... Was hatte sich geändert?

Albert war sehr sprunghaft. Er zeigte seine Zärtlichkeit nur, solange er seine Frau in den Armen hielt, um sich gleich darauf wieder aus dem Staub zu machen. Nahm er sie mit, dann nur, wenn er sie wirklich brauchte und nicht ohne sie auskam; aber meistens blieb Jeanne allein zurück und hörte ihn fortgehen. Sie vernahm noch das Getrappel der Pferdehufe, das sich entfernte, und fragte sich immer, ob Albert wohl zurückkommen würde.

Sie wußte, daß er stets hinter Frauen her war, und kannte seine Aufschneiderei. Um sich in seiner Verführerrolle mehr Glanz zu geben, schmückte er seine Herkunft aus, verschwieg den unheilbaren Trieb seiner Familie zum ambulanten Gewerbe und versicherte vielmehr, daß sie Land und Weinberge besäße und daß sein eigentlicher Beruf der Weinhandel sei. Unterdessen saß Jeanne zu Hause und wartete. Sie wartete endlos auf ihn.

Die große Schwierigkeit war, eine Stadt zu finden, von der er »ausschweifen« konnte, und wenn die gefunden war, eine Unterkunft. Das Paar versuchte es in verschiedenen Kreisstädten, deren mehr ländliche als industrielle Struktur ihnen ein gewisses Auskommen versprach. Keine dieser Städte hatte einen überdachten Markt. Man war bei der Arbeit Wind und Wetter ausgesetzt, und die im Freien ausgebreiteten Waren wurden oft klitschnaß, denn die Schirme schützten sie nur schlecht.

Nichts hat in Frankreich einen so festen Platz wie der Markt, der Ort der Arbeit, der so oft die Entstehung unserer Städte bestimmt hat. Seine Anordnung gehorcht einer jahrhundertealten Tradition: ganz oben am Platz die Obst- und Gemüsestände, an den Seiten Fleisch und Wurstwaren sowie die Käseverkäufer, und schließlich in der Mitte, in doppelter Reihe, die Stände mit Konfektionswaren, Hüten oder Stoffen, wo Albert Chanel, und oft auch seine Eltern, zu finden waren. Denn es kam mehr als einmal vor, daß er auf demselben Platz seinen Vater und seine Mutter arbeiten sah und um sie herum Brüder und Schwestern antraf, die er noch gar nicht kannte.

Aber ebenso wichtig wie der Marktplatz war die Eisenbahn. In Städten, die an der Bahn lagen, konnte man sicher sein, viel Betriebsamkeit, Handel und Industrie vorzufinden.

Issoire, wo Jeanne und Albert kurz nach ihrer Hochzeit eine Zeitlang weilten, erfüllte alle diese Voraussetzungen. Der Zug hielt hier, und der Marktplatz war eine große Arena, die von Häusern mit einem vierfachen Fries aus Ziegeln eingerahmt wurde.

In Issoire, das über zwei Jahre lang der Ausgangspunkt für ihre Streifzüge war, bewohnten die Chanels nacheinander zwei Wohnungen, beide sehr bescheiden und außerhalb des beinahe vollkommenen Ovals gelegen, das einst durch seine mittelalterlichen Stadtmauern begrenzt wurde und nun den Stadtkern bildete.

Nie darf man vergessen, daß sich Gabrielle Chanels Kindheit in der Vorstadt abspielte. Als kleines Mädchen wuchs sie in allen Städten, in denen sie wohnte, extra muros auf.

In Issoire zeigte sich, daß ihr Vater mit Vorliebe an einer Kreuzung wohnte. Er wollte die früheren Stadttore im Rücken haben und noch halbwegs freies Land vor sich sehen. Es beruhigte ihn, wenn er sich vorstellen konnte, zu welchen Orten, welchen Abenteuern die Straßen und Wege vor seinen Fenstern ihn führen könnten.

Albert Chanel war nicht der Mann, der das traute Glück am Herd liebte: er brauchte Abwechslung.

Er brauchte diese Landschaft vor sich, um das enge Familienleben, das Geschrei der kleinen Mädchen, Jeannes Brechreiz gegen Ende ihrer Schwangerschaften und die ewigen Geldsorgen ertragen zu können, alles, was augenblicks aufhörte, wenn er wegging.

Alberts kurze Visiten waren eigentlich nur Pausen, in denen er schon wieder ungeduldig auf den nächsten Ausbruch in die Freiheit wartete.

Wir finden Albert Chanel und seine Familie zunächst in der Rue du Perrier, mit Blick auf die Straße, die nach Westen führt, hin zu den Städten, deren Namen mit *ac* enden, und zu kleinen Dorfmärkten, die nach Trüffeln und Obst riechen, zum Limousin.

Dort, in der Rue du Perrier, wurde am 15. März 1885 der erste Sohn geboren. Was für ein Mensch würde aus diesem Kind werden? Konnte man sich vorstellen, wie seine Zukunft aussehen würde? Ein Stromer sollte er werden, mit rauher Stimme, noch abenteuerlustiger als sein Vater, ein Trinker und Spieler, aber auch der einzige Bruder, dem Gabrielle ihre Anhänglichkeit bewies, Alphonse, ihr Lieblingsbruder, der sie immer zum Lachen bringen, sie immer rühren konnte und für den sie bis 1940 zu allem bereit war.

Ein paar Monate später sieht man Jeanne, Albert und ihre drei Kinder an eine andere Straßenkreuzung umziehen, diesmal in die Rue du Moulin-Charrier, mit Blick nach Süden und auf die Berge der Auvergne.

So vieles ist geschehen, seitdem Gabrielle dort aufwuchs, unter einem Dach, das schon so alt war, daß es jeden Moment in den Mühlbach abzusacken drohte. Aber das Haus steht immer noch und zeigt einem deutlich, wie die lieblose Umgebung ihrer jungen Jahre aussah.

Da lebten sie in einer feuchten Gasse, nicht weit von den Treidelwegen längs der Couze de Pavin. Ein Elendsviertel. Nur Handwerker wohnten hier, und alles, was in dieser Straße hergestellt wurde, kam am Samstag zum Verkauf auf den Markt. Ein paar wassergetriebene Räder drehten sich noch: die letzten Mühlen ... Die verschiedensten Leute waren dort am Werk, die einen schnitzten Pfähle für die Reben, andere, die Kerzenmacher, gossen Unschlitt. Die Nachbarn der Chanels webten den Hanf, den ihnen die Bauern brachten. Die letzten Weber, die Arbeit ins Haus nahmen, der letzte in Heimarbeit geröstete und gepochte Hanf ... Da waren die Wachszieher, die behaupteten, sie seien die einzigen in Frankreich, die eine »echte römische Kerze« herstellen könnten. Da waren die Hutmacher, bei denen Albert Chanel sich eindeckte. Und da waren schließlich die Seiler, die Töpfer, die Nagelschmiede, deren Blasebalg von einem Hund betrieben wurde, der unermüdlich in einem Rad herumlief. Die letzten handgeschmiedeten Nägel, der letzte in einer Schmiede arbeitende Hund ...

In diesem ärmlichen Milieu spielte sich Gabrielles Kindheit ab, und ihre ersten Spielgefährten stammten aus diesen Handwerkerfamilien.

Als 1887 eine dritte Tochter, Antoinette, zur Welt kam, hatte sich die finanzielle Lage der Chanels kaum geändert. Mehr denn je wurde die Sorge für die Kinder Jeanne überlassen, deren Gesundheitszustand sich verschlechterte. Sie kriegte kaum noch Luft. Da wurde die Abreise beschlossen.

Eine kinderreiche Familie, die in ein paar ärmlichen Kammern vegetierte, atmete plötzlich wieder frische Luft: Rückkehr nach Courpière!

Für Jeanne bedeutete es das Ende des Entwurzeltseins, die Rückkehr in die kleine Welt ihrer Provinz, für Gabrielle und Julia die Entdeckung des Landlebens und ein paar glückliche Jahre. Was zog Albert nach Courpière?

Nichts, es sei denn die Hoffnung, daß Jeanne dort wohnen bleiben und er endlich die Freiheit wiederfinden würde.

Der Onkel Augustin, der auf den Urkunden aus jener Zeit bald als *Grundbesitzer*, bald als *Gärtner* verzeichnet ist – wahrscheinlich bestand sein ganzer Grundbesitz aus einem Garten –, dieser Onkel hatte ein Haus. Er nahm seine Nichte auf. Wer hätte es nicht getan? Diese Mutter Courage, die vier Bälger und einen allen häuslichen Tugenden abgeneigten Ehemann am Hals hatte, erregte besorgte Anteilnahme. Sie war nie sehr kräftig gewesen, und nun kam sie in ihr Heimatdorf zurück mit handbreiten Schatten unter den Augen. Sie war kurzatmig geworden, ihre Erstickungsanfälle erinnerten Augustin Chardon an das Leiden, das seine Schwester Gilberte, Jeannes Mutter, dahingerafft hatte. Litt sie an der gleichen Krankheit? Sollte sie in ständiger Erstickungsangst leben müssen?

Augustin Chardon täuschte sich nicht. Jeanne Devolle hatte, wie ihre Mutter, eine Art Asthma, das mit den Jahren immer schlimmer geworden war. Man wundert sich mit Recht, daß ihre Tochter Gabrielle sie beharrlich als eine Schwindsüchtige mit blutbefleckten Taschentüchern schilderte. Zweifellos wollte sie, indem sie Jeanne Devolle den Tod der Kameliendame sterben ließ, ihr ein Ende andichten, das sich besser »anhörte«. Sie bildete sich ein, daß eine schwindsüchtige Jeanne Devolle mehr Eindruck machte, und darauf kam es an. Der Druck auf die Tränendrüsen war einer der typischen Tricks im Chanelschen Erzählmechanismus.

Um wieder gesund zu werden, hätte Jeanne auf das Wanderleben mit Albert verzichten und in Courpière bleiben müssen, in der frischen Landluft mit ihrem Vogelgezwitscher. Aber wenn ihr Mann nicht da war, wurde Jeanne so ängstlich und nervös, daß sie es nicht aushielt. Warum dableiben? Waren die Kinder hinfort nicht in guten Händen? Es gab genug Angehörige, die auf sie aufpassen konnten.

Also zog Jeanne trotz Argwohn und Streitereien mit letzter Kraft hinter Albert her. Was machte es schon, daß sie krank war! Es ging ihr weniger darum, gesund zu werden, als ihn nur ja nie zu verlassen. Ihre innere Ruhe hatte sie endgültig verloren.

So groß war ihre Angst davor, von ihm getrennt zu sein, daß sie nicht einmal mehr aus dem Haus ging, um zu entbinden. 1889 brachte sie während der Kirmes von Guéret einen Jungen zur Welt. Wieder einmal wohnte sie möbliert, und wieder in einer Dorfkneipe. Dort, in der Gastwirtschaft, wurde Lucien geboren wie ein paar Jahre vorher Julia.

Unterdessen verlebte Gabrielle in Courpière die schönsten Jahre einer Kindheit, die im ganzen so karg an Freuden war.

Sie war sechs Jahre alt, als ihre Mutter, mit einem kleinen Bruder im Arm, aus Guéret zurückkam. Aber was interessierte sie schon das Baby? Auch Antoinette zählte noch nicht. Sie konnte kaum laufen. Julia hingegen, die ein Jahr ältere Schwester[1], und Alphonse, der kaum jünger war als sie ...Sie waren zu dritt, das genügte, um aus jedem Tag in Courpière ein Fest zu machen.

Mit fliegenden Haaren durch die Felder laufen, dem guten Onkel Augustin bei kleinen Arbeiten helfen – die Kinder schoben mit ihm die Schubkarre, begossen die Pflanzen, hackten die Beete –, mit beiden Geschwistern die Freude am Lernen entdecken: aus alledem entstand im Kopf eines fröhlichen, schelmischen Kindes ein ganz neues Glücksgefühl. In Courpière lernte Gabrielle das Leben eines Landkindes kennen, befreit von dem mütterlichen Gezeter, erlöst von der gereizten, argwöhnischen Atmosphäre, in der sie bis dahin aufgewachsen war.

Arme Jeanne ... Es kam der Tag, an dem sie auf das Hin und Her zwischen Courpière und ihrem verschuldeten, unsteten, rücksichtslosen Ehemann verzichten mußte, der sich, obwohl er sie mit Schlägen empfing, bei jeder Gelegenheit genötigt sah, sie zu schwängern, um sie wieder loszuwerden. Vielleicht glaubte Jeanne in ihrer Einfalt, er liebte sie! Vielleicht dachte sie bei sich, Albert habe es vom Vater, aber im Gegensatz zu diesem fühlte Albert sich keineswegs als stolzer Erzeuger, sondern als ein Mann, der sich rächt.

Im März 1891 sahen die Leute aus Courpière Jeanne zurückkommen. Sie hatte sich furchtbar verändert. Im Mai ging Onkel Chardon in Begleitung eines Vetters, des angesehenen Kanzleischreibers Etienne Devolle, und eines Nachbarn, dem Hanfkämmer, zum Bürgermeisteramt, um ein Kind anzumelden, das bei ihm geboren worden war. Wieder hatte Jeanne einen Jungen ... Und dieser wurde, dem Onkel zu Ehren, Augustin genannt.

Das Kind war schwer zur Welt gekommen und schrie immerzu.

Der Vater war, wie gewöhnlich, »auf Reisen«.

Etwas später ging es mit Augustin immer schlechter. Der arme Kerl starb, ohne daß jemand genau wußte, woran. Man trug ihn zum Friedhof, und schon am nächsten Tag sprach Jeanne davon, wieder weggehen zu wollen. Aber was sie als Pflicht ansah, erschien ihrer scharfsinnigen Familie als eine *fixe Idee*, *eine Krankheit*. Welche Krankheit? fragte Jeanne. Für sie gab es nur ein Leid: von Albert getrennt zu sein.

Lange schwankte sie zwischen übertriebener Zärtlichkeit, wildem Haß und brennender Eifersucht hin und her, sprach bald von Scheidung, bald davon, daß sie Albert nie wieder verlassen würde, oder aber, wenn sie merkte, daß er an ihrer zerrütteten Gesundheit schuld war, versank sie in hoffnungsloses Schweigen.

Bis ans Ende ihres Lebens ertrug Jeanne Devolle, die immer schwanger war, immer betrogen wurde und vor Liebe fast den Verstand verlor, die gleiche Folter: entweder Albert nach seiner Fasson leben lassen und ihn verlieren, oder ihm ihre Anwesenheit aufdrängen und daran zugrunde gehen.

Das Unausbleibliche geschah.

1893 machte Jeanne sich, trotz der Einwände ihrer Nächsten, wieder auf die Wanderschaft. Ihre beiden Ältesten, Julia und Gabrielle, nahm sie mit.

Ein Brief von Albert hatte den Aufbruch veranlaßt. Er hatte einen jüngeren Bruder, Hippolyte, entdeckt und sich mit ihm zusammengetan. Er teilte ihr auch mit, daß er sich in Brive-la-Gaillarde als Gastwirt niedergelassen und in der Avenue d'Alsace-Lorraine eine Bleibe gefunden habe.

Das hörte sich gut an und hatte auf Jeanne die beste Wirkung. Sie schöpfte wieder Hoffnung und stellte sich vor, wie sie endlich glücklich an der Seite eines zur Ruhe gekommenen, vernünftig gewordenen Mannes leben würde, der seinen Herzenswunsch erfüllt sah.

Albert war Gastwirt: das genügte, damit ihre Beziehungen sich änderten.

Wie konnte sie ahnen, was er nicht sagte?

Albert war in dem Gasthaus nur Kellner. Er war weit davon entfernt, eine Versöhnung mit einer Ehefrau zu wünschen, die er in den letzten drei Jahren immer nur flüchtig gesehen hatte, sondern wollte sich möglichst billig die hilfreichste Arbeitskraft sichern, die er kriegen konnte: seine Frau.

Mit ihrem gewohnten Eifer setzte Jeanne alles daran, ihn zufriedenzustellen. Sie verlor dabei den letzten Rest ihrer Gesundheit.

Nach ein paar Monaten mußte sie sich zu Bett legen. Es war Winter. Sie schien eine böse Erkältung zu haben. Sie hatte Ohnmachtsanfälle vor Atemnot. Aber sie verlangte weder Hilfe noch Pflege. Es durfte vor allem nichts kosten, weder Ausgaben noch Ärger verursachen. Die Krankheit, vermutlich eine Bronchitis, beängstigte sie nur in dem Maße, wie sie ihre Ehe gefährdete.

Am 16. Februar 1895 fand man sie, nach mehreren Tagen mit hohem Fieber und Atemnot, tot auf. Tot vor Überarbeitung. Ausgemergelt. Sie war dreiunddreißig Jahre alt.

Ihr Mann war »auf Reisen«.

Ob die beiden Töchter ihr Sterben miterlebten? Da Gabrielle sich nie dazu geäußert hat, wird man es nie wissen.

Hippolyte, Jeannes junger Schwager, der noch unverheiratet war, erledigte die letzten Formalitäten.

Das waren die Umstände, unter denen Gabrielle Chanels Mutter starb.

Die Verwirrungen des Zöglings Chanel

Beschränken wir uns darauf – obwohl es für diese Jahre nicht an Zeugen fehlt, im Gegenteil –, nur wenige präzise Tatsachen aus den zehn Jahren wiederzugeben, die zwischen dem Winter, in dem Jeanne in Brive starb, und den Anfängen ihrer Tochter in Moulins liegen. Alle, die Gabrielle zwischen 1895 und 1906 kannten, haben den Nachfragen ein hartnäckiges Schweigen entgegengesetzt.

Was wollten die Vettern verheimlichen, denen nichts von dem Leidensweg eines Kindes verborgen geblieben war? Worauf war das Schweigen von Gabrielles nächsten Verwandten zurückzuführen?

Wahrscheinlich war in ihrer ablehnenden Haltung noch etwas von einer alten bäuerlichen Vendetta. Etwas wie: »Sie hat nichts für uns getan, also tun wir auch nichts, damit man sie besser versteht.« Denn als Gabrielle einmal reich war, hatte sie sich kaum noch um ihre Familienangehörigen gekümmert, und diese gaben gerne zu, daß sie diese Kusine nicht leiden konnten.

Es wäre auch möglich, daß Gabrielles Familie die Kindheit dieses Mädchens allzu traurig fand, um etwas davon zu erzählen. Zog Stendhal es nicht vor, über gewisse Augenblicke in Julien Sorels Leben zu schweigen? Die Jahre im Seminar. *»Die Zeitgenossen, die* *unter gewissen Dingen leiden, können sich nur mit lähmendem Entsetzen daran erinnern.«* Gegen dieses Entsetzen gibt es kein Mittel ... Alle ehrlichen Leute empfinden es Kindern gegenüber, denen man ihre Kindheit gestohlen hat unter dem Vorwand, sie retten, erziehen, bilden, heilen oder vor Unheil bewahren zu wollen. Jean Genet sagt ganz klar, woher dieses Gefühl kommt, wenn er über sein eigenes Schicksal schreibt: *»Wir bleiben euer schlechtes Gewissen.«*[2]

Somit war Gabrielle bald das Opfer eines gewissen Grolls der Ihren, bald ihr schlechtes Gewissen, und aus dem einen oder anderen Grund werden wir nie genau wissen, wie sie aufgewachsen ist.

Wenn wir verstehen wollen, welche Art von Jugend Gabrielle Chanel gehabt hat, so brauchen wir nur die von ihr selbst verbreiteten Versionen, so widersprüchlich sie auch sein mögen, aufmerksam miteinander zu vergleichen. Es gelingt einem dann, einige wenige, immer wiederkehrende Tatsachen herauszulösen und unter die Lupe zu nehmen, um die herum mit Sicherheit die Wahrheit angesiedelt ist. Denn man weiß, daß Gabrielle Chanel bei ihrem Bemühen, sich eine Vergangenheit zu erfinden, notgedrungen und damit es echt wirkte, hier und da ein paar wahre Erinnerungen einstreute.

Da ist zunächst der Pferdewagen.

Es besteht kein Zweifel, daß die zwölfjährige Gabrielle in einem solchen, von ihrem Vater gelenkten Gefährt die Stadt verließ, in der ihre Mutter gestorben war. Niemals hat sie sich in diesem Punkt widersprochen, und der Ton, in dem sie davon erzählte, täuschte nicht.

Wenn man sie so hörte, ahnte man, daß sie da an einen der entscheidenden Momente ihres Daseins rührte und daß ihr Leben für immer von der Erinnerung an diesen Trauermorgen geprägt war, an eine gewisse Landstraße, auf der sie sich von Brive auf die Berge zu entfernten, und an das Getrappel eines Pferdes auf der Chaussee. Aber da hörte ihre Ehrlichkeit auf, und schon war man wieder mitten in einem Dreigroschenroman.

»Meine Eltern haßten Nachlässigkeit. Sie hatten einen ausgeprägten Sinn für alles, was sauber, frisch und vornehm war; deshalb fiel unser Gespann durch eine gewisse Eleganz auf, die sonst auf dem Lande nicht üblich war«, vertraute sie Louise de Vilmorin[3] an, die gern von der Zeit erzählte, als Gabrielle Chanel versucht hatte, sie dafür zu gewinnen, ihr bei der Abfassung ihrer Memoiren zu helfen.

Louise de Vilmorin mußte jedoch bald einsehen, daß es nicht möglich war, auch nur ein einziges wahres Wort aus ihr herauszubekommen, und so gab sie es auf.

Da Gabrielle Chanel ihre Berichte unablässig veränderte, konnte man ihnen nicht den geringsten Glauben schenken. Der Wagen war, je nach ihrer Laune, immer wieder ein anderer. War er ein *Kabriolett*, wenn sie ihren Vater in der autoritären Gestalt eines mächtigen Pferdehändlers darstellte, so wurde er zum *Tilbury* an den Tagen, an denen sie ihn für einen wohlhabenden Weinbauern ausgab. Sie verlieh dabei den väterlichen Ambitionen eine Realität, die das Leben ihnen immer verweigern sollte. Sie ging sogar so weit, Albert Chanel die Rolle eines verführerischen, spendablen, kultivierten Mannes zuzuschreiben, der große Weinberge besaß und – warum sich zieren? – fließend Englisch sprach.

All das, was einen bald lächeln läßt, bald mitleidig stimmt, wäre nicht wert, daß man sich dabei aufhielte, und es wäre einem wirklich gleichgültig, um welche Art Wagen es sich handelte, wenn diese Bruchstücke der Wahrheit nicht Albert Chanel zum letzten Mal in seiner Vaterrolle – endlich frei, endlich Witwer – zeigten, wie er in seinem armseligen kleinen Karren seine beiden Töchter ins Waisenhaus bringt.

Nichts ist so sonderbar wie die Metamorphose der französischen Klöster, nachdem die Revolution sie ihrer Statuen, Mönche, Äbtissinnen und ihrer Vergangenheit beraubt hatte. Die merkwürdige Ähnlichkeit ihrer Geschicke hat etwas Faszinierendes. Ob man an Fontevrault denkt, an dem das Herz der Plantagenets hing und aus dem ein Zentralgefängnis wurde, oder an die Abtei von Poissy, in der die Erinnerung an Saint Louis noch lebendig ist und die man in eine Erziehungsanstalt umwandelte, oder gar an Bec-Hellouin, das bis 1948 von Soldaten besetzt war. Kasernen, Kerker, Internate … Es schien geschrieben zu stehen, daß diese Stätten nur Gemeinschaften gleichen Geschlechts beherbergen sollten.

Und Obasine?

Dieses Kloster, das nicht weniger schön, nicht weniger alt, nicht weniger reich an Äbten, Heiligen und bemerkenswerten Reliquien war, dieses Kloster sollte die kalte, wehmütige Welt, das ewige Einerlei eines Waisenhauses für kleine Mädchen aufnehmen.

Wenn man sich einmal gewisse Gepflogenheiten von einst vergegenwärtigt, so waren es die Pforten dieser Einrichtung, die sich unerbittlich hinter den Töchtern von Jeanne Devolle schlossen. Warum daran zweifeln?

Die Schwestern der Kongregation vom Heiligen Herzen Mariens, die seit etwa zwanzig Jahren das verlassene Kloster verwalteten, hatten daraus das größte Waisenhaus der Umgebung gemacht. Es ist daher anzunehmen, daß Albert Chanel sich an dieses Heim wandte, das fünfzehn Kilometer von Brive entfernt lag.

Die Tatsache, daß die Register aus der Zeit, da Julia und Gabrielle vermutlich in diesem Kloster waren, verlorengegangen sind oder vernichtet wurden, könnte die Hypothese eher bestätigen als widerlegen. Schnüffeleien, Verschleierungen, Nötigungen von seiten »hoher Persönlichkeiten« im Laufe der Jahre, ein gewisses Dokument verschwinden zu lassen oder dieses und jenes in den Akten Chanel zu streichen ... Man muß bei ihr auf alles gefaßt sein. Aber ist es nicht wieder einmal erstaunlich, mit welcher Besessenheit sie die unmögliche Aufgabe verfolgte, alte Spuren ihres abenteuerlichen Lebens zu verwischen?

Wenn es ein Wort gibt, das ihr nie über die Lippen kam, so war es gewiß das Wort *Waisenhaus*, dieses schlimme Wort, das sie bis zu ihrem Tod in sich trug, ohne daß es je an Virulenz verloren hätte. Um zu ermessen, was der fatale Augenblick bedeutete und wie es war, als Gabrielle sich, wie ein Waisenkind gekleidet, plötzlich hinter den Mauern eines Klosters befand, muß man sich auf vertrauliche Äußerungen stützen, die viele Jahre später und anläßlich anderer dramatischer Umstände gemacht wurden. So erinnerte sich einer von Gabrielles Freunden aus der Vichy-Zeit daran, daß ihm, als er sie über den Verlust eines geliebten Menschen hinwegzutrösten versuchte, folgende Antwort zuteil wurde: »Sie brauchen mir nicht zu erklären, was ich fühle«, sagte sie zu ihm. »Ich habe es in meiner frühesten Jugend erfahren. Man hat mir alles entrissen, und ich bin tot ... Ich war zwölf damals. Man stirbt nicht nur einmal im Laufe seines Lebens, wissen Sie ...« Kein Zweifel, diese Art von Tod erlitt sie in den ersten Tagen von Obasine.

Plötzlich fern von den armseligen Behausungen, fern von anderen Familien, die, wie ihre eigene, an Luft-, Raum- und Geldmangel litten, aber voll menschlicher Wärme waren, wie befremdend müssen die großen Gebäude dem kleinen Mädchen erschienen sein, als es plötzlich nach Obasine verpflanzt wurde ...

Oben auf einem Gipfel, den von allen Seiten weite bewaldete Flächen umgeben, liegt die Abtei mit ihren spitzen Dächern und hohen Mauern, wie eine Festung.

Und in diesem strengen Rahmen sollte Gabrielle erzogen werden. Wie jene adeligen Töchter, die früher von klein auf einem Kloster anvertraut wurden, so lebte sie nahezu sieben Jahre in Obasine.

Die Abtei des Mönchs Etienne

Kein Schmuck an den Wänden, keine einzige Skulptur. Das einzig Schöne liegt in der Architektur, der einzige Reichtum ist der nackte Stein, das einzig Geniale zeigt sich in den Proportionen.

Die romanische Reinheit erstrahlt so in ihrer ganzen immateriellen Schönheit. Bei der Aufmerksamkeit, mit der Kinder alles wahrnehmen, fragt man sich, wie eine solche Umgebung auf die Schülerin Chanel gewirkt haben mag.

War es das Kloster von Obasine, das in ihr das später oft bewiesene Gefühl für das Nüchtern-Schmucklose weckte, ihre instinktive Abscheu vor allem Maßlosen erregte und den Abstand schuf, den sie allem Übertriebenen gegenüber zu wahren wußte?

Die Klostergebäude, die sich an der Seite der Kirche befinden, der Hof, den sie umschließen, der Brunnen, der aus einem einzigen Block herausgemeißelt wurde, der Fischteich mit dem plätschernden Wasser des Coiroux, jenem Wildbach, den, ein paar Kilometer weiter, unermüdliche Steinklopfer, aus Liebe zu Gott oder zu den Armen, zu bändigen vermocht hatten, all das wurde von einigen wenigen Männern geschaffen, die ohne Regeln oder Statuten lebten, von wandernden, in grobe braune Kutten gekleideten Mönchen, die so schmutzig, so mittellos und so verlaust waren, daß sie überall wie Landstreicher behandelt wurden. Diese zu Schweigen und Einsamkeit verpflichteten Menschen hatten als Meister einen Mönch aus dem XII. Jahrhundert, eine Art *Poverello* von den Ufern der Dordogne, einen viel rauheren Gesellen, als es der Heilige der Portiuncula bei Assisi je gewesen ist, einen Mönch, der lieber das Land urbar machte als seraphisch wirkte, der lieber Einsiedler als Prediger war, ein Narr, auch er, ein Narr Gottes, aber schmächtig, häßlich, kahlköpfig und mit dreißig Jahren runzlig wie ein alter Bonze, ein Sohn aus dem Volke: Etienne d'Obasine.

Etienne vom Limousin, der Priorate und Klöster in großer Zahl gründete, Etienne der Geißelbruder, Etienne der Barfüßige, Etienne der Büßer, der sich seiner Unwürdigkeit so sehr bewußt war, daß er die widerlichsten Arbeiten für sich verlangte – Abortleeren, Abfallschleppen – Etienne, der nicht, wie der heilige Christophorus, der Träger Christi, sondern der Dung sein wollte, der den Dung seiner Brüder trägt – wie oft hat die Schülerin Chanel sich die Geschichte dieses vorbildlichen Lebens anhören müssen? Man las Auszüge daraus auf dem Spaziergang, in der Klasse, bei den Mahlzeiten, und ein gewisses *Leben des Etienne d'Obasine*, das 1888 mit der Billigung des Bischofs von Tulle erschien, war bei den Nonnen ebenso geschätzt wie das Evangelium.

Gabrielle Chanel sollte sich dem Einfluß dieser Lektüre nie entziehen können.

Zu einer Zeit, da Obasine für sie ein verbotenes Wort war, tauchte die Geschichte des guten Klausners bruchstückweise in ihrer Unterhaltung auf. Sie löste gewisse Teile heraus und flocht sie ins Gespräch ein, wobei sie sich sagte, daß schließlich nichts davon nachprüfbar sei.

So bevölkerten unglaublich schmutzige Bettelmönche die Erinnerungen an ihre erfundene Kindheit. Sie schilderte sie als bärtige, verschwitzte, in Lumpen gehüllte Männer, die von Tür zu Tür gingen. Man fragte sich, wie sie wohl darauf komme. Man vermutete, daß sie nach Belieben irgendeine hochdramatische Opernszene abwandelte. In Wirklichkeit war das Mittelalter, aus dem diese Mönche stammten, nicht das irgendeiner *Chowanschtschina*, sondern das der ersten Jünger Etiennes, der grimmigen Erbauer von Obasine ... Sie glaubte, nichts enthüllt zu haben. Sie täuschte sich. Die Mönche verrieten sie ebenso sicher, wie wenn sie offen von Obasine gesprochen hätte.

Oder von Valette.

Sie schilderte gern die freudlosen Ferien, die sie mit Julia und Antoinette in einem Kloster dieses Namens verbracht habe; es war zwar geräumig und schön, aber im Sommer leer. Den Namen hielt sie für ungefährlich. Niemals hatte es Nonnen an diesem Ort gegeben, der außerdem auf keiner Landkarte stand. Aber warum Valette?

Nur ein Kind aus Obasine konnte den Ort kennen. Der Mönch Etienne gründete dort um 1144 eine Abtei, von der fast nichts mehr steht und die kein Reiseführer, keine einzige Schrift erwähnt, mit Ausnahme des alten Buches, das von den Schwestern des Heiligen Herzens Mariens immer wieder durchgenommen wurde. So kommt es, daß Gabrielle Chanel, indem sie die Spuren zu verwischen glaubte, unbewußt eine lieferte, und zwar ausgerechnet die, welche sie verheimlichen wollte.

Von dem riesigen Gebäude, in das sie verbannt worden war, von den großen Räumen, in denen es von Kindern wimmelte, von den Stunden des Rosenkranzes, der Psalmen und des Gebets, den Stunden des Silentiums, den Näh- und Haushaltskursen, den Strafen, den Spaziergängen, den langen Andachtsübungen, von alledem sprach Gabrielle nie.

Sie sprach auch nie von den Sonntagen, an denen das ganze Pensionat zu den Höhen des Coiroux hinaufwanderte. Von dort aus bewunderten die Mädchen eine gleichmäßig bewaldete Landschaft. So weit das Auge reichte, das gleiche Grün, die gleichen Bäume, die gleichen Hügel und Täler und, gleichsam schwimmend inmitten eines gefahrenlosen Ozeans, *ihr* Kloster. Die Schwestern machten wieder einmal auf die Geheimnisse aufmerksam: ein Kirchturm ohnegleichen mit seinen widerspruchsvollen Seiten. Und auf dem Boden eines Flurs unerklärliche Zeichen, die eines rätselhaften Mosaiks, von dem jede der Figuren, in Stein erstarrt, von einer einzigen Zahl abgeleitet war, immer derselben.

»Warum?« fragte die Schülerin Chanel fasziniert. Warum diese Zahl? Ist eine Zahl stärker als ein Wort? Stärker als ein Bild? Diese chiffrierte Sprache gehörte zu den Geheimnissen, die sie am meisten bewegten. In der Stunde des Erfolgs dachte sie wieder daran zurück. Gab es etwas Magischeres als eine Zahl? Etwa die Zahl fünf... Wäre das nicht ein schöner Name für ein Parfum?

Und um eine Zahl herum sollte sich ihr Vermögen ansammeln.

Bevor es dunkel wurde, kehrten die Waisenkinder nach Obasine zurück.

In Reihen zu zweien zog die kleine Schar durchs Dorf, wo die alten Männer und Frauen vor der Haustür saßen. Sie kannten einander und grüßten.

Dann schlossen sich hinter den Kindern wieder die Tore einer schwarz-weißen Welt.

Weiß die Blusen, die immer wieder gewaschen wurden und immer tadellos waren... Schwarz ihre Röcke mit den Falten, die tief eingelegt waren, damit man weit darin ausschreiten konnte und damit sie lange hielten. Schwarz der Schleier der Schwestern und ihre Kleider mit den weiten Ärmeln, in denen das Taschentuch versteckt war... Aber weiß, blütenweiß das gestärkte Band, das die Nonnen um den Kopf trugen, und das breite krausenartige Brusttuch. Weiß auch die langen Gänge, und weiß die gekalkten Wände, aber schwarz die hohen Türen des Schlafsaals, von einem so tiefen, vornehmen Schwarz, daß, wenn man es einmal gesehen hatte, es einem immer im Gedächtnis blieb.

Das war Obasine.

Aber nie spielte Gabrielle direkt oder indirekt auf die Erinnerungen an, die sie an die kleine Gemeinschaft bewahrte, die hinter den hohen Mauern ein Gefangenenleben führte.

Es ist seltsam, daß sie trotz der maßlosen Aggressivität in ihren Worten nie etwas gegen die Klosterordnung sagte. Nie die geringste

Kritik. Wie dachte sie fünfzig Jahre später darüber? Mit welchem Gewicht war der Name Obasine beladen?

Es läßt sich nicht leugnen, daß die klösterliche Welt auf sie jene Art von Faszination ausgeübt hat, von der man sich nie befreien kann. Und wenn lange Zeit der Gedanke an Obasine für Gabrielle etwas Widerwärtiges war, so kann es sein, daß auf die Dauer, nachdem die Heftigkeit des Schocks nachgelassen hatte, sie in ihrem Innern eine gewisse ungeahnte Zärtlichkeit für den Ort und die Frauen, die ihr dort Zuflucht gewährt hatten, empfand.

Und wenn in ihr ein Traum von Strenge, von peinlichster Sauberkeit, von mit Kernseife gewaschenen Gesichtern erwachte, oder aber eine Sehnsucht nach allem, was weiß, einfach und klar ist, nach aufgestapelter Wäsche in hohen Schränken, weiß gekalkten Wänden, einem großen, mit Molton bespannten Tisch, auf dem gestärkte Brusttücher und flügelartige Halskrausen, leicht wie Blütenblätter, herumflatterten, dann mußte man wissen, daß sie eine Geheimsprache benutzte, und mußte aus jedem dieser Wörter nur das eine heraushören: Obasine.

Ressentiment, Haß, Feindseligkeit – das alles sparte sie für jene außerhalb der Klostermauern auf, durch deren Verschulden sie in diese Verbannung gekommen war, für jene Macht, die andere ihre »Familie« nannten, und der sie, da sie kaum jemanden davon kannte, nicht einmal diesen Namen geben konnte. Ihre Familie? Sie beschränkte sich auf Julia, Alphonse, die kleine Antoinette und das Baby Lucien. Sie waren ihre Familie, nur diese vier. Was war von ihr übrig? Sie waren in alle Winde verstreut. Würde sie die anderen Geschwister je wiedersehen?

Sie war ihrem Vater nicht böse. Was konnte sie auch von einem Mann erwarten, der ihre Mutter immer zum Weinen gebracht hatte und dann im Nu wieder verschwunden war. Er trieb es weiter so und würde sich nie ändern.

Eines Tages würde sie ihn wiederfinden, das glaubte sie fest, und er würde immer noch der alte, unverbesserliche Vagabund sein wie früher. Nein, sie war ihrem Vater nicht böse.

Sie zürnte vielmehr einem ganzen Komplex von ungenannten, namenlosen Kräften, einer Sippschaft von Onkeln, Tanten, Vettern, Kusinen und Großeltern, die sie bis zu ihrem letzten Atemzug mit Verachtung strafen sollte. Arme und weniger arme Verwandte, die sich an ihre kümmerlichen Ersparnisse klammerten ... Taugenichtse, Dummköpfe, kleine Leute, Hinterwäldler ... Sie machte keinen Unterschied: alle gleich!

Als die Schwester ihres Vaters, jene Louise Costier, die einen Eisenbahner geheiratet hatte, beschloß, daß die Waisenkinder das beglückende Gefühl eines Zuhauses kennenlernen sollten, als diese großherzige, gute Frau die kleinen Chanels für die Ferien zu sich nach Varennes einlud, damit sie mit ihren eigenen Kindern zusammensein könnten, da war es zu spät: Gabrielle mußte sich an jemandem rächen. *Es ging nicht anders.*

Fast wider besseres Wissen machte sie ihre Tante dafür verantwortlich, daß sie, Gabrielle, eine Waise war und in hartherziger Weise fern von der Familie und getrennt von ihren Geschwistern leben mußte. Daher reagierte sie auf die Freundlichkeiten, die ihr im Sommer geboten wurden, mit trotzigem Gesicht.

Was geschehen war, war geschehen.

Es war nicht mehr gutzumachen.

Sie haßte die Tante, bevor sie diese Frau noch gesehen hatte.

Die erfundenen Verwandten, bei denen und von denen sie angeblich erzogen wurde, sind daher nichts anderes als die Personifizierungen ihrer Haßgefühle: zwei alte Jungfern, mürrisch, ungerecht, bigott, zwei Schwestern ihres Vaters, die es nie gab. Diese Gestalten sollte man ihr glauben. Sie *mußten* von der verfluchten Gattung jener knickerigen, steinreichen alten Tanten sein, die sich Dienstboten leisten, aber nie etwas abgeben. Die Art, mit der sie das Kind bei sich aufnahmen, *mußte* wie eine kaum verhohlene Abweisung aussehen. Gabrielle *mußte* sich überall unerwünscht und von vorneherein wie verbannt vorkommen.

Ein Hospizkind

Was man auch von dem Schicksal der Töchter Albert Chanels denken mag, das seiner Söhne erscheint noch viel grausamer.

Alphonse und Lucien waren zehn und sechs Jahre alt, als ihre Mutter starb. Da niemand von der Familie sich um sie kümmern konnte oder wollte, wurden sie bei einer Bauernfamilie untergebracht.

Das war damals das Schicksal, das sowohl die Waisen als auch die Kinder, die am Drehkreuz des Hospizes ausgesetzt wurden, erwartete.

Die Krankenhäuser jener Zeit wurden von einer halb religiösen, halb zivilen Körperschaft verwaltet, welche eine Pflegefamilie aussuchte und über die Beihilfe entschied, die gezahlt werden sollte, bis das elternlose Kind das Lehrlingsalter erreicht hatte. So wurden Alphonse und Lucien das, was man damals *Hospizkinder* nannte. Diese Lösung stieß wahrscheinlich kaum auf Einwände bei der unsteten Chanel-Sippe.

Die Chanels gedachten nicht, gegen eine Gepflogenheit zu protestieren, mit der sie seit ihrer Geburt vertraut waren und von der die Leute in Ponteils – angefangen bei Joseph Chanel, dem Kneipenwirt, und seiner Ehefrau, Marie Thomas – lange Zeit selbst profitiert hatten. Der Vorfahr hatte bis zu drei Findelkinder auf einmal bei sich wohnen gehabt. In einem besonders kalten Winter hatte er zwei davon im selben Monat verloren. Beide gestorben ...

Je ärmer eine Provinz war, desto mehr Hospizkinder fand man dort, und desto größer war ihre Sterblichkeit. So war es in Ponteils. Brachten diese Kinder nicht zumindest ebensoviel ein wie ein Kastanienbaum? Sie waren auch Arbeitskräfte, die nichts kosteten, was die Bauern – von wenigen Ausnahmen abgesehen – schamlos ausnutzten.

Die Hospizkinder schliefen auf Kastanienblättern im Stall. Die Stimme des Bauern wurde härter, seine Hand schwerer, wenn er mit ihnen zu tun hatte. Die Vorhaltungen des Geistlichen – wie heute noch der Herr Pfarrer von Ponteils bestätigt – änderten nichts an diesem barbarischen Zustand. Die Landpfarrer tadelten ihre Schäfchen vergebens.

Es kam vor, daß die Pflegeeltern die amtlichen Papiere des Kindes verloren, auf denen meistens sowieso nicht viel stand: ein Fürsorgevertrag, auf dem das Waisenkind gerade einen Familiennamen und einen Vornamen, aber das Findelkind noch nicht einmal das hatte, sondern nur eine Nummer, nämlich die des Berichts, der in irgendeinem obskuren Ordner abgeheftet war und seine Aussetzung betraf.

Manchmal hing ein Brief daran, in dem mit ungeschickten Worten versichert wurde, daß man das Kind eines Tages wieder abholen werde. Um es leichter wiedererkennen zu können, waren ein paar Schnipsel der Kleidungsstücke am Register festgeklammert. Eine lächerliche Vorsicht, da mit der Zeit jede Spur davon verlorenging.

Im Laufe der Jahre nannte man das Kind nur noch bei einem Spitznamen, der von einem Körpermerkmal oder einem Charakterzug hergeleitet war. Man vergaß darüber seinen Vornamen, wenn es je einen gehabt hatte. Und sein ganzes Leben lang blieb es, wegen der unergründlichen Bosheit der Menschen, ein Körper ohne genaue Bezeichnung, ohne festen Platz im Dorf. Das Kind war »Hans der Zugelaufene« oder »Der Dickschädel« oder »Das Findel«. Es war nichts als zwei Beine, um sich abzuplagen, und zwei Arme für die niedrigsten Arbeiten. Wenn es krank wurde und starb, wurde es in einer Ecke des Friedhofs begraben. Der Pfarrer trug es ins Sterberegister ein. Aber was soll man von einem Toten sagen, der keinerlei Papiere hat?

Der Vermerk war kurz: »Tod eines Hospizkindes. Beerdigt«, liest man in den Annalen von Ponteils.

Man konnte das Hospizkind halbtot schlagen, aber der Pfarrer hatte dafür zu sorgen, daß es etwas lernte. Doch gab es nur wenig Bauern, denen es nicht gelang, auch diese Klippe zu umschiffen. Was konnte man schon dagegen machen? Im Winter war die Entschuldigung der hohe Schnee, der die Wege unbegehbar machte; danach kam die Regenzeit. Wie konnte man ein Kind zur Schule schicken, wenn man nicht mal einen Hund rausjagte? Das Kind blieb zu Hause und schuftete weiter im Stall.

Wenn die ersten schönen Tage kamen, wurde der Bub mit den Hirten zu den hochgelegenen Weideplätzen hinaufgeschickt. Er schlief unter freiem Himmel und durfte die Tiere nie aus den Augen lassen. Das war für die Pflegeeltern eine lohnende Sache. Er machte sich nützlich, und sie hatten weder Kost noch Logis dafür zu bezahlen. Der Pfarrer beschwerte sich bei der Behörde. Er meldete, daß das Kind beim Katechismus fehlte. Aber Reklamationen dieser Art waren so häufig, daß die Beamten sich dadurch nicht aus der Ruhe bringen ließen. Auch hier war man hilflos. Sollte man die Mitglieder des Wohltätigkeitsvereins, vornehme Bürger mit steifem Kragen, in neunhundert Meter Höhe hinaufschicken, um Buben zu suchen?

Das Kind blieb oben im Gebirge.

Es teilte fröhlich die Entbehrungen der Hirten, und das Dorf sah den Buben erst wieder, wenn die Zeit des Abtriebs gekommen war. Die Glocke des Leithammels kündete von weitem seine Rückkehr an. Das Kind tauchte, braungebrannt und abgemagert, in einer großen Staubwolke auf. Aber die Dorfbewohner interessierten sich vor allem für das Aussehen der Tiere und hatten nur dafür Augen. Danach zog der Hirt mit der Herde wieder in seinen Stall.

Gabrielle Chanels Brüder lernten, bis sie dreizehn Jahre alt waren, kein anderes Leben kennen, und nichts von dem, was später aus ihnen wurde, konnte sie vollkommen von diesen früheren Erlebnissen befreien. Lange Zeit war die Sprache der Bauern die einzige, die sie sofort verstanden. Hatten sie es ihren Großeltern oder der Fürsprache ihrer Tante Costier zu verdanken, daß sie, als sie erst einmal das Lehrlingsalter erreicht hatten, bei Jahrmarktshändlern in Stellung kamen, deren Standquartier Moulins war?

Von dieser Zeit an führten Alphonse und Lucien ein Leben, das kaum anders war, als sie es zu Lebzeiten ihrer Mutter gekannt hatten.

Trotz der Zersplitterung ihrer Familie, trotz der Sorgen und der Unerfahrenheit, die sehr groß war, und trotz des väterlichen Versagens, aber auch trotz ihrer ehrgeizigen Wünsche und einer gewissen Ungeduld, es zu etwas zu bringen – einer Eigenschaft, die sie von ihrem Vater hatten –, sollten sie, wie alle Chanels, das schwere Leben von ambulanten Gewerbetreibenden kennenlernen.

Straßenhändler in Kurzwaren, Ausrufer für die *saccaraudes*, die Obst- und Gemüsehändler von Moulins, Korbträger auf dem Markt, das alles war Alphonse, wie es gerade kam.

Man weiß von seinen Kindern, daß er oft sagte: »Mit dreizehn Jahren ging ich auf die Walze ... und da bin ich geblieben, immer auf der Straße.«

Immer auf der Walze, das war sein Schicksal.

Und ebenso erging es Lucien.

Ferien in Varennes

Im Jahre 1900 war Gabrielle beinahe achtzehn; über dieses Alter hinaus behielten die Schwestern vom Heiligen Herzen Mariens nur diejenigen jungen Mädchen, die Novizinnen werden wollten. Die anderen, die nicht dazu bereit schienen, ein Gelübde abzulegen, verließen Obasine. Aber sie wurden damit keineswegs sich selbst überlassen.

Man kann sich heutzutage nur schwer vorstellen, welchen Einfluß, was für weitverzweigte Verbindungen und welche Macht die Klöster damals hatten. Die Schwestern fanden für ihre Waisenkinder nicht nur eine Lehrstelle, wobei sie ihnen weiter Kost und Logis gewährten und sie unter Aufsicht behielten, sie nötigten auch jene Mädchen, die es anderswo zu mehr bringen konnten, ihre Provinz zu verlassen, schickten sie von einem Kloster zum andern, und wenn sie auch nicht in der Lage waren, ihnen eine gesellschaftliche Stellung zu sichern, so fanden sie zumindest einen Arbeitsplatz, Wohltäterinnen und manchmal einen Mann für sie.

Wem verdankte es Gabrielle, daß sie nach Moulins geschickt wurde? Den Klosterschwestern, bei denen sie aufgewachsen war? Oder ihrer saumseligen Familie? Varennes-sur-Allier, die kleine Stadt, in der Louise Costier mit ihrem Eisenbahner wohnte, war schließlich nur zwanzig Kilometer von Moulins entfernt. Lag es für diese Tante nicht nahe, ihre jungen Nichten aus der Isolierung herauszuholen, und sei es nur, damit sie etwas Geld verdienten? In Obasine gab es für die beiden keine Zukunft.

Wie es auch sei, es war gewiß kein Zufall, und auch keine Zauberei, daß Gabrielle Chanel mit siebzehn Jahren von einer religiösen Einrichtung in Moulins aufgenommen wurde, in der seit mehreren Jahren Adrienne Chanel, ihre Altersgenossin und die Letztgeborene ihrer kinderreichen Großeltern, untergebracht war.

Direkt an den alten Stadtkern angrenzend, am Rand jenes Viertels, wo Moulins gleich alles auf einmal bietet, seine Stiftskirche, seinen Glockenturm und die Straßen, in denen alte Häuser sich aneinanderlehnen, als wollten sie sich gegenseitig vorm Einstürzen bewahren, am Rande dieses Viertels also steht ein recht häßlicher Bau, der allein dadurch bemerkenswert ist, daß er nichts Bemerkenswertes aufzuweisen hat, und eben darin befindet sich das Pensionat Notre-Dame. Man hat guten Grund anzunehmen, daß es dieses Heim war, das Julia, Gabrielle und Antoinette aufnahm. Dieses von Stiftsdamen geleitete Haus, das von den Bürgerkindern Moulins' besucht wurde, war das beste am Platze. Aber außer einer Schule, wo Schulgeld bezahlt werden mußte, gehörte dazu noch, was damals sehr häufig war, ein Internat für minderbemittelte junge Mädchen. Auf der einen Seite also die jungen Damen vornehmer Herkunft, auf der andern die Armen. Obwohl die Belegschaft der »freien« Schule nicht nur vom Lande stammte wie im Waisenhaus von Obasine, kann man sich doch vorstellen, was dieses System mit seinen Klassenunterschieden für Ressentiments hervorrief.

Insbesondere Gabrielle konnte es nicht gleichgültig sein, daß sie – wieder einmal – anders war als die anderen. Sie fühlte sich erneut als Opfer einer Ungerechtigkeit und gleichsam betrogen.

Ohne den herzlichen Empfang, den Adrienne ihr bereitete, und die ungeheure Neugier, welche die Stadt in ihr wachrief, wäre sie wahrscheinlich in Moulins unglücklicher gewesen, als sie es in Obasine je war.

Adrienne, die seit ihrem zehnten Lebensjahr den Stiftsdamen von Saint-Augustin anvertraut und stets Schülerin der »freien« Schule gewesen war, dieses bildschöne Mädchen hatte nicht, wie die andern Töchter der Familie, nur sporadisch die Schule besucht. Sie hatte eine vorbildliche Erziehung genossen, und manche Widrigkeiten, unter denen Gabrielle gelitten hatte, waren ihr erspart geblieben: das Gefühl der Isolierung in einem gefängnisartigen Pensionat, das Gefühl des Verlassenseins. War sie nicht eng mit ihrer Familie verbunden?

Adrienne hatte, genaugenommen, eher zwei Mütter und drei Familien als eine. Zunächst einmal die Nonnen. Sie hatten das Kind vollkommen übernommen und sich bemüht, Adrienne in häuslichen Arbeiten auszubilden. Sodann Louise Costier – die, man wußte nicht recht warum – nur noch »Tante Julia« genannt wurde. Zu dieser neunzehn Jahre älteren Schwester durfte Adrienne gehen, sooft sie wollte. Schließlich ihre eigenen Eltern. Henri-Adrien und Angelina waren mit den Jahren seßhafter geworden. Nicht, daß sie es aufgegeben hätten, von einem Jahrmarkt zum andern zu ziehen, aber sie begannen eine Vorliebe für die Städte zu entwickeln, die einen überdachten Marktplatz hatten, denn immerhin arbeitete es sich dort leichter. Gerade der Markt von Moulins, der am Ende des Jahrhunderts angelegt worden war, wurde von dem alten Jahrmarktshändler und seiner Frau besonders geschätzt. Vor allem im Winter. Allmählich sehnten sich diese ewigen Wandersleute nach Ruhe. Sie suchten nach einem Hafen, wo sie vor Anker gehen konnten. Und dieser Hafen wurde Moulins, wo sie in ihrer Mansardenwohnung, Rue des Fausses-Braies, in unmittelbarer Nähe alles hatten, was ihnen am Herzen lag: die Markthallen, den Rummelplatz und ihre Tochter Adrienne.

Der eigentliche Mittelpunkt der Familie war jedoch das niedrige Haus mit Garten in Varennes-sur-Allier, wo die gute Tante Costier sich immer freute, wenn sie, sei es auch nur in bescheidenem Rahmen, ihre junge Schwester, ihre Nichten und Neffen und ihren alten Bruder und Komplizen, diesen Albert Chanel, empfangen konnte, mit dem sie einst so eng verbunden gewesen war.

Wie reagierte Gabrielle auf die Verwandten, die plötzlich in so großer Zahl auftauchten? Nachdem sie so viele Jahre unter Unbekannten in der Einsamkeit eines entlegenen Dorfes der Corrèze aufgewachsen war, entdeckte sie auf einmal, daß sie einen Großvater, eine Großmutter, zwei Tanten ganz verschiedenen Alters sowie Vettern und Kusinen hatte, die jünger waren als sie selbst ... Das war zuviel. Sie lehnte sie allesamt ab und wollte, im Gegensatz zu ihren Schwestern, nichts davon wissen, daß sie Pflichten gegenüber einer Familiengemeinschaft habe, die ihr erst so spät einen Platz in ihrer Mitte einräumte.

Es gab immerhin eine Ausnahme: Adrienne.

Wie Gabrielle selbst zugab, fühlte sie sich zu dieser neuen Tante, trotz deren ausgeprägtem Familiensinn, rückhaltlos hingezogen. Sie wurden unzertrennlich. Ihre Ähnlichkeit war nicht minder frappierend als ihre Schönheit, und sie waren nur ein Jahr auseinander. Auch eine unerklärliche Eleganz war beiden gemeinsam. Man hielt sie für Schwestern, wenn man sie zum erstenmal sah.

Diese Verwirrung war ihnen keineswegs unangenehm.

Weder Adrienne noch Gabrielle bemühten sich, es richtigzustellen.

Adrienne hatte etwas Gelassenes an sich, etwas Lebensbejahendes, was Gabrielle gänzlich fehlte. Sie wurde die einzige Vertraute des jungen Mädchens aus Obasine, das in schwindelerregender Weise sich von allem angezogen fühlte, was aufregend und gefährlich war. Im Schlafsaal des Pensionats von Moulins, in der Mansarde, die beide während der Ferien in Varennes teilten, unterhielten sie sich bisweilen bis zum Morgengrauen. Adrienne war voller Hoffnungen, Gabrielle voller Phantasie. Die eine wollte alles richtig erkennen, die andere erfand. Sie waren schon *Feindinnen*, ohne es zu wissen ... Ist es nicht immer so bei den gefährlichen Bündnissen, die am Ende der Kindheit geschlossen werden? Die ersten Komplotte mit gewagten Gesten, uneingestandenen Versprechen. Aber entgegen dem, was normalerweise geschieht, sollte dieses Bündnis nicht beim ersten Zusammenprall mit der Wirklichkeit des Lebens auseinanderbrechen. Später ... Erst später. Viel später. Als Adrienne nach ihrem langen Warten auf ein ehrbares Leben endlich heiratete. Während Gabrielle ...

Was Gabrielles Schwestern betraf, so waren beide von Natur aus nur für Nebenrollen bestimmt. Die eine etwas plump, die andere zu zart. Julia, die älteste, ein passives, braves Mädchen, hatte immer vor allem Angst. Antoinette, die ewig Unzufriedene, fand an nichts Gefallen. Ihnen wurden zweitrangige Aufgaben zugewiesen, sie waren Vertraute, Begleiterinnen. Zuhören und mitlaufen im Gefolge der beiden Schönheiten, welche die Mauern eines Klosters noch gefangenhielten, das waren während ihrer Zeit in Moulins die Rollen, die Julia und Antoinette zufielen. Und sie hätten ihre Aufgaben vermutlich lange erfüllt, wenn beide nicht früh gestorben wären.

Nichts ist so typisch französisch wie Varennes-sur-Allier. Ein Dorf? Nein. Eine Kleinstadt, von einer staubigen Straße umschlossen, mit einer Kirche und einem Pfarrhaus, über dessen Tür ein klobiges Kreuz aus massivem Stein angebracht war, ein recht finsteres Zierstück.

Andere hoheitsvolle Gebäude waren der Bahnhof und das Gasthaus. Der eine schien nur dafür da zu sein, die Persönlichkeit des Onkel Paul Costier so recht hervorzuheben, das andere, damit die

Offiziere der Garnison von Moulins während der großen Manöver einen Platz hatten, wo sie trinken und singen konnten.

Nichts hatte sich im Wirtshaus von Varennes seit der Postkutschenzeit verändert. Die altmodischen Mauern hatten durchaus ihren Charme, ebenso wie die doppelte Holzgalerie, über die sich eine Kaskade von Rosen mit ihrer ganzen vegetativen Kraft ausbreitete, ein Paradies für Bienen. Wenig oder gar kein Geschäftsleben in Varennes; gleich am Ende der Hauptstraße begann das freie Land.

Varennes war wahrhaftig nichts als eine Haltestelle an der Eisenbahnlinie, ein Güterbahnhof, eine quer durchs Land gezogene Straße mit Blick über sanft geschwungene Wiesen und Hügel, ohne daß je der geringste Knick die zur Verzweiflung treibende Gleichmäßigkeit der Landschaft unterbrach. Kurzum, es war genau das, was man ein friedliches Landschaftsbild nennt.

»Tante Julias« Haus hatte nichts Bäuerliches. Es war ein Steinbau mit einem roten Ziegeldach, der etwas von der Straße zurücklag. Nichts Großspuriges, keine Freitreppe, kein Vordach, aber ein Anflug von kleinbürgerlicher Strenge und irgend etwas Vorstadthaftes, was sich in einer Laube, zwei tadellos symmetrischen Blumenbeeten und einem Schuppen mit stets geschlossenen Fensterläden ausdrückte.

Das, was jedem einsamen Waisenkind sofort wie ein Paradies vorgekommen wäre, erschien Gabrielle zumindest mit ebensoviel Unannehmlichkeiten belastet wie das Kloster, nur daß die Gefahren versteckter und daher desto größer waren. In Varennes waren es andere Verbote, die einen einengten, andere Drohungen, die einen hemmten, immer aus der Angst heraus, daß diese Chanels durch ein Versehen, eine Unachtsamkeit, eine unüberlegte Geldausgabe wieder in das Proletariat zurücksinken würden, dem sie gerade entkommen waren. Die Angst vor dem Unvorhergesehenen war an der Tagesordnung. Sollte das etwa das Leben sein? Was für ein Schwindel, dachte Gabrielle bei sich. Es zeigte sich bald, daß sie selbst andere Vorstellungen davon hatte. Ihre Familie sah darin die Anzeichen einer schlechten Veranlagung. Ist es meine Schuld, dachte sie, wenn ich nicht dieselbe panische Angst vorm Risiko habe wie sie? Und warum fehlt diesem Haus jeglicher Charme?

Bei vertraulichen Gesprächen konnte sie Adrienne dazu bringen, gewisse Hoffnungen mit ihr zu teilen, und sie davon überzeugen, daß das Leben *etwas anderes* sein mußte. Sie besaß schon damals die Gabe des Sarkasmus. Allmählich schloß Adrienne sich ihr an. Auch sie begann sich nach etwas Unvorhergesehenem zu sehnen, wovor ihre Verwandten solche Angst hatten.

Aber Gabrielle erkannte als erste, daß unter dieser Angst, in der ihre Tante wie in einer sich gerade erst gebildeten Muschel lebte – sie war erst durch ihre Hochzeit so kleinbürgerlich vorsichtig geworden –, daß darunter andere, höchst wertvolle Eigenschaften steckten, die noch intakt waren, Qualitäten, die nichts mit dem Milieu zu tun haben, sondern die man ebensogut bei wohlhabenden Bauern wie bei ihren Arbeitern antreffen kann.

Tante Julia hatte phantasievolle Finger. Hierbei zeigte sie eine Fröhlichkeit, die nur ein erfinderischer, veränderungsfreudiger Geist empfindet. Sie wußte, daß man mit einem Stück gut gestärktem Leinen alles machen kann. Plötzlich spürte Gabrielle, die ebenso gut nähte wie Adrienne – sie war nicht umsonst bei Nonnen groß geworden –, daß in Tante Julias Arbeit eine ihr unbekannte Gabe steckte: die Phantasie. Im Kloster beschränkte sich die Arbeit darauf, etwas Ordentliches und Haltbares zu machen. Aber Phantasie? Einfallsreichtum? Das stand bei Waisenkindern nicht auf dem Programm. Dennoch... Sie ahnte, daß sie etwas Wichtiges entdeckt hatte.

Tante Julia verstand es, mit einem geschickt gefältelten und nelkenförmig gefransten Taschentuch eine Bluse besonders zur Wirkung zu bringen. Aus einem unscheinbaren Stückchen Stoff konnte sie die nötigen Plisseekragen und festonierten Stulpen zaubern, um die strenge Tracht ihrer Klosterkinder aufzulockern. Und erst die Hüte!

Hüte waren ihr einziger Luxus.

Um das Richtige zu finden, fuhr sie extra einmal im Jahr zu bestimmten Geschäften in Vichy, der Nachbarstadt, die in Gabrielles Vorstellung gleichbedeutend mit Luxus und Prunk wurde.

Nie hatte Gabrielle eine Frau von ihren Hüten reden hören.

So etwas Schickes kannten die Leute von Obasine nicht.

Wenn Tante Julia von ihren Einkäufen nach Varennes zurückkam, rief sie Adrienne und Gabrielle zu sich und machte sich, mit einer Schere bewaffnet, über einen Hutstumpen, den sie gekauft hatte, her, um ihn nach ihrer Phantasie herauszuputzen. Hutbänder wurden angebracht, Krempen gewellt, gepaspelt und halb umgeschlagen... Adrienne und Gabrielle halfen mit, ein neues Wunderwerk hervorzubringen. Die Grundform änderte sich wenig. Tante Julias Erfindungen hatten stets etwas von einem Kapotthut, und die Hutnadel war das unerläßliche Requisit.

Wenn Tante Julia nähte und kochte, war von der verborgenen Uneinigkeit, die zwischen ihr und ihrer rebellischen Nichte herrschte, nichts mehr zu spüren. Was waren die Vorwürfe, die man ihr damals schon machte? Daß sie hoch hinaus wollte ... Daß sie *anders* sei. Aber trotz dieser Feindseligkeit, bei der viel uneingestandene Angst mit im Spiel war, legten beide gleich viel Wert auf eine gut gemachte Arbeit. Wäschekammer und Küche waren nämlich die Räume, wo der Sparsamkeitsfimmel und die Angst, nicht »auszukommen«, die den Chanels von Varennes in den Knochen steckte, sich plötzlich als weniger stark erwiesen als der Sinn für die Annehmlichkeiten des Lebens, der diesem ausgehenden Jahrhundert eigen war.

Es war die Zeit der drallen Schönheiten ...

Die Zeit, da Magerkeit etwas Abstoßendes hatte ...

Die Zeit, in der es auf einen gut gedeckten Tisch ankam.

Auch eine gewisse Sprache sollte Gabrielle aus jener Zeit im Gedächtnis bleiben. Unwillkürlich verfiel sie wieder in denselben Ton, wenn sie ein halbes Jahrhundert später ihre Näherinnen zurechtwies ... »Du wirst mir doch meine Falten nicht wieder zerdrücken! Das sind ja die reinsten Berg- und Talbahnen! Soll das eine ordentliche Arbeit sein? Du hast kein Talent, mein Kind! In deinem Alter hätte ich diesen Einsatz im Handumdrehen fertig gehabt! Was sind denn das für Scherze? Los, bügele mir das gleich noch mal ... und sieh zu, daß du diese Kringel wieder glatt kriegst.«

So sprach Tante Julia.

Und während in der Ferne die Züge von Onkel Paul pfiffen, führten Tante und Nichten lange Fachgespräche über das Bügeln, den richtigen Druck, die nötige Feuchtigkeit des Tuchs, in das ein Wäschestück eingerollt werden muß, und wie man mit dem schwierigsten Ärmel durch geschicktes Handhaben des Ärmelbretts zu Rande kommt. Wie man eine Falte bügelt, indem man den Stoff mit dem Daumen scharf knifft, und wie man vorsichtig die Wärme eines Eisens prüft, indem man es an die Wange hält, und wie ... Das alles beim Schein der kleinen Kohlenbecken, auf denen die Eisen standen.

Ob sie es wahrhaben wollte oder nicht und trotz des Hasses gegenüber ihrer Vergangenheit, es war in Varennes-sur-Allier, bei ihrem Onkel, dem Eisenbahner, wo das Waisenkind aus Obasine wieder lernte, was es hieß, ein Zuhause zu haben, ein Wort, dessen Bedeutung ihr in all den Jahren im Kloster ganz fremd geworden war.

Aber das Sonderbare ist, daß alles, was dieses Wort an Geborgenheit und Wärme enthält, in ihr nur das Verlangen nach Flucht wachrief.

Eine Stadt, ihr Klerus und die Armee

Welche Wirkung hatte Moulins auf sie?

Gabrielle war nichts als ein junges Mädchen vom Lande, das aus Barmherzigkeit aufgezogen worden war. In den folgenden beiden Jahren im Pensionat sah sie nur wenig von dem wahren Gesicht der Stadt, es sei denn bei den Klassenausflügen, oder wenn Tante Julia am Pensionat Notre-Dame vorbeikam, ihre Schar Klosterkinder abholte und sie alle zusammen, Julia, Gabrielle und Antoinette, hinter Adrienne, der Ältesten, her zum Bahnhof marschierten, um nach Varennes zu fahren.

An solchen Tagen entging Gabrielle nicht das geringste, und nichts tat ihr so wohl. Die Stadt ... Das war das Leben, das endlich zu ihr kam. Konnte es anders sein? Aber noch immer durfte sie nicht tun, wozu sie am meisten Lust hatte, nämlich stehenbleiben und schauen. Verboten! Erst recht, weil Gabrielle immer hübscher wurde und sich immer mehr bewundert fühlte. Aber zuschauen? Dem Hin und Her der Schüler nach Schulschluß zuschauen? Ihnen folgen, nur mit den Augen ... Verboten! Und doch trennte sie nur eine Straße, und nicht einmal eine breite, von der Knabenschule, wo die Pause mit lautem Trommelwirbel angekündigt wurde. Ein alter bärtiger Trommler stellte sich dazu mitten im Schulhof auf. Und los ging's! Zuhören, zuschauen ... Von weitem den Lauf der Externen verfolgen, die zum nächsten Bäckerladen liefen und mit vollem Mund wieder herauskamen. Schnell, einen Blick! Dem alten Soldaten nachschauen, der, mit seiner Trommel unterm Arm, sich ein bißchen Kautabak holte. Die Großen hatten schon gewisse Allüren. Sie rauchten *crapulos*, kleine Zigarren, die sie mit unendlicher Vorsicht anzündeten, um nicht vom aufsichtführenden Lehrer bemerkt zu werden. Dann trieb der Wind den Duft unsichtbarer Zigarren zu Gabrielles Fenstern herauf. Ein Hauch von Leben, gleichsam eine Ermutigung. Ein Leben zum Einatmen, zum Anschauen ...

Die Schüler sahen komisch aus. Ein schwarzer, von einem Gürtel zusammengehaltener Kittel mit langen Ärmeln ließ zwei Fingerbreit von der Hose sehen, die bis unters Knie reichte, dann, ziemlich unschicklich, ein Stück nackte Wade und noch ein gutes Stück vom Strumpf bis zu dem sehr hohen Schaft der Stiefelette. Was für eine Aufmachung ... Ohne das bißchen Weiß des Hemdkragens, der über dem Kittel getragen wurde, ohne den Farbfleck der flatternden Krawatte hätten sie in all dem Schwarz ebenso jämmerlich ausgesehen wie die kleinen Schornsteinfeger, deren melancholischer Ruf bisweilen im Schlafsaal zu hören war. Wie sehr fürchtete Gabrielle das Echo dieser Kinderstimmen! Arme Kinder, die wie magere Hunde hinter ihrem Meister herliefen. Ausgeliehene Kinder ... Ihr Bild deckte sich mit dem von Alphonse und Lucien. Oft fühlte sie sich von Melancholie überwältigt. Doch dann packte die Lebenslust sie wieder. Die Lust zu schauen. Immer wieder die kleinen Herren anzuschauen, denen ihre Mütter schöne Stiefel gekauft hatten und die in weißen Kragen gegenüber im Hof spielten. Sie wurde zurechtgewiesen. Was konnte sie antworten? Gabrielle fand das Zuschauen allzu schön.

Drei Dinge, die auf den ersten Blick unbedeutend erscheinen, sollten sich ihr für immer einprägen: die Kragen der Schüler in der Rue du Lycée, ihre zur Rosette gebundene Krawatte und das Schwarz ihrer Kittel.

Eines Tages, viele Jahre später, sollte eine sehr erfolgreiche junge Modeschöpferin selbst einen solchen Kragen und eine flatternde Krawatte tragen, wie die jungen Schüler sie unterm Kinn zusammenbanden.

Schlagartig taten es ihr alle nach.

Etwas später führte eben diese junge Frau diesen Kragen auch bei den Damen ihrer Kundschaft ein. Dann fügte sie ihm eine Crêpe-de-Chine-Krawatte hinzu. Und schließlich steckte sie alle in Schwarz, denn Schwarz werde, wie sie sagte, nie unmodern. So entstanden Kostüme, wie man sie noch nie gesehen hatte. Sie machten so jung! Manche fanden sie sogar reichlich keß.

So kam es, daß ein halbes Jahrhundert lang ein gewisses flottes Kostüm, das jedoch schwarz, schwarz wie die Schulkittel von Moulins war und mit dem gleichen Kragen und der gleichen Krawatte getragen wurde, auf allen Straßen Europas und des amerikanischen Kontinents anzutreffen war. Es war ein weltweiter *Bestseller* und mehr als das, mehr als ein Modetip, eine Modelaune: ein Stil.

Der Stil, dessen Namen jeder kannte: der Chanel-Stil.

Die Gelegenheiten zum Ausgehen waren selten im Pensionat Notre-Dame und der Anlaß dafür stets religiöser Art.

Was hätte Gabrielle gelockt? Die Place d'Allier mit ihren Cafés, in denen sich die Skatspieler trafen? Die Sonntagskonzerte, bei denen *die Leier von Moulins* spielte? Sich hinsetzen ... Warten ... Und miterleben, wie der Dirigent mit salbungsvoller Geste die ersten Takte der *Jolie Parfumeuse* zum Klingen bringt und der Pavillon mit seinem ausladenden Dach erzittert. Und tralali und tralala ...

Ganz Moulins, ob reich, ob arm, alle waren da und im siebten Himmel.

Aber das war nicht der rechte Ort für eine Schülerin der »freien« Schule.

Am Sonntag zog das ganze Pensionat zum Hochamt. Die jungen Mädchen aus den zahlenden Schichten saßen im Mittelschiff, während die Waisen und Bedürftigen in die Nebenschiffe verwiesen wurden. Eine Ungerechtigkeit, mit der Gabrielle sich nur schlecht abfinden konnte. Kein Junge war in Sicht. Die Sitte wollte, daß die Schüler hinter den Altar geschickt wurden, von wo aus sie die Messe nicht sehen, ja nicht einmal richtig hören konnten.

Die Soldatenkinder, unter Führung von einem Medaillengeschmückten, der tausend Toden entronnen war, und die Sonntagsschüler, flankiert von Priestern mit ihrem Klopfstab, erschienen alle im Sonntagsstaat - kurzes dunkelblaues Jackett mit vergoldeten Knöpfen. Nachdem sie die Kirche von einem Ende zum andern durchquert hatten, verschwanden sie hinter den mit Kerzen bespickten Kandelabern, wie von den Flammen eines Scheiterhaufens verzehrt. Sie waren nicht mehr zu sehen, nicht mehr zu hören. Man hätte sie für tot gehalten, wenn das kurze Geräusch, mit dem ihnen befohlen wurde, niederzuknien oder aufzustehen, nicht an ihre Anwesenheit erinnert hätte. Tak - tak - tak ... Hinter dem Hochaltar hörte sich der Klopfstab an wie das Schlagen von Kastagnetten.

Bald erschienen, nur von den Chorknaben gefolgt, die Priester in ihren kostbaren Spitzengewändern.

Denn in Moulins war die Messe prächtiger und dauerte länger als anderswo in Frankreich, nur weil ein prunksüchtiger Bischof in den vierzig Jahren seines Priesteramts die Katholiken von Moulins an solche Zeremonien gewöhnt hatte.

Aber so zahlreich die Messen auch waren, man brauchte auch Prozessionen, damit die Erziehung, die den jungen Mädchen kostenlos zuteil wurde, ihre volle Rechtfertigung fand.

Sie waren die Zierde dieser Prozessionen.

Sie zogen im Gleichschritt vorbei an den Bauern mit dicken Schnurrbärten, fein herausstaffierten Bürgern, demutsvoll knienden Familien, andachtstrunkenen Kaufleuten und Soldaten, mit der Waffe bei Fuß.

Eine gütige Geste der Vorsehung für Gabrielle.

Endlich sah sie das, was sie sonst nie zu sehen bekam: die andern. Sie konnte ungehindert tun, wonach sie sich stets gesehnt hatte: um sich schauen. Außerdem war es für sie ein Auftritt ... Sie defilierte an einem schweigenden, andächtigen Publikum vorbei. Die Straßen waren geschmückt und parfümiert wie ein Salon. Überall weiße Blumensträuße und goldene Stoffbespannungen. Sie sang. Ach, sie sang ja so gerne! Leichtfüßig ging sie ihres Wegs. Die Leute schauten sie an. Vor allem die Männer. Sie ging an ihnen vorüber, ohne den Blick zu senken.

Das Fronleichnamsfest wurde in Moulins mit großem Aufwand gefeiert. Es gab ebensoviel Prozessionen wie Pfarrgemeinden, ebensoviel Ruhealtäre wie Prozessionen. Das alles versperrte wochenlang die Straßenkreuzungen und füllte die Titelseiten der Zeitungen.

An diesem Tag eröffneten die jungen Mädchen der »freien« Schulen den Zug. Sie gingen vor den Domherren mit ihren Kerzen, den kleinen, wie Engelchen angezogenen Knaben, dem Allerheiligsten unter seinem Baldachin und dem Bischof in seinem steifen goldenen Chormantel.

Bei den Ruhealtären machte die Prozession halt. Der Zelebrant setzte seine Bürde ab und schöpfte Luft. Die Domherren wischten sich die Stirn. Die Chorknaben füllten ihre Weihrauchgefäße auf, die Engelchen bekamen einen neuen Vorrat frischer Blütenblätter.

Manchmal ertönte aus den Reihen der Kinder ein Gejammer. Verzweifelte Stimmen riefen: »Mami!« Die Mütter eilten herbei. Sie brachten mit nervöser Hand die Ringellocken wieder in Form, rückten einen Kranz im Haar zurecht und zogen in aller Eile eine Hose herunter, wenn eines der Kleinen unbedingt Pipi machen mußte. Die Herren vom Wohltätigkeitskomitee benutzten die Gelegenheit, sich unauffällig zu verdrücken, um sich im Chinesischen Café einen Kirsch zu genehmigen.

Wer auf den Terrassen vor den Cafés saß, bekreuzigte sich.

Aber die Waisenkinder stimmten einen letzten Psalm an, und die Prozession setzte sich in einer Weihrauchwolke wieder in Bewegung.

Von allen Ruhealtären war der großartigste der, den die in Moulins stationierten Kavallerieregimenter aufbauten. Die Geistlichkeit verweilte dort am längsten und fand des Segnens kein Ende. Das war die Hauptattraktion, von der die Journalisten der Lokalblätter jedes Jahr eine neue Überraschung erwarteten.

In dem Jahr, als Gabrielle nach Moulins kam, hatten die Kavalleristen sich etwas ganz Besonderes einfallen lassen. Jede Kerze steckte diesmal in einem Gewehrlauf oder in einem Revolver. Durch die Weihrauchwolken betrachtet, wirkte dieses Waffenaufgebot, unter der Bewachung von furchtlosen Kavalleristen, wie…

ja, man wußte nicht recht, was man davon halten sollte. Die Presse jedoch wußte nur Lobenswertes darüber zu berichten und beschrieb den Höhepunkt dieser Tage mit folgenden Worten: »Die gekreuzten Säbel und die kunstvoll zusammengestellten Lanzen, der vorm Altar hängende Lüster aus Revolvern, das alles waren höchst effektvolle, dekorative Verzierungen, ein kleines Wunderwerk des guten Geschmacks.«

Bei dieser Gelegenheit begriff Gabrielle, daß Moulins im Schatten seiner Linden nicht nur eine Stadt der Klöster war.

Als Adrienne und Gabrielle zwanzig Jahre alt waren, nahm das Leben für sie eine andere Wendung.

Julia, die das Kloster schon verlassen hatte, half ihren Großeltern auf den Märkten. Antoinette, die noch zu jung war, blieb als einzige bei den Stiftsdamen, während Adrienne und Gabrielle zusammen als Verkäuferinnen zu ordentlichen Leuten in Stellung kamen, die in der Rue de l'Horloge ein gutgehendes Geschäft hatten. »Zur Heiligen Maria, Spezialgeschäft für Aussteuer- und Babyartikel«. Dort wohnten die beiden auch, bei ihren Arbeitgebern, immer zusammen, im selben Zimmer, wie in Varennes, wie im Kloster.

Aber es besteht kein Zweifel, daß die Verbindung mit dem Institut Notre-Dame damit keineswegs abbrach. Jedenfalls nicht sofort.

Adrienne blieb mit den Nonnen, die sie erzogen hatten, in freundschaftlicher Verbindung. Und obwohl sie nun in der Stadt arbeitete, besuchte sie weiterhin die klösterliche Nähstube. Was Gabrielle betrifft, so ließ sie sich nicht zweimal bitten, im Chor der »freien« Schule mitzusingen. Im Singen zeigte sie besonderen Ehrgeiz.

Das Haus in der Rue de l'Horloge nahm auch Kleider für Damen in Auftrag. Sehr bald wurden die Klosterzöglinge dieser Abteilung zugewiesen. Sie nähten wie Feen. Es sprach sich herum.

Nun war die Umgebung voller Schlösser, die alljährlich zur Rennsaison der Treffpunkt aller Arten von Eleganz waren. Denn dem Rennplatz von Moulins kamen die großen Rennställe in der Nachbarschaft zugute. Waren die Sieger des »Grand Prix de Paris«, *Frontin* und *Little Duke*, nicht in Champfeu, dem Gestüt des Duc de Castries, zur Welt gekommen? Und der Feldmarschall Mac-Mahon war als Präsident der Republik persönlich zum Rennen nach Moulins gekommen. Freilich aus Freundschaft zum Duc de Castries, der sein Schwager war. Aber auch, weil er, wie jeder wußte, mehr von Pferden als von Politik verstand.

Gabrielle beobachtete, daß ihre Arbeitgeber sich regelrecht daran berauschten, wenn sie die Namen derer nannten, in denen sie den

Ursprung ihres Vermögens sahen. Wahrhaftig, das war der rechte Geschäftssinn, und Adrienne war nahe daran, ihr Entzücken zu teilen. Während Gabrielle... Man spürte, daß sie unzugänglich war und sich hinter ihren Zweifeln verschanzte, was bei ihren Nächsten eine gewisse Verärgerung hervorrief. Sie ahnten wohl, daß Gabrielle ihnen entgleiten würde. Sie spürten, daß sie sich nicht berauschen und auch keine bestimmte Denkweise aufzwingen ließe. Sie war keine gewöhnliche Verkäuferin.

Nach langen Wochen und Monaten hinter einem Ladentisch, immer mit der Schere in der Hand, immer ehrerbietig die hochmütigen Kundinnen empfangend, die, wie sie merkte, *außerhalb* dessen, was sie selbst berührte, lebten, waren die gesellschaftlichen Möglichkeiten, die sich in der Umgebung boten, kein Geheimnis mehr für sie. Ihre Arbeitgeber hatten sich Mühe gegeben, sie ihr in allen Einzelheiten zu enthüllen.

Es ging gar nicht anders, die neue Verkäuferin mußte unbedingt ebenso von der außergewöhnlichen Nachbarschaft beeindruckt sein wie ihr Arbeitgeber selbst. So erfuhr sie, zum Beispiel, daß es in Tortezais ein Rittergut gab, dessen Besitzer einen Maulesel im Wappen trugen und einen Haushofmeister König Charles' VIII. zu ihren Vorfahren zählten. War das nicht großartig? Und all die Fürsten! Allein in dem kleinen Ort Besson waren nicht weniger als vier Schlösser. Alle gehörten den Bourbon-Parma. Zwei waren leider zu Ställen umgebaut worden. Aber zum Glück wohnten die Bourbon-Busset, übrigens ausgezeichnete Kunden, in nächster Nähe, und zwar seit fast fünfhundert Jahren. Ihr Schloß lag in Busset, und die Ähnlichkeit des Namens von Schloß und Schloßherrn war in den Augen der Kaufleute eine zusätzliche Auszeichnung. Sie wiederholten mit offensichtlichem Genuß: »Die Bussets in Busset... Die La Palices in La Palice, die Nexons in Nexon...« Leider schien nichts dergleichen Gabrielle zu beeindrucken. Sie konnte sich nur selten für die vornehmen Kundinnen, die ins Geschäft kamen, begeistern. Ebensowenig wie für ihre Paläste, die sie finster fand, immer auf irgendwelchen Anhöhen, und die allzuoft den Eindruck erweckten, daß sie für militärische Zwecke erbaut worden waren.

Sie träumte von etwas anderem.

Aber sie hütete sich, es zu sagen.

Als sie in das Alter kam, in dem andere glauben, alles erzählen zu können, behielt sie ihre Geheimnisse weiter für sich und machte sich nur einmal über ihren Horror vor Schlössern lustig: »Die Liebe, die ich vielleicht für einige ihrer Besitzer empfand, reichte nie aus, mir den Aufenthalt darin erträglich zu machen«, sagte sie.

EIN VERFEHLTER BERUF

1903–1905

Versteh doch: eine besiegte Armee bekommt zwar eine neue Kokarde und eine andere Uniform, aber es ist nach wie vor eine Uniform, nach wie vor eine Kokarde.

ARAGON, DIE KARWOCHE

Die roten Hosen

Im Jahre 1903 ergriff Jeanne Devolles Tochter ein Schaudern. Sie wurde ungeduldig. Das kam vor allem daher, daß ihr bewußt wurde, eine endlose Zeit nur so dahingelebt zu haben. Wieviel verlorene Stunden, verlorene Tage! Sie war bald einundzwanzig!

Sie nahm sich ein Zimmer in der Stadt, Rue du Pont-Guinguet, dem billigsten Viertel. Denn mit dem, was sie verdiente … Über die Dächer hin konnte sie in der Ferne den breiten, ruhig dahinfließenden Allier sehen.

Die vornehmen Damen, die ihre Garderobe verschönern wollten, stiegen in dieses Kämmerchen hinauf und wandten sich direkt an Gabrielle, ohne daß die braven Leute in der Rue de l'Horloge etwas davon erfuhren. Wenn man manchen Zeugen glaubt, so verbrachte Gabrielle sogar ganze Tage in den Schlössern mit ihren Zinnen und Pechnasen.

Adrienne, die weniger unternehmungslustig war, zögerte, es ihr gleichzutun.

Doch kurze Zeit danach entschloß auch sie sich dazu. Da sie nach wie vor sehr an der Familie hing und ganz von dem Geist des Instituts Notre-Dame durchdrungen war, sorgte sie auch dafür, daß die Brücken zu Tante Julias Welt nicht abbrachen.

Warum auch? Was konnte man denn gegen den Entschluß der jungen Mädchen sagen? Wenn sie auch nicht mehr in der Rue de l'Horloge wohnten, so blieben sie doch immer noch zusammen. Und in puncto Arbeit hatte sich nichts geändert.

Selbst die Nonnen fanden nichts daran auszusetzen.

Tante Julia schloß sich ihrer Meinung an.

Hier, kurz vor der Kurve, die Gabrielle, und mit ihr auch Adrienne, in eine andere Welt hinausschleudern wird, läßt sich erkennen, welchen Versuchungen sie erliegen werden. Sie entdecken das *andere* Moulins. Das ist nicht mehr die schläfrige, erbauliche Stadt, die gleichsam auf ihrer Würde thronte, mit den schweren Pforten, die sich nur widerwillig zu öffnen schienen, den Häusern mit den großen Portalen, die noch aus der Kutschenzeit stammten, es sind nicht mehr die Straßen um die Kathedrale, wo es so lautlos zuging, als wäre man von Klöstern umgeben, nein, jetzt zog es sie zu den Promenaden mit ihren Läden im Schatten der Bäume.

Jede Garnisonstadt hat ihre Konditoreien, ihre Schneider.

So war es auch in Moulins. Und dahin begaben sich die Offiziere.

Moulins war keine traurige Stadt. Mehrere Regimenter waren dort stationiert. Aber nur eins gab – und zwar von 1889 bis 1913 – den Ton an: das 10. Jägerregiment zu Pferde. Etwas Vornehmeres ließ sich kaum denken. Es war zugleich der Faubourg Saint-Germain und das Feinste, was der Landadel aufzubieten hatte.

Wenn man das Namenverzeichnis der Offiziere dieses Regiments durchblättert, so fühlt man sich zurückversetzt in die Zeit, als Louis IX. seine Ritter zum Kreuzzug aufrief.

Die Jäger hatten ihr Quartier in Villars, einem Stadtviertel auf dem anderen Ufer des Allier, gegenüber der Altstadt mit ihren winkligen Gassen. Jedenfalls recht weit außerhalb.

Aber kaum hatten die Offiziere die Waffen abgelegt, da eilten sie auch schon zur Promenade, in scharlachroter Hose, die bauschiger getragen wurde, als es die Dienstvorschrift erlaubte, und mit dem Käppi keck überm Ohr, was zwar nicht überwältigend, aber immerhin unternehmenslustig aussah. Und so ein Käppi konnte man auch, trotz des überlangen Schirms, schnell in der Tasche verschwinden lassen.

Gabrielle ließ sich beeindrucken.

An Vergnügungslokalen fehlte es nicht in Moulins. Jeden Sonnabend war im *Café Chinois* Tanz, und jeden Sonntag ging man ins *Alcazar* zur Quadrille.

Auch die Konditoreien waren immer voll.

Dorthin kamen Mütter, Schwestern, Bräute und Kusinen, die ihren Krieger in Moulins besuchen wollten.

Was die Schneider betraf, so fehlte es ihnen irgendwie an Pfiff, obwohl es sogar unter den Jägern ein paar Unbedarfte gab, die naiv genug waren, eine Uniform bei ihnen zu bestellen. Aber als Sohn aus guter Familie, mit Vermögen und einem verständnisvollen Papa, war man es sich schuldig, den Dolman mit den sieben Schnüren aus Ziegenhaar, den drei Reihen goldener Knöpfe und den kunstvoll paspelierten Ärmeln, erst recht aber jenen himmelblauen Mantel, wie ihn nur die Reiter trugen, in Paris, Place du Théâtre-Français oder Rue de Richelieu, schneidern zu lassen, wo man erstklassig bedient wurde.

Daher sahen die Schneider der Garnison die Kavalleristen stets nur flüchtig, wenn eine Litze festgenäht werden mußte oder ein Knopf zu ersetzen war.

Und doch begann für Gabrielle alles bei einem Schneider in Moulins.

Die Rennsaison war auf ihrem Höhepunkt, und der große Tag, der für die Darbietungen der Herren Offiziere reserviert war, rückte heran.

Fünf oder sechs junge Leute, alle mit Schnurrbart und alle Leutnants, denen der Reiterruhm wichtiger als snobistische Garderobenfragen war, betraten den Laden des *Modern' Tailleur*, um ein paar Änderungen in letzter Minute vornehmen zu lassen.

Sie standen da, ganz geschäftig, alles selbst überwachend, der eine im Hemd, der andere mit dem Käppi in der Hand, als sie zwei junge Mädchen bemerkten, die im Nebenzimmer saßen und nähten. Man hätte meinen können, zwei Aschenbrödel, die eine unsichtbare böse Fee in ihrer Gewalt hatte. Was war merkwürdiger als zwei Königstöchter, die Hosen flickten?

Die jungen Leute waren umso erstaunter, als die beiden nicht von ihrer Arbeit aufblickten und so taten, als ob die andern gar nicht existierten.

Die Herren holten Erkundigungen ein.

Man sagte ihnen, daß die Mädchen als Verkäuferinnen in dem Damen-Konfektionsgeschäft *A Sainte-Marie* in der Rue de l'Horloge angestellt seien und nur gelegentlich für den Schneider arbeiteten, vor allem in der Rennsaison, wenn er zu viele Aufträge bekam.

Die jungen Leute warteten, bis die beiden Freundinnen herauskamen, und luden sie nach kurzem Gespräch ein, sie am nächsten Tag zum Hindernisrennen zu begleiten.

Die Mädchen geruhten, die Einladung anzunehmen. Aber mit welchem Hochmut! Wie Königinnen ... Die eine groß und schlank mit hellem Teint, die andere dunkel, kleiner und noch hinreißender.

Die jungen Männer waren wie elektrisiert.

Und das war erst der Anfang.

Die ersten Rendezvous fanden in einem nichtssagenden Lokal

namens *La Tentation* statt, wo man sich traf, um ein Sorbet zu essen. Dann wurde verschiedenerlei unternommen. Man ging ins *Grand Café*, wo sich die Eleganz der Stadt ein Stelldichein gab. Ein bezaubernder Bau aus jüngster Zeit, mit facettenartig geschliffenen Spiegeln à la *Maxim's*, Täfelungen mit verschlungenen Ranken und hier und da einem bißchen Keramik im Stil von *Lipp*, alles etwas ganz Neues.

In Wirklichkeit war das *Grand Café*, das weder an *Maxim's* noch an *Lipp* heranreichte, ganz und gar provinziell. Den beiden jungen Mädchen erschien es jedoch als ein unvorstellbarer Luxus. Sie erinnerten sich nicht, je etwas so Heiteres oder Hübsches gesehen zu haben.

Aber all das Neue, das für Gabrielle einen magischen Glanz hatte, erweckte bei Adrienne nur Gewissensbisse. Sie sah überall Hindernisse.

Der Übergang von dem Spezialgeschäft für Aussteuer- und Babyartikel zum Moulins *by night* der Leutnants des 10. Jägerregiments erfolgte nicht ohne Zaudern.

Es bedurfte Gabrielles ganzer Energie und Entschlossenheit, um Adrienne mit sich aus dem gewohnten Gleis herauszureißen.

Einer der sichersten Beweise für den Erfolg, den Gabrielle und Adrienne bei ihren neuen Freunden hatten, ist die unauslöschliche Erinnerung, die diese erste Begegnung bei den jungen Verehrern hinterließ.

Noch ein halbes Jahrhundert später war ihnen anzumerken, welche Faszination sie damals empfunden hatten.

Es wundert einen, wenn man bedenkt, wie blasiert und ungebildet, wie leichtsinnig und unbekümmert die meisten von ihnen waren – allzusehr mit sich selbst beschäftigt, als daß sie sich je von der Vergangenheit hätten überwältigen lassen.

Und doch sind sie es, die jahraus, jahrein, sei es im Kasino oder im Salon, beim Trinken oder im Alkoven, in allen Einzelheiten verlauten ließen, wie Gabrielles erstaunliches Debut gewesen war.

Es läßt sich nicht leugnen, daß sie schon jenes Besondere an sich hatte, was allein Frauen unvergeßlich macht. Sie war eine außergewöhnliche Schönheit.

Schr bald waren Gabrielle und Adrienne die Glanzfiguren der Abendgesellschaften von Moulins. Sie befreiten die Offiziere von dem beklemmenden Gefühl, in einer Welt gefangen zu sein, von der Frauen, abgesehen von gutmütigen, aber oft dummen und außerordentlich vulgären Gewerbsmäßigen, ausgeschlossen waren.

Bald reichte Gabrielles Freundeskreis weit über den der ersten Verehrer hinaus. Sie wurde unersetzlich. Die beiden Näherinnen wurden die Lieblinge eines *Milieus*, das daran gewöhnt war, jede seiner Launen durchzusetzen. Gabrielle und Adrienne *mußten* bei allen Unternehmungen dabeisein.

Dies will nicht unbedingt heißen, daß sie sich auch sogleich einen Liebhaber nahmen.

Es ist schwer zu sagen, ab wann sie ein Verhältnis eingingen.

Darüber läßt sich nichts Genaues feststellen.

Aber bei dem Eindruck, den die Zeugenberichte hinterließen, liegt die Vermutung nahe, daß sie, solange sie mit allen umgingen, nicht einem allein angehörten.

Somit betraten Gabrielle und Adrienne noch frei und ungebunden zum ersten Mal die Rotonde.

Es war ein Rundbau mit Gitterwerk an den Mauern, der gegen 1860 als Café erbaut worden war und, wie es in einem Erlaß der Präfektur heißt, als Lesesaal. Das Lesen sollte in der ersten Etage stattfinden, denn die Rotonde war nach chinesischer Art mit einem spitzen Pagodendach versehen, von dem man einen Blick in den Garten hatte. Oh, es war kein Park! Eine bescheidene, kleinstädtische Grünanlage, in der alle Bäume mit dem nötigen Zubehör zu finden waren, mit dem traditionsgemäß die öffentlichen Anlagen gemäßigter Zonen ausstaffiert sind: eine Zeder, eine Ulme, eine Zypresse, ein paar Kastanienbäume, ein Kreis von Bänken um eine Rasenfläche herum, eine Statue des Lokalpoeten im Hausrock, in seinem Bronzesessel thronend, und schließlich, auf den Wassern des Bassins, zwei gleichmäßig dahinschwimmende, ziemlich zänkische alte Schwäne.

Aber da in Frankreich Tanzcafés immer mehr in Mode kamen, wurde die Rotonde nur kurze Zeit für kulturelle Zwecke benutzt.

Kaum zwei Jahre nach ihrer Errichtung wurde dort bereits gesungen. Die Stadtverwaltung umgab daraufhin den Pavillon mit einem festen Gitter, um die Neugierigen in gebührendem Abstand zu halten, und dicke Vorhänge verhüllten die Fensteröffnungen.

Die Rotonde war ein Tingeltangel geworden.

Es wurde auch Zeit, denn das andere Lokal, *Le Bodard*, an der Promenade, reichte für die Kundschaft nicht mehr aus. Man erstickte beinahe darin. Daher überließ man es den Gendarmen, Furieren und Soldaten vom Troß, kurzum allen, die nicht zu den Jägern gehörten.

Die Rotonde wurde rasch von einer Garnison zur anderen bekannt. Man kam von überall dorthin. Denn die Aufopferung fürs

Vaterland hatte ihre Grenzen, und es war nicht verboten, sich zu amüsieren. Rauchen, im Chor die Couplets eines vor allem patriotischen Repertoires mitsingen, maßvoll trinken – die Reiterambitionen ließen keine Ausschweifungen zu –, die Chansonsängerin der guten Stimmung wegen mit Kirschkernen bombardieren: darauf beschränkten sich die Vergnügungen der Militärs. Wie man sieht, strotzte das alles von Dummheit und Naivität. Man war weit von den beliebten Tanzcafés eines Henri de Toulouse-Lautrec und weit vom Montmartre entfernt. Die Rotonde hatte weder den Reiz eines *Moulin-Rouge* noch die vornehme Perversität des *Divan Japonais*.

Aber kaum gelang es ein paar Infanterieoffizieren, hereingelassen zu werden, schon entstand ein Mordsradau. Es genügte, daß die Sängerin, die das Soldatencouplet vortragen sollte, mit einem Kavalleriekäppi auftrat, und schon brüllten die Infanteristen los, daß sich die Balken bogen.

Und Gabrielle? Was machte Gabrielle unter den erhitzten Zuschauern? Sie sperrte Augen und Ohren auf und schien am Spektakel Gefallen zu finden.

Aus all dem Getöse stieg vage eine Verheißung zu ihr empor, die nur sie allein hörte. Ein undeutliches Geräusch, wie eine Tür, die sich öffnete. Vielleicht ein Ausweg? ... Wohin führte er? Sie wußte es wahrhaftig nicht. Aber sie konnte nicht mehr davon loskommen und wollte um jeden Preis die Gelegenheit nützen. Sie hatte keine andere Idee, kein anderes Ziel im Kopf als: raus, hier heraus, es zu etwas bringen, Erfolg haben und diesem Zustand der offensichtlichen Unterlegenheit ein Ende bereiten. Doch sie war auf sich allein gestellt und wußte schon, daß alles nur von ihr selbst abhing.

Das Tingeltangel

Anscheinend war es einzig und allein Gabrielles Idee, einen Jahresvertrag mit der Rotonde abzuschließen, und sie war es auch, die dafür sorgte, daß Adrienne engagiert wurde.

Man kann sich leicht vorstellen, was für Gedanken den Direktor eines Tingeltangels angesichts einer Anfängerin wie Gabrielle bewegten. Das junge Mädchen hatte die reichsten Herzen der Garnison am Bändel. Konnte man da noch zögern?

Außerdem sah diese Debütantin recht ungewöhnlich aus. Zwar war sie ein außerordentlich dunkler Typ. Aber war nicht eine gewisse Spinelly[4], die in Paris gerade von sich reden machte, genau so dunkel? Und erst der Mund ... Unersättlich. Gabrielles Mund stand im Widerspruch zu einem ernsten, fast melancholischen Blick. Sie hatte den gleichen, sehr langen Hals wie Yvette Guilbert[5]. Ja, Gabrielle war eine Debütantin voller Gegensätze. Bald schüchtern wie eine Pensionatsschülerin, bald verblüffend keß. Sie hatte einen undefinierbaren Charme, wenn sie auch viel zu mager war. Sollte das ein Nachteil sein? Eine gewisse Polaire[6] erreichte den Gipfel der Berühmtheit, indem sie auf einer Pariser Bühne die magere Frau attraktiv machte, was fünf Jahre vorher noch undenkbar gewesen wäre. Also? Diese Gabrielle war wirklich ganz brauchbar. Trotz ihrer schwachen Stimme hatte sie bereits ein Publikum und sogar eine Claque, denn es war schon vorgekommen, daß sie sich ziemlich ungeniert, zum größten Vergnügen ihrer Bewunderer, auf einer Bühne produziert hatte. Anscheinend mochte sie so was.

Ein gewisses Repertoire und Traditionen, die aus den Pariser Cafés-Concerts verschwunden waren, standen in der Provinz immer noch hoch im Kurs.

So gab es 1905 in Moulins auf der Bühne der Tingeltangel immer die sogenannten »Poseuses«: etwa zehn Statistinnen, die im Halbkreis hinter den Stars saßen. Sie sollten so etwas wie einen Salon darstellen, dem Etablissement einen gehobenen Stil geben und die Pausen überbrücken helfen. Kaum war die Bühne leer, standen sie auf und trällerten eine nach der andern ein kleines Chanson. Sie wurden kaum beachtet und auch nicht bezahlt. Einer von ihnen fiel die Aufgabe zu, mit dem Teller von Tisch zu Tisch zu gehen, was für die Pariser sogar in einer Dorfkneipe unmöglich gewesen wäre.

Als »Poseuse« debütierte die Enkelin des Gastwirts von Ponteils in der Rotonde. Es ging dort einfach und ungezwungen zu. Ihre Verehrer im Saal sparten nicht mit Komplimenten. Sobald sie sich erhob, wurde sie gefeiert.

Gabrielle wägte ihre Chancen ab.

Neben ihr warteten die anderen Mädchen, die ebenso unerfahren wie Gabrielle waren, halbtot vor Angst auf den Applaus, von dem ihre Zukunft abhing. Die Konkurrenz war grausam. Entscheidend war allein der Erfolg. Beim geringsten Zögern konnte man jede Hoffnung auf ein Engagement fahrenlassen.

Gabrielle war unter ihnen die Favoritin. Sie war das Rennpferd dieser Herren und galoppierte weit vorn an der Spitze. Jeden Abend erhob sie sich, lächelte zu den Stammgästen hinüber und begann, einen Refrain aus ihrem Repertoire zum besten zu geben.

Etwa zur gleichen Zeit hatte die Liebe eine junge Frau nach Moulins verschlagen, die sich im *Théâtre de la Monnaie* in Brüssel einen

Namen gemacht hatte. Ihre Zuneigung für einen Sohn aus guter Familie, den Comte d'Espous, hatte sie für immer aus der Ballerinenlaufbahn herausgerissen. Ihr Liebhaber diente seine Zeit bei dem 10. Jägerregiment ab. Sie liebte ihn leidenschaftlich und opferte ihm ihre Karriere. Er nahm ihr Opfer an und heiratete sie nicht. Eine *Illegitime* unter vielen anderen ... Ihr Name hat im Gedächtnis anderer kaum Spuren hinterlassen, aber ihr eigenes Zeugnis war unbezahlbar. Sie erinnerte sich sehr deutlich an Gabrielles erste Auftritte in der Rotonde: »Sie war prüde«, sagte sie, »und schloß sich ein, wenn sie sich umziehen wollte. Auf der Bühne verging sie vor Lampenfieber ... aber man merkte es ihr nicht an. Im Grunde war sie eine schüchterne Streberin.«

Die »Neue« kannte nur zwei Chansons. Sie begann mit einem Couplet aus *Ko Ko Ri Ko*, einer Revue, mit der die Polaire 1898 in der *Scala,* dem schicken Pariser »Caf' conc«, berühmt geworden war.

In der Rotonde war es üblich, Gabrielles Auftreten mit verschiedenen Lautmalereien zu begleiten, vor allem mit Hühnergegacker, als Ermutigung sozusagen, wenn sie mit heiserer Stimme ein schüchternes »*Ko Ko Ri Ko*« anstimmte, das nur mit Mühe als Siegesruf des Hahns zu erkennen war. Dann schwang sie sich schleunigst auf ihr zweites Schlachtroß, das immer einen Sturm der Heiterkeit im Saal auslöste. Der Schlager war schon etwas aus der Mode, aber kam hier immer noch an. Er hieß *Qui qu'a vu Coco dans l' Trocadéro?* Ein Chanson, das etwa so alt war wie der Eiffelturm. Es war ihr Glücksbringer ...

Sie legte ihr ganzes Herz hinein. Wenn sie es sang, sah sie sich schon als Königin der Music-hall, als Spitzenstar an der Seine, endlich *arriviert.*

Um sie zu einem da capo zu bringen, skandierte ihr Publikum nur die beiden Silben des Wortes, das beide Refrains gemeinsam hatten: »Coco! Coco[7]!«

Dieses Stichwort ertönte allabendlich immer wieder, sooft Gabrielle auftrat.

Und so kam es, daß der Name an ihr hängenblieb.

Sie war Coco für alle Offiziere, für all ihre Freunde in der Garnison. Es war nun mal so. Sie konnte es nicht ändern.

Sobald das Chanson zu Ende war, verneigte sich eine Anfängerin namens Coco sehr anmutig und setzte sich wieder an ihren Platz. Ihr Leben lang wollte sie glauben machen, daß ihr Vater ihr diesen Namen gegeben hatte, doch war es ein Saal voller Soldaten, die Unterhaltung suchten.

Adrienne, die ebenso hübsch, ja noch hübscher war, aber weniger Talent hatte, übernahm das Sammeln.

Die Erfahrung mit der Rotonde, dieses Abenteuer, das sie sich selbst ausgesucht hatte, schien Gabrielle nicht die Früchte zu bringen, die sie sich erhofft hatte.

Moulins war nicht Paris.

In dem Tingeltangel war alles zweitrangig; die Künstlergarderoben hatten kein Wasser, auf den Plakaten standen keine Stars, und die Künstler, die hier beklatscht wurden, waren am Ende ihrer Karriere und hatten nicht mehr den Mut, sich mit den jungen Publikumslieblingen der Hauptstadt zu messen.

Eine andere als Gabrielle hätte sich vielleicht mit dieser Situation abgefunden und sich, wenn auch zu Unrecht, eingebildet, daß sie eine verheißungsvolle Laufbahn vor sich habe. Aber sie nicht. Für sie reichte die Verehrung von ein paar Offizieren nicht aus, um das Auftreten inmitten von Ex-Stars zu kompensieren. Warum sich etwas vormachen? Wie kläglich und unbedeutend das Programm war, merkten auch Anspruchslosere, und Gabrielle kamen Zweifel. Was sollte sie noch länger hier? Es war sicher, daß sie nichts lernte.

Sie hatte bereits einen unbeugsamen Willen und schien von ihrer Berufung überzeugt zu sein. Sich einen Namen machen wie Yvette Guilbert, vom Nähen im Hinterstübchen ins Rampenlicht rücken, durch Singen eine Persönlichkeit werden... Vielleicht hatte sie sogar schon in Moulins ganz andere Ambitionen. Sie träumte nämlich davon, auf dem Umweg über die Music-hall zur Operette aufzusteigen.

Dazu mußte sie aus Moulins fort.

Sie mußte in eine Stadt ziehen, die ein Theater, eine richtige Bühne hatte, und in dieser Stadt Arbeit finden. Es war aber wichtig, durch den Ortswechsel möglichst wenig Getreue zu verlieren. Vor allem durfte Tante Julia nichts davon erfahren, die von den Lustbarkeiten in der Rotonde keine Ahnung hatte.

Zwischen den schmucken Offizieren des 10. Jägerregiments und den Leuten aus Varennes bestand nämlich eine dicke Mauer. Zwei getrennte Welten. Sie gingen aneinander vorbei, ohne einander zu sehen, sie lebten nebeneinander her, ohne sich je kennenzulernen.

Aber offen gesagt: ist es so sicher, daß die Chanels, wenn sie es *gewußt* hätten, dagegen gewesen wären? Gabrielle Chanel behauptete es.

Sie sprach von Drohbriefen, die Antoinette ihr aus dem Institut Notre-Dame überbracht hätte, und gab vor, daß die Familie sowohl ihr als Adrienne mit der Erziehungsanstalt gedroht habe für den Fall, daß sie sich von irgendeinem Lackaffen der Garnison verführen ließen.

Man kann es kaum glauben. Beide Mädchen waren mündig. Was riskierten sie? Außerdem konnte man sich in Varennes gar nicht so aufspielen ... und Lehren erteilen wollen. Julia, Jeanne Devolles älteste Tochter, die einzige, die im Schoß der Familie geblieben war, hatte sich von einem Jahrmarkthändler ein Kind machen lassen und es gerade zur Welt gebracht. Der Vater hatte es anerkannt, die Mutter jedoch nicht geheiratet. Sie lebten allerdings unter demselben Dach. Es gab eben Traditionen bei den Chanels, und von einer Generation zur andern wiederholte sich alles von neuem.

Es ist jedoch anzunehmen, daß das Mißgeschick einer Schwester, die sie liebte und mit der zusammen sie so viele traurige Jahre verlebt hatte, Gabrielle nicht gleichgültig ließ.

Daher vielleicht ein Entschluß, der die Stammkunden der Rotonde empörte: Coco verließ sie. War das möglich? Das Geschöpf entglitt seinen Schöpfern.

Nachdem sich das Jammergeschrei gelegt hatte, beschlossen die Herren, gute Miene dazu zu machen.

Sie ging nach Vichy, für eine Saison. Dieser Kurort, der seit dem Zweiten Kaiserreich und den Kuraufenthalten Napoléons III. immer mehr in Mode gekommen war, lag schließlich nur fünfzig Kilometer entfernt. Die Jäger fanden immer einen Vorwand, hinüberzufahren. Pferderennen, Konzerte, Schauspielerinnen auf Tournee, schöne Unbekannte, die man einander wegschnappte, ein Kommen und Gehen von anständigen und weniger anständigen Frauen ... Vichy war das französische Baden-Baden des Monsieur Loubet, das Abenteuer für jede Geldbörse und die Sommerfrische der Garnison. Man mußte sich in das Unvermeidliche schicken und in Moulins ein paar Monate ohne Gabrielle auskommen. Auch Adrienne ging fort. Die beiden waren unzertrennlich.

Versprechungen wurden gemacht. Man dürfe sich nie aus den Augen verlieren. Aber sicherheitshalber folgten die berittenen Jäger den Davonziehenden in engen Reihen.

Nie wurde Oberst de Chabot so oft um Urlaub für Vichy ersucht wie in diesem Sommer 1905.

Eine ansteckende Krankheit ...

Es gab jedoch eine unerwartete Reaktion, nämlich die eines Lehrgangoffiziers. Er äußerte sich hinsichtlich Cocos künstlerischer Karriere ehrlich pessimistisch.

»Du wirst es zu nichts bringen«, sagte er zu ihr. »Du hast keine Stimme und singst wie eine Heulboje.«

Sie beschloß, sich darüber hinwegzusetzen, obwohl sie zu niemandem so viel Vertrauen hatte. Ist das nicht sonderbar? Ein Infanterist ... Sie, die von so vielen Reitern umworben wurde, bevorzugte einen Infanteristen. War er ihr ritterlicher Freund? Noch nicht, aber er war in sie verknallt und leugnete es nicht. Ein Zeuge jener Abende in der Rotonde ging so weit, zu behaupten, daß der betreffende Offizier ihr erster Liebhaber gewesen sei. Das ist keineswegs sicher. Aber es besteht kein Zweifel, daß Gabrielle Chanel sich im Jahre 1905 nicht ernsthaft für ihn interessierte. Ein Freund, zur Unterhaltung, das wohl. Aber nicht mehr. Wäre sie weggegangen, wenn sie ihn geliebt hätte?

Er hieß Etienne Balsan. Er war so viel echter, natürlicher als die eitlen Laffen des Faubourg Saint-Germain, und Gabrielle verstand ihn so viel besser. Weder groß noch schlank, mit einem ganz gewöhnlichen Schnurrbart und einem runden Gesicht, nichts Militärisches in seinem Benehmen, nichts Verwegenes in seiner Aufmachung, wie die meisten Reiter es an sich hatten, kein bedeutender Stammbaum, keine großen Ambitionen, ja, er stellte wahrhaftig weniger dar als die Jäger und war längst nicht so elegant wie sie. Aber er hatte enorm viel Schwung, war von verblüffender Großzügigkeit und verstand es, eine Freundschaft zu pflegen wie sonst keiner.

Dieser letzte Zug würde genügen, um ihn zu beschreiben. Niemand hatte mehr Freunde als er.

Was liebte er? Wo fand er sein Glück? Bei den Pferden, wenn er sie rennen ließ, bei den Frauen, mit denen er sich die Zeit vertrieb, beim Landwein, der ihm zu Kopfe stieg. Er liebte gute Laune, gutes Essen und Trinken, schöne Frauen, das leichte Leben ... Wenn es das Wort *Bonvivant* noch nicht gegeben hätte, so hätte man es erfinden müssen, um Etienne Balsan zu beschreiben.

Er war nach Moulins gekommen, weil es so nahe lag.

Seine Familie stammte aus Châteauroux, einer Stadt mit vielen Fabriken, wo seine Eltern ein ansehnliches Vermögen erworben hatten. Würdevoll, ernsthaft, gewichtig, sehr sachkundig – das war die Familie Balsan, ein Musterbeispiel der französischen Oberschicht mit ihrer kalten, maßvollen Sprache – einer Klasse, die Gabrielle bis dahin fremd war.

Alles, was sie von Frankreich kannte, war sein einfaches Volk und seine Armee.

Das 90. Infanterieregiment lag seit dreißig Jahren in Châteauroux in Garnison. Als für den Sohn Balsan die Zeit des Militärdienstes heranrückte, wurde er selbstverständlich zu dieser Truppe eingezogen. Zur Infanterie ... das war seltsam für einen Rekruten, der nur den einen Ehrgeiz hatte, Rennpferde zu züchten. Die Nachricht brachte ihn an den Rand der Verzweiflung. Was tun? Wie den Übungen entgehen, wie Châteauroux, wie der Kaserne, wie der eigenen Familie entkommen? Es gelang ihm, sich nach Moulins versetzen zu lassen, in eine Abteilung zum Studium orientalischer Sprachen. Das war ein guter Schachzug. Die Jäger nahmen ihn mit Beifall auf. Diese Herren betrachteten ihn als einen der ihren. Sie erwarteten viel von dem Stimmungsmacher. Und sie wurden nicht enttäuscht.

Ihre Begeisterung nahm noch zu, als sie erfuhren, daß es ihrem Freund gelungen war, seine Vorgesetzten davon zu überzeugen, daß er unbedingt einen gewissen indischen Dialekt lernen müsse, denn das Vaterland könnte eines Tages Interesse daran haben, Spione in jene Region zu schicken ... Der Dialekt war jedoch so wenig bekannt, daß es niemand gab, der ihn darin hätte unterrichten können.

Das alles war sehr geschickt eingefädelt. Der junge Balsan würde sich's wohl sein lassen und die besten Pferde reiten können.

Da lernte er Coco kennen. Er hatte nicht gleich vor, sie zu entführen. Was hätte er auch mit ihr anfangen sollen? Eigentlich zeigte die junge Person keinerlei mondänes Talent. Aber er hatte wie die andern, und mehr noch als sie, die fixe Idee, Coco zu lancieren. Wie? Das war die große Frage.

Obwohl er Cocos Begabung fürs Singen stark bezweifelte, setzte er doch alles daran, ihr das Abenteuer Vichy zu erleichtern.

Er erbot sich, den beiden Damen beim Einkaufen behilflich zu sein. Aber er hütete sich sehr, es bekannt werden zu lassen. Er mochte es nicht, daß jemand sich ihm verpflichtet fühlte. Später, als Gabrielle Chanels Talent feststand und ihr Name weit über die französischen Grenzen hinaus bekannt war, hätte er nur den Mund aufzutun brauchen ... Aber ihm lag nichts daran. Sein Verdienst? Warum davon reden? Er beschränkte sich auf die bescheidene Bemerkung: »Ich habe ihr nur in den Steigbügel geholfen.«

Dank seiner Hilfe begaben sich Gabrielle und Adrienne wieder zu den braven Leuten in der Rue de l'Horloge, diesmal nicht mehr als Angestellte, sondern als Kundinnen. Es genügt nicht, zuschneiden und nähen zu können, man mußte auch das Nötige dazu einkaufen. Sie suchten sich ein paar Meter von dem neuen Stoff aus, den alle Frauen so phantastisch fanden: Surah. Bei der Verarbeitung richteten sie sich nach den Ratschlägen von *l'Illustration*, der Lieblingszeitschrift der Jäger. Eine andere Anleitung hatten sie nicht.

Es war nun wohl an der Zeit, sich Balsan gegenüber erkenntlich zu zeigen. Wahrscheinlich war die Verwunderung der beiden mindestens ebenso groß wie ihre Dankbarkeit. Wie konnten sie es zum Ausdruck bringen?

Nie fand Etienne Balsan eine Erklärung dafür, auf wen Coco angespielt hatte, als sie zu ihm sagte: »Ich hatte schon einmal einen Beschützer namens Etienne. Auch er wirkte Wunder.«

Konnte er ahnen, um welchen Etienne es sich handelte? Sie hatte ihm nie etwas von Obasine erzählt.

Die Wahl der Hüte war ein großes Problem.

Tante Julias Beispiel folgend, hielten Gabrielle und Adrienne es für selbstverständlich, etwas *Fertiges* abzuwandeln wie seinerzeit in Varennes. Aber woher die Ideen nehmen? Laut *l'Illustration* kam in ganz Paris nur die Modistin Mélanie Percheron in Frage, während die Jäger bei diesem Namen laut lachten und behaupteten, daß in ihrer Familie die Frauen nur die Schöpfungen von Caroline Reboux trügen, jener großen Dame aus der Rue de la Paix. Die beiden wußten wirklich nicht, woran sie sich halten sollten.

Gabrielle fällte kurzerhand die Entscheidung. Sie würde Hüte *nach ihrem eigenen Geschmack* entwerfen. Adrienne blieb nichts anderes übrig, als mitzumachen.

So trafen sie in selbstgemachten Hüten und Kleidern in Vichy ein.

Die ersten Fotos, die von Gabrielle Chanel bekannt sind, stammen aus dieser Zeit.

Sie hat etwas Amazonenhaftes an sich und bei aller offensichtlichen Weiblichkeit eine gewisse Strenge, die von dem sehr romantisch abgewandelten Uniformstil herrührt. Eckige Schultern, hoher Kragen, eng anliegendes Mieder, festgeschnallter Gürtel, keinerlei Zierat, nur auf dem Ärmel, und zwar Ton in Ton, eine kaum auffallende Stickerei, ein zaghafter Anklang an die Litzen der Jäger.

Was entzückt an ihr? Der ernste Blick und die schlichten Effekte. Adrienne, neben ihr, ist die Schönheit in Person, aber ein klein wenig geschnürter und gegürteter ... Während man auf den ersten Blick erkennt, daß Gabrielles Körper nur das Gleitende duldet.

Man braucht nur an das zu denken, was diese Fotos nicht zeigen, die anderen, die Eleganten des Casinos, die Frauen mit hohlem Kreuz, prallem Hinterteil und überladenen Hüten auf dem Kopf, um zu ermessen, wie verheißungsvoll Gabrielles Auftreten war.

Sie wirkte *damals schon* wie eine, die durch ein Wunder von den Albernheiten ihrer Zeit erlöst war.

Eine Saison in Vichy

Varennes liegt nun in weiter Ferne. Ein abgeschlossenes Kapitel.

Vichy ist eine wichtige Etappe in Gabrielles einzigartigem Leben. Sie wird hier noch nicht die große Welt oder eine kosmopolitische Eleganz kennenlernen – Vichy ist weder jener »Hinterhof der Könige« wie Maupassant Cannes genannt hat, noch die sommerliche Zweigniederlassung der Pariser Hautevolée wie Deauville – aber sie wird hier ein Bild von Frankreich gewinnen, das Moulins ihr in dieser Vielschichtigkeit bei weitem nicht bieten konnte.

Eigentlich war es ein großer Sprung nach vorn, aus dem bescheidenen Schatten des Gartens der Rotonde heraus in den prächtigen Park von Vichy, in dem sittsam gewordene Kokotten ihre eleganten Boutiquen hatten – kleine Erkenntlichkeiten dankbarer Paschas, die durch sie ebensosehr wie durch die Kur zu neuen Kräften gekommen waren; und diese Geschäftsfrauen waren so brav und anständig geworden, daß sie alles, was im Hundertjährigen Krieg Rang und Namen hatte, alle Feudalherrinnen der Umgebung, alle in Schlössern wohnenden Herzoginnen, die ganze vornehme Welt, die auf die braven Leute in der Rue de l'Horloge so großen Eindruck machte, zur Kundschaft zählten. Was war das Neue für Gabrielle? Die langen Reihen der Kaleschen mit den anmutigen Baldachinen, davor die Pferde mit den weißen Schützern über den Ohren, der entzückende Anblick der Trinkhallen mit ihren Eisenschnörkeln im reinsten Jugendstil. Unter den Glasdächern, die wie weit ausgebreitete Schmetterlingsflügel aussahen, saßen die von einem späten Bedauern Geplagten: hohe Beamte, die für immer ihren Teint durch allzu üppige Mahlzeiten verdorben hatten, Staatsmänner, die langen, schweren Banketts erlegen waren.

Ferner die Offiziere ... Opfer der Pflicht und der leichten Mädchen Algeriens.

Wenn das Frankreich jener Zeit zuviel aß, was sollte man erst von seinem Eroberungshunger halten? Die viel zu reichlichen Mahlzeiten sowie die romantischen Expeditionen in allen ihren Formen sicherten Vichy eine sich unablässig erneuernde Kundschaft. Hitze, Wüstenleben im Zelt, Begegnungen in maurischen Cafés und exotische Liebschaften blieben für die Söhne aus guter Familie nicht ohne Folgen. Sie kehrten angeschlagen in die Metropole zurück. Es blieb nichts anderes übrig, als ihnen eine Kur zu verschreiben. Sie fuhren nach Vichy, wo die Saison sechs Monate dauerte. Dort pflegte man sich mit Frau oder Mätresse. Das Entscheidende war, gesund zu werden, aber in aller Ruhe.

Wenig Russen, viele Orientalen. Libanesen und Ägypter in so großer Zahl, daß man sagte, es sei »der Nil und nicht der Allier, der durch Vichy fließt[8]«. Ausländische Diplomaten kamen mit ihren Domestiken. Man erriet ihre Herkunft an der Hautfarbe ihrer Diener. Wenn einer entlassen wurde, lief er in der Stadt herum und versuchte mit Hilfe der paar Brocken Französisch, die er aufgeschnappt hatte, eine neue Stellung zu finden. Oft ergriffen südfranzösische Öl- oder Seifenkönige, oder Reeder, die schon so manches an Exotik kennengelernt hatten, die Gelegenheit beim Schopf... Man hörte, wie sie einander beglückwünschten: »Mein Lieber, ich habe den Neger von dem und dem Botschafter übernommen ...« Und mit einem Nubier neben dem Kutscher oder einer verschleierten Fatma kehrten sie in die Provence zurück.

Das waren die Kurgäste, die Gabrielle vorbeigehen sah, das waren die Spaziergänger, denen sie begegnete.

Sie hatte ein ganz bescheidenes Zimmer gemietet, das sie mit Adrienne teilte. Weder in einer Sackgasse noch in einer Durchfahrt, aber es hatte ein wenig von alledem zugleich: es lag nämlich in einer jener Straßen, die es nur in Vichy gibt, einer Straße mit Einzimmerwohnungen zu ebener Erde, in denen leichte Mädchen neben kleinen Angestellten ohne Geld und Schmierenkomödianten auf Tournee wohnten.

Wenn man den Freundinnen aus dieser Zeit glaubt, die wie Gabrielle darum kämpften, aus ihrem Milieu herauszukommen, und die, ebenso wie sie, das stets große Risiko eines Abrutschens oder Rückfalls ins Proletariat fürchteten, so waren Gabrielles Anfänge in Vichy schwierig, ihre ersten Erfahrungen wenig ermutigend. Die vertraulichen Äußerungen dieser Eingeweihten waren außerordentlich anschaulich. Erstaunliche Frauen trotz ihres hohen Alters... Man ahnte, wie verführerisch sie fünfzig Jahre früher gewesen sein mußten.

Sie waren bewundert, angebetet, manchmal aufrichtig geliebt worden, doch für eine Ehe nie in Frage gekommen, so daß sie allein, ohne Geld und ohne Freunde, in schäbigen kleinen Hotels starben. Man merkte, daß sie Coco, die eine Unternehmerin geworden war, allzusehr um ihren spektakulären Aufstieg beneideten, als daß sie ihre Persönlichkeit besonders herausgestrichen hätten. Nein, sie schmückten nichts aus. Sie beschränkten sich auf das Wesentliche, und das, was sie einfach und unaufdringlich erzählten, schien absolut glaubwürdig. Aus einem Reflex des Selbstschutzes heraus, oder aus weiblicher Solidarität zeigten sie sich in puncto Liebschaften erstaunlich diskret. Kein Wort darüber. Sie schilderten nur, was in ihren Augen niemanden kompromittierte. Den harten Kampf, »nach oben« zu kommen ... Glanz und Elend ihrer jungen Jahre. Im übrigen, da sie als ausgehaltene Frauen ihr Leben lang unter abfälligen Bemerkungen gelitten hatten und stets darauf bedacht gewesen waren, in den Augen ihrer Zeitgenossinnen respektabel zu erscheinen, schwiegen sie sich aus und verfochten nur die These vom untadeligen Lebenswandel, bei dem nur das Herz spricht. Sie wußten, daß Schweigen ihre beste Waffe war. Ein Schweigen, das nicht nur ihre persönlichen Gefühle schamvoll verhüllte, sondern auch das Liebesleben eines Milieus – ihres Milieus –, dem Adrienne und Gabrielle selbst fünfzig Jahre später noch angehörten.

Wir wollen ihnen glauben, wenn sie andeuteten, daß man in Vichy nicht so leicht ein Engagement bekam wie in einem Tingeltangel in Moulins.

Die Darbietungen hatten ein anderes Niveau.

Nur anerkannte Künstler aus Paris traten dort auf. Es kam gar nicht in Frage, als »Poseuse« zu debütieren. Es war schon eine ganze Weile her, daß die Direktoren diese Gepflogenheit als etwas Demütigendes aufgegeben hatten, zumal sie nicht mehr dem bürgerlichen Geschmack entsprach.

Gabrielle machte vor nichts halt. Nie zögerte sie oder dachte: Ich bin auf dem falschen Weg. Sie wollte Operettenstar werden und steuerte schnurstracks auf dieses Ziel los.

Je mehr Schwierigkeiten sich vor ihr auftürmten, desto mehr Schwung fand sie, um sie zu überwinden. Dieser Wille zum Erfolg verblüffte ihre Zeitgenossinnen und betäubte sie fast. Vor allem Adrienne ...

Die große Frage war, wo man anklopfen sollte. Das *Grand Casino* war viel zu vornehm. Also wo? Das *Eden Théâtre*, dessen Café in einem kühlen Garten lag? Eine verlockende Idee. Das *Eden* brachte Operetten. Und *La Restauration*? Das Programm hatte Schwung, aber das Publikum war steif. Im *Alcazar*, der Hochburg des Varietés? Mit seiner A-giorno-Beleuchtung, seinen um die Bühne herum angeordneten Tischen, seiner naturalistischen Quadrille, seinem Salon für Andenkenfotos, seinem tunesischen Konzert und den echten Bauchtänzerinnen wollte das *Alcazar* es dem *Jardin de Paris* an den Champs-Elysées gleichtun, das in der Hauptstadt so en vogue war. Die Kurgäste – wohlhabende Kaufleute, Minister auf Urlaub, temperamentvolle Ausländerinnen und »echte pariserische« Erscheinungen – kamen in Scharen nach Vichy ins *Al-*

cazar, um dort ihr Teil an Unterhaltung zu finden. Aber wollte man Gabrielle dort haben?

Sie erkämpfte sich schließlich die Erlaubnis, vorsingen zu dürfen.

Diese Probe fand in einem Keller unterm Café statt. Ein Pianist, der sich auch als Komponist fühlte, klimperte halb verhungerten Kandidatinnen alte Schnulzen vor. Er arbeitete einer Garderobenverleiherin in die Hand. Wenn eine Anfängerin ein wenig Talent zeigte, riet er ihr, sich auf eigene Kosten dort ein Kostüm zu leihen. Dann benachrichtigte er den Direktor.

Manchmal waren auch sklavenhändlerische Impresarios aus Paris bei den Proben dabei. Sie brauchten immer wieder etwas Neues, das sie in die Arena werfen konnten. Sie setzten sich also dazu, hörten mit und fällten ihr Urteil.

Das »Caf'conc'« war vor allem eine Sache der Spezialität. Was sollte man von dieser schüchternen Anfängerin oder jenem spindeldürren jungen Mann halten? Für welches Genre paßten sie? Sollte man aus dem Mädchen eine *gambilleuse* oder eine *romancière* machen, aus dem Jungen einen Monologisten oder einen Exzentriker? Und welchen Stils? Realismus oder eher Pantomime?

Die Ergebnisse von Gabrielles Vorsingen waren enttäuschend. Sie hatte zwar ein gewisses Auftreten und einen herben Charme, der vielleicht Anklang finden würde, aber Stimme hatte sie keine. Jedenfalls nur eine sehr dünne.

Man stellte ihr ein Engagement als *gommeuse* in Aussicht, denn infolge von Polaires wachsendem Erfolg wurde dieser Typ immer häufiger imitiert. Zuvor aber müsse sie arbeiten. Alles hinge davon ab, was für Fortschritte sie machen würde. Ja, eigentlich könne man ihr nichts versprechen.

Adrienne wurden die letzten Illusionen geraubt.

Sie sah aus wie eine Prinzessin, was nicht zu diesem Beruf paßte.

Es wurde ihr ohne Umschweife geraten, anderswo Karriere zu machen. Sie ging zurück nach Moulins.

Coco machte sich an die Arbeit.

Der Hauspianist bot seine Dienste an. Er schrieb die Pariser Erfolgsnummern für sie um, damit sie die richtige Stimmlage fände. Natürlich mußte sie als *gommeuse* mit den Hüften schwingen, sich drehen und herumwirbeln. Alles lag im Rock, *la gambille* und *le moulinet*. Aber es mußte auch gesungen werden. Coco säuselte mit tonloser Stimme: »*Moi j'suis pas méchante, j'suis bien patiente, mais quand je me fâche, v'lan, je lui rent' dedans*« von Morisey. Ein anderes Chanson war: »*Tra-la-la-la-la, v'là les English*« von Max Dearly, in dem sie etwas überzeugender wirkte.

Ihr Repetitor sparte nicht mit Kritik.

»Du krächst wie eine Krähe, dir fehlt die Mimik, du bist steif wie ein Plättbrett, und außerdem sieht man bei dir die Knochen ... Laß dir ein paar Rüschen an den Ausschnitt nähen.«

Coco war streng mit sich selbst und unnachgiebig. Aber sie kam nur langsam voran.

Die Stunden waren nicht gratis, und sich mal als *gommeuse*, mal als *gigolette* versuchen, um seinen eigenen Stil zu finden – das alles kostete viel Geld. Den habgierigen Garderobenverleiherinnen fehlte es nie an Vorwänden, um die Anfängerinnen übers Ohr zu hauen. Es war ein einziges Gejammer. Risse und Flecken wurden festgestellt, die in Wahrheit gar nicht da waren. Die Kostüme mußten gestopft, gebügelt, aufgefrischt, neu hergerichtet werden. Andernfalls, mein Kind ...

Gabrielle verbrachte ihre Nächte mit der Nadel in der Hand.

Die *gommeuse* trug meistens ein Paillettenkleid. Im Rampenlicht hatte es die größte Wirkung. Aber was brachte das für Arbeit mit sich! Wehe, wenn man irgendwo hängenblieb ... Dann liefen die Pailletten wie eine Strumpfmasche davon. Die Mädchen suchten sie einzeln wieder zusammen. Auf allen vieren krochen sie aufgeregt herum: »Meine Pailletten!« Man sah ihnen mitleidig zu. Doch die unerbittliche Garderobenfrau stürzte auf sie zu und verlangte eine Entschädigung.

Aber Coco hielt durch. Sie konnte sich nicht mehr vorstellen, anderswo zu leben. Was erhoffte sie? Daß es ihr ähnlich ergehen würde wie Zulma Bouffar in Ems? In Vichy einem Offenbach bei seiner Kur zu begegnen, der sie lancieren würde?

Auf jeden Fall war sie glücklich.

Sie lernte, sich zu schminken, zu tanzen und zu singen. Sie lebte in der Kulisse ihrer Träume.

Bis dahin waren die *gommeuses* in roten Pailletten aufgetreten. Das Publikum war wild darauf. Aber in Paris hatte Madame d'Alma es mit violett versucht. Man nannte sie nur noch die *gommeuse mauve*. Sogar ihr paillettenbesetzter Hut war malvenfarben. Noch nie hatte man so etwas gesehen. Die *gommeuses* in der Provinz machten es sofort nach. Bald darauf war in Paris ein Mädchen vom Lande, mit schlitzartigem Mund, durchaus keine Schönheit, in schwarzen Pailletten aufgetreten und hatte Aufsehen erregt. Schwarz! Dazu gehörte wirklich Mut! Ganz in Schwarz, nur am Mieder eine Rose, und Beine – das hatte genügt. Ihre ersten Erfolge hatte sie vor etwa sechs Jahren gehabt, und schon war sie so etwas wie ein Star. Ihre Freunde nannten sie Jeanne, aber bei den Leuten vom Fach war sie nur unter ihrem Künstlernamen bekannt: Mistinguett... Der Name war in aller Munde. Die Café-Concerts in der Provinz konnten nicht schnell genug ihr Kostüm kopieren. So kam es, daß Coco sich ein schwarzes Paillettenkleid geliehen hatte, das klassische Kostüm der *gommeuse*: kurz, hüftbetont, mit tiefem Ausschnitt, eng anliegendem Oberteil und wadenlangem, nach unten ausgestelltem und mit Tüllrüschen besetztem Rock.

Dieses Kleid gehörte zu keiner Gattung, keinem Land, es war ein Kleid ohne Vergangenheit, aber seine Anmut sollte Gabrielle ihr Leben lang verfolgen. Noch ahnte sie es jedoch nicht...

Anfang der dreißiger Jahre kam die Zeit, daß die Frauen auf Chanels Anregung hin das Paillettenkleid der *gommeuses* übernahmen. Wenn jemand darin erschien – sei es in einem Salon oder im strahlenden Licht eines Theaters – und wenn eigenartigerweise dieses schlichte Kleid allein durch seine verführerische Kraft stärker wirkte als alle andern und wie ein schwarzer Spiegel glänzte, dann war Gabrielle vielleicht die einzige, die wußte, was dieses Kleid alles bedeutete. Vielleicht sah sie dann zwischen den Pailletten den schwachen Abglanz einer fernen Vergangenheit.

Das schwierigste war, Geld aufzutreiben.

Wenn einmal die Garderobenverleiherinnen zufriedengestellt waren, der Klavierspieler sein Geld hatte, Wohnung und Essen bezahlt waren, was blieb dann von Gabrielles Ersparnissen noch übrig? Geld... Wieviel verdiente man in Paris? War es wirklich so schwer, zum Zuge zu kommen, wie alle sagten? Wenn man den Leuten vom Fach glaubte, so hatten die großen Stars des Augenblicks im schlimmsten Elend gelebt, bevor sie Erfolg hatten. Zwei Francs pro Tag... Das hatte eine Unbekannte aus der Normandie, Yvette Guilbert, für ein kurzes Theatervorspiel bekommen. Drei Francs, um ein Publikum von Handelsvertretern zum Lachen zu bringen... Das war der Tageslohn eines dreizehnjährigen Bengels: des kleinen Chevalier. Er war älter geworden und machte langsam von sich reden. Und Polin, der von Amerika zurück war? Geld wie Heu, so hieß es... Er war mit Fußtritten in den Hintern bezahlt worden, als er mit seinen ersten Chansons bei Kutschern und Köchinnen Applaus suchte. Aber war das ein Trost? Ein Grund, um durchzuhalten?

Schon 1906 dachte sie, wenn Geld bei Gesprächen so viel Raum einnähme – Geld... die Leute der Music-hall hatten kein anderes Wort im Mund –, so sei es wohl das beste, alles daranzusetzen, um welches zu verdienen.

Daß sie in Vichy mehr als einen Beruf ausübte, ist anzunehmen. Alle Zeugenaussagen stimmen darin überein.

Sie wußte ihre Tage auszunutzen. Aber womit?

Keinesfalls mit Flickarbeiten, wie später gewisse Kundinnen verächtlich andeuteten. Das stereotype Bild vom bescheidenen Kämmerchen, wo das arme junge Mädchen den ganzen Tag die Bettwäsche der Kurgäste ausbessert, um seinen Lebensunterhalt zu verdienen und seinen Ehrgeiz befriedigen zu können, diese Darstellung scheint pure Phantasie zu sein, ebenso wie die Behauptung, daß sie ein lockeres Leben geführt habe ... denn dafür gibt es keinerlei Beweise. Es klingt eher kleinlich und mißgünstig.

»Laut der amerikanischen Presse bin ich in Holzschuhen in Paris angekommen«, sagte Gabrielle mit sarkastischem Lachen. »Warum nicht als Zimmermädchen?«

Die Fotos von Gabrielle Chanel aus dem Jahre 1906 widerlegen kategorisch all diese Märchen. Weder Hetäre noch Flickfrau. Eine allzu bescheidene Aufmachung für das erstere und eine allzu elegante, um sich mit letzterem zufriedenzugeben. Aber daß sie Etienne Balsan in Vichy häufiger traf als irgendeinen andern, daß er sie weiter unterstützte, ohne ihr untergeordnete Arbeiten zu ersparen, das ist wohl wahrscheinlicher. Kann man sich vorstellen, daß Gabrielle Chanel die Karriere, für die sie sich berufen fühlte, so leicht aufgab? Glauben wir vielmehr den Freundinnen aus dieser schweren Zeit, die behaupten, daß Gabrielle nach ein paar Monaten, trotz aller Mühen und Hoffnungen, wieder dasselbe war wie vor ihrer Abreise aus Moulins: nämlich Hausschneiderin, die den ehemaligen Kundinnen aus der Rue de l'Horloge, die nach Vichy zur Kur gekommen waren, die Garderobe auffrischte. Da sie immer noch kein Engagement im *Alcazar* hatte, bewarb sie sich auf Empfehlung eines Offiziers des 10. Jägerregiments, der Beziehungen hatte, im Kurhaus. Sie wurde zur Wasserausgabe am Großen Gitter eingestellt. Ganz in Weiß, die Füße im Trocknen, in sonderbaren kleinen Stiefeln – ebenfalls weiß und kurz, zur Uniform gehörig –, war Gabrielle nun diejenige, die unten in einer tiefen Grube unter all den Gläsern, die dort wie eine merkwürdige Girlande in ihren Strohfassungen hingen, eins aussuchte. In der Mitte sprudelte, unter einer Kristallglocke, die kostbare heiße Quelle. Gabrielle ging mit bedächtiger Miene darauf zu, füllte das Glas und prüfte dann kritisch, wie voll es war. Sie war beliebt. Die Kurgäste beugten sich zu ihr vor. Man überbot sich in Komplimenten. Woran dachte sie? An die Stiefel, die für sie sofort der Inbegriff der Bequemlichkeit waren? Oder an die Musik? An beides vielleicht ...

Ihre Ungeduld machte ihr das Leben unerträglich. Aber bedauern wir nicht, was ihr als verlorene Zeit erschien. Gerade in dieser Zeit nahm sie unbewußt neue Ideen in sich auf. Eines Tages wird nicht nur das schwingende Kleid der *gommeuses* in der Rue Cambon wieder auftauchen, sondern auch die kleinen Stiefel der Wasserausschenkerinnen wird man dort wiedersehen. An Chanels Füßen. Die Stiefel, mit denen sie in den Kampf zieht...

Als die Saison in Vichy unter einer zaghaften Oktobersonne zu Ende ging, fanden die Straßen nach und nach ihre provinzielle Ruhe wieder. Der Zustrom aus den Kolonien ließ nach. Die Fiakerkutscher nahmen mit ihren Pferden die ruhigen Zwiegespräche wieder auf, die nur noch selten von den Rufen der Grooms unterbrochen wurden.

Dann kam der November, in dem aller Zierat von den Pferdegeschirren entfernt wurde. Die fransenbesetzten Halfter wurden zusammengefaltet und die Ohrenkappen in Kampfer gepackt. Ein paar Geschäfte hängten ihre Pariser Adresse ins Schaufenster, und die Konzertcafés schlossen wie jedes Jahr mit Brettergepolter und Gehämmer ihre Tore.

Es war zu Ende.

Der Erfolg blieb aus. Coco hatte die Partie verloren.

Zum Tee bei Maud

Als Gabrielle Adrienne wiedertraf, wohnte diese nicht mehr in Moulins, sondern in der Nähe von Souvigny, wo ihre Freundin Maud Mazuel eine Villa besaß. Dort war sie für unbegrenzte Zeit zu Gast.

Mauds Haus war außerordentlich praktisch. Es lag nur ein paar Schritte von dem kleinen Bahnhof Coulandon-Marigny entfernt und war so groß, daß die Leute der Gegend, die wohl wußten, was sich darin abspielte, es das »Schloß« nannten[9].

Maud hatte viel Besuch.

Sie hatte Adrienne, ohne sie aus dem reinen »Kavalleristen«-Milieu ihrer ersten Zeit herauszuziehen, mit den Schloßherren der Umgebung bekannt gemacht, die älter als die Offiziere des 10. Jägerregiments waren und sowohl mehr Mittel als auch mehr Freiheiten hatten als sie. Aber da Adel und Offiziere derselben Welt angehörten und vom selben Geschmack geleitet wurden, ja mit derselben Unfehlbarkeit wußten, was das »Wesentliche« war – nämlich

Pferde, Frauen, Kleidung, Jagd und Weine –, verging keine Woche, ohne daß der Bummelzug seine Ladung an Stammgästen, Zivilisten wie Militärs, nach Souvigny brachte. Sie unternahmen alles gemeinsam, fuhren zu den Renntagen nach Vichy und zu jenen Gartenfesten des Kurhauses, in dem die Damen der vornehmen Welt verkehrten, in deren Reihen sich aber auch ein paar Unbekannte einschlichen, die ihrer Schönheit wegen geduldet wurden, sowie ein paar berüchtigte »gefallene» Mädchen.

Maud Mazuel war unverheiratet. Sie hatte großen gesellschaftlichen Ehrgeiz und ein starkes Bedürfnis, es zu etwas zu bringen. Wäre sie in einem anderen Milieu geboren, so hätte sie einen Salon geführt. Aufgrund ihrer glanzlosen Herkunft – sie war die Tochter eines Maurermeisters – mußte sie sich damit begnügen, Begegnungen zu arrangieren und womöglich Verbindungen zu fördern. Ihr Haus war immer voll. Wovon lebte sie? Wenn ein Paar, das sich bei ihr kennengelernt hatte, für immer zusammenblieb, so sorgte sie dafür, daß die jungen Leute trotz ihrer Verliebtheit nicht vergaßen, was sie ihr, der Freundin Maud, schuldig waren. Außerdem hatte sie angeblich einen Beschützer mit einem kleinen Vermögen.

Maud war pummelig, hatte keine besonderen geistigen Fähigkeiten und wußte, daß es ihr an Charme fehlte. Aber sie hatte viel Schwung und Selbstsicherheit und, wenn sie es wollte, etwas Würdevolles, was weitgehend von den historischen Reminiszenzen herrührte, von denen sowohl ihre musketierartigen Hüte zeugten, auf denen eine Feder wie eine Standarte emporragte, als auch die Jabots an ihren Blusen im Louis-XV.-Stil, oder aber der Schnitt ihrer Kostüme.

Sie vereinte in sich zwei widersprüchliche Talente: sie verstand es, Betriebsnudel und Anstandsdame zugleich zu sein.

Die Tees bei Maud waren kleine Mahlzeiten.

Man traf bei ihr Provinzlerinnen aus der Nachbarschaft, die *Illegitimen* der Herren Offiziere aus der Garnison von Moulins (und die viel bewunderte bildschöne Ballerina des *Théâtre de la Monnaie*, um die der junge Comte d'Espous beflissener denn je herumschwirrte), jedoch keine legitimen Ehefrauen.

Bei Maud ließ es sich gut leben. Man verkehrte ganz zwanglos miteinander. Die Freunde und Freundinnen des Hauses versammelten sich im Garten. Liegestühle wurden in den Schatten der Bäume gezogen; Kuchen, Kakao und Sahne wurden herumgereicht, das Brot stand in Körben griffbereit. Aber das Hauptvergnügen bestand darin, sich, was man auch anhaben mochte, einen flachen schwarzen Strohhut aufzusetzen, von denen Maud für die heißen Tage einen ganzen Vorrat parat hatte. Dann verloren die Dolmans ein wenig von ihrer Strenge, und die Kragen wurden gelockert. Das war der Moment, in dem die Herren Offiziere über Beförderung sprachen und sich dabei ganz unauffällig ein paar Leckerbissen in den Mund schoben, der Moment, in dem die adeligen Gutsherren, mit der Zigarre zwischen den Lippen, über Ackerbau und Pferdezucht palaverten, während die ermatteten Provinzschönheiten es sich in den Liegestühlen bequem machten.

Aber keine von ihnen, so hübsch sie auch sein mochte, hatte eine so königliche Haltung wie Adrienne. Sie war verführerischer denn je und die schönste Zierde, die Maud sich für ihre Teegesellschaften wünschen konnte.

Maud versuchte an solchen Tagen, sich ländlich zu geben. Sie steckte Gänseblümchen an ihren Hut und ließ die Bänder locker unterm Kinn hängen. Sie tollte in einem ihrer leichten »teagowns« herum, die, wie sie sagte, bequem wie ein Nachthemd seien. Wenn es aber darum ging, sich in der Öffentlichkeit zu zeigen, so war sie im Nu wieder die tadellos geschnürte und ausstaffierte Person, die alle als unersetzlichen Deckmantel brauchten. Maud ermöglichte es jungen Frauen, die auf ein einträgliches Liebesabenteuer aus waren, unterm Schutz einer Anstandsdame auszugehen, und bei den andern, den Frauen aus der Provinz, die einen Liebhaber suchten, war sie es, die eifersüchtige Verehrer, besorgte oder argwöhnische Familien beruhigen konnte... die Betreffende war ja bei Maud.

Die kleinen Feste in Souvigny waren für Gabrielle die Gelegenheit, in den Clan eingeführt zu werden.

In Moulins lief das tägliche Leben ebenso weiter wie früher: immer noch ging man scharenweise in *La Tentation*, um Kakao zu trinken, immer noch sah man ebenso viele lange krapprote Beine in den Straßen und muntere Spaßmacher in der Rotonde. Keiner von Gabrielles Verehrern war ins Zivilleben zurückgekehrt.

Auf den ersten Blick also hatte sich nichts geändert.

Und doch begriff Gabrielle schnell, daß sie nach ihrem Fiasko in Vichy nicht so einfach wieder in Moulins leben konnte.

Ahnte sie schon, daß es nur eine Zwischenstation sein würde? Ein weiteres Jahr im Ungewissen. Sie schätzte daher die Teestunden bei Maud um so mehr, bedauerte allerdings, daß Etienne Balsan sich weigerte, sie dorthin zu begleiten. Er fand die Damen von Souvigny langweilig.

Gabrielle war nicht weit davon entfernt, diese Meinung zu teilen. Da sie aber immer darauf aus war, etwas Neues zu erleben, besuchte sie Maud mit großem Eifer.

Zahlreiche Fotos, auf denen Etienne Balsan nicht zu sehen ist, zeigen sie in diesem Jahr 1907 mit einem Ausdruck verletzender Gleichgültigkeit im Gesicht. Muß man daraus schließen, daß die Episode Vichy sie auch von Balsan entfernt hatte? Oder soll man ausnahmsweise einmal den Worten der alternden Chanel glauben, wenn sie behauptete, daß er lange Zeit für sie nur ein »guter Freund« war? Gabrielle, die vorläufig ihren Herzenswunsch – das Singen – nicht verwirklichen konnte, erging es in Souvigny wie in den Kellern des Cafés *Alcazar*: wieder einmal suchte sie ihren Weg.

Hier sehen wir Gabrielle in der entscheidenden Stunde ihres Lebens. Sie sitzt da, eines Sonntags, auf dem Rennplatz in Vichy, nicht auf der Tribüne der Rennstallbesitzer, sondern ganz einfach zwischen den Bürgern der Provinz, denen der Besuch von Turnieren neues Ansehen verleiht. Da ist sie, *anders* als die andern, diesmal mehr denn je, wegen der Lebhaftigkeit, die den korpulenten Leuten um sie herum völlig fehlt, da ist sie, die durch ihren Mut zur Schlichtheit im Gegensatz steht zu der raffinierten Eleganz Adriennes, die sich eine Fülle von Plissées und Chantilly-Spitzen erlaubte, da ist also Gabrielle, wie sie in der vornehmen, Zerstreuung suchenden Gesellschaft ihren Einzug hält, unter der Deckung ihrer Freundin Maud, die zwischen den beiden jungen Damen Chanel thront, sie mit der ganzen Länge ihrer Feder überragend, und majestätisch ihres Amtes als Anstandsdame waltet.

Ärgerte Gabrielle sich über einen Lebensstil, bei dem sie ihre persönlichen Ambitionen nicht entfalten konnte? Oder war sie all das Getue und Gehabe leid, das doch nur zu dem einen Ziel führte, eine Mätressenrolle zu übernehmen?

Vielleicht verbarg sich hinter ihrem Überdruß auch eine gewisse Angst, daß sie dieses Spiel nicht mit der gleichen Brillanz spielen konnte wie Adrienne.

Denn Adrienne hatte einen Kavalier.

Der Comte de Beynac war einer jener Aristokraten mit üppigem Schnurrbart, die noch fest mit ihrem Grund und Boden verbunden waren. Er liebte die Jagd und hatte jene kleine extravagante Note, die ihn zu einer *Persönlichkeit* machte und gleichzeitig in den Augen seiner Vertrauten für sein Prestige das Entscheidende war. Nie hörte man jemand von den Aussprüchen, Sammlungen, ja, nicht einmal von den Schlössern des Comte de Beynac reden, erst recht nicht von seinem Vermögen, aber stets von seinem Akzent und seiner Originalität. Jede Anekdote, die, ihn betreffend, in Umlauf war, trug nur dazu bei, das Pittoreske an ihm noch mehr hervorzuheben:

Monsieur de Beynac war jener Nimrod, der mit seiner Meute nicht einen Hirsch, sondern einen Wolf aufgespürt hatte, den letzten, der im Limousin gesehen wurde; Monsieur de Beynac war jener Spieler, der mit einem einzigen Würfelwurf vier Freunden von ihm vier Tänzerinnen des Casino de Paris abgewann und der, zur Feier seines Sieges, die jungen Damen in seinen Break gepackt hatte und, schallend im Limousiner Dialekt singend, mit ihnen im gestreckten Galopp seiner vier Anglo-Normannen die Champs-Elysées hinaufgefahren war; Monsieur de Beynac war schließlich der Pfundskerl, der etwas später, nachdem er um seine Pferde gespielt und sie verloren hatte, sich gezwungen sah, zu Fuß in seine Provinz zurückzukehren ..., was er getan hatte, als ob es ein reines Vergnügen wäre.

Das war der Mann, der sich in Adrienne verliebt hatte.

Zu mehr als drei Vierteln ruiniert, hatte er in der Person seines besten Freundes – des Marquis de Jumilhac – eine Art Mäzen gefunden, der immer bereit war, ihm seine Eskapaden zu erleichtern unter der Bedingung, mit von der Partie zu sein. Beide waren, außer daß sie Adrienne den Hof machten, bei einem Gutsbesitzer in der Umgebung als Mentoren für den Sohn des Hauses engagiert. Dieser sehr hübsche Junge war bereits ein guter Jäger und ausgezeichneter Reiter. Auf diesem Gebiet konnten sie ihm nichts mehr beibringen. Aber sie bemühten sich darum, ihn von der provinziellen Ernsthaftigkeit zu heilen. Da er sich die Erfahrungen seiner Mentoren zunutze zu machen wußte, war der junge Mann binnen kurzer Zeit ein »clubman« von hinreißender Eleganz geworden.

Dieses Trio von Verehrern stritt sich also um Adriennes Gesellschaft.

Wenn es auch keinen Zweifel darüber gab, daß der Comte de Beynac als Ältester die offizielle Beschützerrolle spielte, so ist weniger sicher, daß er der einzige Favorit war.

Es entstand der Plan, zu dritt nach Ägypten zu reisen. Adrienne würde mitfahren, und die hübsche Ballerina ebenfalls, sowie der Liebhaber der letzteren, und das um so ungenierter, als der Comte d'Espous beschlossen hatte, seinem Leben eine ernste Wendung zu geben und vom *Heiraten* sprach, ein Entschluß, der in diesen Kreisen äußerst ungewöhnlich war.

Maud jubelte.

Aber leider hatten die Eltern d'Espous, als sie von dem Plan erfuhren, von ihren Ländereien im Languedoc aus verfügt, daß nie eine Bürgerliche ihren Namen tragen sollte und daß sie es vorzögen, für immer mit ihrem Sohn zu brechen, als diese Entwürdigung zu dulden. Ihr Sohn, der den vornehmsten Namen weit und breit trug?

War er verrückt geworden? Nutte, Dirne, Hure, Schlampe, schamloses Frauenzimmer – das waren die harmlosesten Schimpfwörter, die sie für die Mätresse ihres Sohnes gebrauchten. Das verliebte Paar hatte voller Entsetzen beschlossen, einer in des anderen Armen den Tod der geliebten Eltern abzuwarten.

Das hinderte sie jedoch nicht, daß sie sich bei der Fahrt nilaufwärts wie auf der Hochzeitsreise fühlten.

Sonderbarerweise war Gabrielle die einzige, die sagte, daß die Pyramiden und Pharaonen, die Wüste, Khartum, die Tempel und alles andere sie nicht interessierten. Trotzdem sollte sie mitkommen. Maud Mazuel hatte sich stark gemacht dafür, sie rumzukriegen. Sie hatte es nicht geschafft. Gabrielle hatte erklärt, sie sehe wirklich nicht ein, wozu sie nach Ägypten fahren solle. »Du wirst doch die Sphinx sehen«, sagte man ihr. Aber das war ihr offensichtlich egal.

So weit waren die Dinge gediehen, und Adrienne stellte bereits ihre Reisegarderobe zusammen, suchte passende Schleier zu ihren Hüten und Staubmäntel zu ihren Kostümen, als in Moulins der Jahrgang, dem Balsan angehörte, entlassen wurde. Außer der Freude darüber, ins Zivilleben zurückzukehren, zwang ihn nichts, wieder in Châteauroux zu leben. Sein Vater war gestorben, seine Mutter ebenfalls. Zufällig hatte eine Domäne in Royallieu, bei Compiègne, zum Verkauf gestanden. Er hatte sie im Dezember 1904, als er die Erbschaft seiner Eltern antrat, von der Witwe eines Trainers gekauft.

Alles in Royallieu, die Koppeln ebenso wie die Gebäude, in denen die Pferdeställe einen großen Platz einnahmen, entsprachen Balsans Wünschen. Er wollte ein Gestüt darin unterbringen und gleichzeitig sein Glück beim Turnierreiten versuchen. Er träumte davon, das Hindernisrennen von Pau mitzumachen und beim Grand National von Liverpool dabeizusein, gleichzeitig das Leben eines Züchters und eines *gentleman-rider* zu führen.

Diese Pläne machten ihn in Gabrielles Augen viel interessanter.

Als er das erste Mal mit ihr darüber sprach, war sie begeistert. Sie hatte für Jockeys die größte Bewunderung. Die traditionelle Zeremonie des Wiegens, wenn die Glocke über der Waage ertönte, der langsame Ritt um den Sattelplatz und danach der aufregende Moment, wenn das Pferd mit großen Sprüngen davonstob und eins wurde mit dem Jockey in seiner leuchtenden Jacke, das alles fand sie irrsinnig schön. Sie hatte sogar eine »Nummer«, die ihre Freunde oft von ihr verlangten: Gabrielle konnte den entscheidenden Moment mimen, wenn die kleinen Männer in weißer Hose sich in den Sattel heben lassen. Dann riefen ihre Verehrer wie aus einem Mund:

»Les courses, les courses, ah! il n'y a que cela«, den Refrain einer Revue, die gerade von den Mitgliedern des Jockey-Clubs aufgeführt worden war. Es war für sie das Signal anzufangen. Schon streckte sie ein Bein hin, und ihre Zuschauer platzten vor Lachen. Dann imitierte sie die Trainer, die mit strenger Miene die Gurte prüfen.

Meistens war es der Come de Beynac, der die Rolle des Pferdes übernahm.

Als Gabrielle von Balsans Plänen erfuhr, fragte sie ihn: »Brauchst du keinen Lehrling?«

Er nahm sie beim Wort.

»Ach, die kleine Coco möchte reiten lernen, sie will mit, na schön, also nehmen wir sie mit!«

Es war bei weitem keine romantische Entführung, kein Ausdruck der Leidenschaft. Aber Etienne brachte ihr Paris in Reichweite. Sie fiel ihm um den Hals.

Eine gute Partie

Alles in Royallieu war ungewöhnlich, selbst Etienne Balsans Anwesenheit dort. Am meisten schockierte jedoch, daß er auf dem Land leben wollte. Das war in besseren Kreisen nicht üblich, für die das Wort *s'installer* sich nur auf Paris bezog. *S'installer*, das bedeutete soviel wie in Paris, und zwar für neun Jahre, eine Wohnung mieten, die dann sofort mit Louis-XV.-Stukkaturen verziert und mit unverwüstlichen Stoffen bespannt wurde. Denn sich mehr als einmal im Leben mit Einrichtungsfragen beschäftigen war für einen vernünftigen Menschen zuviel.

Daß Etienne Balsan sich überdies in einem Schloß einrichtete, war vollends unbegreiflich. Man übernahm einen Familienbesitz, der in dem Zustand blieb, in dem man ihn geerbt hatte, und damit hörte jede Initiative auf. Die Familienbilder blieben am selben Platz hängen, der Kreis der Sessel änderte sich nicht, die Zahl der Waschräume wurde nicht vermehrt. Nur die Rothschilds waren eine Ausnahme. Man hielt es keineswegs für schicklich, daß Baron Alphonse sich eine Telefonleitung von seinem Schloß Ferrières zu seiner Bank in der Rue Laffitte in Paris legen ließ – ein unglaubliches Unterfangen, das die Verlegung von neunzig Kilometern doppeltem Kabel erforderte –, und die Leute des Faubourg waren überzeugt, daß der Baron vor allem damit Eindruck machen wollte; ebenso wurden die Schloßherren, deren Haus mehr als ein Badezimmer pro

Etage hatte, recht scheel angesehen. Wozu das alles? Die Gesellschaft sah nicht ein, wozu ein solcher Luxus nötig war, denn ihre Eleganz richtete sich nach anderen Kriterien als Komfort oder Sauberkeit. Der Adel wusch sich selten. Er zog es vor, sich bei seinen Waschungen mit dem Inhalt eines Warmwasserkessels zu begnügen, anstatt infolge unvernünftiger Ausgaben an der Größe, Zahl oder Livree der Fußknechte sparen zu müssen.

Etienne Balsan fand daher wenig Verständnis.

Worauf wollte er hinaus, wenn er ein Gebäude renovierte, das seine Vorfahren nicht gekannt hatten? Er hatte keine Eltern mehr, war reich und unverheiratet. Man erwartete von ihm, daß er sich eifrig um alle heiratsfähigen Jungfrauen bemühte. Statt dessen vergrub er sich weit weg von den Bällen. Was sollte das bedeuten?

Balsan hatte an mehreren mondänen Orten, wenn er im Urlaub dort auftauchte, Aufsehen erregt. Die Familie Balsan hatte sich angesichts seiner Erfolge ebenso eitel wie besorgt gezeigt. Aber da seine Kapricen nie lange anhielten, galt Etienne als ein Mann, der sich durchzusetzen wußte. Daß es ihm gelungen war, Emilienne d'Alencon nach einer ganz kurzen Liaison wieder loszuwerden, war keine geringe Leistung...

Was wollte er nur in Compiègne?

Royallieu lag mitten in einer Provinz, die nur für Pferde lebte. Es war selbstverständlich, daß ein Vollblut, aus dem etwas Großes werden sollte, in dieser Gegend trainiert werden mußte. Das hatte Balsan nach Royallieu gezogen.

Von Großbritannien waren ganze Dynastien von Trainern herübergekommen und hatten sich dort niedergelassen. Chantilly und Maisons-Laffitte waren englische Dörfer. In ihren roten Backsteinhäusern genossen die Bartholomew, die Cunnington, die Carter ein Ansehen, das sich in der Presse spiegelte. Nicht weniger als zehn Fachzeitschriften und eine Seite in jeder Tageszeitung jener Zeit handelten ausschließlich vom *Turf*. Die kleinste Unregelmäßigkeit wuchs sich hier sofort zum Skandal aus.

In dieses leidenschaftliche Spiel wurde auch Gabrielle Chanel gleich nach ihrer Ankunft hineingezogen.

Konnte sie ahnen, daß ihre Situation in Royallieu sich so wenig von der unterscheiden würde, die sie zu fliehen geglaubt hatte, als sie Moulins verließ?

Sie würde mit einem Mann zusammenleben, der das Idealbild eines *sportsman* war, abgeschnitten von der Welt, mit Ausnahme der Rennen, und der nur mit ein paar engen Freunden und Halbweltdamen verkehrte.

Etienne Balsan kannte nichts von Paris, seinen Künstlern, seinen Literaten, seinen Malern und den Eitelkeiten einer Gesellschaft, die weder seinen Geschmack noch seine Interessen teilte. Er kümmerte sich ebensowenig um die Reisen der Großen dieser Welt wie um ihre wohltätigen Aktionen. Die Frauen, die er empfing, waren niemals die, deren elegante Sommergarderobe und aufopfernde Arbeit bei Wohltätigkeitsfesten in den Klatschspalten der Zeitungen gerühmt wurden. Es waren keine karitativen Damen.

Wenn man in Royallieu eingeladen werden wollte, mußte man lustig sein, immer in Stiefeln herumlaufen und bereit sein, ganze Tage von einem Ende des Waldes zum andern hin und her zu galoppieren. Royallieu? Ein fröhliches Grüppchen von Freunden. Und darüber hinaus, außer Pferden, Lachen und Späßen, nichts.

AUSHALTER UND AUSGEHALTENE

1906–1914

Als Madame de Villeparisis die Halle durchschritt, hob die Frau des Gerichtspräsidenten, die überall Illegitime witterte, die Nase von ihrer Handarbeit und sah ihr mit einer Miene nach, über die ihre Freundinnen sich einfach totlachen wollten.

MARCEL PROUST

IM SCHATTEN JUNGER MÄDCHENBLÜTE

Ein feudales Leben

ROYALLIEU war ein Kloster gewesen, das etwa zur selben Zeit wie Obasine gegründet worden war. Aber was war von seiner ursprünglichen Strenge noch übrig, als Gabrielle dorthin kam? Nur der Fliesenbelag im Flur, die ziemlich steile Treppe und das feudalistisch aussehende Tor erinnerten noch an die Zeit, da die Kapläne Philipps des Schönen und der König selbst zu Andachtsübungen nach Royallieu kamen. Was die übrigen Gebäude betraf, so hatten sie im Verlauf des 17. und 18. Jahrhunderts an Anmut gewonnen und an Strenge verloren. Auf die Mönche waren eine Reihe von Frauen, die Benediktinerinnen von Saint-Jean-du-Bois, gefolgt, und die Veränderungen, die sie am Kloster vorgenommen hatten, entsprachen einem Jahrhundert, das par excellence das Jahrhundert des französischen Charmes war. Royallieu verdankte es seinen ersten Äbtissinnen, daß es wie ein schöner Landsitz aussah.

Gabrielle lag nichts ferner als der Gedanke, daß sie sich einmal wünschen könnte, selbst ein solches Gut zu besitzen.

Dieser Tag wird erst ein Vierteljahrhundert später kommen, wenn sie am Ufer des Mittelmeers, in Roquebrune, eine Villa bauen wird, die ihren Eroberungen angemessen ist: *La Pausa*, das herrschaftliche Haus aus Stein und Himmel der Autokratin, die sie inzwischen sein wird, aber auch ein Haus, dessen Schlichtheit auf das zurückgeht, was sie von Obasine und Royallieu in Erinnerung behalten hatte.

Eine von hohen Fenstern durchbrochene Fassade, helle Räume,

deren schöne Täfelungen nur eines Pinselstrichs bedurften, um wieder wie neu zu glänzen: das war Royallieu, als Balsan sich daranmachte, es instand zu setzen. Brunnenschalen und romanische Kapitelle, die als einziges von zerbrochenen Säulen übriggeblieben waren, wurden zur Zierde im Park aufgestellt. Von dem strengen schmiedeeisernen Geländer waren nur noch ein paar Teile erhalten. Etienne Balsan ließ ein neues im gleichen Stil anfertigen.

Die Arbeiten dauerten bis zu seiner Rückkehr aus Moulins.

Das Haus war schließlich fertig, als er auf dem Speicher ein Gemälde entdeckte, das zu der Zeit, da die Revolution die Benediktinerinnen vertrieben hatte, dort versteckt worden war. Dieses verstaubte Bild stellte eine Nonne dar. Wer war diese Frau? Es wurde nachgeforscht. Sie hieß Gabrielle. Es war das Gemälde jener ersten Äbtissin, die Royallieu einen verlorengegangenen Glanz wiedergegeben hatte. Das Abbild der sehr frommen Gabrielle de Laubespine kehrte an seinen Platz oben im Treppenhaus zurück. Aber es ist bezeichnend, daß Gabrielle nicht in ihr Zimmer, welches das schönste und größte im Haus war, einzog. Ihr wurden bescheidenere Gemächer zugewiesen.

Glaubte Balsan, daß er ihr zuviel Bedeutung beimäße, wenn er sie dort wohnen ließe?

Er behandelte sie wie einen Gast von untergeordnetem Rang. Sie war schließlich keine Frau, die man vorzeigen, geschweige denn heiraten konnte, die nette Coco, die er in der Rotonde kennengelernt hatte... Auch war sie kein Kind mehr. Sie wurde fünfundzwanzig.

Gabrielle wußte sich mit einem Zustand abzufinden, der nichts Besonderes von ihr verlangte, ihr jedoch eine gewisse Freiheit ließ.

Etienne machte sie zu seiner Mätresse, na schön. Aber er erwartete nicht von ihr, daß sie die Hausfrau spielte.

Auf diesem Gebiet, wo so viele Pariserinnen, so viele Freundinnen Etiennes sich hervortaten, war Gabrielle denkbar unerfahren. Ihre mangelnde Kompetenz zeigte sich in Momenten, in denen man am wenigsten darauf gefaßt war. Offen gesagt, fühlte sie sich *überfordert*, und alles in Royallieu überwältigte sie: der Komfort, der Luxus in den Badezimmern, die Küche mit den Kochherden, wie sie noch nie welche gesehen hatte, und der komische kleine Anbau an der Fassade, in dem Balsan ein Spiel spielte, von dem sie noch nie etwas gehört hatte: Squash. Nur die *lads*, die Stallburschen, sprachen eine Sprache, die ihr vertraut war. Bei ihnen fühlte sie sich wohl.

Erst viel später, als sie alle Illusionen von einer Bühnenkarriere endgültig aufgegeben hatte, dachte sie daran, eine bleibende Rolle in Royallieu zu übernehmen. Aber was meinte Etienne dazu? Er konnte die Sache nie ernst nehmen. Er bot ihr ein Dach überm Kopf. Er wollte nicht, daß diese Geste als Liebe ausgelegt würde.

Aus angeborener Schüchternheit, aber auch weil sie Gefallen daran fand, verbrachte Gabrielle die ersten Monate in Royallieu, ohne auch nur ein einziges Mal auszugehen. Sie hielt sich an das, was Balsan von ihr erwartete: unterhaltsam sein und müßig dahinleben.

Balsan, der seine ganze Zeit und sein Vermögen darauf verwandte, sich einen Platz unter den besten französischen Reitern zu sichern, und verzweifelt war, wenn er es nicht schaffte – von 1904 bis 1908 gehörte er zu den dreizehn besten Hindernisreitern, und seine Leistungen auf diesem Gebiet kosteten ihn mehr, als sie ihm einbrachten –, Balsan dachte gar nicht mehr daran, Gabrielles Ambitionen zu fördern. Außerdem stammte er aus einem Milieu, für das Müßiggang etwas Selbstverständliches war, so daß er es komisch gefunden hätte, wenn sie partout hätte arbeiten wollen. Aber er staunte nicht wenig, daß sie ihr feudales Leben so ausnutzte. Er hatte noch nie jemanden gekannt, der so gerne faul im Bett lag wie Gabrielle. »Sie blieb bis zum Mittagessen untätig liegen, trank höchstens einen Milchkaffee und las billige Romane. Das faulste Geschöpf, das man sich denken kann...« gestand er etwa dreißig Jahre später. Wenn aber ein früher Ausritt geplant war, so war sie als erste auf den Beinen.

Es schien, als ob Etienne sie zum ersten Mal richtig sähe. Er hatte nie persönlich erfahren, was für eine Quelle des Glücks plötzliche Sicherheit sein kann, während Coco ... Sie hatte bis dahin noch nie etwas genießen können. Ihre Wünsche in Royallieu hielten sich in Grenzen, aber sie wollte alle auf einmal erfüllt haben, und zwar sofort: schlafen, solange sie Lust hatte, reiten und die Beste werden, koste es, was es wolle, so wenig wie möglich nachdenken müssen und lernen, sorglos in den Tag hineinzuleben, kurzum, Etiennes Freunde auf ihrem eigenen Feld schlagen. Was war denn schließlich das Leben? Ein unaufhörliches *Kommt Zeit, kommt Rat*.

Der Erfolg, den sie hatte, war für sie der Beweis, daß sie sich nicht irrte.

Man kann jedoch kaum verstehen, wie Balsan bei seinem großen Vermögen damit einverstanden sein konnte, daß Gabrielle zu einem Dorfschneider ging, der nur *lads* und Piköre als Kunden hatte. Dieser offensichtliche Geiz bei einem jungen Mann, dessen Verschwendungssucht von seinen Freunden gerühmt wurde, zeigt deutlich, wie es in Wahrheit um seine Gefühle für Gabrielle stand: er sah in ihr nur einen Schützling, für den man sich nicht in Unkosten stürzt. Ebensowenig, wie ihr das große Zimmer der Äbtissin zustand, kam der Reitdreß von Redfern für sie in Frage, auf den eine Frau, die ausgehalten wurde, wie es sich gehörte, die geliebt und mit Respekt behandelt wurde, um nichts auf der Welt verzichtet hätte.

In Royallieu erging es Gabrielle nicht anders als zu der Zeit, da sie, mit wenig Geld in der Tasche, zu den braven Leuten in der Rue de l'Horloge zum Einkaufen ging: sie gehörte immer noch zu denen, die man ohne viel Umstände losschickt, damit sie sich das Nötige im ersten besten Laden besorgen.

Alles ging also weiter wie in Moulins.

Nahm sie Anstoß daran? Ganz im Gegenteil. Gabrielle war Etienne ihr Leben lang dankbar: er hatte sie behandelt wie ein junges Mädchen aus guter Familie, für dessen Garderobe man nicht viel ausgibt.

Diese Reaktion läßt sich wohl daraus erklären, daß nur Junggesellen in Royallieu verkehrten. Was Gabrielle von der fernen Stadt, die Paris hieß, kennenlernte, beschränkte sich zwangsläufig auf das, was die anderen ihr davon erzählten. Und da die jungen Leute sich darin gefielen, ihr von ihren Abenteuern zu berichten, kamen Gabrielle nur die Echos der Halbwelt zu Ohren. Daher glaubte sie auch lange Zeit, daß ein gewisser Prunk, alles Auffallende, Protzige, »Ruinöse«, alles, was aufwendig war, typisch für jene Kokotten sei, denen man auf keinen Fall ähneln durfte. Wie provinziell!

Das Erstaunliche ist, daß diese Einstellung, bei der es schwer ist, ihren Wunsch nach Befreiung von dem, was nur Angst oder Schüchternheit war, zu unterscheiden, zum Ausgangspunkt für eine Karriere und damit für eine Mode wurde.

Indem sie sich nach ihren eigenen Vorstellungen kleidete und sich bemühte, genau das Gegenteil von dem zu tun, was in den Augen ihrer Freunde als Luxus galt, glaubte Gabrielle dem Schicksal zu entgehen, vor dem sie am meisten Angst hatte: dem einer ausgehaltenen Frau.

Sie glaubte nämlich schon damals so sehr an die Bedeutung des *Kostüms*, daß sie sich einbildete, sie könnte dadurch, daß sie es nicht anzöge, auch der Rolle entgehen, die damit verbunden war.

Sie ahnte nicht, wie schnell sich das Mühlwerk des gesellschaftlichen Klatsches in Bewegung setzen würde.

Wie hätte sie, die niemanden kannte und niemals ausging, auch vermuten können, welche Neugier sie erweckte? Die bloße Tatsache, in Royallieu aufgenommen zu sein, genügte, um schon in den Ruf zu kommen, den sie am meisten fürchtete.

Sie war Balsans *Illegitime* in den Augen all jener, die in Etiennes Zurückgezogenheit den Beweis dafür sahen, daß er etwas zu verbergen hatte.

Ein Schneider im Wald

Sie ging also zu dem unbekannten Schneider, der sich an der Croix-Saint-Ouen, wie mitten in einer Waldlichtung, niedergelassen hatte. An seiner Ladentür rollten die Mailcoaches vorbei, die zum Picknick fuhren, eine aus England herübergekommene Mode, die sich in einem Milieu ausbreitete, das in der Politik anglophob und in seiner Lebensart angloman war. Es kamen auch all jene hier entlang, die mit den Meuten des Marquis de l'Aigle auf Hirschjagd auszogen oder der Jagd von weitem folgten: flott gelenkte Dogcarts mit jungen Leuten, die schon gestiefelt und gespornt und in voller Montur waren – graublauer Rock mit Kragen und Aufschlägen aus rotem Samt und einer rotsamtenen Weste, dazu Jagdtressen und weiße Hose –, Waldhüter, die ihre Runden machten, Breaks, in denen kleine Mädchen und Knaben dichtgedrängt nebeneinander saßen, begleitet von ihren französischen Gouvernanten, ihren englischen Nurses, ihren deutschen Dienstmädchen und ihren Geistlichen; Cabs und Buggies, die italienische Ammen mit Rüschenhäubchen und ihre Ladung Babys in Grüne brachten. Es war ein unaufhörliches Hin und Her von herausgeputzten Wagen und gut gestriegelten Pferden, die vorbei zum Treffpunkt trabten.

Man sah auch ein paar elektrische Fahrzeuge und, was noch seltener war, einige Automobile, die neuesten Rochet-Schneider, die jedoch wegen ihrer Höhe und Form und ihrer Vorhänge sowie durch die Ecklaternen, die noch die gleichen wie bei den Postkutschen waren, so sehr an die Pferdewagen erinnerten, daß man sich täuschen konnte. Ihr lautes Hupen, das aus einem riesigen Horn erscholl, ließ die Pferde sich aufbäumen und verscheuchte die Fußgänger. Die Chauffeure, frühere Kutscher, trugen immer noch ihre langen Koteletten. Hintenauf standen, kerzengerade, wie gewöhnlich, und mit über der Weste gekreuzten Armen, die mit dem Picknick beauftragten Diener.

Das alles hatte der bescheidene Handwerker vor seinen respektvollen Augen, der, nachdem er seine Zeit beim 5. Dragonerregiment in Compiègne abgedient hatte und, mit der Schere in der Hand, im

Dienste Oberst Granier de Cassagnacs zu Ansehen gekommen war, nach der Rückkehr ins Zivilleben an dieser Stelle ein Geschäft eröffnet hatte.

Der Ort war gut gewählt.

Seit über einem Jahrhundert jagte die Equipage von Francport im Wald von Compiègne. Aber wie oft war die Montur gewechselt worden! Die Francporter Jäger, die 1790 noch in Rot waren, hatten 1870 zu Grün übergewechselt, bis Napoléon III. die unglückliche Idee hatte, Grün auch bei sich einzuführen. Sie sahen sich daraufhin gezwungen, auf Grün wieder zu verzichten und sich grau-blau zu kleiden. Nun hatte aber jede Änderung bei den Herrschaften auch eine bei den Dienern zur Folge. Und gerade dafür interessierte sich der ehemalige Schneider der 5. Dragoner. Denn er hatte es sich zur Aufgabe gemacht, nicht für die Herrschaften, die mit flatternden Gehröcken und glänzendem Zylinder in blitzblanken Wagen vorbeifuhren, noch für die schönen Damen, die Boldini malte, ebensowenig übrigens wie für die Amazonen im Dreispitz zu schneidern, sondern für ihre Diener, die Piköre und livrierten Pferdeknechte.

Gabrielle Chanel sollte das alles wohl im Gedächtnis behalten.

Sie erzählte oft von dem Entsetzen des Handwerkers, wenn er sie hereinkommen sah. Gelegentlich schilderte sie bis in alle Einzelheiten den Laden, die Kundschaft in *leggins* (Gamaschen) und Schlapphut, den vagen Geruch von englischem Lackleder, verbunden mit Pferdemist, den die Besucher ausströmten; alles wurde so genau beschrieben, daß man annehmen konnte, sie sage die Wahrheit.

Sie behauptete sogar, daß der Schneider in den dreißiger Jahren sie auf einem Foto wiedererkannt und ihr geschrieben habe und daß sie in der Rue Cambon »einen ganz gewöhnlichen kleinen alten Mann« empfangen habe, dessen Gesichtszüge sie an nichts erinnerten, aber dessen Geruch ihr keinen Zweifel ließ ... »Er roch immer noch gleich: nach Pferd.«

Sie hatten bis zum Krieg miteinander korrespondiert. Danach nichts mehr ... Sie schien weniger betrübt als verärgert darüber zu sein. Daß er tot sein könne, kam ihr nicht in den Sinn.

Wenn in den ersten schönen Tagen dieses Jahres 1907 die Freiluftfanatiker sich auf einen *Mail* schwangen und, mit herrlichen Pferden davor, zu verborgenen Plätzen im Grünen fuhren, um »ganz ungezwungen« die Picknickkörbe zu leeren, so trugen die Frauen bei solchen Ausflügen dieselbe Kleidung wie in der Stadt.

Die Männer liebten sie nun mal so.

Dabei war die Mode unmöglich.

Mit dem Anbruch des Jahrhunderts hatte eine gewisse Verrücktheit um sich gegriffen, die sich immer noch auswirkte. Die Belle Epoque bestand nur aus Anklängen an die Vergangenheit. Man hatte zuerst in purem Louis-XVI.-Stil geschwelgt und hatte danach den vielgeliebten Taft, die Schäferinnenhüte und Blumenmuster, die am Hofe von Louis le Bien-Aimé so beliebt gewesen waren, dem Zeitgeschmack anpassen müssen. Nichts, weder das Mobiliar noch die Literatur, weder das Theater noch gesellschaftliche Veranstaltungen blieben von diesem Wahn verschont. Bei einem improvisierten Gartenfest der Marquise de Sommery hatten sich die großen Namen des Faubourg in Pompadour-Hüten und weißgepudertem Haar amüsiert. Sogar Sarah Bernhardt ... Sie hatte das schlechteste Stück ihres Repertoires nur deshalb aufgeführt, weil sie die Rolle der Marie-Antoinette darin spielen wollte, in dem erbärmlich schlechten *Varennes* von Lavedan und Lenotre.

Lange Röcke, sperrige Hüte, enge Schuhe, hohe Absätze, alles, was das Gehen erschwerte und es nötig machte, daß man den Frauen hilfreich zur Seite stehen mußte, beruhigte die Ehemänner insofern, als sie darin ein Zeichen der Unterwürfigkeit der Frau sahen. Wenn ihre Gattinnen nicht auf sie verzichten konnten, so war das ein Beweis dafür, daß das Leben im Freien, dieses beängstigende Vagabundieren, die Autorität des Gatten nicht in Gefahr brachte. Und was die Notwendigkeit der Frauen betraf, sich, wo immer sie waren, zu kleiden und zu benehmen, als ob sie zerbrechliche, kostbare Gegenstände wären, die gepflegt und beschützt sein wollten, so konnten sie sich dieser Verpflichtung um so schwerer entziehen, als es sich dabei weniger um eine Mode als um ein Privileg handelte, weniger um eine Finesse der Garderobe als um den Ausdruck einer Kaste, der für die Masse ebenso bedeutsam war wie die verkrüppelten Füße der Frauen im alten China oder die verzerrten Lippen der Obangi-Negerinnen. Die Toiletten der eleganten Damen waren ein Zeichen ihrer Zugehörigkeit zu einem Milieu, in dem die Freiheiten, die dem schönen Geschlecht zugestanden wurden, ihre Grenzen hatten, und sie zeigten auch, daß diejenigen, die solche Hüte trugen – teure Katafalke, auf denen so viel unschuldiges Federvieh mit weit gespreizten Flügeln ruhte –, niemals zu denen gehören würden, die unter dem Vorwand, den letzten Modeschrei mitzumachen, sich in Badeanzügen beäugen ließen, sich oben auf motorbetriebenen Omnibussen[10] zur Schau stellten oder auf dem Veloziped durch die Alleen des Bois de Boulogne fuhren.

Es kam nur eins in Frage: das Pferd.

Gab es einen würdigeren Sport, einen, bei dem die mysteriöse

Weiblichkeit besser bewahrt blieb? Die *clubmen* waren sich darin einig, daß es höchst ungehörig sei, von den Frauen zu verlangen, daß sie sich auf einen Automobilsitz schwängen, wo sie doch in ein Coupé steigen konnten, ohne einen Fingerbreit von ihren Knöcheln zu zeigen. Und was das Vergnügen, sie zu Pferde zu sehen, noch vergrößerte und die Amazonen noch reizvoller machte, war die Tatsache, daß ihr langer Rock ihnen bis auf die Fersen hing.

Gabrielle Chanel ahnte gewiß nicht, wie ausgefallen ihr Entschluß war, als sie sich vom Schneider an der Croix-Saint-Ouen eine Hose anfertigen ließ. Nicht im Traum hätte er es für möglich gehalten, daß eine Frau so etwas tragen könnte. Schon beim ersten Besuch dieser bescheidenen Kundin, die ihn bat, die *Jodhpurs*, die sie sich von einem englischen Stallburschen ausgeliehen hatte, nachzuarbeiten, war ihm wohl klar, wie sehr sie sich von allen anderen, mit denen er bis dahin zu tun gehabt hatte, unterschied.

Die Unbekannte fragte sich keinen Moment, ob solch ein Kleidungsstück wohl das Richtige sei, denn sie wollte ein Paar Stiefel sparen und doch rittlings zu Pferde sitzen können...

Es schien undenkbar, aber so war es.

Der kleine Schneider sollte nie in der Öffentlichkeit bekannt werden.

Darin zeigte sich schon einer der typischen Charakterzüge Chanels, in ihrer grimmigen Art, die Verdienste anderer nicht wahrhaben zu wollen und nie einen anderen Namen gelten zu lassen als ihren eigenen.

Sie begann mit dem Reiten, und sie ritt aus, ob es regnete oder stürmte, zu jeder Tagesstunde und ganz gleich, welche Jahreszeit es war. Ihre Ausdauer stand in direktem Verhältnis zu dem, worauf es ihr ankam: andere zu verblüffen. Sie schaffte es, voller Hochmut und Verbissenheit zugleich.

Am meisten staunte darüber Etienne Balsan.

Alle Zeugen aus jenen Jahren bestätigten einstimmig: Gabrielle war außergewöhnlich begabt.

Nie hat Gabrielle einen anderen Reitlehrer gehabt als Etienne. Von ihm lernte sie, mit Pferden umzugehen, wenn sie frühmorgens, zusammen mit den Lehrjungen, zum Training ausritt, und sich tagsüber, wenn sie die Kluft der *lads* abgelegt hatte, in eine korrekte, würdige Amazone zu verwandeln.

Sie war schon über achtzig, als sie mit derben Worten und sehr krüden Gesten erklärte, worauf es beim guten Sitz ankommt und wie man sich rittlings im Sattel halten muß: »Wenn man es richtig machen will«, sagte sie, »gibt es nur ein Mittel: man muß sich vorstellen, daß man hier (Handbewegung) ein Paar kostbare Hoden hat und daß man sich um nichts in der Welt darauf setzen darf. Verstanden?«

Die Reitersprache kam ihr ganz von selbst über die Lippen. So sprach man in den Pferdeställen von Royallieu.

Etienne tat nichts, um Gabrielle in die Gesellschaft einzuführen. Vielleicht wußte er, daß es ihm doch nicht gelingen würde.

Aber von dem Augenblick an, da sie ihre Überlegenheit im Reiten bewies, war er stolz auf sie, und da er etwas von P. T. Barnum in sich hatte und er sich immer noch mit dem Gedanken trug, sie auf die eine oder andere Weise zu lancieren, machte er ihrer Abgeschiedenheit ein Ende. Gabrielle war salonfähig geworden.

Aber wem konnte er sie zeigen?

Nicht der Rennstall-Aristokratie, nicht den »Großen«, den Präsidenten von Gesellschaften, den Leitern des Pferdesports auf den Rennplätzen von Deauville oder Longchamp, sondern, nach den Fotos zu urteilen, dem sehr beschränkten Kreis seiner Freunde, auch wenn sie in *illegitimen* Verhältnissen lebten. Denn zu diesen jungen Leuten gesellten sich sehr rasch gewisse junge Frauen von niedrigerer Herkunft, ihre jeweiligen Mätressen.

Balsans Gastfreundschaft hatte unter anderem den Vorteil, daß sie jede Art von Snobismus ausschloß. Es war also nicht nur die Freude, ihren Freund Etienne zu treffen und seinen Luxus zu genießen, was die muntere Clique der Reiter nach Royallieu zog, sondern auch das seltene Vergnügen, sich ungeniert mit seiner Mätresse zeigen zu können.

Etienne hatte aus seinem Haus alle tugendhaften Ehefrauen und gefürchteten Millionärswitwen verbannt, so daß man bei ihm vor dem »erbarmungslosen Lorgnettenblick«, wie Proust das nannte, sicher sein konnte. Hatte er die Oberflächlichkeit und Dummheit der gesellschaftlichen Komödie erkannt, oder fand er das Salonleben einfach langweilig? Jedenfalls machte ein klangvoller Name auf ihn weniger Eindruck als eine glanzvolle sportliche Karriere.

Wen empfing er bei sich? Vor allem die Stars des Turfs.

Züchter und Trainer scheinen die einzigen gewesen zu sein, die in jenen Jahren bei Balsan ein- und ausgingen, und Balsan schien gerade den Umgang mit den weniger Erlauchten unter ihnen zu suchen. Es war eine erstaunlich demokratische Gesellschaft für jene Zeit, vor allem, wenn man bedenkt, daß bis 1914 ausschließlich die vornehmsten Adelskreise das Privileg hatten, »Pferde rennen zu lassen«.

Aber Etienne Balsan belastete sich nicht mit irgendwelchen Vorschriften, und da er die Leute nur nach ihren Kenntnissen in der Pferdezucht beurteilte, ist es nicht verwunderlich, daß er einen Maurice Caillault zum Freund hatte, der bescheidener Herkunft war, einen Mann mit einem ganz gewöhnlichen Schnurrbart, der aber wie kein anderer die »Yearlings« zu beurteilen verstand, so daß es ihm, als Partner des Comte de Pourtalès, gelungen war, die berühmtesten Züchter auf ihrem eigenen Terrain zu schlagen. Caillault hatte zweimal den Grand Prix gewonnen.

Alle Freunde Etiennes machten mit, wenn es um die wichtigste Tätigkeit des Hausherrn ging: das Spaßmachen. Am lustigsten war es, wenn die Damen aufgefordert wurden, sich schönzumachen, und sie alle zu den Rennen nach Compiègne zogen, nicht etwa im Wagen, sondern auf Eselsrücken, über Waldwege. Auf den langen menschenleeren Reitpfaden waren alle nur denkbaren Scherze erlaubt. Berühmt wurde der Ausflug, bei dem Suzanne Orlandi, eine bezaubernde Person mit mandelförmigen Augen, die seinerzeit die *Illegitime* des Barons Foy war, mit Gabrielle Chanel um die Wette ritt. Es sollte galoppiert werden. Ein Teil der Männer setzte auf Suzanne, die andern auf Gabrielle. Und es war schließlich Mademoiselle Forchemer, die Freundin von Maurice Caillault, die gewann. Er war nicht wenig stolz darauf.

Woher wußte Gabrielle so ungewöhnlich viel über die Psychologie der Equiden? Wenn sie sagte: »Sie wissen doch, wie es ist, wenn eines dieser verflixten Biester es sich in den Kopf gesetzt hat, im Schritt zu gehen! Bravo, wenn einer es schafft, es davon abzubringen ....« Wenn sie so sprach, hätte man denken können, daß sie auf eine ganz bestimmte Erinnerung anspielte. Aber es war sinnlos, mehr aus ihr herauskriegen zu wollen. Und wenn man eine besondere Bedeutung dahinter suchte, erwiderte sie prompt, daß es nur eine Kindheitserinnerung sei aus der Zeit, als sie noch bei ihrem Vater wohnte, der damals Pferde gezüchtet habe. Wie leicht ihr die Lügen über die Lippen kamen! Und sie fügte hinzu: »Jeder von uns hatte ja einen eigenen Esel«, und dabei dachte sie zweifellos an ihre Geschwister.

Vom Herumtollen im Wald von Compiègne nie ein Wort.

Wie verständlich erscheint diese Reaktion, wenn man das Foto zur Hand nimmt, auf dem alle an diesen Ausritten Beteiligten versammelt sind, in dem kleinen Pariser Vorort Robinson, vor dem Objektiv eines Wanderfotografen. Wieviel Unzufriedenheit liest man aus den so schönen Augen der Gabrielle von damals. Das feine Gesicht unter dem riesigen Hut zeigt Spuren einer unergründlichen

Bitterkeit. Ihre Zurückhaltung ist offensichtlich, auch die Ironie. Das Lächeln, das keines ist, der zornige Mund, die ganze düstere Anmut befremden ebensosehr wie eine Verkleidung. Das einzige, was man deutlich spürt, ist ihr Wille, sich zu befreien.

Schon ahnt man an ihr das Wesentliche... Die unvergleichlich keß gebundene kleine Fliege macht die Frau, die sie trägt, zu etwas ganz Besonderem. Verglichen mit den hübschen Mädchen neben ihr, wirkt sie wie aus einer anderen Welt.

Man kann beobachten, daß Chanels Geschick, sich zu kleiden – ein Talent, das sie fünfzehn Jahre später beweisen wird –, schon an dem Kostüm zum Ausdruck kommt, das sie an jenem Tage trug und das wahrscheinlich der kleine Schneider von der La Croix-Saint-Ouen für sie gemacht hatte.

Das Jackett mit den schmalen Aufschlägen, ohne irgendwelche Verzierungen, der umgeschlagene Kragen, der durch seinen strengen, männlichen Schnitt im Gegensatz steht zu den Halskrausen, die wie ein üppiger Schaumkranz, fast erstickend eng, den Hals der anderen phantomartigen Amazonen dieses Ausritts umgeben, so daß sie aussehen, als ob sie sich im nächsten Moment in den Kleidern ihrer Urgroßmütter in einem Trachtenmuseum aufstellen würden – Jackett, Kragen und der tiefschwarze Hut, der schon anderen Gesetzen gehorcht als die pompösen Gebilde aus Schleiern, Organdi und Bändern, die von den Demoiselles Forchemer und Orlandi getragen werden und sie ganz altmodisch erscheinen lassen: diese drei Elemente, die gegen die Tradition verstoßen, sind es, die Gabrielle Chanel bald von den anderen Frauen unterscheiden und sie aus ihrer Anonymität herausreißen werden.

Montags in Saint-Cloud, Dienstags in Enghien, Mittwochs in Le Tremblay, Donnerstags in Auteuil, Freitags in Maisons-Laffitte, Samstags in Vincennes, Sonntags in Longchamp – so sah die Woche aus, wenn man mit Etienne zusammenlebte, immer von einem Rennplatz zum andern.

Drei Jahre vergingen so in einer Welt, wo die Freuden und Sorgen des Turfs wichtiger als alles andere waren. Da lebte nun Gabrielle, ohne Perlen und ohne Spitzen, stets wie ein junges Mädchen gekleidet, mit strengem Kostüm und Strohhut, denn in ihrer Angst, für eine Kokotte gehalten zu werden, ging sie in dem, was sie für schicklich hielt, sogar etwas zu weit; sie lebte wie eine winterfeste Pflanze dahin, ganz auf die Leere der sportlichen Veranstaltungen ausgerichtet, und hatte zu ihrer Zerstreuung nur Etiennes Freunde, die stets ihre Nase in der Rennzeitung hatten, sich von Gabrielle necken und sich die Kleider wegnehmen ließen (sie hatte den Tick, sich Krawatten oder Mäntel auszuleihen); an den Abenden immer die gleichen Scherze: nach einem guten Essen der Streich mit den falsch gefalteten Bettlaken und dann, im Dunkel des Flurs, das Lauern auf die Gäste, um ihre Empörung mitzuerleben, oh, der Zorn der jungen Damen, wenn sie feststellten, daß ihre Hausschuhe am Parkett festgenagelt waren: »Meine Pantoffeln! Meine Pantoffeln!« und die Kissenschlacht und das Einschmieren mit Rasierseife unter dem erhabenen Blick jener anderen Gabrielle, die an der Wand hing, jener guten Äbtissin, kurzum, allerlei Allotria, dem Coco ihre etwas gebrochene Schulmädchenstimme lieh, alles zusammen ein Leben, das sie fünf- oder sechsmal im Jahr auf die Rennplätze der Provinz führte, dann aber rasch wieder zurück in die Waldluft von Royallieu, wo sie mit Spannung dem Besuch neuer Gäste entgegensah.

Ein paar Berühmtheiten kamen ins Haus und wurden ihr, der Provinzlerin, die sie immer noch war, fast wie im Traum serviert. Unter ihnen Emilienne d'Alençon in Begleitung ihrer letzten Eroberung, des Idols der Massen: Alec Carter.

Emilienne war 1907 schon etwas aus der Mode. Vorbei waren die Zeiten der literarischen Ambitionen, denn niemand sprach mehr von dem *Temple de l'Amour*, einem Gedichtband, der angeblich aus ihrer Feder stammte. Vorbei auch ihre Glanzzeit, als acht Mitglieder des Jockey-Clubs sich zusammengetan hatten, um sie hinreichend mit Einkünften, Pferden und Gemälden zu versorgen, und dafür abwechselnd bei ihr »zum Tee« erscheinen durften.

Aber sie war immer noch so etwas wie eine Touristenattraktion. Man zeigte mit dem Finger auf sie wie auf die Hauptfigur des perversen Paris, und jeder Playboy von Bukarest bis London kannte ihren Namen ebensogut wie die Arbeiterbevölkerung von Mézières-Charleville. Mit der kleinen Stupsnase, den vollen Wangen, breiten Hüften und schönen Oberschenkeln stellte Emilienne etwas Konkretes, Handfestes dar, etwas, das man in Militärkreisen feierte, wenn man Aufmunterung brauchte.

Eine gute Aufnahmeprüfung am Konservatorium, hier und da kleine Rollen, bis hin zu der Nummer als Dompteuse von weißen Kaninchen in der Arena des *Cirque d'Eté* – das Debüt der fünfzehnjährigen Emilienne traf zusammen mit den Entsetzensschreien der Pariser angesichts ihrer durch tiefe Gräben verunstalteten Hauptstadt. Sie war ungefähr zur gleichen Zeit ins Gespräch gekommen wie die Metro. Aber das alles war vorbei, und als sie zum erstenmal nach Royallieu kam, ging es ihr nicht mehr darum, daß die jungen Herzöge und alternden Herrscher ihr zu Füßen fielen, sondern allein darum, sich zu amüsieren. Sie war dreiunddreißig. Sie hatte ihr Schäfchen ins Trockene gebracht, und hinfort sollte ihr Leben nichts anderes mehr sein als ein einziger großer Spaß, und das fiel ihr nicht schwer, da das Reizvolle an ihr gerade ihr mitreißendes Temperament war.

Die Schönen der Gesellschaft fürchteten nicht einmal mehr die Konkurrenz einer Verführerin, die allzu gewöhnlich geworden war, um gefährlich zu sein.

Emilienne war in einer Conciergenwohnung in der Rue des Martyrs zur Welt gekommen und war daher bei den Gassenjungen sehr beliebt, die sie als eine der Ihren ansahen. Sie betrachteten ihr Tun und Treiben mit wohlwollender Sympathie.

Sie hatte nämlich neuerdings ihre Vorliebe für Jockeys entdeckt. Im vorhergehenden Jahr hatten die Zeitungen ihre Verlobung mit Percy Woodland angekündet. Und nun leistete sie sich Alec Carter, den Mann mit den vierhundert Siegen. Denn sie war es, die sich ihn leistete ... Umgekehrt wäre es nicht möglich gewesen, wenn man an Emiliennes finanzielle Ansprüche denkt und die recht beschränkten Mittel dieses Trainersohns.

Wovon weniger gesprochen wurde und was ihr bald schaden sollte, war, daß sie immer häufiger in Lokalen auftauchte, die nur weiblichen Kunden vorbehalten waren: in Cafés für alleinstehende Damen.

In Wirklichkeit war Emilienne etwas enttäuschend: außer Jokkeys leistete sie sich eine Geigenspielerin.

Wenn Gabrielle aufmerksam eine Frau beobachtete, die mit dem belgischen König auf du und du stand und gleichzeitig betonte, daß die Franzosen, vorausgesetzt, daß sie zur Oberschicht gehörten, die einzigen Männer seien, die es verständen, mit einer Frau richtig zu schlafen, so empfand sie doch nie irgendwelche Eifersucht dieser ehemaligen Mätresse Etiennes gegenüber, die – fünf Jahre früher – für kurze Zeit seine Junggesellenwohnung am Boulevard Malesherbes mit ihm geteilt hatte und nun nur noch als Begleitung Carters nach Royallieu kam. Emilienne trug ein Plastronhemd, einen Kragen mit umgebogenen Ecken, bald ein Monokel, bald eine weiße Nelke im Knopfloch, und stets eine Krawatte, wie sie die nationalistischen *clubmen* hatten, unauffällig und dunkel, mit einer Krawattennadel.

Wenn Gabrielle später auf sie zu sprechen kam, so sagte sie nur: »Sie roch sauber«, was aus ihrem Mund einer schallenden Lobpreisung gleichkam. Sie war immer ein Geruchsmensch gewesen, und wenn Etiennes Freunde von den *bals blancs*, den Debütantinnenbällen, erzählten und behaupteten, daß sie »stinkende Backöfen« seien, so wurde ihr ganz übel.

Aber Carter? Gabrielle beobachtete ihn nicht nur, sie verschlang ihn mit den Augen.

Er war ein Verführer, der von jenem Jahr an den eindrucksvollen Titel des »Unbesiegten« trug. Er stammte aus einer englischen Trainer-Dynastie, die in Chantilly ansässig war, und die Tatsache, daß er mit der Tradition gebrochen hatte, um ausschließlich als Jockey Karriere zu machen, verlieh ihm besonderes Ansehen. Das Turf-Publikum, das nicht begreifen konnte, wie jemand der Sicherheit die Gefahr vorziehen konnte, hielt es für eine schöne Geste und liebte ihn dafür. Als Carter einen Sieg nach dem andern errang, kannte die Begeisterung keine Grenzen mehr.

Er verkörperte in den Augen der Kenner die Reitkunst in ihrer höchsten Vollendung.

»Die schönste Haltung der Hände, die man je gesehen hatte, und der beste Kamerad, den man sich denken kann«, sagten sechzig Jahre später die Mitglieder des Jockey-Clubs von ihm, die sich noch an ihn erinnerten. Was die Frauen betraf, so waren sie verrückt nach ihm und verfolgten ihn mit ihren Aufdringlichkeiten.

Es ist nicht unwichtig, daß eine »unbezahlbare« Kokotte und ein Jockey, der obendrein noch Engländer war, in Gabrielles Leben die ersten Personen waren, durch die sie mit der Welt der Berühmtheiten in Berührung kam.

Durch sein Auftreten, als sei er der Prinz irgendeines Königreichs und die Pferde darin die Götter, steht Alec Carter wie ein Wegweiser an einem der Wendepunkte von Gabrielles Schicksal, einerseits zurückweisend auf ihre Herkunft, die dunklen Zeiten ihrer Geburt in Saumur und die Lehrjahre in Moulins angesichts der roten Hosen, andererseits aber auch in die Zukunft weisend, denn Alec Carter kündete schon Gabrielles zweites, ja ihr drittes und sogar viertes Leben an, wenn sie mit achtundsiebzig Jahren kurzerhand erklärte, sie werde ein Rennpferd kaufen, es von Frankreichs berühmtestem Jockey – Yves Saint-Martin – reiten lassen und jeden Sonntag zum Rennen gehen. Gesagt, getan. Das war im Jahre 1961.

Wieviel Pathetisches hat dieser Neubeginn ... Ein gespenstischer Dialog!

Wie hatte sich alles verändert! Sie war hinfort diejenige, um die man sich bemühte, die man grüßte, deren Gesellschaft man suchte und deren Aussprüche von den Zeitungen aufgegriffen wurden. Für die Presse war sie die *Grande Mademoiselle*. In den Augen ihrer Zeitgenossen war Gabrielle die Zauberin, die mit einer Schere und ein paar ruhigen Griffen aus irgendeinem formlosen Material eines jener unerklärlichen Dinge machen konnte, denen sie verdankte, was sie war: der Luxus in Person.

Ging sie zum Rennen, um sich zu zerstreuen oder um sich für Demütigungen von früher zu rächen, als die Damen mit perlmutternem Feldstecher, Federhut und langem Schleppenkleid vorbeirauschten, wenn die Glocke ankündete, daß es an der Zeit sei, die »reservierten« Plätze wieder aufzusuchen, auf jener Tribüne, zu der die *Illegitime* von Balsan keinen Zutritt hatte?

Lange Zeit hatte Gabrielle sich mit der Gesellschaft von fein herausgeputzten Schlachtern, Krämersfrauen, Straßenhändlern, Gassenjungen, Bookmakers, leichten Mädchen, Ganoven und Taschendieben begnügen müssen. Denn man mußte vermeiden, gewissen Personen zu begegnen, für die ein Zusammentreffen mit den jungen Damen aus Etiennes Umgebung womöglich ein Affront gewesen wäre.

In Longchamp wurden alle möglichen Umwege gemacht, um der schönen Anita Foy, geborene Porgès, der höchst legitimen Ehefrau von Max, dem Comte Foy, nicht über den Weg zu laufen, der das Barbeville-Gestüt im Calvados besaß und der, ebensowenig wie seine Frau, die *Illegitime* ihres Bruders, die kleine Orlandi mit den großen Mandelaugen, grüßte. Sie warfen ihr vor, ihn »vom rechten Wege abgebracht« zu haben.

Und auf dem Rennplatz von Montpellier ...

Dieselbe Taktik, aber diesmal, um nicht von Philippe d'Espous' Vater gesehen zu werden und erst recht nicht von seiner Mutter, jener Comtesse d'Espous, die in jedem Brief an ihren Sohn schrieb: »Deine Hure ist mein Tod ... «

Und in Vichy ...

Wie viele Haken wurden geschlagen, um zu vermeiden, daß Adrienne den wütenden Blicken der Familie jenes Herrensohnes begegnete, dessen Mätresse sie geworden war.

Denn nach ihrer Rückkehr aus Ägypten hatte Adrienne ihre Wahl getroffen.

Von den drei Verehrern, die ihr gemeinsam eine Kreuzfahrt auf dem Nil offeriert hatten, waren zwei – Jumilhac und Beynac – freiwillig zurückgetreten zugunsten des Jüngsten unter ihnen, ihres Zöglings, dem Adrienne ein für allemal den Vorzug gegeben hatte. Es war zu erwarten ... Weniger zu erwarten war allerdings, daß auch hier wieder von Hochzeit gesprochen wurde.

Die Eltern hatten sofort Einspruch erhoben.

Tränenströme von seiten der Mutter: »Niemals, solange ich

lebe.« Einziger Kommentar des Vaters: »Es muß wohl ein beschwipstes Zimmermädchen sein.«

So machten die Liebenden von Vichy und Montpellier einen Umweg nach dem andern und warteten.

Glauben Sie, daß man so etwas vergessen kann? Die abgewandten Blicke, das Achselzucken, vergißt man das? Es war eine grausame Zeit, die Belle Epoque der anderen, eine paradoxe Vergangenheit, an die Gabrielle mit bitterem Beigeschmack zurückdachte, als sie fünfzig Jahre später in Le Tremblay, umgeben von Achtung und Aufmerksamkeit, ihr Pferd *Romantica* mit seinem Jockey, Yves Saint-Martin, vorbeigaloppieren und siegen sah.

Eine *Belle Epoque* – für wen?

Mit sechsundzwanzig Jahren kannte Gabrielle kaum etwas von Paris.

Kennt man eine Stadt, die man immer nur auf einen Sprung besucht? Pferderennen, Militärparaden und das *Velodrome d'Hiver*, in dem Radfahrer ihre Runden drehten, das war in puncto Unterhaltung mehr oder weniger alles, was Etienne ihr geboten hatte. Und wenn man noch ein paar Kaufhäuser hinzuzählte, von denen vor allem das *Printemps* ihre Bewunderung erregte – ein außerordentliches Bauwerk ganz aus Eisen und Glas, das genauso alt war wie sie –, dann kennt man von Paris fast ebensoviel wie Gabrielle zu jener Zeit.

Sie waren ein paarmal mit dem Automobil ausgefahren, denn Léon de Laborde, Etiennes bester Freund, stellte den jungen Kavalieren bisweilen sein kleines Auto zur Verfügung. Es war ein rotes Coupé mit einer Karosserie von Charron und mit einem Kühler, in den immerfort Wasser nachgefüllt werden mußte. Aber nie fuhr dieses Auto Gabrielle dorthin, wo sie gerne hingewollt hätte: zum Eispalast, zum Bois de Boulogne, wenn dort ein Schönheitswettbewerb stattfand, oder zum Taubenschießen, kurzum zu den Plätzen, wo, nach den Zeitungen zu urteilen, alles passierte.

Da Etienne und seine Freunde nie schnell genug zu den Rennplätzen kommen konnten, wo sie Verpflichtungen hatten, streiften sie nur die Vororte und fuhren dann um die Stadt herum, so daß Gabrielle nur wenig Interessantes zu sehen bekam.

Meistens fuhren sie mit dem Zug. Etiennes vergeltungssüchtige, chauvinistische, patriotische Freunde machten es sich zur Pflicht, jedes Jahr der Parade vom 14. Juli beizuwohnen.

Dieses Ereignis gehörte zu den traditionellen Zerstreuungen.

Daß General Picquart, der Kriegsminister, bei der Truppenparade vom Pferd fiel, erschien Etienne und seinen Freunden unendlich viel schwerwiegender als der Sturz Clemenceaus, der im selben Jahr aufhörte, Frankreich zu regieren, was die kleine Clique der Reiter kaum gemerkt hatte.

Auf der Rückfahrt breiteten Etienne und seine Kameraden im Abteil eine Decke aus und spielten auf ihren Knien Karten, bis der Zug in den Bahnhof von Compiègne einlief. Es war, als wollten sie unaufhörlich zeigen, wie sehr sie die Lebensart der vorhergehenden Generation verachteten. Ein in den Nacken geschobener Filzhut, schöne englische Tweeds, eine bewußte Nachlässigkeit in der Aufmachung – das war für sie der Beweis, daß sie die steife Eleganz ihrer Väter ablehnten und nichts mit den gewichtigen Männern in hohem Kragen und Plastronkrawatte, mit Monokel, Spazierstock und einer Nelke im Knopfloch gemein hatten.

Unterdessen unterhielten sich die jungen Frauen der Clique über die Ereignisse des Tages, über Modefragen und insbesondere über Hüte. Familie, Kinder, Liebschaften, Schmuck, nichts wurde selbst in anderen Kreisen so erregt diskutiert wie das Hutproblem. Eine Torheit, die noch aus den schönen Jahren des Zweiten Kaiserreichs stammte und nicht verschwunden war. Man denke nur, wie erstaunt alle immer wieder waren, die beobachteten, daß die Kaiserin Eugénie und die Fürstin von Metternich, wenn sie zusammen waren, nicht etwa historische Worte wechselten, sondern sich »über die vorteilhafteste Art, ihre Hüte zu tragen« unterhielten. Und die berüchtigte Klatschbase Alice Tocklas konnte, wenn man ihrer »Autobiographie« glaubt, nicht verstehen, wie es möglich war, daß Fernande Olivier, die Mätresse Picassos, von einem so großen Genie geliebt wurde, da sie doch nur für die Schöpfungen ihrer Hutmacherin ein wahres Interesse zeigte.

Es war daher nicht verwunderlich, daß Gabrielles Kenntnisse sich auf die Namen von ein paar Generälen und Modistinnen beschränkten. Alles andere ... Hatte sie den Namen Diaghilew[11] auch nur gehört? Es ist kaum anzunehmen. Und doch hatte er den Parisern in den letzten Jahren eine Welt der Töne und Farben eröffnet, neben denen sich die Zwiebeltürmchen aus Pappmaché und der Pseudo-Slawismus der Weltausstellung wie Postkartenästhetik ausnahmen. Aber was wußte die Einsiedlerin aus Royallieu von Serge dem Herrlichen? Und von Schaljapin und *Boris Godunow*? Wahrscheinlich nichts.

Ihre meisten Kenntnisse verdankte sie der Lektüre des *Excelsior*, einer Zeitschrift, die überall auf den Tischen in Royallieu herumlag. Mit anderen Worten, sie wußte nur, daß es die Großfürsten Serge und Boris gab, und auch das nur durch die Presse.

Sie füllten die Klatschspalten der Zeitungen.

Eine besondere Kolumne handelte von nichts anderem als ihren Liebesgeschichten in Nizza und von ihren geplatzten Inkognitos. Wenn irgendeine Kronprinzessin sich weigerte, sie zu begrüßen, weil einer von ihnen sich erlaubt hatte, in Richtung ihres Fensters zu pfeifen, damit sie herunterkäme, schon erfuhr es jeder, der sich für solchen Tratsch interessierte. Ja, die beiden hatten wahrhaftig seltsame Manieren. Sie schlugen ihre Domestiken ... Und unter dem Vorwand, sie »in greifbarer Nähe« zu haben, ließen sie ihre Adjutanten in der Badewanne schlafen. Wie sollte das geheim bleiben? Es passierte im *Négresco* ...

Wenn sich die Großfürsten schließlich in schlüpfrigen Halbweltaffären gefielen, mit zweitrangigen Theaterdiven und »Liebesprinzessinnen« techtelten, so vielleicht, um zu vergessen, daß andere Serges und andere Boris', die in Sankt Petersburg geblieben waren, ihre Brüder, Onkel oder Vettern, die Zielscheibe der Anarchisten waren. Die Flotte war total vernichtet. Das zaristische Rußland brach auseinander. In Polen, im Kaukasus, an den Ufern des Schwarzen Meeres und schließlich auch in Moskau nichts als Streiks, Plünderungen, Aufstände und Massaker. Die kaiserliche Armee erntete nur Mißerfolge. Die Zarin sah kläglich aus. Der Zar schien gar nicht da zu sein ... Das genügte, um das winterliche Treiben der Romanows in Nizza und anderswo zu entschuldigen.

Die Presse kannte natürlich keinerlei Zurückhaltung.

Paris entdeckte Debussy, Proust, Renoir, Bonnard, eine neue Ausdrucksform des Theaters und die Dichter der *Revue blanche*.

Aber in Royallieu war die einzige Ablenkung vom Reiten das Spiel.

Man interessierte sich weder für Musik noch für Malerei und noch weniger für die Avantgarde. Sarah Bernhardt war die einzige Schauspielerin, deren Name je ausgesprochen wurde. Und auch das nur zögernd ... War sie nicht Jüdin?

Adrienne, die immer noch mit ihrem jungen Anbeter verlobt war, kam, immer noch von ihrer Anstandsdame begleitet, für ein paar Tage nach Paris und lud Gabrielle ein, »Madame Sarah« an einem Rezitationsabend zu bewundern. Adrienne war hingerissen, Maud Mazuel angeblich den Tränen nahe. Soll man Chanel glauben, wenn sie auf ihre alten Tage behauptete, daß sie Sarah *immer* völlig grotesk gefunden habe? »Zum Kringeln ... Ein alter Clown ...«[12]

Und was sollte man von der Verachtung halten, die sie für das Theater der ersten Jahre dieses Jahrhunderts zeigte?

Im Februar 1964 hatte sie bei einer Aufführung von *Cyrano de Bergerac* im Théâtre-Français ihre Mißbilligung so heftig zum Ausdruck gebracht, daß ihre Nachbarn empört waren.

Die Bewunderung für dieses Stück von Edmond Rostand, das als sein Meisterwerk gilt, dauert bekanntlich schon nahezu achtzig Jahre. Aber Chanel, die zum Mittelpunkt des ganzen Saals geworden war, ließ sich durch die lauten »Pst«-Rufe und Proteste nicht beeindrucken, sondern fuhr fort mit ihrem Gespöttel, ohne daß es möglich war, sie zum Schweigen zu bringen. Man hörte, wie sie Schauspieler und Autor in gleicher Weise lächerlich machte.

»Nein, was für eine Schande! ... Diese albernen Reime ... Wie geschmacklos das alles ist! Wie anmaßend! Eine scheußliche Epoche damals! Die Franzosen mit ihrem blöden Patriotismus! So was Engstirniges!«

Als das Stück auf seinem Höhepunkt war, hörte man deutlich, wie sie zwischen den Zähnen ein spöttisches gallisches »Cocorico« hervorstieß. Sie kochte.

Welche innere Verwirrung, welcher verborgene Groll steckte hinter dieser Feindseligkeit oder trat so zutage? Gegen wen richtete sich ihr Spott? Gegen Rostand? Womöglich sogar gegen sie selbst und gegen eine Vergangenheit, die um so bedrückender war, je deutlicher sie ihre Mittelmäßigkeit erkannte. Moulins, das patriotische Repertoire des Tingeltangels, der Geist der »Rothosen« ... Ärgerte sie sich darüber, daß sie so lange die Gefangene einer Kaste, ihrer Vergnügen und Geschmäcker, gewesen war und daß sie von denselben Leuten, die sie entdeckt hatten, auf einen niedrigeren Rang verwiesen worden war? Bedauerte sie auch »die Tage von Royallieu« als eine verlorene Zeit? Sie hatte sich zu lange damit begnügt, nur zu reiten und Etiennes Späße mitzumachen oder ihn auf seinen Spritztouren zu begleiten und an irgendwelchen uninteressanten Plätzen herumzulungern. In Pau, in dem kleinen möblierten Appartement über dem *Old England*, wo alle Sportfreunde sich nach fünf Uhr trafen, aber wohin die Ehefrauen ebenso wenig kamen wie nach Souvigny, wie nach Royallieu ... Und in Nizza, in Vichy und in Deauville? All die Junggesellenbuden, in denen sie wohnten ... Alle gleich eingerichtet, so daß sie sich morgens beim Aufwachen fragte: Wo bin ich?

An ihrem Wutausbruch gab einem zumindest der Ausruf »Scheußliche Epoche!« zu denken.

Wahrscheinlich log sie, wenn sie behauptete, daß dies immer ihre

Meinung gewesen sei. Wahrscheinlich war dieser Aufschrei in Wirklichkeit nur das Ergebnis einer späteren Entwicklung. Aber er verlor dadurch nichts von seiner Ehrlichkeit.

Sie war wirklich scheußlich, jene Epoche, in der Gabrielle aus Angst, zu den »Liederlichen« gezählt zu werden, eine Mode mitmachen mußte, die nur nachäffte und furchtbar aufgedonnert und einengend war. Eine scheußliche Epoche, die sie dazu gezwungen hatte, sich in ein Korsett zu zwängen, das wie ein Panzer war. Scheußliche Leute, deren Machtposition sie daran gehindert hatte, unter den Ersten zu sein, die den strahlenden Morgen heraufziehen sahen, der gleichzeitig Musiker, Maler und Dichter zu inspirieren schien.

Sie war weder die Erste gewesen, die diese Künstler verstand, noch die Erste, die sie geliebt hatte.

Andere als sie ...

Zum Beispiel Misia[13], die sie bald kennenlernen sollte.

Was las Misia Natanson zu der Zeit, als Gabrielle, Gefangene in einem Haus ohne Bücher, die Platitüden von M. Decourcelle, dem kläglichsten Feuilletonisten jener Zeit, verschlang? Misia lernte Schriftsteller und Kritiker aus dem Bekanntenkreis ihres Mannes kennen: Mardrus, der *Tausendundeinenacht* übersetzte, André Gide, Léon Blum, den jungen Proust, der bis dahin nur *Tage der Freuden* veröffentlicht hatte. Und während Gabrielle den vorbeiziehenden Paraden applaudierte, an denen Etienne und seine Freunde Gefallen fanden, las Misia in der *Revue blanche* von diesem Tolstoi, dessen Schriften den ganzen Faubourg Saint-Germain zum Zittern brachten: »*Der Patriotismus ist ein künstliches, unvernünftiges Gefühl, die unheilvolle Quelle der meisten Übel, welche die Menschheit heimsuchen.*« Misia verkörperte eine Intelligenzija, von der Gabrielle damals noch keine Ahnung hatte.

Eng geschnürt, mit allem angetan, was man tragen mußte, um nicht unangenehm aufzufallen – Muff, riesiger schwarzer Samthut, lange hüftbetonte Jacke, die um die Waden schlug, und Halbschleier –, so ging Gabrielle mit ihrer Gefolgschaft von Verehrern unter den Palmen der Promenade des Anglais spazieren.

Im selben Jahr, nur ein paar Kilometer von dort entfernt, schrieb Colette in der Sonne von Saint-Tropez an einen Freund: »Ich bin am Strand mit sechs Hündinnen und zwei Pferden. Und was für Fische! Keine Schuhe, keine Strümpfe, kein Hut, kein Rock, kein Korsett, keine Handschuhe. Wenn ich an Cabourg denke bei diesem Leben hier, dann kann ich nur die Achseln zucken!«

Nein, Gabrielle war nicht die Erste gewesen und verzieh es der »scheußlichen Epoche« nie, der sie die Schuld daran gab.

Alle Freunde Etiennes hatten bemerkt, daß im Frühjahr 1908 ein neuer Gast besonders häufig nach Royallieu kam. Ein Engländer mit kräftigem dunklem Haar und mattem Teint war zu ihrer Clique hinzugekommen.

Er war eine anziehende, aber ungewöhnliche Erscheinung.

Was wußte man von ihm? Daß er den größten Teil seiner Jugend in den besten Internaten verbracht hatte. Zunächst in Beaumont, einem Jesuitenkolleg für Söhne katholischer Gentlemen, dann in Downside, einer nicht weniger vornehmen Einrichtung, die von Benediktinern geleitet wurde. Er stammte also aus guter Familie, aber irgend etwas an seiner Herkunft lag im dunkeln. Er stand nicht im *Who's who*. Er hieß Arthur Capel, aber alle nannten ihn Boy. Seine Mutter erwähnte er nie. Manche sagten, er sei der uneheliche Sohn eines Franzosen, der gestorben sei, kurz bevor Boy sein Studium beendet hatte. Es fiel ein Name: Pereire – er sei der Sohn eines Pereire. Der Bastard eines Bankiers ... Man legte es ihm nicht zur Last, ebensowenig übrigens wie das bißchen jüdisches Blut, denn die eingezogenen Erkundigungen hatten ergeben, daß er in London in den vornehmsten Kreisen verkehrte. Und da die Engländer ihn als einen besonders guten Polospieler schätzten und es komisch oder lustig fanden, daß dieser Junge offensichtlich Spaß daran hatte, etwas zu lernen und sogar zu arbeiten, zögerten auch die Pariser nicht weiter und taten es den Engländern gleich, so daß sich schließlich niemand mehr für Boys fragwürdige Geburt interessierte.

Hingegen rühmte man gerne seinen Charme und die Tatsache, daß er es verstanden hatte, seine ererbten Anteile an den Kohlenbergwerken von Newcastle ertragreich zu machen.

Es zeigte sich jedoch bald, daß Arthur Capel, obwohl er mit den glanzvollsten Persönlichkeiten – darunter Armand de Gramont, Duc de Guiche – befreundet war, weder die gleichen Ansichten noch die gleiche Denkart hatte wie sie. Nichts war für ihn wichtiger als die Arbeit, so daß er oft gerade denen gegenüber, die ihn am freundlichsten aufgenommen hatten, insgeheim eine gewisse Verärgerung empfand. War es, weil er allzu deutlich spürte, daß er nie vollkommen einer der ihren sein würde? Das würde manche Aspekte seines Lebens erklären, vor allem den einen: Gabrielle Chanel sollte bei Boy das Verständnis finden, das sie bis dahin vergeblich gesucht hatte. Er wußte besser als jeder andere, was es hieß,

1 Sie kannte nur zwei Chansons. Ein Schlager hieß *Qui qu'a vu Coco dans l'Trocadéro?* Er war ihr Glücksbringer.

2 Eine Unbekannte 1902 in Vichy: Gabrielle Chanel. Das älteste existierende Bild zeigt sie neben ihrer Tante Adrienne Chanel.

3 1907-1908. Chanel ist mit Etienne Balsan liiert. Montags in Saint-Cloud, dienstags in Enghien, mittwochs in Le Tremblay, donnerstags in Auteuil, freitags in Maisons-Laffitte, samstags in Vincennes, sonntags in Longchamps – so sah die Woche aus, immer von einem Rennplatz zum anderen.

4 Royallieu, wo Gabrielle Chanel mit Etienne Balsan von 1906 bis 1910 lebte, war ursprünglich ein Kloster gewesen. Balsan brachte darin ein Gestüt unter und träumte davon, das Leben eines Züchters und eines *gentlemanrider* zu führen.

»Die Bauernhochzeit« – Chanel kostümierte die Freunde: Gabrielle als Brautführer,
alsan, Jeanne Léry als Braut, Lucien Henraux als Bräutigam, Boy Capel als Braut-
utter, Léon de Laborde als Baby und Gabrielle Dorziat als Brautjungfer.

6 Chanel 1910, einem Jahr mit vielen Neuanfängen: die Liaison mit Boy Capel, ihr erstes Hutgeschäft in Paris, rue Cambon.

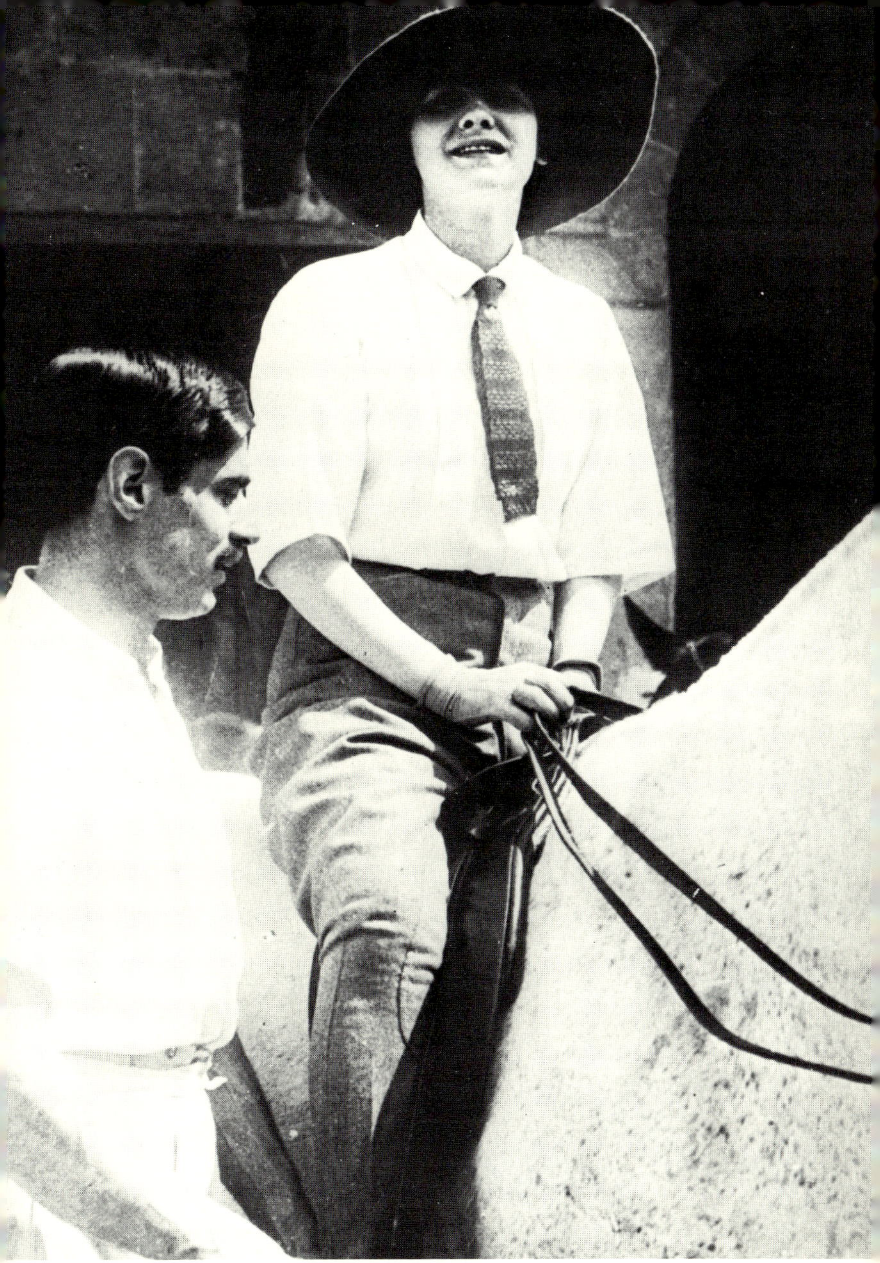

7 Chanel mit Boy Capel 1913

8 1914 – Gabrielle Chanel eröffnet in Deauville ihr erstes Hutgeschäft.
Neben ihr Tante Adrienne, die erste Kundin.

immer »die Stirn bieten zu müssen«. Er lebte wie ein *self-made man.*

Als zwischen ihr und Etienne die ersten Auseinandersetzungen darüber anfingen, daß sie ihr Leben ändern wollte, war Arthur Capel der einzige, der sie darin unterstützte. Sie war es leid, zurückgezogen in Royallieu zu leben? Sie gab zu, daß sie sich langweilte? Was war schon dabei? Sie mußte eine Beschäftigung finden.

Sie sprach davon, daß sie wieder mit dem Singen anfangen wollte. Aber niemand ermutigte sie dazu. Ihre früheren Versuche hatten zu nichts geführt, und ihre jüngste Schwester, Antoinette, hatte, kaum daß sie aus dem Kloster heraus war, auch geglaubt, daß sie in dieser Richtung Erfolg haben würde.

Sie war genauso gescheitert wie Gabrielle.

Da saß nun Antoinette, die sich allzusehr auf ihr frisches Aussehen und ihre schlanke Taille verlassen hatte, in Vichy, ohne einen Sou und ohne irgendein Engagement. Adrienne, die auch dorthin gezogen war, um in der Nähe ihres jungen Schloßherrn zu sein, hatte es übernommen, sie zu unterstützen und eine Arbeit für sie zu suchen.

War nicht ein Opfer des Gesangs in der Familie mehr als genug?

Gabrielle ließ sich überzeugen. Es war besser, einen anderen Weg einzuschlagen. Daher ging sie, von Boy ermutigt, auf einen Vorschlag von Etienne ein.

In Balsans Vorstellung handelte es sich mehr um einen Zeitvertreib als um Arbeit. Wäre es nicht eine glänzende Idee, für ihre Freundinnen Hüte zu machen? Wurde sie nicht schon von allen Seiten immer darum gebeten? Und hatte sie nicht Spaß daran, insgeheim in ihrem Zimmer den Gästen die Hüte aufzuprobieren, die diese bei ihr bewundert hatten? Ihre Schränke waren voll davon. Sogar Emilienne d'Alencon ... Einer von Cocos Strohhüten hatte ihr so gut gefallen, daß sie ihn behalten hatte. Seitdem sah man sie nur noch mit Strohhut ... Überladen allerdings, durch tausenderlei persönlichen Firlefanz verunziert. Aber immerhin ... Gabrielles Einfluß war in diesem Fall nicht zu leugnen.

Sie besaß tatsächlich ein sehr ausgeprägtes Talent. Verdankte sie es den Ferien in Varennes und den Tagen, an denen sie gemeinsam Tante Julias Hüte verschönert hatten? Die Leichtigkeit, mit der sie jedem Stückchen Strohgeflecht einen gewissen Schick verlieh, bewies, daß sie nicht nur Geschmack hatte, sondern vor allem das Talent ihrer Ahnen besaß, »aus nichts etwas zu machen«.

Was sie anzubieten hatte, war oft von größter Einfachheit, und es war interessant zu beobachten, wie manche ihrer Freundinnen diese Schmucklosigkeit als Ausdruck einer neuen exzentrischen Modelaune aufgriffen. Ein breiter, gewellter Hutrand mit einer kaum sichtbaren Kappe »ohne alles« – konnte man so etwas aufsetzen? Manchen Frauen gefiel das, weil sie etwas Ausgefallenes suchten. Denn ein Hut, der weder einen Kranz von Straußenfedern noch einen Federstutz noch kohlkopfartig gerüschten Tüll noch Samtschleifen noch flatternde Bänder hatte, von wem mochte der wohl sein?

Man rätselte herum, stellte Fragen. Man hörte: »Bei wem lassen Sie arbeiten?« Man tröstete sich über seine Unwissenheit hinweg, indem man irgend etwas erfand. In der Rue de la Paix, in der Rue Royale, im Opernviertel – es fehlte wahrhaftig nicht an Hutmacherinnen. Von wem war also dieser Hut? Von Camille Marchais, von Charlotte Enard, von Carlier, von Georgette, von Suzanne Talbot? Nein, ach was ... Keine jener Hutmacherinnen *en vogue* hatte dieses Wunderwerk der Anmut geschaffen.

Mit einer von Gabrielles Kreationen herumzulaufen, bedeutete soviel wie ein Bilderrätsel auf dem Kopf zu tragen, und man lernte, dadurch zu gefallen, daß man gegen den allgemeinen Trend der Mode anging.

Gabrielle in Paris zu installieren war gar nicht so einfach.

Ein Geschäft für sie kaufen? Einen Pachtvertrag für sie abschließen? Solange die Unbekannte aus Moulins zurückgezogen in Royallieu lebte, hatte Etienne sich nicht um die Meinung der andern gekümmert. Aber es war ihm nicht gleichgültig, was die Herren im *Jockey* von ihm dachten. Eine Mätresse haben, sie aushalten, mit ihr zusammenleben, das alles konnte seinem Prestige nur zugute kommen. Aber eine Frau arbeiten lassen? Das durfte man nicht zulassen, und Etienne konnte sich auf Vorwürfe gefaßt machen.

Außerdem ging es ihm wie vielen anderen seines Schlags: Geldausgeben machte ihm nur Spaß, wenn es um Pferde ging.

Daher bot er Gabrielle unter diesem oder jenem Vorwand und mit der Behauptung, daß er seiner Freundin helfen wolle, ohne sie zu kränken, schließlich nur seine Pariser Wohnung im Erdgeschoß der Nummer 160 Boulevard Malesherbes an, wobei er überzeugt war, daß Gabrielles Bestrebungen um Emanzipation recht gut in diesen Rahmen hineinpaßten.

Und darin hatte er recht.

War es nicht eine recht ungewöhnliche Art, sie zu lancieren, indem er sie in einer Junggesellenwohnung einquartierte und ihr eine Adresse gab, wo er mit seinen Freundinnen aus der guten Gesellschaft seine »Techtelmechtel« gehabt hatte? Seine früheren Flirts würden es höchst originell und aufregend finden, an einem Ort über Hüte zu sprechen, wo sie ein paar Jahre früher Etienne unter wer weiß was für Gefahren erlegen waren. Es war keine Kleinigkeit, den Kutscher »abzuhängen«, ohne daß der Ehemann es merkte, eine höchst komplizierte Garderobe zu vereinfachen, ohne daß das Zimmermädchen es merkte, sich zu entkleiden, was, laut Jean Cocteau, ein Unterfangen war, das, wie ein Umzug, im voraus geplant sein wollte, und schließlich den entscheidenen letzten Schritt zu tun: sich einen Liebhaber zu nehmen ... Und da wurde diese Junggesellenwohnung auf einmal ein Ziel, das man laut aussprechen durfte. Man ging nicht mehr hin, um sich auszuziehen, sondern zum *shopping*. Wie neu war das alles! Ach, auch ohne den Anreiz der Hüte wäre die Idee allein schon verlockend genug gewesen.

Der Erfolg ließ nicht auf sich warten.

Etiennes Freundinnen kamen alle angelaufen, eine zog die andere nach sich.

Boy schaute als Nachbar herein. Er wohnte ganz in der Nähe und sparte nicht mit Ermutigungen. Gabrielle, die sich von ihrer liebenswürdigsten Seite zeigte und übrigens immer noch wie eine Pensionatsschülerin angezogen war, hing an seinen Lippen. Da war ein Mann, der ihr eine gewisse Achtung bewies. Das hatte sie noch nie erlebt.

Bald schickte auch Boy ihr seine schönen Freundinnen.

Alles, was zur Welt des Turfs gehörte, kam bei ihr vorbei.

Gabrielle fehlte es nicht an Einfällen. Aber sie hatte keine praktische Erfahrung und, was noch schlimmer war, sie verstand nicht genug vom Beruf. Sie war beredt wie keine andere, denn sie hatte das Verkaufstalent ihres Vaters und ihres Großvaters geerbt. Aber bei dieser neuen Kundschaft genügte das nicht. Es gab keine anspruchsvolleren Damen als diese Pariserinnen. Würden sie nicht bei der ersten Enttäuschung ebenso schnell wieder verschwinden, wie sie gekommen waren?

Etienne wurde wieder einmal zu Hilfe gerufen. Obwohl das Spiel für seinen Geschmack allzu ernste Formen annahm, riet er ihr, eine technische Kraft einzustellen. Es war keine Zeit zu verlieren. Gerade da lernte Gabrielle eine Frau kennen, die drei Jahre jünger war als sie: Lucienne Rabaté. Alle, die sie um Rat fragte, sagten einstimmig: Lucienne und keine andere. Man kann daraus schließen, daß diese Lucienne Rabaté, die im Modehaus Lewis arbeitete, zwar noch keinen festen Marktwert hatte, aber in diesem Jahr 1909 von den besten Taktikern der Rue de la Paix schon genau im Auge behalten wurde[14].

Gabrielle eilte zu ihr.

Sie mußte Lucienne unbedingt für sich gewinnen.

Es klappte. Die besagte Lucienne wollte sich einen eigenen Kundenkreis schaffen. Ein paar Schauspielerinnen und Damen der Gesellschaft schworen bereits auf sie. Lucienne ging auf Gabrielles Angebot ein und nahm bei ihrem Ausscheiden gleich noch die beiden besten Kräfte von Lewis mit hinüber zu Gabrielle.

Das war für den Anfang mehr als genug.

Doch mit zunehmendem Erfolg mußte schließlich Antoinette einspringen. Gabrielle betraute ihre jüngste Schwester mit der Aufgabe, die Kundinnen zu empfangen und dem Salon vorzustehen, in dem sie keine schlechte Figur machte. Aus der kleinen Schwester war ein hübsches junges Mädchen geworden. Richtig angezogen, sah sie ganz reizend aus, obwohl die untere Gesichtshälfte zu plump war und sie im ganzen etwas einfältig wirkte. Sie besaß dieselbe Keckheit wie Gabrielle, doch keines ihrer Talente. Adrienne hatte sich für sie stark gemacht und behauptet, daß »die Kleine hundertprozentig zu gebrauchen« sei, und Gabrielle hatte sich überzeugen lassen: sie würde die kleine Schwester »unter ihre Fittiche nehmen«.

Außerdem hatte Antoinette gewisse Familieneigenschaften geerbt.

Sie war sehr fleißig und klagte nie. Da sie als einzige am Arbeitsplatz schlief, blieb sie länger auf als Lucienne, ja sogar länger als Gabrielle, die immer noch in Royallieu wohnte. Und am nächsten Morgen, wenn aufgemacht wurde, war die Arbeit fertig. Ein tüchtiges Mädchen, die kleine Antoinette, die auch das Austragen zu später Stunde übernahm.

Adrienne in der fernen Provinz gratulierte. Sie war froh, daß zwei von drei Chanel-Schwestern endlich wieder zusammen waren und wie einst in Varennes gemeinsam säumten und kräuselten, drapierten und verzierten, garnierten und herausstaffierten.

Adrienne hoffte mehr denn je, daß endlich die peinlichen Anspielungen auf die familiäre Vergangenheit aufhören würden. Sie war zwar die einfachste und offenste von den Mädchen, aber außer ihrem guten Herzen hatte sie ein starkes Bedürfnis nach Anstand und Würde. Das Milieu, in das sie aufgenommen werden wollte, verlangte es so.

Die unnachgiebigen Eltern ihres jungen Schloßherrn verkündeten weiterhin, daß sie unter keinen Umständen eine »Kasernenehe«, wie sie es nannten, dulden würden.

Adrienne war daher immer noch nicht *akzeptiert*.

Sie wurde es nie.

Und das bei soviel Liebe ... Was für ein grausames Schicksal für diese schöne junge Frau, die zwanzig Jahre darauf wartete, daß ihre ebenso aufrichtige wie dauerhafte Zuneigung durch die Ehe gewürdigt würde.

Wie man Putzmacherin wird

Februar 1910. Seit fast einem Jahr kampierte Gabrielle in Balsans Junggesellenwohnung, und ihre Kundschaft wurde von Tag zu Tag größer.

Die Räume wurden zu klein.

Auf die Vornehmen des Turfs war die Gesellschaft schlechthin gefolgt, all die schönen Frauen, die Kundinnen bei Worth, Redfern oder Doucet waren. Diese Damen kauften nicht immer, aber sie warfen aus lauter Neugier »einen Blick herein«.

Antoinette hatte ausziehen müssen, weil ihr Zimmer als Atelier gebraucht wurde. Wohin mit ihr? Ein neues Problem.

Als die Reiter von Royallieu davon erfuhren, eilten sie herbei, um der armen »Obdachlosen« zu helfen; im Nu hatten sie eine andere Parterre-Wohnung für sie gefunden, eine ganz kleine zwar, aber praktisch, weil sie nahe beim Atelier lag.

Es war das richtige Viertel für solche Wohnungen.

Die hohen, erst vor kurzem entstandenen Häuser im Zuckerbäkkerstil mit den großen marmorverkleideten Eingangshallen waren alle so angelegt, daß sie außer den geräumigen, von wohlhabenden Bürgern bewohnten Appartements noch kleinere Wohnungen im Parterre hatten, wo die Frauenhelden, unbemerkt von der ihnen angetrauten Gattin, »ihren Gewohnheiten« nachgehen konnten.

Freilich war es angenehm, im selben Viertel zu wohnen, nur ein paar Straßen voneinander entfernt. Das Atelier in der Nummer 160 des Boulevard Malesherbes, Arthur Capel im Erdgeschoß der Nummer 138, Antoinette im Parterre der Nummer 8 der Avenue du Parc-Monceau – aber das Problem war damit nicht gelöst. Die Arbeitsräume waren nicht mehr groß genug, und die Adresse klang nicht seriös.

Daher bat sie Balsan um ein Darlehen. Gabrielle wollte ein Geschäft mieten und sich unter ihrem eigenen Namen niederlassen.

Etienne lehnte glatt ab. Er hatte gerade in Royallieu ein paar Weidegrundstücke dazugekauft und dadurch neue Ausgaben gehabt. Seine Pferde kosteten ihn schon genug Geld. Mehr konnte er nicht aufbringen.

Aber Gabrielle ließ nicht locker.

Es sei nicht ungefährlich, sagte sie, im alten Stil weiterzumachen, ohne Gewerbeschein und in Räumen, die sich für den Zweck nicht eigneten. Sie hatte recht, denn ihre Zusammenarbeit mit Lucienne hatte den Verhältnissen nicht standgehalten. War es der Stil des Hauses, der ihr mißfallen hatte? Eine gewisse Unordnung, das Kommen und Gehen von Boy, Etienne und dem schönen Léon de Laborde? Lucienne hatte nicht geahnt, daß eine Putzmacherin von so vielen Männern auf einmal umschwärmt werden könnte. Was sollte man außerdem von jungen Leuten halten, die so schrecklich nachlässig gekleidet waren? War das ein neuer Dandy-Typ?

Lucienne, die schon sehr jung von strengen Directricen herangezogen worden war und die harte Schule der Pariser Modeateliers durchlaufen hatte, war eine hundertprozentige Fachkraft. Sie hatte Stufe um Stufe die Leiter erklommen, war vom jungen Lehrmädchen im dunklen Kittel, das die niedrigsten Arbeiten verrichten muß, zur Hutformerin, Hutgarniererin bis zur *aide-seconde* aufgestiegen, die mit dem Nadeldöschen in der Hand pausenlos zwischen Atelier und Salon hin und herläuft, um die hochnäsigen Kundinnen zufriedenzustellen, und war schließlich eine *petite-première*, ein menschliches Wesen geworden, das schweigend der Zeremonie der Anprobe beiwohnen und womöglich den Offiziantinnen aus dem großen Korb mit dem Zubehör einen Federbusch oder Paradiesvogel reichen darf, um das Jagdstück, denn so sahen diese Hüte damals aus, zu bereichern.

Auf dieser Stufe war Lucienne in dem Jahr angekommen, als sie ihre Stellung aufgegeben hatte, um Gabrielle zu folgen.

Eine Junggesellenwohnung, um Hüte darin zu machen, das hatte sie anfangs sehr komisch gefunden. Antoinette und Coco sangen beide für ihr Leben gern. Sobald eine Kundin den Rücken gekehrt hatte, stimmten die Schwestern Chanel eine ihrer Lieblingsmelodien an. Das Atelier hallte wider von ihrem Gesang. Manchmal sangen sie im Duett mehr oder weniger gewagte Partien. Sie waren wirklich unbezahlbar, diese beiden Chanels. Wieviel lustiger war es hier als bei Lewis … Aber Lucienne hatte die Gefahren dieser Partnerschaft bald erkannt.

Gabrielle teilte nicht gern. Sie fing an, Selbstvertrauen zu gewinnen, und obwohl sie unendlich viel weniger wußte als Lucienne, hörte sie kaum auf deren Ratschläge.

So kam es zu Auseinandersetzungen, und Lucienne hatte die erste beste Gelegenheit benutzt, sich wieder von Gabrielle zu trennen, die daraufhin sich selbst überlassen war.

Das kam davon, wenn man amateurhaft arbeitete.

Aber wie sollte sie Etienne davon überzeugen?

Gabrielle machte einen neuen Vorstoß. Lucienne war gegangen. Das würde Balsan vielleicht zu denken geben. Sie setzte um so mehr Druck dahinter, als Arthur Capel sie ermutigte. Er glaubte fest an Gabrielles Talent und hielt auch den Zeitpunkt für gekommen, sie in anderer Weise zu etablieren. Er ergriff bei jeder Gelegenheit für sie Partei.

Balsan wunderte sich über die Meinungsänderung seines besten Freundes, und es ärgerte ihn. Plötzlich nahm Arthur Capel eine »Arbeit« ernst, nämlich Gabrielles, in der er, wie Etienne, zunächst nur ein Spiel gesehen hatte. Was bedeutete das?

Es kam der Moment, in dem die Gründe für einen so unerwarteten Umschwung offenbar wurden: Capel war verliebt. Er gab es offen zu. Er liebte Coco.

Der Flirt zu dritt war zu Ende.

Um Etienne recht zu verstehen, muß man wissen, daß käufliche Geliebte, die er in allzu jungen Jahren gehabt hatte, ihm die Liebe verdächtig gemacht hatten. Aber daß andere daran glaubten, konnte ihn zutiefst rühren. So bei Boy und Gabrielle ...

Als großzügiger Freund ließ er ihr weiterhin seine Räume in der Stadt, obwohl er genau wußte, daß Gabrielle anderswo wohnte.

Der Machtwechsel ging ohne Szenen und Geschrei vonstatten. Es war ein Partnertausch im besten Marivaux-Stil.

Arthur Capel trat ganz von selbst an Balsans Stelle, und er streckte auch das nötige Geld für den Kauf eines Geschäftes vor.

In den letzten Monaten des Jahres 1910 übersiedelte Gabrielle in den Zwischenstock der Nummer 21 einer Straße, deren Name ein halbes Jahrhundert mit dem ihren verbunden bleiben würde: die Rue Cambon.

Royallieu blieb der gewohnte Treffpunkt der kleinen Clique, ohne daß sich nach außen etwas geändert hätte.

Bis auf ein paar Einzelheiten allerdings.

Der im Stich gelassene Balsan wurde eifersüchtig. Mit welcher Leichtigkeit hatte Gabrielle den Bruch vollzogen! Er fühlte sich in seinem Stolz verletzt und fing an, sie zu vermissen.

Gabrielle kam wieder nach Royallieu, aber zusammen mit Arthur Capel, und nur als Gast.

Der Aufenthalt beschränkte sich auf die Wochenenden. Man konnte meinen, sie sei eine andere Frau. Ihre perlgrauen Reitkostüme zeigten schlagartig an, daß sich ihr Leben geändert hatte. An der Feinheit des Tuchs, an der Eleganz des Schnitts, an der absichtlichen Asymmetrie des langen Jacketts, das vorne länger war, damit es, wenn sie rittlings im Sattel saß, weit genug übers Knie fallen konnte, an der Heiterkeit, mit der Gabrielle in dieser Aufmachung jeden Morgen vor ihren Freunden erschien, merkte jeder, daß ihr lang gehegter Wunsch sich endlich erfüllt hatte. Sie wurde von einem der großen Schneidermeister dieses Genres eingekleidet... Einem jener Engländer, an den sich die schönen Reiterinnen wandten, die mit Zylinder und falscher Weste ausritten und deren unvergleichliche Eleganz das Herz des jungen Marcel Proust höher schlagen ließ.

Aber wer auch immer der Couturier war und welchen Respekt er Gabrielle eingeflößt haben mochte, es war ihr dennoch gelungen, ihm gewisse Besonderheiten abzuverlangen, in denen sich einige geheime Verbindungen mit ihrer Jugend zeigten. Was sollten all seine Behauptungen? Daß es undenkbar sei, unter welchem Vorwand auch immer, daß eine Reiterin auf das strenge Hemd und die dreifach geschlungene Jagdkrawatte aus weißem Piqué verzichtete, die, wenn sie einmal festgesteckt war, ebenso streng wie ein hoher Kragen wirkte? Warum diese Steifheit? Unter anderen Umständen vielleicht... Aber in Royallieu?

»Wir sind doch unter Freunden und reiten ohne Etikette«, sagte sie als Erklärung.

In Royallieu konnte man sich solche Eigenwilligkeiten erlauben.

Der Couturier war anderer Meinung und gab es deutlich zu verstehen, ja es schmerzte ihn beinahe, daß eine so hübsche Frau ihn unbedingt entehren wollte. Was sagte sie? Ausreiten ohne Krawatte, mit offenem Hemd? Der reinste Wahnsinn. Und was noch? Zu einem streng geschnittenen Schneiderkostüm wollte sie eine Bluse mit Claudine-Kragen und eine zu einer großen Schleife gebundene Musselinkrawatte tragen. Was für eine Idee!... Das sollte sie lieber der Schuljugend überlassen. Der Couturier war tief gekränkt.

In anderen Punkten zeigte Gabrielle sich kaum gefügiger. So nahm sie seinen Vorschlag schlecht auf, bei Motsch einen schwarzen Plüschzylinder mit am Band befestigten Monokel zu bestellen,, wie ihn die Princesse Murat trug. Er war ebensowenig nach ihrem Geschmack wie der kleine schwarze Dreispitz mit ein paar Straußenfedern, den die Princesse de Caraman-Chimay in Mode gebracht hatte.

Sie wollte von solchen Kopfbedeckungen nichts wissen.

Statt dessen dachte sie an ein Stirnband aus Piqué, das unter ihrem Knoten befestigt wäre und völlig ausreichte, um ihr Haar zu halten.

Der Couturier ließ sich ihren Vorschlag wiederholen.

»Ein Stirnband?« fragte er ungläubig. »Sagten Sie, ein Stirnband? So etwas, was die *tenniswomen* tragen?«

»Nein«, erwiderte sie prompt. »Enger ... viel fester ... etwa wie bei den Nonnen. Verstehen Sie, was ich meine? Ein Band, das am Haaransatz getragen wird.«

Das bestätigte den Couturier in seinen Befürchtungen.

Arthur Capels kleine Freundin zu sein, war zweifellos ein seltenes Privileg. Es war aber noch kein Grund, sich wie ein Schiedsrichter in Modefragen aufzuspielen. Die junge Frau würde es nicht weit bringen. Sie wußte nicht, was sich gehörte.

Die neuen Freundinnen

Gabrielle Chanel hat bei zahlreichen Gelegenheiten behauptet, daß sie nur einmal geliebt und nur ein einziges Mal einen Mann gekannt habe, der wie für sie geschaffen schien: Arthur Capel. Und es ist beinahe sicher, daß sie damit ausnahmsweise die Wahrheit sagte.

Capels fremder Akzent, der Rhythmus einer neuen Existenz, das Prestige eines Mannes, der pünktlich seine Arbeit erledigt, die großen dunklen Augen, die sie mit einer gewissen Autorität anschauten, die ebenfalls dunklen Haare, die so tiefschwarz waren, daß sie wie Jett seinen Kopf umgaben, das alles schaffte eine neue Atmosphäre.

Schluß mit der ausgelassenen Freundesclique, Schluß mit dem Herumgaloppieren im Wald. Zum Handeln und Aufbauen brauchte man neben sich einen soliden Gefährten, auf den man sich stützen konnte. Arthur Capel war dieser Mann.

Sie hatte sich schon immer danach gesehnt, aus der mittelmäßigen Rolle auszubrechen, die ihr frivole Offiziere und blasierte Sportler zugewiesen hatten. Da zeigte ihr jemand Zärtlichkeit, Vertrauen, Achtung. War das ein neues Leben? Ein neues Leben, das Bestand haben würde?

Capel hatte unzählige Mätressen gehabt. Er hatte sie verlassen. Sie versuchten, ihn wiederzugewinnen. Er war entschlossen, sie nicht zu beachten. War das ein Beweis für eine dauerhafte Liebe? Die Hoffnung, die Gabrielle erfüllte, weckte in ihr zugleich unzählige Fragen. Konnte sie sich auf diesen Capel verlassen? Hatte er nicht im großen und ganzen die gleichen Interessen wie Balsan? Auch er war ein Sportler ... Immer und immer wieder die Sportler in ihrem Leben! Aber er war nicht nur das. Er war ein Mann, der sich für alles interessierte, für Politik, für Geschichte, und der Unmengen ausgefallener Bücher las. Die Werke eines Sozialisten wie Proudhon oder eines recht konfusen Gelehrten wie Fabre d'Olivet oder eines Visionärs wie Saint-Yves d'Alveydre waren seine Lieblingsbücher. Aber man fand auch ungeordnet nebeneinander auf seinen Bücherregalen Nietzsche, Voltaire, die Kirchenväter, *Les Essais politiques* von Herbert Spencer und die *Mémoires* von Sully, die Chanel unbedingt lesen sollte. Gabrielle stellte fest, daß man zugleich ein Champion im Polo und ein begeisterter Leser sein konnte. Lauter Überraschungen!

Die Folge davon war eine jener Reaktionen, wie sie das Leben mit sich bringt. Chanel mußte feststellen, daß die Arbeit sie weniger reizte, wenn sie verliebt war, als wenn sie es nicht war. Sie machte die Erfahrung des Glücklichseins und stellte staunend fest, daß dieser Zustand sich selbst genügte.

Dennoch mußte ihr Unternehmen weiter vorangetrieben werden. Sie versuchte, Lucienne zu überreden, zu ihr zurückzukommen, und diese willigte ein, zumindest auf Zeit.

Das war für Gabrielle eine Beruhigung, die es ihr erlaubte, sich ein wenig gehenzulassen: mal war es das rasende Verlangen, nie auszugehen, damit der Geliebte nie auf sie zu warten brauchte; dann die heftige Reaktion, sich ja nicht von der Welt abzukapseln; dann wieder ebenso heftige Gewissensbisse. Wenn sie bei Boy festsaß, träumte sie davon, nur für ihn zu leben. Aber das war kein Leben ... Also was tun?

Konzertcafés interessierten sie nicht mehr. Und doch hatten Boys Freundinnen ihr nur von ihren Besuchen bei Isadora Duncan zu erzählen brauchen, damit Gabrielle von neuem die Schauspiellust packte.

Was ihre schönen Kundinnen in das Studio der Amerikanerin zog, war pure Neugier. Sie hofften, daß diese Frau, die durch ihren Tanz die Freiheit der Sinne predigte, ihnen irgend etwas Geheimnisvolles offenbaren werde. Aber darum ging es Gabrielle nicht. Rhythmik war in Mode. Sie war nicht nur eine Methode des Tanzes, sondern wurde zu einem Erziehungssystem, und Leute jeden Alters zogen wie Pilger zum Institut, das der Meister dieses Genres, Jacques Dalcroze, in Dresden gegründet hatte. Also wollte Gabrielle tanzen lernen. Arthur Capel ermutigte sie. Warum sollte seine Freundin neben dem Hütemachen sich nicht im Tanzen versuchen? Er fürchtete nichts so sehr wie unausgefüllte Frauen.

Isadora lebte in einer Gemeinschaft, umgeben von fröhlichen

Kumpanen, Künstlern jeder Art. Sie empfing ihre Gäste in einem Peplum über der nackten Brust. Ein sehr magerer junger Mann mit einem Faunsbart wich nie von ihrer Seite. Alkoholische Mischungen von ganz neuem Geschmack wurden herumgereicht. Man lachte und plauderte miteinander, die jungen Frauen amüsierten sich, Gabrielle hörte zu. Als der lang erwartete Augenblick gekommen war, in dem Isadora verkündete, daß sie improvisieren würde, sah man, wie sie sich emporstreckte, die erhobenen Arme reckte, als ob alle Götter des Olymp unter ihrem Glasdach Unterkunft gefunden hätten. Ihre Gesten waren überzeugend. Man vergaß darüber das kümmerliche Zubehör: eine Girlande aus Papierrosen.

Der Tanz zielte darauf ab, den jungen Bartträger mit einem Schwung mitten ins Atelier zu schleudern, was in Gabrielles Augen alles verdarb. Unter Einfluß von Alkohol führte sich dieser junge Mann – es war Kees van Dongen – wie ein Satyr auf. Er packte mit beiden Händen die Hinterbacken der großen Priesterin, ohne daß sie daran den geringsten Anstoß zu nehmen schien.

Isadora führte ihre Improvisation zu Ende und richtete sich weiterhin mit ihren großartigen Gesten an die Zimmerdecke.

Das Künstlermilieu mochte, und sei es nur aus Verachtung der Konventionen, Beifall spenden, Gabrielle konnte es nicht. Nichts hatte sie auf solche Gewaltausbrüche vorbereitet, nicht einmal die plumpe Fröhlichkeit der Tingeltangel. Sie hatte nur Erfahrung mit schlüpfrigen Späßen. Aber bei Isadora war es Unzucht. Sie fand solche Ausschweifungen geschmacklos. War Chanel denn so sehr für Anstand und Sitte? Und ob! Konnte man von einer Klosterschülerin etwas anderes erwarten? Oder von einer Halbweltdame? Sie war beides zugleich.

In ihren letzten Lebensjahren schien sie keinerlei Erinnerung mehr an die Perepetien dieses Empfangs zu haben. Aber wenn sie, von Isadora sprechend, sagte: »Ich habe sie immer nur beschwipst gesehen. Sie war eine Kleinstadt-Muse«, dann spürte man, daß sie in diesem Urteil alles zusammenfaßte, was sie an Peinlichkeit und Verblüffung bei jener fernliegenden Begegnung empfunden hatte.

Wenn sie auch darauf verzichtete, sich der Duncan-Methode zu verschreiben, so hieß das nicht, auf das Tanzen überhaupt zu verzichten. Gabrielle suchte weiter und fand schließlich eine Lehrerin nach ihrem Geschmack: Caryathis, die Ausdruckstänzerin. Die ausgeprägte bäuerliche Herkunft dieser Frau, die auch eine Auvergnatin und Schneiderin zur Mutter hatte und die zudem in ihren Kinderjahren die meiste Zeit in einem Kloster gewesen war, wo die Erstkommunion feierlicher als irgendwo anders zelebriert wurde, weil Monseigneur de Dreux-Brézé persönlich der Zeremonie vorstand – wieviel Ähnlichkeit hatte die Vergangenheit der beiden. Und der Vater von Caryathis? Ein Gegenstück zum Vater Chanel. Seine Kinder nannten ihn »Herr Seiltänzer…« Als Hausierer in Kurzwaren war er kreuz und quer durch Frankreich gezogen, barfüßig, mit dem Sack auf dem Rücken. Zur Zeit seiner Eheschließung war er Bäckerjunge bei einem Seigneur im Périgord geworden und hatte es vor den Backöfen von *Larue* zu einer gewissen Berühmtheit gebracht, bevor er als Küchenchef der Transsibirischen Eisenbahn und schließlich als Liebhaber einer russischen Dame verschwand, auf Nimmerwiedersehn… Die verlassene Ehefrau hatte sich daraufhin bei einer großzügig ausgehaltenen Sängerin verdingt, und die kleine Caryathis, die ihrer Mutter beim Zuschneiden von Kleidern für die *gommeuses* half, mußte warten, bis sie vierzehn war, um von Paquin als Laufmädchen eingestellt zu werden. War es das, was Gabrielle zu ihr hingezogen hatte, oder war es der Stil dieser Tänzerin? Sie vermischte Elemente des klassischen Tanzes mit den rhythmischen Methoden von Dalcroze.

Die extravagante Frau, deren Name mit seltsamen choreographischen Improvisationen verbunden bleibt, wie etwa der Kreation des Tanzes *du Serpentin vert* in *Ma mère l'oye* von Ravel und der *Belle excentrique* von Eric Satie, und die, bis sie das Tanzen aufgab, ein ganz verrücktes Leben geführt hatte, war ab 1929 vierzig Jahre lang die Ehefrau Marcel Jouhandeaus, dessen Leben und Werk seitdem von einem ununterbrochenen Ehestreit widerhallte. Die Muse der Montmartre-Cafés, die Unbezähmbare, an deren Seite sich zwischen Feuer und Tränen so viele verschiedene Gefährten abgelöst hatten, ging durch diese Ehe in die literarische Legende ein.

Elise Jouhandeau erinnerte sich ganz genau daran, wie sie Gabrielle in der Rue Lamarck empfangen hatte. Das Studio, in dem die Tänzerin damals wohnte, war der Schauplatz ihres stürmischen Liebesverhältnisses mit Charles Dullin. Ohne ihre Aussage wüßten wir nichts von dem frühmorgendlichen Erscheinen Gabrielles auf den Höhen des Montmartre im Jahre 1911, nichts von ihren choreographischen Ambitionen, und ebensowenig von den Tricks, die sie anwandte, um zu den Tanzstunden von Caryathis zugelassen zu werden. Sie tat so, als käme sie nur, um ihre beste Freundin zu begleiten. »Eine berühmte Kokotte«, behauptete Caryathis. Aber obgleich die letztere in ihrem Leben alles getan, alles gesehen, alles gesagt hat, wollte sie nie den Namen jener Freundin Chanels preisgeben, die seitdem »jemand geworden war«, wie sie hinzufügte, um ihr Schweigen zu rechtfertigen.

Gabrielle hatte in der Rue Lamarck kaum mehr Erfolg, als sie es im Souterrain eines Cafés in Vichy, acht Jahre vorher, gehabt hatte. Sie hatte kein Talent. Aber es fehlte ihr nicht an Ausdauer. Caryathis sah sie fast jeden Tag. Nach ein paar Monaten mußte Gabrielle einsehen, daß es zu nichts führte, und sie gab auf.

Das war ihr letzter Versuch.

Danach kam sie nur noch zu »Caryas« Kursen, um in Form zu bleiben und vertrat sogar gelegentlich den »Taktschläger«, was die Anwesenden stets sehr amüsierte.

Mit welchen Gefühlen dachte sie an die Zeit zurück, als sie dieses Viertel entdeckte, in dem man mit leeren Taschen lebte, aber ebenso glücklich wie in einer fernen Provinz war? Montmartre war ein Wort, das Chanel nie aussprach, ein Ort, an den sie scheinbar nie einen Fuß gesetzt hatte. Aber gab es etwas Aufregenderes als die *Butte* im Jahre 1911? Ein paar Schritte vom Studio in der Rue Lamarck entfernt, der Boulevard de Clichy, an dem sich Picasso niedergelassen hatte, die Rue Caulaincourt und das Atelier von Van Dongen, das Bateau-Lavoir, in dem Juan Gris lebte, die Nummer 12 der Rue Cortot, die das Domizil von Utrillo, Valadon, Reverdy und dem beunruhigenden Almereyda war. Alle kannten Caryathis, und sie kannte alle. Aber Gabrielle ahnte nichts von alledem und kehrte brav ins Zentrum der großen Stadt zurück, wo sich, ohne daß sie es merkte, so viele bedeutende Ereignisse vorbereiteten. Was wußte sie vom Châtelet und den Aufführungen, die dort aufeinanderfolgten? 1910 der *Feuervogel*, 1911 *Petruschka*. Und Nijinski im *Spectre de la rose*? Die Welt des Balletts war ihr ebenso fremd wie der Montmartre. Was sie beschäftigte, waren nur ihre Liebesverhältnisse, ihr Beruf und jene verfehlte Berufung, unter der sie ihr ganzes Leben lang leiden sollte.

Was ihre choreographischen Versuche betraf... so waren ihre Hoffnungen auf diesem Gebiet von kürzerer Dauer und nicht so glühend gewesen. Und doch fehlt es nicht an Fotos, auf denen man eine alternde Chanel sieht, die in Serge Lifars Armen mühsam ein paar Entrechats versucht. Sie träumte immer noch.

Ab 1911 konzentrierte Gabrielle sich wieder ganz auf das, was sie zum Greifen nahe vor sich hatte: eine Kundschaft, die immer mehr Begeisterung zeigte und dadurch, daß sie sich alles zu eigen machen wollte, was Chanel für sich selbst erfand, sie ermutigte, ihren Aktionsradius zu erweitern. Tricots, wie Arthur Capel sie beim Polo oder am Strand trug, so etwas hätte sie ihren Kundinnen gerne angezogen. Und auch Sweater und Blazer. Warum wurden diese Sachen nur in England hergestellt?

Die Idee kam nicht zur Ausführung.

Ihr schien, daß die Frauen nicht so fortgeschritten waren, wie sie behaupteten, um ihre Innovationen aufzugreifen. Es hing noch allzuviel Firlefanz à la Doucet, allzuviel Orientalisches à la Poiret in der Luft. Vorläufig war es besser, sich auf Hüte zu beschränken.

Sie mußte erst noch ein paar Illusionen verlieren, bevor der Beruf zum einzigen Ziel ihres Lebens wurde.

Sie liebte, und sie wurde geliebt. Sie war achtundzwanzig Jahre alt. Sie war schön, aber das war gar nicht das Entscheidende, sondern daß sie einmalig war. Schlank, dunkel, übersprudelnd von Leben, geschmeidig wie keine andere, und dazu ein bizarrer Charme – ja, Gabrielle hatte schon entdeckt, was eines Tages das Geheimnis der Verführungskunst à la Chanel sein sollte: sie sah zehn Jahre jünger aus, als sie war. Ihre Boutique? Das war vorerst noch ein Zeitvertreib, mit Arthur Capel als Kommanditär. Sie kümmerte sich nur insoweit darum, als sie den, von dem sie alles erwartete, nicht enttäuschen wollte.

Daß sie glühend wünschte, Boy zu heiraten, daran besteht kein Zweifel. Glück, Ansehen, Wertschätzung der Gesellschaft und dazu noch ein Vermögen – das alles hätte diese Ehe ihr gebracht. Aber es war nie davon die Rede.

Die Sonntage von Royallieu

Es war keinerlei Herablassung bei den Gefühlen, die Arthur Capel Gabrielle entgegenbrachte. Er gab sich ganz dem hin, was er empfand, ging mit ihr aus und stellte sie seinen Freunden vor als ein Mann, der sich überall sehen lassen kann. Ihre Natürlichkeit und ihre scharfe Zunge – das waren die Eigenschaften, die er an Gabrielle am meisten bewunderte, und Boy bestand darauf, daß sie sich am Gespräch beteiligte. In der ersten Zeit ihrer Liaison war es für sie eine Marter. »Was meinst *du* dazu?« fragte er. Nichts Nennenswertes ... Gabrielles Unwissenheit war unbeschreiblich. Alles, was sie zu erzählen hatte, beschränkte sich auf die Eroberungen von ein paar Herzensbrecherinnen, die gerade *en vogue* waren, und die Rekorde von ein paar Vollblütern und Jockeys.

Gabrielle hat es Arthur Capel zu verdanken, daß er sie aus dem engen Kreis der Galanterie herausriß. Wenn auch nichts das Unrecht wiedergutmachen konnte, das die Vergangenheit ihr zugefügt hatte – und sie sollte im Laufe ihres Lebens mehr als einmal Gelegenheit haben, darunter zu leiden –, so konnte sie doch hinfort andere Freundinnen finden als nur Demimondäne.

Diese Wende erfolgte im Jahr 1911. Es war ein Jahr des Glücks, wie Gabrielle wenige gekannt hat.

Boy machte sie mit seiner Lieblingsschwester Bertha bekannt, einem sehr jungen Mädchen, dem das Beispiel des Bruders gewaltig imponierte. Bertha hatte nur den einen Wunsch, aus England auszureißen, um ungehemmt und leidenschaftlich ihr Leben leben zu können. Sie kam Gabrielle mit großer Herzlichkeit entgegen, was letztere ermutigte, ihre Gesellschaft zu suchen. Eine Ausländerin ... War das nicht etwas Neues?

Sie sollte es nicht bedauern. Bertha hatte mehr als eine Überraschung für sie parat.

Und wieder war es Arthur Capel, der Gabrielle in die Welt des Theaters einführte. Ein sehr freies Milieu, das sich zweifellos nicht gerade durch Tugendhaftigkeit auszeichnete, aber dafür viele andere Reize als Gabrielles gewöhnliche Umgebung zu bieten hatte. Außerdem war man in diesem Milieu nicht der Meinung, daß die Verführungskunst die einzige Waffe der Frau sei. Unter Schauspielerinnen sagte man sogar, das Wichtigste sei das Talent.

Unter Künstlern, die es anfangs oft ebenfalls schwer gehabt hatten, fiel Gabrielles prekäre gesellschaftliche Situation nicht auf. Man fragte sie weder, wer sie sei, noch woher sie komme. Von allen Hemmnissen befreit, konnte sie endlich sie selbst sein.

Die Sonntage in Royallieu nahmen eine neue Form an. Nicht daß man sich weniger amüsierte – die Späße wurden erst recht weitergetrieben –, aber Capel und Balsan hatten ihre Freunde zusammengeführt. Balsans Bekannte waren immer Männer, die mit Pferden zu tun hatten, Capels Freunde waren Künstler. Die Clique gewann dadurch an Niveau.

Eine zweite Gabrielle tauchte auf, eine junge Schauspielerin mit einer starken Ausstrahlungskraft: Gabrielle Dorziat[15]. Und schließlich fand die Clique in Marthe Davelli, einer Sängerin, die vor kurzem mit viel Aufsehen bei der Opéra-Comique debütiert hatte, aber die, einmal von der Bühne fort, nur an Quatschmachen und Unsinn dachte, eine richtige Betriebsnudel und Gabrielle Chanel eine Doppelgängerin. Die beiden Frauen betonten ihre Ähnlichkeit noch dadurch, daß sie sich in gleicher Weise frisierten und anzogen. Es entstand zwischen ihnen eine Freundschaft, die ihren eigentlichen Grund darin hatte, daß keine der beiden sich damit abfinden konnte, nicht die andere zu sein. Gabrielle hätte alles dafür gegeben, um wie die Davelli singen zu können, während diese, die der harten

Disziplin ihres Berufes unterworfen war, sich nichts so sehr wünschte wie die Freiheit und die amourösen Erfolge Gabrielles. Unter den Neulingen von Royallieu war auch ein höchst romantisches junges weibliches Geschöpf, das sehr wohl Maler oder Schriftsteller des 19. Jahrhunderts hätte inspirieren können. Sie hatte im *Gymnase*, allerdings ohne viel Talent, kleine Rollen gespielt. Sie nannte sich Jeanne Léry.

Die jungen Frauen ersannen immer neue Streiche, mit denen sie Etienne Balsan unterhalten könnten. Und unvergeßlich ist jene Nacht im Mai, in der Capel und seine Freunde beschlossen, bei Etienne kostümiert aufzutreten, was jedoch bis zur letzten Sekunde geheimgehalten werden sollte.

Man hatte es Gabrielle überlassen, sich etwas auszudenken und das Ganze zu organisieren. Sie improvisierte eine *Bauernhochzeit*.

Vielleicht versteht man hier, was es mit dem Thema in Wirklichkeit auf sich hatte, denn es stand zugleich für das, was Gabrielle gewesen war, und das, was sie zu sein wünschte. Die »Hochzeit« schuf die Verbindung zwischen den Kleidern der Vergangenheit – die der Bauersleute im Sonntagsstaat – und dem Brautkleid, das der Ausdruck ihres geheimen Wunsches war.

Braut, Bräutigam und Gefolge waren in den großen Kaufhäusern eingekleidet worden. Etienne, der überraschter und vielleicht gerührter war, als er zugeben wollte, empfing eine jungfräuliche Braut, in weißem Linon, komischerweise mit einem Strauß Mandarinen am Mieder – es war Jeanne Léry; eine alte Dame in grauem Köper entpuppte sich als Arthur Capel, ein Baby mit einem putzigen Mützchen als Léon de Laborde; und die beiden Gabriellen kamen Arm in Arm daher.

Die eine, Gabrielle Dorziat, war ein etwas zurückgebliebenes Dorfmädchen, in zu kurzen Socken und zu langem Kleid. Die andere, Gabrielle Chanel, war ihr Kavalier. Sie verkörperte einen schüchternen Jüngling, einen Fortunio vom Dorfe, mit kurzer Fil-à-Fil-Jacke über einer weißen Weste, einem Hemd mit umgeschlagenem, frisch gestärktem Kragen, ungeschickt gebundener breiter Krawatte und hohen Schaftstiefeletten, kurzum in einer Aufmachung, die aus der Knabenabteilung der *Samaritaine* stammte.

Nichts war so bezaubernd anzusehen wie dieses pagenhafte Mädchen, und man fragt sich mit Recht, woher diese Anziehungskraft kam. Es lag wohl an dem großen Geschick, mit dem Gabrielle in einen Herrenanzug geschlüpft war, wobei sie alles, was sie an Weiblichem in sich hatte, besonders betonte. Daher der Eindruck, daß sie sich nicht verkleidet, sondern sich eher darauf vorbereitet hatte, für einen Maler zu posieren. Nichts ist so aufschlußreich wie diese erste Andeutung eines Bemühens in einer bestimmten Richtung, worin sie es später zur Meisterschaft bringen sollte: nämlich eine Herrenmode zu der ihren zu machen und sie ins Feminine zu übertragen. Und zu dem Kostüm kam noch das, was es evozierte: eine Ambiguität, ein Dandytum, wie sie zu der Welt von Marivaux und Musset gehörten und, aufgrund der verträumten Traurigkeit des Modells, zu der Welt Watteaus. So daß man wieder einmal keine andere Erklärung für die typisch französische Anmut findet als das kulturelle Erbe.

Aber wer sagt uns, was das Moderne an dieser Gestalt war? Das vergilbte, aus einem Album herausgelöste Foto zeigt, wie weit die Tore zu unserer Zeit schon aufgemacht waren, obwohl der Jugendstil noch florierte.

Erfolg, Ausgelassenheit, Eroberungen und bisweilen der Eindruck, daß das Leben für sie begann, daß gewisse Ketten fielen ... Aber Gabrielle hätte nicht zu sagen vermocht, was sie frei machte.

Sie blieb noch lange die kleine Lola aus dem Tingeltangel von Moulins, die nur Frauen vertraute, die in der gleichen Lage waren wie sie. Man wundert sich, daß sie sich zwar durch eine Kokotte bei jener Frau einführen ließ, die für ihren Lebenswandel berüchtigt war, Caryathis, daß sie als Freundin jedoch Jeanne Léry und nicht Gabrielle Dorziat wählte.

Jeanne Léry, die Tochter einer recht leichtlebigen Frau, war einer Leidenschaft zum Opfer gefallen. Sie war aus Paris verschwunden, um ihr Verhältnis mit einem der Liebhaber ihrer Mutter, dem Großfürsten Boris[16], zu verbergen. Da er ihr verboten hatte, in Paris zu bleiben, machte Jeanne einen sehr ungewöhnlichen Schritt: sie verzichtete auf ihre Theaterkarriere. Bald danach brachte sie einen Jungen zur Welt, worauf ihr Geliebter sie im Stich ließ. Jeanne Léry hatte sofort wieder mit Paris und ihren Freundinnen aus der Welt des Theaters angeknüpft. Man konnte dem tapferen Mädchen, das ihr ganzes Glück auf eine Karte gesetzt hatte, nichts abschlagen. An Jeanne Léry wandte sich Chanel, damit sie bei Gabrielle Dorziat ein gutes Wort für sie einlegte. Was hatte sie vor? Sie wollte die Hüte für das Stück machen, das Gabrielle Dorziat im Vaudeville probte. Sie mußte diese Gelegenheit nutzen. Gabrielle Dorziat spielte die Hauptrolle (die der Madeleine Forestier) in einer Bearbeitung des *Bel-Ami* von Maupassant. Sie sollte von einem der berühmtesten Modeschöpfer der Rue de la Paix, Doucet, angezogen werden. Aber wer würde die Hüte machen? Die Dorziat ließ sich überreden. Ihre Hüte waren Kreationen von Chanel. Die beiden Strohhüte, die

Chanel für sie anfertigte, ohne Federschmuck oder irgendwelches Beiwerk, ergänzten die Roben der Schauspielerin aufs beste.

Das war der Anfang von Gabrielle Chanels Arbeit für das Theater. Ein Anfang, der viel Beachtung fand. Es begann damit für die Mode eine neue Epoche, die mit ihrer Schlichtheit schon das Ende der opulenten »Belle Epoque« andeutete.

Deauville oder Das verpaßte Fest

Der Frühling 1913 war chaotisch gewesen.

Im Mai hatte *le Sacre du Printemps* fast ein Erdbeben ausgelöst, von dem sich die Gesellschaft nur schlecht erholte. Mehrere Personen hatten sich durch Florent Schmitts[17] Apostrophe »Silence, les putes du seizième!« (Ruhe, Ihr Nutten aus dem Sechzehnten!) direkt angesprochen gefühlt.

Man bewunderte, daß die einflußreiche Madame Muhlfeld, deren Salon alles anzog, was auf dem Gebiet der Kritik eine Rolle spielte, ungerührt der Beleidigung, sich schüttelte vor Lachen, so daß alle andern es ihr gleichtaten.

Der Besuch des *Sacre* war für alle das wichtigste Vorhaben in den letzten Wochen gewesen. Diese Schwärmerei erklärte sich durch die Anziehungskraft, die ein neues Theater, das Théâtre des Champs-Elysées, ausübte, und auch durch die Tatsache, daß der Choreograph kein anderer als Nijinski war, der überdies eine Schülerin von Jacques Dalcroze zur Mitarbeit herangezogen hatte: Marie Rambert. Würde man die Anerkennung der »erdnahen« Schule miterleben? Zweifellos, denn Diaghilew kam gerade von einer Pilgerfahrt nach Dresden zurück.

An jenem Premierenabend war alles, was in Paris Rang und Namen hatte, ins Theater gegangen mit der Erwartung, die Russen bei ihren eleganten Gymnastikübungen zu sehen, da ihr Ballett größtenteils aus graziösen Posen und schüchternen Improvisation bestand. Doch diese Illusion sollte durch das Höllenspektakel, das auf der Bühne entfesselt wurde, grausam zerstört werden.

Eine Provinzlerin wohnte fassungslos diesem Tumult bei: Gabrielle Chanel. Sie verdankte dieses Privileg Caryathis, die selbst von ihrem reichen deutschen Liebhaber von Reklinghausen eingeladen war, jedoch ihren armen französischen Liebhaber, Charles Dullin, von dieser günstigen Gelegenheit profitieren lassen wollte. Sie sah sich genötigt, Gabrielle dazuzubitten, um Dullins Empfindlichkeit zu schonen: er ertrug den Gedanken eines Dreiecksverhältnisses nicht.

Das zufällige Zusammentreffen von Dullin und Chanel sollte später seine Früchte tragen.

Man kann sich vorstellen, wie sprachlos Gabrielle dem Aufruhr gegenüberstand. Was war der Radau in einem Tingeltangel der Provinz, verglichen mit den Paroxysmen der Hauptstadt! Nie hätte sie gedacht, daß die turban- und federgeschmückten Damen, die in Seide gepackten reichen Kundinnen der Messieurs Doucet und Poiret, einen solchen Skandal mitmachen könnten.

Die Mode wurde unsicher.

Ein paar junge Schönheiten, die auf den *Scheherezaden-Stil* verzichteten, kündeten das Ende des Turbans und damit das Ende Poirets an. Wenn man *Comoedia* glaubt, so kam das Kämmchen (»das Zubehör der weichen Wellen«) in Mode: »Bei den prunkvollen Galas, anläßlich der Aufführungen der *Ballets russes*, war Mlle Gabrielle Dorziat, die ein wenig der moderne *arbiter elegantiae* ist, eine der ersten, die diese neue Mode mitmachen. Man sieht nur noch Nacken, die blondes oder marmoriertes Schildpatt ziert.« Ganz in Weiß, mit einer ellenlangen Straußenboa um die Schultern und einer Haarkaskade wie eine Schaumwelle im Nacken, so thronte die Dorziat, Gabrielles Busenfreundin bei den Ausritten in Royallieu, im Parterre.

Sie war ein Star geworden.

Aber was sollte man von der Frisur von Caryathis halten? Vor einiger Zeit hatte sie aus einer Laune heraus ihr üppiges Haar abgeschnitten, es mit einem Seidenband umwickelt und, an einem Nagel aufgehängt, bei einem Mann zurückgelassen, den sie nicht hatte entflammen können. Sie erschien also wie eine Jeanne d'Arc, mit einer Haarsträhne vorne über der Stirn. Ein Anblick, der die Blicke fast ebenso beleidigte wie die nach innen gekehrten Füße, die kruden Posen und kollektiven Trancen von Diaghilews Russen, die den barbarischen Dissonanzen der Partitur Strawinskys gehorchten.

Es besteht kein Zweifel, daß dieser Abend Gabrielle auf die Idee brachte, sich das Haar abzuschneiden – was sie jedoch erst drei Jahre später nach reiflicher Überlegung tat. Aber um 1925 erfand sie, die mit Recht als diejenige galt, die den Frauen diese revolutionäre Haarmode gebracht hatte, ein Geschichtchen, das sie in der Folge oft erzählte und das zahllose Journalisten getreulich wiedergegeben haben, nämlich den Vorfall mit dem Gaskocher, der explodierte und ihr das Haar gerade in dem Moment verbrannte, als sie sich für eine Gala zurechtmachte, dann der rettende Griff zur

Schere, die geopferten Haare und die Erfindung der Frisur, die all ihre Zeitgenossinnen nachahmen sollten. Es folgte ihre Ankunft in der Opéra, die auf das Galapublikum wie eine Sensation wirkte. Glauben wir ihr die Sensation, aber nicht das übrige. Es ist wahrscheinlicher, daß es nicht ein Unfall, sondern eine wohlüberlegte Handlung, ein gut durchdachter Plan war, würdig der Frau, die sie inzwischen geworden war.

Der Abend mit Caryathis war für Gabrielle der Auftakt für ihre Bekanntschaft mit einem gewissen Paris. Würden die Kontakte sich weiterentwickeln?

Leider sah es für den Sommer schlecht aus. Die Presse wurde zum Echo der immer mehr um sich greifenden Angst vor einem unausweichlichen »Konflikt«.

Wider jede Logik verhielt sich die Pariser Hautevolée, die eine geplante Einkommensteuer unendlich viel mehr beunruhigte als die Gefahr eines Krieges, in diesem Sommer wie der Vogel Strauß in der Wüste. Sie ging nach Deauville und vergrub sich im Sand. Und Gabrielle mit ihr. Diese Haltung war nichts Neues, denn das Land hatte sie sich schon zur Gewohnheit gemacht: es war das zweite Mal in weniger als fünfzig Jahren, daß man vor den Gefahren, die sich immer im Sommer bemerkbar machten, nach Deauville floh.

Schon am 15. Juli 1870 hatte der damalige Außenminister, der Duc de Gramont, der vor der Kammer Frankreichs Kriegserklärung an Deutschland verlesen mußte, sich genötigt gesehen, »in Paris zu bleiben«. Wenn man den Memoiren seiner Enkelin glaubt, so befand sich die vornehme Welt in Deauville. Daran läßt sich ermessen, in welch fataler Situation sich ihr vorzüglicher Vorfahr befand. Es war Krieg. Aber ebenso deprimierend war die Tatsache, daß der Duc de Gramont in jenem Sommer auf seinen Monat August in Deauville verzichten mußte.

Im Jahre 1913 hatte der große kaiserliche Adler seine Schwingen entfaltet, aber in den normannischen Badeorten hatte sich ebensowenig geändert wie im Verhalten der Leute. Große Hotels mit Fassaden aus rustikalem normannischem Fachwerk, das mit allen möglichen Raffinessen der Zeit herausgeputzt wurde, reiche Villen, die Landhaus, Schloß und Schweizer Chalet zugleich sein wollten, zogen weiterhin die Repräsentanten der reinsten Pariser Frivolität an. Die Ferienstimmung erlaubte gewisse Freiheiten. Doch mußte man mit Maßen davon Gebrauch machen und durfte sich nur zu gewissen Stunden und an gewissen Orten zeigen, wenn man sicher sein wollte, nur Leuten aus seiner eigenen Welt zu begegnen. Denn neben diesem mondänen Publikum trieben Illegitime und Theatersternchen ihr Unwesen, kurzum jene Frauen, die man auf keinen Fall grüßen durfte und die hier freier und infolgedessen gefährlicher waren als in Paris.

Für den Morgenspaziergang kam nur die Mole in Frage. Wer badete, wurde scheel angesehen. Ein paar Abenteuerlustige – unter ihnen Chanel – wagten es trotzdem. Entrüstet verfolgte man ihr Treiben durch die Stielbrille. Das Meer war zum Anschauen da, aber nicht zum Baden. Den Strand überließ man den Dienstmädchen und Kinderfrauen mit ihren Zöglingen, die dort ihre Sandkuchen backen durften.

In der Mode machte sich, wenn auch erst schüchtern, ein neuer Trend bemerkbar. Daß im Faubourg etwas los sei, meinten angstvoll die reichen Witwen in bezug auf die Comtesse de Chabrillan, die ihren Rebellionsgeist durch drei aufsehenerregende Taten zum Ausdruck brachte: sie hatte ihren Schmuck neu fassen lassen, ihr Haus neu dekoriert und begann, zum großen Entsetzen ihrer Mutter, Mme de Lévis-Mirepoix, Seidenstrümpfe zu tragen.

Zwei Engländerinnen, die an einem windigen Tag in Berets auftauchten, hatten unterschiedliche Reaktionen ausgelöst. »Eine Kopfbedeckung, die der Frau etwas Freies, Ländliches, etwas von einem Kunststudenten gibt«, vermerkte die Berichterstatterin vom Dienst in ihrem Wochenbericht. Die Konkurrenzzeitung fand hingegen, daß man solche exzentrischen Einfälle den *misses* überlassen sollte. Die Ehegemahlinnen der Schloßherren und vornehmen Pariser Sommerfrischler konnte diese Polemik nur wenig interessieren, denn sie hätten sich gehütet, sich an einem windigen Tag nach draußen zu wagen, da sie nur in ihrem Garten *footing* machten und sich sowieso vor derartigen Ungereimtheiten durch ihren Lebensstil geschützt fühlten.

Sie verbrachten lange Nachmittage mit Besuchen auf den Gütern der Umgebung, trafen sich zu Tees im Polo-Club oder bei Pferderennen, zu denen sie ganz in weißem Linon erschienen – jenen Kleidern mit Federstickereien und Einsätzen aus Valenciennesspitze, die der Alptraum der Kammerfrauen waren. Die Mode verlangte auch, daß man spitze Schuhe mit vier Riemchen trug, die sich nur mühsam mit einem Schuhknöpfer schließen ließen, ferner eine übers Mieder fallende dreifache Perlenkette, einen Sonnenschirm, und schließlich war jede Dame darauf bedacht, einen Hut aus englischer Spitze zu besitzen, der mit allem, was es an Straußenfedern und Musselin-Rosen gab, beladen sein mußte, um ihre Stellung zu wahren.

So war die Mode in diesem Jahr 1913, als Gabrielle Chanel, von

Arthur Capel ermutigt und finanziell unterstützt, im Zentrum von Deauville einen Laden aufmachte. Es war in der Rue Gontaut-Biron, der elegantesten Straße des Ortes, die das Luxushotel *Normandy* vom Casino trennt, wo hoch gespielt wird. Gabrielle stellte zwei einfache Mädchen ein, die noch nicht sechzehn waren und kaum nähen konnten. Aber was machte das schon ... Für den Anfang reichte es. Dann ließ sie, weil ihr Laden auf der richtigen Straßenseite – »auf der Sonnenseite« – lag, eine große weiße Markise anbringen, auf der zum ersten Mal in schwarzen Lettern ihr Name stand.

Man kann sich denken, welchen Effekt sie erzielte, wenn sie im männlich geschnittenen Kostüm und in bequemen Schuhen mit runden Kappen durch die Stadt ging, zu Fuß ebenso verwirrend wie seinerzeit zu Pferde, da sie auf keinen ihrer verrückten Einfälle, von denen ihr die Mode-Kenner so sehr abgeraten hatten, verzichten wollte. Sie erschien im Polo-Club mit offenem Kragen und einem komischen Hut auf dem Kopf, einer Art plattgedrückter Melone, einem Panama ihrer Erfindung. Schließlich, und das war die Höhe, bekannte sie sich völlig ungeniert zu einem Liebesverhältnis, ohne deshalb auf die Anwesenheit einer ganzen Schar von Verehrern zu verzichten. Léon de Laborde, Miguel de Yturbe und sogar Etienne Balsan lösten einander an ihrer Seite ab, sooft Arthur Capel durch seine Arbeit von Deauville ferngehalten wurde.

Boy war eine Art Star. Er führte seine Geschäfte wie ein Mann, der viel zu tun hat und den die sakrosankten Prinzipien bürgerlicher Vorsicht nicht kümmerten. Er brauchte nicht auf irgendwelche Empfindlichkeiten unter den Mitgliedern eines familiären Verwaltungsrats Rücksicht zu nehmen. Er war sein eigener Herr und verließ sich nur auf seinen Spürsinn. Instinktmäßig zog es Arthur Capel zu den Brennpunkten. Seine Flotte von Kohlentransportern wurde immer größer.

Obwohl in Marokko alles mögliche passierte, fühlte sich Boy zu diesem Zankapfel, diesem »Wespennest«, wie Jaurès es nannte, hingezogen. Ein anderer hätte gezögert. Er nicht. Die kolonialen Eroberungen, das fühlte er, würden ihm neue Märkte erschließen. Lyauteys Truppen waren noch kein Jahr in Fez, als Boy Capel dort bereits investierte und davon sprach, Casablanca zum Einfuhrhafen von englischer Kohle für ganz Nordafrika zu machen.

Bankiers verschiedener Nationalitäten, seien es Baron d'Erlanger oder de Rothschild, Männer der Regierung, Politiker, Financiers, über deren Aktivitäten niemand Genaues wußte, Journalisten, die nur darauf warteten, daß durch den wachsenden Einfluß der Geschäftsmilieus neue Skandale ausbrächen, Pressemagnaten wie Edwards, Hebrard oder Bailby, interessante Ehepaare der Gesellschaft, internationale Schönheiten in Begleitung von Ehemännern mit fragwürdigen Titeln und Sitten, wie die beunruhigende Olga de Meyer, die angeblich die Tochter des Königs von England war, und ihr Ehemann, ein Baron, der als Pionier in der Modefotografie galt – das waren die Leute, mit denen Arthur Capel und Gabrielle hinfort verkehrten.

Die englischen Häuser waren die ersten, deren Schwelle die beiden überschritten. Die Lords, die zur Sommerfrische in der Normandie weilten, waren weniger strikt als ihre französischen Homologen und kümmerten sich kaum um die Vergangenheit der hübschen Person, in die Capel verliebt war. Die Tatsache allein genügte ihrer Meinung nach, um sie zusammen zu empfangen.

Das sollte Gabrielle nie vergessen.

Die leidenschaftliche Sympathie, die sie ihr ganzes Leben allem, was britisch war, entgegenbrachte, die Überlegenheit, die England für sie in jeder Hinsicht zu haben schien, rührte allein daher.

Das Paar Arthur Capel und Gabrielle erregte auch die Phantasie von Sem.

Seit mindestens drei Jahren hatte der berühmte Karikaturist sich neue Jagdgefilde gesucht. Bis dahin hatte er eine Vorliebe für Paris gezeigt, besonders für die Allee des Acacias, wo er sich jeden Morgen ab 10 Uhr mit seinem Freund Boldini aufstellte. Sem sah aus wie ein Jockey und erschien in der Öffentlichkeit stets in vollendeter Eleganz. Boldini war ebenso breit wie groß. Er hatte einen riesigen Kopf, auf dem ein winziger Hut nie recht Halt fand. Die beiden Gesellen, die so auf der Lauer standen, blieben nicht unbemerkt. Aber diese Phase in Sems Leben war nun vorbei. Jetzt erprobte er seine Ironie in Deauville.

Der erbarmungslose Zeichner, den all jene fürchteten, die gern auf diese Art von Konsekration verzichteten (während andere ihn gern dafür bezahlt hätten, daß er sie bemerkte), dieser Sem stellte den schönen Boy als einen Zentaur, mit Polomütze auf dem Kopf, dar, der im Galopp eine Frau entführte, die man unter Tausenden erkannt hätte: Gabrielle. Oben an einem Poloschläger, den er wie eine Lanze hielt, schaukelte eine Federkappe. Die Anspielung war klar, aber damit sie noch klarer wurde und niemand übersah, daß der Zentaur nicht nur der Liebhaber, sondern auch der Kommanditär war, hatte Boy außer seiner Beute eine Hutschachtel in der Hand, auf der nur das eine Wort stand: Coco. Für ganz Deauville gab es keinen Zweifel mehr. Eine bessere Reklame konnte man sich nicht denken: Gabrielle begann, in den Augen der Welt *jemand* zu sein. Wenn man hinzufügt, daß Sem ihr eine anhaltende Freundschaft entgegenbrachte und daß man den kleinen Mann mit dem Seidenäffchengesicht und dem spitzbübischen Blick oft an ihrer Seite sah, und daß sie schließlich auch einem so unbestechlichen, genialen Menschen wie Dullin freundschaftlich verbunden blieb, so muß man zugeben, daß die Hutmacherin aus der Rue Gontaut-Biron einen höchst ungewöhnlichen Bekanntenkreis hatte.

Gabrielle, die ganz mit ihrem Erfolg beschäftigt war, denn ihr Laden war immer voll (und wieder einmal mußte sie ihre Schwester zu Hilfe rufen), Gabrielle merkte wohl gar nicht, was in Paris vorging. Man schrieb Boy andere Eroberungen, andere Verhältnisse zu, mit Ausländerinnen, wirklichen Damen mit klingenden Namen, alle möglichen Abenteuer, die in atemberaubendem Rhythmus aufeinander folgten. Konnte Gabrielle glauben, daß nur berufliche Verpflichtungen der Grund für so häufige Abwesenheit waren?

Sie hatte keine Ahnung von dem, was sich vorbereitete, und sie hätte die Gerüchte bestimmt als unsinnig abgetan, wenn sie ihr zu Ohren gekommen wären. Und doch war sie verloren. Aber sie wußte es nicht. Es kam allzuviel zusammen, als daß sie Verdacht geschöpft hätte – Trauriges, Lustiges und Verrücktes.

Da war der Tod ihrer älteren Schwester Julia, die kein Glück gehabt hatte. Das Schicksal des unbekannten Neffen, der in seiner fernen Provinz sich selbst überlassen war, rührte Capel ebensosehr wie Gabrielle. Sie übernahmen das Waisenkind und schickten es nach Beaumont in das englische College, in dem Boy erzogen worden war. Was wäre ohne ihre Hilfe aus ihm geworden? Es ist mehr als wahrscheinlich, daß er wie seine Onkel, wie Lucien und Alphonse Chanel, der Fürsorge anheimgefallen wäre. Nur die junge Bertha Capel, die den Kopf immer voller verrückter Ideen hatte, wollte nicht glauben, daß der kleine Junge nicht Gabrielles Kind war. Ein paar Jahre später verhalf Bertha durch versteckte Andeutungen und halbe Vertraulichkeiten der hartnäckigen Legende, er sei Boys Sohn oder Gabrielles falscher Neffe, wieder zu neuem Leben.

Da war ferner die Ankunft Adriennes, die noch schöner und noch verliebter war denn je. Sie kam in die Boutique, lieh sich Hüte aus, kaufte andere, wechselte sie jeden Tag und machte durch ihr Erscheinen soviel von sich reden, daß Gabrielles Kundschaft sich verdoppelte. Chanel, die, ohne es zu wissen, die Nützlichkeit von Mannequins entdeckt hatte, warb sofort Antoinette an. Arm in Arm wurden die beiden Schönen zur Promenadenzeit auf die Mole geschickt. Sie kehrten triumphierend zurück: alle hatten sie mit den Blicken verschlungen. Dann zogen sich die drei endlich wieder vereinten Zöglinge der Stiftsdamen von St. Augustin in das Hinterstübchen, den sogenannten »Beichtstuhl«, zurück und amüsierten sich nach Herzenslust. Wer hätte zu der Zeit von Varennes oder Moulins vorhersehen können, welche Richtung ihr Leben einmal nehmen würde? Manchmal gesellte sich am Ende des Tages auch Maud Mazuel zu ihnen. Denn sie erschien immer noch an Adriennes Seite, wenn auch in einer neuen Rolle. Sie war nicht mehr die Anstandsdame, die Adrienne von ihren guten Beziehungen profitieren ließ, ganz im Gegenteil: es war Adrienne, die nun einen festen Verlobten mit unerschütterlichen Absichten hatte, welche ihre Freundin Maud im Schlepptau mitzog. Man hoffte, durch ein paar Reisen einen Ehemann für die gute Maud zu finden.

Diejenige, die sich am meisten mit Fragen herumquälte, war immer Gabrielle. Sie hatte geglaubt, daß mit Capel das Leben etwas anderes wäre. Nun aber merkte sie, daß er in vieler Hinsicht in seinem eigenen Milieu gefangen blieb, was um so sonderbarer war, als er auf vielen Gebieten außergewöhnlich freie Ansichten vertrat.

Boy hatte nämlich auch mit der Gesellschaft »abzurechnen«. Die geheime Wunde des unbekannten Vaters quälte ihn. In einem Frankreich, in dem sich mit unerhörter Heftigkeit ein immer größerer Antisemitismus und Chauvinismus ausbreiteten, fehlte es nicht an Beispielen von Persönlichkeiten, die dadurch zu Fall gebracht worden waren, daß man unter anderen Makeln den einer ungewissen Herkunft an ihnen entdeckte. Arthur Capels Überzeugung – überraschend bei einem Mann seines Formats – und seine Gewißheit, daß er, um den Tücken hartnäckiger Feinde zu entgehen und sie zu dominieren, sich zunächst mit einem großen Namen verbinden müsse, kann man nur verstehen, wenn man die politischen Zusammenhänge jener Zeit kennt.

Dies war aber nicht die einzige Veränderung, die sich bei Boy bemerkbar machte. Er fing an, überraschend viel Gefallen an der Macht zu finden. War es Arrivismus? Man sah ihn in seltsamer Gesellschaft. Was suchte er in der Nähe von Clemenceau? Der frühere Ministerpräsident war kein Mann, der sich leicht beeindrucken ließ. Also? Wie erklärte sich das Interesse, das er dem Liebhaber von Chanel entgegenbrachte?

Es war da etwas, was man unter *clubmen* nur schwer duldete.

Clemenceau war seinerzeit in den Augen der Rechten eine ziemlich fragwürdige Figur. Hatte er nicht aus der Tageszeitung, die er leitete, eine Art Kriegsmaschine gemacht, die mit roten Kugeln auf den ehrbaren M. Poincaré zielte? Warum mischte Clemenceau sich da ein? Mußte der Staatschef ihn um Erlaubnis bitten, zum offiziellen Besuch nach St. Petersburg reisen zu dürfen? Für eine alternde Gesellschaft, die nur an Konventionen glaubte, war Clemenceau mit allen Übeln belastet. Das Schlimmste war, daß er weder an die Stärke des Zaren glaubte noch an die Souveränität des Papstes. Zweifel am Zaren, Zweifel am Papst? Und mit solch einem Mann verkehrte Arthur Capel, mit einem Konfessionslosen in flatternden Anzügen, der es gewagt hatte, den apostolischen Nuntius auszuweisen?

Clemenceau mit seinem Hut und den gewirkten Handschuhen, wie sie ein paar Bauern und Hausangestellte am Sonntag trugen, reizte zu ironischen Bemerkungen. Barrès, der wenigstens ein *gentleman* war, täuschte sich nicht, als er schrieb: »Clemenceau ist einer jener Kutscher, von denen es nur allzuviele gibt...« Das traf den Nagel auf den Kopf: ein Kutscher. Der schöne Boy hatte sich mit einem Mann eingelassen, der nie seine Handschuhe auszog, einem Bauern, der beim Frühstück scheußliche Pantoffeln und eine karierte Mütze auf dem Kopf trug und in dieser Aufmachung irgendein gräßliches Gebräu zusammenrührte, eine dicke Brühe, die nach Zwiebeln stank. War das ein Freund, der eines jungen Reeders, eines Industriefürsten würdig war? Und warum bei Clemenceau etwas dulden, was bei anderen als sittenwidrig angeprangert worden wäre? Konnte man vergessen, daß er für einen Hirten aus dem Var, der ihn als Spion bezeichnete und als englandhörigen Verräter beschimpfte, keine bessere Antwort gefunden hatte, als seine Hose aufzuknöpfen und, eine weitere Flegelei, auszurufen: »Was wollen Sie, mein Freund, die Königin von England ist wild auf dieses Prunkstück. Sie will kein anderes.« Konnte man das hinnehmen? Und es war Arthur Capel, ein Engländer, und obendrein noch katholisch, der diesen ungehobelten Burschen genial fand? Es hatte fast etwas Obszönes, etwas, das man sich nicht erklären konnte.

Die Bedenken, die er hervorrief, hatten auf Arthur Capel nur die Wirkung, ihn in seinen Überzeugungen zu bestärken. Wie Clemenceau, und vielleicht von ihm beeinflußt, glaubte er nicht mehr, daß der Frieden zu retten sei. Der gefürchtete Stichtag rückte heran, und man würde sehen, was von Boys Kohlenbergwerken in Newcastle, von Boys Schiffen und seinen Geschäftskenntnissen zu erwarten war. Würde Kohle nicht ausschlaggebend für alles andere sein? Da er unanfechtbar werden wollte, dachte er mehr denn je daran, sich seinen Platz in der Gesellschaft zu sichern.

Gern hätte er Gabrielle als seine einzige Vertraute gehabt. Immer kehrte er zu ihr zurück. Hätte er darin nicht den Beweis dafür sehen sollen, daß er nur sie liebte? Er beachtete es nicht und erkannte seinen Irrtum erst, als es zu spät ... als er verheiratet war.

Was Gabrielle betrifft, so war es mit ihren Illusionen vorbei: er würde sie nicht heiraten. Die große Liebe, von der sie geträumt hatte, drohte ein Ende zu nehmen. Sollte sie brechen? Boy verlieren? Das kam nicht in Frage. Ihr blieb nichts anderes übrig, als das Unerträgliche zu ertragen, sich mit einer unvollkommenen Liebe zu begnügen und wieder einmal damit abzufinden, eine Rolle »am Rande« zu spielen wie eh und je.

Ab 1913 machte Chanel sich keine Hoffnungen mehr. Sie ließ es sich zwar nicht anmerken, aber sie begann die ersten Anzeichen einer Verbitterung zu zeigen, die sie auf die Dauer ganz erfüllen sollte.

Aus Revanche kannte sie hinfort nur noch das eine Ziel, ihre Unabhängigkeit zu festigen. Sie wollte frei sein, frei von allem, von der Gesellschaft, den Männern, der Liebe. Dieses Gefühl gab ihrem Leben einen neuen Sinn. Denn um dieses Ziel zu erreichen, verfügte sie nur über ihre Arbeit. Es gab daher für sie hinfort nur noch das. Sie ging mit einer Verbissenheit und der ganzen überschüssigen Kraft zu Werke, die durch das Scheitern ihrer Liebe frei geworden war.

Das Seltsame ist, daß es ihr gelungen war, in einer Gesellschaft, die für Geldverdienen wenig Verständnis hatte, zwar nicht ihr Glück zu finden, aber doch einen Menschen, der ebenso wie sie darauf aus war, zu arbeiten und Erfolg zu haben. Vielleicht war es das, was sie beide eng miteinander verband. Welche Hindernisse sich ihnen auch in den Weg stellten – zunächst der Krieg, dann Boys Hochzeit –, nie gaben sie einander auf, und nie wurden sie müde, die Grundlagen des Chanel-Reiches zu schaffen.

Es war ein schöner Monat, jener Juni im Jahre 1914. Nie hatte die Saison in Deauville unter besseren Vorzeichen gestanden. Ein Zustrom sondergleichen für jene Zeit. Die Engländer, die Kinder, die Sportler – alle waren da, und alle Villen waren offen und den Scharen von Bediensteten ausgeliefert, die darüber wachten, daß Gärten, Öfen und Salons in Ordnung waren, als in Bosnien-Herzegowina ein Revolverschuß fiel, der bis nach Paris zu hören war.

Jedoch nicht bis nach Deauville, wo er kaum Beachtung fand.

Gabrielle Chanel hatte ihre Kundschaft um beachtliche Namen vergrößert. Ihr Erfolg ließ ihr keine Atempause. Sie verdankte ihn einer Rothschild. Diese Dame, die in schändlicher Weise beleidigt worden war, tat alles, um Chanel zu fördern, da sie geschworen hatte, Paul Poirets Untergang herbeizuführen. Er hatte gewagt, sie aus seinen Salons zu vertreiben, und das in Anwesenheit vieler Kundinnen.

Allgemein gesprochen, schien der Zorn des »Sultans« der Haute Couture durchaus gerechtfertigt.

Diese Rothschild stand in dem Ruf, auf elegante Kleider und Verehrer gleichermaßen versessen zu sein. Tatsächlich kaufte niemand so viel Garderobe, und niemand leistete sich einen solchen Schwarm von Liebhabern. Die jungen Leute hatten unter anderen Besonderheiten die Gewohnheit, noch lange, nachdem sie aus ihrem Bett vertrieben worden waren, in ihrem Haus zu verkehren. So bildete sich eine ständige Eskorte. Diese Baronin hatte unter dem Vorwand einer plötzlichen Erkrankung Poiret, dessen beste Kundin sie war, darum gebeten, ihr seine Kollektion ins Haus zu schicken, und sie hatte auch darauf gedrungen, daß die Kleider von den schönsten Mannequins vorgeführt würden, die sie dann unter Bedingungen bei sich defilieren ließ, die den Vorführenden empörend erschienen. Die Baronin thronte mit aufgelösten Haaren, in einem orangeroten *tea-gown* mit vielen Rüschen, auf einer Chaiselongue inmitten eines Kreises von allzu ausgelassenen Gigolos, die den Kleidern keinerlei Beachtung schenkten, aber den Mannequins um so mehr. Poiret, der seine Angestellten wie wütende Furien zurückkehren sah, schwor, sich zu rächen.

Diese beispielhafte Rache kam Gabrielle Chanel zugute.

Da der Baronin der Zutritt bei Poiret verboten war, beeilte sie sich, ihre glanzvollsten Freundinnen, die Hauptfiguren des Deauviller Turfs, zu Chanel zu bringen, das heißt ausgerechnet jene Damen, denen Gabrielle zu Balsans Zeiten hatte aus dem Weg gehen müssen: die Marquise de Chaponay, die Comtesse de Pracomtal, die Princesse de Faucigny-Lusinge ... Eine Demoiselle de Saint-Sauveur ließ sich nur noch von Chanel einkleiden. Dieses recht hübsche Mädchen wurde dadurch zu einer Schönheit. Ein paar Jahre später verliebte sich Léon de Laborde, der allsonntägliche Gast von Royallieu, ein Kumpan von Gabrielle und ihr glühendster Verehrer, in diese Person, die er vorher nie beachtet hatte, und heiratete sie. Dieser Entschluß konnte bei Chanel nur bittere Gedanken wachrufen. Eine recht schmerzhafte Situation.

Eines Tages machte die Baronne de Rothschild Gabrielle mit Cécile Sorel bekannt, die nicht nur ihre luxuriösen Toiletten auf offener Bühne beklatschen ließ, sondern bereits so prunkvolle Empfänge gab, daß Rolls-, Panhard- und Levassor-Limousinen an solchen Tagen vor ihrem Haus am Quai Voltaire Verkehrsstauungen hervorriefen. Diese Begegnung war nicht unwichtig, denn wenn die

Damen der besseren Gesellschaft in Gabrielle nur eine talentierte junge Putzmacherin sahen, so erkannte Cécile Sorel mit scharfem Blick in ihr eine Persönlichkeit. Sie bestellte bei ihr Hüte, aber Gabrielle mußte ihr auch versprechen, sie bei ihrer Rückkehr in Paris zu besuchen.

Bei Cécile Sorel sollte Gabrielle drei Jahre später die einzige Frau kennenlernen, deren Souveränität ihr imponieren konnte: Misia Sert.

Es kam der Monat Juli mit einer bleiernen Hitze. Gabrielle fand, daß die Stunde für etwas Neues gekommen sei.

Es war durchaus möglich, daß, begünstigt durch einen heißen Sommer, über dem so viele Gefahren lauerten, die Frauen bereit wären, lockerere, ungezwungenere Kleidung zu tragen. Da verwirklichte Chanel einen Plan, den sie schon lange im Kopf gehabt hatte. Sie beschaffte sich zwei Stoffe, die typisch für die englische Garderobe waren: sie übernahm von Boy den Jersey seiner Polohemden und den Flanell seiner Blazer. Diese Geste sollte sie in der Folge oft wiederholen, denn immer kramte sie in den Schränken ihrer Liebhaber herum auf der Suche nach neuen Ideen.

So entstand ein erstes Modell, das durch seinen Schnitt an eine Matrosenbluse, und durch seinen Stoff an die Pullover der Stallburschen erinnerte. Es war locker geschnitten und verlangte kein Korsett. Der Körper war nur angedeutet.

Nun stand aber eine Mode, der es allein auf die Betonung der weiblichen Attribute – manchmal bis zur Karikatur – ankam, im Gegensatz zum Trend der Zeit. Gabrielle wagte den Schritt. Sie war überzeugt, daß sie durch die Betonung des Natürlichen der Weiblichkeit nicht schadete, im Gegenteil. Die Aufnahme, die sie fand, bestätigte ihr, daß sie recht hatte.

So errang sie ihren ersten Erfolg als Modeschöpferin. Aber fast zur gleichen Zeit erfolgte die allgemeine Mobilmachung. Krieg? Niemand in Deauville glaubte daran. Und doch war die Zeit eines gewissen Wohlstandes vorbei. Der Zwang, seinen Reichtum zur Schau zu stellen, das zur Pflicht gewordene Sich-Amüsieren, die Sitten und Moden der französischen Oberschicht – das alles sollte zugrunde gehen. Was sich in Wirklichkeit, mit vierzehn Jahren Verspätung, anbahnte, war die Agonie des unverwüstlichen 19. Jahrhunderts. Aber auch das kümmerte in Deauville niemand.

Die Aristokratie ging heiter zu ihrem Rendezvous mit dem Tod, so als ginge sie zu einer allzu lange vernachlässigten Mätresse. Der Krieg … Der Krieg, wenn es wirklich dazu kommen sollte, hatte einen Sinn. Das wußte jeder. Durch Wiederherstellung der Grenzen von vor 1870 würde man zwei verlorene Provinzen für das Vaterland zurückgewinnen. Der Krieg? Ja, er kam. Wie konnte man noch länger daran zweifeln? Die feindlichen Armeen marschierten auf.

Innerhalb weniger Stunden zogen Brüder, Ehemänner und Dienstboten auf und davon. »Der gleiche Handschlag für alle, keine Tränen, kein Kuß.«[18] Die Damen sanken auf ihre kretonne-bezogenen Kanapees, während die deutschen Kammerfrauen in ihren Mansarden hastig, mit einem »Jesus! Maria!« auf den Lippen, das Litho von der Wand nahmen, das einen Kaiser glorifizierte, einen Herrscher mit starrem Blick und zusammengepreßten Kiefern, der schon Sklave seiner Person war.

Am 31. Juli wieder ein Revolverschuß, der ebenfalls verhallte, aber diesmal im allgemeinen Tumult der Abreisen. Jaurès war ermordet worden. Die Stimme des bärtigen Mannes mit Melone, der den Franzosen zugerufen hatte: »Wollen wir ein Volk des Krieges oder ein Volk des Friedens sein?« war verstummt, und junge Leute stürmten zur Gare de l'Est und sangen »Vive la tombe! La mort n'est rien.« (Es lebe das Grab! Der Tod ist nichts.)

Die Führer der Opposition gaben den Beisetzungsfeierlichkeiten die Form einer großen Volksversammlung. Zum allgemeinen Erstaunen erschien sogar Clemenceau, der alte Freund von Boy Capel und der erklärte Feind von Jaurès, bei der Zeremonie. Er war immer noch der gleiche, derselbe harte Blick, dieselben grob gewirkten Handschuhe, streng gekleidet, die Krawatte wie ein Bindfaden wer weiß wie um den hohen Kragen geknotet, aber mit den Jahren doch etwas gelber und faltiger geworden. Clemenceau war dreiundsiebzig. Aber er besaß noch genug Großmut, um zu dieser Stunde, ungeachtet der Folgen, die seine Geste haben könnte, den Arbeitern zu beweisen, daß er ihrem Patriotismus vertraute. Der alte Parteigänger trat instinktmäßig hinter dem Staatsmann zurück.

Am nächsten Tag brachte im *l'Homme libre* ein Artikel mit Clemenceaus Unterschrift seine wilde Entschlossenheit zum Ausdruck: »Und jetzt zu den Waffen! ... Es gibt kein Kind auf unserer vaterländischen Erde, das nicht teilnehmen wird an der großen Schlacht ... Auch der Schwächste wird am Ruhm teilhaben ... Eine Nation ist eine Seele.«

Zwanzig Jahre später werden die Reden Churchills fast mit denselben Worten von dem gleichen kämpferischen Geist zeugen.

So hatte wieder einmal der Krieg Deauville geleert.

Die stolzen Villen in Hab-acht-Stellung gegenüber dem weiten Horizont überragten Promenaden, auf denen es immer leerer und stiller wurde. Keine hellen Kleider mehr, keine Schirmchen à la Potinière und keine Kinderfrauen mehr am Strand. Die Boutiquen hatten ihr festliches Aussehen verloren. Das *Royal* schloß seine Türen, und das *Normandy* schien dadurch, daß es offen blieb, außerhalb der Zeit zu stehen.

Mit Ausnahme von Mrs. Moore[19], einer eigensinnigen Amerikanerin, waren alle Ausländer abgereist. Die Automobile waren requiriert worden, der Benzinpreis war gestiegen, und die Pferde kamen wieder zu ihrem Recht. Die Ferien schienen so offensichtlich zum Scheitern verurteilt zu sein, daß auch Mrs. Moore sich fügte. Aber wohin? Nach Biarritz? Sie hatte den Ort in guter Erinnerung behalten. Dort war es ihr dank einem geschickten Schachzug gelungen, dem König von England vorgestellt zu werden. Der bestochene Chauffeur hatte Eduard VII. eine Panne vorgetäuscht, damit Mrs. Moore, die wie rein zufällig vorbeikam, Seiner Majestät ganz bescheiden ihren eigenen Wagen anbieten konnte.... Der König hatte geruht, das Angebot anzunehmen. Wie bezaubernd das gewesen war... Aber was war aus der baskischen Küste geworden? Es hieß, daß die Leute in Biarritz noch an den Riten der *Dîners en ville* festhielten. Mrs. Moore fuhr wieder dorthin. Viele Ausländerinnen, die sich in Frankreich niedergelassen hatten, taten es ihr gleich. Ein Exodus, der Gabrielle Chanel zu denken geben sollte.

Sie selbst rührte sich nicht vom Fleck.

Boy, der seinerseits mobilisiert worden war, hatte ihr geraten abzuwarten. »Warte. Mach nicht zu. Wir werden schon sehen.« Sie gehorchte. Sie wartete an diesem Strand, der, ohne daß sie wußte, warum, plötzlich von der weiten Welt abgeschnitten zu sein schien, von wo nur das immer lauter werdende Getöse der Kampfhandlungen herüberdröhnte.

Es gab noch einen anderen Ausländer, der Deauville verlassen hatte, einen Russen mit polnischem Namen. Er war stellungslos gewesen, und da er nicht genug Geld hatte, um Urlaub machen zu können, hatte er durch eine journalistische Tätigkeit versucht, das Nützliche mit dem Angenehmen zu verbinden. Er hatte von *Comoedia* den Auftrag, die sommerlichen Festlichkeiten der »Königin der Badestrände« zu verfolgen. So war er zum Berichterstatter der mondänen Welt geworden. Er! Das war wirklich nicht seriös! Aber wenn man nichts Besseres hat... Er war am 26. Juli nach Deauville gekommen und dort von der Mobilmachung überrascht worden, als er die Stammgäste des Grand Casino am Spieltisch beobachtete. In dem großen, von hellem elektrischem Licht erleuchteten Glaskasten hatten innerhalb weniger Sekunden mehrere Musikanten das

Podium verlassen, die Gäste erhoben sich, und die unsicheren Töne eines letzten Tangos starben ungewöhnlich langsam dahin.

Der Sonderberichterstatter der *Comoedia* hieß Wilhelm de Kostrowitzky. Er hätte sich Flugi d'Aspermont, wie sein italienischer Vater, nennen können, wenn dieser vornehme Mann ihn anerkannt hätte, was nicht der Fall war. Und unter dem Namen Guillaume Apollinaire zog dieser Ausländer für Frankreich in den Kampf und wurde ein Opfer des Krieges. Er hatte seiner Reportage den Titel *La fête manquée* gegeben und in bittersüßen Tönen geschildert, wie Deauville Abschied von seiner Vergangenheit nahm.

Die Reportage ist von einmaliger Qualität. So, zum Beispiel, wenn der Dichter schreibt, daß er am Morgen des 31. Juli 1914 »einen herrlichen Neger in einer Simarre von changierenden Farben sah ...«, der auf dem Fahrrad durch die Straßen von Deauville ans Meer fuhr und darin eintauchte, bis auch sein grüner Turban langsam unter der Wasserfläche verschwand. Aber abgesehen davon leistete Apollinaire sehr gewissenhafte Journalistenarbeit. Nichts entging ihm, weder die in ihren Snobismus versunkene Mrs. Moore, noch die bumerangförmige Nase von M. Henri Letellier. Er beobachtet und notiert, daß sich beim Tango nur wenige tangieren. Er gesteht: »Wir glauben nicht an den Krieg.« Er sieht alles, den entsetzten Blick der deutschen Dienstmädchen und die Leere in den Straßen. So auch dies: »Die Rue Gontaut-Biron bot jeden Tag zwischen zwölf und ein Uhr mittags den trostlosen Anblick einer Straße von Pompei ...« Dann fuhr der Dichter davon. Ein Auto nahm ihn mit, »das die immer weniger werdende Bevölkerung fürchterlich bespritzte«.

Es war die Zeit, in der seine kubistischen Freunde ihre Leinwand mit Buchstaben und Zeitungsausschnitten beklebten und auch Appollinaire ähnliche Experimente verübte – Einführung von Clichées in typografische Texte und erste Kalligramme – und deshalb seiner Funktion als Kunstkritiker des *Intransigeant* enthoben wurde. »Sie haben absichtlich nur eine Schule verteidigt, und zwar die fortschrittlichste, mit einer Einseitigkeit und Ausschließlichkeit, die nicht zu unserer unabhängigen Zeitung passen ...«, hatte ihm der Direktor in seinem Entlassungsbrief geschrieben.

Die Rückfahrt in dieser Nacht des Jahres 1914 inspirierte Apollinaire zu einem Gedicht, das er in Form eines kleinen Autos kalligraphierte: »Ich werde nie diese nächtliche Fahrt vergessen, auf der niemand von uns ein Wort sprach ...« Er fuhr nach Paris. Er verließ Deauville, dieses Pompei, wo Gabrielle Chanel sich an ihren Laden klammerte wie eine Schiffbrüchige an einen Rettungsring.

DIE FUNDAMENTE EINES IMPERIUMS

1914–1919

Wir gehörten zu jener Generation, die achtzehn war, als der Frühling des Jahres 1915 kam und als klar wurde, daß die Männer noch nicht so bald aus den Schützengräben herauskämen, zu jener Generation, die das unerhörte Glück hatte, seit – seit, ich weiß nicht, seit fünfzig Generationen von Achtzehnjährigen in Frankreich zum ersten Mal wieder Frauenfesseln auf der Straße zu sehen.

LOUIS ARAGON, HENRI MATISSE, ROMAN

Ein Geruch von Wundbrand

Gabrielles Tage verliefen immer eintöniger, bis durch die Schlacht von Charleroi am 23. August 1914 Boys Ratschlag, abzuwarten, eine dramatische Bedeutung bekam.

Deauville füllte sich von neuem.

Am 27. zogen die deutschen Truppen in Saint-Quentin ein; am 28. enthüllte ein tragisches Kommuniqué »Von der Somme bis zu den Vogesen...« das ganze Ausmaß der Invasion. In Deauville wurde das *Royal* rasch als Lazarett wiedereröffnet, während in die Villen und herrschaftlichen Häuser der Umgebung nicht etwa kleine Leute, sondern die Aristokraten von der Maas, aus den Ardennen und dem Departement Aisne einzogen, all jene, deren Besitzungen erobert oder bedroht waren und die daher in ihre Sommerresidenzen flüchteten.

»Wir werden euch in der Tat beweisen, daß wir Barbaren sind.« Das war die Proklamation, mit der von Kluck die Bevölkerung begrüßt hatte. Und da die schönsten Schlösser Frankreichs wie Kartenhäuser einstürzten – Tilleloy, das Juwel aus dem 15. Jahrhundert, das dem Comte d'Hinnisdal gehörte, abgebrannt, Anisay, im Besitz des Marquis d'Aramon, zerstört, Pinon, Eigentum der Princesse de Poix, dem Erdboden gleichgemacht –, wurde Deauville die aristokratische Stadt hinter der Front.

Die Damen, die dort eintrafen, hatten, wie sie sagten, »alles verloren«. Und das stimmte. Alles außer den Mitteln, sich eine neue Garderobe anfertigen zu lassen. Sie wandten sich an das einzige Geschäft, das noch offen war: die Boutique Chanel.

Gabrielle riet ihnen sogleich, das zu tragen, was sie selbst anhatte: einen geraden Rock, der bis auf den Boden reichte und kaum die Fußspitzen sehen ließ, eine Matrosenbluse mit einer Hemdbluse darunter, Schuhe mit Stiefelabsätzen und einen Hut ohne irgendwelchen Zierat, einen ganz schlichten Strohhut – das war ihre Kriegskluft. So konnte man zu Fuß gehen, weit ausschreiten, überall ungehindert hinlaufen, und mehr war nicht nötig. Die Chanel-Kluft setzte sich durch.

Dann trafen die ersten Verwundeten ein: Männer mit grünlichem Gesicht, die ausgestreckt auf dem Stroh der Waggons lagen. Von Charleroi bis Deauville war es weit. Ein schrecklicher Anblick … Das *Royal* begann nach Wundbrand zu riechen.

Da es noch zu früh in der Jahreszeit war, um in den Bahnhöfen Glühwein auszuschenken, boten die Damen ihre Dienste dem Stabsarzt an, der davon Gebrauch machte. Aber die Hilfsbeflissenen waren gar zu eifrig. Sie kamen und gingen und redeten viel zuviel. Sie bekamen Anweisung, in Weiß zu erscheinen. Wo Kittel, Schürzen und Häubchen hernehmen? In den Wäschekammern der Hotels fand man nur ehemalige Kammerzofenkleider mit breiten, gekräuselten Manschetten und lange Schürzen mit tiefen Taschen, wie sie von den Kellnerinnen der »Bouillon Duval[20]« getragen wurden. Der Stabsarzt ließ die Vorräte sofort verteilen. Noch am selben Abend, nachdem die Damen vergeblich versucht hatten, sich mit Sicherheitsnadeln zu behelfen, ein Stück nach dem andern erfolglos anprobiert und wieder ausgetauscht hatten, und zwar mit einer Angst, die merkwürdigerweise an jene erinnerte, die sie vor den Maskenbällen gespürt hatten, blieb ihnen nichts anderes übrig, als sich an Chanel zu wenden.

Es war nicht mehr die Zeit, in der Elisabeth Greffulhe, um ihrer Tochter bei der Entbindung beizustehen, bei Worth eine Schwesterntracht aus Cluny-Spitze bestellt hatte. Aber es ging nicht nur darum, die Kittel für diese Volontärinnen passend zu machen; die Damen wollten auch, daß ihre Garderobe einen gewissen Chic bekäme. Gabrielle beruhigte sie: sie würde schon *»irgend etwas daraus machen«*, aus diesen Kleidern.

Als erstes mußte das Spitzenhäubchen weg, jenes Attribut, das allzu deutlich anzeigte, für wen es ursprünglich bestimmt gewesen war, ja, *das* mußte ersetzt werden. Wodurch? fragten die zukünftigen Krankenschwestern. Durch eine schlichte, vornehme Haube.

Alles andere, sagte Gabrielle, würde von selbst in Ordnung kommen.

Sie war eine gute Hutmacherin, das wußten die Damen. Man vertraute ihr.

Das Ergebnis übertraf alle Erwartungen.

Aber ihre neuen Kundinnen täuschten sich sehr, wenn sie glaubten, daß sie dieses Wunder der Pariser Modistin verdankten. Es war vielmehr das Kind von Obasine, es waren die Sonntage bei Tante Julia, die es bewirkt hatten.

Gabrielle hatte Hilfe herbeirufen müssen. Antoinette war sofort losgefahren, um Adrienne zu holen. Sie kehrte unverrichteter Dinge zurück. Adrienne war nicht nach Reisen zumute. Sie lebte in ständiger Angst. Solange sie keine Nachricht von ihrem »Angebeteten« hatte, kannte sie nichts als Tränen. Antoinette hatte sie ganz aufgelöst vorgefunden, mit der getreuen Maud Mazuel und der Ex-Primaballerina des Théâtre de la Monnaie, der ewigen Verlobten des Comte d'Espous, als Beistand an ihrer Seite. Gabrielle war wütend und erneuerte ihr Ultimatum: das Schicksal von Adriennes »Angebetetem« sei das aller «Angebeteten« Frankreichs, und die Feldpost ließe eben noch zu wünschen übrig, fügte sie eher energisch als tröstend hinzu. Außerdem gebe es nichts Besseres als Arbeit, um auf andere Gedanken zu kommen. Adrienne gab nach.

Es war wieder die alte Vertraulichkeit wie in Moulins, die hier beim leichten Dampf der Bügeleisen und dem Geruch des heißen Metalls und bei der Stärke, die an den Fingern klebte, neu entstand. Rasche Griffe. Kurze Worte. Keine von den Dreien beachtete die eigene Müdigkeit. Alles war wieder wie früher. Beinahe klösterliche Hauben gingen von Hand zu Hand, und während die langen roten Kavalleristenbeine im Felde waren, saßen die Töchter Chanel wieder einmal zusammen und nähten.

Gabrielles Beitrag zum vaterländischen Kampf beschränkte sich auf diese in aller Eile hergestellten Schwesterntrachten. Man sah sie nie bei den Verwundeten im *Royal*, nie war sie selbst Krankenschwester. Die Krieger – zumindest jene, die davongekommen waren – wunderten sich später darüber. Vor allem Balsan: »Du hast dich nie sehen lassen, Coco.« Warum war sie nicht auch Krankenschwester geworden? »Nichts für mich«, antwortete sie. Und nie ein Besuch, nicht einmal, als es unter Verliebten, ganz gleich, ob es Ehefrauen oder Mätressen waren, fast zur Mode geworden war, »an die Front zu fahren«. »Nicht meine Sache«, sagte Gabrielle.

Sie hatte auf alles eine Antwort. Aber nie enthüllte sie die tieferen Gründe für diese Ablehnung.

In Wirklichkeit wollte sie um jeden Preis mit ihrer Vergangenheit brechen. Dazu gab es nur ein Mittel: jenen aus dem Weg zu gehen, die einst ihre Zeugen gewesen waren – den Militärs.

In den ersten Septembertagen brach die Front überall zusammen, man sagte nicht mehr »les Allemands«, sondern »les Boches«, und die französische Regierung zog sich nach Bordeaux zurück. Deauville empfing den zweiten Flüchtlingsstrom: wieder Schloßherren, zum großen Teil aus dem Departement Seine-et-Oise. Aber diese kannte Gabrielle, denn sie hatte sie von weitem gesehen, die schönen Jäger mit weißer Halsbinde und die Amazonen mit Dreispitz, damals, als sie bei Balsan noch anonym dahinlebte.

Ihr immer besser werdender Ruf führte dazu, daß sie hinfort »grußwürdig« war. Außerdem war Krieg. Auch diese Damen mußten schließlich ihre Garderobe erneuern. Also grüßte man sie ... Ein paar kühle Worte wurden gewechselt. So erfuhr Gabrielle, daß ein deutscher Generalstab Etiennes Gutshof besetzt hatte. Wie weh das tat! Soldaten und militärisches Durcheinander in dem Haus, das sie aufgenommen hatte, in dem Garten, der ihr eine Zeitlang als der schönste auf Erden erschienen war. Royallieu verwahrlost, besetzt, das war eine von den vielen Verheerungen, die stattfanden.

Aber die Ereignisse hatten für Chanels Berufsleben ganz unvorhersehbare Folgen. In gewisser Weise kamen sie ihr zugute. Und sie mußte zugeben, daß das, was die anderen ihrer Habe beraubte, ihr half, ihre eigene Zukunft zu schmieden. Wie seltsam ist dieses Schicksal einer Frau, welcher der Feind, je näher er an Paris heranrückte, um so mehr Gelegenheiten bot, sich zu befreien.

Als die deutschen Truppen nur noch dreißig Kilometer von der Hauptstadt entfernt waren, ließ Gallieni die Stadt mit Stacheldraht umgeben und rief vierzigtausend Zivilisten auf, Schützengräben auszuheben. An allen Theatern hing das Schild »geschlossen«. Schauspieler und Schauspielerinnen, Autoren und Kritiker verließen die Stadt. Man sah kaum noch jemanden anderes in Deauville als sie.

Das war der letzte Schub.

Es fehlte an Zimmern. Aber »abgesehen davon, daß es nicht mehr so lustig zuging wie früher, sah die Halle des *Normandy* wieder aus wie vor dem Krieg«.

Was Gabrielle betraf, so wußte sie nicht mehr, wo sie ihre Kundinnen hinsetzen sollte. Sie stellte Tische und Stühle aufs Trottoir und empfing ihre Klientel vor der Tür, im Schatten ihrer großen, heruntergelassenen Markise. Müßiggang. Ängstliches Getuschel. Widersprüchliche Nachrichten. »Der Bürgermeister von Deauville hatte viel zu tun, um defaitistische Äußerungen zu verhindern, und gebot Schweigen.»[21]

Die letzten Ankömmlinge gaben zu verstehen, daß auf der französischen Seite etwas im Gange sei. Konnte man das glauben? Jeder wußte, daß Gallieni nur über total erschöpfte Soldaten verfügte. Zu den Franzosen, die noch unter der Niederlage bei Charleroi litten, waren abgekämpfte Truppen von Sir John French gestoßen. Da begann für Gabrielle ein fieberhaftes Warten. Sie begriff endlich, was Adrienne durchmachte. Zu Sir John Frenchs Stab gehörte nämlich unter anderen Verbindungsoffizieren auch der Leutnant Arthur Capel.

Was am 6. September passierte, war in der Tat eine Überraschung: Deauville sah Viehherden in die Stadt einziehen. Sie besetzten den Rennplatz, wo aufmerksame Viehhüter sie bewachten, die der Zufall zu Hirten gemacht hatte, Männer, weder jung noch alt, und, nach ihrer Kleidung zu urteilen, weder Zivilisten noch Militärs. Es war ein Kontingent der territorialen Armee, das aus Paris kam und den Auftrag hatte, die Reserven an Rindfleisch im Grünen zu halten.

Seit Beginn des Krieges hatte man in Deauville keine Stimmen aus dem Volke mehr vernommen. Nun hörte man auf einmal in diesem vor lauter Luxus fast irrealen Rahmen Leute bald spöttisch witzeln, bald resigniert reden, durchdrungen von jahrtausendelanger Geduld, den kleinen Mann von der Straße und den einfachen Landmann, Fiakerkutscher, Fuhrleute, kurzum, alle möglichen Vertreter einer scheinbar soliden, zuverlässigen Menschheit. Sie hatten die Veränderung der Hauptstadt miterlebt: geschlossene Läden, auf den Esplanaden exerzierende Zivilisten, Zeitungen, die nur noch aus einem Blatt bestanden und nichts als das Kommuniqué veröffentlichten, Taxis und Autobusse, die requiriert worden waren. Sie wurden mit Fragen bestürmt. Von ihnen ließ man sich den Krieg erzählen. Man setzte sich im Gras um sie herum und hörte ihnen zu wie arabischen Märchenerzählern.

So wurde der frivolen Stadt bewußt, was im Gange war: Joffre ging mit seinen erschöpften *poilus* und *Tommies* zum Gegenangriff über. Sein Befehl lautete: »Sich eher auf der Stelle erschießen lassen als zurückweichen!« Damit begann für die Damen im langen Rock ein fieberhaftes Warten. Mit Nachschub beladen, ratterten die Pariser Taxis über die Straßen an die Front und wurden damit zur Legende.

Die Schlacht an der Marne: Paris war gerettet.

Die Herden mit ihren Hirten verschwanden wieder. Sie hinterließen eine Lücke. Man vermißte sie. Aber die Kämpfer brauchten Verpflegung. Und so blieb man in Deauville unter Privilegierten.

Die vornehmsten Damen wagten endlich, was sie zwei Monate vorher nicht für möglich gehalten hätten: sie gingen baden.

Gabrielle Chanel entwarf für sie sehr keusche Badeanzüge, deren Pumphosen bis zu den Knien reichten.

Schnickschnacker

Mitte Oktober desselben Jahres erhielt Gabrielle Nachricht von ihrem Bruder Alphonse. Die ihr so vertraute Kalligraphie, eine tadellose Rundschrift mit ordentlichen A's und O's, die sich wie Eier in einem Korb aneinanderreihten, und jeder Buchstabe mit den nötigen Grundstrichen und Aufstrichen, das war die Schrift all jener, die unter der Fuchtel eines Landpfarrers schreiben gelernt hatten.

Alphonse war eingezogen worden und schrieb gerade vor seiner Abfahrt. Er kam zum 97. Infanterieregiment und ließ in einem Kaff in den Cevennen eine mittellose schwangere Frau und einen kleinen Jungen zurück. Mehr sagte der Brief nicht. Aber Gabrielle zweifelte nicht daran, daß diese notleidende Schwägerin Madeleine Boursarie, eine Arbeiterin aus einer Seidenweberei, war, die er am 17. November 1910 in Valence geheiratet hatte, was den Angehörigen des Clans auf Schmuckblattpapier, wie man es auf den Jahrmärkten findet, mitgeteilt worden war. Gabrielle, die seinerzeit gerade als Putzmacherin anfing, hatte ihrem lieben Alphonse sofort gratuliert.

Die vier Kinder von Jeanne Devolle waren untereinander in Verbindung geblieben. Alphonse schreiben, seine abenteuerlichen Etappen, die für Lucien die gleichen waren, mitverfolgen, ihm zu seiner Hochzeit gratulieren – das war bis dahin alles gewesen, was Gabrielle für ihn hatte tun können. Sie wußte, daß der eigensinnige Alphonse und der nette Lucien, kaum daß sie alt genug waren, um zu arbeiten, zu einem Jahrmarktshändler in die Lehre gegeben worden waren, und sie wußte auch, daß die beiden ein paar Jahre später an den Hängen des Mont Aigoual Baumrinde gesammelt und danach unten in einem Bergwerk in den Cevennen Kohle geschaufelt hatten. Erst 1907 hatten die Brüder Chanel sich getrennt, als Lucien sich zur Infanterie gemeldet hatte. Er war achtzehn Jahre alt, und obwohl er von Natur aus sehr friedliebend war, träumte er davon, ein Soldatenleben zu führen. Aber nach einem Jahr war er entlassen worden und stand wieder einmal auf der Straße.

Zwei Lösungen boten sich ihm an: nach Norden zu ziehen, zu seinem Vater, der sich in der Bretagne niedergelassen hatte, oder wieder auf Achse zu gehen mit Alphonse, der im Gard »Reisender in Zeitungen« geworden war. Lucien entschied sich für das erstere. Er hegte keinen Groll.

Wenn er bei seinem Vater ankäme, würde er dem schon beweisen, daß er ihm nichts übelnahm.

Albert Chanel, der beim Tod seiner Frau einen kleinen Gasthof geführt hatte, war wieder Jahrmarktshändler geworden. Dieser Vater – aus dem Gabrielle einen Weinbauern und später einen »Verschollenen« machte, nachdem sie ihm ein Schicksal reich an Reisen jeder Art angedichtet hatte, ihn sogar in die Vereinigten Staaten expediert hatte, damit er dort sein Glück machte, dieser Erzeuger beschränkte seinen Aktionsradius auf das Jahrmarktsgelände von Quimper. Jeder in der Familie wußte das. Und man wußte auch, daß er wieder Frauen nachstellte und eine starke Vorliebe für Getränke entwickelt hatte. Aber das alles wäre kein Grund gewesen, ihn vom Clan zu trennen, wenn da nicht noch *etwas anderes* gewesen wäre.

Das Erste war, daß er sich nicht um seine Eltern kümmerte. Es war wieder einmal Tante Julia, die sie, mit Adriennes Unterstützung, aufgenommen hatte.

Henri-Adrien Chanel war beinahe achtzig. Er lebte hinfort in Varennes, Avenue de la Gare, nicht weit von den Costiers entfernt. Im Rentneralter hatte der ehemalige Bauer wieder mit seiner Vergangenheit angeknüpft. Die Leute von Varennes, die ihn nur immer in seinem Garten beim Umgraben, Unkrautverbrennen und Fröschefischen sahen, konnten sich nicht vorstellen, daß er Jahrmarktshändler gewesen war. Für sie war der Alte ein Mann aus den Cevennen, der mit Anstand und Würde zusammen mit seiner Frau, in der Nähe seiner Tochter, der angesehenen Madame Costier, die einen Eisenbahner zum Mann hatte, seine alten Tage verbrachte.

Adrienne, die hier und da ein wenig Geld zusammenkratzte, tat ihr Bestes, um ihnen ihr Alter zu erleichtern. Sie kam regelmäßig nach Varennes zu Besuch, wo die Nachbarn der Costiers die Eleganz dieser ehemaligen Bauerntochter recht übertrieben und sogar verdächtig fanden. Aber was für eine Schönheit war diese Adrienne! Und wie sehr freute es ihren Vater, daß sie bei all ihrem Erfolg weiterhin an ihn dachte. Von den zehn Kindern, die er in die Welt gesetzt hatte, blieb sie für immer sein Nesthäkchen, sein Liebling. Adrienne kam mit dem Zug aus Vichy, prachtvoll gekleidet, mit einem Korb voller Lebensmittel am Arm. An solchen Tagen holte

Tante Julia ihr weißes Tischtuch heraus, und es wurde geschwelgt. Das Haus in Varennes wurde einen Tag lang der auserwählte Ort, an dem die verstreuten Mitglieder der wandernden Sippe zusammenkamen.

Daß die Costiers endgültig mit Albert Chanel gebrochen hatten, war die Folge von Luciens Besuch in Quimper im Jahre 1909. Er hatte festgestellt, daß sein Vater mit einer jüngeren Frau zusammenlebte, die genausoviel trank wie er.

Albert Chanel hatte seinen Sohn freundlich aufgenommen. Er brachte ihn trotz der Misere, in der er mit seiner Gefährtin lebte, bei sich unter und schlug ihm vor, bei ihm mitzuarbeiten. Daraufhin war er, den unerwarteten Zuwachs an Arbeitskraft ausnutzend, verschwunden. »Auf Tournee«, wie er sagte.

Was für Tourneen das waren, erfuhr Lucien von seines Vaters Mätresse. Albert pflegte sich auf Kredit ein schönes Gespann zu mieten, putzte seine Pferde fein heraus und fuhr damit durch die Umgebung, wo er mit großem Redeschwall verkündete, daß er bald mit dem Tafelgeschirr eines Schloßherrn, dessen Vertrauter er sei, wiederkommen werde. Der Schloßherr säße in der Klemme und verkaufe am nächsten Tag seine Teller und Schüsseln. Solch eine Gelegenheit dürfe man nicht ungenutzt vorübergehen lassen!

Am nächsten Tag kam Albert tatsächlich wieder...

Er brachte es fertig, die Dorfbewohner mit vielen schönen Worten zum Kauf von ganz gewöhnlichem Jahrmarktsgeschirr zu überreden, wobei er ihnen versicherte, daß es die kostbaren Stücke des Marquis de Barrucan, seines Herrn und Meisters, seien. Der Trick ging selten daneben. Der Name des Marquis wirkte Wunder. Es versteht sich, daß es den M. de Barrucan gar nicht gab. Sogar der Name war erfunden, er war eine Ableitung von dem Wort *barrique* (großes Faß). Man sieht, daß der alte Winzertraum Albert Chanel sogar noch verfolgte, als er auf dem tiefsten Punkt seiner Existenz angekommen war, wo er voraussichtlich auch bleiben würde. Und man versteht nur allzu gut, daß seine Tochter Gabrielle bei ihren Bemühungen, ihre Herkunft zu verschleiern, die väterlichen Hirngespinste aufgriff und dem Vater so in den Augen der Welt zu jenem Ansehen verhalf, nach dem er so sehr verlangt hatte. Sie machte aus ihm einen Weinbauern. Sie rächte sich am Leben und rächte zugleich ihren Vater: Albert Chanel wurde posthum Genugtuung zuteil.

Aber Lucien erfuhr von der Frau, daß Albert zumindest einmal Hals über Kopf den Schauplatz seines Auftritts hatte verlassen müssen. Es war ein paar Jahre her, sie wußte nicht mehr genau, wo.

Aber Albert war nicht ohne Grund nach Quimper gekommen, in eine Stadt, wo er niemanden kannte und niemand ihn kannte. Die Frau glaubte, ohne es sicher zu wissen, daß er vor seiner Übersiedlung in die Bretagne mit der Gendarmerie aneinandergeraten war.

Aber das war noch nicht alles. Lucien merkte zu seinem Leidwesen, daß die Gefährtin seines Vaters nichts taugte, denn kaum war Albert aus dem Weg, da hatte sie es auf die Unschuld des jungen Mannes abgesehen. Er nahm vor dieser Phaedra in Lumpen Reißaus und verließ Quimper, ohne die Rückkehr seines Vaters abzuwarten.

Er flüchtete nach Varennes. Dort kannte das Familientribunal keine Gnade. Trunksucht, Unehrlichkeit, Verdorbenheit, das war zuviel. Albert wurde aus dem Clan ausgeschlossen. Sein Name wurde nie mehr genannt.

Lucien gelang es, eine Arbeit zu finden. Wie sein Vater, wie sein Großvater, so wurde auch er Jahrmarktshändler. Wieder gab es einen Chanel, der im Schatten der Kathedrale von Clermont-Ferrand Schuhe verkaufte. Er hatte auf dem Markt, zwischen der Rue des Gras und der Rue des Chaussetiers, einen festen Platz und eine treue Kundschaft, hauptsächlich Leute vom Lande. So beschloß er zu heiraten. Was im Jahre 1915 auch geschah. Fast zur gleichen Zeit erinnerte sich die Armee an ihn. Lucien gab zu bedenken, daß er, wider seinen Willen, für dienstuntauglich erklärt worden sei, und zwar unwiderruflich. Er wurde dennoch einem Infanterieregiment, dem 92., zugewiesen.

Lucien, der schüchterner als Alphonse war, wagte nicht, die Schwester in der Ferne, von der es in der Familie hieß, daß sie es sehr weit gebracht habe, um etwas zu bitten. Er beschränkte sich daher darauf, ihr mitzuteilen, daß er einrücken müsse, so, wie er ihr ein paar Monate früher seine Hochzeit mitgeteilt hatte. Aber bei jedem Urlaub machte er in Paris halt. Gabrielle nahm ihn freundlich auf, hütete sich jedoch, ihm etwas von der monatlichen Pension zu sagen, die sie Alphonse zahlte. Fürchtete sie, daß er sie um das gleiche bitten werde? Eine Angestellte von Gabrielle, ihre Vertraute seit der Zeit in Moulins, Madame Aubert, die Directrice ihrer Salons geworden war, überwies dem Hornisten Alphonse Chanel jeden Monat dreitausend Francs, was damals viel Geld war. Aber warum mußte dieser Betrag an Alphonses Feldpostnummer geschickt werden? Wäre es nicht einfacher gewesen, ihn direkt an seine Frau zu senden? Dafür gab es einen Grund: die Mutter von Alphonse Chanels Kindern war nicht seine rechtmäßige Ehefrau. Wann und wie erfuhr Gabrielle davon? Sie blieb zweifellos nicht lange im unklaren über die illegitimen Verhältnisse ihres Bruders. Aber sie nahm es ihm nicht übel. Alphonse lebte im Konkubinat? Er war nicht der erste Mann in der Familie, dem das passierte. War sie nicht selbst unehelich geboren worden? Alphonse Chanel profitierte fünfundzwanzig Jahre von ihrer Großzügigkeit, ohne daß es je zu einer Verzögerung oder einem Versäumnis gekommen wäre.

1911 hatte Alphonse im Departement Gard ein Fräulein Causse, ein etwas schwerfälliges junges Mädchen, kennengelernt, das ein bißchen Land bei Vigan ihr eigen nannte. Er unterließ es, ihr zu gestehen, daß er schon ein Jahr vorher eine Ehe eingegangen war. Als sie ein Kind erwartete, wunderte sie sich daher, daß er sie nicht heiratete. Jeanne Causses Angehörige waren angesehene Leute. Sie mußte also ihren Zustand verbergen. Sie verließ ihr Elternhaus und flüchtete nach Nîmes, wo sie sich als Dienstmädchen verdingte und, als es soweit war, im Hospiz ein Kind zur Welt brachte, das sie unter ihrem Namen anmeldete. Es wiederholte sich mit wenig Unterschied genau dasselbe, was Jeanne Devolle ein Vierteljahrhundert früher durchgemacht hatte.

Alphonse war zu jener Zeit Mechaniker in Saint-Laurent-le-Minier. Er hielt die Förderwagen des Bergwerks in Ordnung, machte sich mit den ersten Automobilmotoren vertraut und führte ein flottes Leben. Gelegentlich fuhr er bis nach Nîmes, wo die verliebte und fügsame Jeanne auf ihn wartete. Drei Jahre später, als ihre Liaison immer noch andauerte, war Jeanne Causse wieder schwanger und Alphonse beim Militär. Jeanne verlor ihre Stellung und suchte Zuflucht bei einer Verwandten in Florac. Dort brachte sie ein kleines Mädchen zur Welt, das aus Dankbarkeit für die wundersamen Überweisungen Gabrielle genannt wurde.

Inzwischen war Alphonses Ehe mit Madeleine Boursarie – von der Jeanne weiterhin nichts wußte – gelöst worden. Das Scheidungsurteil war vom Zivilgericht in Valence einen Monat vor Kriegsausbruch in die Akten eingetragen worden.

Da war in Alphonse Chanel plötzlich ein Verantwortungsbewußtsein erwacht – wahrscheinlich allein deshalb, weil ein eingezogener Familienvater gewisse Vorteile hatte, darunter auch Urlaubsansprüche, was nicht das unwichtigste war –, und er hatte beschlossen, seine beiden Kinder anzuerkennen. Er sagte kein Wörtchen von seiner Scheidung und wurde auf der Anerkennungsurkunde als Junggeselle vermerkt.

So gab es eine, wenn auch verspätet anerkannte, zweite Gabrielle Chanel, zu der 1919 noch ein drittes Kind hinzukam, eine kleine Antoinette, die in Ganges im Gard zur Welt kam.

Alphonse Chanel und Jeanne Causse lebten weiterhin in wilder Ehe, was vierzig Jahre andauern sollte.

Wie Jeanne Devolle, so hatte auch Jeanne Causse es als Frau furchtbar schwer. Alphonse Chanel war das genaue Ebenbild seines Vaters. Ob betrunken oder bis über die Ohren verschuldet, immer tauchte er wieder bei Jeanne auf.

»Draußen ein Gott, drinnen ein Teufel«, sagte sie von ihm.

Diese Redensart half ihr, den Mann zu beschreiben, mit dem sie beschlossen hatte, ihr Schicksal zu teilen.

Es fehlte ihr nicht an Mut. Zu der Zeit, als ihre Tochter Gabrielle geboren wurde, war von den Ländereien, die sie bei Vigan besaß, nichts mehr übrig. Alphonse hatte es schnell geschafft, all ihre Habe und ihre Ersparnisse durchzubringen. Aber wie dem auch sei, Jeanne verlor nie die Hoffnung, daß er eines Tages zur Vernunft kommen würde.

1919 kehrte der Infanterist aus dem Krieg zurück. Die Pension, die Gabrielle ihm überwies, sicherte ihm einen unleugbaren Wohlstand. Er beschloß, sich in Valleraugue niederzulassen, einem kleinen Dorf in den Cevennen, am Ausgang eines tiefen Tals. Ganz in der Nähe waren die verschneiten Höhen des Aigoual, die Tannenwälder, die Wildbäche, und wenn das Beerensammeln begann, gab es körbeweise Blaubeeren. Die Leute des Ortes, die Alten von Valleraugue, erinnerten sich noch vor kurzem daran, wie im Jahre 1919 ein pfiffiger Kerl auf einem Fahrrad angekommen sei, ein Familienvater mit Schnurrbart, der ein Händchen für den Handel hatte. Kaum hatte er sich niedergelassen, da hatte Alphonse Chanel einen Obst- und Gemüsewagen und ein Pferd gekauft und war jeden Tag mit diesem Gespann nach Ganges zum Gemüseeinkauf gefahren. Das reichte aus für einen kleinen Laden, den seine Frau führte. Aber diese gar zu bescheidene Tätigkeit war nicht lange nach seinem Geschmack. Es gelang ihm, sich die Lizenz für den einzigen Tabakverkauf in Valleraugue zu beschaffen. Ein Beweis dafür, daß Alphonse einen langen Arm hatte.... Denn er hatte dazu den offiziellen Lizenzinhaber auf die Straße setzen müssen. Wie hatte er das nur fertiggebracht? Alle Mittel waren ihm recht gewesen, schöne Reden, Antichambrieren, politische Machenschaften, aber auch die Tatsache, daß er durch allzu häufiges Zumkampfblasen beim 97. Infanterieregiment eine chronische Bronchitis davongetragen hatte. Ein gewiefter Bursche!

In den Zwanzigern sah man den Tabakhändler Chanel am Steuer eines hübschen Wagens herumfahren, und man erfuhr zur gleichen Zeit – durch den Briefträger –, daß er in Paris eine Schwester in der

Haute Couture habe, die sich ihm gegenüber sehr großzügig zeige. Daraufhin begegnete man dem freigebigen Tabakhändler, der gerne anderen ein Glas spendierte, beim Spiel verlor und selbst sagte, daß er nie einen Sou auf die hohe Kante lege, mit dem größten Respekt. Man spürte, daß er ein einflußreicher Mann war.

Valleraugue behandelte Alphonse Chanel sehr zuvorkommend. Er war neben dem Bürgermeister, dem Pastor und dem Pfarrer der bekannteste Mann am Orte.

Diese verflixten Engländer

In den letzten Monaten des Jahres 1914 kehrten die Pariser, die glaubten, daß die Hauptstadt wieder weit genug von der Front entfernt sei, nach Paris zurück. Die Aristokratinnen und vornehmen Damen der Gesellschaft, die keine Zugehfrauen, keine Dienstmädchen und keine Kohle mehr hatten und nicht einmal eine offene Konditorei fanden, wo man sich zur Teezeit treffen konnte, entdeckten plötzlich die Vorzüge der Hotels. Das *Ritz* wurde, weil es am günstigsten gelegen und am besten geheizt war, der bevorzugte Treffpunkt jener Damen, die in denselben Klöstern erzogen worden waren, auf denselben Bällen getanzt und von gestrengen Ehemännern die gleiche Bevormundung erduldet hatten.

Für sie hatte ein Hotel bis dahin seinen Platz allenfalls in der Sommerfrische und war überall sonst ein Ort der Sünde. Die sich selbst überlassenen Frauen wagten es nun, sich auch ohne Erlaubnis ihrer Ehemänner im *Ritz* zu zeigen. Sie gingen sogar in die Bar, deren Zugang ihnen in Friedenszeiten streng untersagt gewesen war. Es war etwas ganz Neues, daß eine Dame sich direkt an einen *barman* wenden konnte, daß es für sie möglich war, an der Seite eines atheistischen Politikers zu sitzen, mit einem Parvenu die Sitzbank zu teilen und einer Diskussion unter Spekulanten beizuwohnen.

Nichts konnte verhindern, daß der Krieg die Frauen näher an das heranbrachte, was immer außerhalb ihrer Reichweite gewesen war: die Freiheit.

Und wieder einmal kam der Krieg Gabrielle Chanels Interessen entgegen. Ihr Pariser Geschäft, das sie rein zufällig und weil es damals nirgendwo anders möglich gewesen war, in der Rue Cambon Nr. 21 eröffnet hatte, lag hinfort auf dem Weg, den Tag für Tag die Frauen einschlugen, die erfahren wollten, was in einer Stadt vor sich geht, denn zum ersten Mal gingen sie allein durch Paris.

Wie ihr Vorfahr, jener Henri-Adrien Chanel, der sich um 1860 von dem uralten Rhythmus der Pilgerzüge hatte leiten lassen, so schien auch für Gabrielle, die denselben Spürsinn, dieselbe Beweglichkeit hatte wie er, der Moment gekommen, Deauville zu verlassen. Es war ein Risiko. Es bedeutete, das Geschäft bis zum nächsten Frühjahr einer Verkäuferin anzuvertrauen, die Sachen zusammenzupacken und nach Paris zu fahren ... Was sie auch tat, und Antoinette mit ihr. Sie, die für alle, die sie genau zu kennen glaubten, der Inbegriff des Luxus war, hatte in Wirklichkeit reines Bauernblut in den Adern und erwies sich immer wieder als diejenige, die schon von klein auf wußte, daß man, um seinen Lebensunterhalt zu verdienen, endlos von einer Stadt zur andern ziehen muß.

Im Dezember 1914 waren die Schwestern Chanel wieder jede in ihre eigene Wohnung im Malesherbes-Viertel gezogen. Adrienne war nach Vichy zurückgekehrt, wohin eine traurige Pflicht sie gerufen hatte. Ihre Eltern waren gestorben: Angelina, während sie bei Adrienne zu Besuch war, Henri-Adrien, ein Jahr später, in Varennes. Adrienne fiel nun die Aufgabe zu, ihnen beiden ein geziemendes Grabmal zu errichten. Sie ließ beide Eltern zusammen in Vichy beisetzen.

Wie viele Trauerfälle! Fast in jedem Brief stand der Name eines Gefallenen. Bald war es Adrienne, die Gabrielle von dem Tod eines jener lustigen Burschen, der immer so gerne in der Rotonde gelacht hatte, benachrichtigte, bald Gabrielle, die Adrienne mitteilte, daß sie diesen oder jenen von den schönen Jünglingen verloren habe, die als Herzensbrecher bei Maud zum Tee erschienen waren. Auch die Clique von Royallieu hatte ihren ruhmreichsten Reiter verloren: Alec Carter, den englischen Jockey. Er gehörte zu den ersten Gefallenen. Er hatte sich zum 23. Dragonerregiment gemeldet, um mit seinen französischen Freunden zusammenzubleiben. Er war sogleich zum Wachtmeister befördert worden und überglücklich gewesen. Eine Woche später ... Tot ... Als ob es einem Mann in Waffen nichts nützte, in Friedenszeiten die Kunst und Wissenschaft des Reitens verkörpert zu haben.

Für die Soldaten begann ihr langes Eingegrabensein im Schlamm der Schützengräben. In Paris regten sich die Geschäftsleute. Stoffe und Kohle, die Seltenheitswert bekommen hatten, führten zu wilden Spekulationen. Boy, der zwar seine militärischen Pflichten erfüllte, nutzte doch jede Gelegenheit, um auf einen Sprung in die Hauptstadt zu kommen und seine Interessen wahrzunehmen.

Sein Freund Clemenceau, den man zum Präsidenten der Armee-Kommission ernannt hatte, war der meistgefürchtete Politiker

Frankreichs. Er bedrängte die Minister, bemängelte die unzureichende Munition, die Trägheit bei der Bewaffnung, die Unfähigkeit des Gesundheitsdienstes. Die Verwundeten ... Eine Schande! Sie wurden im Pferdemist zurückbefördert, auf nassem Stroh, das vorher zum Transport der Tiere gedient hatte. Konnte man so etwas dulden? Er griff auch die Kriegsgewinnler an, die Etappenhelden und jenen Malvy vor allem, auf den er es immer schon abgesehen hatte, einen Innenminister, den man in Arcachon beim Tête-à-tête mit Nelly Beryl, einer Demimondänen, überrascht hatte, während seine Leute draußen kämpften und umkamen. Beschlagnahme, Verbot, Zensur – es half alles nichts: Clemenceaus Zeitung war das meistgelesene Blatt. Hunderttausend Exemplare. ...

Aber seine Aktion beschränkte sich nicht darauf. Er hatte sich einer Aufgabe verschworen, von der er nicht mehr ablassen sollte. Warum sich mit Diskussionen zwischen hohen Offizieren in der Etappe begnügen? Er würde die Wahrheit an Ort und Stelle erkunden, bis hinein in die Schützengräben.

Gekleidet wie für eine Senatssitzung, mit dem einen Unterschied, daß er seine Stiefel trug und seine Melone gegen einen komischen Filzhut vertauscht hatte, der so abgenutzt war, daß er kaum noch als Hut gelten konnte – er hatte sein Leben lang eine Vorliebe für die komischsten Kopfbedeckungen –, so fuhr Clemenceau immer häufiger an die Front.

Auf einer seiner Inspektionsreisen kam er dicht an der Kampflinie durch ein Dorf, wo eine englische Einheit in Ruhestellung lag. In einer Gruppe von Reitern erkannte Clemenceau eine vertraute Gestalt: Arthur Capel. Er spielte vor den Augen von Sir John French Polo ...[22] Eine zitternde Abordnung, die hinter Clemenceau stand, war auf das Schlimmste gefaßt: höhnisches Gelächter, eine Flut sarkastischer Bemerkungen, ein paar vernichtende Seitenhiebe gegen die Engländer. Mit einer Handbewegung fegte Clemenceau ihre Befürchtungen beiseite. »*Ces bougres d'Anglais!*« (»Diese verflixten Engländer!«) Er fand sie großartig. Vor wackeligen Häusern und eingestürzten Mauern trainieren, dazu gehörte Phlegma. Er wollte unbedingt haltmachen und den Engländern persönlich gratulieren.

War das ein Beweis für Voreingenommenheit, Leichtfertigkeit? Hatte Arthur Capel, wie manche behaupten, ihn »eingewickelt«?

In Wirklichkeit war es etwas ganz anderes. Es war bei Clemenceau ein Anklang an seine Jugend ... Dreißig Jahre früher war er, wie Capel, ein Mann gewesen, der von einer Welt in die andere überwechselte, der alles nahm, was sich ihm gerade bot, Frauen der vornehmen Gesellschaft, Schauspielerinnen, junge Mädchen, und der sich fast mit Genuß in Skandale verwickelt sah, wie zur Betäubung. Hatte man es ihm nicht oft genug vorgeworfen? Hatten seine Feinde sich nicht genug über seine Mätressen, seine Schulden, seine Pferde aufgeregt? O ja, seine Pferde ... Denn Reiten war seine Leidenschaft gewesen. Er hatte es sogar zu seinem Beruf gemacht, in den Vereinigten Staaten, als er, als junger Mann ohne einen Penny, dort Arbeit suchte. Er war in Stamford, in der Nähe von New York, Lehrer in einem Mädchen-College gewesen und hatte Französisch gegeben und Reitstunden, und er war auch jener Herzensbrecher gewesen, der allen Schülerinnen den Kopf verdrehte. Wieviel beleidigende Anspielungen auch hier wieder! ... Mary Plumer, jene Pastorentochter, von der er sich hatte scheiden lassen ... Warum? Er sollte es gefälligst erklären. Übrigens, sprach er nicht viel zu gut englisch? Aber das war eine andere Sache. Die Anglophilie Clemenceaus war immer verdächtig erschienen.

Wem hatte Arthur Capel es zu verdanken, daß er in die französisch-englische Kommission für Kohlenversorgung im Krieg berufen wurde? Es ist nicht anzunehmen, daß Clemenceau auf diese Entscheidung keinen Einfluß gehabt hat.

Während in jenem Jahr 1915 die kämpfenden Truppen stumm mit ansahen, wie die tragische Liste des Todesinstrumentariums immer länger wurde – 1915, im Jahr der ersten Flugzeuge, die dröhnend am Himmel der Kampfzone auftauchten, im Jahr der ersten Panzer, die am Boden zum Angriff rollten, und der erstickenden Gase, gegen die es kein Mittel gab –, bot sich Boy eine Welt dar, an die nur wenige Männer noch zu denken wagten. Zwischen Paris und London leben, fern von der Kampflinie, fern von Leid und Elend, nicht mehr Offizier zu sein wie so viele andere, sondern einer von denen, die unter allen Entscheidungen eine aussuchten und durchsetzten, auch das hatte etwas Schwindelerregendes.

Man muß es als den Traum eines perfekten Ehrgeizlings verstehen.

Und ein solcher war Arthur Capel.

Er hatte etwas erreichen wollen, was ihn für eine Ungerechtigkeit rächte, für jenes Bastarddasein, worunter er gelitten hatte. Es war geschafft. Er konnte nach England zurück und würde auf gleichem Fuße mit den Söhnen aus guter Familie verkehren können.

Aber zuvor hatte er noch Anrecht auf einen Sommerurlaub. Nur ein paar Tage. Gerade genug, um sich Ferien zu leisten. Er nahm Gabrielle mit nach Biarritz.

In Frankreich fand eine neue Klasseneinteilung statt: an der Front waren die Leidenden, in Paris die Schwätzer, in Deauville die Wartenden, in Biarritz die Nutznießer.

Das *Miramar* sah aus wie im Frieden. Das *Hôtel du Palais* ebenfalls. Jeden Abend war Tanz. Die Urlauber, die noch eine ganz andere Musik in den Ohren hatten, faßten wieder Fuß auf dem spiegelblanken Parkett. Der Tango war wie ein Gegengift. In welcher Tonart spielte man *Sous le ciel de l'Argentine ...?* Da, wo der Himmel zu bersten schien, pfiffen die Granaten in es-Moll. Man mußte alles tun, um die Erinnerung an dieses Lied nicht aufkommen zu lassen.

Von der anderen Seite der Grenze kamen die getreuen spanischen Kunden: Männer mit sorgsam gewelltem dunklem Haar und redselige Spanierinnen, die von einem starken Bedürfnis nach Eleganz und einem großen Vergnügungshunger erfüllt waren. Sie platzten beinahe vor Empörung, als sie die geschlossenen Konditoreien sahen. Was war denn passiert? Biarritz war nicht mehr, was es gewesen war. Und die Russen, wo waren die Russen geblieben? Keine Polizeiabsperrungen mehr, um den Prinzen Jussupow und den Großfürsten Dimitri bei ihren nautischen Kapriolen zu beschützen. Wie beliebt waren die beiden gewesen! Schön wie Engel! Die Frauen umschwärmten sie. Aber auf die Dauer wurde es den Engeln zuviel: würde man sie nicht endlich in Ruhe lassen? Die Stadtverwaltung war nervös geworden. Daher die Absperrung. Aber Biarritz hatte nicht viel Polizei. Deshalb bildeten die russischen Adjutanten ein Bollwerk aus ihren eigenen Körpern und spannten schnell ein paar Bademäntel. Vergebens. Niemand war so groß wie der Großfürst. Beide überragten immer alle um Kopfeslänge.

Aber diese Zeiten waren vorbei, längst vorbei. Die Felix' und die Dimitris waren davongeflogen, und wenn man nicht mit seinem eigenen Kuchenbäcker und einem Sack Mehl reisen wollte – wozu manche Leute sich trotz der Komplikationen, die so was mit sich brachte, entschlossen –, so gab es keinen Kuchen mehr. Empörend, nicht wahr? Nebenbei gesagt, Gabrielle machte sich nichts daraus. Boy ebensowenig. Es gab Kriegsgewinnler und Drückeberger? Na schön, das gehörte dazu. War es nicht vielmehr eine Schande, daß die Kriege immer solche Leute hervorgebracht hatten?

Im Grunde genommen wäre es dumm gewesen, im Namen irgendeines x-beliebigen Prinzips darauf zu verzichten, diese Leute auszunutzen. Die Neureichen waren angeblich bereit, *ganz gleich was* zu kaufen. In Kriegszeiten hieß *ganz gleich was* etwas ganz Bestimmtes, nämlich Luxus. Bitte schön, sie sollten ihren Luxus haben. Boy und Gabrielle hatten beide die gleiche Idee, ihre Erfahrung von Deauville, die ein Jahr vorher so günstige Ergebnisse gebracht hatte, in Biarritz zu wiederholen. Was hatte Boy im Sinn? War es der Wunsch, noch einmal die Atmosphäre früherer Tage zu schaffen? Oder wollte er Gabrielle eine neue Feder an den Hut stecken? Es sei denn, daß er im Unterbewußtsein wünschte, Gabrielle in der Zeit von Paris fernzuhalten, da er selbst öfter dort weilen würde.

Vielleicht spukten Boy diese Hintergedanken im Kopf herum. Aber ausschlaggebend war wohl, daß beide gleich viel Sinn fürs Risiko und gleich viel Unternehmungslust hatten. Das war das Entscheidende. Ein paar Tage vor seiner Abfahrt streckte Arthur Capel Gabrielle so viel Geld vor, daß sie in Biarritz nicht etwa eine Boutique, sondern ein richtiges Modehaus, mit einer Kollektion und Kleidern zu 3000 Francs[23], eröffnen konnte.

Nie hatte sich in Biarritz eine Couturière mit solchem Aufwand niedergelassen. An Stelle eines Geschäfts eine Villa, die am Weg zum Strand lag, genau gegenüber dem Kasino. Ein Haus, das sich wie ein Schlößchen ausnahm, mit einem Türmchen zur Straße hin, einem großen Innenhof und einer Steinmauer ringsherum. Gabrielle mietete es zunächst nur und ließ den ganzen Hof mit Hortensien bepflanzen.

Die Kosten waren hoch. Nun galt es, sich durchzusetzen.

Sie versuchte, Adrienne, die einzige Frau, zu der sie Vertrauen hatte, aus ihrer Zurückgezogenheit herauszulocken. Aber von Adrienne war nichts zu erwarten. Gabrielle, die sich nie vorstellen konnte, daß jemand ihr widerstehen könnte, bot ihr prachtvolle Roben an und Ferien. Doch Adrienne ließ sich nicht umstimmen. Das 25. Dragonerregiment lag im Ruhequartier. Sie erwartete jeden Moment die Erlaubnis, ein paar Tage mit ihrem »Angebeteten« verbringen zu dürfen, und lebte ganz im Hinblick auf dieses Glück. Später jedoch ... Sie versprach, daß sie später ...

Als sie schließlich ankam, wurde sie von der unerbittlichen Gabrielle mit einer jener Bemerkungen empfangen, für die sie ihr Leben lang ein Talent hatte:

»Dein *später* ist hinfort *zu spät.*«

Denn inzwischen war wieder die etwas einfältige, aber brave Antoinette herbeigeeilt, und schon fuhren die Näherinnen zwischen Paris und Biarritz hin und her, damit Neueingestellte richtig angelernt werden konnten.

Adrienne wurde daher recht frostig empfangen.

Diese Inamorata, die beim geringsten Anlaß, wie zu Stein erstarrt, wartete, ging Gabrielle allmählich auf die Nerven. Was hatte eine Frau zu befürchten, in die ein Mann so sehr verliebt war, daß er nur noch den einen Wunsch hatte, sie zu heiraten? Ja, was noch schlimmer war: Adrienne schien sich schlecht in etwas zu schicken, was Gabrielle überglücklich gemacht hätte; sie sah unablässig ihre *Respektabilität* in Gefahr.

So fühlte sie sich zutiefst beleidigt durch einen Vorfall, den Gabrielle damals, und noch für lange Zeit, nur für einen Jux hielt. Adrienne war von ihrem Besuch an der Front schwer gekränkt und verwirrt zurückgekehrt. Der Mann, der die Gültigkeit der Genehmigungen überprüfte, hatte, als sie seine Frage: »Sie sind nicht die Ehefrau des Leutnants von X...?« verneinte, mit einer Offenheit, die eher naiv als unbotmäßig war, hinzugefügt: »Schon gut, ich lasse Sie durch. Unserem Oberst sind Flittchen lieber als Legitime. Er sagt nämlich, daß die Ehefrauen nur verweichlichen, während ein Flittchen...« Aber Gabrielle hatte jedem Ansatz zu Tränenergüssen augenblicklich Einhalt geboten. Was sie interessierte, sei einzig und allein ihre Arbeit, und sie fügte hinzu, daß die Bemerkung, die Adrienne so übel genommen habe, eigentlich gar nicht so dumm sei, wie es schien. Außerdem hätte Adrienne, wenn sie den Militärjargon so fürchtete, besser daran getan, sich erst gar nicht in die Kampfzone vorzuwagen.

Es war das erstemal, daß ihr Verhältnis etwas abkühlte und daß Gabrielle ein neues Gesicht zeigte, das Gesicht einer Frau, bei der unvermittelt die Anzeichen einer schlecht beherrschten Animosität hervorbrachen. Die Vorstellung von einer gleich großen Liebe auf beiden Seiten und einem einfachen Glück wirkte vernichtend auf sie. Sie rebellierte gegen etwas, was sie nie persönlich kennengelernt hatte. Aber wenn quälende Träume sie bewegten, so ließ sie es sich nicht anmerken. Sie verbarg ihre beginnende Verbitterung dadurch, daß sie sich weigerte, das Gewicht der Liebe gegen ihr dringendes Bedürfnis nach Erfolg in die Waagschale zu werfen.

Gabrielle hatte ihren Schlachtplan. Biarritz? Das war eine Art Vorposten, der Spanien für sie in greifbare Nähe brachte. Da war ein neutrales Land, ganz nahebei, mit allem, was das an Rohstoffreserven und Kundschaft bedeutete. Sie mußte erst mal fest Fuß fassen, wie hinter einer halboffenen Tür. Und dann? Sich alles kapern, was sie nur kriegen konnte: Nähgarn, Stoffe oder Frauen.

Ihre Taktik bestand darin, sobald diese Eroberung gelungen war, in die Rue Cambon zurückzukehren und dort ihr Hauptquartier einzurichten. Sie hatte es eilig, frei zu werden. Boy war in Paris ohne sie. Konnte sie mit Adrienne rechnen? Nicht nötig. Sie würde

Antoinette, mit allen Vollmachten ausgestattet, in Biarritz zurücklassen. Das beste wäre, sie bliebe endgültig dort. Mehr wurde nicht von ihr verlangt. Gabrielle machte sich stark, sie davon zu überzeugen, daß ihre Zukunft in Biarritz und nirgendwo anders sei.

Antoinette hatte etwas Albernes an sich. Sie zierte sich. Aber Gabrielle ließ nicht locker. Plötzlich war die Heftigkeit in ihr stärker als das Verlangen, gefallen zu wollen. Sie geriet in Erregung. Sie versuchte es auf jede Weise, mit Drohungen, mit Einschüchterung. War Antoinette denn schwachsinnig geworden? Konnte sie anderswo als in Biarritz irgendeinen attraktiven reichen Ausländer kennenlernen, der sie heiraten würde? Worauf kam es an? Sich zu verheiraten. Antoinette hatte keine Zeit zu verlieren.

Was die Anproben betraf, so brauchte Antoinette sich keine Sorgen zu machen; dafür waren die Fachkräfte da. Sie brauchte nur in den Salons die Oberaufsicht zu führen und die Kundschaft zu empfangen. Was verlangte dieses eitle Geschöpf denn mehr? Sie würde auf gleichem Fuß leben wie die Großen der Gesellschaft, die internationalen Stars und mondänen Schönheiten, kurzum, einer Gesellschaft, die überall sonst im Aussterben begriffen war. Paris, das wußte sie ja, war »nicht mehr wie früher«. Wo fand man noch Prunk? In Biarritz, nur in Biarritz. Es war also gar nicht so abwegig, diese letzte Bastion mit Roben versorgen zu wollen. Würde nicht eines Tages, wenn wieder Frieden wäre, das Phantom vergangener Eleganz wieder unter den Ruinen hervorkriechen und neu erstehen? Im Hinblick auf eine solche Entwicklung mußte Antoinette ihrer großen Schwester gehorchen. Biarritz halten, darin bestand der Krieg, den die Geschwister Chanel führten. Es war an der Zeit, daß sie es begriff. Die letzten Spitzen, die letzten Stickereien, der Crêpe de Chine, die Gipüren? Nur Antoinette würde sie verwenden können. Also, keine weiteren Ausflüchte. Es wäre leichtsinnig, aus der Übung zu kommen. Der Plan war im Juli 1915 gefaßt worden. Im September war alles fertig.

Gabrielle konnte bald ermessen, daß sich ihre Initiative bezahlt machte. Aber hatte sie geahnt, in welchem Maße? Die Aufträge vom spanischen Hof, von der Oberschicht in Madrid, San Sebastian, Bilbao ... Das Atelier in Biarritz arbeitete mit über sechzig Näherinnen auf vollen Touren.

Am Ende des Jahres kehrte Gabrielle, gestärkt durch den Sieg, den sie ganz allein errungen hatte, nach Paris zurück, wo ihr Personal sie kennenlernen sollte, wie sie wirklich war: impulsiv, launisch, autoritär, sarkastisch. Sie führte sich auf wie eine absolute Herrscherin und sorgte selbst für die Verbindung zwischen den einzelnen Vorposten. Sie belieferte Antoinette direkt aus Paris, wo eines ihrer Ateliers nur für Spanien arbeitete. Und wie ein Feldmarschall seine Reserven je nach den Erfordernissen des Krieges hin und her schiebt, so schickte Gabrielle das Personal, das ihr im Baskenland fehlte, aus Paris nach Biarritz und versuchte, was wesentlich heikler war, das gleiche Manöver – mit Erfolg – in umgekehrter Richtung. Sie bearbeitete die entsetzten Provinzler, die sich weigerten, »ihre Tochter nach Paris ziehen zu lassen«, sie »wies sie zurecht« und überredete sie, daß es ihre Pflicht sei, sie fahren zu lassen. Aber die Gefahren der Großstadt, des Krieges, die Soldaten überall und die Zeppeline? »Na und!« erwiderte Gabrielle mit böser Stimme. Waren sie Patrioten oder nicht? Die besiegten Familien beugten sich und gaben nach.

Während in Verdun ein gnadenloser Kampf geführt wurde, festigte Gabrielle Chanel ihr Imperium. Paris erlebte einen eisigen Winter, wovon Pierre Reverdy, oben auf dem Montmartre, wohin Gabrielle nun nicht mehr zu gehen brauchte, Zeugnis gab. Pierre Reverdy, der stets von Hunger und Kälte und dem Lärm gepeinigt wurde, den Utrillo in seiner Wohnung über ihm machte, hob einen Zipfel von dem Schleier an, der über jener fernen Zeit lag.

En ce temps-là le charbon
était devenu aussi précieux
et rare que des pépites d'or
et j'écrivais dans un grenier
où la neige, en tombant par
les fentes du toit, devenait
bleue.

Damals waren die Kohlen
so rar, so kostbar geworden
wie Klumpen baren Goldes,
und ich schrieb auf einem Söller,
wo der Schnee,
der durch die Dachritzen fiel,
blau wurde.

Kinder starben, weil es nichts zu heizen gab. Die Kriegsindustrie war dauernd von Kohlenmangel bedroht. Von Kohle hing der Sieg ab, und Boy verdiente ein Vermögen. Seine persönlichen Interessen trafen sich genau mit denen der Allgemeinheit, so daß er sich ohne die geringsten Skrupel dafür einsetzen konnte.

In den ersten Monaten des Jahres 1916 regierte Gabrielle Chanel mit absoluter Macht über dreihundert Näherinnen. Ihre Unabhängigkeit war gesichert.

Für alle, die noch an Eleganz dachten, gab es die verwirrende Alternative »Chanel oder Poiret?« nicht mehr. Gabrielles gefürchteter Konkurrent hatte sein Talent in den Dienst der Armee gestellt. Er war zur Intendantur eingezogen worden, wo es ihm gelang, durch *Normalisierung* des Militärmantelschnitts pro Soldat sechzig Zentimeter Stoff und vier Arbeitsstunden pro angefertigtem Kleidungsstück einzusparen.

Gabrielle Chanel blieb somit allein auf dem Plan. Es war zweifellos ein nicht unwesentlicher Vorteil, in jenen Jahren eine Frau zu sein.

Es wurde ihr erst bewußt, als sie zu ihrer eigenen Überraschung feststellte, daß sie Arthur Capel sein Geld zurückzahlen konnte. Was sie, von einem sehr sicheren Instinkt geleitet, auch schleunigst tat, ohne ihn erst nach seiner Meinung zu fragen. Sie wußte, daß er staunen würde, wenn er sähe, daß die an einem Ferienabend fröhlich und leichtherzig gefaßten Beschlüsse so schnell zu einem Erfolg geführt hatten, der ihr erlaubte, davon zu leben. Sie ahnte auch undeutlich, daß die Rückzahlung ihrer Schuld ihr Verhältnis zueinander ändern würde. Der beste Beweis dafür war, daß Boy ihr gegenüber wieder außerordentlich eifersüchtig war. Mit welcher Freude hätte er ihr den ganzen Gewinn ihres Erfolgs gelassen! Aber diesmal ging es darum, ihre Unabhängigkeit anzuerkennen. Das war eine Überraschung, auf die er nicht vorbereitet war.

Die tiefgreifende Änderung, die jetzt Gabrielles Verhalten prägte, sollte Boy dazu führen, jede Freude, die er ohne sie genoß, zu bedauern.

1916 versuchte Gabrielle in Paris das zu wiederholen, was in Deauville zu ihrem Erfolg geführt hatte. Dazu brauchte sie, die sich selbst treu bleiben wollte, etwas, das möglichst wie Gestricktes aussah. Ihre Wahl ist sehr aufschlußreich. Stricken ... Die ewige Beschäftigung der Leute auf dem Lande. Aber es waren keine feinen Strickarbeiten in einer Zeit zu erwarten, wo Wolle rar war und nur für Soldatenmützen verarbeitet wurde.

Es erwies sich auf einmal als ein Vorteil, von Geburt an arm gewesen zu sein. Hätte man unrecht, wenn man hinzufügte, daß es recht schwache Trümpfe gewesen wären, wenn ein paar Jahre Luxus, ich meine, eine effektive Herrschaft der Mode mit allem, was an verführerisch Ansteckendem davon ausgeht, sie hätte zerstören können? Die Gefahr lag nahe, der Faszination der »Ballets russes« zu erliegen und sich die weibliche Anziehungskraft nur in einer Fülle von Stoffen vorzustellen. Eine Kunst zu gefallen, die sich Punkt für Punkt nach den Schönheitsregeln eines Bakst richtete? Man weiß, es war nicht der Fall, und der »große Wind, der aus der Steppe kam«, hatte Gabrielle verschont. Auf die *Ornamentik* verzichten? Eine Kundschaft, für die Reichtum und Eleganz ein und dasselbe waren, hätte es einem Poiret, einem Worth, einem Doucet vielleicht unmöglich gemacht. Aber Chanel? Da sie von klein auf daran gewöhnt war, das zu verwerten, was die andern nicht haben wollten, brauchte sie sich weder zu ändern noch auf etwas zu verzichten. Als daher ein Fabrikant namens Rodier ihr mangels Besserem eine Ware vorlegte, von der nie Gebrauch gemacht worden war und die er für unbrauchbar hielt, war seine Überraschung groß, als er merkte, welches Interesse er damit hervorrief.

Der Stoff war zur Probe hergestellt worden.

Sein Erfinder hatte ihn für die Wäscheindustrie geschaffen und glaubte, damit den Wünschen der Sportler entgegenzukommen. Rodier dachte, daß die jungen Leute, die ganz wild auf das Leben im Freien und den »englischen Stil« waren, einen Stoff schätzen würden, der den Namen »Jersey« hatte, und daß er sich gut für monogrammbestickte lange Unterhosen, Nachthemden mit Seitenschlitzen und maßgeschneiderte Unterhemden eignen würde.

Aber das war ein Irrtum.

Bei seiner Vorführung fanden die einen den Stoff nicht griffig genug, die andern ihn zu hart und »gar nicht lustig«; außerdem, was war das überhaupt für ein Gewebe? Eine maschinengestrickte Masche? O je, auch die phantastischsten Werkzeuge würden nicht verhindern, daß es »zipfelte« und »beulte«, man behaupte nicht das Gegenteil! Und die Farbe? Ein Beige, das die guten Lieferanten »power« fanden. Es sah nach Lokomotivführer oder Hilfsarbeiter aus, nach Arbeitszeug ... Kurzum, niemand hatte es haben wollen. Darauf kam der Krieg, Rodier hatte andere Sorgen und blieb auf seinen Jerseyballen sitzen.

Gabrielle kaufte sie.

Es war genau das, was sie suchte: Gestricktes, aber mit der Maschine. Sie behauptete, daß der Stoff sich durch seine Schlichtheit den Platz erobern würde, der bis dahin nur modischem Gewebe vorbehalten war. Rodier glaubte kein Wort davon und bezweifelte, daß sie den Frauen einen Stoff aufschwatzen würde, den die Männer für sich als zu streng empfunden hatten. Sie schlug die Warnung in den Wind und bestellte noch mehr Jersey bei ihm. Er lehnte es ab, denn er wollte sich nicht noch einmal an die Fabrikation heranwagen, auf die Gefahr hin, Rohmaterial zu verschwenden.

Sie möge es erst mal ausprobieren, dann würde man weitersehen.

Es kam zu einer Auseinandersetzung. Bittere Worte wurden gewechselt. Sie nannte Rodier eine Memme. Aber es rührte ihn nicht. Das war erst ein Vorgeschmack von der Art der Beziehungen, die Chanel ein halbes Jahrhundert lang mit ihren Lieferanten und Gesellschaftern unterhalten würde. Wie groß auch die Verdienste und geteilten Risiken sein mochten, es kam immer so weit, daß sie nach Mitteln und Wegen sann, diese Leute zu ersetzen, sie auszuschalten und an ihrer Stelle selbst zu fabrizieren. Es endete entweder mit einer Komödie oder mit einem Drama, mit einem Prozeß, einer Versöhnung oder mit Türenknallen und Ausrufen: »Ich hab es satt«, und der Ankündigung einer endgültigen Trennung ... Dann begann alles wieder von vorn. Stellen wir ein für allemal fest, daß ein Einvernehmen mit Leuten, von denen sie durch die Art ihres Berufes zwangsläufig *abhängig* war, sich stets als unmöglich erwies. Es war keine Frage der Personen, sondern es war die Abhängigkeit, die ihr unerträglich war.

Ein Beweis dafür, daß Gabrielle wußte, was sie wollte, beruhigte den zweifelnden Rodier: die Tatsache, daß sie aus dem Stoff sofort etwas für sich selbst schneiderte. Eine lose, dreiviertellange Redingote ohne irgendwelche Verzierungen und fast männlich in ihrer Strenge.

Selbst jemand mit weniger Erfahrung als Rodier, ja sogar jemand, der nichts davon verstand, aber wußte, was eine Frau elegant macht, hätte auf den ersten Blick gemerkt, daß in diesem Kleidungsstück eine unbekannte Kraft steckte.

Was war bis dahin maßgebend gewesen? Die Wünsche einer Kundschaft, die sich alles leisten konnte: die Exklusivität des schmückenden Beiwerks, des Stoffes und manchmal auch des Modells. Es wurde neu zugeschnitten oder, je nach den Wünschen der mondänen Berühmtheit, verändert, so daß das, was sie trugen, »die Synthese ihres persönlichen Geschmacks und ihres Couturiers«[24] war. Und wehe ihm, wenn diese schöne Privilegierte an einer anderen ein Kleidungsstück bemerkte, das irgendeine Ähnlichkeit mit ihrem eigenen hatte!

Da verschwand nun plötzlich die Ornamentik ausschließlich zugunsten der Linie, und es tauchte ein Kleidungsstück auf, das ein Modeschöpfer den Erfordernissen der Zeit entsprechend, allein von der Logik her entwickelt hatte. Wenn die Frauenmode Poiret wichtige Neuerungen verdankte, wie die Befreiung von dem allzu engen

Korsett und den Versuch, die Röcke zu kürzen – Kühnheiten, die von so manchen Schmeichlern allzuoft Chanel zugeschrieben wurden, ohne daß sie sich ihrerseits übrigens dagegen gewehrt hätte –, wenn Poiret einen so ausgeprägten Sinn für Farben hatte, wie nach ihm keiner mehr, so war es dennoch Gabrielle Chanel, welche die Mode in diesem Jahr 1916 so entscheidend veränderte, daß sie damit den Sprung in das neue Jahrhundert tat. Das Recht der Frauen auf Bequemlichkeit und Bewegungsfreiheit, die zunehmende Bedeutung des Stils auf Kosten des Beiwerks und schließlich eine plötzliche Aufwertung minderwertiger Stoffe, was ipso facto die Möglichkeit nach sich zog, in naher Zukunft eine Eleganz zu schaffen, die für die meisten Frauen erschwinglich sein würde.

Und außerdem hatte sie gewollt, was niemand vor ihr so freimütig gewagt hatte: daß die Frauen ganz gerade gingen, in Kleidern, die weder die Taille noch das Kreuz betonten, und daß sie wesentlich kürzere Röcke trugen. Wenn Poiret den Rock lüpfte, so daß man den Damenfuß sehen konnte, trieb Chanel es weiter, indem sie den Knöchel sichtbar machte. Wenn Poiret eine Mode eingeführt hatte, die nicht mehr die Taille einschnürte, machte Chanel es noch besser: sie ließ die Taille ganz weg. Tat sie es absichtlich? Oder war alles, wie manche behaupten, eine Folge des minderwertigen Jerseys? Es besteht kein Zweifel: Gabrielle hatte keine Wahl. Zum ersten Mal bestand eine Revolution in der Damenmode nicht etwa darin, irgendwelche Spielereien mitzumachen, sondern vielmehr in der unabänderlichen Notwendigkeit, alles Verspielte abzuschaffen.

Der Jersey-Stoff ließ sich nämlich nicht verarbeiten. Beim kleinsten Abnäher franste das allzu lockere Gewebe aus. Eine andere als Gabrielle hätte aufgegeben. Sie nicht. Die einzige Lösung war: vereinfachen. Das Hemdblusenkleid hörte weit über dem Knöchel auf.

Mit dem gleichen Streich beseitigte Gabrielle eine jahrhundertealte Geste, auf die so viele Männer in dem Moment, da eine Frau eine Stufe hinaufstieg, wollüstig gewartet hatten: das leichte Anheben des Rocks. Damit verschwand eine bestimmte Epoche der Frau, die Epoche der tausend Fältchen am Mieder und der Schleierwolken am Hut, die Zeit von Vichy, von Souvigny, die Zeit von Adriennes Eroberungen.

Indem Gabrielle ihre eigene Vergangenheit auslöschte, veränderte sie für immer das Schauspiel der Straße.

Die Frau, die »die lange Schleppe ihres malvenfarbenen Kleides hinter sich ausbreitete[25]«, gab es nicht mehr. Hinfort war es eine Person, die unbehindert ausschritt, die sich im Handumdrehen allein an- und ausziehen konnte und vor der man auf der Hut sein mußte. Was die – sehr zahlreichen – Wehmütigen betraf, die der schönen Dahingeschiedenen nachtrauerten, so erging es ihnen wie Orpheus, dessen Klagen ohne Wirkung blieben. Die Proustschen Ausrufe: »Wie schade!« und »Wie entsetzlich!« sollten noch zunehmen. Aber weder sein Seufzen beim Anblick von Kleidern, die, wie er schrieb, »nicht einmal aus Stoff sind«, noch sein Kummer angesichts »unbedeutender« Frauen, nichts würde Madame Swann wieder zu neuem Leben erwecken.

Der neue Typ konnte allerdings entmutigen. Es war eine ganz neue Frau, deren Garderobe *keinerlei Anspielungen* enthielt. Es war unnötig, sie zu befragen. Die Spielregel war absichtlich durcheinandergebracht worden.

Was sollte man von einer Mode halten, deren entscheidende Merkmale man in keinem Museum fand? Man mochte noch so gebildet sein, diese Frau übertraf alle Vorstellungen. Wer wäre auch auf die Idee gekommen, die Ursprünge für eine solche Reform im tiefsten Innern einer ärmlichen Provinz zu suchen? Niemand hat je gehört, daß die Raffinessen der Mode ihren Ursprung in einem steinigen Hochland haben.

Das »Charming Chemise Dress«

Da es keine Modezeitschriften mehr gab, kann man verstehen, daß bis zum Ende des ersten Weltkrieges die Pariserinnen die einzigen waren, die ein wenig mehr als den Knöchel sehen ließen. Erst 1919 wurden sie sich bewußt, daß sie mit ihrer tiefen Taille und ihrem geraden Mantel ausländische Besucher außerordentlich überraschten.

Was sie trugen, sollte prompt Mode werden.

Und es ist nicht das geringste Paradox in der Geschichte dieser Französinnen, daß sie in einer Zeit tiefsten Elends zukunftweisend waren. Sie hatten, ohne es zu wissen, schon die lärmende Jugend der folgenden Friedensjahre angedeutet.

In den amerikanischen Straßen war im Jahre 1916 kein Damenbein zu sehen, die Röcke reichten dort immer noch bis auf die Fersen hinab. Um sich vollends davon zu überzeugen, braucht man nur ein Foto aus dem Jahre 1917 zu betrachten, auf dem die Frauen des *Cosmopolitan Club* gemeinsam in New York defilieren. Kaum daß man das mindeste vom Knöchel hervorlugen sieht!

Da liegt jedoch ein Widerspruch, den man sich nicht recht erklären kann, denn der Name Chanel erschien gerade in der amerikanischen Presse zum erstenmal.

1916 veröffentlichte *Harper's Bazaar* das erste Modell, das je von Gabrielle reproduziert wurde, ein Modell, das sich nicht beschreiben ließ. Es war ein Kleidungsstück, das nur durch eine Reihe von Negationen zu definieren war. Aber es ließ sich wunderbar zeichnen, da es wie aus einem Guß war und eine reine Linie hatte.

Es war ein Kleid aus der Biarritz-Kollektion. Da es für Antoinettes schöne Kundinnen bestimmt war, besaß es einen unleugbaren Reiz, jedoch ohne den geringsten Vorkriegshauch. Keine Veilchen am Mieder, und erst recht keine Catleyas, und zwar aus gutem Grund: es gab keine Mieder mehr. Weder Rüschen noch Volants am Ausschnitt, denn es gab auch keinen Ausschnitt mehr. Das Kleid war wie mit einem Schwertstreich V-förmig gespalten und öffnete sich über einer männlich geschnittenen Weste, die zwischen ihren Aufschlägen – oh, wie mutig! – den bloßen Hals und sogar mehr als den Hals sehen ließ. Keine Puffärmel und auch kein *Kimono*–Schnitt, wie Poiret ihn liebte, sondern eine strumpfenge Hülle, die den Arm von den Schultern bis zum Handgelenk umgab. Weder Schleier noch Sonnenschirme, nur ein breitrandiger Hut, dessen tief heruntergezogener Stumpen einen kleinen Kopf machte und nichts von dem hatte, was bis dahin das Wesentliche eines Hutes gewesen war. Keine Messer aus Rebhuhnfedern, die gen Himmel standen, keine *Pleureusen* und keine *Amazonen*, da es keinen Strauß gab. Statt dessen zierte etwas Schmales, Flaches, Gedrehtes die eine Seite des Hutstumpens wie ein Band ... Mit dem Unterschied, daß diese Art Schnur nicht aus Kordel, sondern aus Zobel war. Dieses Detail mochte sein, was es wollte, ein diskreter Anklang an den Muff oder eine unerläßliche weiche Note, die Tatsache blieb bestehen, daß man nie eine Frau gesehen hatte, die Pelz in dieser Weise trug. Was die Taille betraf ... Aber wer spricht von Taille oder irgendeinem Gürtel? Eine Schärpe mit langen Enden und in den Farben des Kleids flatterte um die Hüften wie die Schärpe eines Generals.

Die amerikanischen Redakteure, die zwar durch so viele Weglassungen entmutigt, aber dennoch voller Bewunderung waren, hatten dieses Kleid durch eine kurze Unterschrift begrüßt. Sie machten es zu *Chanel's charming chemise dress*.

Gabrielle sollte vier Jahre warten müssen, bis die französische Presse von ihr Notiz nahm. So lange, wie ein Land brauchte, um wieder Gefallen an Frivolitäten zu finden.

Kein Wort über Chanel, kein einziges Modell wurde abgedruckt vor 1920.

Noch ein paar Tage, im Mai '17, die letzten, in denen Gabrielle für kurze Zeit eine glückliche Frau war.

In jenen Tagen feierte Arthur Capel mit ihr in Paris das Erscheinen des Werkes[26], an dem er seit über einem Jahr gearbeitet hatte und das soeben in London herausgekommen war. Denn zwischen zwei Reisen hatte er sich an eine höchst unerwartete Aufgabe gemacht: ein Buch. Wenn man ihn nach dem Titel fragte, antwortete Boy »*Reflections on Victory*«. Man mußte ein ungewöhnliches Vertrauen in die Zukunft haben, um in jener Zeit Überlegungen dieser Art zu wagen. Clemenceau, der von dem Projekt erfahren hatte, ließ ihn wissen, daß er alle nötigen Unterlagen dafür zur Verfügung stellen würde. Und dann hatte sich an seine *Gedanken über den Sieg* ein *Project for the Federation of Governments* angeschlossen und ein Vorwort, in dem Boy darlegte, daß er Engländer sei, aber lange genug in Frankreich gelebt habe, um dieses Land zu lieben und französisch zu denken. Es war wie ein Geständnis dieser doppelten Zugehörigkeit, die ihn quälte. Er fügte hinzu, daß in Frankreich die Vereinigung der Völker ihren Anfang nehmen müsse, was aus dem Munde eines Engländers überraschte.

Arthur Capel stützte seine Thesen durch Zitate, welche die recht heteroklite Art seiner Lektüre verrieten. Er berief sich gleichzeitig auf Bismarck und auf Napoléon, auf Plutarch und Hermes Trismegistus, auf Wilhelm den Schweiger und auf Balzac; aber er führte vor allem die *Memoiren* von Sully an.

Ein merkwürdiger Geist und ein sonderbares Buch, in dem es nicht an Widersprüchen fehlt. Der Autor, der vom Sieg sprach, als ob er greifbar nahe wäre, obwohl trotz des Eintritts der Amerikaner in den Krieg die Lage der Alliierten seit 1914 nie so prekär gewesen war, sprach sich überzeugend dafür aus, daß der Aufbau einer zukünftigen *Cité* möglich sei, in welcher die demokratischen Traditionen respektiert würden. Aber er lehnte den Begriff *citoyen* der französischen Revolution ab – »eine der unrealistischsten und schädlichsten Neuerungen der letzten hundertunddreißig Jahre« ... Er zeichnete ein sehr strenges Bild von dem zentralistischen Staat, den er als »einen kläglichen Kaufmann, einen unsympathischen Lieferanten, schlechten Wirtschaftler und schlechten Verwalter« bezeichnete und von dem er wünschte, daß er zu Gunsten einer Föderation auf europäischer Ebene verschwände, die jeder Korporation, jeder Gegend, jedem Volk, jeder Rasse volle Autonomie ließe. Woraus man schließen kann, daß Arthur Capel ein »Europäer« der ersten Stunde war, Anhänger einer größtmöglichen Dezentralisierung, der einem Europa der Vaterländer alle Chancen absprach und einen Korporatismus vertrat, der auf Proudhon'schen Prinzipien basierte. Allerdings glaubte letzterer, daß die Ungerechtigkeiten der Welt nur beseitigt werden könnten durch die Abschaffung des Kapitals, eine Reform, die nicht nach Arthur Capels Geschmack gewesen wäre.

Ein anderes Paradox: das Werk klang wie ein Plädoyer für die Jugend. »In unserer zivilisierten Gesellschaft«, schrieb unser Verfasser, »fressen die Alten die Jungen, indem sie diese auf subalternen Posten endlos warten lassen ...« Er stellte fest, daß die Französische Revolution von Männern unter Dreißig gemacht worden war, und warf König Ludwig XVI. vor, daß er mit zwanzig Jahren »das Alter der ganzen Monarchie« gehabt habe. Solche Aussprüche hatte man von einem treuen Untertanen Seiner Britischen Majestät, der obendrein noch ein Konservativer war, nicht erwartet.

Schließlich wetterte er gegen die Gerontokratie, die er für das »Gemetzel« verantwortlich machte, dem die europäischen Nationen ausgeliefert waren. Um zu vermeiden, daß ähnliche Verbrechen sich wiederholten, gäbe es nur ein Mittel: »die Jugend zu befreien«, ihr das Wort und die Macht zu geben. Eine überraschende Sprache, wenn man bedenkt, daß Arthur Capel in Frankreich seine ganze Hoffnung darauf setzte, daß ein 76jähriger wieder an die Macht käme: Clemenceau.

Die größte Qualität des Werks liegt darin, daß es zu einer solchen Zeit geschrieben wurde. Von diesem Standpunkt betrachtet, bekommt die Angst des Autors angesichts der Nachkriegsprobleme ihre volle Bedeutung. Man ist überrascht, einen jungen Mann zu entdecken, der in einer Zeit, da der Rachegeist vorherrschte, daran zweifelte, daß es einen Frieden geben könnte, indem man alle Hoffnungen des deutschen Volkes gleichsam als Sühne zunichte machte. Solch ein Frieden würde seiner Meinung nach nur neue Rachegefühle erwecken.

Das Buch erschien am 10. Mai 1917. Fünf Tage später begann eine der finstersten Epochen des Krieges. Über 107 Regimenter wurden davon betroffen. Die Männer weigerten sich, an die Front zu gehen. Urlauber auf den Bahnhöfen griffen Polizisten an und beschimpften sie. Was war los? War es der »russische Geist«, der überhandnahm?

Auf der Rednerbühne im Senat ging Clemenceau mit gewohnter Heftigkeit den Ursachen des Übels auf den Grund. Die Meutereien? Sie waren nur ein durchaus gerechtfertigter Überdruß und die Folgen einer schändlichen Propaganda. Die Moral der Truppen mußte gestärkt, die Defaitisten mußten in Schach gehalten werden. Er drohte und denunzierte wieder einmal: »Herr Innenminister, ich klage Sie an, den Interessen Frankreichs geschadet zu haben.«

Wenn man dem Drama ein Ende machen wollte, mußten alle, die um Malvy und Caillaux herumschwänzelten, neutralisiert werden. Fünfzehn Personen ins Gefängnis, ein anderes Mittel gab es nicht.

Man kann sich vorstellen, daß unter diesen Umständen ein Buch, das der Nachkriegszeit gewidmet war und den Sieg nicht bezweifelte, zahlreiche Kommentare hervorrief. Man wunderte sich allgemein, daß ein Dandy so viele Gedanken im Kopf hatte, und hinfort wurde Boy nicht mehr seiner Erfolge beim Polo oder seines Scharfsinns in geschäftlichen Dingen wegen erwähnt, sondern wegen des Platzes, den sein Buch in den Spalten der *Times* einnahm. Der Kritiker der Literaturbeilage nahm ausführlich zu den Ansichten des Autors über die Zukunft Stellung: »*Mister Capel's notion is to form at once a federation of the British Empire and the Allies which should be used as an instrument for bringing about and preserving peace by inviting neutrals to join in and eventually including those of our enemies who really desire peace.*« Die *Times* fand die Idee besonders mutig, wonach versucht werden sollte, jene feindlichen Nationen vom deutschen Block zu lösen, die am ehesten bereit schienen, ihre Allianz zu brechen. Er bedauerte dennoch, daß der Autor versäumt habe, den praktischen Aspekt der Dinge näher zu erörtern, und vor allem, daß er nicht untersucht habe, welche Mittel nötig wären, damit diese Föderation Wirklichkeit werde.

Nachdem Arthur Capel erst einmal von der englischen Presse anerkannt worden war, reiste er immer häufiger nach London. Obwohl er noch immer in Gabrielle verliebt war, verfolgte er den Weg, den sein Ehrgeiz ihm vorzeichnete, weiter und machte kein Geheimnis aus seinen Absichten. Schon in Paris zog es ihn zu hübschen Witwen. In London traf er andere dieser Sorte. Eine Gruppe junger Engländerinnen aus der obersten Gesellschaft hatte ihn mit einer Freundlichkeit aufgenommen, die ihn überraschte. Er wollte versuchen, in diese Aristokratie hineinzuheiraten. Gabrielle, der nur ihre Liebe zu Boy am Herzen lag, gelang es ihrerseits, sich durch Willensstärke davon zu überzeugen, daß er hinfort weniger Platz in ihrem Leben einnahm. Sie begann, Abwehrmaßnahmen gegen seine Verhaltensweise zu entwickeln. Sie hatte an die ewige Liebe geglaubt und sich wieder einmal getäuscht. Selbst daß Boy sie ins Vertrauen zog, verletzte sie. Möge er doch flirten, mit wem er wolle, aber er solle endlich aufhören, sie davon zu informieren! Die Kluft, die sie von Boys neuen Freundinnen trennte, war tatsächlich zu groß. Er traf jeden Tag Leute, die sie nicht kannte und wahrscheinlich nie kennenlernen würde. So weit war es nun mit ihnen gekommen, mit *ihrem* Boy und ihr...

Aber Gabrielle machte sich weniger daraus, seitdem sie merkte, daß auch sie von intelligenten Freunden und blendend schönen Frauen akzeptiert wurde. Aber es handelte sich um eine ganz andere Gesellschaft. Bei Cécile Sorel hatte Gabrielle Misia Sert kennengelernt. Das Ereignis ist in Paul Morands Tagebuch unter dem 30. Mai 1917 vermerkt. »Seit ein paar Tagen ist es bei den Frauen Mode, kurzes Haar zu tragen. Alle machen mit, Mme Letellier und Coco Chanel an der Spitze, dann Madeleine de Foucault, Jeanne de Salverte, etc.«

»Cocteau berichtet von einem unerhörten Essen gestern bei Cécile Sorel. Es waren die Berthelots da, Sert, Misia und Coco Chanel, die ganz entschieden zu einer Persönlichkeit wird.«[27]

Als das Echo des Erfolgs von dieser Gabrielle-mit-den-kurzen-Haaren bis nach London drang, wunderte Boy seinerseits sich darüber. Da hatte *seine* Gabrielle zu einer Gesellschaft Zugang gefunden, für die er, Boy, nichts bedeutete; so weit war es mit ihnen nach all den gegenseitigen Versprechungen gekommen. Vielleicht hatte sie jetzt, da sie unabhängig und beinahe reich war, genug von ihm. Arthur Capel verwirrte dieser Gedanke um so mehr, als er sich nie vorgestellt hatte, daß Gabrielle ohne ihn auskommen könnte.

Der unaufhaltsame Aufstieg des schönen Arthur

November 1917. Paris erlebte einen merkwürdigen Herbst. Das Hotelleben lief auf vollen Touren. Es gehörte zum guten Ton, einen Liebhaber vorweisen zu können. Flieger waren bei weitem am meisten gefragt. Die Stadt war ein Sammelbecken, wo Urlauber aller Nationalitäten zusammentrafen. Man tat alles, um die Amerikaner zu unterhalten. Aber die unglückliche Mrs. Moore war nicht mehr da, um ihre Landsleute zu empfangen. Eine Urne im Kolumbarium in Biarritz mit ihrer Asche war alles, was von ihr übrig war. Sie war im Hotel Crillon am Schluß eines letzten und »nicht einmal sehr schicken Diners« gestorben. Dieser Tod einer snobistischen Frau infolge eines Fehltritts – sie war auf der Treppe gefallen – bekam symbolische Bedeutung. Es war das ganze mondäne Leben der Kriegsjahre, das mit ihr in den Abgrund stürzte.

Die Versorgungsschwierigkeiten ließen vergessen, daß man ein paar Verräter eingesperrt und die schöne Mata Hari trotz der Tränen ihres Anwalts, der zufällig auch ihr Liebhaber war, erschossen hatte. Eine Spionin weniger. Aber was änderte das? Die verbündeten Nationen waren am Rande der Katastrophe. In Italien das Desaster Caporetto, die Auflösung der Truppen, die Überwältigung einer ganzen Armee, und auf der rechten Seite der Alliierten war die italienische Verteidigung total zunichte gemacht worden. In Rußland gab es keinen Zaren mehr, keine Armee, es herrschte zunächst ein Chaos, dann kam Lenin an die Macht. Der russische Koloß sackte wie ein aufgeblasener Ballon in sich zusammen. Die Garantie einer Macht, auf die sich so viele Franzosen verlassen hatten, war ihnen plötzlich entrissen. Die Öffentlichkeit fühlte sich betrogen. Da war auf einmal eine Revolte in einem Land, von dessen Prunk und Prachtentfaltung man stets gern erzählt hatte, doch nie von seinen Dramen oder seinem Elend. Schluß mit dem Schauspiel »einer Großartigkeit, mit der kein anderer Herrscherhof der Welt sich messen konnte[28]«. Keine rote Eskorte von struppigen, bärtigen, imponierenden Kosaken mehr, kein autokratischer Herrscher des heiligen Rußland mehr, der, gefolgt von der funkelnden Schwadron der Großfürsten und Adjutanten, dahingaloppierte; und leer die Tribüne, auf der zu Poincarés Empfang unter weißen Zeltdächern die traurigen Kaiserinnen und ihre unschuldigen Töchter gethront hatten. »Die unglaubliche Aufeinanderfolge von Unfällen und falschen Berechnungen, die seit neunzehn Jahren die Herrschaft von Nikolaus II. begleiteten[29]«, endeten mit einer Abdankung, und die tödliche Salve von Jekaterinburg sollte in den Ohren der französischen Bourgeoisie wie ein Geräusch vom Ende der Welt widerhallen. Da klappte man ihnen vor der Nase ein schönes Bilderbuch zu. Es gab keinen Zaren mehr? Sie waren sprachlos. Aber der Franzose war nicht so töricht zu glauben, daß Wladimir Iljitsch die Verpflichtungen von Nikolaus II. einlösen würde. Wie Sganarell, der seinen Herrn beweint und jedem entgegenruft: »Mein Lohn! Mein Lohn!« so rief der kleine französische Sparer: »Meine Wertpapiere!« und jammerte vergeblich der Anleihe nach, die er, trunken von Großartigkeit, unterschrieben hatte.

Auf militärischem Gebiet war die Lage noch schlechter. Es war kein Wunder zu erwarten: die Russen würden die Waffen niederlegen. Der gefürchtete Ludendorff, Oberbefehlshaber der deutschen Armee, würde von einer hinfort ungefährdeten Front hundertachtzig deutsche Divisionen und vielleicht mehr, vielleicht zweihundert abziehen können und sie Frankreich entgegenwerfen. Die Deutschen sicherten sich eine zahlenmäßige Überlegenheit, die der Eintritt der Vereinigten Staaten in den Krieg bei weitem nicht ausglich.

Zwar waren Pershings Truppen ein entscheidender Trumpf, den man aber nicht einsetzen konnte. Die amerikanische Armee war noch nicht kampfbereit.

So waren die Verhältnisse, als Clemenceau aufgerufen wurde, Frankreich zu regieren. »Krieg, nichts als Krieg«, etwas anderes konnte er nicht versprechen. Gewiß, die Stunde würde kommen, da Paris seine siegreichen Truppen bejubeln würde. Aber dieser Ruhm würde nur mit »Blut und Tränen« errungen werden können. Die Soldaten nannten ihn nicht mehr »den Alten«, sondern der Name »Tiger« wurde populär.

Kaum war Clemenceau an der Macht, als Arthur Capel ihn aufsuchte[30]. Seine Art, sich über die Minister hinwegzusetzen, die engsten Mitarbeiter zu ignorieren, dem allmächtigen Mandel[31] die Stirn zu bieten und so, mit fünfunddreißig Jahren, bis zum Chef der Regierung vorzudringen, war ganz nach Clemenceaus Geschmack. Was ihn selbst betraf, so veranlaßte er die Versetzung mehrerer Botschafter und gab in Ungnade gefallenen Generälen ihre Befehlsgewalt zurück, ohne auch nur den Präsidenten der Republik zu fragen. Aber was wollte eigentlich Capel? Seine Flotte... Seine Kohlenschiffe... Er stellte sie Frankreich zur Verfügung und machte sich trotz der drohenden Unterseeboote stark, die französischen Fabriken zu beliefern. Clemenceau nahm das Angebot an und lobte Boy bei jeder Gelegenheit. Capel hingegen kehrte nach London zurück. So rückte er in die führenden Schichten auf.

In den ersten Monaten des Jahres 1918 nutzte Capel eine Reise nach Frankreich, um der Herzogin von Sutherland einen Besuch abzustatten. Die Herzogin von Sutherland, eine große, sehr aufrechte Gestalt von königlicher Haltung – Churchill nannte sie die schönste Frau, die es je gegeben hat –, fuhr in der Kampfzone einen Krankenwagen. Lady Dudley, die Herzogin von Westminster und viele englische Adelige mit ihren Töchtern, Nichten und den jungen Freundinnen der einen oder anderen hatten es ebenso gemacht. Die Herzogin von Sutherland war also keine Ausnahme. Aber war es wegen dieser Millicent, daß Boy dorthin fuhr, oder wegen einer ihrer Krankenschwestern? Unter ihnen befand sich eine junge Dame, die ihm schon in London aufgefallen war. Sie war die jüngste Tochter jenes vierten und letzten Barons Ribblesdale, dessen Porträt von Sargent zu den Kostbarkeiten der National Gallery gehört. Alle Ribblesdales ähnelten diesem Porträt, das heißt, sie waren alle außergewöhnlich schön. Wie konnte er dem Verlangen widerstehen, diese junge Frau um ihre Hand zu bitten? Diese Tochter und Schwiegertochter von Lords, die gleich nach ihrer Hochzeit ihren

Mann verloren hatte, war eine zierliche, offenherzige, sanftmütige und hilflose junge Frau. Der Krieg hatte ihr alles genommen. Nach ihrem Mann ihre Jugendfreunde, »*who stood for something very precious to me, for an England of my dreams, made of honest, brave and tender men ...*«, schrieb ihr Bruder, Charles Lister, bevor auch er fiel. Boy fühlte sich wie ein Schutzengel an ihrer Seite und förderte dieses Gefühl, bis er glaubte, daß er sie liebte. Dennoch zögerte er. Es boten sich andere Möglichkeiten. Einige in Frankreich, andere in Belgien ... Es fehlte nicht an hübschen Witwen. Vor allem jedoch mußte Gabrielle davon in Kenntnis gesetzt werden.

Kaum wieder in Paris, tat es Boy schon leid, daß er ihr eine so traurige Nachricht zu bringen hatte. Der Erfolg bekommt Frauen gut: Gabrielle war noch schöner geworden. Ihr Geschäft in Biarritz florierte. Sie hatte in jenem Jahr die Villa de Larralde gekauft und 300000 Francs[32] in bar dafür bezahlt. Sie war von Freunden umringt und viel bewundert, sie erwartete von niemandem Hilfe und fühlte sich zu niemandem besonders hingezogen. Eine dynamische Frau, diese Gabrielle, und so anregend ... Liebte Boy tatsächlich die hilflosen Frauen so sehr, wie er glaubte?

Er fand tausend Gründe, um den Augenblick des Geständnisses hinauszuschieben. Eine gewisse Intimität verband beide von neuem. Plötzlich war alles wieder da, Liebe, Leidenschaft. Boy gestand ihr, daß alles, was wieder aufflammte, nie erloschen gewesen sei. Sie zogen wieder zusammen. Aber die fatale Nachricht war unterschwellig dauernd gegenwärtig. Schließlich konnte Gabrielle es nicht länger aushalten und erleichterte ihm noch die Aufgabe. Boy hatte ihr etwas zu sagen? Dann schnell! Sie war bereit, ihn anzuhören, schon lange. Schon seit mehreren Jahren lebte sie am Rande des Unglücks, wenn sie sich auch bemühte, es nicht sehen zu wollen. Nun war es soweit.

Es vergingen ein paar Tage, ohne daß Boy sich entschließen konnte. Er wollte sprechen und konnte nicht ... Er war beherrscht von der Angst, sie zu verlieren. Das war die Gefahr, eine andere sah er nicht. Aber Gabrielle ließ nicht locker. Also gestand er: Diana Lister, Ambulanzfahrerin, Tochter eines Lords: diese Frau wollte er heiraten.

Gabrielle hörte ihm ohne eine Träne zu: Boy verbündete sich mit allem, was sie nicht war.

Etwas später wurden Arthur Capels Reisen zwischen Paris und London hin und her immer häufiger. Er wurde zum politischen Sekretär der britischen Sektion beim großen interalliierten Rat in Versailles ernannt.

Für Gabrielle bedeutete diese Nachricht nur das eine: Boy würde länger und öfter in Frankreich sein.

Er kam tatsächlich, und obwohl er offiziell mit Diana Lister verlobt war, sah er Gabrielle weiterhin wie früher.

Da stellte sich die Frage der Wohnung. Gabrielle konnte nicht länger am Boulevard Malesherbes unter seinem Dach bleiben. Ausziehen ... Eine neue Tortur. Die schlimmste vielleicht. Arthur Capel versuchte, sie zu überreden, ein Haus in der näheren Umgebung von Paris zu suchen. Warum lag ihm soviel daran, und warum in einem Vorort? Sie hatte Bedenken. Wollte er sie wieder einmal abschieben? Gabrielle ahnte, daß es so war, aber daß auch etwas anderes dahintersteckte. Im Hinblick auf eine unmittelbar bevorstehende Lebensänderung wünschte er, daß sie sich als *Illegitime* an einem unauffälligen Ort niederließe, wo er sie auch in Zukunft besuchen könnte.

Kurzum, sie verlor Boy und verlor ihn doch wieder nicht.

Es war die Zeit, da Paris unter dem Feuer einer jüngst erfundenen Waffe lag, einem Geschütz mit großer Schußweite, und wo die Mauern von Saint-Gervais am Karfreitag über den Gläubigen zusammenstürzten; es war die Zeit, da liebliche Geschöpfe aus dem *Ritz* zu Chanel kamen, um sich Nachtgewänder machen zu lassen, die schnell anzuziehen wären und in denen sie sich in der Hotelhalle und später im Keller sehen lassen könnten, anders als im Nachthemd. Gabrielle steckte sie in Schlafanzüge. Das war das erste flüchtige Anzeichen für Hosen, die vier Jahre später in Mode kommen sollten, Hosen, die von Frauen mit ausrasiertem Nacken und einem Filzhut auf dem Kopf getragen würden, von jenen Emanzipierten, die mit Zündholzheftchen und Zigarren jonglierten, wie hübsche junge Männer gekleidet waren und deren Erscheinung auf manche wie ein Verstoß gegen die guten Sitten wirkte.

Während Boys Wunsch zunächst kein Gehör fand – in einem Pariser Vorort zu wohnen, bedeutete, sich von ihm entfernen, und daran war kein Gedanke –, schickte Gabrielle die *happy few* in scharlachroten Schlafanzügen in den Keller. Die Farbe überraschte. Man fragte sie: »Warum?« Sie antwortete: »Warum nicht?« Man würde doch nicht auch noch Erklärungen verlangen? Sie schlug über ihrer Vergangenheit die Türen zu und konnte die Bitten, sie wieder aufzumachen, nie leiden. Aber wäre dieser Anzug entstanden, wenn es nicht die Erinnerung an die hohen krapproten Beine gegeben hätte? Angesichts der Gefahr der »dicken Bertha« berief Gabrielle sich, bewußt oder unbewußt, zugleich auf Moulins und das 10. Jägerregiment. Eine merkwürdige Verbindung. Die Getreuen des *Ritz* lösten, ohne es zu wissen, die fröhlichen Reiter des Tingeltangel ab.

Dann begann das Furchtbare von neuem, als ob vier Jahre Kampf zu nichts gedient hätten. Wieder machten die Deutschen einen Durchbruch, die 6. britische Armee wurde in der Flanke angegriffen, und die Jäger, die im Galopp von Pontoise, von Lyon, Nevers und Moulins herbeieilten, sie alle, die Gabrielle vergessen wollte und die seit ein paar Wochen damit beschäftigt waren, die Streikenden in Schach zu halten, die Dragoner, und unter ihnen der »Angebetete« von Adrienne, wurden als Verstärkung überstürzt an die Front geworfen, aber es war zu spät, und angesichts einer vierundzwanzig Kilometer tiefen Bresche war die Verbindung mit den Briten unmöglich: Douglas Haigs Truppen zogen sich zurück ...

Die wenigen, die von dem 10. Reiterregiment noch übrigblieben, wurden der Infanterie zugeteilt.

Gabrielles Freiheit bestand darin, anders zu sein. Sie hatte keine Familie, keinen Ehemann, keine Kinder, keine Toten zu beweinen, und nichts zwang sie, Paris zu verlassen.

Vier Jahre früher, in Deauville, während der Marne-Schlacht, hatte ihre Kundschaft sich zusehends vergrößert. Was konnte sie vom Chemin des Dames erwarten? So grausam diese Niederlage auch war, sie kam ihr wieder einmal zugute. Sie hielt Boy in Frankreich fest. In Versailles tagte der Große Interalliierte Rat ununterbrochen. Wie konnte man unter solchen Umständen heiraten? Die Urlaubsgenehmigungen waren aufgehoben worden. War es ein Aufschub? Es bedeutete, daß Boys Hochzeit vorläufig vertagt wurde.

Ein Appartement, das Gabrielle zufällig in dem Durcheinander der bedrohten Stadt mieten konnte, eine etwas sonderbare Wohnung mit einem ganz lächerlichen Alkoven, wurde der Schauplatz ihres letzten Glücks. Die Wände strömten einen starken Geruch aus. Es roch fast wie Kakao ... Die Angst, daß es ihm an Opium fehlen könnte, hatte den Unbekannten, der vorher an dieser Stelle gewohnt hatte, vertrieben. Er war auf und davon gegangen und hatte in seinen Schränken eine Kimono-Sammlung zurückgelassen und es Misia Sert anheimgestellt, einen Untermieter zu finden. Ein Zufall, der Coco unverzüglich zugute kommen sollte.

Es war eine Erdgeschoßwohnung am Quai de Billy, die ihr Licht auf der einen Seite von der Seine, auf der andern vom Trocadéro-Hügel bekam. Aber man hatte nichts von der Aussicht, da die Fenster nach beiden Seiten mit undurchsichtiger Seide bespannt waren.

Dämmerlicht. Schon beim Eintreten fiel das Mißverhältnis zwischen den niedrigen Möbeln und einem riesigen Buddha auf. Der Alkoven war ganz mit Spiegeln ausgestattet. Im Vorzimmer andere Spiegel und eine schwarzlackierte Zimmerdecke, lauter Details, die sich Gabrielle tief einprägen sollten. Sie kehren, unablässig transponiert, abgewandelt, personalisiert, wie unabweisliche Motive in ihren späteren Wohnungen wieder. Sie schufen den Rahmen, außerhalb dessen sie sich unerträglich fremd gefühlt hätte.

Qui qu'a vu Coco dans le Trocadéro? Kam es vor, daß die Gabrielle, die hier eine schwere Zeit durchmachte, bisweilen die andere Gabrielle heraufbeschwor, jenes junge Mädchen, das davon geträumt hatte, eines Tages die Königin der Music-hall zu werden? *Qui qu'a vu Coco*.... Sie war am Trocadéro und »arriviert«, wie man sagte. Arriviert wo? Liebe und Geborgenheit blieben ihr vorenthalten. Das wenige, was sie besaß, hatte sie unter großen Mühen erworben. Es war ihr somit nichts geschenkt worden, es sei denn die immer gleiche Rolle, eine heimliche Geliebte zu sein, eine ewige *Randfigur*. Nun gut. Sie war bereit, den Kampf aufzugeben und sich in diese Rolle zu schicken. Aber unter der Bedingung, daß das, was sie glücklich machte, für immer dauerte. Sie stellte sich vor, wie ihr Leben ohne die tägliche Überraschung von Boys Besuchen aussehen würde. Ohne ihn hätte sie gar nichts. Sie dachte mehr denn je daran, ihn zu behalten.

Es wurde wärmer, und die amerikanische Armee war einsatzbereit. Im September war das Ende in Sicht. Noch ein paar harte Kampfproben, die Schlachten am Argonnerwald, und schon war es Oktober. Arthur Capel war nach England zurückgekehrt. Die Nachricht von seiner Hochzeit erreichte seine französischen Freunde gerade zu der Zeit, als sich der Sieg ankündete.

Ein Landsitz in Invernesshire war der Schauplatz seiner Hochzeit gewesen: Beaufort Castle, oben auf einem Hügel, die Landschaft überragend, wo Ländereien, Wasser, Heide und Seen recht willkürlich abwechselten, so daß man nicht daran zweifeln konnte, tatsächlich mitten in Schottland zu sein. Die Zeremonie hatte in der Privatkapelle von Lord Lovat, dem Schwager der Braut, stattgefunden, welcher der vierzehnte Baron seines Namens war. Lastete die Erinnerung an die Jahrmarkthändlerstochter aus den Cevennen auf Boy, als ihn eine Familie aufnahm, deren Berühmtheit sowohl von ihrem Adel als auch von besonderen Eigenarten herrührte? Lord Lovat genoß im Oberhaus ein Ansehen, das er seinen außergewöhnlichen Kenntnissen verdankte. Die inneren Angelegenheiten Schottlands hatten ebensowenig Geheimnisse für ihn wie die Lebensweise der Moorhühner. Man muß hinzufügen, daß er im Burenkrieg die *Lovat scouts* befehligt hatte, ein eigenes Regiment, das aus Männern seines Clans bestand, die er auf seinen Besitzungen ausgehoben hatte. Seine Kinder und nächsten Angehörigen füllten den Wohnsitz vollkommen aus, wo Tische, orientalische Vasen, Kamine, Paravents, Lampenschirme, mit Stoffen überladene Staffeleien und wer weiß wie viele andere viktorianische Ansammlungen nach und nach die Strenge der ursprünglichen Festung verdrängt hatten. Die Gastfreundschaft der Lovats hatte nicht ihresgleichen. Sie erweckten den Eindruck, daß sie von Geburt an gegen parteiische Leidenschaften gefeit seien, verfeindete Politiker, Tories und Liberale, frisch aus Oxford entlassene junge Männer, die jenen gemäßigten Sozialismus zur Schau trugen, der unter Studenten der höheren Gesellschaft zum guten Ton gehörte, Prediger und Poeten – wie Roland Knox und Maurice Baring – sie alle wurden den ganzen Sommer hindurch eingeladen, und wenn es bei einem Aufenthalt in Beaufort Castle eine Gefahr gab, dann die, daß man bei der Abreise ein Anhänger Roms geworden war, denn – höchst merkwürdig für einen schottischen Aristokraten – Lord Lovat war katholisch.

Gute Seelen ließen es sich nicht nehmen, Gabrielle dieses wunderbare Anwesen zu beschreiben, das sich aufgrund der Freundschaft zwischen Lady Laura Lovat und ihrer Schwester, der jungen Mrs. Capel, Boy weit öffnete. Er hatte geschafft, was er sich sehnlichst gewünscht hatte: eine solide Verankerung.

Arthur Capel hatte das Lager gewechselt.

Gabrielle Chanel dachte, daß ihre Freiheit hinfort darin bestehe, sich einen Garten zu leisten, in dem sie sich von einem Beruf, der ihre einzige Sicherheit war, erholen könnte. Flieder, Rosen, ein weiter Blick, etwas, das man mit jener Zärtlichkeit betrachten konnte, die sie für Boy nicht mehr empfand. Sie hielt diesen Wunsch für etwas Endgültiges und mietete in Saint-Cucufa eine Villa, *la Milanaise*, in der sie einsame Tage verbrachte. Es war wegen des Flieders und der Rosen, wegen des Blicks auf ein Paris, das, halb singend, halb weinend, seinen Sieg feierte und wo eine berauschte Menge Clemenceau zujubelte – ein enthusiastisches Treiben, an dem sie nicht teilnahm. Aber war es nur deshalb? War das Haus in Saint-Cucufa in seiner Einsamkeit nicht genau das, was Boy sich gewünscht hatte? Ein unauffälliger, ruhiger Ort, wo sie *außer Reichweite* leben könnte. Die friedliche Atmosphäre von Saint-Cucufa half Gabrielle keineswegs, sich an den Schmerz, der sie peinigte, zu gewöhnen. Ein fürchterlicher Groll quälte sie.

Es kamen Männer zu ihr in dieses Haus, Männer, die sie sich aus

Rachsucht oder Trotz holte, Männer, um sich zu beweisen, daß sie frei war, und manche auch nur, weil sie reicher, berühmter, schöner und vornehmer waren als die vornehmsten jungen Frauen, die Boy sich leistete ... Gabrielle nahm sich Liebhaber, so wie andere versuchen, das Unglück durch Alkohol, Glücksspiel, Drogen, durch nächtliches Herumtreiben, durch das Aufsuchen verrufener Orte oder durch den Tod abzuwenden. Es gab noch etwas anderes, womit sie sich berauschte: sie entdeckte eine neue Welt, Misias Welt. Sie stürzte sich hinein wie jemand, der ertrinken will.

Von guten Ehen

1919 war Gabrielles Unglücksjahr. Zwar war Arthur Capel zurück, und es war anzunehmen, daß er keineswegs gewillt war, mit ihr zu brechen. Er war reich und verheiratet, hatte alles erreicht, was er sich wünschte, und hörte doch nicht auf, dem nachzutrauern, was er verloren hatte: ein abwechslungsreicheres Leben, ein »Junggesellenleben«, in dem Gabrielle den ersten Platz eingenommen hatte. An ihrer Seite hatte er viele Vorurteile überwunden, hatte erfolgreich seine Karriere aufgebaut und die Schrecken eines Konflikts überstanden, aus dem die Welt zerrüttet hervorging. Gabrielle war für ihn gleichbedeutend mit dem Krieg. Sie war sein *Abenteuer* ... Was konnte er dafür? Ihre gemeinsamen Unternehmungen, die ihm bis dahin zweitrangig erschienen waren – wie etwa die verschiedenen Etappen von Gabrielles Lancierung und die Finanzierung ihrer Anfänge – bekamen, seitdem er verheiratet war, einen anderen Sinn. Sie nahmen von Tag zu Tag einen immer größeren Platz ein, bis sie nicht mehr von edlen, erhebenden Taten zu unterscheiden waren. Ja, eigentlich sah alles so aus, als ob Gabrielles Liebe für Boy unerläßlich wäre, damit das heikle Unterfangen – seine Ehe mit einer anderen – gelänge.

Gabrielle beobachtete den Vorgang. Aber im Gegensatz zu Adrienne oder den anderen *Illegitimen*, deren Schicksal sie allzu lange geteilt hatte, war sie nicht für ein endloses Sichaufopfern geschaffen. Sie empfand Boy gegenüber eine Art gereizter Enttäuschung.

Nicht, daß sie ihn weniger liebte. Aber die Fähigkeit zur Selbsttäuschung, ohne die, ob man es will oder nicht, die Kräfte der Liebe sich langsam aufzehren, erschöpfte sich in ihr. Es war der Beginn einer Ernüchterung, unter der sie bis zu ihrem letzten Lebenstage leiden sollte. Denn da sie die Achtung vor den Spielarten der Liebe, die in der sogenannten *Elite* üblich waren, verlor, ging sie rasch dazu über, diese ohne Nachsicht zu betrachten. Von daher bis zur Kritik an der Vorrangstellung der Elite und schließlich ihrer Infragestellung – die Elite? welche Elite? – war es nur ein Schritt. Es gehörte zu den Freiheiten, die ihr blieben, diesen Schritt zu tun. Gabrielle ließ es sich nicht nehmen. Eine merkwürdige Einstellung für jemanden, der von Berufs wegen dazu angehalten sein würde, mit dieser angeblichen *Elite* täglich zu verkehren.

Nichts sollte Gabrielle mehr in ihrem Argwohn bestätigen als das alberne Abenteuer von Bertha Capel, die sich aus freien Stücken entschloß, zu heiraten und doch nicht verheiratet zu sein. Ein Entschluß, den man nur als wahnwitzig bezeichnen kann, ein Trotzakt *à l'anglaise.*

War Boys neueste Erfahrung nicht ein Beweis dafür, daß die Ehe eine Einrichtung war, die man radikal abschaffen sollte, zumindest in ihrer traditionellen Form? War es nicht verlockend, die ganze Komödie der ausgeklügelten Ehen zu demaskieren? Nicht eine Harmonie der Körper anzustreben, sondern eine Ehe ohne jede körperliche Vereinigung, die nur Sache des Kalküls war: das war die Wahl, die Arthurs Schwester traf.

Bertha war das Unterpfand eines Handels geworden, den man nicht mehr für möglich gehalten hätte.

Die zwei Zentner schwere Lady M., die nicht nur ein Vermögen besaß, sondern auch den vielsagenden Beinamen Cupido trug, erinnerte an irgendeine Zauberin aus Tausendundeiner Nacht. Jeden Sommer kam sie in Begleitung ihres Mannes und zweier junger Burschen, von denen nur der jüngste ihr Sohn war, nach Deauville. Der ältere stammte aus Lord M.s erster Ehe, und zu Gunsten dieses Jünglings setzte Cupido sich bei Bertha ein. Er war erst neunzehn, aber es war wichtig, ihn zu verheiraten. Sie fand immer neue Vorwände, um die beiden zusammenzuführen. Es schien ihnen nicht unangenehm zu sein. Wie eine böse Märchenfee gelobte Lady M. der jungen Bertha, daß, wenn sie einwilligte, ihren Stiefsohn zu heiraten, »sie es nicht bereuen sollte«. Lady M. war bereit, ihrer künftigen Schwiegertochter eine Jahresrente von einer Million Pfund zu zahlen. Aber es gab eine Klausel in dem Vertrag: keine Nachkommen. Wie würde der Bräutigam dazu stehen? Lady M. verbürgte sich für ihn. Bei der ersten Zurückweisung würde er aufgeben. Es war mehr als wahrscheinlich, daß eine abweisende Ehefrau nach seinem Geschmack wäre.

Bertha war es somit freigestellt, ganz nach ihrer eigenen Lust und Laune zu leben. Die junge Frau konnte sich Liebhaber halten unter der Bedingung, daß es nicht bekannt würde. Lady M.s Forderungen beschränkten sich also auf folgendes: keine Skandale, keine Kinder.

War es ein Racheakt von Lady M., wie viele behaupteten? Bertha war angeblich die sehr geliebte Mätresse ihres Mannes gewesen. Aber noch zahlreicher waren diejenigen, die meinten, daß Lady M. ihren Beinamen Cupido wahrlich zu Recht verdiene. Denn indem sie verhinderte, daß ihr Stiefsohn legitime Nachkommen bekam, machte sie ihren eigenen Sohn zum einzigen Erben sowohl des Titels als auch von Lord M.s fabelhaftem Vermögen.

Reich und von den Pflichten der Ehe befreit zu sein, das war stets Berthas Wunschtraum gewesen. Sie ging auf den Handel ein, und nachdem sie einmal verheiratet war, gelang es ihr so gut, bei ihrem Ehemann in Vergessenheit zu geraten, daß sie einander vierzig Jahre später, als sie an einem Spieltisch zusammentrafen, nicht mehr erkannten. Und doch weckte das Gesicht der Unbekannten bei dem Ehemann das vage Gefühl des *déjà vu.* »Das Gesicht sagt mir etwas«, vertraute er dem Oberkellner an. »Wer ist die Alte?«

»Es ist Milady, Milord.«

Die Zeugen dieser Szene sahen, daß Lord M. so schnell, wie der Anstand es erlaubte, das Weite suchte.

Sodann kam Antoinette an die Reihe. Auch sie heiratete im Jahre 1919.

Die Flieger waren, wie man weiß, sehr begehrt. Der, den sie sich aussuchte, gehörte zu der am meisten geschätzten Art: er war ein wohlerzogener Kanadier, der Familie und Vaterland verlassen und sich zur britischen Luftwaffe gemeldet hatte.

Oscar Edward Fleming war dreiundzwanzig, als er von Brighton nach Paris kam. Das harte Training eines Piloten hatte ihn nicht gehindert, ein Leben zu führen, das ihm merkwüdig anders erscheinen mußte als das, auf welches seine Jugend ihn vorbereitet hatte. Sein Vater, ein Rechtsanwalt, hatte elf Kinder und kein Vermögen. Nach vier älteren Schwestern, die ihm in der Genealogie vorangingen, war Oscar der älteste Sohn. Eltern und Geschwister waren gerührt, daß er Freiwilliger und sogar Pilot geworden war, und die Flemings, die von Natur anspruchslos und sparsam waren, kamen zu der Überzeugung, daß Oscar ihre volle Unterstützung verdiene. Er nützte es aus, verpraßte mehr als seinen Sold und führte ein flottes Leben in europäischem Stil, das heißt, weit über seine Verhältnisse und in Gesellschaft von jungen Leuten, die reicher waren als er.

Keine Maske täuscht so sehr wie die Uniform, und keine Epoche ist so konfus wie eine Nachkriegszeit. Antoinette fiel einem der häufigsten Mißverständnisse zum Opfer: sie hielt Oscar für etwas, was er nicht war. Sie glaubte, er sei reich. Es war jedoch keineswegs aus kühler Berechnung, daß sie die Gefühle, die er für sie hegte, förderte, sondern um da erfolgreich zu sein, wo Gabrielle gescheitert war: sie wollte eine Liebesheirat machen. Oscar gefiel ihr. Oh, wie trügerisch ist immer wieder das Kostüm... Sie träumte von einem schmeichelhaften Posten für ihn, einem dauernden Hin und Her zwischen Kanada und Frankreich, und sah sich, am Arm eines Gekken, als Botschafterin der Eleganz über ganz Ontario herrschen.

Sie verlobten sich.

Die besorgten Flemings schickten Gussie, ihre ältese Tochter, nach Paris mit dem Auftrag, ihnen Näheres mitzuteilen. Aber Gussie erlag ihrerseits den Reizen Europas, und nachdem sie ihren Eltern ein paar vage, aber begeisterte Briefe geschickt hatte, verkündete sie ihnen, daß sie erst in einem Jahr zurückkommen werde. Bei ihrer Überschwenglichkeit verstand man von ihren Plänen nur soviel, daß sie sich auf Anraten von Gabrielle Chanel der Innendekoration widmen wollte. Sie hatte immer ein Faible für Nippes gehabt. Es muß wohl auch Gabrielle gewesen sein, die Gussie mit höchst schmeichelhaften Empfehlungen nach Spanien schickte. Gussie fuhr in dieses Land, das der Krieg verschont hatte, um Renaissance-Möbel aufzustöbern. War es nötig, die Nachforschungen noch fortzusetzen und einen anderen Berichterstatter nach Europa zu schicken? Die Flemings hielten es für richtiger, es dabei bewenden zu lassen. Bertha, die zweite Tochter, meldete sich freiwillig. Ihre Bewerbung wurde nicht berücksichtigt. War es so sicher, daß sie zurückkehren würde?

Oscars Hochzeit fand am 11. November 1919 in Paris statt. Antoinette hatte als Trauzeugen einen Hauptmann der Jäger, der kein anderer als der *Angebetete* von Adrienne war, ferner den Reeder und Ritter der Ehrenlegion Arthur Capel. Da man den Vater der Braut nicht verschweigen konnte, wurde er als *Händler* deklariert und sein Wohnsitz der Einfachheit halber mit Varennes angegeben, was sich, obwohl es nicht stimmte, gut machte.

Nach einem kurzen Aufenthalt in Brighton, wo Oscar Fleming seine Übungszeit beendete, kündete er an, daß er in das geräumige Elternhaus im kanadischen Windsor zurückkehren werde. Antoinette, seine junge Frau, begleitete ihn. Sie reiste mit einem Kammermädchen, siebzehn Koffern und einer Kiste, in der ein silbernes Teeservice untergebracht war, das ein bekannter Juwelier angefertigt hatte und dessen urnenförmiger Samowar enorm viel Platz einnahm. Oscars Brüder und Schwestern arbeiteten für ihre Prüfungen. Die Atmosphäre bei M. Fleming senior hatte nichts Frivoles. Neben seiner Arbeit als Rechtsanwalt widmete er sich mit großem Interesse den politischen Angelegenheiten des Landes. Er war Fachmann für Schiffahrtswege und studierte in seiner Freizeit den Lauf des Sankt-Lorenz-Stroms.

Antoinette hatte weder Gelegenheit, die prunkvollen Roben anzuziehen, die Gabrielle ihr geschenkt hatte, noch, mangels Empfängen, den Samowar zu benutzen, der nicht aus seiner Kiste herauskam. Da sie kein Englisch sprach, hatte sie große Mühe, sich bei ihrer neuen Familie verständlich zu machen. Als eine der jungen Schwägerinnen die Kammerfrau als *singe* bezeichnete – dieses französische Wort für Affe war das einzige, das sie kannte –, kündigte das empörte Dienstmädchen, kaum daß es da war, seinen Dienst. Es mußte auf Flemings Kosten nach Frankreich zurückgeschickt werden. Mutter Fleming machte ein saures Gesicht, weil Antoinette eine allzu große Putzsucht an den Tag legte, was den jungen Mädchen im Haus den Kopf verdrehte. Außerdem rauchte Antoinette in der Öffentlichkeit, was gegen die Sitten der guten Gesellschaft von Ontario verstieß. Die Beziehungen zu der Schwiegertochter wurden noch gespannter, als Mrs. Fleming ihre jüngste Tochter beim heimlichen Rauchen auf der Toilette überraschte. Antoinette wurde beschuldigt, sie auf den Geschmack gebracht zu haben. Daraufhin wurde Oscar nach Toronto geschickt, um Jura zu studieren. Man fand, er könne sich ohne seine Frau besser auf sein Studium konzentrieren. Allein in Windsor, langweilte Antoinette sich zu Tode.

Von Paris aus versuchten Gabrielle und Adrienne durch kluge Ratschläge in jedem ihrer Briefe, Zeit zu gewinnen. Sie empfahlen Antoinette, sich nützlich zu machen. Gabrielle vertraute ihr die Vertretung der Chanel-Moden in Kanada an. Das nur, damit sie nicht ungeduldig würde. Es war auch der sicherste Weg, endlich die teure Ausstattung zur Geltung zu bringen.

Ganz gerade geschnittene Kleider, einige mit Perlenbesatz, andere mit Federn, wurden aus den Koffern hervorgeholt. Antoinette wollte sie in einigen großen Kaufhäusern von Detroit vorführen. Aber die Einkäuferinnen wollten nichts davon wissen. Sie fanden die Kleider inakzeptabel. Sie entsprachen nicht dem Geschmack der dort ansässigen Kundschaft. Antoinette ließ nicht locker, aber es war nichts zu machen. Dann gab sie entmutigt auf. Sie hatte einen mittellosen Studenten geheiratet und war in einer finsteren Provinz gelandet, die, was Kleidung anbetraf, im höchsten Grade phantasielos war. Es war aus. Sie schwor Gabrielle ewige Treue und bat sie um ein Rückreisebillett. Je eher, je besser. War es ein Zufall oder eine Verzögerungstaktik – Gabrielle schrieb an ihre Schwester, sie möge noch warten, und an ihren Schwager, er solle seine Ferien dazu nutzen, in Windsor einen jungen Südamerikaner aufzunehmen, der die ontarische Lebensart kennenlernen wolle, bevor er in sein Land zurückkehre. Die Flemings erwiesen sich als gastfreundlich. Der junge Mann war Argentinier, er war neunzehn Jahre alt, hatte pomadisiertes Haar, trug stets eine Nelke im Knopfloch und erschien in merkwürdig taillierten Jacketts und weißen Gamaschen, die er über gelben Lederstiefeln anhatte. Er hatte ein freundliches Wesen und war sehr reich. Er hatte in seinem Gepäck ein Grammophon mit abnehmbarer Kurbel und zusammenklappbarem Horn, und auf diesem Grammophon spielte er für sich allein alles, was man in Paris tanzte: den *Pas de l'ours* und den *Danse du crabe*. Er versuchte, die Tanzschritte den Damen Fleming beizubringen, wobei er behauptete, es seien amerikanische Tänze. Sie bezweifelten es, es hatte nichts mit dem zu tun, was in Ontario getanzt wurde. Außerdem hielt man das *tempo* dieser Tänze für übertrieben und die Haltungen für schockierend. Antoinette hingegen ... Sobald das Grammophon lief, war sie nicht mehr zu halten. Sie zog eine ihrer schönen Roben an und wechselte, die blonden Locken schüttelnd, von Oscars Armen in die des jungen Argentiniers hinüber und bog und drehte sich in alle Richtungen. Antoinette wurde wieder einmal streng kritisiert. Die Eltern Fleming hielten Rat. Warum hatte man ihnen diesen Argentinier geschickt, und was sollte er eigentlich in Windsor? Sie hielten ihn für Gabrielles Sohn und dachten, sein Besuch in Kanada habe nur den einen Sinn, Antoinette zu zerstreuen. Wann würde er wieder abreisen? Er reiste tatsächlich ab, ohne daß die Flemings sich je erklären konnten, warum er gekommen war.

Antoinette folgte ihm bald nach.

Gestand sie, daß sie für immer wegfuhr? Die Tatsache, daß sie nichts mitnahm, weder die federnbesetzten Kleider noch den Urnensamowar, ließe eher vermuten, daß sie es tunlichst vermied.

Ihre Ehe hatte nicht lange gedauert: ein kurzer Rausch in Brighton, ein langweiliger Aufenthalt in Windsor, insgesamt nicht einmal ein Jahr. Aber das hinderte nicht, daß Oscar seiner Pariser Eroberung nachtrauerte. Seine Schwärmerei für die lebhafte, lustige kleine Französin, die so gut tanzte und sang, war echt gewesen. Ja, er hatte sie geliebt. Man vermied, mit ihm darüber zu sprechen. Er tröstete sich ohne viel Mühe und fand bald ein Heilmittel für seinen Kummer.

Ein paar Monate später teilte Oscar seinem Vater mit, daß er Witwer geworden sei. Er schien recht befriedigt darüber. Antoinette war in Argentinien gestorben. Mr. Fleming, der es in Dingen der Moral nicht so leichtnahm, vermutete, daß es ein Trick seines Sohnes sei, um wieder heiraten zu können. Er ordnete eine Untersuchung an, mit der er die Royal Bank of Canada betraute. Die Bestätigung ließ nicht lange auf sich warten. Die Komplikationen einer spanischen Grippe hatten Antoinette hinweggerafft, als sie zu einer Prospektionsreise für das Unternehmen Chanel in Südamerika unterwegs war.

Wer hätte gedacht, daß von den drei Waisen aus Obasine zwei so früh aus dem Leben scheiden würden? Nach Julia nun Antoinette.

Man weiß nichts von dem Kummer, den Gabrielle empfand. Aber es ist anzunehmen, daß die Qualen, die sie zu der Zeit ausstand, sie für jeden anderen Schmerz unempfindlich machten. Boy ... Boy ... Gabrielle war allein.

Jene Nacht vor Weihnachten

Alles, was wir von Arthur Capels letzter Reise wissen, sind widersprüchliche Zeugenaussagen seiner Zeitgenossen. Er fuhr mit seinem Mechaniker Mansfield im Auto fort. Manche sehen in dieser Abreise in den ersten Wintertagen den Wunsch, mit Gabrielle zu brechen. Seine junge Frau erwartete ihn in Cannes, wo sie Weihnachten zusammen verbringen wollten. Boy fuhr also zur Mittelmeerküste, als ob er hoffte, durch seine Entfernung von Paris seinem Liebeswahn für Gabrielle ein Ende zu setzen. Andere geben dieser Reise einen ganz anderen Sinn. Boy, so behaupten sie, lebte praktisch von seiner Frau getrennt. Er fuhr weg, um ein einsam gelegenes Haus zu suchen, in dem er in aller Ruhe mit Chanel leben könnte.

Jeder wähle nach Belieben den einen oder anderen Grund.

Die Anlässe sind verschieden, aber das Ende nicht.

Es ist gleichgültig, ob dieses Haus seiner Träume weiß oder rosa war und ob es im Schatten von Zypressen oder Palmen stand ... Es ist gleichgültig, was Arthur Capel dazu bewegte, wegzufahren, da er die Zufluchtsstätte, von der er träumte, nicht erreichen sollte. Nur der Tod wartete auf ihn.

Es sind noch ein paar Spuren von dem Ereignis in den englischen Tageszeitungen jener Zeit zu finden.

Unter der Überschrift *English motorist killed in France* heißt es in der *Times* vom 24. Dezember 1919: *Lord Rosslyn, telegraphing last night from St. Raphael, stated that Captain Arthur Capel, who was killed in an automobile accident on Monday, is being buried to-day at 2,30 p. m. at Fréjus with full military honours.*

Ein Telegramm der Agentur Reuter liefert ein paar zusätzliche Einzelheiten: »Hauptmann Capel kam von Paris und fuhr in Richtung Cannes, als an seinem Auto ein Reifen platzte.« Der treue Mansfield war schwer verletzt.

Schließlich in der *Times* vom 29. Dezember 1919 noch folgendes: »*Captain Capel's death is a great blow to his many friends in Paris. He was probably one of the best known Englishmen living in France, where he had important coal interests. During the war, he did excellent liaison work both officially and unofficially, and was a great favourite with Clemenceau. He was a thorough sportsman and at the same time a lover of books.*

Dieser »verflixte« Arthur machte also, außer den klassischen Aufgaben eines Verbindungsoffiziers das, was man im Englischen schamhaft *unofficial work* – offiziöse Arbeit – nennt ... Wie sehr *ist alles Kostüm*! ...

Schließlich veröffentlichte die *Times* mit der Offenheit, zu der allein die britische Presse fähig ist, im Februar 1920 das Testament von Arthur Capel *of Boulevard Malesherbes, Paris, and of Cheyne Walk, Chelsea, S. W., lately liaison officer at the Versailles Conference.* Hundert eigenhändig geschriebene Worte teilten unter seinen legitimen Erben und seinen Mätressen sein gesamtes Vermögen auf: siebenhunderttausend Pfund. Die Illusionen verflogen. Vor den Augen aller wurde schlagartig offenbar, was für ein Don Juan der Verstorbene gewesen war, und man wunderte sich über dieses posthume Achselzucken (»da ich sowieso tot bin, was soll's!«), das klar daraus hervorging.

Die Testamentsvollstrecker für England waren Lord Ribblesdale und Lord Lovat; für Frankreich Armand Antoine Auguste Agénor de Gramont, Duc de Guiche. Die *Times* brachte das Dokument *in extenso*, und es wurde kein Hehl aus den Namen der beiden Illegitimen gemacht, die darin erwähnt waren. Es erhielten die gleiche Summe – 40000 Pfund – eine Französin, Gabrielle Chanel, und eine italienische Gräfin, die junge Witwe eines Mannes, der in Verdun gefallen war.

Alles übrige, mit Ausnahme von mehreren Zuwendungen an seine Schwestern, wurde Eigentum seiner englischen Ehefrau und sollte nach ihr dem Kind – *to our child* – zufallen.

Denn Arthur Capel hatte 1919 eine Tochter bekommen. Lord Lovat war vermutlich nicht hinreichend über den Antiklerikalismus von Georges Clemenceau unterrichtet und wußte nicht, wie sehr dessen amerikanische Verlobte, die Nichte eines Pastors, einst darunter gelitten hatte, als er von ihr verlangte, »sich zwischen Gott und ihm zu entscheiden«, und vielleicht war es auch seine Frömmigkeit, die ihn etwas kurzsichtig machte, jedenfalls glaubte er, sowohl der Tochter Arthur Capels als auch Clemenceau damit eine Ehre zu erweisen, daß er letzteren bat, der Pate des Kindes zu werden. Es war nicht das erstemal, daß man mit einem solchen Wunsch an Clemenceau herantrat. Bauern aus der Vendée, Frontsoldaten und Beamte hatten ihn oft darum ersucht. Aber vergeblich. Er und eine Patenschaft? Seine Sekretärinnen antworteten beinahe beleidigt. Aber in diesem Fall willigte er ein. Allerdings sollte die Taufe in England stattfinden, und er hatte keineswegs die Absicht, hinzufahren. Der Mann, der in den Augen des französischen Volkes nun nicht mehr *le Vieux* und auch nicht mehr *le Tigre*, sondern *le Père la Victoire* war, ließ sich daher vertreten, und die erste Tochter von Arthur Capel hatte das seltene Privileg, Georges Clemenceaus einziges Patenkind zu sein.

Bei Boys Tod war seine Frau wieder schwanger. Und mit der Geburt eines posthumen Kindes, einer zweiten Tochter, im Jahre 1920 nahm das irdische Abenteuer dieses Frauenhelden ein Ende, der unaufhörlich im Zwiespalt gelebt hatte zwischen dem, was er war, und dem Wunsch nach etwas, was er nicht sein konnte.

Als sich am 22. Dezember 1919 die Nachricht von Boys Tod in Paris herumsprach, waren zufällig ein paar Freunde des Clans von Royallieu zusammen. Einer von ihnen übernahm es, Gabrielle zu benachrichtigen. Léon de Laborde fuhr mitten in der Nacht nach Saint-Cucufa. Der Maître d'hôtel war erschrocken, als er es läuten hörte. Joseph Leclerc zögerte, zu solcher Stunde einen Gast hereinzulassen, den er kaum kannte. Aber den Hauptmann Capel kannte er sehr gut. Ein Unfall? Er war tot!... Léon de Laborde erinnerte sich, mit welcher Mühe er Joseph dazu gebracht hatte, Gabrielle zu wecken. Der Maître d'hôtel wußte besser als jeder andere, was für ein Abgrund sich damit vor Gabrielle auftat. »Warten Sie bis morgen«, wiederholte er. Aber Laborde blieb hart. Joseph mußte gehorchen. Daraufhin war Gabrielle heruntergekommen, in einem weißen Pyjama, das kurze Haar buschig um den Kopf. »Eine Jünglingsgestalt, ein in Seide gekleideter junger Mann«, sagte M. de Laborde. Dann hatte er zum ersten Mal miterlebt, daß sie nicht verbergen konnte, was sie empfand. Ihr Gesicht war von einer stum men Grimasse verzerrt; ein Ausdruck, in dem der ganze Schmerz der Welt lag.

Aber keine Träne.

Er erinnerte sich auch, wie sehr er sich bemüht hatte, nicht alles auf einmal zu sagen, und daß er zunächst nur von einer schweren Verletzung gesprochen hatte. Bis der Maître d'hôtel gesagt hatte: »Es ist nicht nötig, Monsieur, Mademoiselle hat verstanden«, und schnell weggegangen war, um Gabrielle eine Tasse Tee zu machen. Danach hatte man warten müssen, daß sie sich aus ihrem Schweigen löste, nicht lange, ein paar Minuten, während derer sie nicht aufgehört hatte, ihren nächtlichen Besucher mit demselben fassungslosen Blick anzustarren. »Das Schlimmste«, sagte Laborde, »das war diese Frau, die weinte, aber mit trockenen Augen.« Dann war sie aufgestanden und ohne ein Wort verschwunden, um fast augenblicklich im Reisekostüm und mit einer Tasche in der Hand wieder zu erscheinen. Es tagte. Sie war bereit. Sie wollte unverzüglich fahren. Sie waren bis zum nächsten Tag unterwegs und erst spät in der Nacht angekommen.

Von Cannes bis Monte Carlo bereiteten sich alle großen Hotels auf Weihnachten vor. Die Mittelmeerküste hatte im Winter etwas Englisches. Mangels Tannenbäumen wurden Papiersterne an die Drehtüren geklebt, damit die Überwinternden sich *at home* fühlten.

Trotz de Labordes Drängen weigerte Gabrielle sich, ihren Wagen zu verlassen. Er wollte, daß sie sich ausruhte. Sie wollte nicht. Das Hotel, ja alle Hotels waren für sie ein Grauen. Er ließ sie allein, immer noch mit demselben verzerrten Gesicht, immer noch unverändert dasitzend – und hier wußte der Marquis de Laborde nicht mehr genau, was geschehen war, denn all das war nicht gestern gewesen, und er erinnerte sich nicht mehr, ob Gabrielle wie ein Gespenst ausgesehen habe oder »als ob sie ein Gespenst gesehen hätte«.

Aber plötzlich fiel ihm wieder ein, daß er, als er 1919 mit Gabrielle in Cannes ankam, seinen Wagen ein paar Meter von der Stelle entfernt geparkt hatte, wo zehn Jahre früher ein Fotograf, der auf der Croisette Schnappschüsse machte, sie alle aufgenommen hatte – ein erstklassiger Mann: Gabrielle wunderbar, der ernste Blick unter ihrem großen schwarzen Hut, und hinter ihr in Reih und Glied der Schwarm ihrer Verehrer (nur Boy fehlte, denn es war »vor seiner Zeit«, wie man sagt, aber kaum daß das Foto fertig war, hatte man es ihm als Postkarte geschickt, denn jeder wußte nur zu gut, daß Boy bereits in keine andere als sie verliebt war). In jener Nacht also in Cannes hatte Léon de Laborde ein vorsichtiges Rückwärtsmanöver eingeleitet, um den Wagen an einen anderen Platz zu stellen, bevor ... Aber Gabrielle hatte ihre Hand auf seinen Arm gelegt: »Nicht nötig, laß nur!« und er hatte sie dagelassen, zusammengekauert in einer Ecke des Wagens, auf seine Rückkehr wartend. Er hatte Erkundigungen eingeholt, obwohl es drei Uhr morgens war.

Unter anderen Umständen hätte der Comte de Laborde im Casino von Monte Carlo angerufen, denn er war sicher, Sutherland, Rosslyn, kurzum all seine englischen Freunde und vor allem Lady M. dort zu finden, denn er suchte nach Bertha. Schließlich, von einem Portier zum andern, von Hotel zu Hotel laufend, hatte er sie gefunden. Bertha war verzweifelt. Sie bat alle beide, ganz schnell zu ihr zu kommen. Ja, sie sollten kommen, sie hatte eine Zimmerflucht und konnte sie unterbringen. Ein verrücktes, aber gutmütiges Wesen. Und dann, in dem Moment, als er auflegen wollte, noch eine schreckliche Nachricht: sie kamen zu spät. Die Aufbahrung? Sie hatte schon stattgefunden. Nun mußte er Gabrielle auch das noch mitteilen, nach achtzehn Stunden Autofahrt und völliger Erschöpfung: sie würde Boy niemals wiedersehn.

Gabrielle hatte auch diesen letzten Schlag wie alles andere hingenommen.

Lady M. empfing sie weinend. Gabrielle hatte ihre Küsse mit trockenem Gesicht erwidert.

Sie hatte auf einer Chaiselongue auf das Anbrechen des Tages gewartet, ohne sich auszuziehen, und das trotz der flehentlichen Bitten von Bertha, die ein Bett, malvenfarbene Bettücher aus Crêpe-de-Chine, ein Plumeau aus Schwanenfedern und weiß Gott was alles anbot. Aber es blieb beim Nein. Eine Reaktion, die sich der Comte de Laborde vierzig Jahre später noch immer nicht erklären konnte. Aber er als Dandy hatte vergessen, wie es auf dem Lande zugeht. In Cannes, in der eleganten Suite der Lady M., verliefen die Dinge so, als ob irgendwo, nicht sehr weit entfernt und sehr gegenwärtig, wenn auch nicht sichtbar, ein Toter ausgestreckt zwischen zwei Kerzen läge, mit einem Buchsbaumzweig zu seinen Füßen und einem Weihwassergefäß, dem Kruzifix auf der Brust, ausgestreckt unter dem bis zum Kinn heraufgezogenen Laken. So fortschrittlich Gabrielle auch war, so schön, so verführerisch, hinter dieser trügerischen Aufmachung verbarg sich die Frau aus den Cevennen, die in Gabrielle wieder wach wurde. Sie war die hagere Bäuerin, die, von Schmerz versteinert, aufrecht auf ihrem Stuhl sitzen blieb und sie sogar daran hinderte, ihre Tasche loszulassen. Kann man sich vorstellen, daß eine Bäuerin aus Ponteils, aus Alès oder sonstwo sich unter solchen Umständen *auszieht*?

Am nächsten Tag war es genauso ... Gabrielle ließ Bertha wissen, daß sie nicht nach Fréjus gehen werde. Warum nicht? Unnötig, sie weiter zu fragen. Sie würde nicht hingehen. Aber die Beerdigung? Sie hatte nein gesagt. Was wollte sie? Zu der Unglücksstelle fahren. Bertha stellte ihr einen Wagen zur Verfügung. Gabrielle lehnte jede Begleitung ab. Nicht einmal Laborde? Nicht einmal ihn. Bertha fügte sich.

Was geschehen war, konnte sie aus dem Bericht entnehmen, den ihr der Chauffeur machte. Er hatte die junge Dame zu der Stelle begleitet, wo Milady am Vortag gewesen war. Der Wagen des Hauptmanns stand immer noch da, auf eine Straßenböschung gezogen, halb ausgebrannt, unbrauchbar. Die junge Frau war um ihn herumgegangen und hatte ihre Hände darauf gelegt wie eine Blinde. Dann hatte sie sich auf einen Kilometerstein gesetzt, und dort hatte sie, mit dem Rücken zur Straße und gesenktem Kopf, ohne sich zu rühren, gesessen und fürchterlich geweint. Fürchterlich. Mehrere Stunden lang, sagte der Chauffeur. Er hatte sich taktvollerweise abseits gehalten.

Es war also bewiesen: Gabrielle konnte, vermochte zu weinen. Aber nur mit dem Gesicht zur Erde.

In jener Nacht herrschte in dem feenhaften Cannes mit all seinen Kiefern und Eukalyptusbäumen, aus denen ein paar große Villen herausragten, mehr Lärm als gewöhnlich. Es war Weihnachten. In dem Appartement neben Berthas Suite wurde gefeiert mit Orchestermusik und Negern, die Blues spielten.

Franzosen, Engländer und Amerikaner stürzten sich ins Vergnügen. Sie dachten nur noch an Jazz.

DIE SLAWISCHEN JAHRE
1920–1925

Jede neue Mode verweigert sich dem Erbe, verhält sich subversiv gegenüber der Modediktatur von gestern; die Mode lebt ausschließlich aus sich selbst nach dem naturgegebenen Gesetz, das die Vergangenheit der Gegenwart unterwirft.

ROLAND BARTHES, SYSTÈME DE LA MODE

Schwarze Fensterläden

Wahrscheinlich hatten sie es untereinander so beschlossen: drei Monate vor Boys Tod verließ Gabrielle das Haus Nummer 21 in der Rue Cambon, wo sie seit 1910 als Putzmacherin geführt wurde, und ließ sich als Modeschöpferin im Haus Nummer 31 nieder, wo sie für den Rest ihres Lebens bleiben sollte. Drei Monate nach Boys Tod unterschrieb sie einen Kaufvertrag für eine Villa, die nach ihrem Geschmack gestrichen worden war und schon bereitstand, um sie aufzunehmen. Sie richtete sich darin ein und gab damit dem Reiz des Abgeschiedenseins nach, einem Bedürfnis, das in jenen Jahren bei ihr besonders stark gewesen sein muß. Sie zog also aus dem Wald von Saint-Cucufa auf den Hügel von Garches, von einer Villa in eine andere, die größer und besser gelegen war, von der *Milanaise* ins *Bel Respiro*, zwei Namen, zwei Titel wie für eine Novelle von Colette, und auch zwei Gärten, wie Colette sie hätte beschreiben können, vor allem den letzteren, den des *Bel Respiro*, der voller Düfte und Vogelgezwitscher war und im Schutze dichter Bäume lag. Das alles bewies den Entschluß, nicht in Paris zu wohnen, sondern im verborgenen.

In den ersten Monaten des Jahres 1920 hatte es für das Personal in der *Milanaise* schwere Tage gegeben, da der Kummer der jungen Frau bisweilen beunruhigende Formen annahm. Nach beendeter Arbeit kam sie sonnabends an, um still für sich zu weinen.

Laut ihrem Maître d'hôtel ließ sie ihr Zimmer schwarz verkleiden, Wände, Decke, Teppich und sogar die Bettücher waren schwarz, was von einem recht zweifelhaften Geschmack zeugte und sowohl an die düsteren Phantasien eines Karls V. in San Géronimo de Yuste erinnerte als auch an Sarah Bernhardt, die sich in ihrem gepolsterten Sarg zur Schau stellte. Aber Gabrielle bewohnte dieses Zimmer nur eine Nacht. Kaum hatte sie sich hingelegt, als sie auch schon klingelte: »Schnell, Joseph, holen Sie mich aus dieser Gruft heraus und sagen Sie Marie, daß sie mir anderswo ein Bett zurechtmachen soll. Ich werde wahnsinnig.« Und Marie, Josephs Frau, tat, was man von ihr verlangte. Sie installierte ihre Herrin, wie diese es wünschte, und blieb den Rest der Nacht an ihrer Seite. Am nächsten Tag wurden die Bespannungen abgenommen. Ein Tapezierer bekam den Auftrag, das Zimmer in rosigen Farben herzurichten.

Diese Anekdote war es wert, wiedergegeben zu werden, da sich soviel Leidenschaftlichkeit dahinter verbirgt, eine Art Passion, die in diesen ersten Nachkriegsjahren nicht mehr Mode war, eine Krankheit, die bis zur Besessenheit führen kann, zum Wahnsinn wie etwa bei Mathilde de La Mole.

Es wäre auch zu erwähnen, daß Chanel eine immer größere Vorliebe für Schwarz zeigte und wie eng demnach diese Vorliebe sie noch mit der bäuerlichen Welt verband. Man weiß ja, wie streng man es auf dem Land mit der Trauerkleidung nimmt. Auch darf wohl gesagt werden, daß sich eine Ausdrucksweise ankündigte, die zum ersten Mal einer gewissen Berufstyrannei gehorchte.

Wenn Gabrielle zunächst veranlaßte, daß man ihr Zimmer schwarz auskleide, und danach, daß man es in rosigen Farben herrichte, so bediente sie sich ihrer Berufssprache. Wahrscheinlich hoffte sie, daß ihr Herz sich ebenso leicht fügen würde wie die Unbekannten, aus denen sich ihre Kundschaft zusammensetzte, ja daß ihr Herz sich dem Gesetz des Rosa unterwerfen würde und daß, wenn ihr Palast erst einmal frisch, hell und leuchtend dastände, auch ihr Kummer verginge.

Kurzum, sie zwängte ihren Schmerz in ein bestimmtes Kleid. Oh, Kostüm!

Wer darin nur Oberflächlichkeit sehen will, möge es tun. Aber andere sehen es anders ... Roland Barthes hat einmal ein Buch geschrieben, in dem er der Ausstattung dieses Privatgemachs, diesem plötzlichen Wechsel von Schwarz zu Rosa eine Bedeutung beimißt. Worum ging es Gabrielle? Dem Ansturm der Erinnerungen zu entfliehen. Das war nicht einfach. Sie überließ sich zunächst willfährig der Nacht und ließ sich von ihr verschlingen. Ihre Phantasie geriet derart durcheinander, daß sie bizarre Züge annahm. Gabrielle verfügte, daß die Wände nicht etwa in Grau oder Mauve, sondern in eine Farbe gehüllt würden, die ihr als die bedrückendste erschien und die der Kleidung, die sie als legitime Ehefrau und Witwe getragen hätte, am nächsten kam: Schwarz. Nun sagte Barthes: *Die Kleidung als Substitution des Körpers gehört durch ihr Gewicht zu den fundamentalen Träumen des Menschen, im Himmel und in der Höhle, in sublimen Momenten und beim Begrabenwerden, beim Davonfliegen und im Schlaf: durch ihr Gewicht wird die Kleidung zum Flügel oder Leichentuch, verführerisch oder gebieterisch ....*

Sicher ist jedenfalls, daß Gabrielles Schmerz nur Finsternis war. Danach riß sie sich zusammen und verbannte das Schwarz. Sie nahm sich noch einmal ihr Schlafzimmer vor und zwang ihm ein Rosa auf, womit sie das Schwarz zu beschwören hoffte. Sie vertraute auf ein ganz einfaches, ganz naives Rezept, das direkt aus den Almanachen, wie ihre Vorfahren sie feilboten, zu stammen schien, auf eine Art Sprichwort: *A chambre rose, coeur gai* (»Ein Zimmer in Rosa erfreut das Herz«). Sie kannte es nicht anders. Hier noch eine Äußerung von Barthes: *Die Mode läßt sich in Sprichwörtern ausdrücken und sich nicht etwa dem Gesetz der Menschen, sondern dem der Dinge unterordnen, so wie sie dem ältesten Zeugen der Menschheitsgeschichte erscheint, dem Bauern, zu dem die Natur durch ihre Wiederholungen spricht: prachtvolle Mäntel verlangen weiße Kleider, kostbare Stoffe leichtes Beiwerk.* Was den Vorwurf der Oberflächlichkeit betrifft, der nicht ausbleiben wird, so muß noch ein letztes Mal derselbe Autor zitiert werden, dasselbe Buch, und zwar folgendes: ... *Das Nebeneinander von sehr Seriösem und sehr Oberflächlichem, das die Rhetorik der Mode bestimmt, spiegelt nur auf der Ebene der Kleidung die mythische Situation der Frau in der westlichen Zivilisation wider: sublim und kindlich zugleich.* Abgesehen davon, daß sie der scheinbaren Oberflächlichkeit ihren wahren Sinn gibt, wirkt diese Bemerkung gewissermaßen wie eine Tür, die zugeknallt wird. Und das war wohl nötig, um Ankläger zum Schweigen zu bringen.

Im März verließ Gabrielle, die hilfloser als ein junges Mädchen bei ihrem ersten Liebeskummer war, aber in sich, wie ein Double, gleichsam eine zweite *sublime* und zu allem bereite Gabrielle trug, ihre Villa, die *Milanaise*, und der Vorhang senkte sich über dem schwarz-rosa Schlafzimmer. Sie nahm Joseph und Marie mit. Und ihr folgte auch die ganze Menagerie: zwei gefährliche Wolfshunde, »Soleil« und »Lune« mit ihren fünf Jungen – ihr »großer Bär«, wie sie das Fünfgespann nannte – und zwei Terrier, Pita und Poppée, die ein letztes Geschenk von Boy waren und denen ihre ganze Fürsorge galt.

In Garches fand man sie extravagant, bevor sie sich überhaupt dort niedergelassen hatte. Sie hatte ihre Villa beige verputzen und die Fensterläden schwarz lackieren lassen – Farben, die das ganze Viertel mißbilligte. Wieder einmal bewies sie ihr Vertrauen zu Schwarz ... Man fand, es passe nicht dorthin. Und doch sah es hübsch aus, das Haus mit dem schwarzen Akzent, der sich an den vier Fenstern der Fassade wiederholte und so gut zu dem Hellgrau des seltsam geschwungenen Schieferdaches paßte. Aber Garches war auf den normannischen Stil eingeschworen. *Bel Respiro* war eine etwas verdächtige Ausnahme in dem Villenviertel mit seinen gutbürgerlichen Häusern, stattlichen Cottages und reichen Bungalows, jenen kleinen Tempeln der ehelichen Legitimität, deren Fachwerk wie ein äußeres Zeichen sozialen Prestiges wirkte. Die schwarzen Fensterläden hingegen ... Die wenigen Vorübergehenden blieben stehen, um zwischen den Zweigen eine Villa zu beobachten, die anders als alle anderen war. Was dachten sie sich dabei? Sie kam ihnen wie ein Bild vor, wie eine *Trompe-l'oeil*-Malerei in den Farben der zwanziger Jahre, eine der Zukunft zugewandte Dekoration, obwohl sie an der Kreuzung der Straßen Alphonse-de-Neuville und Edouard-Detaille stand. Wie seltsam, daß ein wohlhabender Vorort, der die Erinnerung an die schlimmsten Farbkleckser des 19. Jahrhunderts pflegte, in dem Moment, da Gabrielle sich dort niederließ, zum Treffpunkt von Künstlern werden sollte, die für die offiziellen Größen des 20. Jahrhunderts, die Detailles und Neuvilles jener Zeit, als skandalös galten. Zuerst Strawinsky, dann Cocteau. Danach Reverdy, dann Juan Gris, dann Laurens. Es wird einem schwindlig, wenn man nur an die Gegensätze denkt ...

Aber so wie Gabrielle mit einem Sprung aus der künstlerischen Leere, in der ihre Herkunft sie gefangengehalten hatte, zu dem Großartigsten überwechselte, was ihr Jahrhundert im Bereich der Malerei und der Musik zu bieten hatte, so wandte sie sich auch vom Boulevardtheater, kaum daß sie es kennengelernt hatte, gleich wieder ab und entdeckte im Gefolge von Cocteau und Dullin das Theater Sophokles'.

Man könnte keinen Schritt weiter in Gabrielles neuem Leben vorangehen, ohne einen entscheidenden Namen auszusprechen, den von Misia Sert. Aber es wäre eine allzu große Vereinfachung, wenn man Gabrielles neuen Lebensstil auf deren Einfluß allein zurückführen wollte.

Freilich war Misia die Initiatorin. Aber ist es so sicher, daß Gabrielle ohne sie nicht das Heilmittel für ihr Unglück gefunden, nicht jene seltsame Leidenschaft für den Künstler, den Schöpfer entdeckt hätte, das Vergnügen, ihn zu kennen, ihn zu verstehen, ohne auch nur einen Gedanken daran, seine Bilder sammeln zu wollen. Da Gabrielle eine allzu große Lebensneugier besaß, hütete sie sich, etwas zu begehren.

Gemälde? Zeichnungen?

Man ist sprachlos, wie wenig sie davon besaß.

Gegenstände, ja. Viel zuviel! Mysteriöse Gegenstände, die man nirgendwo anders gefunden hätte. Gegenstände, um einen Hauch des Unbekannten festzuhalten, das Echo einer fernen Welt. Auch viele Bücher, darunter manche sehr seltenen Exemplare. Aber abgesehen von einem Paar Kaminböcke von Lipchitz und einem winzig kleinen Gemälde von Dali, keine signierten Dinge, kein einziges Porträt, das sie darstellt, und nicht ein einziges Bild eines Meisters.

Sie hatte also die Künstler unabhängig von ihrem Werk geliebt. Sie hatte sie geliebt ohne einen anderen Wunsch als den, sich von ihnen faszinieren zu lassen, ohne einen anderen Stolz als den, sie intim gekannt und besser *entdeckt* zu haben als ein Sammler, der nur darauf aus ist, alles mitzunehmen. Der Unterschied zwischen einer gewissen Spezies von Sammlern à la Gertrude Stein und Gabrielle Chanel liegt in ihrer Auffassung von der Kreativität. Gabrielle war mehr als jede andere empfänglich für das Geheimnisvolle des Stils. Sie erlag seinem Zauber. Ein Verhalten, das sich durch ihren maßlosen Respekt vor allem *Handgemachten* erklären läßt. Auch hier wieder müßte man den Mechanismus ihres Denkens auseinandernehmen und die Triebfedern suchen. Wahrscheinlich würde man anstelle einer Erklärung auf gewisse Momente in ihrem eigenen Leben stoßen, vergessene Momente, an den Ufern eines Mühlbachs in Issoire, auf andere in Varennes bei Tante Julia, auf wieder andere im Garten, wo der gute Onkel Augustin harkte, karrte und jätete, und schließlich auf noch andere, viele andere, die ihr gar nicht bewußt sein konnten, weil sie mit der armen Behausung ihrer Vorfahren verbunden waren und zu ihrem Erbe gehörten.

Jedenfalls staunte sie noch genauso wie ein Kind über die magische Kraft, die von einer schöpferischen Hand ausgeht. Der Vorgang selbst genügt ihr, der überwältigende Moment, in dem ... Das ewige Waisenkind angesichts des Wunders. Mit jener stillschweigenden Einschränkung, die von ihrer Erziehung herrührte, nämlich daß ein Wunder einen erleuchtet, daß man es nicht als etwas bloß Fabriziertes ansehen kann wie etwa ein Kleid, sondern daß es zum Teil von Gott kommt, und daß ein Kind, das bei Nonnen groß geworden ist, bis auf weiteres davon überzeugt bleibt, daß Gott sich nicht kaufen läßt. Der Einfluß des Waisenhauses von Obasine und des Klosters von Moulins bei alledem ist unverkennbar.

Man sollte noch hinzufügen, daß Gabrielles Verachtung Menschen gegenüber, die unbedingt alles, was sie bewunderten, besitzen wollten, einen überraschen konnte. Es war nicht etwa ein Mangel an Geld, der dazu geführt hatte. Es war ihre persönliche Auffassung von der Kunst, die sie selbst erprobt hatte, nichts anderes. Für den, der Misia Sert gekannt hat – auch sie war in jener Zeit begütert und verschwenderisch –, scheint es, ihre eigentliche Ähnlichkeit habe darin bestanden, daß beide die gleiche Verachtung gegenüber jenen empfanden, für die ein Bild nichts anderes als ein Bild war. Daß sie zu zweit waren, bestärkte sie in ihrer Überzeugung, sich nicht zu täuschen. Zu zweit, endlich! Von nun an wird Gabrielle dreißig Jahre lang mit den Urteilen und dem Geschmack einer Frau verbunden sein, die an dem künstlerischen Leben ihrer Zeit in allen ihren Formen teilhatte.

Man kann nicht genug betonen, wie faszinierend diese Begegnung gewesen ist.

Tag für Tag werden sich die Enkelin der Jahrmarktsleute von Ponteils und diese Misia treffen, die, wie Gabrielle, nichts von sich hinterlassen wird – weder ein Tagebuch noch Briefwechsel oder irgendeine Notiz –, nichts, obgleich die eine wie die andere den ersten zwanzig Jahren dieses Jahrhunderts ihren Stempel aufdrückte, ein flüchtiges, leichtfertiges Mal, wie es die Musen, die guten Feen und Freundinnen hinterlassen.

Hier beginnt für Gabrielle die Zeit mit Misia.

Bilder der jungen Polin

Man hat bei ihr das Gefühl, daß es zu nichts führt, ihr Leben in Worte fassen zu wollen, da das Bild von ihr eher entstand und stärker war als die Texte, die ihr später gewidmet wurden. Legendäre Misia ... Wie sie sich allem *Geschriebenen* entzieht!

Bei dem Versuch, von sich zu erzählen, hatte sie sich nicht zu finden vermocht. Infolgedessen können nicht einmal ihre *Memoiren* als Schlüssel dienen. Denn in *Misia par Misia* ist keine Misia zu finden. Eine Seite von Paul Morand, der mit ihr von 1914 an freundschaftlich verbunden war, sagt mehr über sie aus als dieses Werk, in dem auch er sie vergeblich gesucht hat: »Misia«, schreibt er, »nicht so, wie sie uns in ihren dürftigen *Memoiren* dargestellt wird, sondern so, wie sie wirklich war ...« Es folgt ein Blitzporträt. Kein Text trifft sie meines Erachtens so genau. Eigentlich ist es eine Entführung. Morand entführt sein Modell im Galopp, denn »bei ihr«, so sagt er, »muß es schnell gehen«. Misia ist da, ganz und gar: eine zwanzigjährige Misia, »ein schönes Pantherweib, gebieterisch, blutdürstig und leichtfertig«, von ein paar Malern und Dichtern verehrt, das ist die »Misia des symbolistischen und fauvistischen Paris«; eine perfide Misia, jene, von der Philippe Berthelot sagte, daß man ihr nicht anvertrauen dürfe, was man liebt: »Hier ist die Katze, versteckt eure Vögel«, eine arrivierte Misia, eine millionenverschlingende Misia, die »Misia des Paris im ersten Weltkrieg« und schließlich die »Misia des Paris vom Versailler Frieden«, die schon damals Gabrielles unzertrennliche Freundin war, die Misia der düsteren Jahre 1919 und 1920, diese Misia, die Gabrielle aus dem schwarz-rosa Zimmer errettete, indem sie ihr Italien zeigte. Gabrielle verließ mit ihr zum ersten Mal Frankreich und entdeckte Venedig.

Greifen wir nicht weiter vor und geben wir zu, daß bei diesem Text nur von *Skizzen*, von *Entwürfen* die Rede sein kann und daß es sich nicht um *eine*, sondern um mehr als *ein Dutzend* Zeichnungen handelt.

Warum eigentlich nicht in Bildern von dieser Misia sprechen? Découpage, Collage, Montage? Die Porträts, für die sie posierte, erforschen, unter den Briefen, die sie empfing, unter den Gedichten, zu denen sie anregte, aussuchen, ein paar fotografische Elemente hinzufügen und aus alledem etwas zusammensetzen, was beim Leser den Eindruck eines schönen, seltsamen Rätsels erwecken würde? Lebend hätte sie gern mitgespielt und wäre glücklich gewesen, in den Augen der Nachwelt in Form eines Rätsels aus Fleisch, Öl, Leinwand und Papier zu erscheinen. Mit anderen Worten, dies ist die einzige Sprache, die zu Misia paßt.

Misias Herz. Bilder von Vuillard. 1895–1900

Zunächst ihre Fotos.

Diejenigen, die Vuillard von ihr machte. Vuillard, der sich in der *Belle Jardinière* von der Stange ankleidete und so stolz auf seine Klapp-Kodak war. Klick! Sein Apparat machte klick! und hielt in einem Salon in der Rue Saint-Florentin die üppigen Formen einer jungen Ehefrau fest, ihre frischen runden Wangen, ihr Haar, wie es die Mode damals vorschrieb, hochgekämmt und aufgebauscht.

Eine frisch gepflückte Frucht, das war Misia, die Tochter eines Künstlers, der sich Bildhauer nannte, eines Hansdampf in allen Gassen, eines recht mondänen und sehr polnischen Mannes, der auch etwas von einem Kuppler hatte: Cyprien Godebski. Thadée Natanson hatte sich Hals über Kopf in die junge Kusine verliebt, die allein in einer bescheidenen Wohnung in der Rue du Printemps im 17. Arrondissement wohnte. Sie heiratete ihn, obwohl sie davon träumte, Pianistin zu werden, und zum Lebensunterhalt jenen Schülern Musikstunden gab, die ihr Professor nicht haben wollte. Dieser Professor war ein sehr talentierter Mann. Er sagte dem jungen Mädchen eine brillante Karriere voraus. Er fand sie musikalisch, sensibel, behende, er sah nur gute Eigenschaften an ihr. Als sie ihm mitteilte: »Wissen Sie, den Natanson, der mir den Hof macht, den heirate ich!« brach der Meister in Tränen aus. Daß seine geliebte Schülerin ihm so was antun konnte ... Foto. Es war Fauré, das erste berühmte Herz, das die Grausame brach.

Ein paar Jahre später brachte sie Vuillard zum Weinen, dann Thadée, den bärtigen Ehemann, den man neben ihr auf dem Foto aus der Rue Saint-Florentin sieht, in dem Salon mit dem feingemusterten Chintz überall, über den Sesseln, an den Wänden und um die Bilderrahmen, sogar die Zimmerpalme war damit drapiert, in diesem Salon, der schon, ohne daß man es wußte, ein Vuillard war. Auch Misia war ein Vuillard, und erst recht der bärtige Thadée ...

Hier eine andere Aufnahme, immer wieder dank Vuillards Kodak: Misia an einem Sommertag, mit einer weiten Tunika bekleidet, die bis auf die Erde reichte, einem *tea-gown*, aber nicht zu vergleichen mit dem, das Maud Mazuel so aufreizend im Garten von Souvigny trug, ganz im Gegenteil, ein äußerst keusches *tea-gown*, eine Art Peplum, das zwischen den Brüsten von einer Schleife, die man sich rot, verlockend rot vorstellt, zusammengehalten wurde. Ihr Blick? Der einer gut genährten Katze, die mit beunruhigender Starrheit das Gesicht einer mageren Schwägerin fixiert, so als wollte sie sagen: »Mein Gott, wie dünn sie ist! Ach, daß ich nie so aussehen möge wie sie!« Als Kontrast stelle man dieser *Dame Chatte* das Gesicht der Misia ihrer letzten Jahre gegenüber, so wie ich sie gekannt habe, als das Opium aus ihr eine abgemagerte alte Dame gemacht hatte, die zwar immer noch von einer grandiosen Insolenz war, aber dennoch pathetisch und wie besiegt wirkte. Sinnlos, nach Spuren von der zu suchen, die Thadée geliebt hatte. Wo war seine grausame, seine junge Polin geblieben?

Für den Fall, daß unsere Collage manche verwirren sollte, und da man ja auch mitten in einem Labyrinth einen Pfeil anbringt, um den

Ausgang anzuzeigen, so komponieren wir aus allen Bildern, die Vuillard von ihr gemacht hat, ein Monument: *Misia aux champs 1896, Misia au corsage à pois 1897, Misia à la tenture fleurie 1898, Misia à la partie de dames 1899,* und werfen dann einen letzten Blick auf den guten Vuillard, lassen ein Ende seiner breiten Künstlerschleife hervorlugen, schneiden ein Stück von der Melone ab, von der er sich nie trennte, etwas von seinen Stiefeln, verwenden seine kahle Stirn (die Studie, die Bonnard 1908 von ihm machte), fügen ein Fragment aus einem seiner Briefe an Misia hinzu, zerknüllen den Brief und werfen ihn in die Ecke, denn das hat sie zweifellos damit gemacht, und wir nehmen nicht nur einen Brief, sondern alle, die er ihr geschrieben hat, legen sie zusammen und zeigen sie so, zerknittert, fleckig, zuerst den, mit dem er ihr für eine Schallplatten-Aufnahme dankt, die sie kurz zuvor gemacht hatte (hier das Profil von Ludwig van ...), und heben deutlich die Worte hervor: »Ihnen verdanke ich nun auch noch diese Freude am späten Beethoven, die, wie alles von ihm, wehmütig ist. Aber er erweckt auch so stark die Vorstellung von Vernunft und Gesundheit wie Sie, Misia, die Sie beides in so hohem Maße besitzen«, und dann: »... ich war immer recht schüchtern Ihnen gegenüber«, und schließlich, auf einem zerrissenen Bruchstück, die kaum lesbaren Worte, die alles erhellen: »... das Glück war, daß es Sie gibt.«

Misias Geist. Texte von Verlaine, Mallarmé und Diaghilew. 1896–98 und 1914

Wie ein Wind, der über sie dahinweht, das unaufhörliche Rauschen des Talents. Wie viele Künstler! An ihrem Hofe sah man Bartträger aller Art: die struppige Krause von Lautrec, die Fliege von Fénéon, den Vollbart von Roussel, das weiße Spitzbärtchen von Renoir, den Kinnbart von Valloton, den glatten schwarzen assyrischen Bart der jungen Schwager, des jungen Ehemannes, aller Natanson-Söhne, die breiten Koteletten von Misias Halbbruder Cipa Godebski, dem Musikerfreund, dem Ravel seine *Contes de ma mère l'Oye* gewidmet hat, eben jene Ballettmusik, nach der die extravagante Caryathis ein paar Jahre vorher zu improvisieren sich erkühnt hatte. Man braucht nicht zu befürchten, daß dieser Kreis der Vertrauten uns in eine Träumerei verfallen ließe, die uns vom Thema entfernte. Aber nur so kann man ermessen, was Gabrielle von Misia trennte, nur indem man Thadées junge Ehefrau bei sich in ihrem Haus auf dem Lande, im Kreis ihrer Freunde, beobachtet. Nur so zeigt sich der auffällige Kontrast zwischen der Vergangenheit dieser beiden Frauen, von denen die eine noch in Villeneuve-sur-Yonne in einem bescheidenen, niedrigen weißen Haus mit einem Circonflexe-Giebel, einer ehemaligen Poststation, zu Hause war, und die andere, in Royallieu, in den hohen Mauern einer Abtei, aus der Etienne Balsan sein Schloß gemacht hatte.

Hier Pferde, Sport und junge Damen, die nur von Liebhabern, Erfolg und Geld träumten.

Dort Maler, Dichter und zunächst Verlaine.

Ihn so zeigen, wie Valloton ihn in Holz geschnitzt hat, seine schrägen Augen mit ihrem unergründlichen Grau, seine runde Stirn, und Misia auf einem Foto aus jener Zeit, ohne Firlefanz, anscheinend in einem ganz schlichten Baumwollkleid. Aber da das Gedicht, das er ihr widmete, jene Verse, in denen Verlaine sie mit einer Rose verglich, irgendwie verlorenging – Misia verlegte alles –, an ihrer Stelle ein Manuskript, ein Titel, *Invectives*, oder irgendein anderes Werk des Dichters, das in jener Zeitschrift veröffentlicht wurde, die hinfort einer legendären Vergangenheit angehört: *La Revue blanche*[36]. Misia war der Inbegriff dieses Blattes: ihr Herz, ihr Geist, ihr Körper. Und wer anderes als sie war ihr Aushängeschild? Gibt es ein Dokument, das eine bessere Vorstellung von ihrer Ausstrahlungskraft vermittelt? Denn in den Kiosken, in den Schaufenstern, bei den Buchhändlern war sie es, unverkennbar unter der dichten Maske ihres Halbschleiers, welche die Zeitschrift personifizierte. Hierher gehört auch das schönste Plakat der *Revue blanche*, das Lautrec signierte.

Ein anderes Dokument jener Zeit zeigt Misia an einem Sonntag im September inmitten ihrer Freunde, darunter Renoir. An jenem Tag waren Maler und Dichter Mallarmés Leichenzug bis zum Friedhof von Samoreau gefolgt. Der Freund, der oft als Nachbar hereinschaute, der Gast der Sonnabendabende, hatte sie verlassen. Hier, in starkem Kontrast zu allem andern, und es halb verdeckend: ein Paar Holzschuhe, die Mallarmé anzog, um zu den Thadées zu gehen. Ferner das Etikett eines guten Weins, eines Bordeaux, den er bei jedem Besuch mitbrachte. Auch den dicken Umhang, den er um seine Schultern warf, wenn er spät in der Nacht heimkehrte. Und schließlich irgendwo, sehr groß, die Worte: *Ha! Ha! qu'elle est gentille*, denn das sagte Mallarmé immer, »wie nett sie ist«, wenn Misia sich ans Klavier setzte, denn der berühmte Vierzeiler, den er ihr auf einen Fächer schrieb, wurde schon allzuoft zitiert.

Im Jahre 1933 behauptete Cocteau, daß Misia ihn immer noch besitze. Er habe ihn in ihren Händen gesehen: »Ihr Fächer trug den berühmten Vierzeiler von Mallarmé, und ich bin sicher, daß von all ihren Trauscheinen und all ihren Aufenthaltsgenehmigungen dies wahrscheinlich das einzige Ausweispapier war, das diese Polin aus einem bewundernswerten Durcheinander gerettet hatte ... « Zehn Jahre später gestand sie, daß sie nicht mehr wisse, wo sie ihn hingelegt habe ... Was war aus ihm geworden? So werde denn Misias Fächeraufschrift nur wiedergegeben für den Fall, daß Kenner unter den Amateuren sie vermissen könnten: wenn sie ihn nicht sehen könnten, sich betrogen fühlen würden:

Aile que du papier reploie
Bats toute si t'initia
Naguère à l'orage et la joie
De son piano Misia.

Diesen Vierzeiler behalten, der immer davonfliegen will, einen Holzschuh darauf stellen und über die letzten Worte ein Stück des Umhangs flattern lassen.

Sollte es immer noch leere Stellen geben, dann, *damit es zusammenhält*, wie die Maler sagen, an das Wort *Magicienne* denken, Misia die Zauberin. So nannte sie Erik Satie. »Haben Sie nicht etwas von einer Zauberin?« schrieb er ihr. Dabei war der Einsame aus Arcueil nicht der Mann, der Frauen schmeichelte. Er war eher ein Nörgler. Aber nicht ihr gegenüber. Im selben Brief teilte er ihr mit, daß sein »Dings« fertig sei. Das Dings war *Parade*[37]. Nie hat er sein Ballett anders genannt.

Schließlich setzen wir noch, wie eine Vertraulichkeit, in *mezza voce* hinzu: »Erinnere dich, bitte, daß wir uns vor sehr langer Zeit allen Ernstes darüber einig geworden sind, daß Du *die einzige Frau* bist, die ich lieben kann.« Dazu ein Monokel am Band, ein Zylinder, eine weiße Locke oder irgend etwas anderes dieser Art, ein Opernglas, oder was weiß ich, eine Original-Partitur, ein Bühnenbildmodell, die Seite aus einem choreographischen Werk, und arrangieren wir alles so, daß diese Liebeserklärung so genau wie möglich ihren Autor evoziert: Serge de Diaghilew.

Misias Körper. Bilder von Renoir und Bonnard. 1898, 1906, 1917

Misia auf einer Bank, mit dem Rücken an der geschwungenen Lehne, ihre wundervollen Arme über den Kopf erhoben, Foto von 1898. Diese Vision von ihr, in einer Haltung, die einen Heiligen zu Fall gebracht hätte, mit Bonnard, der vor ihr steht, und Renoir neben ihr auf der Bank, soll nur einen ersten Eindruck von den Dokumenten vermitteln, zu denen sie herausforderte, von den Porträts, vielen Porträts. Wie viele von Renoir? Sieben? Acht? Sie erinnerte sich nicht mehr. Daher hier, sozusagen als Beweisstück, ein Brief von Renoir: »Kommen Sie! Ich verspreche Ihnen, daß ich Sie auf dem vierten Porträt noch schöner machen werde ... « Und ein wichtiger Satz in dieser Mitteilung: *Wir werden essen so gut wie möglich.* In großen Buchstaben. Zeigt das nicht eine Vorliebe, die so viele französische Maler gemeinsam haben? Braque, Derain ... Tüchtig essen, seinem Modell eine Mahlzeit spendieren, es verwöhnen als Dank für das Geschenk seiner Anwesenheit? Auch das Datum dieses Briefes ist bemerkenswert: 1906. Misia war damals geschieden und wieder verheiratet.

Der größeren Klarheit wegen sei hier, ordentlich zusammengefaltet, ein Exemplar der weitverbreiteten Tageszeitung *Matin* beigefügt. So wird jeder verstehen, daß Alfred Edwards, der Direktor dieses Blattes, mit seinen Millionen, seinen politischen Verbindungen, seinem dicken Bauch und seinen Mätressen einen Platz in Misias Leben eingenommen hatte. Misia hatte gezögert. Was hatten die üblichen Sonntagsgäste in Villeneuve-sur-Yonne – Renoir, der Sohn eines Holzschuhmachers, Vuillard, der Sohn einer Korsettmacherin, sowie Bonnard und seine Frau, die, bevor sie sich Marthe de Meligny nannte, Maria Boursin geheißen hatte und als Ladenmädchen in einem Geschäft für Totenkränze, an der Ecke der Rue Pasquier, Perlen aufreihte –, was hatten diese Leute mit den ruhmreichen Vertretern des »Tout-Paris« gemein? Es war besser, die Flucht zu ergreifen. Misia war in den Orient-Express gesprungen. Edwards hatte das Abteil neben ihr gebucht. In dem Glauben, daß sie ihm noch entwischen könnte, war sie in Wien ausgestiegen und hatte sich in einem kleinen Hotel versteckt. Er hatte alle Zimmer gemietet. Daraufhin hatte sie um Hilfe gerufen, zuerst Vuillard, dann Thadée. Beide waren herbeigeeilt. Der erste, der wieder wegfuhr, war Thadée, den das, was er gesehen, und erst recht das, was er getan hatte, mehr als anwiderte: Edwards hatte ihm eine Stellung als Direktor eines Bergwerks irgendwo in Polen angeboten, und er hatte angenommen. Vuillard hingegen, mit seinen traurigen Augen, seiner Künstlerschleife und seinem adretten Anzug, war geblieben und hatte nach Kräften den Leibwächter gespielt. Ohne große Überzeugung. In Wahrheit war Misias Wahl zwischen einem ruinierten Thadée und dem mächtigen Eigentümer des *Matin* längst getroffen. Edwards, dieses Ungetüm, hatte sie sich angeeignet. Hier das Foto einer *Illegitimen*, das damals die Klatschspalten füllte. Die Lanthelme. Eine hinreißende Schönheit ... eine Emilienne d'Alençon, nur hundertmal reizvoller: Edwards' Emilienne. Denn es ist so gut wie sicher, daß sie weiterhin seine Mätresse war, als er schon um Misia warb. War es ein Zufall? Die Lanthelme fiel in den Rhein und ertrank. Hatte er sie dazu getrieben? ... Am 24. Februar 1905 heiratete Edwards Misia auf dem Bürgermeisteramt der Rue des Batignolles.

Dies alles soll zeigen, wie die Freundin der Maler und Dichter aufbricht, um Geld und leichtlebige Frauen zu entdecken, und wie sie in umgekehrter Richtung den Weg zurücklegt, den zehn Jahre früher Gabrielle Chanel gegangen war, als sie sich von den Emiliennes von Royallieu losriß.

Es gab also nicht nur Verschiedenheiten zwischen den beiden Freundinnen. Sie waren durch ihre Geheimnisse miteinander verbunden. Misias Haltung Edwards gegenüber, ihre Art, ihn durch ihr Schweigen auszulöschen, war – man konnte nicht umhin, daran zu denken – wie Gabrielles Schweigen, wenn sie behauptete, nichts von Moulins zu wissen. Sie wiederholte: »Moulins? ... Moulins? ... « mit vagem Blick, als ob man sie etwas Absurdes gefragt hätte.

Nachdem Misia einmal reich war, posierte sie mehr denn je für *ihre* Maler. Aber wie hätte Bonnard ahnen können, als er sie mit Kennerblick auf ihrer Bank in Villeneuve-sur-Yonne betrachtete, wo sie in einer Haltung saß, die einen Heiligen in die Hölle gebracht hätte – und er war kein Heiliger –, wie hätte er ahnen können, daß die Bank eines Tages ein Kanapee und der Garten ein Boudoir werden würde, wie, frage ich, wie hätte Bonnard sich Misia in einem Dekor vorstellen können, wo die Wände nur prunkvolle Spiegel und schimmernde Seide waren? Ein Porträt, bitte: *Misia* von Bonnard, 1908, *Misia au boudoir*.

Man stelle sich Bonnard an seiner Staffelei vor, der, ein wenig überwältigt, inmitten von Lachen und Ausgelassenheit die andere Misia, die von 1898, wiedersieht, und nicht weit von ihr, Lautrec, nach weiß Gott welcher verrückten Nacht bei irgendeiner *Madame*, ein schnarchender Lautrec, mit halb offenem Mund und gelockertem Hosenbund, der aber weder seinen Leinenhut noch seinen Zwicker abgesetzt hat, und neben ihm, in Reichweite seiner Hand, eine dicke Birne aus dem Obstgarten. Eine angebissene Birne, an der noch der Abdruck der Zähne zu sehen ist... Und klick! Ein Schnappschuß. Alfred Natansons[38] Apparat hatte mit einem klick! für immer das Bild des schlafenden Lautrec festgehalten. Ein andermal, kurzsichtig unter seinem kecken Hut (es war an einem Sonntag im *Relais*, während alle spazierengingen), hatte Bonnard Misia und Thadée im Gras überrascht, klick! Auch Alfred kam mit seinem Apparat, dem neuesten Modell, vorbei. Was für ein Geschrei! Was für ein Foto! Alle wollten es haben. »Es ist ein Renoir!« rief man. Aber er, Bonnard, dachte bescheiden und ohne etwas zu sagen: »Es ist ein Bonnard.« Sie lagen beide da, Misia leicht an Thadées Beine gelehnt, mit dem Kopf auf dem ... O nein! Er durfte bei der Arbeit nicht daran denken, wie diese beiden einst dort gelegen hatten, Thadée mit dem in den Nacken zurückgeschobenen Strohhut, sie mit dem verträumten Blick eines kleinen Mädchens, dem man soeben die Liebe offenbart hat. Den Kopf auf ... Genug, mein Gott! Nicht mehr an die Misia dieses Thadée denken und vor allem nicht, während sie ihm Modell saß auf diesem Kanapee, das sogar ohne das, mit all seiner Seide Gott weiß was für eine Haltung à la Miss O'Murphy heraufbeschwor, dieses Kanapee, auf dem eine junge Dame im Seidenkleid zu Bonnard hinüberlächelte. Madame Edwards ... Wer hätte das je gedacht? Bonnard hatte gerade das Porträt der reichen Madame Edwards gemacht.

Nichts darf an diesem Bild von Bonnard fehlen. Es soll so gezeigt werden, daß der Konsole, den blassen Rosen tatsächlich die Bedeutung zukommt, die sie an jenem Tag für den Maler hatten. Die weit offenen Rosen ... Weniger ein Blumenstrauß als ein Vorwand, um seinen Blick von Misia und ihren einladenden, perlmutternen und fast allzu üppig erblühten Brüsten abzuwenden.

Als Schlußpunkt dann die *Légion d'honneur* erwähnen, die Misias Freunde, alle ohne Ausnahme, abgelehnt haben. Vuillard, Bonnard, Valloton ... Was hatten diejenigen, die in Villeneuve-sur-Yonne an den Sonntagen brüderlich zusammenlebten, von den offiziellen Anerkennungen zu erwarten? Was das Jagen nach Medaillen anbetrifft ... Der *Légion d'honneur* den Platz und den Sinn geben, den die Ausrufezeichen in einem Interview mit Renoir haben: »Brauchen wir etwa Schutz? Wir sind Männer. Wir sind mehr als Männer; wir sind Künstler! Man soll uns in Ruhe lassen! Endgültig, ein für allemal! Das ist alles, was wir verlangen!«

Gesunden in Venedig

Misia verschrieb Gabrielle die gleiche Kur, die sie bei sich selbst unzählige Male in stürmischen Lebenslagen angewandt hatte. Ein Leben muß man in Schwung halten, dachte sie, man muß es antreiben wie einen Kreisel, es kräftig kneten wie einen Teig, sonst erstarrt es, und man erstickt darin.

Gabrielle ließ alles mit sich geschehen. Anfangs wie ein Automat. So gab es in den ersten Monaten des Jahres 1920 eine kurze Zeit, in der sie Misia überallhin begleitete und, wenn auch schweigend, bei allen Gesellschaften ihrer Freundin anwesend war. Ob mit Musik oder mit Worten, Misia behexte ihre Hörer. Das Wort ist nicht zu stark: »Sie behexte uns im wahrsten Sinne des Wortes«, schrieb Jean Cocteau 1933. Ihre Gastlichkeit, »ihr offenes Haus«, unterschied sich sehr von dem, was Gabrielle bis dahin gekannt hatte. Und auch der Ton, halb träumerisch, halb fordernd, der sich Gehör verschaffen will, wenn auch ein dauerndes *à Dieu vat* dies widerlegte, der Ton war der gleiche wie bei Chopin. Misia, die Königin von Paris, war in ihrer tiefsten Seele Polin.

Sie hatte ihre eigene Welt, die keiner anderen glich. Während Pascin, Soutine und Modigliani am Montparnasse lebten und der Montmartre an Attraktion verlor, wohnten Misias Maler und Dichter immer noch dort, immer noch auf dem Montmartre, der Pariser Wahlheimat von Bonnard, Juan Gris und Reverdy. Obwohl der *Dôme* der Treffpunkt der Avantgarde war, trafen sich Jean Cocteau und Radiguet, Auric und Poulenc, Misias Schriftsteller und Musiker, im *Boeuf sur le toit*, dem nächtlichen Vestibül des Russischen Balletts. Dafür gab es einen Grund: Misia war mehr denn je mit dem Tanz verbunden. Und der zweite Grund war: ihre Ehe mit dem Ungetüm hatte ein Ende genommen. Edwards' Millionen hatten nicht darüber hinweghelfen können, daß Misias Freunde und Misia selbst sich in seiner Gesellschaft nicht wohl fühlten. Sie hatte sich scheiden lassen. Aber wenn ihre dritte Erfahrung sie wieder mit einem Nabob zusammenbrachte, so war es wenigstens ein Nabob der Malerei.

Gleichzeitig den spanischen Klerus und die Wendels als Kunden zu haben, entsprach freilich nicht der Art eines Bonnard oder eines Juan Gris, und man konnte über José Maria Sert seine Witze machen. Lächerlich, ein Maler, der mit Goldstaub malte und für die Kathedrale von Vich[39] denselben Stil wie für die Wände des Völkerbundpalastes, die Salons des Waldorf Astoria in New York und die Boudoirs der Pariser Bourgeoisie anwandte. Man konnte sich über ihn lustig machen wie Cocteau, der es sich nicht verkneifen konnte. In seinen Briefen an Misia nannte er ihn *Monsieur Jojo*, oder er schrieb, »daß die Geschosse beim Aufprallen jaulten wie dicke Wildkatzen auf den Bildern von Monsieur Sert«. ... Ja, freilich ... Aber es war eine Tatsache, die niemand abzustreiten versuchte: eines Abends, als Misia und er tête-à-tête zu Abend aßen, eines Abends bei Prunier, ganz zu Anfang ihrer Liaison, hatte Sert

9 a Die »slawischen« Jahre Chanels waren von Misia Sert, den Ballets Russes und Großfürst Dimitri bestimmt: Die abgebildeten Entwürfe erschienen 1922 in *Vogue*, Paris.

9 b Weitere Entwürfe aus den »slawischen« Jahren, erschienen 1922 in *Vogue*, Paris.

10 1925 erschienen diese Entwürfe in *Vogue*, Paris, mit den charakteristischen Hüten und kurzen Röcken.

11 1926 sagte die amerikanische Ausgabe von *Vogue* voraus, daß sich dieses Kleid von entwaffnender Schlichtheit durchsetzen würde: *The Chanel ›Ford‹*.

12 Was trug die gutgekleidete junge Dame am Abend? Ein schwarzes Kleid aus Crêpe romain mit Paillettenfransen oder ein schwarzes Musselinekleid mit einem langen Jabot, das sich am Rücken von der Taille an fortsetzte. *Vogue,* Paris 1926.

13 Das klassische Chanel-Kostüm

ihr Diaghilew vorgestellt und sich damit die Dankbarkeit der Künstler aus Misias Umgebung gesichert. Sehnten sich nicht alle danach, einen Auftrag von Diaghilew zu bekommen? Außerdem konnte man nicht leugnen, daß der dritte Ehemann »ihrer aller Muse« über Gaben verfügte, die keiner der vorhergehenden besessen hatte. Wie konnte man bestreiten, daß er ein geniales Gefühl für Dinge, einen ausgeprägten Sinn für alles Maßlose hatte und daß er es verstand, widersprüchliche Epochen miteinander zu verbinden? Durch ihn hatte Misia ihr Dekor gefunden. Das war nicht unwichtig. Die Künstlerfreunde als faire Mitspieler waren sich als erste darin einig: Monsieur Jojo war ein begabter Dekorateur. Eigentlich fanden sie ihn gar nicht so übel, nur sehr *Ballets russes*. In Wirklichkeit war es mehr denn je Diaghilew, waren es mehr denn je dessen Aufführungen, was Misias Freunde interessierte.

Das große Ereignis in diesem Jahr war »Igors Rückkehr« gewesen. Strawinsky hatte sich entschlossen, für die französische Staatsangehörigkeit zu optieren. Sein Aufenthalt in der Schweiz, wo er sich seit 1914 niedergelassen hatte, ging zu Ende. Jeder sah voraus, daß dieser Mann, der dem Russischen Ballett schon den *Feuervogel*, *Petruschka* und *Le Sacre du printemps* gegeben hatte, kaum daß er in Paris wäre, wieder mit dem genialen Anreger zusammenarbeiten würde, dessen bevorzugter Komponist er gewesen war. Und tatsächlich vertraute Diaghilew ihm sofort *Pulcinella* an. Er sollte einigen Themen von Pergolese das Szenario einer italienischen Komödie anpassen, die Diaghilew selbst in einer Bibliothek in Neapel ausgegraben hatte. Der Bühnenbildner sollte Picasso, der Choreograph Massine sein.

Gabrielle Chanel erlebte in Misias Schatten die Vorbereitungen zu diesem Ballett mit. Niemand kannte sie. Sie wurde selten vorgestellt. Man hörte kein Wort von ihr. Sie schaute zu, und sie hörte zu. Nie war sie bei solch einem Fest dabeigewesen. Ausnahmsweise erwartete niemand etwas von ihr. Man fragte sich nicht einmal, was sie eigentlich da zu suchen habe. Die Vergangenheit spielte keine Rolle mehr. Gabrielle war wie befreit. Sie trat, ohne es zu wissen, in jene Epoche ein, die man ihre slawischen Jahre nennen könnte.

Etwas später ließ Gabrielle sich schließlich von Misia, die unaufhörlich auf sie einredete, überzeugen. Misia, von Joseph informiert, den sie jedesmal, wenn sie nach Garches kam, ausfragte, Misia sprach nur davon, Gabrielle dem *Bel Respiro* und ihrer Arbeit, ihrem Lebensrahmen zu entreißen, indem sie wiederholte, daß dies ihre Hölle, die Quelle ihres Kummers sei. Verreisen? Gabrielle willigte ein.

Sie begleitete das Ehepaar Sert nach Venedig.

Von allen Reisen, die sie machte, war diese eine der wenigen, über die sie bereitwillig sprach. Sie gab zu, daß die Serts sie gerettet hätten. Sie sagte nicht, wovon, aber dieses plötzliche Eingeständnis, so kurz es auch war, zeigte das Ausmaß ihrer Dankbarkeit.

Wer wird je sagen können, wie diese erste Begegnung mit Venedig auf sie wirkte? Ein Sert mit üppigem Bart war ihr Führer. Er zeigte ihr wie kein anderer, was Venedig wirklich ist, so wie nur er es vermochte, er machte ihr die Stadt liebenswert. Auf seine Weise. Denn wenn man ihn hörte, so war das Besondere der Stadt nicht nur in ihren Palästen, Kirchen und öffentlichen Gebäuden, in ihren prachtvollen Statuen und überwältigenden Deckengemälden zu suchen. Gabrielle machte sich seine Lektion zu eigen. Zwischen dem Museum und dem Leben hatte sie ihre Wahl schnell getroffen: sie wählte das Leben, ungerührt von der Vergangenheit, welche in den venezianischen Museen zu finden war, unbelastet von allem, was jenes Wissen stillschweigend voraussetzt. Die Serenissima? Die was? Kaum daß sie eine Ahnung davon hatte. Aber das Venedig der *roaring twenties*, wo gerade Harry's Bar eröffnet wurde, die Stadt auf dem Wasser, wo die Gondolieri die Herren der Kanäle waren, »die glanzvollste Stadt Europas«, die Stadt, in der alles passierte, ja, diese kannte sie. Immer zog sie den ausgestellten Kunstwerken jene vor, die sich noch an *Ort und Stelle* befanden, an jenem Platz, für den sie geschaffen worden waren. Auch behielt sie immer eine Schwäche, nicht für Italien, das sie nicht mochte, aber für Venedig.

Es war selten, daß sie, abgesehen von Venedig und London, auf die Reize einer fremden Stadt anspielte. Berlin? Sie behauptete, sie sei nie dagewesen. Das stimmte nicht, aber der weitere Verlauf ihrer Lebensgeschichte erklärt, warum sie niemals davon sprach. New York war Zielscheibe ihres Gespötts. Sie sprach von Madrid wie von einer fernen Provinz. Venedig war für sie die einzige Stadt, die den Rang einer ausländischen Metropole erreichte. Wollte sie auf diese Weise die Oberherrschaft eines Dekors anerkennen, dessen Irrealität genügt hatte, sie aus ihrer inneren Verkrampfung zu befreien? Wenn sie »Venedig« sagte, sah sie die Zeit wieder, da sie, aus ihrer Anonymität herauskommend, allgemein Anerkennung fand und innerhalb weniger Monate Misia gleichwertig wurde. Denn das große Erlebnis war, mehr noch als Venedig, ihre Begegnung mit Diaghilew, mit »Zar Serguei« – das war das Entscheidende.

Serge de Diaghilew machte Urlaub. An jenem Tag speiste er mit der Großfürstin Maria Pawlowna, als das Trio Sert-Chanel, das am Vorabend angekommen war, vorbeikam. Erstaunen. Überschwengliche Worte. Misia war mit Maria Pawlowna ebenso befreundet wie Serge. Es wurden drei Stühle hinzugestellt, und alle speisten gemeinsam. Welche Unterhaltung hatten die Neuankömmlinge unterbrochen? Welche Erinnerungen tauschten die Verbannten in der fremden Pracht Venedigs aus? Zu Lebzeiten ihres Mannes hatte die Großfürstin Diaghilews Anfänge im zaristischen Theater gefördert. Er hatte zu den Bevorzugten gehört, für die es »die unüberwindliche Barriere zwischen der dritten Dame im Kaiserreich und der übrigen Welt« nie gegeben hatte. Sie hatte ihn in ihrem Petersburger Salon empfangen, »wo die Sessel Volants hatten, die Lampenschirme Volants und die Schleppen der Hofdamen ebenfalls«. Den Zusammensturz dieser Welt hatte Maria Pawlowna wie durch ein Wunder überlebt. Ihre Tochter und ihre drei Söhne, alle lebten ... Und das war für sie zweifellos wichtiger als alles andere. Maria Pawlowna gehörte zu jenen großherzigen Frauen, die, auch wenn sie nichts mehr besaßen, neidlos die Erfolge anderer miterleben konnten.

Kaum daß das Tête-à-tête unterbrochen war, so wurde von nichts anderem mehr geredet als von den finanziellen Schwierigkeiten, mit denen Diaghilew wieder einmal zu kämpfen hatte. Massine probte eine neue Version des *Sacre du printemps*, das Serge in sein Pariser Herbstprogramm aufnehmen wollte. Er zweifelte nicht am Erfolg dieses Werkes, auch wenn es in allen Punkten dem Geist, in dem Nijinsky es konzipiert hatte, treu war, denn das *Sacre* war, nach seinen Worten zu urteilen, eine »sichere Sache« geworden. Aber er brauchte Geld. Die mit der Neuinszenierung verbundenen Unkosten waren enorm. Diaghilew schenkte der dunkelhaarigen Frau, die Misia begleitete, keinerlei Beachtung. Obwohl er sie danach fast jeden Tag sehen sollte, und zwar so lange, wie sich der Aufenthalt der Serts ausdehnte, bemühte Diaghilew sich nicht einmal, ihren Namen zu behalten. Aber man kann sich leicht vorstellen, was für Phantome Gabrielle bei diesem denkwürdigen Zusammentreffen heimsuchten. Das war also die Mutter jenes Großfürsten, dessen Namen die jungen Leute von Royallieu nur flüsternd ausgesprochen hatten, um der armen Jeanne Léry schmerzliche Erinnerungen zu ersparen! Das war also die Mutter jenes Boris, der ihre kleine Freundin aus den Tagen in Royallieu geschwängert hatte, jene junge Statistin, die im Vaudeville debütiert hatte, das goldene Herz dieser ausgelassenen Bande, Jeanne Léry, die sich bei der Dorziat dafür eingesetzt hatte, daß Gabrielle den Auftrag für ihre ersten Hüte bekam. Und Diaghilew ... Da sah sie endlich den Mann, den Misia so bewunderte, den Zauberer ... Außerdem war das Ballett, dessen Neuinszenierung ihre neuen Freunde gemeinsam planten, das einzige, das sie gesehen hatte. Jener stürmische Theaterabend von 1913 ... Die turbangeschmückten Damen rot vor Wut, die alte Comtesse de Pourtalès, und mit ihrem verrutschten Diadem, die lauthals lachte, das Geschrei und die verrückte Carya, die ihre Haare so seltsam geschnitten hatte, daß alle Leute sich nach ihr umdrehten, all das stand wieder groß und deutlich vor Gabrielles Augen. Warum mußte ausgerechnet von diesem Ballett in Venedig die Rede sein?

Die Reise nach Italien hatte mehrere Folgen. Zunächst, daß Gabrielles Freundinnen, insbesondere Misia, sie für getröstet hielten. Boy war vergessen. Dafür gab es ein unwiderlegbares Anzeichen: Gabrielle beschränkte sich nicht mehr aufs Zuschauen, sie nahm wieder teil. Sie hatte Igor Strawinsky eingeladen, bei ihr zu wohnen, und dieser zog mit seiner Frau und seinen vier Kindern in *Bel Respiro* ein. War das nicht ein Zeichen? Außerdem weinte Gabrielle nicht mehr. Beim Anblick von Frauen, die *nicht weinen*, sagt man wohl leichthin, daß sie geheilt sind, und läßt außer acht, was sie verschweigen und verbergen, die geheimen Wunden, die bei der geringsten Erschütterung wieder aufbrechen ... Kurzum, weil Gabrielle die Kraft wiedergefunden hatte, nichts mehr von sich selbst zu enthüllen, glaubte man, daß sie jenen Grad der Gleichgültigkeit erreicht habe, der in den Augen der Leute ein Zeichen von Gesundheit ist. Sie sah fröhlich aus. Man nahm sie beim Wort.

Etwas später, als Diaghilew wieder in Paris war und immer noch keine Mittel gefunden hatte, das *Sacre du printemps* aufzuführen, wollte er die Hoffnung schon aufgeben, als ihm der Portier seines Hotels den Besuch einer Dame meldete, deren Name ihm unbekannt war. Er zögerte. Sie kam ungelegen. Schließlich ging er ihr doch entgegen. Auf den ersten Blick sah Diaghilew, daß seine Besucherin etwas wunderbar Vertrautes für ihn hatte. Sie war die Freundin von Misia, sie war es, Gabrielle Chanel, die ihm das brachte, was er zur Aufführung des *Sacre* brauchte. Sie reichte Diaghilew einen Scheck, der alle Erwartungen übertraf, und knüpfte an diese Spende nur eine Bedingung: nie etwas darüber verlauten zu lassen. Nie ein Wort darüber, zu niemandem.

Diaghilew hielt sich nicht ganz daran. Er sagte es dem, der 1921 sein Sekretär wurde: Boris Kochno[40].

Gabrielles Geste wurde erst ein halbes Jahrhundert später bekannt. Kochno berichtet in seinem Werk über Diaghilew von diesem Augenblick in Gabrielles Leben, der ohne ihn vielleicht für immer geheimgeblieben wäre.

Was Strawinsky und die Seinen betrifft, so besteht kein Zweifel. Sie kamen im Herbst 1920 nach *Bel Respiro* und blieben etwa zwei Jahre dort. Die Tochter des Maître d'hôtel, Suzanne Gaudin, die damals etwa zehn Jahre alt war, sollte nie vergessen, wie es damals in der Villa in Garches zuging, solange der Komponist dort wohnte. Sie spielte mit der kleinen Mylène, die genau so alt war wie sie, und mit Mirka, der Ältesten der Strawinskys, die Aquarell studierte und ihr zwei Arbeiten schenkte, das Porträt eines dicken russischen Generals sowie das des Hundes Pita, auf die beiden Seiten eines alten Kalenders gemalt. In den Stunden, in denen Strawinsky arbeitete, wurden die Kinder in ein großes Zimmer geschickt, das als *nursery* diente. Dort hatten sie Anweisung, leise zu sein und auf die Arbeit des Meisters Rücksicht zu nehmen. Dann »hallte die Villa vom Klavierspiel wider ... Aber Mylène und ich schlichen uns ganz nahe an die Tür, und bisweilen war die Musik so heftig, daß sie uns Angst machte.«

Ja, über Gabrielles Freundschaft mit Strawinsky besteht kein Zweifel. Aber wie war es mit dem Großfürsten Dimitri? Unter welchen Umständen lernten sie sich kennen? Man kann sich nur schwer vorstellen, wie es vor sich gegangen ist.

Manche behaupten, es sei eine weitere Folge ihrer Reise nach Venedig gewesen, denn, nach ihnen zu urteilen, soll die Großfürstin Maria Pawlowna, die ihren Neffen bei sich hatte, ihn Gabrielle eines Tages im Sommer 1920 vorgestellt haben. Der Schauplatz des Ereignisses war angeblich Biarritz, wo »die Sucht nach Luxus und Eleganz alles andere übertraf«, wo »die Großfürsten ausgehalten wurden und sich betranken, um die Revolution zu vergessen ...[41]«, wo Leute aus Ländern mit hohem Wechselkurs – wie Spanien, England, Ägypten, Britisch Indien sowie Nord- und Südamerika – in Scharen auftauchten, wo die Grundstückspreise in die Höhe schnellten, eine Villa nach der andern gebaut und viel spekuliert wurde. Das Chanel-Imperium, dessen Grundfesten Capel geschaffen hatte, stand unerschütterlich da. Die Biarritzer Filiale machte einen unglaublichen Umsatz. Kein Wunder also, daß Gabrielle auch dort war. Und ebensowenig wundert es einen, daß einige der Romanows sich an der Baskenküste wiedertrafen, wo sie in ihrer Glanzzeit oft Ferien verlebt hatten. Manche von ihnen besaßen noch Villen in der Gegend.

Laut der Dorziat fand die Begegnung Dimitri-Gabrielle tatsächlich in Biarritz statt, aber die Umstände waren ganz andere. Es war keine Großfürstin, die sie miteinander bekannt machte, sondern Marthe Davelli. Seit den lustigen Wochenenden in Royallieu und ihren Anfängen auf der Bühne war die schöne Sängerin an die Spitze der Künstler der Opéra-Comique aufgerückt. Sie hatte in *Madame Butterfly* und in *Carmen* viel Beifall bekommen und bereitete sich in diesem Jahr darauf vor, die heikle Rolle der Papagena in der *Zauberflöte* zu spielen. Mehr denn je pflegte Marthe Davelli ihre Ähnlichkeit mit Gabrielle, und zwar so sehr, daß man beide schon verwechselt hatte. Und nie sah man sie anders als »in Chanel«.

Die Dorziat behauptet steif und fest, daß eines Abends, als drei ehemalige Stammgäste von Royallieu – Gabrielle Dorziat, Gabrielle Chanel und Marthe Davelli – sich zufällig wiedersahen, die letztere ihren Freundinnen den Großfürsten Dimitri vorstellte, wobei sie klar zu verstehen gab, daß sie mit ihm liiert sei. Trotz ihrer Berühmtheit war sie vergnügungssüchtiger denn je. Eine Geselligkeit nach der andern ... Wie spät in der Nacht es auch sein mochte, sie hatte immer in irgendeinem Nachtlokal einen Klavierspieler oder Saxophonisten, den man hören mußte, mit einem Wort, diesen oder jenen Vorwand, um nicht zu Bett zu gehen. In jenem Sommer sollte sie am Schluß eines solchen Bummels merken, daß ihr Begleiter Gabrielle mehr als die übliche Aufmerksamkeit schenkte, und sie ergriff die Gelegenheit, um Chanel zu sagen: »Wenn er dich interessiert, tret ich ihn dir ab, er ist wirklich ein bißchen zu teuer für mich.« Die Großfürsten mochten noch so gute Tänzer sein, sie waren für Nachtschwärmerinnen ihrer Sorte nicht mehr die idealen Begleiter. Arm wie Kirchenmäuse ... Das wußte jeder. Also mit ihnen ausgehen ... Bei dem, was der Champagner und die Attraktionen in den Nachtlokalen kosteten ... Aber gerade da lag der Unterschied zwischen den beiden Frauen. Wenn Gabrielle auch den leidenschaftlichen Wunsch hatte, zu gefallen, so lag ihr nichts an tollen Fêten und noch weniger an nächtlichem Herumbummeln. Der Großfürst Dimitri, im Gegensatz zu seinen Onkeln, Vettern und Vertrauten, die, wie er, mit knapper Not davongekommen waren, gehörte auch nicht zu der Kategorie der Nachtschwärmer. Er hatte sich als junger Mann nicht »ausgetobt«. Die exzentrische Art, in der sein Vetter Jussupoff[42] sich aufführte, die Streiche, die diesem fast so etwas wie einen Glorienschein verliehen hatten, weil er allein die Zarin aufzuheitern vermochte, waren nie Dimitris Sache gewesen. Geprägt von einer schmerzvollen Kindheit und einer freudlosen Erziehung, hatte Dimitri mit den Romanows im Exil kaum etwas gemein. Die langen Beine, ja. Konnte man ein Romanow sein und nicht diese langen Stelzenbeine haben? Auch den langen Körper hatte er, den kleinen Kopf, und natürlich das gute Aussehen, aber weiter gab es keine Ähnlichkeit. Wenn er auch nicht ahnen konnte, wie das Schicksal über ihn verfügen wird, so wußte Dimitri doch sehr gut, worunter er während seiner ganzen Jugendzeit gelitten hatte. Ein Ungeliebter, *er*? Und doch war es so. Er war neunundzwanzig Jahre alt, und das war seine einzige Gewißheit.

Kaum war der Sommer zu Ende, als Dimitri Pawlowitsch ins *Bel Respiro* zog. Sein Diener begleitete ihn. Seit jener düsteren Nacht im Januar 1917, als der Fürst in seinem Palast in Sankt Petersburg verhaftet worden war, hatte Piotr ihn nie verlassen. Er war bei ihm geblieben, als der General Maximowitsch ihm den Befehl des Zaren übermittelt hatte, sofort abzureisen. Das war der Preis für seine Teilnahme an der Ermordung Rasputins. Man schickte ihn ins Exil. Am Bahnhof hatte Piotr gesehen, wie Dimitri von Polizisten umringt war, »die alle das Verbrechen guthießen – o Rußland!« Er hatte gesehen, wie dieser sich aus den Armen der Großfürstin Marie losgerissen hatte, »seiner zitternden, verzweifelten Schwester«, in eisiger Kälte und Schneegestöber, und jeder glaubte, daß die beiden Reisenden einem sicheren Tod entgegenfuhren, während der Befehl des Zaren sie rettete. Es war ganz einfach: der zwei Meter große Piotr mit seinen breiten Schultern und seinem langen Haar, dieser gutmütige Riese, war immer dabeigewesen. 1905 in Zarskoje Selo, ja, schon damals. Zu jener Zeit, kaum ein paar Monate nach der Ermordung des Großfürsten Serge, hatte Piotr schon über den jungen Dimitri gewacht. Piotr, der ohne ein Wort Bescheid wußte, erriet die Angst des jungen Mannes und half ihm, seine Paradeuniform anzuziehen. Was für ein Jahr war das gewesen! Wozu diese Paraden? Bei allem, was vorging ... Aber auf Befehl des Zaren sollte Dimitri Pawlowitsch dem Herrscher sein neues Regiment vorstellen. Man fragte sich, warum. Er war bereits Chef des 11. Grenadierregiments, und da wurde er zum Chef des 4. Füsilierregiments der Kaiserlichen Familie ernannt. Mit vierzehn Jahren! War die gefährdete Gesundheit des großfürstlichen Thronfolgers der Grund dafür, daß der Zar den jungen Dimitri wie seinen eigenen Sohn behandelte? Es wurde oft behauptet. Also hatte Piotr Dimitri angezogen, hatte ihm beim Umschnallen von Wehrgehänge und Degen geholfen und dann den Kinnriemen eines riesigen Helms festgezogen, auf dessen Spitze ein unerbittlicher Adler, über seine Fänge gebeugt, mit geöffneten Schwingen, thronte. Ein Junge von vierzehn Jahren, mit so etwas auf dem Kopf, ich bitte Sie ... Der Hoffotograf Bergamasco hatte ihn unbedingt fotografieren wollen. Dann hatte Piotr Dimitri nachgeschaut, als dieser, verschwindend klein neben seinen riesigen Onkeln, sein Regiment abgeschritten hatte, und der erst recht von seinen baumlangen Füselieren fast erdrückt wurde, als er an dem Herrscher vorbeidefilierte. Im folgenden Jahr ... Was hatte Piotr nicht alles miterlebt! Im folgenden Jahr tat Dimitri, wieder einmal in Galauniform, bei der alljährlichen Wasserweihe Dienst an der Seite des Zaren, während Piotr in der ersten Reihe des anonymen Bataillons der Lakaien, Stallburschen, Abwäscher, Pferdeknechte und Gärtner stand. Eine lächerliche Zeremonie. Anstatt daß sie, wie gewöhnlich, in Sankt Petersburg gegenüber dem Winterpalast und in Anwesenheit vieler Menschen stattfand, anstatt die Wasser der Newa zu segnen, hatte der Zar, der eingeschlossen in Zarskoje Selo lebte, das Wasser eines Bassins geweiht. Nur ein paar Großfürsten, die Garde des Palastes, die Domestiken und goldgekleideten Popen waren anwesend. Die funkelnden Weihrauchgefäße und die Worte des Evangeliums hatten sich über dem stehenden Gewässer erhoben, in dem friedlich ein Goldfischschwarm schwamm ...

Wieviel Tragödien, großer Gott ... Oft fragte Piotr sich, wie sie beide lebend davongekommen waren. Vor allem Dimitri. Denn man hatte keineswegs vorgehabt, ihn zu schonen. Kaum war der Krieg ausgebrochen, als er mit dem Garderegiment zu Pferde an die preußische Front geschickt wurde, und dort waren Piotr und er mit den Deutschen aneinandergeraten. Eine böse Geschichte ... Von den vierundzwanzig Offizieren ihrer Schwadron waren sechzehn auf dem Schlachtfeld zurückgeblieben. Gefallen ... Danach ... Nun ja, danach war es nicht einfach gewesen, die unglücklichen Ereignisse in Rußland zu überleben. Beide waren geflohen. Sie hatten sich wie Blinde bis zum Westen vorgetastet. Das Exil in Persien hatte sie gerettet. Es steht fest, daß Dimitri, wenn er sich nicht den Haß von Alexandra Feodorowna zugezogen hätte, wie die andern massakriert worden wäre.

So kam es, daß beiden nichts anderes übrigblieb als dieses Landhaus, wo eine Pariser Modeschöpferin ihnen Aufnahme gewährte und ein vorbildlicher Maître d'hôtel so tat, als sähe er nicht ihre schäbigen Anzüge und ihre Einlegesohlen aus Zeitungspapier, das die Löcher in ihren Schuhen verbarg.

Es war ein Haus, wie Piotr es nie gesehen hatte. Für ihn war ein Landhaus etwas sehr Geräumiges mit Balustraden, einer großen Veranda, einer Uhr in der Mitte der Fassade wie an einem Bahnhof, kurzum ein Gebäude, das mit seinen herrschaftlichen Gästen, seinen Scharen von Domestiken, seinen Obst- und Gemüsegärten und seinen aus der Schweiz importierten Kühen keinerlei Ähnlichkeit hatte mit dieser Villa und ihren schwarzen Fensterläden. Aber wenn schon ... Was Piotr vor allem in Garches schätzte, war der Garten und die große Zeder, unter die er sich setzte, wenn er auf seinen Herrn wartete. Wie schön war dieser Baum, der da vor dem weiten Horizont aufragte, wo man in der Mitte so deutlich Paris und den Eiffelturm sehen konnte. Jeden Abend saß Piotr da und wartete. Die Kinder Strawinsky spielten im Garten. Er hörte ihnen zu. Er verstand sie. Er wünschte sich, daß diese Streitereien und Spiele nie aufhören möchten. Ein Haus, in dem die Kinder russisch sprachen, was für eine Wohltat ... Piotr fühlte sich gar nicht fremd.

Sie war elf Jahre älter als er; sie blieben ein Jahr zusammen; er war von dem, was sie miteinander verband, mehr überwältigt als sie; dann blieben sie stets gute Freunde. Mehr wird man über die Episode Gabrielle-Dimitri nie erfahren. Daher ist es interessant zu hören, wenn der Sohn jenes letzteren versichert, daß die Erinnerung an Chanel immer in seinem Vater lebendig blieb, daß keine andere Frau ihn so sehr zum Träumen anregte wie sie und daß sie überhaupt das große Abenteuer seines Lebens war. Es ist auch kein Zufall, daß das Jahr 1921 ein Glücksjahr für Gabrielle war. Man kann auf vielerlei Art glücklich sein. Wenn man auch nicht von einem berauschenden Glück sprechen kann, so fand Gabrielle zumindest in dem sanften Licht ihres Liebesverhältnisses mit Dimitri eine gewisse Sicherheit wieder, die ihr half, ein Unternehmen durchzuführen, das zu den wichtigsten ihres Lebens gehörte: die Erfindung eines Parfums, dank dem ihre Freiheit nicht mehr in Frage gestellt sein würde. Im Jahre 1920 entstand das Chanel N° 5, um das herum sich im Laufe der Jahre ihr enormes Vermögen anhäufen sollte. Circa fünfzehn Millionen Dollar, wenn die bei ihrem Tod veröffentlichten Zahlen stimmen.

Eins ist sicher: Gabrielle war in diesem Jahr unternehmungslustiger denn je zuvor. Daß sie es wagte, einen Duft herzustellen, bei dem den Essenzen tierischer oder pflanzlicher Herkunft zum erstenmal auch synthetische hinzugefügt wurden, zeugt von einer großen schöpferischen Leistung. Die gebrochene Frau, die Misia Sert kaum ein Jahr zuvor hinter sich hergeschleppt hatte, diese Gabrielle, die immer drauf und dran war, *zusammenzubrechen,* wäre kaum dazu imstande gewesen. Demnach mußte in ihrer ganzen Person eine radikale Änderung vorgegangen sein, die sie irgendeiner Sache oder irgendeinem Menschen verdankte. Und es besteht kein Zweifel, daß

Dimitri Pawlowitsch sie aufgerichtet hatte. Wie kann man es sich anders erklären? Ja, wenn man auch nicht behaupten kann, daß sie ein völlig ungetrübtes Glück erlebte, so deutet doch alles darauf hin, daß sie ihr Selbstvertrauen wiederfand.

Andere Modeschöpfer vor Gabrielle, und vor allem Paul Poiret, die ahnten, daß Mode und Parfumerie allzuviel Gemeinsames haben, als daß sie sich nicht vorteilhaft ergänzen könnten, hatten versucht, ihr Tätigkeitsfeld auf die Parfumherstellung auszudehnen. Aber niemand vor Chanel hatte gewagt, sich von den Blumendüften zu entfernen. Bis 1920 hatten die Frauen keine andere Wahl, als sich den Duft einer Blume oder mehrerer vermischter Blumen, die leicht erkennbar waren, zu eigen zu machen. Der Luxus bestand darin, betäubend nach Heliotrop, Gardenia, Jasmin oder Rose zu riechen, denn wenn auch die Mischung sehr stark war, so verflüchtigte sie sich rasch. Daher mußte man zu Beginn eines Abends sehr stark parfumiert sein, wenn nach ein paar Stunden noch etwas davon übrig sein sollte. So erklärt es sich auch, daß manche Personen, Männer oder Frauen, welche die Memoiren und Chroniken der ersten Jahre des zwanzigsten Jahrhunderts bevölkern, überaus stark parfumiert waren. »Ein dicker, schweigsamer Mann mit sensuellen Gesichtszügen, Thibaud de Broc, parfumierte sich über alle Maßen ...« liest man in den Memoiren von Elisabeth de Gramont. Oder: »Der Duc de Mouchy war unser nächster Nachbar. Ich wußte sofort, wenn er an unserem Haus vorbeigegangen war, denn er hinterließ eine Duftwolke ...«

Das alles sollte Gabrielle Chanel grundlegend ändern. Dadurch, daß sie ein beständiges Parfum kreierte, ermöglichte sie auch, es in kleineren Mengen zu gebrauchen. Außerdem schuf sie an Stelle von Parfums mit genau erkennbarem Duft Parfums von undefinierbarer Herkunft. N° 5 setzt sich aus circa achtzig Ingredienzien zusammen, und wenn es auch frisch wie ein Garten riecht, so läßt sich doch nicht bestreiten, daß dieser Garten einen unbekannten Duft ausströmt. Insofern ist ihre Erfindung ein wichtiges Datum in der Geschichte der Parfumerie: N° 5 wirkte so überraschend wie eine abstrakte Schöpfung.

Es ginge zu weit, wollte man in Dimitri die einzige Quelle von Gabrielles Inspiration in diesem Jahr sehen. Aber daß eine enge Beziehung zwischen dem, was sie kreierte, und dem, was er ihr vermittelte, bestand, ist wohl nicht zu leugnen. Vor allem die Manie des Parfumierens an sich. Wie könnte man vergessen, daß an keinem europäischen Fürstenhof das Parfum so sehr geschätzt wurde wie am Hof des Zaren, und das schon jahrhundertelang?

Welcher von Dimitris Aussprüchen, welche Anekdote machte Gabrielle bewußt, daß Parfum nicht nur ein Mittel der Täuschung war, welches bei ihr stets nur Mißtrauen erregt hatte, so daß sie allzu stark parfumierte Frauen leicht verdächtigte, »einen schlechten Geruch verbergen zu müssen« – man erinnert sich, daß alles, was sie in den Tagen von Royallieu an Emilienne d'Alençon erwähnenswert fand, die Tatsache war, daß sie »sauber rieche«. Nicht nur ein Täuschungsmittel also war das Parfum, sondern auch ein Element, das übernatürliche Kräfte besaß, eine Mischung, die lange erprobt und immer wieder verändert werden mußte, bis es »die von den Menschen immer noch nicht begriffene *Tugend des Luxus* erreichte, für deren Verständnis noch große weltbewegende Ereignisse stattfinden müssen[43] ... « Man wird auch sagen, daß Gabrielles Zusammentreffen mit Ernest Beaux in Grasse, in dessen Laboratorien N° 5 entwickelt wurde, wohl nicht nur ein Zufall war, zumal dieser hervorragende Parfumchemiker der Sohn eines Angestellten am Zarenhof war und er den größten Teil seiner Jugend in Sankt Petersburg verbracht hatte. Alles Zufall ... ? Es sei denn, daß man sich die Mühe macht, ihm einen Namen zu geben: Dimitri.

Offensichtlich wurde die Erfindung von N° 5 ganz zielstrebig von Ernest Beaux und Gabrielle gemeinsam betrieben, wobei einer dem andern mit seinen fabelhaften Kenntnissen zur Seite stand. Die Hauptrolle bei diesem Unternehmen wurde natürlich Gabrielle zugeschrieben, zumindest von allen, die ein Interesse daran hatten oder noch haben, ihr eine Legende anzudichten ... Denn nichts ist so förderlich für den Verkauf eines Parfums. Es genügt ein Märchen von einer schönen Zauberin und einem Alchimisten, die bei der Entstehung der geheimnisvollen Flüssigkeit über ihre Retorten gebeugt sind, und alles ist möglich. Die Zauberin weiß natürlich genausoviel wie der Alchimist. Sie entscheidet, sie befiehlt, und wenn nötig, fügt sie mit souveräner Geste ein wenig mehr von diesem hinzu oder läßt etwas anderes weg. Die Legende wird unverzüglich zu Werbezwecken benutzt, und so sorgt man eben für einen guten Start.

In Wirklichkeit verlief die Sache keineswegs so glatt; die endgültige Fertigstellung von N° 5, für die Ernest Beaux allein verantwortlich war – Gabrielle entschied zwischen den vier oder fünf Mischungen, die er ihr vorschlug –, fand in einer recht verwirrenden Atmosphäre statt und erinnerte an jene geheimen Machenschaften, die Palastrevolutionen vorausgehen und sie vorbereiten, wobei die Tatsache, daß es sich hierbei um Parfum handelte, der Spannung noch einen Hauch von Tausendundeiner Nacht hinzufügte. Eine

Fülle von Intrigen, Skandalen und uneingestandenen Komplizenschaften. Nichts fehlte im Szenario. Nicht einmal das aufsehenerregende Verschwinden eines der besten Chemiker des Hauses Coty. Der Überläufer nahm bei seiner Flucht die Früchte jahrelanger Forschungen mit: die Formel eines Parfums, mit dessen Kommerzialisierung das Haus Coty zögerte, da die Herstellung so teuer war. Das war einer der Gründe, die den Chemiker veranlaßten, zum Feind überzulaufen: er fürchtete, daß seine Erfindung nie ausgewertet werden würde. Es ist mehr als wahrscheinlich, daß er seine Formel unverzüglich Gabrielle auslieferte. Wer war dieser Chemiker? War er aus eigenem Entschluß gegangen, oder hatte man ihn bestochen? Hieß er Ernest Beaux? Da bei der Nachforschung alle, welche die Wahrheit kennen, hartnäckig schwiegen, kann dieser Punkt nicht geklärt werden. Aber eins ist sicher: ungefähr sieben Jahre später stellte das Haus Coty ein Parfum her, das der Chanel-Mischung zum Verwechseln ähnlich war. Trotz seines guten Verkaufs schadete *Aimant* Gabrielle kaum. N°5 war längst eingeführt.

Das Chanel-Flakon stand jedoch in völligem Gegensatz zu der reichgeschmückten Ausstattung, die bei der Konkurrenz üblich war – amorförmige Fläschchen, spitzen- oder blümchenverzierte Urnen –, denn alle Parfumhersteller glaubten noch, daß diese Preziositäten verkaufsfördernd seien. Das Bemerkenswerte an dem scharfeckigen Block, den Gabrielle in Umlauf brachte, war, daß er die Phantasie einem neuen Zeichensystem unterordnete. Es war nicht mehr der Behälter, der das Verlangen weckte, sondern der Inhalt. Es war nicht mehr das Objekt, das den Verkauf beeinflußte, sondern allein das Organ, das angesprochen wurde: der Geruchssinn, konfrontiert mit dieser goldfarbenen, in einem nackten Kristallkubus gefangenen Flüssigkeit, die nur sichtbar gemacht wurde, um Verlangen zu wecken.

Es ließe sich auch viel über die klare Grafik des Etiketts sagen, welche die Rundungen und Schnörkel früherer Parfumfläschchen unmodern machte, über die strenge Harmonie der Aufmachung, die nur aus dem Schwarz-Weiß-Kontrast bestand – Schwarz, immer wieder Schwarz –, und schließlich über den Namen, nur ein einziges Wort *Chanel*, in Verbindung mit einer knappen Zahl, als stände es wie eine gebieterische Parole in den Schaufenstern geschrieben: »Setzt auf die Fünf«.

Was bedeutet diese chiffrierte Sprache? Es wirkte auf die Vorübergehenden wie ein Zauberwort. Und was hatte der einsame Buchstabe in dem schwarzen Kreis auf dem Siegel am Flaschenhals zu bedeuten? Ein C? Julia und Antoinette ... Wer wußte, da sie

beide nicht mehr lebten, was sich hinter diesen Zeichen verbarg
Wer, außer ihnen, wußte etwas von Gabrielles Vergangenheit un
hätte die Monogramm-Manie ihrer Vorfahren aus den Cevenne
oder das geheimnisvolle Pflaster von Obasine erwähnt? Nieman
wagte es. Außerdem waren die Würfel gefallen. Selbst wenn Cha
nels Rivalen noch andere *Nuits de Chine* und noch mehr *Lucrèc
Borgia* herausgebracht hätten, was hätte das geändert? N° 5 prägt
den betörendsten Erfindungen der Konkurrenz den entehrende
Stempel des Unmodernen auf.

Im folgenden Sommer ging Gabrielle weder nach Monte Carl
noch nach Biarritz, sondern zog in eine Villa, die sie zu diesen
Zweck in Moulleau bei Arcachon gemietet hatte. *Ama Tikia* hie
das weiße Haus. Die Meereswellen bespülten die Gartenmauer.

Wenig Besuche in den beiden Monaten, die sie dort verbrachte
Man wollte Dimitri und Gabrielle nicht in ihrer Einsamkeit stören
Ein Fischerboot brachte sie jeden Morgen zum Baden. Sie kamen
erst zurück, wenn die Mittagszeit längst vorbei war. Der treue Joseph und seine Frau Marie kümmerten sich um den Haushalt. Piotr
war natürlich auch mit von der Partie. Und Gabrielle hatte ihre
ganze Hundemeute dabei.

Meer, Sonne, Spaziergänge in der Umgebung, und was noch? Der
kurze Besuch von ein paar guten Bekannten Dimitris, des Grafen
Kutusow mit seiner Frau und seinen beiden Töchtern, die im vergangenen Herbst ebenfalls in *Bel Respiro* logiert hatten! Gabrielle
hatte Kutusow eine Arbeit beschafft. Er sollte über fünfzehn Jahre lang einer der wichtigsten Angestellten ihres Unternehmens sein. Aber abgesehen von dem Besuch, abgesehen vom Meer und dem Baden, nichts oder soviel wie nichts.

Diese Ferien waren so wenig typisch für Gabrielle, daß man das Außergewöhnliche daran hervorheben sollte. Es waren die längsten ihres Lebens und die einzigen, die sie so verlebte. Danach sah man sie nur in vielbesuchten Ferienorten, und die Häuser, in denen sie wohnte, waren, wo immer sie auch standen, selten leer.

Kein Zweifel, daß in diesem Sommer, unter der Sonne von Moulleau, Gabrielle und Dimitri einander genügten. Kann man sich ein seltsameres Tête-à-tête vorstellen? Sie, die Tochter des Jahrmarktschreiers, der irgendwo in Frankreich weiterhin die Hausfrauen mit schönen Reden umwarb, wenn er von seinem wackeligen Gefährt herab Hosenträger, billige Taschentücher, Schürzenbänder und Nessel verkaufte, und er, der Enkel Alexanders II., Neffe Alexanders III., Vetter des Zaren Nikolaus II., dessen körperliche Vorzüge oder Mängel auf den Briefmarken, Geldscheinen oder Münzen all jener Länder abgebildet waren, über die seine Eltern noch regierten. Dimitri war nur mit Königlichem vergleichbar.

Ob sie überhaupt versucht haben, *sich alles zu sagen*? Gestand sie ihm ihre elende Kindheit, den Tod ihrer Mutter, den Vater, der sie im Stich ließ? Und er, dessen Mutter bei seiner Geburt gestorben war, was hätte er anderes darauf antworten können, als daß er sie verstehe, da er im selben Alter ein ähnliches Unglück erfahren habe? Denn er hatte in seinen Kinderjahren besonders viel Trauriges erlebt.

Als Säugling im Spitzenkleid hatte er auf den Knien einer fast hundertjährigen Großfürstin, seiner Urgroßmutter, für sein erstes Foto posiert. Der Künstler, der mit der Porträtaufnahme beauftragt war, die später an auffallender Stelle in den Häusern aller Boris', aller Cyrills, aller Pauls und Konstantins des kaiserlichen Hofes zu finden sein würde, der Fotograf hatte das Baby gezwungen, seinen Kopf an die Schulter einer Königin, seiner Großmutter, Olga von Griechenland, zu lehnen, und damit auch die Mutter des Säuglings, wenngleich schon tot, auf diesem Familienbild erschiene, war es gelungen, Dimitri ein Medaillon in die kleine Hand zu schieben, das die Verstorbene darstellte. Niemand ahnte, daß vom Ring des Medaillons ein langer Faden zu einer unsichtbaren Nurse führte, die es von weitem festhielt.

So konnten sich alle Boris' und Cyrills von Rußland beim Anblick dieses Bildes sagen, daß das Waisenkind, das sie darauf sahen und dessen melancholischer Blick und ernste Augen erst später die Frauen so verwirren sollten, all die Pauls und Konstantins, von Griechenland oder anderswo, konnten sich mit Recht sagen, daß drei Prinzessinnen, die trotz ihres unterschiedlichen Alters alle gleich und alle unabhängig von den Schwankungen der Mode gekleidet waren – denn da, wo die Hofetikette vorherrscht, gibt es keine Mode mehr –, daß diese drei über den kleinen Dimitri wachen und ihm die Mutter ersetzen würden.

Aber es kam anders.

Dimitri hatte nur Nurses.

Junge Engländerinnen, von schweigsamen, ebenfalls englischen Hilfskräften unterstützt, hatten ihn aufgezogen. Sie waren nicht bösartig. Nur ein wenig zu streng. Sie sagten, daß Sankt Petersburg keine Stadt für Kinder sei. Allzuviel familiäre Verpflichtungen und fürstliche Empfänge, allzu häufige Teegesellschaften inmitten eines Schwarms von unerzogenen Vettern, allzuoft verkorkste Mägen an den Tagen danach, und außerdem die vielen Ausflüge in goldener

Karosse bis zum Winterpalast, eskortiert von Husaren, das alles war gräßlich. *Don't get over-excited, Dimitri* ... Bis zum Alter von fünf Jahren hatte Dimitri fast nie Russisch sprechen hören. Und die orthodoxen Zeremonien, die endlos schienen ... Mit dem ohrenbetäubenden Glockengeläut, den donnernden Chören, den goldenen Gewändern und den tiefen Stimmen der Zelebrierenden, die den kleinen Dimitri so beeindruckten. *Come on, child, behave, please* ... Das alles war nicht gut für Kinder. Aber Nanny Fry sowie Lizzie Grove, ihre Gehilfin, betonten immer wieder, daß sie Rußland trotzdem gern hätten, und sie schienen es ehrlich zu meinen. Sie hatten es gern, weil man jenem Abenteurer Napoléon dort eine denkwürdige Schlappe beigebracht hatte, und auch, weil Rußland das Land des Samowars, des Geheimnisses eines guten Tees, war.

Der Petersburger Palast, in dem Dimitri aufwuchs, war düster und von unbestimmtem Stil. Die zweite Etage – die der Dienstboten und der Nursery – lag zur Newa hin. Nanny achtete darauf, daß die fröhlichen Lieder der Kammermädchen, das Echo ihrer Liebesfreuden und -leiden nicht die Kinderohren verwirrte. Es drang trotzdem ein wenig durch ... Dimitri lauschte gespannt. Sein Herz pochte, kaum daß eine Frauenstimme ertönte. Wie lustig klangen die Stimmen, und wie melodisch ... Aber Nanny sagte, daß man nicht hinhören dürfe. Die Nursery mußte hermetisch verschlossen, von der übrigen Welt isoliert bleiben.

Die Besuche waren selten. Dimitri war ohne Bücher und ohne Freunde aufgewachsen, da Nanny sie für eine gesunde Erziehung entbehrlich fand. Manchmal steckten Kusinen aus benachbarten Palästen die Nase herein, mit jenem Ausdruck hochmütiger Schüchternheit, den sie von Geburt an hatten und der sie wie eine Schranke von der übrigen Welt trennte. Was Dimitris Vater betraf, so tauchte er unerwartet hin und wieder auf, immer in funkelnden Uniformen. Kaum daß Nanny Zeit hatte, einen Hofknicks anzudeuten, da war der Großfürst auch schon wieder verschwunden. Nanny sagte, daß dieses plötzliche Hereinschneien Dimitri nur aufregte und daß solche Überraschungen wirklich ...

Eines Tages, als Dimitri, zusammen mit seiner Schwester Marie, vor seinem Glas Milch und seinem Butterbrot gesessen hatte, beide unter Aufsicht von Nanny und ihrer Gehilfin, beide sehr gerade sitzend, weil es die Teestunde war und man dann weder die Ellbogen auf dem Tisch aufstützen noch den Rücken krümmen darf, an jenem Tag war der Großfürst Paul in Begleitung eines bärtigen Riesen hereingekommen, vor dem alle Hausgehilfen sich in sonderbarer Weise tief verbeugt hatten. Man hatte den Kindern gesagt, daß es

Onkel Sascha sei und daß sie ihm einen Kuß geben dürften. Aber die Hausgehilfen sagten, es sei der Zar, und daß man nur kniend mit ihm reden dürfe. Auf jeden Fall hatten die Kinder, die schlecht Russisch sprachen, nichts davon verstanden.

Und es hatte noch andere Überraschungen gegeben.

Etwas später willigte Nanny Fry ein, Dimitri einen hellen Ledermantel anzuziehen, den sie für viel zu auffällig hielt, obwohl der kleine Junge ihn besonders liebte, als eine Kammerfrau in großer Aufregung hereingekommen war. Nanny hatte sie hinausgejagt. Sie wollte nicht, daß in der Nursery laut gesprochen wurde. Es war schrecklich für ... Aber hinter dem Kammermädchen trat ein Offizier mit verstörtem Gesicht ein und hieß sie die Kinder ausziehen und in Weiß kleiden. Der Zar war tot. Befehle und Gegenbefehle würden in puncto Erziehung zu nichts Gutem führen, meinte Nanny. Was nicht verhindert hatte, daß Dimitri endlose Anproben über sich ergehen lassen mußte, damit die Kleider für die Zeremonie richtig saßen. Die Krönung des Vetters Nicky, auch eines Bartträgers, der aber immerhin nicht ganz so groß wie Onkel Sascha war, sollte sich unter größter Prachtentfaltung abspielen. Nanny hatte gesagt, daß wirklich ... Aber niemand hatte auf sie gehört, und sie hatte das Kind Dimitri, in Satin gekleidet, an der Hand bis zur Tribüne geführt, von wo aus sie das kaiserliche Gefolge hatten vorbeiziehen sehen.

Dimitri hatte also keine Mutter gehabt.

Mit elf Jahren hatte er auch keinen Vater mehr.

Da der Großfürst Paul sich ohne Zustimmung des Zaren wieder verlobt hatte, war er verbannt worden.

Man hätte angenommen, daß der Großfürst Paul, ein Witwer von zweiundvierzig Jahren, der der Krone schon eine Prinzessin und einen kräftigen Prinzen geschenkt hatte, frei über sein Leben entscheiden könnte. Aber das war nicht der Fall. Olga Walerinowna, die er heiraten wollte, war eine geborene Karanowitsch. Das war kein imponierender Stammbaum ... Außerdem war sie geschieden, und das war es, was die Zarin am meisten schockierte, ja was sie nicht duldete. Großfürst Paul wurde von seinen Kindern getrennt. Er konnte sich nach Lust und Laune wieder verheiraten und nach Paris ziehen, wenn ihm der Sinn danach stand, Dimitri und seine Schwester würden in Rußland bleiben, so lautete der Befehl des Zaren. Aber was sollte mit ihnen geschehen? Sie wurden Tante Ella und Onkel Serge anvertraut.

Großfürst Serge war Gouverneur von Moskau. Ein hoch aufgeschossener, traurig blickender und recht stumpfsinniger Mann.

Seine Frau, die Schwester der Zarin, war außerordentlich fromm. Sie hatten keine Kinder. Eine bedrückende Atmosphäre. Nach den Unruhen von 1905 zog das Paar in eine Wohnung im Kreml. Dimitri glaubte, vor Traurigkeit zu sterben. Keine Nurses mehr, aber ein von seiner Autorität durchdrungener Hauslehrer mit Generalsrang. Als er einmal Dimitris Aufgaben überwachte, ertönte eine ungeheure Explosion. Man hatte eine Bombe in Onkel Serges Wagen geworfen. Tante Ella stürzte hinaus, um die Teile des zerfetzten Körpers ihres Mannes aufzusammeln. Danach sah man sie nur noch als Nonne. Sie wurde Äbtissin des Martha-Maria-Klosters der Barmherzigen Schwestern.

Großfürst Paul nahm diese Situation zum Anlaß, um nach seinen beiden Kindern zu verlangen. Die Bitte wurde abgeschlagen. Dimitri und Marie mußten im revolutionsbedrohten Moskau bleiben.

Keine Frau mehr in Dimitris Umgebung, außer seiner Schwester, die ihn leidenschaftlich liebte. Man sah sie zusammen durch die Säle des Kreml irren, zwischen den Palästen, Klöstern, Kapellen, Bastionen und Arsenalen hin und her, die diesem sonderbaren Ensemble laut Maurice Paléologue das Aussehen »einer Festung, eines Heiligtums, eines Serails, eines Harems, einer Nekropole und eines Gefängnisses« gaben. Sie waren unzertrennlich. Man beeilte sich jedoch, den übertriebenen Gefühlen ein Ende zu bereiten und verheiratete das junge Mädchen mit dem Erbprinzen von Schweden, obwohl seine sexuellen Anlagen ihn nie dazu getrieben hätten, sich für Damen zu interessieren. Ein paar Stunden vor der Ankunft des Königs Gustav, ihres zukünftigen Schwiegervaters, und ein paar Tage vor ihrer Hochzeit, zogen Marie und Dimitri sich zur Andacht in eine der Kapellen des Kreml zurück. Sie blieben so lange dort, daß sie mehrmals getadelt werden mußten. Aber sie achteten nicht darauf. Was wollte man von ihnen? Sie waren da, Hand in Hand, und erlebten bewußt die letzten Stunden ihrer Kindheit.

Kaum waren die Ferien zu Ende, da gab es im Haus Nr. 31 der Rue Cambon große Veränderungen. Frauen mit Geschmack, sehr hübsche Frauen, wurden als Verkäuferinnen, andere als Mannequins eingestellt. Es gab viele darunter, die mit überraschendem Akzent Dimitri mit *mon cousin* anredeten. Ihre Namen waren schwer auszusprechen, sie waren Prinzessinnen oder Gräfinnen und von ausgesuchter Höflichkeit, sie waren Russinnen und ruiniert. Die Hautevolee der Petersburger Salons ... Kaum waren sie engagiert, als auch schon ihre Freundinnen herbeieilten, die das Schicksal verschont hatte und die noch eine Zeitlang die nötigen Mittel zum Geldausgeben hatten und hinreichend davon Gebrauch machten. Und da sich diese Damen anscheinend nicht vom Fleck rühren konnten, ohne aus den Schlössern in der Steiermark oder in Schottland, in den deutschen Wäldern oder aus venezianischen Palästen alles, was diese an Verwandtschaft bargen, hinter sich herzuziehen, so wurde der Ort, an dem sie zusammentrafen, sofort zu einem jener Empfangsräume, die sie für immer verlassen hatten, zu einem jener mit Posamenten und Grünpflanzen geschmückten Salons, die ihre Arglosigkeit so begünstigt hatten.

Über das Geländer eines Zwischengeschosses gelehnt, von wo aus sie alles sehen konnte, ohne selbst gesehen zu werden, genoß Gabrielle den Erfolg ihres verblüffenden Unternehmens. Da sie nicht merkte, welche Melancholie diesem Fest der Ehemaligen innewohnte, sah sie allein das Prestige. Es übertraf bei weitem alles, was ihre Konkurrenz zu bieten hatte.

Es gab auch Veränderungen in den Ateliers.

Gabrielle stellte Stickerinnen ein.

Eine Nachricht, die große Überraschung auslöste. Bestickte Kleider? Bei Chanel? Was war in sie gefahren? Würde sie sich von der strengen Linie ihrer Kleider entfernen, die einander so sehr ähnelten, daß sie Poiret zu seiner berühmtesten Bemerkung veranlaßt hatten: »Was Chanel erfunden hat? Den *»misérabilisme de luxe«*.

Ja, tatsächlich, Gabrielle hatte beschlossen, ihre Kollektion um ein paar bestickte Modelle zu erweitern. Eine plötzliche Laune ... Die Lust, die *Rubaschka*, den gegürteten Kittel der Muschiks, als Vorlage zu gebrauchen, ihn in ihre eigene Sprache zu übersetzen, warum nicht? Eine eng anliegende *Rubaschka* aus feinem Wollstoff zu einem engen Rock, mit unauffällig bestickten Blenden am Kragen und an den Bündchen, ein Kleidungsstück, das seine ganze Eigenart der russischen Erde verdankte, aber in einer typisch pariserischen Form erschien. Gabrielle konnte sich vorstellen, daß sie den Frauen damit ein neues Mittel der Verführung lieferte. Sie täuschte sich nicht. Die Vergangenheit ihrer Liebhaber war für sie stets eine Quelle der Inspiration gewesen. Die Idee der *Rubaschka* wurde gut aufgenommen, so gut, daß ein Stickerei-Atelier eingerichtet werden mußte. Die Leitung wurde der Großfürstin Marie anvertraut. Diese war nach ihrer Scheidung von dem Schweden wieder nach Rußland zurückgekehrt. Durch die Revolution vertrieben, hatte sie Zuflucht in Frankreich gefunden, an der Seite des einzigen Mannes, den sie je geliebt hatte: ihres Bruders Dimitri.

So kam es, daß 1921 *Bel Respiro* der Treffpunkt von Ausländern wurde. Niemals hätten die, welche dort zusammentrafen, in ihrem

Heimatland Gelegenheit gehabt, unter demselben Dach zu wohnen. Man kann nur staunen über den Zufall, der in enger Freundschaft die Enkelin eines Kneipenwirts aus den Cevennen, den Sohn eines Baritons am kaiserlichen Theater von Sankt Petersburg, der in den Westen gekommen war, um die Musik seiner Zeit zu erneuern, und diesen Russen des Alten Regimes, diesen Königssohn zusammenführte, der ein Vaterlandsloser, Herumirrender wie so viele andere geworden war. Was taugte er selbst? Es ist nicht auszudenken, was unter anderen Umständen aus ihm geworden wäre, aus diesem Dimitri, der schon in seinen Kinderjahren den Rang eines Obersten hatte und dann, sehr jung, zum Verschwörer wurde, weil er glaubte, durch die Ermordung Rasputins die kaiserliche Familie von ihrem Dämon zu befreien. Sein weiteres Schicksal war farblos, und alles, was man über ihn sagen kann, ist, daß er bis zu seinem Tod im Jahre 1942 ein schöner Mann war und er all die Jahre Gabrielle gegenüber seine Freundschaft bewahrte, so daß die kurze Zeit des Glücks in einer Villa in Garches und damit sein vorübergehender Einfluß auf den Stil der Pariser Mode zum wichtigsten Element seiner Biographie wird. Daß das Rußland der Steppen durch weite pelzgefütterte Mäntel, das Rußland der Bojaren durch den düsteren Glanz bestickter Kleider zur allgemeinen Verwunderung in jenem Jahr in Gabrielles Salons eindrang, mag nicht besonders ruhmreich erscheinen. Aber man bewertet dieses Detail anders, wenn man darin Dimitris Abschied von seiner Vergangenheit sieht. Diese bestickten Kleider, die andere beklatschten, diese bis auf die Erde reichenden Röcke, schwingend und wie vom Wind gebläht, halfen ihm, insgeheim jenes Rußland wiederzufinden, das er für immer verloren hatte.

Das Leben mit Genies

Gabrielles Trennung von Dimitri fällt mit ihrem Auszug aus *Bel Respiro* zusammen. Keine dramatische Auseinandersetzung. Es war gang und gäbe zu jener Zeit, daß ein Fürst, wenn er nichts mehr besaß, seinen Namen und Titel irgendeiner jungen Frau anbot, die alles besaß außer einem Adelstitel. Dimitri war keine Ausnahme. Er schloß eine finanzschwere Allianz mit den Vereinigten Staaten.

Die Gründe, die Gabrielle bewegten, Garches zu verlassen, waren nicht sentimentaler Natur. Der Tod von Marie, der Ehefrau des getreuen Joseph, war dabei von entscheidender Bedeutung. Die Folgen einer spanischen Grippe hatten das Haus in Garches seiner umsichtigen und angesehenen Haushälterin beraubt. Gabrielle beschloß, wieder näher an ihren Arbeitsplatz heranzuziehen. Außerdem war das Haus in Garches nicht mehr für die Zwecke geeignet, für die sie es haben wollte. Es war zu klein geworden und lag zu weit entfernt.

Gabrielle zog wieder nach Paris. Der spektakuläre Aufschwung des Unternehmens Chanel gab ihr ohne weiteres die nötigen Mittel dazu.

Auf die Ruhe in einer Vorortsallee und die kleinen sonntäglichen Vergnügen im *Bel Respiro* folgte die strengere Welt des Faubourg Saint-Honoré mit seinen gleichmäßigen Fassaden, seinen stillen Gärten, seiner intrigenreichen Vergangenheit, auf *Bel Respiro* folgte das Herrenhaus der Grafen Pillet-Will. Gabrielle mietete darin das schönste Appartement, eine Erdgeschoßwohnung, zu der bald die erste Etage hinzukam. Eine Flucht von riesigen, hohen Räumen, die auf die bis zur Avenue Gabriel reichenden Grünanlagen hinausgingen. Joseph, immer wieder Joseph, bekam alle Vollmachten, um selbst Koch, Hausdiener und Küchenmädchen einzustellen. Dort, im Haus Nummer 29 des Faubourg Saint-Honoré, begann ein neues Leben.

Die Innenausstattung der Salons, der Klassizismus der neuen Wohnung, wurde unverzüglich verändert. Gabrielle wollte sich von der Vorherrschaft der Täfelungen befreien, deren grünliche Tönung und Vergoldungen ihr, kaum daß sie dort wohnte, mißfielen. Aber sie durfte nicht daran rühren. Also mußte es kaschiert werden. Sert und Misia wurden zu Rate gezogen. Wie hätte es anders sein können?

Was wußte Gabrielle von der Gesellschaft, in der sie verkehren würde, von diesem Milieu, in dem ein überzüchteter Ästhetizismus verherrschte? Nichts. Und ebensowenig von einer wankelmütigen Bourgeoisie, die sich gerade bemühte, mit dem zu brechen, was sie kaum fünfzehn Jahre früher versucht hatte durchzusetzen: den *modern style*. Hätte man Gabrielle gesagt, daß sie ihren Aufschwung gerade an einem entscheidenden Wendepunkt der Entwicklung nehme, was hätte sie davon begriffen? Die Welt der Vergangenheit brach in sich zusammen. Aber wie hätte sie es merken sollen, da sie doch keine Vergangenheit hatte?

Als Chanel ihren Platz bei dem großen Pariser Fest einnahm, war der Bruch schon vollzogen. Architektur, Mobiliar, Stoffe, Farben, Mode, alles war im Begriff, sich zu ändern. Aber die Explosion der *Art Déco* im Jahre 1925, die schließlich jedermann die Augen für die Bestrebungen einiger Architekten und Designer öffnen sollte, welche Europa zu einem neuen Lebensstil verhalfen, die *Art Déco* hatte noch nicht stattgefunden. Abgesehen von ein paar Privilegierten und einigen Kennern, gab es nur wenige Pariser, welche die Bedeutung eines Le Corbusier, eines Mackintosh, eines Klimt oder eines Van de Velde zu ermessen vermochten, und noch seltener waren jene, welche die Werke dieser Künstler kauften. Es herrschte daher in Frankreich eine recht große Konfusion von Linien und Formen, als Gabrielle instinktmäßig auf das zusteuerte, was ihre Umgebung als sichersten Wert zu bieten hatte: das »Neobarock« der Serts. Durch sie ließ Gabrielle sich einführen und entdeckte – mit siebenunddreißig Jahren – die Komponenten eines Dekors, das sie zu ihrem eigenen machen sollte, indem sie es nach und nach mit vertrauten Gegenständen anreicherte.

Ebensoviel Gold wie bei Misia, ebensoviel Kristall, aber mehr schwarze Akzente, und keinen Marmor, keinerlei Schildpatt und erst recht keinen Malachit, der bei den Zaren so beliebt gewesen war, daß sie jedem durchreisenden Staatschef die unvermeidliche Standuhr aus Malachit schenkten, eine Manie, der Misia, die einen Eßzimmertisch in diesem aggressiven Grün besaß, nicht entging.

Das erste kostbare Möbelstück, das bei Gabrielle Platz fand, war ein Flügel. Kaum stand er, als er auch schon benutzt wurde, bald von Strawinsky, bald von Diaghilew, bald von Misia oder dem Pianisten des Russischen Balletts, oder ... Es folgten Beschwerden. Comte Pillet-Will, der in der zweiten Etage wohnte, fand den Lärm unerträglich. Es kam noch schlimmer: eines Abends, sehr spät, erschienen spanische Sänger mit ihren Gitarren. Die Empörung kannte keine Grenzen mehr. Bumsmusik ... Man hatte Künstler mit Spitzbubengesichtern zu ihr hereingehen sehen, und mit ihnen zusammen eine sehr eigenwillig gekleidete Liliputanerin und einen Krüppel ohne Beine, der in seiner Seifenkiste mitten im Ehrenhof eine Corrida parodiert hatte.

Wieder einmal wurde von den Kritiken aus der vornehmen Etage im Erdgeschoß keinerlei Notiz genommen. Strawinsky und Diaghilew behandelten diese Tänzer wie vollwertige Künstler; sie hatten sie gemeinsam in Spanien für *Cuadro Flamenco*[44] ausgesucht. Picasso, der das Bühnenbild für dieses kurze Tanzkonzert ausführte, hatte sie mit in den Faubourg genommen. Ihre Anwesenheit in Paris regte ihn an und amüsierte ihn, so daß er sich für ein »Theater im Theater« entschied, und anstatt seine Landsleute, wie sie es gewöhnt waren, in einer einfachen Dorfschenke auftreten zu lassen, ließ er als Bühnenbild die altmodischen Perspektiven eines Theaters des 19. Jahrhunderts mit seinem goldüberladenen schwarzen Hintergrund und einer doppelten Reihe von rot ausgeschlagenen Logen aufbauen. In jede dieser Logen setzte er parodistisch in *trompe-l'œil* gemalte Figuren, würdige Zuschauer mit Zylinder auf dem Kopf in Begleitung schöner dicker Damen. Es war eine glückliche Epoche für Picasso, dem man die gute Laune durch diese ironische Anspielung auf sein Vaterland anmerkte. Eine eigenartige, kurze Epoche seines Lebens, in der er sich von der Bohême des Montmartre abwandte und in den vornehmen Vierteln verkehrte, wo er mit unbeirrbarem Ernst – dem Ernst eines Spaniers – den arrivierten Künstler spielte. Er ließ sich zu mondänen Abendessen einladen, die der Vicomte Charles de Noailles oder der Comte Etienne de Beaumont zu seinen Ehren gaben, und erschien bei solchen Gelegenheiten in einer Aufmachung, in der man ihn nie zuvor gesehen hatte: Anzug nach neuester Mode, Fliege, und trotz des Achselzuckens seiner früheren Freunde mit einer Uhrkette an der Weste. Er sollte in dieser neuen Phase seines Lebens nicht länger verweilen als in seinen früheren Domizilen. Aber er wollte gern glauben machen, daß seine Versöhnung mit der Welt endgültig sei, und bisweilen gelang es ihm auch, sich selbst davon zu überzeugen. Würde er so weit gehen, offizielle Ehrungen anzunehmen? Man munkelte darüber. Juan Gris schrieb angewidert an seinen Freund Kahnweiler: »Picasso macht immer etwas Schönes, wenn er Zeit hat ... zwischen einem Russischen Ballett und einem mondänen Porträt.«

Picasso hatte sich mit Gabrielle anläßlich seiner Arbeit für *Cuadro Flamenco* angefreundet. Und zwar so sehr, daß er sogar gelegentlich bei ihr wohnte, aber stets nur kurz und nur dann, wenn das große Durcheinander der *Ballets russes*, wo Improvisation und Änderungen in letzter Minute die Regel waren, ihn in Paris festhielt. Seine Angst vor der Einsamkeit – ein vorherrschender Zug an ihm – war so groß, daß er nichts so sehr fürchtete, wie eine Nacht allein in seiner Wohnung im Haus Nr. 23 der Rue La Boétie verbringen zu müssen, allein in dem Schlafzimmer mit den beiden Messingbetten, allein im Salon mit dem schweren Louis-Philippe-Sofa, allein mit dem stummen Klavier und den unvermeidlichen Kerzenhaltern, kurzum, in dem ganzen konventionellen Dekor, wo er als ordentlicher Mensch und Ehemann, der ganz orthodox mit Olga Khoklowa, Diaghilews Ballerina und Offizierstochter, verheiratet war, lebte. In jenem Sommer hatte er Olga nach Fontainebleau gebracht, wo sie sich von der Geburt ihres ersten Kindes erholte und wo Picasso unermüdlich die Haltungen der beiden festhielt, wobei er jede Skizze datierte und bisweilen sogar die Stunde vermerkte, in der sie gemacht worden war: »19–11–1921, mittags«, liest man auf einer

Zeichnung aus dieser Zeit, die den zwei Wochen alten Paulo darstellt. Der entzückte Vater wohnte bei Gabrielle, sooft er Lust hatte.

Auch Misia hatte ihr Zimmer im Faubourg, aber die Gründe dafür sind weniger einleuchtend.

Es kam mehr als einmal vor, daß Joseph aus dem Schlaf gerissen wurde und alle Gäste des Hauses in der Speisekammer versammelt fand. Die ganze diskutierende, ausgehungerte Truppe. Das Russische Ballett war mitten im Wandel begriffen, Serge de Diaghilew verzichtete darauf, sich vom alten Rußland inspirieren zu lassen, und zog statt dessen Künstler heran, Ausländer zumeist, die der Stolz der französischen Malerei und Musik werden sollten.

Bevor noch die Möbel, deren Auswahl Sert überwachte, an ihrem Platz standen in einer Wohnung, deren Stil in vieler Hinsicht bedeutsam sein sollte, war ein in einem leeren Zimmer abgestellter Flügel das einzig Verbindende zwischen Gabrielle und den Malern und Musikern, die um Diaghilew kreisten.

Es folgten dann die Gegenstände, die den eigentlichen Stil eines Hauses anzeigten, in dem man sich bemüht hatte, genug Platz zum Träumen frei zu lassen.

Allem voran die lackierten Wandschirme von Coromandel.

Sie waren so um den Flügel herum aufgestellt, daß sie einen etwas theaterhaften Alkoven bildeten; sie kaschierten die Öffnungen, durch die man ungesehen herein-, hinaus- oder in andere Räume gelangen konnte. Diese Wandschirme gehörten hinfort zu Gabrielles Leben. Joseph ging wie ein unsichtbarer Geist dazwischen umher, deckte den Tisch in der Bibliothek und hütete sich davor, die Künstler zu stören, die er durchaus nicht schätzte, weil er fand, daß sie allesamt Schmarotzer, Parasiten und »komische Käuze« seien.

So waren durch die Wandschirme, die bald wie hohe Wände dastanden, bald durchbrochen waren und wie arabische Balkone das Licht durchließen, die Hauptakzente des Chanelschen Dekors von 1921 an ihrem Platz. Gabrielle, die oft gefragt wurde, was sie zu ihrer Wahl veranlaßt habe – kein Journalist, der nicht angesichts des mysteriösen Dekors immer wieder versucht hätte, eine Erklärung dafür zu finden –, Gabrielle erwähnte nie, welche Einflüsse dafür maßgebend waren. Wie hätte man ihr auch die Wahrheit entlocken können? Daß das Dekor ihres täglichen Lebens nach Rezepten der Serts zusammengestellt worden war? Die Heftigkeit, mit der sie es leugnete, verriet sie: »Was wollen Sie damit sagen?« rief sie aus. Mit über achtzig Jahren, als ihre Täuschungssucht fast zu einer Besessenheit geworden war, behauptete sie kaltblütig einer ihrer getreuesten Anhängerinnen gegenüber: »Ich liebe die chinesischen Wandschirme seit meinem achtzehnten Lebensjahr ...« und erwartete, daß diese Behauptung für bare Münze genommen würde.

Im Haus Nr. 29 der Rue du Faubourg Saint-Honoré erlebte Gabrielle auch das Glück, das wohl das letzte ihrer besten Jahre war, in diesem Haus, das man in seiner Art nur in Paris findet, im Schatten dichten Grüns, fern von allem, was stören könnte, hier wurde sie von einem Dichter geliebt, von Pierre Reverdy.

Es ist sicher, daß Gabrielle mehr als einmal an eine Ehe gedacht hat. Und sicher ist auch, daß Reverdy sie innig liebte. War es möglich, dem Dichter ein sorgenfreies Leben zu bieten? Aus diesem unruhigen Geist einen glücklichen Menschen zu machen? Ausgeschlossen. Konnte Gabrielle ahnen, wie es um einen Menschen steht, der allen und sich selbst noch unbekannt ist, um einen Reverdy, den es nach dem Absoluten dürstete und der sich nach der Einsamkeit sehnte wie ein Märtyrer nach dem Scheiterhaufen? Sie wußte nichts davon, und ebensowenig von dem dunklen Glücksgefühl, das ihn zur Flucht trieb: *Fuir nulle part, au fond voilà ce dont nous avons besoin ... Il y a une inexprimable volupté dans la fuite.* (»Nirgendwohin fliehen, das ist es im Grunde, was wir brauchen ... Es liegt ein unsagbares Lustgefühl in der Flucht.«) Daher kann man verstehen, daß sie eine im voraus verlorene Partie spielte.

Ein Mann aus der Provinz, ein Verpflanzter ... »Zugleich schattenumwölkt und sonnenklar«, hat André Masson von ihm gesagt. Schwarzes, rabenschwarzes Haar wie ein Zigeuner, ein dunkler Teint, eine klangvolle Stimme und ebenso redebesessen wie Gabrielle, das war Reverdy. Reden muß zu den Vergnügen gehört haben, die beide sich am wenigsten nehmen ließen. Weder groß noch schlank, und nicht verführerisch in dem Sinne, wie man es gemeinhin versteht. Er war es auf andere Weise. Was verblüffte, war die sonderbare Kraft, die er hatte, alles zu verwandeln. Und dann sein tiefer Blick. Das war es vor allem, was anziehend wirkte, das dunkle Licht in Reverdys Augen.

Er war der Enkel eines Handwerkers und Sohn eines Weinbauern, und mehr bedurfte es nicht, damit Gabrielle versucht war, eine Verbindung zwischen der Vergangenheit und der Gegenwart herzustellen. Reverdy war ein wenig die Sprache, die Hautfarbe, das Haar, ja, man weiß nicht recht warum, die Kindheit der Chanels. Ihre Brüder, der abenteuerlustige Alphonse, der oft nach Paris kam, und der sanfte Lucien, dem sie gerade eine ebenso großzügige Pension zugestanden hatte, wie sie schon Alphonse von ihr bekam, hatten die gleiche Zungenfertigkeit, die man im Grunde überall in der

Sprache der Bauern südlicher Länder findet. Und wie für Gabrielle, so gab es auch für Reverdy keine größere Freude, als mit seinen Händen zu arbeiten. Wenn man bedenkt, daß er die tyrannische Erinnerung an einen Weinberg am Fuße der Montagne Noire mit sich herumtrug, an eine rosafarbene Erde, die im Winter grau und im Sommer grün gestreift und wie von der Welt losgelöst war, wenn man bedenkt, wie sehr es ihn bedrückte – es war um 1907 –, daß sein Vater durch die Krise im Weinbau gezwungen war, sich von seinem Besitz, der sein ganzes Vermögen darstellte, zu trennen, dann wird man wieder an den Vater Chanel erinnert, der immer davon träumte, einen Weinberg zu besitzen, und es nie soweit brachte.

Gabrielle lebte endlich mit einem Mann zusammen, der ebenso wie sie durch ein Drama der Erde geprägt war. Da sich der Wein schlecht verkaufte, waren die Reverdys ihrem vertrauten Rahmen entrissen worden und hatten aus Pierre einen Städter gemacht, der sich nicht von der Erinnerung an das Verlorene befreien konnte, schließlich einen jungen Internatsschüler in Narbonne, einen Eingeschlossenen, der verzweiflungsvolle Tage durchlebte. Sein Grauen vorm Internat hatte ihn wie mit einem glühenden Eisen markiert. Es fehlte nicht viel, daß Gabrielle ihm Obasine oder Moulins gestanden hätte! Wie einfach muß die Unterhaltung zwischen ihnen gewesen sein ...

Reverdy sprach mit Stolz von den Handwerkermeistern, die seine Vorfahren waren, von seinem Großvater, einem Holzschnitzer, von seinen Onkeln, die Bildhauerarbeiten für Kirchen gemacht hatten – und auch Gabrielle sah in sich vor allem die Handwerkerin! Und wie er von seinem Vater sprach ... Als Freidenker und Sozialist hatte Monsieur Reverdy seine Kinder frei von jeder Religion erzogen: »Er war ein Mann, von dem ich nur ein Schatten bin«, sagte sein Sohn. »Nie habe ich einen beweglicheren, offeneren Geist kennengelernt, nie einen Menschen, der zugleich so ungestüm und großzügig war wie er, so daß er *jeden Rahmen sprengte* ... Er war mein Vorbild« – wieder etwas, für das Gabrielle mehr als jede andere empfänglich war. *Den Rahmen sprengen*, von Vichy bis Paris, was hatte sie anderes getan? Nie würde sie in ihrem Leben wieder einen Menschen treffen, der sie so gut verstand.

Später, viel später, als die Zeit der Einsamkeit und Bitternis kam, die Zeit, da sie ihren Gesprächspartnern die Lügen ins Gesicht schleuderte, so als bäumte sie sich wütend auf gegen die Dinge, wie sie gewesen waren, da schien ihr nur Reverdys Name wert, eingestanden zu werden und mit ihrem eigenen verbunden zu bleiben. Nach Boy, er ... Außer ihnen nichts, niemand.

Bis zu ihren letzten Lebensjahren liebte Chanel nichts so sehr, wie den mittellosen und verkannten Reverdy mit jenen Dichtern seiner Generation zu vergleichen, deren Ruhm oder Vermögen auf sie wie eine fürchterliche Hochstapelei wirkte. Was waren diese alle? Was war Cocteau? »Ein Schwindler«, sagte sie, fast vor Zorn erstickend, »ein Phrasendrescher, eine Null. Reverdy hingegen war ein Dichter, das heißt ein Seher.« Wehe dem, der wagte, etwas anderes zu behaupten. Manche Namen brachten sie außer sich. Der Name Valéry ... Sie beschimpfte ihn in allen Tonlagen: »Jemand, der sich mit Ehren überhäufen läßt, was für eine Schande! Man hängt sie ihm überall an. Wie einem Tannenbaum am Weihnachtstag. Jetzt steht er am Giebel des Trocadéro. Was der Staat sich nur erlaubt! Am Trocadéro, ich bitte Sie!... Leere Sätze, jämmerlich. Reiner Quatsch!« Daß einem Gedanken Paul Valérys die Ehre zuteil wurde, an einem öffentlichen Gebäude eingemeißelt zu werden, erst recht an *ihrem* Trocadéro, das ging ihr entschieden zu weit. »Ach, lassen Sie mich in Ruhe! Ich sage Ihnen ja, es ist ein Skandal.« Es ärgerte sie dermaßen, daß sie eine schrille Stimme bekam, sie zerrte an ihren Halsketten, als wollte sie sie zerreißen, und sie rief, es sei an der Zeit, wieder die Wahrheit zu erkennen. Es war im Jahre 1950. Sie gab niemals auf. Zwanzig Jahre später zog sie gegen den Präsidenten der Republik zu Felde. Sie sagte, man müsse ihm klarmachen, daß er nichts von Poesie verstehe. Die Anthologie, die er sich habe zuschulden kommen lassen, habe keinen Sinn, weil Reverdy nicht darin stehe. Sie wiederholte: »Keinen Sinn, verstehen Sie? Überhaupt keinen. Was erhoffte sich Pompidou? Die Académie? Und überhaupt, wer liest das schon? Eine Schülerarbeit.« Wie konnte man sie besänftigen? Man überließ sie schließlich ihrem Zorn.

Sie besaß Pierre Reverdys vollständige Werke in Erstausgaben und fast alle seine Manuskripte. Unter anderen Kostbarkeiten ein Exemplar von *Cravates de chanvre*, das auf jeder Seite ein Original-Aquarell enthält, die alle mit so spontanem und zugleich präzisem Pinselstrich ausgeführt wurden, daß man beim Durchblättern sofort sicher war, ein Meisterwerk vor sich zu haben. Es wurde unmöglich, Reverdy anders zu *sehen* als in dem Lichte jener Vision, die Picasso von ihm gehabt hatte. Denn er war es, der eines Abends aus Spielerei dieses einzige Exemplar illustriert hatte: »Für Reverdy habe ich dieses Buch illustriert, und von Herzen gern«, sagte die von Picasso signierte Widmung. Ein unbezahlbares Stück, das Chanel manchmal in einer Kassette eingeschlossen aufbewahrte, das aber meistens in Reichweite ihrer Hand herumlag. Wenn man sie warnte: »Eines Tages wird man es Ihnen stehlen«, so antwortete sie: »Ja, freilich. Alles Schöne muß im Umlauf bleiben.« Und wenn sie irgendeinem Bücherfreund erlaubte, einen Tag in ihrer Bibliothek zu verbringen, so konnte dieser es kaum fassen ... In jedem Werk Reverdys, in jedem Manuskript Worte der Liebe, der Zärtlichkeit, von einem Jahr zum anderen, von 1921 bis 1960, dem Jahr seines Todes. Auf *les Epaves du ciel: A ma très grande et chère Coco avec tout mon cœur jusqu'à son dernier battement*, 1924. Auf dem Manuskript von *La Peau de l'homme: Vous ne savez pas, chère Coco, que l'ombre est le plus bel écrin de la lumière. Et c'est là que je n'ai jamais cessé de nourrir pour vous la plus tendre amitié*, 1926. Auf einer Neuausgabe der *Ardoises du toit:*

Coco chérie,
j'ajoute un mot à ces mots si durs à relire,
car ce qui est écrit n'est rien,
sauf ce qu'on n'a pas su dire.
D'un coeur qui vous aime si bien. (1941.)

Auf *Sources du vent: Chère et admirable Coco, puisque vous me donnez la joie d'aimer quelque chose de ces poèmes, je vous laisse ce livre et je voudrais qu'il soit pour vous une douce et discrète lampe de chevet, 1947.*

Auf den Bücherborden von Chanels Bibliothek lasen sich Reverdys herrlich gebundene Gesamtausgaben wie eine Beichte, unterbrochen von stürmischen Gewittern und Schweigen, so wie die Jahre sie hervorgebracht hatten. Da wurde plötzlich, durch diese Widmungen hindurch, für jeden, der Augen hatte zu lesen, die Geschichte dieser beiden Menschen klar. Ausnahmsweise verbarg Gabrielle einmal nichts. Sie half mit, sie kam den Fragen sogar zuvor. Warum hätte man sonst zwischen den Werken von Reverdy ein Exemplar von *Tendres Stocks* gefunden, das Paul Morand ihnen 1921 geschickt hatte, wobei er ihre Namen in derselben Widmung miteinander verband, so daß man ihre Liaison genau datieren kann.

Reverdy hatte Gabrielle kurz nach Boys Tod kennengelernt, und zwar bei Misia Sert, zu der er manchmal ging, obwohl er weder die Musik noch das Ballett liebte. Nur die Maler interessierten ihn und die Gesellschaft von Dichtern und Schriftstellern, vorausgesetzt, daß sie keine Salonlöwen waren. Denn solchen zeigte er offen seine Verachtung. Er ging also selten aus. Er hatte in den Salons keine Zeit zu verlieren. Eine Ausnahme war der Salon von Misia, mit der ihn ein Gefühl der Dankbarkeit verband.

Er hatte im März 1917 ihre Bekanntschaft gemacht, als er *Nord-Sud* gründete, eine Zeitschrift, die unter der Schutzherrschaft von Apollinaire stand und die, mit Reverdys Manifesten und den Illustrationen von Juan Gris, Léger, Braque und Derain, für die jungen Menschen jener Zeit das Sprachrohr der neuen Poesie war.

Reverdy hatte sich, obwohl er vom Militärdienst befreit war und trotz seiner hartnäckigen antimilitaristischen Haltung, gleich bei Ausbruch des Krieges freiwillig gemeldet, war aber 1916 entlassen worden. *Nord-Sud* sollte seiner Vorstellung nach all jene vereinen, die eine eindeutig moderne Tendenz verfolgten, Franzosen wie auch Ausländer. Ein Bindeglied zwischen Malern oder Dichtern, die noch in den Schützengräben lagen? Eine Zeitschrift, die man im Dreck lesen konnte ... *Nord-Sud* war *sein* Krieg, der einzige, der ihn interessierte, ein Krieg, um die Perspektiven einer Poesie festzulegen, die mit der Vergangenheit brach.

Nord-Sud war auch die unverhoffte Hilfe von Halvorsen, einem schwedischen Freund, der Reverdy endlich die Möglichkeit gab, sich auszudrücken. *Nord-Sud* war seine Hoffnung und vielleicht sein Sieg. Ein tollkühnes Unternehmen, wenn man bedenkt, in welcher Misere er steckte.

Bei seiner Entlassung war Reverdy in das Elendsquartier zurückgekehrt, das er schon vorher oben auf dem Montmartre, in der grauen Eintönigkeit eines seltsamen Gartens, bewohnt hatte: die Nummer 12 in der Rue Cortot, ein verfallenes Gebäude, das ebenso berühmt wie das Bateau-Lavoir war. Wer wohnte dort? Suzanne Valadon und Utrillo, Almereyda und ein paar Anarchisten, die, obwohl sie ihr ganzes Leben lang verkündet hatten, keine Waffen tragen zu wollen, freiwillig zum Militär gegangen waren.

Viele Räume im Haus waren leer, aber der Concierge war immer noch da.

Reverdy freute sich keineswegs, diesen gefürchteten Wächter wieder vorzufinden, dessen Söhne »richtige Apachen« waren, die das ganze Viertel in Angst und Schrecken hielten. Er fand auch die Kälte und den Nebel und die schreckliche Armut der Ateliers auf der *Butte* wieder sowie die stillen Straßen, alles, was er am Montmartre liebte und haßte. Der Stil der Farbenkleckser, die Welt der langhaarigen, bohèmehaften Typen, der Java, das Akkordeon, das alles stieß ihn derart ab, daß er sich genau entgegengesetzt entwikkelt hatte. Wie Derain, der sich »mit englischem Chic« kleidete, wie Braque, der eine Melone trug und versuchte, wie ein Buchmacher auszusehen, so zeigte Reverdy eine Vorliebe für eine kleine englische Schirmmütze, wie die Stallburschen sie trugen, und bewies im übrigen seine Verachtung für den »Künstlertyp« dadurch, daß er sich die Haare kurz schneiden ließ und stets eine ordentlich gebundene Krawatte und einen Zweireiher trug. So erscheint er übrigens auch auf den Zeichnungen, die Juan Gris und Picasso 1918 und 1921 von ihm machten.

Auf seinen frühmorgendlichen Spaziergängen hatte er die *Butte* mit ihren steilen Hängen und ihren wie an den Himmel gehängten Treppen wiedergefunden. Oft stieg er sie im Morgengrauen langsam hinauf, wenn nur noch die Fiaker mit den letzten Nachtschwärmern unterwegs waren und die Gemüsekarren von den *Hallen* heraufkamen. Er hatte wohl oder übel zu seiner Vorkriegsarbeit, seinem einzigen Broterwerb, zurückkehren müssen. Er war Korrektor in einer Druckerei gewesen, wo er für die Morgenzeitungen, die nachts hergestellt werden, tätig war; er fand Arbeit mal hier, mal da, in kleinen Werkstätten hinten in düsteren Höfen, und das bis 1921, als die Armut ihn zwang, eine feste Anstellung am Drucktisch des *Intran*, Rue du Croissant, anzunehmen. Ja, und er hatte auch seine Frau wiedergefunden. Geduldig und ergeben wartete sie auf ihn in ihrer eiskalten Wohnung. Denn so war es: sie mußten zu zweit von dem leben, was er verdiente, zwei mußten warm gehalten und gekleidet werden. Es blieb ihm nichts anderes übrig, als seine Bücher selbst herzustellen, angefangen vom Text, den er mit der geradezu besessenen Genauigkeit eines Handwerkerenkels druckte, bis zum Binden, was seine Frau als geübte Näherin übernahm, und es war ein Wunder, wenn eines der dünnen Heftchen, die in hundert Exemplaren gedruckt wurden, mehr als dreißig Leser fand.

Die Frau, die sein Leben teilte, war mit ihm durch die Erinnerung an seine Anfänge auf dem Montmartre verbunden, als er, kaum in Paris angekommen, die Stadt wie eine Strafe empfunden hatte. Welchen Menschen aus dem Süden hätte Paris nicht enttäuscht? Schon Picasso ... »Ich habe nie einen Ausländer gekannt, der so wenig für das Pariser Leben gemacht war«, sagte Fernande Olivier. Aber ob Katalanen oder Italiener, sie waren nie wieder weggezogen. Und gerade mit einem Italiener hatte Reverdy sich zuerst angefreundet. Einem Maler mit glänzenden, fast beunruhigenden Augen, einem jungen Burschen mit unerschütterlichen Ansichten, was dem Dichter nur gefallen konnte. Der Italiener wohnte am Montparnasse, aber man sah ihn oft auf dem Montmartre. Er kam bei Reverdy vorbei, entweder um Utrillo abzuholen, den er später als einen laut randalierenden Betrunkenen zurückbrachte, so daß das ganze Viertel wach wurde, oder um seine Mätresse, Beatrice Hardings, zu suchen, die er meistens bei Max Jacob fand, wo sie davor zitterte, wieder die Wutausbrüche ihres Liebhabers ertragen zu müssen. Man nannte ihn *Modi*. Es war Modigliani, Sohn eines Sozialisten, wie Reverdy. Sie wurden oft von Italienern eingeladen, deren Atelier ein paar Meter vom Bateau-Lavoir entfernt war, von den Brüdern Cominetti ... Bei ihnen lernte Reverdy Gino Severini und Marinetti kennen, bei ihnen erlebte er denkwürdige Auseinandersetzungen zwischen alten Aposteln und jungen Adepten des Futurismus, und zwar in Anwesenheit einer jungen Frau mit großen sanften Augen. Die Italiener hatten sie adoptiert. Sie hieß Henriette. Man nannte sie Riotto.

Die junge Frau arbeitete als Näherin in einem Modesalon irgendwo an der Place Vendôme. Keiner ahnte, daß sie sich in Reverdy verliebt hatte. Aber eines Tages gab sie ihre Arbeit auf, und von da an blieben beide ihr Leben lang zusammen. Wenn es allzu schwierig wurde, nahm Reverdys Gefährtin Arbeit ins Haus. Sie war nicht die einzige in dieser Lage. Die Frau von Agero, eine junge Person, immer im Kittel, so daß man sie für ein Schulmädchen hielt, war auch Näherin, und machte es ebenso. Fernande Olivier, die beide kannte, erinnerte sich, »daß sie ganze Nächte hindurch aufblieben und nähten, um ihre großen Männer zu unterstützen.« Es kam zur Hochzeit, aber wann? Reverdy erzählte niemandem etwas davon. Er war so zurückhaltend, hatte solche Angst, jemanden zu belästigen ...

Er ließ sogar seine besten Freunde im ungewissen. Weder Braque noch Juan Gris noch Max Jacob wußten, wann er eigentlich geheiratet hatte.

Dann kam der Zeitpunkt, an dem Reverdy vom Wehrdienst befreit wurde und in ihm eine wilde Hoffnung erwachte. *Nord-Sud* ... Eine Zeitschrift, in der nirgends der Name des Direktors auftauchen würde. Nur sechzehn Seiten, von denen die erste das Deckblatt sein sollte. Das war wenig, aber für den Anfang genug. Er würde endlich in *seiner* Zeitschrift junge Unbekannte wie Aragon abdrukken, Breton und Tzara veröffentlichen können, er würde sie bekanntmachen, sie für seine Sache gewinnen und so die Verleger vielleicht auf sich aufmerksam machen.

Zwei Frauen interessierten sich für seine Initiative: Adrienne Monnier, die dadurch, daß sie in ihrer kleinen Buchhandlung eine Zeitschrift vertrieb, die sie zwar für zu teuer hielt – fünfzig Centimes –, aber die, wie sie sagte, von einem »ernsten und kohärenten Geist« zeugte, nicht nur Reverdy ermutigte, sondern ihn lancierte. Die andere war Misia. Sie half ihm in jeder Weise. Sie fand Leser für

Nord-Sud, warb für Abonnements und kaufte, um ihm zu helfen, ohne daß es allzu offensichtlich war, zum höchsten Preis, den er sich gefallen ließ, die dünnen, in hundert Exemplaren gedruckten und mit seinen eigenen Händen hergestellten Bändchen ab. »Seltene Stücke, Kostbarkeiten ...« Alles, was Misia dekretierte, wurde Gesetz. Sie brachte sie in Umlauf, zeigte sie herum, verlangte eine Widmung.

»Dieses einzige Exemplar eines Buches wurde für Misia zu Ende geschrieben«, schrieb er auf das Manuskript von *Entre les pages*. Und er unterzeichnete feierlich: »Pierre Reverdy, Paris, 12 Rue Cortot, Montmartre.«

Das war besser als ermunternde Worte, und mehr konnte Misia bestimmt nicht tun. Das Unglück war, daß es noch nicht genügte. Trotz seiner bescheidenen Aufmachung konnte *Nord-Sud* sich nicht halten. Bei der sechzehnten Ausgabe fehlte es an Geld, an Lesern ...

Und niemand hat gehört, daß irgendein Financier sich erboten hätte, das untergehende Schiff wieder flottzumachen.

Man muß Reverdys Versuch in dem besonderen Licht jener Jahre, der großen Wende vom Krieg zum Frieden, sehen. Alles war anders geworden, Vermögen waren in andere Hände übergegangen, Worte in anderer Leute Mund. Wucherer hatten das Wort, als ob das Zähnezeigen zur Gewohnheit geworden und die einzig angebrachte Sprache wäre. 1918 ... Man starb nicht mehr im Gefecht, aber durch die mörderischen Geschosse des Geldes. So auch Reverdy ... Es gibt wenige Autoren, die so verfolgt wurden wie er. Die Zähne zeigen, er? Schreien, vielleicht ... Und anprangern, Leute zu Zeugen aufrufen. Aber die Zähne zeigen? Das kam ihm nicht in den Sinn, ebensowenig wie zu jammern oder reiche Leute zu hofieren mit dem Ziel, ihnen Geld aus der Tasche zu ziehen. Sollte er die Poesie dazu mißbrauchen, sie kompromittieren? Reverdy hat diesen Schritt nie getan. »Das gesellschaftliche Zusammenleben ist ein riesiges Banditenunternehmen, in dem man sich nur durch zahlreiche Komplizenschaften behaupten kann«, schrieb er später. Der Autor hatte für Gesellschaftsspiele kein Talent. Und ein Mäzenat gab es nicht mehr ... Es wurde nur das unterstützt, was *etwas einbrachte*.

Mit dem Frieden verlor Reverdy die Hoffnung, seinen Traum weiter verwirklichen zu können. Zweifellos hatte der Versuch *Nord-Sud* einige Früchte gebracht, das ließ sich nicht leugnen. Breton hatte ihm eines der Gedichte aus *Clair de terre* gewidmet und Aragon das schönste Gedicht aus *Feu de joie*. Er war bekannter geworden, angesehener, und wäre er in einigen Punkten nachgiebiger gewesen, so hätten die Surrealisten Reverdy recht gern in ihren Kreis aufgenommen. Mit einem Wort, er hatte an Prestige gewonnen. Und er hatte auch einen Verleger gefunden. Das war der sichtbarste Erfolg: seine in dreihundert Exemplaren gedruckten Gedichte. Aber kann man von *Wertschätzung* leben? Da es ihm weder lag, sich zu beklagen, und noch weniger, Skandal zu machen, wählte Reverdy die diskreteste Lösung: das Schweigen. Er machte sich nur das Ausmaß seines Scheiterns klar.

1918 wurde also die Publikation von *Nord-Sud* eingestellt. Reverdy lag nichts daran zu hören, daß er in gewisser Weise vorangekommen sei. Wozu Nachbetrachtungen anstellen? Er hatte verloren, ja, verloren. Verleger, Prestige, Wertschätzung... Als ob es darauf ankäme! Oder auf die neuen Bekanntschaften! Was hatte er von ihnen zu erwarten? Dabei lebte er gerne. Er fand sein Glück nicht im Vergnügen, sondern im Übermaß. Zuviel trinken, zuviel essen, zuviel rauchen, von allem zuviel bis zur Übersättigung, bis zum Ekel, und sogar bis zur Reue. Wie wenig er auch davon überzeugt war, daß das Glück existierte, so gefiel es ihm doch, zu verführen und sich verführen zu lassen. Weiß Gott... »Die Frauen, ja, die Frauen, bei denen ein einziger Strich, eine einzige Linie, eine Bewegung der Silhouette oder etwas Zufälliges im Blick genügt, um faszinierend zu wirken.« Ja, mit den Frauen erging es ihm wie mit allem andern. Obwohl er kein Schürzenjäger war, so spielten sie doch eine führende Rolle in seinem Leben. Aber nur zeitweise, und nicht in jenem Jahr. Daher die geringe Aufmerksamkeit, die er Gabrielle schenkte, als er sie zum ersten Mal sah. Sie, die noch unter dem Einfluß ihres Schmerzes stand, beachtete ihn ebenso wenig. Es war keine Gleichgültigkeit. Sie verstanden sich gut. Sie hatten schon 1919, bevor es zur Liebe zwischen ihnen kam, ihr Glück in der Freundschaft gefunden.

Eine merkwürdige Verbindung, die mit Gefühlen begann, welche gewöhnlich das Ende ankündigen.

Ein hoffnungsloser Fall

Daß es Gabrielle nicht leicht fiel, sich mit Reverdys vielschichtigem Wesen abzufinden, kann man verstehen. Sie konnte nicht umhin, seine langen Aufenthalte im Faubourg, sein plötzliches Entfliehen zum Montmartre, das leidenschaftliche Interesse, das er ihr entgegenbrachte, und die düstere Freude, die er empfand, wenn er sie floh, widerspruchsvoll zu finden. Auch daß er seinen Horror vor

Bindungen laut herausschrie. Dann die Faszination, die das Schweigen, die Askese auf diesen blendenden Causeur ausübte, der so empfänglich für Luxus war, daß er ihn als eine »ambitiöse Forderung des Geistes« bezeichnete. Was soll man von alledem halten, was festhalten? Eine Art Sorglosigkeit oder Gleichgültigkeit den Menschen gegenüber, war das seine wahre Natur? Aimé Maeght hatte einmal bei einem Empfang bei Gabrielle gesehen, wie Reverdy die Stufen der Freitreppe herunterkam und, ohne sich um die Verwunderung, die er hervorrief, zu kümmern, mit einem Korb am Arm auf den Rasen zugegangen war: er wollte Schnecken sammeln. Aber jederzeit spürte man in ihm eine brodelnde Revolte, die er nicht einmal zu verbergen versuchte, und in seinen Augen war das Feuer, das Aragon so beeindruckt hatte, »dieses Feuer des Zorns, wie ich es nie anderswo gesehen habe«. Man wußte nicht, woran man war ... Nie wußte man, was in ihm überwog, seine Verachtung des Geldes oder sein Gefallen am guten Leben, seine Überzeugung, daß das Glück nur ein Trugbild sei, »ein Wort, das nichts besagte und das sich in den Köpfen der Menschen festgesetzt hatte wie ein nicht zu entfernender Krebs«, oder sein Vertrauen in das menschliche Herz, das man zufällig in irgendeinem Satz entdeckte. Man mußte sich also fragen, ob man ihn nicht außerhalb jeder Freude lieben müßte. Zum Beispiel, wenn Reverdy, um mit dem Mythos des Glücks Schluß zu machen, fragte: »Was würde aus dem Träumen, wenn man in Wirklichkeit glücklich wäre?« Es sollte ein Tag kommen, da er diesen Gedanken aufgreifen und weiterentwickeln würde. Ein Tag, später, an dem er beweisen würde, daß »die dauerhafteste und festeste Verbindung zwischen den Wesen die Schranke ist ...« Gabrielle warf ihm dann vor, daß er *aus Prinzip* unglücklich sei und seine Ernüchterung kultiviere. Wenn er nicht glücklich sei, so, weil er es nicht sein wollte. Ja, wirklich ... Das Glück existierte. Obwohl ihre ganze Geschichte das Gegenteil bewies, alles, was sie als Kind erlebt hatte, die Spannungen zwischen ihren Eltern und Boys gescheiterte Ehe, obwohl Gabrielle dem Glück ebenso skeptisch gegenüberstand wie er, tat sie alles, diese Vergangenheit zu leugnen. Sie quälten einander sehr. Überwältigt hörte sie ihn immer wieder sagen, der Mensch begreife die Kraft und Bedeutung des poetischen Signals besser, wenn er nur noch mit schwachen Wurzeln an etwas hafte. Sie sah ihn erstaunt an ... Was war sie in seinem Leben, eine Schranke oder eine Wurzel? Beides vielleicht. Oh, wenn sie es doch verstehen könnte ... Verstehen, was sie letztlich war, das war ihre Hauptsorge.

Aber das Sonderbare ist, daß sie die Art des Konfliktes, der ihn quälte, so mißverstand. Es war nicht nur seine Abscheu davor, untreu zu sein. Gewiß, auch das fiel ins Gewicht, und zwar schwer. Aber noch schwerer und stärker war das, was ihn anderswohin rief. Der Heroismus der Reinheit, diese schreckliche Versuchung, eine Art katharischer Wahn, das Erbe seiner Heimatprovinz. Wer teilte es Gabrielle mit? Reverdy selbst? Man wird es nie erfahren. Es ist anzunehmen, daß unter den Malern jeder es wußte: Reverdy hatte, wie er selbst sagte, *der Blitz getroffen*. Plötzlich hatte diesen Sohn eines Freidenkers Gott wie ein Taumel ergriffen ... Aber das konnte Gabrielle nicht erschrecken. Ihre Illusion, ihre Überzeugung, daß Lieben und Leben wie jede andere Sache gelenkt werden könnten, war noch so groß, daß sie sich aufbäumte. Eine Abrechnung mit dem Himmel? Ihm Reverdy entreißen? Sie würde nicht davor zurückschrecken. Da er sie liebte, würde er doch verzichten, oder? Als Gabrielle mit der ganzen Wahrheit konfrontiert wurde und von Reverdys Übertritt und seiner Taufe am 2. Mai 1921 erfuhr, zweifelte sie keinen Moment daran, daß sie stark genug sein würde, den Sieg davonzutragen.

Wieder einmal verdanken wir es einem der Werke aus ihrer Bibliothek, daß man mit Genauigkeit sagen kann, wann der seltsame Konflikt begann. Auf einem Exemplar von *Fermé la nuit* steht folgende Widmung von Paul Morand: »Für Coco Chanel, die Freundin hoffnungsloser Fälle«, und ein Datum: 1923. Genau das Datum, an dem ihre Unstimmigkeiten mit Reverdy zunahmen. Und doch liebte sie ihn, und er liebte auch sie, aber sie stieß immer wieder auf eine tiefe Unzufriedenheit bei ihm, auf eine Art Ekel vorm Leben und allem, was an Feigheiten damit verbunden ist. Fixe Ideen, die sie sich um so weniger erklären konnte, als sie die logische Folge einer schriftstellerischen Krise waren, von der sie keine Ahnung hatte.

Man glaubt wohl allgemein, daß Reverdys schmerzvoller Rückzug in die Einsamkeit allein in seiner Gottsuche begründet war. Dabei läßt man jedoch außer acht, daß Reverdy schon lange, bevor ihn das spirituelle Abenteuer lockte, allein war. Seine literarischen Ansprüche hatten ihn mindestens ebenso sehr in die Isolierung getrieben wie seine religiösen Hoffnungen. Kaum daß er in seinem Kopf eins vom anderen unterschied, denn die Folgen waren dieselben. Zu einer Zeit, da Gabrielle alles tat, um ihn zu halten, war er schon allein, allein zwischen ihr und Henriette, allein mit den wenigen Freunden, die ihm noch blieben. Aber es gelang ihm, auch die Treuesten durch seine Entrüstung zu entmutigen, durch eine Art bäuerlicher Barschheit, wie sie auch Chanel an sich hatte, und, was noch schlimmer war, einen bäuerlichen Starrsinn, der nicht immer leicht zu ertragen war. So, zum Beispiel, gegenüber den Surrealisten... Seitdem er zwanzig war und vor Enthusiasmus überschäumte – »plus jamais l'air n'a été chargé de parfums aussi grisants Jamais autant d'insouciance et de confiance ne nous a escortés vers l'inconnu« –, seit dem Auftreten der Kubisten, hatte Reverdy nichts so stark angezogen wie das Abenteuer der Dichter um Breton. Und er hatte geglaubt, daß nichts Ernstliches sie von ihm trennte. Ihre Manifeste bezeugten es in aller Offenheit. Aber plötzlich war der Zauber vorbei. Er glaubte nicht mehr an ihre Methoden. Delirium, traumhafte Impulse, phantastische Visionen... Nichts als Heuchelei! Er versuchte, Breton von der Notwendigkeit zu überzeugen, daß die poetische Schöpfung als eine mit kühlem Kopf betriebene Erforschung der täglichen Realität angesehen werden müsse. Man mußte seinen klaren Verstand bewahren, Exzessen widerstehen und alles verbannen, was die Sinne aus dem Gleichgewicht brachte. Außerdem Breton... Reverdy betonte, daß er sich weder den Spielregeln der Gesellschaft beugen noch sich zu irgendeiner literarischen Strategie hergeben werde. Es war noch ein Glück, daß er ihnen nicht mit Gott kam, wie eine Ohrfeige. Die Surealisten ließen ihn – ohne ihn zu desavourieren – an dem Platz, der ihm gebührte, »gleich weit von Verwünschung und Ruhm entfernt«, und was sie miteinander verband, löste sich rasch. Ein Zwist, ein Riß kam zum andern. Seine Einsamkeit wurde immer größer.

Es blieben noch Picasso, Laurens, Braque und Juan Gris. Aber wie lange? Gabrielle verkehrte weiterhin mit Gris, während Reverdy ihn mied.

Auch hier wieder ein Zwist, der nach und nach immer schlimmer geworden war und den man sich kaum erklären konnte.

So waren ihm die meisten Freunde aus der ersten Zeit, ohne die er anfangs auf dem Montmartre nicht leben konnte, fremd geworden. Außer einem Dichter, der auch ein wenig Astrologe war und bald als Schlachtergeselle, bald im Frack mit Monokel herumlief: Max Jacob. Und durch ihn kam es auch, daß er zum katholischen Glauben übertrat.

Solange Reverdy noch einen großen Lebenshunger verspürte, hatte er Max Jacobs Schilderungen für Scherze eines unverbesserlichen Schätzers gehalten und kaum zugehört, wenn dieser ihm von seinen aufeinanderfolgenden Visionen in den Jahren 1909 und 1914 erzählte. An den Wänden des Bateau-Lavoir die Erscheinungen eines Mannes »von einer Eleganz, von der nichts auf Erden eine

Vorstellung geben kann ... Christus in einem hellgelben, blau verzierten Seidengewand ... «, Christus zwischen dem emaillierten Waschständer und der auf vier Backsteinen liegenden Matratze, Christus in dem Raum, wo der gute Max – er war an dem Tag auf nichts gefaßt, fror entsetzlich an den Füßen und suchte verzweifelt seine Pantoffeln – plötzlich, sich aufrichtend, ihn vor sich sah ... Das Mal danach war es im Kino, während einer Vorführung, als eine in ein gelbes Gewand gekleidete Gestalt die Leinwand einnahm, Christus, wieder er, aber diesmal hielt er zu Max' größter Verwunderung, schützend unter seinem weiten Mantel, die vielen Kinder der Concierge! Schließlich hatte eines Tages im Sacré-Coeur, während der Messe, die Jungfrau zu ihm gesagt: »Wie mies du aussiehst, mein armer Max!« Und Max, der ihr wütend antwortete: »So mies auch wieder nicht, gute Heilige Jungfrau!« war völlig verwirrt aus der Kirche gelaufen und hatte die Gläubigen dabei so angerempelt, daß er vom Küster zurechtgewiesen wurde.

Reverdy hatte sich auch den Bericht von Max' Taufe in allen Einzelheiten anhören müssen, dann die Schilderung seiner Ersten Kommunion, mit Picasso als Paten, einem höchst andächtigen Pablo Picasso, aber einem Spaßvogel trotz alledem, weil er unbedingt gewollt hatte, daß sein Patenkind den Vornamen Fiacre bekäme. Schließlich war Max Jacob unter dem Namen Cyprien – Cipriano della Santissima Trinidad war einer von Picassos eigenen sieben Vornamen – am 18. Februar 1915 seinerseits getauft worden. Und da Reverdy, von diesem Bericht sehr beeindruckt, gern Genaueres darüber erfahren und alles besser verstehen wollte, hatte er Max mit Fragen bedrängt, so daß dieser, der vor keinem Kunststück zurückschreckte, wenn es galt, seine Freunde zu bekehren, die Christuspassion für ihn gemimt hatte. Ein Monolog aus alltäglichen Worten, wobei jedoch so viel Träumerisches und so viel Talent mitspielte, daß Reverdy, der leicht zu rühren war, in Tränen ausbrach.

So hatte alles begonnen.

Als Reverdy sich dann selbst taufen ließ, wollte er, daß Max Jacob sein Pate sei. Aber bald entzweiten sich auch diese beiden.

Zu den Meinungsverschiedenheiten in literarischer Hinsicht, die ihn den Surrealisten entfremdet hatten, kamen spirituelle Unstimmigkeiten, die ihn von den Christen trennten. Gabrielle tat ihr Bestes, um Reverdys Isolierung zu durchbrechen. Sie kannte Max Jacob sehr gut, über den sie sich köstlich amüsierte. Er zog sie bei der Wahl seiner Hemden zu Rate, stellte ihr das Horoskop, las ihr aus der Hand und schilderte ihr den wunderbaren Kopfputz, den Christus getragen habe, als er ihm erschienen war, und riet Coco, etwas

Ähnliches in Mode zu bringen. Sie hatte Tränen gelacht, als er ihr erzählte, daß er, einerseits, bei Poiret in Fragen des Aberglaubens konsultiert werde und zum Berater bezüglich glückbringender Farben ernannt worden sei und, andererseits, zum Beichtvater der Princesse Ghika, bei der er seine Ferien verbringe. Diese so fromme Dame war keine andere als die Schönste der Schönen, Liane de Pougy, die durch ihre Eheschließung Prinzessin geworden war.

Es war natürlich bei Misia gewesen, wo Gabrielle Max Jacob ein paar Jahre vorher kennengelernt hatte. Nicht an einem x-beliebigen Tag... sondern gerade, als dieser seine neueste Entdeckung vorstellte, ein Wunderkind von vierzehn Jahren: Raymond Radiguet.

Es waren seltsame Jahre, in denen alle möglichen aufsehenerregenden Ereignisse einander ablösten. Auf das Feuerwerk der *Arts Déco* folgten der Schock der ersten surrealistischen Ausstellung, die Erschütterungen durch die *Revue Nègre* mit der überraschenden Nacktheit von Joséphine Baker und schließlich der Film *Goldrausch*, der das freundschaftliche Verhältnis zwischen den französischen Intellektuellen und Chaplin begründete.

Aber niemand scheint bemerkt zu haben, welch große Rolle in diesem Theater unerwarteter Geschehnisse die flüchtige, kaum angedeutete Erscheinung Gabrielles gespielt hat.

Ein langes Jahr, ein vergeblicher Kampf. So lassen sich die letzten Monate von Gabrielles einzigem literarischen Liebesabenteuer zusammenfassen. Es war 1924. Wohl gab es noch ein paar ungetrübte Momente zwischen Reverdy und ihr, aber nur wenige. Danach war für den Dichter die Verlockung der Einsamkeit entschieden stärker, und in seinem Leben war nur noch Platz für das Exil und eine Art heroische Zurückhaltung, die einzige Quelle seiner Inspiration. »Poesie ist in dem, was nicht ist. In dem, was uns fehlt. In dem, was wir uns herbeiwünschen.«

Tisser, interposer entre le monde et soi
le filet des mots silencieux
dans tous les coins de la chambre noire,

Danach trachtete hinfort Pierre Reverdy.

Gabrielle fügte sich.

Die Anziehungskraft, die diese schwarze Kammer auf ihn ausübte, gehörte zu dem, was sie am besten verstehen konnte. Sie sollte Reverdy verlieren, aber in gewisser Weise trafen sie sich wieder in dem, was den einen ebenso quälte wie den anderen: eine unveränderliche Authentizität und erst recht ihr Glaube an die Bedeutung des Dunkels, welches das Wesentliche erst zur Geltung bringt. Das doppelte Erbe einer bäuerlichen Vergangenheit, das jeder auf seine Weise nutzen würde: Chanel ihrerseits, indem sie Schwarz als Mittel zum Erfolg einsetzte – 1925 sollte das Jahr der Frauen in Schwarz sein sowie einer Mode, die in den Augen der Nachwelt nicht mehr als ein vorübergehender Zierat erscheint, sondern vielmehr als Ausdruck einer Epoche –, und Pierre Reverdy, indem er Paris für immer verließ.

Damit sah er sich wieder zurückgestoßen in eine Art freiwilligen Tod.

Am 30. Mai 1926, nachdem er zahlreiche Manuskripte in Anwesenheit von ein paar Freunden verbrannt hatte, welche die Gründe für dieses Autodafé nicht ahnten, zog er sich in ein kleines Haus in Solesmes, ganz nahe bei der Abtei, zurück. Er sollte dreißig Jahre dort leben, zusammen mit seiner Frau, aber dennoch allein, »allein gegenüber der Haut der Wände«.

Es war Reverdys Schicksal, so handeln zu müssen, und Gabrielles, daß sie die Kraft fand, ihre Niederlage hinzunehmen, ohne jedoch die Brücken zwischen ihrer und seiner Welt abzubrechen. So verlor Reverdy, indem er sie verließ, weder ihr Vertrauen noch ihre Bewunderung. Derart scheint letztlich das Gefühl gewesen zu sein, das ihn für immer mit ihr verband: eine unendliche Dankbarkeit, durchdrungen von der Erinnerung an eine Anziehungskraft, die weder das Alter noch die Zeit schmälerten. Und so blieb es bis zu Reverdys Tod.

Wie staunt man über die Ähnlichkeit zwischen dieser Frau und diesem Mann, die ihre Größe fanden, sie, indem sie immer mehr mit dem Oberflächlichsten ihrer Epoche verbunden war, und er, indem er in stets größere Einsamkeit geriet, »auf der Schwelle des Vergessens, wie ein Reisender in der Nacht«. Eines Tages wird man sich an Gabrielle nur erinnern, weil sie mutig behauptete, die Unvergänglichkeit eines Schmucks liege allein in seiner Strenge, und weil sie als anspruchsvolle Koloristin gegen das kämpfte, was jahrhundertelang »das unbegreifliche, eingewurzelte Vorurteil gewesen war ... die Ablehnung von Schwarz, der Verneinung aller Farben«. So wird sie sich durch das, was sie mit Reverdy gemeinsam hatte, überleben: durch das Schwarz, die eigentliche Farbe ihrer beider Werke, und durch die Schlichtheit des Tons, eine »chirurgische Nüchternheit«, was lange als schockierend galt. Und so oft hinfort von Reverdys Gedichten, von dem ihm eigenen Lied – wie eine herrliche unterirdische Quarzader – die Rede ist, wird man auch Gabrielle erwähnen müssen wegen des Vertrauens, das sie ihm bewies, und der materiellen Unterstützung, die ihm durch sie zuteil wurde. Es ist unvorstellbar, mit welchem Takt sie ihm zu helfen wußte, wie sie insgeheim seine Manuskripte aufkaufte, persönlich bei seinen Verlegern intervenierte, ihnen Renten überwies, die diese an ihn weiterleiteten. Somit wird der schöne Name Gabrielle später für jeden stets mit dem des Einsiedlers von Solesmes verbunden bleiben.

Von einem gewissen Theater und von zwei Provokateuren

Von *Chanels griechischer Metamorphose* ist in den letzten Tagen des Jahres 1922 in einigen Pariser Illustrierten zu lesen.

Aber es handelte sich nicht um eine Wende in der Modetendenz.

Chanel machte vielmehr auf einer Bühne und im Theaterteil der Zeitungen von sich reden. Sie arbeitete mit Künstlern zusammen, die zehn Jahre später Aufsehen erregt hätten, aber zu der Zeit noch zur Avantgarde zählten und nur beunruhigten.

Antigone in einer freien Bearbeitung von Cocteau, mit Bühnenbildern von Picasso, einer Musik von Honegger, Kostümen von Chanel, das war es, was im Dezember auf dem Plakat eines malerischen Gebäudes stand, das einen sogleich an das provinzielle Paris Utrillos denken ließ: das ehemalige Théâtre de Montmartre. Diese *Antigone* war ein Experiment, das, wie manche glaubten, eher provozieren als interessieren würde, da es denen, die das Stück auf die Bühne brachten, sowohl an Erfahrung als auch an Reife fehlte. Gabrielle Chanel war neununddreißig und hatte nie zuvor Theaterkostüme entworfen. Pablo Picasso war einundvierzig, Jean Cocteau dreiunddreißig, Honegger dreißig.

Da das Théâtre de Montmartre in jenem Jahr in andere Hände übergegangen war, hatten sich auch sein Name und seine Bestimmung geändert. Charles Dullin hatte dort gerade das *Théâtre de l'Atelier* gegründet. »Die Truppe konnte sich selten sattessen ... Ein eiserner Ofen in der Ecke des Saals erwärmte jeden Abend ein gutes Dutzend Zuschauer.« Aber seine erste Inszenierung, *la Volupté de l'honneur*, hatte die Franzosen mit einem unbekannten Autor bekannt gemacht: Pirandello. Sogleich wurde das *Atelier* zum Mittelpunkt für all jene, die sich für eine Erweiterung des Programms, für ein mehr europäisch ausgerichtetes Theater und eine Erneuerung der Schauspielkunst einsetzten. Das heißt, daß es auch sein eigenes

Publikum hatte, Studenten, Intellektuelle und Künstler. Dullins überragende Fähigkeiten zeigten sich ab Dezember 1922, und das zwanzig Jahre lang, in dem kleinen Haus, das gleich weit von den Kuppeln des Sacré-Coeur und den rotleuchtenden Fassaden der Nachtlokale von Pigalle entfernt lag, einem Gebäude mit Peristyl und einer Pinkelbude gleich daneben an einem kleinen Platz, wo ein paar Bäume nur spärlichen Schatten spendeten. In diesem Theater wurde Sophokles' *Antigone* in der von Cocteau überarbeiteten und korrigierten Fassung aufgeführt.

Die Zuschauer, die man schon als eine Art Stammpublikum betrachten konnte, nahmen das Stück begeistert auf, obgleich es ganz unkonventionell war.

Dieses Abenteuer kam vor allem Gabrielle zugute. Während die Journalisten – wie Cocteau selbst zugab – das Bühnenbild mit einer Weihnachtskrippe und Picassos Masken »mit einem Fastnachtsschaufenster« verglichen und auch Kritik an den herrlichen schwarzen Schilden der Wachen übten, deren Verzierungen Motive von Vasen aus Delphi zugrunde lagen – man sollte erst dreißig Jahre später an gewissen Töpferarbeiten aus Vallauris erkennen, zu welcher Vollendung sie führten –, so wurden Gabrielles Kostüme einstimmig gelobt. Dabei hatten diese mit dem Bühnenbild und den Requisiten viel gemein und hielten sich genau an die stark reduzierte Farbskala, die Picasso festgelegt hatte. Der Grundton war Braun, verbunden mit einem sehr blassen Beige und einem gelegentlichen Ziegelrot, das sich von den besonnten Fernen abhob, denn »die Tragödie spielte an einem Tag, an dem schönes Wetter war«.

Cocteau hatte ebensoviel Aufhebens von Gabrielles Teilnahme gemacht wie von der Mitwirkung Picassos und Honeggers. »Ich habe Mlle Chanel gebeten, die Kostüme zu entwerfen«, erklärte er vor der Presse, »denn sie ist die größte Modeschöpferin unserer Zeit, und ich kann mir nicht vorstellen, daß die Ödipus-Töchter schlecht angezogen waren«. Er schilderte so die enge Beziehung zwischen Handlung und Kostüm, indem er hinzufügte: »Antigone ist entschlossen zu handeln. Sie trägt einen herrlichen Mantel. Ismene wird nicht eingreifen. Sie tritt in ihrem alltäglichen Gewand auf.« Wie man sieht, wurde Gabrielle Chanel damit das Zeugnis einer Verehrung zuteil, ehe sich der Vorhang gehoben hatte.

Ihre Kostüme taten ein übriges.

Nie waren ihre Schöpfungen so kraftvoll und so überzeugend.

Kam Dullin ihr zu Hilfe? Man hat allen Grund, es anzunehmen, und auch, daß der anspruchsvolle Direktor des *Atelier* ihr, ebenso wie Cocteau, eine Chance gab. Dullin, der sie besonders im Auge hatte, war überall zugleich. Aber er zeichnete nicht als Regisseur, um nicht zweimal in zwei verschiedenen Funktionen auf dem Plakat zu erscheinen.

Die ausgezeichnete Besetzung half über ein paar dünne Textstellen hinweg. Eine griechische Schauspielerin, Genica Atanasiou, war eine Antigone mit kahlgeschorenem Kopf, gezupften Augenbrauen, zwei mephistohaften Bleistiftstrichen über der Stirn und faunhaften Augen, die tiefschwarz umrandet und bis zu den Schläfen vergrößert waren. Aus dem groben, lose gewebten Wollumhang ragte ihr nackter Hals wie aus einem Holzblock heraus. Allein das Kostüm machte sie schon zum auserkorenen Opfer ... »Trunken vor Wut und stupider Macht[45]«, so sprach der ehemalige Liebhaber von Caryathis und Begleiter Gabrielles an einem tumultreichen Abend des Russischen Balletts, Charles Dullin, in der Rolle des Kreon, einer Tyrannengestalt, die lange von seiner Persönlichkeit geprägt bleiben sollte. Ein Kreon mit spärlichem Spitzbart, langer Nase und einem recht barbarischen Metallreif um die Stirn – vermutlich das erste Schmuckstück, das von Chanel entworfen wurde –, ein Greis, der um seine mageren Schultern eine erdfarbene Chlamys gerafft hielt, ein König, der taub für die Drohungen des Schicksals war. Die Rolle des Teiresias spielte Antonin Artaud – im Leben Genica Atanasious Liebhaber –, der das Wort durch den Schrei ersetzte, womit er eine solche Intensität des Zorns erreichte, daß das Publikum wie benommen war. Wenn man die Verwünschungen dieses Mannes hörte, der sich aufführte »wie jene Märtyrer, die man verbrennt und die auf dem Scheiterhaufen noch Zeichen machen« – eine Szene, die durch ihre Provokation einem *happening* glich –, so hätte man sich schon vorstellen können, was ein paar Jahre später das Werk dieses seherischen Dichters und sein langer qualvoller Weg sein würden.

Die größten Fotografen und die besten Zeichner spukten bei dieser Gelegenheit hinter den Kulissen des *Atelier* herum. So machte Man Ray ein großartiges Porträt von Genica Atanasiou, und Georges Lepape erhielt von Mister Crowninshield den Auftrag für eine Reihe von Zeichnungen. Die französische Ausgabe von *Vogue*, einer Zeitschrift, die damals in der Welt der Künste großes Ansehen genoß, veröffentlichte sie im Februar 1923 mit einem sehr vorsichtigen Kommentar. Es wurden Sophokles, Cocteau und Dullin darin erwähnt. Picassos Name wurde nicht genannt, auch nicht der von Honegger, und erst recht nicht der von Antonin Artaud. Gabrielle Chanels Kostüme hingegen wurden besonders gelobt: »... diese wollenen Kleider in neutralen Tönen sahen aus wie antike Gewänder, die man nach Jahrhunderten wiedergefunden hat.« Und immer noch über die Kostüme: »... es ist eine schöne, durch Intelligenz erhellte Heraufbeschwörung einer archaistischen Zeit.« Eine Huldigung, die bei weitem alles übertraf, was Gabrielle hätte erhoffen können.

Es ist bemerkenswert, daß Gabrielle 1922 eine besonders schöne griechische Marmorplastik erwarb, die hinfort das wichtigste Kunstwerk in ihrem Salon sein sollte. Auch ein paar Drapierungen im griechischen Stil sah man zu dieser Zeit in ihrer Kollektion. Es dauerte nicht lange, war jedoch auffallend genug, um Cocteaus Aufmerksamkeit zu erregen. Er machte sehr schöne Zeichnungen davon.

Da Gabrielle sich stets fest entschlossen zeigte, das, was sie bei ihren persönlichen Abenteuern entdeckte, auf die Ebene ihrer beruflichen Tätigkeit zu übertragen, so war es nun das antike Griechenland, das, kaum von ihr entdeckt, plötzlich in ihr Leben hineinwirkte. Wäre sie ganz und gar dieselbe gewesen, wenn sie sich nicht auf diesen Versuch eingelassen hätte?

Auf *Antigone* folgte *le Train bleu*. Das hieß von Dullin zu Diaghilew, von Theben zur Côte d'Azur überwechseln, das hieß die blutige Welt der Tragödie mit einer Welt der Phantasie, einer Operette vertauschen, deren Helden nicht mehr Eurydike, Ismene oder Hämon, sondern Perlouse und Beau Gosse hießen.

In vierzehn Jahren, von 1923 bis 1937, folgte ein Werk Cocteaus auf das andere – auf den *Train bleu* folgte *Orphée,* dann *Oedipe roi* und *les Chevaliers de la Table ronde* – um nur diese Stücke zu erwähnen, und es sah ganz so aus, als ob er sich seine Gestalten nur in Chanel-Gewändern vorstellen könnte. Aber Gabrielle? Wenn man bedenkt, wie ungern sie von ihrer Arbeit für das Theater nach 1926 sprach – kaum daß es einem gelang, durch Beharrlichkeit ihr die Namen der Stücke, an denen sie mitgewirkt hatte, zu entlocken –, so scheint es, daß sie sich sehr bald darauf beschränkte, zuverlässige Handwerkerarbeit zu leisten, nicht ohne gewisse Reserven geltend zu machen. War ihr das Brio Cocteaus verdächtig? Was empfand sie für ihn? Erregte er bereits ihren Unmut?

Warf sie ihm schon damals vor, daß er zuviel Charme habe und eben kein Reverdy sei?

»Ich hatte sehr bald genug von seinem antiken Kram«, sollte sie viele Jahre später erklären.

Es bedeutete, eine Welt der Metamorphosen verleugnen, die sie anfangs fasziniert hatte, eine Bühnenatmosphäre mit purpurnen Stoffbespannungen, beflügelten Wesen, luxuriösen Statuen, üppigen Pflanzen, sprechenden Tieren und Engeln in aquatischen Kostümen, die Cocteau in die französische Dramaturgie einführte. Wenn man bedenkt, welch warme Freundschaft er Gabrielle entgegenbrachte und wieviele Bekanntschaften und Erfahrungen sie nur durch ihn gemacht hatte, so war es auch ein Beweis schnödester Undankbarkeit. Enttäuschende Gabrielle ... Cocteau hatte mehr Herz als sie, und er vermochte es auch, sie ebenso gut und vielleicht treffender noch als Colette zu charakterisieren, indem er Negatives und Positives erwähnte: »... ihre Wutanfälle, ihre Boshaftigkeit, ihr märchenhafter Schmuck, ihre Kreationen, ihre Launen, ihre Übertreibungen und auch ihre liebenswürdigen Seiten wie ihren Humor und ihre Großzügigkeit, was alles zusammen eine einmalige Persönlichkeit aus ihr machte, rührend, anziehend, abstoßend, exzessiv ... kurzum menschlich.«

Konnte Gabrielle ein so befremdendes Verhalten rechtfertigen? Glaubte sie, es genügte, daß sie Cocteau im Faubourg empfangen und ihn oft in Begleitung seiner drogensüchtigen Freunde beherbergt und zumindest zweimal ihre Entziehungskuren mitfinanziert hatte, glaubte sie, daß sie dadurch ein für allemal quitt seien? Die Kraft zu lieben, die Jean Cocteau sein Leben lang in so großem Maße besaß, *ihre wahren* Waffen, die Waffen des Herzens, entglitten Gabrielle nach und nach wie unter der Wirkung einer verhängnisvollen Lähmung.

Aber noch stand das Barometer auf schön Wetter, als er einen neuen Auftrag von Diaghilew erhielt. Cocteau solle sich unverzüglich an die Arbeit machen. Eigentlich handelte es sich nicht um ein Ballett, sondern um eine »getanzte Operette«. Eine typische Bemühung des »genialen Unruhestifters«, wieder etwas Neues zu versuchen. Bei welcher Gelegenheit war Diaghilew von dieser so französischen, so populären Musik, derart beeindruckt worden? Melodien von Christiné und Maurice Yvain, welche die kleinen Leute an den Straßenecken pfiffen, Leute, die nur ins Theater gingen, um sich zu entspannen und sich zu amüsieren und die von den Kritikern verachtet wurden. Aber gerade diese Melodien und die reizvolle Szenerie der Straße wollte Diaghilew transponieren und ihr zu ihrem Recht verhelfen. Indem Diaghilew und Cocteau den Tanz von dem etwas erstarrten Zauber der Märchenwelt befreiten und ihm einen aktuellen Aspekt verliehen, werteten beide eine Form des Theaters auf, bei der Tanz, Akrobatik, Pantomime und Satire kombiniert wurden und einen plastischen Ausdruck in einer Art von »Musikkomödie« fanden, wie sie heutzutage in den Vereinigten Staaten so erfolgreich ist.

War Gabrielle sich darüber im klaren, daß sie es diesmal nicht mit *einem* Provokateur zu tun haben würde, sondern mit *zweien*, da ja Diaghilew und Cocteau bei demselben Unternehmen zusammenarbeiteten, und die Selbstbeschreibung des einen, die auch großartig zu dem anderen paßte, lautete: »Ich bin in erster Linie ein großer Scharlatan, aber mit Brio; zweitens, ein großer Charmeur; drittens, unerhört dreist ...« Aber an Dreistigkeit fehlte es Gabrielle auch nicht. Sie behauptete sich trotz aller Stürme, aller Dramen in den Kulissen, aller Intrigen, Auseinandersetzungen, Kräche und Feindseligkeiten, die in der Welt des Tanzes an der Tagesordnung sind.

Wieder einmal vereinigte eine glanzvolle Besetzung eine Gruppe von Freunden. Als Gabrielles Name zum erstenmal auf einem Plakat des Russischen Balletts erscheint, befindet sie sich in noch besserer Gesellschaft als seinerzeit im Théâtre de l'Atelier. Aber es fällt auch auf, daß es neben wichtigeren Unternehmungen Diaghilews nur wenige gegeben hat, die so herausfordernd wirkten wie *le Train bleu*. Für eine leichte Musik wählte er einen Komponisten, den seine provençalische und jüdische Herkunft in doppelter Weise für das ernste Genre bestimmten: Darius Milhaud. Er hatte sich durch Kantaten über biblische Themen und Vertonungen von Gedichten Paul Claudels ausgezeichnet, dessen Sekretär er gewesen war. Wie er später zugab, war Diaghilews Vorschlag für ihn eine große Überraschung: »In Mode war damals hedonistische, hübsche Musik, weit entfernt von der, die ich zu der Zeit komponierte ... und die nicht nach Diaghilews Geschmack war, wie ich wohl wußte. Ich hatte nie daran gedacht, eine Operette, nicht einmal eine ohne Worte, zu schreiben. Ich nahm die Herausforderung an.« Die Partitur vom *Train bleu* wurde am 16. Februar 1924 begonnen und war zwanzig Tage später fertig.

Das Bühnenbild war ein zweites Wagnis. Diaghilew wandte sich an einen Bildhauer, der noch nie in seinem Leben eine Theaterkulisse gebaut hatte: Henri Laurens. Er hatte ein ebenso ernstes Wesen wie Reverdy, dessen Freund und Illustrator er war. Diesen gebürtigen Pariser bat Diaghilew, einen Badestrand à la mode zu schaffen, diesen Arbeitersohn beauftragte er, die frivole Welt einer Menge reicher Nichtstuer auf der Bühne darzustellen. Auch Henri Laurens ging auf die Herausforderung ein und machte sich an die Arbeit. Seine Badekabinen und Sonnenschirme von der Côte d'Azur hatten etwas sonderbar Geometrisches. Es waren eckige, abgestumpfte Konstruktionen. Man hätte meinen können, das Dekor sei aus Buntpapier zusammengeklebt.

Um ein Ballett von Cocteau einzustudieren und einem Szenario, bei dem Badelustige, Tennisspieler, Golfchampions und hübsche, auf Abenteuer erpichte Personen zusammentrafen, choreographische Kraft zu verleihen, holte Diaghilew sich Bronislawa Nijinska[46]. Das dritte Wagnis. Sie hatte lange keine Erlaubnis bekommen, Rußland zu verlassen, sie war während des ganzen Krieges von den »Ballets russes« getrennt gewesen und sprach nicht ein Wort französisch. Unter dem Einfluß der Revolution hatte sie jeden Sinn für Luxus und Lachen verloren und wußte außerdem weder, was dieser *Train bleu* war, woher er kam, noch wohin er fuhr. »Cocteau schlug Nijinska vor, sich für ihre Choreographie durch Personen und Ereignisse des aktuellen gesellschaftlichen Lebens anregen zu lassen, von denen Nijinska, die sehr zurückgezogen lebte, keine Ahnung hatte ...« Man kann sich leicht vorstellen, wie wenig diese Namen Nijinska weiterhalfen: »Er nannte ihr als Beispiel ein akrobatisches Tänzerpaar, das man in jenem Jahr bei Soupers in Ciro's Nachtclub sah, er zeigte ihr Momentaufnahmen von Suzanne Lenglen beim Tennisspielen und vom Prince of Wales auf einem Golfplatz ...« Obwohl Diaghilew sich als Dolmetscher und Vermittler einsetzte, waren die Beziehungen zwischen Cocteau und Nijinska von Anfang an spannungsgeladen.

Kochno fügt hinzu: »Die Atmosphäre bei den Proben war dramatisch.«

Gabrielle arbeitete ohne Konzessionen. Sie willigte ein, Cocteaus Spiel mitzumachen und die Prinzipien anzuwenden, die er wiederholt zum Ausdruck gebracht hatte: »Anstatt mich an die Albernheiten des Lebens zu halten, sie zu arrangieren ... hebe ich sie besonders hervor, übertreibe ich sie, ja ich versuche, sie zu überzeichnen.« Deshalb wurde *le Train bleu* nicht in Kostümen getanzt, bei denen Phantasie und Wirklichkeit miteinander vermischt waren, sondern von echten Sportlern mit nackten Beinen, deren Füße entweder in Sandalen, Tennisschuhen oder Golfschuhen steckten.

Die weiblichen Kostüme waren so, wie sie in jenen Jahren getragen wurden: Badetrikots aus einem Jersey, der reichlich locker um den Körper hing und ein Stückchen von der Hose sehen ließ, die halbwegs bis zum Knie reichte. Gabrielle hatte nicht etwas Malerisches schaffen wollen, sondern ihre Tänze mit dem Reiz der Realität ausgestattet. Sie waren gewiß nicht so gekleidet, wie Nijinska sich junge Männer und Frauen vorstellte, die ganz wild auf die Vergnügen des Mittelmeers und diesen *Train bleu* waren, von dessen Luxus man ihr unaufhörlich vorschwärmte. Was hätte sie sich gewünscht? Hübsche Bademäntel? Eine Stilisierung der Moden, wie sie ehemals an den Ufern des Schwarzen Meeres getragen wurden? Glaubte sie an eine mögliche Ähnlichkeit, an etwas Gemeinsames zwischen dieser vergangenen Welt und den Lustbarkeiten der Côte d'Azur? Offen oder insgeheim warf man ihr vor, immer »etwas Russisches« zu machen.

Je mehr sie unter diesen Bedenken litt, desto energischer versuchte sie, ihren Standpunkt durchzusetzen.

Cocteau hatte allen mit großer Mühe klarzumachen versucht, daß er sich bei den Reisenden des *Train bleu* auf die am wenigsten zu empfehlende Spezies beschränkt habe und daß die Mädchen nicht ohne Grund *Flittchen* und die Jungen *Gigolos* genannt werden. »Flittchen? Gigolos?« wiederholten die äußerst distinguierten Ballerinen, denen diese Worte nichts sagten. »Ich habe einen langen Vortrag gehalten, um der Truppe zu erklären, was das Wort *Operette* bedeutet... und worin meiner Meinung nach das plastische Problem dieses Balletts besteht«, schrieb Diaghilew und fügte hinzu: »Sie lauschten mit andachtsvoller Aufmerksamkeit.«

Aber was war das Ergebnis?

Es entbrannte zwischen Autor und Choreographin eine jener Theater-Guerillas, einer jener stummen Kämpfe, die man sich nur vorstellen kann, wenn man zufällig einmal darin verwickelt war. Cocteau verlangte weiterhin, daß die Choreographie geändert werden müsse, und das mitten in den Proben, in aller Öffentlichkeit. Er forderte energisch, daß gewisse getanzte Passagen durch pantomimische Szenen ersetzt würden: »Ich verlange nicht, daß mein Name als Regisseur auf dem Programm erscheint... aber dafür erwarte ich, daß man auf mich hört.« Er ließ nicht locker: er wollte auf der Bühne eine hartherzige Jugend wiederfinden, die, wie er sagte, »uns mit unverschämter Verachtung behandelt..., diese großartigen Mädchen, die verschwitzt, mit einem Tennisschläger unterm Arm, an uns vorbeigehen und uns in den Schatten drängen«. Nijinska hingegen verteidigte das Prinzip einer notwendigen Stilisierung und behauptete, daß es die Satire nicht im geringsten schwächen würde, sondern, im Gegenteil, dem Ballett eine zeitlose Wahrheit vermittle, die der Realismus ihm nähme. Sie fühlte sich um so sicherer, als sie ein paar Monate zuvor bei *les Biches* über Diaghilews Bedenken triumphiert hatte. Man hatte ihr nach wer weiß wie langem Zögern die Choreographie dieser parodistischen Bilder anvertraut, die eine blasierte Gesellschaft zeigten, emanzipationssüchtige Frauen, »garçonnes« mit langen Zigarettenspitzen, zweideutige, ja perverse Gestalten, denen das Textbuch und die Musik von Poulenc einen männlichen Partnertyp gegenüberstellten, der schon viel mit den sportlichen Gigolos des *Train bleu* gemeinsam hatte.

Die *Biches* hatten einstimmig Beifall gefunden. Nijinska war also in der Lage, von den Isbas Larionows für *Renard* zu dem ironischen Charme der Bühnenbilder von Marie Laurencin überzuwechseln, von einer derben Folklore Gotcharowas für *les Noces* zu der rosa und blauen Welt dieses Liebesfestes im Jahre 1923, wo man, wie auf gewissen Bildern von Watteau, nichts oder das Schlimmste vermuten konnte. Diaghilew hatte es als erster zugegeben: »Hier läuft alles viel besser, als ich erwartet hatte. Poulenc ist von Bronyas Choreographie begeistert, und sie verstehen sich ausgezeichnet. Was man auch sagen mag, diese extravagante, unzugängliche brave Person gehört zur Familie der Nijinski, das läßt sich nicht leugnen.«

Aber beim *Train bleu* lief alles ganz anders. Wenn die vier Hauptdarsteller auch wenig Sorge bereiteten, so verliefen die Proben doch in einer äußerst gereizten Atmosphäre. Bei allem gab es Verspätungen, beim Bühnenbild, beim Programm, beim Vorhang und bei den Anproben, auf die nur die Stars ein Anrecht hatten.

Beau Gosse kam aus London. Die Rolle spielte ein junger Engländer, der an der russischen Schule von Astiafiewa ausgebildet und dem französischen Publikum so gut wie unbekannt war. Anton Dolin mit seinem Mittelscheitel, seinem schwarzen, glatt anliegenden Haar, seinen Samtaugen und seinem Turnertrikot war der typische Don Juan der Badestrände, so wie man ihn sich 1925 vorstellte. Er war *Chéri* in seinen besten Jahren ... ein muskulöser *Chéri*.

Sehr überzeugend war auch der *Golfspieler*. Diaghilew hatte diesen Schüler der Warschauer Tanzschule 1915 aus Polen mitgebracht. Der brillante, mit männlicher Grazie begabte Woizikowsky war bei den Parisern schon sehr beliebt. Als es zum Krach mit Nijinski gekommen war, hatte er manche Rollen des phantastischen Tänzers übernommen und wider aller Erwarten manchmal dessen Niveau erreicht. Die Sportlerrolle war wie für ihn gemacht, und wäre er in seinem Kostüm zum Golf gegangen, so hätte auch der kritischste Schiedsrichter nichts daran auszusetzen gehabt. Verdankte Chanel diesen Erfolg dem Foto des Prince of Wales? Cocteau war entzückt. Der englische Thronfolger, dessen Charme und gewagte vestimentäre Einfälle von den Lokalberichterstattern immer wieder gepriesen wurden, hätte nicht gezögert, als Partner einen so sorgfältig gekleideten jungen Mann zu akzeptieren. Woizikowsky erschien mit weißem Kragen, eng geknoteter Krawatte und über der sogenannten »Golfhose« trug er einen gestreiften Pullover, der zu den Socken paßte. *Perfectly smart.* Das hatte einer der nächsten Freunde des Prinzen bestätigt, über dessen flüchtige Besuche im Théâtre des Champs-Elysées man recht verwundert war. Der Herzog von Westminster ...

Welcher von den Engländerinnen machte er den Hof?

Misia kannte ihn nicht. Er gehörte nicht zu ihrer Clique. Somit fragte man sich, was ihn dorthin führe.

Auch bei der Sokolowa, die eigentlich Hilda Munnings hieß, gab es keine Probleme. Sie war die erste Engländerin gewesen, die Diaghilew engagiert hatte. Da sie zehn Jahre lang die einzige ihrer Spezies in einer Truppe geblieben war, in der alle Ballerinen Russinnen waren, hatte Hilda sich in Lydia verwandelt, sie hatte ihren Namen geändert, später die Sprache, dann ihr Benehmen, so daß sie sich, da sie Tag und Nacht in Gesellschaft der Flüchtlinge des Maryinsky-Theaters und der kaiserlichen Schule von St. Petersburg war, in nichts mehr von den anderen unterschied, es sei denn durch ihren typisch englischen Humor.

In der *Perlouse*-Rolle sollte sie ihn gut gebrauchen können.

Jede andere als Gabrielle Chanel wäre darauf aus gewesen, diese glanzvolle Periode ihres Lebens hervorzukehren. Wenn man sie fragte: »Und *le Train bleu*? Könnten Sie uns nicht etwas davon erzählen … Von den Proben, den Tänzerinnen und alledem?«, so antwortete sie:

»Es war eine andere Welt. Außerdem war ich nur für die Kostüme da.«

Von Kopf bis Fuß in Weiß, mit dem Schläger in der Hand und einem jener Stirnbänder um den Kopf, wie Gabrielle Chanel sie, zum Entsetzen ihres Schneiders, dreizehn Jahre früher selbst beim Reiten getragen hatte, als sie noch durch die Wälder von Royallieu galoppierte, das war *die Tennisspielerin*, die weibliche Hauptrolle, die Nijinska für sich selbst reserviert hatte. Sie war klein, kräftig, hatte dicke Knöchel und war wie Nijinski ziemlich kurzbeinig. Auch ihr flaches, mongolisches Gesicht mit dem schweren Kinn, dem reizlosen dicklippigen Mund und den schrägen Augen erinnerte an das ihres Bruders. Das Stirnband der *tennis-women* machte sich bei ihr nicht besonders gut. Nijinska fehlte die Lebendigkeit, durch die jene Sportlerin, die ihr als Vorbild dienen sollte, so populär geworden war. Suzanne Lenglen, die schon mit fünfzehn Jahren französische Tennis-Meisterin war und mit ihren extravaganten Sprüngen das Publikum von Wimbledon zum Lachen gebracht hatte, war zweifellos witziger als ihr Double auf der Bühne. Aber trotz aller Bedenken konnte niemand leugnen, daß man Bronislawa Nijinska sein mußte, um mit solcher Überlegenheit eine Rolle zu verkörpern, die durch das Unerwartete faszinierte. Sie war wirklich eine erstaunliche Person …

Bei der Hauptprobe kam es beinahe zur Katastrophe. Die Truppe, die nicht wußte, ob sie Cocteau oder Nijinska gehorchen sollte, schien bei jedem Schritt zu zögern. Obgleich Gabrielle die ganze Zeit dabeigewesen war, paßte nichts, weder die Röcke noch die Badeanzüge. Durch die endlosen Diskussionen, in die sie verwickelt worden waren, hatten *Gigolos* und *Flittchen* es schwer gehabt. Und nun sollten sie sogar Kostüme anziehen, die sie nicht einmal anprobiert hatten! Ein jämmerlicher Anblick, an den Boris Kochno, der dabei war, sich noch erinnert: »Die Heizung im Theater war noch nicht angestellt... Der Anblick dieser bibbernden Badenden am Strand in Kostümen, die ihnen nicht paßten, war kläglich und burlesk. Sobald sich der Vorhang hob, hatte Diaghilew sich niedergeschlagen in den Hintergrund des Theaters zurückgezogen, und da er sich außerstande sah, das Unheil wiedergutzumachen, fragte er mich nach den Balletts, die in letzter Minute *le Train bleu* ersetzen könnten.«

Die Lage war um so schlimmer, als die Premiere am selben Abend stattfinden sollte.

Unter den *Gigolos* befand sich, frisch aus Kiew eingetroffen, Serge Lifar, ein Anfänger von auffallender Schönheit; er bezweifelte, daß die Kostüme überhaupt brauchbar seien: »Bei manchen Bewegungen wurden sie zu lang oder zu kurz. Sie waren nicht fürs Tanzen geeignet.«

Man wußte, daß Diaghilew an solch ein Untergangsklima gewöhnt war. Aber das, was an jenem Nachmittag vor sich ging, war wie ein Wettlauf und ein Pokerspiel zugleich. Kein einziger Tänzer, keine Tänzerin, keine Garderobiere, kein Maschinist verließen an diesem Nachmittag das Theater. Zwischen der Katastrophe und dem Augenblick, da der Vorhang der Vorbühne sich vor einem vornehmen Premierenpublikum öffnen sollte, blieben nur noch ein paar Stunden... Geniale Improvisatoren machten sich an die Arbeit.

Picasso kam auf einen Sprung vorbei. Einen Monat vorher hatte Diaghilew in dem unbeschreiblichen Durcheinander seines Ateliers vor einem Bild haltgemacht, das zwei Frauen in weißen Tuniken darstellte, deren abgerissene Schulterstücke ihre nackten Brüste sehen ließen. Zwei Frauen mit ausgestreckten Armen, in einem Rausch von Sonne, Sand und Meer, zwei Frauen mit Köpfen wie Blumen, die der Wind beugt, ein Inbegriff der Freude am Laufen. Es war ein Bild aus der Periode, die man bei ihm die Periode der *Riesinnen* nennt. Diaghilew hatte Picasso gebeten, davon Gebrauch machen zu dürfen. Er wollte das Gemälde für den Vorhang des *Train bleu* benützen. Picasso zögerte. Aber es ging damit wie mit allem andern. Man konnte Diaghilew nicht widerstehen. Somit gab Picasso schließlich, wenn auch ungern, nach, ebenso wie er eingewilligt hatte, eine Reihe von Studien für die Illustration des Programms auszuführen, ein Beitrag, den Boris Kochno ihm nur mit größter Mühe hatte entwinden können! Picasso behauptete, er habe die Zeichnungen verloren. Er würde sie wiederfinden, das war sicher. Aber das Durcheinander in seinem Atelier war unbeschreiblich. Der Drucker drohte, nicht weiterzumachen... Der Verleger verlangte, man solle verzichten... Was den Vorhang betraf, so hatte Picasso sich überhaupt nicht mehr dafür interessiert; Diaghilew hatte die Ausführung des Projekts einem seiner nächsten Mitarbeiter, dem Prinzen Schervachidse, anvertraut, der auf diesem Gebiet außerordentlich viel Talent zeigte.

Als Picasso seinen Vorhang zum ersten Mal sah, war er über die Arbeit des aristokratischen Handwerkers so erstaunt, daß er nicht wußte, wie er seine Begeisterung äußern sollte, und sich entschloß, Diaghilew den Vorhang zu widmen. Er schrieb unten auf ein Werk, zu dem er nicht einen einzigen Pinselstrich beigetragen hatte: »Für Diaghilew« (dédié à Diaghilew), und unterzeichnete mit »Picasso. 24«.

Das war auch die einzige erfreuliche Überraschung an diesem Tag. Alles andere... Die Badetrikots wurden auseinandergetrennt und wieder zusammengenäht, die Röcke passend gemacht. Und unterdessen gingen die Nijinska und Cocteau, die nun zum Zanken keine Zeit mehr hatten, ein letztes Mal gemeinsam die Choreographie durch. Sie korrigierten und strafften.

Alle, die dreißig Jahre später Gabrielle in jenen frenetischen Nächten vor ihren Modeschauen erlebten, mit der Schere in der Hand, einer tiefen Falte quer über der Stirn, sie alle können sie sich ohne weiteres in dieser Situation vorstellen, auf der Bühne des Théâtre des Champs-Elysées, noch jung und schön und noch schweigsam, vor Diaghilews Tänzern kniend, in der demütigen Haltung des Handwerkers vor seinem Werk. Der Kampf, den sie gegen die Zeit und einen rebellischen Stoff führte, war noch kein Vorwand für Monologe. Erst später, viel später, im Alter, bekam sie die Manie, ihre Arbeit mit einem langen Murmeln zu begleiten, das von sarkastischen Bemerkungen unterbrochen wurde. »Sie spricht beim Arbeiten vor sich hin, leise, mit absichtlich verhaltener Stimme«, schrieb Colette in ihrem Chanel-Porträt. »Sie spricht, sie unterrichtet und steckt ihre Nadeln mit einer Art verdrossener Geduld.« Eine Eigenart, die im Laufe der Jahre noch stärker wurde. Wie ein Delirium, das alle Schriftsteller, die sie näher kennenlernten, faszinierte und ihre Freunde bisweilen entsetzte. Aber man mußte es übersetzen, deuten, entziffern. Wenngleich obskur, so bewahrte ihre Rede doch bis zum letzten Tag einen Wert wie die Worte von den Lippen der Pythia.

Wem galt dieser Wortschwall? Halb bewußtlos lieferte sie, die stets allen Fragen ausgewichen war, denen, die gar nichts wissen wollten, das Geheimnis aller Geheimnisse aus.

»Immer wegnehmen, immer weniger, nie etwas hinzufügen... Die einzige Schönheit ist die Freiheit der Körper ... « Diejenigen, die es hörten, waren todmüde junge Frauen, an deren Körper Gabrielles unbefriedigte Hände nächtelang herumzerrten: »Immer zuviel von allem«, wiederholte sie. »Zuviel von allem ... «

Aber auf der Bühne des Champs-Elysées-Theaters fiel kein Wort. Drei Stunden lang herrschte ein Schweigen, das die Zeit gleichsam überlistete.

Als das Programm mit dem Umschlag von Picasso und den sechs Tänzerinnenstudien endlich fertig war, kündete es eine besonders glanzvolle Saison mit Bühnenbildern von Braque und Juan Gris an.

Am 13. Juni 1924, als André Messager ans Dirigentenpult trat und die ersten Fanfarenstöße ertönten, die Diaghilew eigens bei Georges Auric zur Würdigung von Picassos Vorhang bestellt hatte, stand der *Train bleu* wieder auf seinen Schienen. Das Ballett war nicht wiederzuerkennen. Der Saal, der in einer höchst ungewöhnlichen Mischung alles faßte, was Frankreich, Italien und England an Künstlern, Mäzenen, Aristokraten und Grandbourgeois aufzubieten hatte, bereitete ihm eine Ovation. Anton Dolins gefährliche akrobatische Variation war einer der Höhepunkte des Abends.

Etwas später erschien ein hohes Loblied auf die Nijinska: »In *les Biches* hat Madame Nijinska eine fast ungewollte Größe erreicht.« Der Autor war Jean Cocteau. Die Zwistigkeiten waren vergessen. Und *le Train bleu* erhielt den ihm gebührenden Anteil an Lob: »Werke wie *les Fâcheux, les Biches, le Train bleu* wirken eindeutig ›neu‹ und ›modern‹, weil sie die Gegenwart verändern und die Zukunft hervorbringen ... «, war in der Presse zu lesen.

Mehr erfuhr man auch nicht, wenn man Gabrielle ausfragte.

»*Le Train bleu*?«

»Was soll *le Train bleu*?«

»Das Publikum? Die Leute?«

Wenn sie den Saal nur undeutlich in Erinnerung behalten hatte, so vielleicht, weil das erregende Gefühl, mit dem Schauspiel verbunden zu sein, alles andere verdrängt hatte. Es sei denn, daß es schon eine Art Selbstschutz war, eine hinfort tief in ihr verankerte

Manie aus Angst, »ausgenutzt« zu werden, und sei es von ihren nächsten Bekannten. Dabei hatte sie auf diesem Gebiet nichts zu verbergen. Man ließ nicht locker... Aber alle erlauchten Namen, die zusammen *»ihre Kundschaft«* bildeten, schienen ihrem allgemeinen Widerspruchsgeist zum Opfer gefallen, schienen ihr entfallen zu sein. Um erst gar nicht von einem noch dichteren Schweigen zu reden, das gewisse Gestalten umhüllte, die an die Zeit von Moulins erinnerten. All jene Spaßvögel, die auf ihre kleinen Freundinnen und die roten Kavalleriehosen verzichtet hatten, um als wohlhabende feine Herren auf den Rennplätzen zu verkehren, und von denen viele an jenem Abend anwesend waren, nicht wahr? Mit ihren Frauen, nicht wahr?

Allein das hatte genügt, um all ihre Namen augenblicklich zu vergessen. Sie lehnte aus tiefstem Herzen eine Gesellschaft ab, die sie in einer Zeit, da sie noch nichts war, ignoriert hatte.

Sie konnte sich endlich den Luxus erlauben, diese Leute nicht zu *erkennen*.

»Und was haben Sie nach der Aufführung gemacht?«

»Wir waren bei Misia.«

»Wer wir?«

»Wie nach Picassos Hochzeit. Ungefähr dieselben Leute, die Maler. Aber nicht ganz so wie nach *Boris Godunow.«*

»Warum?«

»Wegen der Musiker. Alles Franzosen: Auric, Poulenc, Milhaud ...«

Es verstand sich für sie von selbst: da es zwischen ihnen eine Gattungssolidarität gab, waren nur die Künstler erwähnenswert, und bei ihrer grimmigen Einseitigkeit leugnete sie alles, was nicht dazugehörte. Übrigens ohne Snobismus und ohne sich anzumaßen, selbst ebenso bedeutend zu sein wie die andern.

Ein Magazin, dem es gelungen war, sie von der Wichtigkeit der Veröffentlichung einer Auswahl von Notizen, die sie bald als *Maximen,* bald als *Reflexionen*, bald als *Sentenzen* bezeichnete, zu überzeugen, enthüllte unbeabsichtigt die wahren Gründe für ihre Abneigung, von ihren Theatererfahrungen zu sprechen. Und doch sollte man sich nicht täuschen, denn es gab wenig Arbeiten, die ihr so viel Befriedigung verschafften. Ihre Weigerung, sich darüber zu verbreiten, war Klugheit. Manche Begriffsverwirrungen waren ihr ein Grauen, denn sie machte einen grundlegenden Unterschied: »Die Kostümentwerfer«, so schrieb sie, »arbeiten mit dem Bleistift: das ist Kunst. Die Modeschöpfer mit Schere und Stecknadeln: das ist etwas Alltägliches.«

Eine so seltene Mischung von Stolz und Bescheidenheit führt uns wieder einmal zurück zu dem, der ebensosehr wie sie darunter litt: Reverdy, der über alle Maßen stolz und bescheiden zugleich war: »Ich wurde von einem unbezwingbaren Hochmut heimgesucht, der um so lästiger war, als er auf keinerlei Anmaßung beruhte«, schrieb er ungefähr zur gleichen Zeit. Ein Wesenszug, den beide gemeinsam hatten.

EINE VIKTORIANISCHE ILLUSION UND IHRE FOLGEN

1925–1933

»Alles begann mit einem Französischfehler.«
ARAGON, LE FOU D'ELSA.

Trügerische Freuden

Fünfundzwanzig Jahre nach seinem Tod ist der zweite Duke of Westminster wie Gabrielle, deren Liebhaber er von 1924 bis 1930 war, immer noch ein Opfer seiner Legende. Wenn man ein klares Bild von ihm vermitteln will, so muß man erst einmal alles, was Reporter über ihn geschrieben haben, beiseite schieben. Als reichster Mann Englands hatte er die Journalisten unablässig auf den Fersen. Wollte man ihre Berichte ernst nehmen, so könnte man dem Herzog von Westminster so banale Prädikate wie »launisch, prunksüchtig, gelangweilt« nicht ersparen... Er war tatsächlich das alles zugleich, aber auch noch mehr. Man täte ihm unrecht, wenn man ihn nur nach seinem recht verworrenen Liebesleben beurteilte oder behaupten wollte, seine einzige Befriedigung habe darin bestanden, sein sagenhaftes Vermögen zu genießen.

Der äußeren Erscheinung nach ein großer, kräftig gebauter blonder Mann, der eine Lebensweise, die man kurz als »elegant, d. h. lässig« bezeichnet, in höchstem Maße beherrschte. Die englische Erziehung war erfolgreich gewesen, und man ahnte nicht, zu welchen Zornesausbrüchen er fähig war. Er, gewalttätig? Dieser gutmütige Riese war nur für seine Spielleidenschaft und seine kindischen Späße bekannt. Man wußte, zum Beispiel, daß er ein eingewickeltes Stück Zucker in seinen Kaffee tauchte und mit der Stoppuhr maß, wie lange es dauerte, bis es geschmolzen war, oder daß er seinen Mätressen Diamanten unters Kopfkissen legte oder während ihres Schlafs teure kieselsteingroße Anhänger an ihre Hutränder heftete.

Man sprach weniger darüber, daß er sie schlug, wenn sie ihm nicht mehr gefielen.

Nichts von seinen Vorlieben blieb verborgen, und immer wieder hörte man über ihn die gleichen Geschichten: der Herzog von Westminster hat Witz, der Herzog von Westminster ist sehr originell, der Herzog von Westminster hat die komischsten Sachen in den Taschen – einen kleinen Tuschkasten, ein Goldstück, kurzum, seine Spielsachen; er raucht im Morgenrock Zigarren und trinkt grünen Chartreuse; er verlangt von seinem Diener, daß seine Schnürsenkel jeden Morgen gebügelt werden, aber es macht ihm nichts aus, wenn die Sohlen voller Löcher sind; er gibt fürstliche Trinkgelder, zögert jedoch, seine Garderobe abzugeben ... Er war ein guter Seemann, und man freute sich, daß er nicht nur die Frauen liebte, sondern ebenso den Sport, wilde Blumen, Hunde, Ponies und Picknicks. Man konnte daraus schließen, daß er aus einer guten Schule – Eton – hervorgegangen war, und auch, daß er bei den Guards gedient hatte.

Als Churchill der englischen Presse ein paar Erinnerungen zu Ehren seines Jugendfreundes anvertraute, begann er mit den Worten: »He was deeply versed in all forms of animal sport and saw into the heart of them[47].« Er glaubte, ihn damit am besten zu würdigen. Sie hatten sich im Jahre 1900 angefreundet, als sie zusammen jene »etwas abenteuerliche Reise«, wie Churchill sie nannte, gemacht hatten. Abenteuerlich? Man konnte sich nicht maßvoller ausdrücken. Gemeint war der Burenkrieg. Daß sich der Herzog von Westminster bei dieser Gelegenheit »im Krieg ebenso wie beim Sport als ein furchtloser, fröhlicher und charmanter Begleiter« erwiesen hatte, war offenbar ebenso erwähnenswert, wie es seine Jagdtalente waren, da Churchill sie anführte, bevor er noch das folgende gesagt hatte: »Obwohl es ihm schwerfiel, etwas zu erklären oder in der Öffentlichkeit zu reden, dachte er über vieles gründlich nach und besaß ein ungewöhnliches Maß an Klugheit und Urteilsvermögen. Ich habe seine Meinung stets hochgeschätzt.« Man könnte sich wundern, daß diese Eigenschaften erst am Schluß erwähnt werden, wenn es nicht ein Zeichen dafür wäre, was nach britischer Auffassung das Wesentliche an der menschlichen Spezies ist: ein Mann braucht kein großer Denker oder guter Redner zu sein; wenn er nur ein guter Kamerad ist und den nötigen Sinn für *fair play* und Nuancen hat, so kann er ohne weiteres als ein erstklassiger Mensch angesehen werden. Diese Voraussetzungen erfüllte der Herzog von Westminster, in jeder Hinsicht.

Wenn man jedoch behaupten wollte, daß er typisch englisch war, so müßte man auch hinzufügen: obwohl der Mann, der in Gabrielles Leben trat, glaubte, ein Mann seiner Zeit zu sein, war er in Wirklichkeit doch ebenso viktorianisch, wie es sein Großvater, der erste

Herzog von Westminster, gewesen war, der ihn aufgezogen hatte. Und das war sein eigentliches Problem. Denn da er sich dieser Tatsache nicht bewußt war, konnte er sich nicht erklären, was ihn daran hinderte, in jeder Hinsicht diesem Großvater gleich zu sein.

Nun waren die Nachkriegsjahre nicht gerade ideal für einen Grandseigneur seiner Art. Die Zeit, da man die Zahl seiner Dienstboten nicht kannte, aber genau wußte, daß zu einem Menü 16 Gänge gehörten, die stets ausführlich in französischer Sprache auf wappengeschmückten und vignettenverzierten Karten standen, die Zeit der großen Reisekoffer und geschnürten Kleider, der Soubretten, die bis zum Morgengrauen auf die Rückkehr der Damen warteten, um ihnen beim Ausziehen zu helfen, die Zeit der Ehegattinnen, die keine andere Daseinsberechtigung hatten, als Kinder in die Welt zu setzen und den Ehemännern zu gefallen, die ihrerseits nur Augen für ihr Gewehr, ihre Pferde und ihre Hunde hatten, diese Zeit hätte für Gabrielles Liebhaber zweifellos besser gepaßt als die stürmischen Tage des Charleston.

Wenn es seltsam ist, daß wir nach Arthur Capel, nach dem Großfürsten Dimitri zum dritten Mal an Gabrielles Seite einen Mann antreffen, dessen Kindheit zutiefst durch das Fehlen des Vaters geprägt ist, so sollten wir darin nur eine Laune, einen Wink des Schicksals sehen, mit dem es uns zeigen will, daß eine solche Lücke für alle Kinder gleich schlimm ist, egal, ob der Vater das Patenkind einer Königin ist – wie beim Duke of Westminster – oder ein Hausierer – wie bei Gabrielle –, kurzum, daß es dabei keine Gradunterschiede gibt.

Gabrielles Liebhaber war 1879 geboren. Er war erst vier Jahre alt, als sein Vater starb. Dieser hatte, obwohl er weder sportlich noch unternehmungslustig, sondern eher ungepflegt und beinahe dick war, ein bildhübsches neunzehnjähriges Mädchen geheiratet. Angeblich soll er sogar Epileptiker gewesen sein. »Der arme Junge ...« In der Korrespondenz von Victoria I., seiner königlichen Patentante, ist nie anders von ihm die Rede. Er hinterließ also seinem Sohn nur die Erinnerung an seine beklagenswerte Gesundheit.

Es blieb der imponierende Großvater, dem das Kind anvertraut wurde. Hugh Lupus war der Vorname des alten Gentleman, eine Familientradition seit dem Jahre 1066, als Wilhelm der Eroberer mit einem seiner Großneffen, einem gewissen Baron Hughes, in England gelandet war, einem Hitzkopf, der so wilde Instinkte zeigte, daß seine Begleiter ihm den schmeichelhaften Beinamen »Hughes le Loup« gaben. Er trotzte der Kirche und der öffentlichen

Meinung, indem er eine Kapelle in einen Hundezwinger umwandelte, denn die Jagd ging ihm über alles. Er zeugte unzählige uneheliche Kinder, auch legitime Söhne – sie waren alle gleich: alle begeisterte Jäger, alle wohlbeleibt und bärenstark. Der Älteste bekam den treffenden Beinamen: *le Gros Veneur* (der dicke Hetzjäger). Die Jahre vergingen, und der Name, der anfangs nur ein Scherz, dann eine Gewohnheit geworden war, blieb an ihm hängen. Aber wie so oft, wenn durch Krieg die Sprachen zweier Völker miteinander vermischt werden, degenerierten beide, und oft ist es die Siegersprache, die sich zuerst auflöst und so einen Tribut an die der Besiegten zahlt. Aus dem Beinamen der Nachkommen von Hughes le Loup wurde der Name *Grosvenor* und damit der einer der berühmtesten Familien des Vereinigten Königreiches.

Für die Grosvenors hatte also »alles mit einem Französischfehler« begonnen, ganz zu schweigen von einem Wappen, auf dem die Wortmischung – »*Azur a Bend'or with plain Bordure Argent*« – steht, die ein Bündnis zwischen zwei Sprachen besiegelt, das ebenso heilig ist wie zwischen zwei Männern eine Blutsbruderschaft.

Die Geschichte der Grosvenors war untrennbar mit der ihrer Pferde verbunden, eine absichtliche Verwirrung, auf welche die Verantwortlichen unsagbar stolz waren. So erklärt es sich, daß an den Wänden von Eaton Hall die von Gainsborough und Reynolds verewigten Vorfahren Seite an Seite mit den von den begabtesten Tiermalern jener Zeit porträtierten Elitepferden hingen, zumindest mit jenen zusammen, die sich auf den Schlachtfeldern oder Rennplätzen ausgezeichnet hatten, wie *Copenhagen* (das aus dem Eatoner Gestüt stammte und das Reitpferd des Herzogs von Wellington in Waterloo gewesen war) sowie *Macaroni*, von dem man mit so großer Verehrung am Familientisch sprach, daß der junge Grosvenor, der Vorfahren und Pferde nicht mehr auseinanderhalten konnte – es war kurz nach dem Tod seines Vaters –, seine Nurse gefragt hatte:

»Und ich? Stamme ich auch von *Macaroni* ab?«

Nach ihrem Ableben wurden die kostbaren Wirbel einiger Pferdestars aus dem herzoglichen Gestüt, wie erlesene Stücke aus Elfenbein, unter den Lüstern von Eaton Hall ausgestellt. Sie waren die Hauptattraktion der großen Galerien, in deren Mitte sie ihren Platz hatten. Sie wurden eingehend betrachtet. Man versuchte, ihnen das Geheimnis ihrer Überlegenheit zu entreißen. Der Herzog von Westminster betrieb die Erziehung seines Enkels mit der Beharrlichkeit eines leidenschaftlichen Amateurs. Für das Kind Grosvenor, unter der Vormundschaft dieses sanften Greises, der sich in

Pferden auskannte, bedeutete es eine langsame Promenade zwischen Skeletten.

»*Touchstone* von *Camel* und *Banter*«, erklärte der Großvater. »Von beiden Seiten hatte er das heiße Blut von *Eclipse*. In seinen zwanzig Jahren im Gestüt hat er dreihundertdreiundzwanzig Mal gedeckt und dreihundertdreiundzwanzig siegreiche Pferde gezeugt. Er wurde in dem Jahr geboren, als der Älteste der Grosvenors von Victoria den Titel eines Marquis von Westminster erhielt. Es war im Jahre 1831. Er hatte nur neunzehn Rippen ...«

»Wer?« fragte das Kind. »Der Marquis?«

»Ach was. *Touchstone*. Zähl mal.«

Man versteht die Irrtümer des Kindes um so besser, wenn man weiß, daß sein Großvater ein paar Monate vorher einen seiner größten Siege im Derby errungen hatte und dem Kleinen daraufhin der Spitzname »Bend'or«, der Name des siegreichen Pferdes, des berühmten *Bend'or* von *Doncaster* und *Rose Rouge*, angehängt wurde. Die Tatsache, daß er bei seiner Geburt die Vornamen Hugh Richard Arthur bekommen hatte, wurde so sehr vergessen, daß der zweite Herzog von Westminster nur noch unter dem Namen Bend'or in den Annalen seiner Zeit sowie in den Herzen seiner Mätressen erscheint. Bend'or... Wunderte Gabrielle sich darüber? Keineswegs. Wahrscheinlich waren die Eigenarten von Eaton Hall ein Anklang an das, was sie in Royallieu erlebt hatte, so daß sie besser als jede andere die Schrullen der Grosvenors ertragen konnte.

»Auf jeden Fall«, sagte sie, »denken die Leute in England anders als bei uns. Können Sie sich einen Noailles vorstellen, der den Namen eines Pferdes zum Vornamen hat? Einen Noailles, der sich *Epinard, Biribi, Jujubier* oder so ähnlich nennen läßt? In England hingegen ... Jedenfalls kam so was dort häufiger vor und wurde gar nicht weiter beachtet.«

Bend'or hatte ihr oft von dem Großvater erzählt, der bei seinen Zeitgenossen immer noch in hohem Ansehen stand, dieser Großvater, der einst Page bei der Krönung von Victoria gewesen und, wie aus Höflichkeit, dreizehn Monate vor ihr gestorben war; der fünfzig Jahre lang ununterbrochen seinen Platz im *House of Lords* innehatte, wo er sich liberal genug gezeigt hatte, um die anderen Peers zu verblüffen, aber auch humorvoll genug, um sich ihre Achtung zu bewahren; der sich mit Erfolg sowohl für die von den Türken verfolgten armenischen Minderheiten eingesetzt hatte als auch für die Annahme eines Gesetzes, wonach Verkäuferinnen einen Stuhl haben durften, ohne daß ihre sitzende Haltung von den hereinkommenden Damen als beleidigend empfunden würde, und der das Gesetz trotz der heftigen Debatte mit einer ausreichenden Mehrheit durchgebracht hatte – das alles hatte im Grunde genommen weniger zu seinem Ruhm beigetragen als die Tatsache, daß er gleichsam durch einen höheren Instinkt die ganze Rennwelt dadurch überrascht hatte, daß er für 14.000 Guineas – eine für damalige Verhältnisse unerhört hohe Summe – den Hengst *Doncaster* gekauft hatte, der im Gestüt von Eaton Hall eine Reihe unbesiegbarer Pferde zeugen sollte. Der erste Herzog von Westminster war auch *Master of The Horse* der Königin Victoria gewesen, und dieser Titel hatte ihm in der Öffentlichkeit ebenso viel Hochachtung eingebracht wie die Tatsache, daß er mit Gladstone befreundet war; seine Verdienste als Wohltäter, der auf eigene Kosten viele Krankenhäuser und Kirchen hatte bauen lassen, waren längst vergessen, während der tausendfach wiederholte Satz, mit dem der unvergleichliche Vorfahr es abgelehnt hatte, einem amerikanischen Millionär *Bend'or* zu verkaufen, berühmt blieb:

»Ganz Amerika hat nicht genug Geld, um ein solches Pferd zu kaufen.«

Wie konnte der erste Herzog von Westminster in einer Zeit strengster Etikette die Herrscher, die er bei sich empfing, dazu bringen, daß sie ein Pferd unter den Gästen duldeten? Eine Frage, die sich nicht nur der Enkel stellte. Denn an dem Tag, als sein Großvater mit einer *garden-party* das Goldene Jubiläum der Königin Victoria feierte, war es weder der Prince of Wales noch der Kronprinz von Preußen, noch der König von Dänemark, noch die belgische Königin, noch die Königin von Hawaii in ihrer sonderbaren Aufmachung und nicht einmal die schöne Madame Albani, die berühmte Sängerin, gewesen, die bei ihrem Erscheinen das größte Aufsehen erregten, nein, den meisten Erfolg hatte *Ormonde*, das Pferd des Jahrhunderts, *Ormonde* von *Bend'or* und *Lily Agnès*, das von seines Vaters Seite das glorreiche Blut von *Doncaster* und von seiner Mutter Seite das von *Macaroni* fortsetzte, *Ormonde*, dessen Stammbaum der kleine Grosvenor besser kannte als seinen eigenen und der aufgrund einer Sondergenehmigung des Lord Mayor von London die Erlaubnis bekommen hatte, St. James Park und Green Park zu durchqueren, damit dem Gast des Herzogs von Westminster die Unannehmlichkeiten des Verkehrs erspart blieben. Der herausgeputzte, gestriegelte und gelockte *Ormonde* kurbettierte vor all den gekrönten Häuptern in untadeliger Haltung, lieferte spielerisch und taktvoll den Beweis für die wunderbare Kraft seiner Fesseln und benahm sich vorbildlich dort mitten auf dem Rasen, wo er, ohne sich bitten zu lassen, artig an den Blumen knabberte, die ihm die vornehmsten Damen Englands in ihren bebänderten Point-d'esprit-Kleidern der Mode jenes Herbstes 1877 anboten.

Jedesmal, wenn Bend'or die Erinnerung an den fabelhaften Ahnherrn heraufbeschwor, war es, als ob eine Stimme von jenseits des Grabes ihm zuriefe: »Was hast du getan? Was machst du aus unserem Namen?« Denn der Großvater lastete weiterhin mit seinem ganzen Gewicht viktorianischer Tugenden auf dem Gefühlsleben seines Enkelsohns, als Bend'or Gabrielle kennenlernte. Und dieser Schmerz gehörte nicht zu denen, die im Laufe der Zeit nachlassen. In dem Vierteljahrhundert, das seit dem Tag vergangen war, als Bend'or in Südafrika die Nachricht vom Tode des Herzogs bekam – Chester in Trauer, die Läden geschlossen, die Fahnen auf Halbmast, Trauergeläut von allen Kirchtürmen, Reden, die das Verscheiden des größten englischen Philanthropen beklagten, und die beiden Trauergottesdienste gleichzeitig in Chester und in Westminster Abbey in Anwesenheit der Königlichen Familie – nichts hatte sich seitdem an Bend'or geändert. Es war, als ob der erste Herzog von Westminster noch im Sterben seinem jungen Enkel einen weiteren Grund, sich unwürdig zu fühlen, geliefert hätte, und Bend'or sollte sein Leben lang darunter leiden, daß er sich nicht mit dem großen guten Ahnherrn messen konnte, den eine Abordnung des Regiments, das seit 1797 ausschließlich aus Vertretern des Hauses Westminster bestand, *The Earl of Chester Yeomanry Cavalry*, zu seiner letzten Ruhestatt geleitet hatte. Ohne Bend'or ... Denn das war auch ein wunder Punkt. Es geschah während des Burenkriegs, und Bend'or war in Südafrika ... Bend'or hatte den unerwarteten kleinen Vermerk nicht gesehen, den der Großvater mit der Hand geschrieben hatte: »keine Blumen«, und auch nicht das Bukett Immortellen, für das die dicke alte Königin, seine Freundin, um eine Ausnahme gebeten hatte. Bei diesen Blumen, die auf dem Sarg lagen, hatte eine Karte gesteckt: »Als Ausdruck der Hochachtung und Wertschätzung von Victoria R. I.«, aber Bend'or war nicht dabei gewesen. Und auch das lastete auf ihm ...

In einer jener treffenden Bemerkungen, die Gabrielles Stärke waren, sagte sie einmal, als von dem geheimen Gefühl der Unterdrükkung ihres Liebhabers die Rede war: »Man mußte wissen, was sein Großvater war, um zu verstehen, was Bend'or nicht ist.«

Aber wenn der Ahnherr sich auch in allem ausgezeichnet hatte, wenn er mehr Ehren, mehr Erfolg, mehr Vermögen, mehr Pferde und mehr Siege errungen hatte, als man sich vorstellen konnte – viermal Sieger im Derby! – so enthüllte man damit doch nur einen ganz kleinen Teil des Dramas, das seinen Enkel bedrückte.

Das schlimmste war, daß der Ahnherr mehr Kinder als all seine Zeitgenossen gehabt hatte, insgesamt fünfzehn von zwei aufeinanderfolgenden Frauen: die erste war seine Kusine gewesen, die zweite, die zweiunddreißig Jahre jünger war als er, die Schwester seines Schwiegersohns, so daß der erste Herzog von Westminster, damals achtundfünfzig Jahre alt, der Schwager seiner Tochter wurde... Dagegen waren Bend'or in zwei aufeinanderfolgenden Ehen nur zwei Töchter geschenkt worden und ein einziger männlicher Erbe, der mit vier Jahren an Blinddarmentzündung starb. Seitdem war er besessen von dem Wunsch, eine Frau zu finden, die ihn diesen Tod und seinen Schmerz vergessen lassen würde.

Diese Frau mußte zugleich die Qualitäten einer Mätresse und einer Ehefrau haben, sie mußte lebhaft genug sein, um ihrem Gemahl die Langeweile zu vertreiben, geistreich genug, um ihm seine Treulosigkeiten zu verzeihen, und hingebungsvoll und fruchtbar genug, um ihm eine zahlreiche Nachkommenschaft zu bescheren. Er sollte sie nie finden. Gab es sie überhaupt? Alle, die am besten geeignet schienen, langweilten ihn zu Tode. Er wich ihnen aus. Jene, die er heiratete – wobei er jedesmal aufrichtig gelobte, sich nie wieder scheiden zu lassen –, schenkten ihm keine Kinder. So heiratete er viermal. Bei der zweiten Enttäuschung fühlte er sich in seiner Eigenliebe verletzt, ja sogar bestohlen. Die Freuden, die er in der Ehe fand, waren immer wieder trügerisch. Mehr bedurfte es nicht, damit Bend'or sich enttäuscht und bestürzt wie ein Ehrengast, dem das Leben plötzlich den besten Platz streitig macht, von dem Lebensstil seines Milieus abwandte. Wenn er dem britischen *Establishment* den Rücken kehrte, so betraf dies nie seine geschäftlichen Beziehungen, sondern nur die Wahl seiner Freundinnen. Die Episode Chanel fand zwischen der zweiten und dritten Ehe des Herzogs statt.

Seine Gefühle für Gabrielle, die Tatsache, daß er sie wählte, das Bedürfnis, sie in seiner Welt durchzusetzen, zeigen einem deutlicher als alles andere die plötzliche Reaktion eines Mannes, der merkt, daß er von Geburt an mit althergebrachten, zeitfremden Ideen überfüttert worden ist. Er war wie berauscht, als er die Frau entdeckte, die durch ihre Arbeit frei geworden und durch ihr dauerndes Bemühen um Realität so wunderbar im Einklang mit ihrer Zeit war.

Nach dem *Train Bleu*

Auf den beiden Ufern der Seine waren die Feuerwerke erloschen, und die Ausstellung der dekorativen Künste hatte ihre Pforten geschlossen.

Die »feierliche Schlußzeremonie« hatte in der Halle des *Grand Palais* in Anwesenheit des Präsidenten der Republik, der ausländischen Delegierten und der fünf Kolonialkommissare, höchst exotischen Persönlichkeiten, stattgefunden, während die Chöre der Opéra die *Marseillaise* anstimmten. Nun begann man, von der *Concorde* bis zur *Place Alma* die Pavillons wieder abzureißen, die von Millionen von Neugierigen, Franzosen und Ausländern, besucht worden waren. Die Themen der Ausstellung waren das Mobiliar und die Architektur gewesen – man hatte eine Kirche, einen Friedhof, Gartenstädte und Springbrunnen gezeigt –, und in dem großen »Musée de l'Habitat«, das die Pariser sechs Monate lang an der Benutzung der *Esplanade des Invalides* gehindert hatte, war ein neuer Lebensstil spürbar geworden. Es gab sogar ein »Palais des Elégances« ... Das Besondere an dieser Veranstaltung war gewesen, daß Kleider von Jean Patou, Chanel, Jeanne Lanvin und Louise Boulanger zusammen mit Stoffen von Poiret, mit Seidengeweben, Beleuchtungskörpern, Möbeln, Kristallen von Lalique, Lackwaren von Dunand, Schmuck von Cartier, Gold- und Silberwaren von Christofle, Kunstschmiedearbeiten und französischem sowie ausländischem Porzellan vorgestellt worden waren, wobei Voraussetzung war, daß sie sich durch klare Formen und Linien, schlichte Verzierungen und ein nicht allzu auffälliges Relief auszeichneten.

Der Erfolg der »Arts Deco« war unbestritten. Niemals war eine so strenge Vorschrift so gewissenhaft befolgt worden.

Ein neues Mobiliar ohne Schnitzereien oder Verzierungen nahm damit seinen Platz im Zeitalter der Industrialisierung, d. h. in der Ära der Kreation und Produktion für die breite Masse ein. »Literatur und Kunsttischlerei gehen endgültig getrennte Wege«, konnte man lesen. »Kein Gallé von morgen wird je wieder versuchen, seine Hölzer die Sprache des Waldes sprechen zu lassen[48].«

Die Damenmode mußte sich zwangsläufig dieser Richtung anschließen. Sie schaffte Schnallen, Nadeln sowie langes Haar ab, und an die Stelle der Nachthemden trat ein bis dahin den Männern vorbehaltenes Kleidungsstück: der Pyjama. Die Unterwäsche wurde auf ein Minimum reduziert. Und damit die Frauen sich immer weniger vom Mann unterschieden, der hinfort ein gleichgestellter Arbeitskamerad sein sollte, wurde der Busen durch die Mode kaschiert und außerdem verlangt, daß die weibliche Frisur ebenso schwarz und glänzend zu sein habe wie die von Rudolph Valentino. Damit kam die Brillantine in Mode und der Schnitt »à la garçonne«, der Herrenschnitt.

Für Chanel bedeutete das keinerlei Veränderung. Diese Mode – das war sie! Sie war ihre Anregerin gewesen. Aber wenn die »Arts Deco« ihr beruflich auch nichts Neues gebracht hatten, so war die allgemeine soziale Bedeutung einer solchen Veranstaltung enorm, und es ließ sich nicht mehr leugnen: bei dieser kirmesartigen Schau hatte die Pariserin ihr wahres Gesicht gezeigt, und dieses Gesicht war geprägt von Chanel. Ohne daß Gabrielle es gewollt oder auch nur gewünscht hätte, hatte sich ihr Stil außerhalb der Milieus, aus denen ihre Kundschaft stammte, ausgebreitet.

Es wurde möglich, daß neben den kostspieligen Garderoben, die für ein erlesenes Publikum bestimmt waren, dank der Schlichtheit ihrer Modelle auch mehr oder weniger geheime, billige Kopien angefertigt wurden, die für weniger begüterte Frauen gedacht waren. Woher kamen diese Kleider? Mußte man der Sache auf den Grund gehen? Den Kopisten den Krieg erklären? Die meisten Modeschöpfer entschlossen sich dazu. Die einzige, die dabei nicht mitmachte, war Chanel. Sollte sie sich etwa als Polizist aufspielen? Gerichtsverfahren anstrengen? Die Schlacht war im voraus verloren, das wußte sie wohl. Seit 1925 war ihr klar, daß auch für die Mode das Zeitalter der Massenproduktion begonnen hatte. Hinfort würde die Mode mehr durch wirtschaftliche Gebote als durch launische Einfälle bestimmt werden, und man würde sie von einer Saison zur andern durch *vernünftige* Änderungen abwandeln müssen, so wie ein Karosseriebauer die Form eines Automobils verändert.

1926 sagte die amerikanische Ausgabe von *Vogue* voraus, daß ein gewisses Kleid von entwaffnender Schlichtheit sich allgemein als eine Art Uniform durchsetzen würde. Ein Kleid ohne Kragen und Bündchen, aus schwarzem Crêpe de Chine, mit langen, sehr engen Ärmeln, blusigem Oberteil bis zu den Hüften und eng anliegendem Rock, eine Chanel-Kreation, eine Art Futteral. Würden viele Frauen einwilligen, das gleiche Kleid zu tragen? Die Voraussage schien wenig glaubwürdig. Aber damit die Leserinnen einsähen, daß der Erfolg des Kleides in seiner Bequemlichkeit und vielleicht sogar in seiner *unpersönlichen* Schlichtheit begründet war, verglich *Vogue* das Kleid mit einem Auto. Zögerte man etwa, ein Auto zu kaufen, nur weil es sich nicht von anderen unterschied? Ganz im

Gegenteil. Diese Ähnlichkeit war gerade eine Garantie für seine Qualität. Die Zeitschrift übertrug das Prinzip auf die Mode im allgemeinen und auf dieses schwarze Kleid im besonderen und schloß: »*Here is the Ford signed Chanel.*«

Herbst 1925 ... Reverdy bereitete seine Übersiedlung nach Solesmes vor, und Gabrielle konnte sich nur schlecht damit abfinden. Sie reagierte wie gewöhnlich, indem sie sich wieder in ihre Arbeit stürzte und sich ihren Freunden widmete, aber sie berauschte sich außerdem auch an den Vergnügungen einer Gesellschaft, die der Inbegriff dessen war, was der Mann, der sie leiden ließ, sie zu verachten gelehrt hatte.

Ihre Wohnung in der Rue du Faubourg-Saint-Honoré war nie leer. Mehr denn je war sie der Treffpunkt des Russischen Balletts und der Freunde um Misia, zu denen neue Bekanntschaften hinzukamen, die stets aus Künstlerkreisen stammten: Colette, Dunoyer de Segonzac, Christian Bérard, Jean Desbordes. Auch ihre Kundschaft war wesentlich größer geworden, und es kam neuerdings vor, daß Gabrielle von einigen Damen, die sie ankleidete, eingeladen wurde und ihrerseits diese Damen bei sich empfing. Südamerikanerinnen, Nordamerikanerinnen, Milliardärinnen aus Argentinien, die Sanchez Elias, die Pédro Corcueras, die Martinez de Hozes, die W. X. Vanderbilts, aus welchem Milieu auch immer sie kommen mochten, Chanels Kundinnen luden sie an ihren Tisch und zeigten sich an den mondänsten Orten in Gesellschaft ihrer Couturière.

Es kam freilich auch vor, daß man Gabrielle mit den Männern ihrer Kundinnen sah.

In den Modezeitschriften hatte Chanel den Löwenanteil. Seitenlang war darin von ihr und nur von ihr die Rede. »Jeder, der sich in Paris für Eleganz interessiert, verkehrt in den Salons von Chanel«, konnte man lesen. Oder: »Keine Kollektion spiegelt so deutlich die Denkweise ihres Schöpfers wider wie die von Chanel, und keine identifiziert sich so vollkommen mit dem derzeitigen Geschmack.« Oder: »... Subtiler Schnitt, scheinbare Einfachheit: die Mühe sieht man nicht.«

Paris, Monte Carlo, Biarritz, Deauville – Gabrielle war überall.

In Wirklichkeit mußte sie sich dazu zwingen. Sie mußte um jeden Preis Haltung bewahren, die Stirn bieten. Bei einem Fest tanzte sie den *shimmy* so temperamentvoll, daß ihre märchenhafte Kette zerriß und die hundert Gäste auf den Knien herumrutschten, um die Perlen wieder zusammenzusuchen.

Herbst 1925 ... Kees Van Dongen, der in jenen Jahren ein erfolgreicher Maler geworden war, bereitete eine illustrierte Ausgabe von *la Garçonne* vor, dem pikantesten Roman, den es damals zu lesen gab.

Herbst 1925 ... Der Dollar stand ganz hoch, und Hemingway, Scott Fitzgerald, Dos Passos, Sinclair Lewis, Thornton Wilder und Henry Miller lebten in Paris.

Herbst 1925 ... Die Scheidung des Herzogs von Westminster von seiner zweiten Frau, Violet Mary Nelson, die er fünf Jahre früher geheiratet hatte, erregte mehr Aufsehen, als gut war. Das Urteil fiel zu Lasten des Herzogs aus. Eine peinliche Ehebruchsgeschichte mit einem Ertapptwerden in flagranti im Hôtel de Paris. Das alles stand ganz im Gegensatz zu den Gepflogenheiten des englischen *Establishment*, so daß der Herzog mehrere Jahre vom Hofe ferngehalten wurde. Aber eigentlich passierte alles in Monte Carlo. Dort war nämlich der Herzog von Westminster Gabrielle Chanel eines Abends vorgestellt worden.

Liebesbriefe wurden durch Boten Seiner Gnaden unablässig zwischen London und Paris hin und her gebracht; Blumen wurden, bald im Gardenien-, bald im Orchideen-Gewächshaus in Eaton Hall geschnitten; Körbe voll Obst wurden vom Herzog selbst in den Treibhäusern gepflückt, wo Melonen, Erdbeeren und Clementinen mitten im Winter reiften; schottischer Salm wurde, kaum daß er gefischt war, Sonderkurieren anvertraut, die extravaganterweise per Flugzeug reisten, und so wurde Gabrielle nach einer recht ungewöhnlichen Belagerung schließlich erobert.

Eines Tages, als dem Herzog noch nicht das Privileg zuteil geworden war, ihr Bett zu teilen, er aber dennoch Gabrielle einen seiner Lieblingsstreiche spielen wollte, versteckte er ein Schmuckkästchen unten in einem Gemüsekorb. Das Kästchen enthielt nur einen Stein, aber einen riesengroßen: einen ungeschliffenen Smaragd. Der Maître d'hôtel war sprachlos. Joseph, der immer die Pakete öffnete, freute sich über diese Gaben ebensosehr, wie wenn sie für ihn selbst bestimmt gewesen wären. Die Aussage seiner Tochter beweist, daß nichts, was über diese Zeit in Gabrielles Leben gesagt wurde, erfunden ist, und daß Bend'or tatsächlich einen goldenen Teppich zu ihren Füßen ausbreitete.

Trotz alledem zögerte sie. Auch darüber besteht kein Zweifel. Wenn man sie fragte, warum, zuckte sie nur mit den Achseln. Darin lag ihre Antwort, in einer überdrüssigen Bewegung und der Art, wie sie sagte: »Mir fehlte das Herz für so was ... «. Man mußte wissen, daß sie schon damals mit ganzem Herzen bei ihrem Beruf war.

Denn in gewisser Weise war sie nicht mehr allein. Um sie herum war jene Gruppe von Künstlern, auf die sie stolzer war als auf eine Eroberung ... Das war ihr mehr wert als eine schöne Hochzeit, mehr als ein Adelstitel. Und wenn Joseph auch die Maler und Musiker weiterhin als Schmarotzer ansah, so hinderte es Gabrielle nicht an der Überzeugung, daß sie gewissermaßen *ihr Leben* geworden waren. Sollte sie das alles aufgeben? Sie sagte auch: »Ich konnte mir nicht vorstellen, was ich in England machen sollte ...« Sie wußte ja, wie leicht solche Bündnisse in die Brüche gehen. Bend'or mit in diesen Künstlerkreis hineinziehen, würde die sofortige Auflösung dieser Runde zur Folge haben; Gabrielles Kapelle würde zu Staub zerfallen, ihre Maler würden sie fliehen, so wie andere Misia während ihrer Ehe mit Edwards geflohen hatten. Sollte es ihr genauso ergehen? Sollte Bend'or sie, wenn auch unabsichtlich, aus ihrem Beruf, ihrer einzigen Gewißheit herausreißen und sie von ihren Freunden trennen, die ihr einziger Stolz waren? Was hatte sie von ihm zu erwarten? Schmuck? Konnte sie sich nicht hinfort alles leisten, wozu sie Lust hatte? Weniger schön wahrscheinlich und nicht ganz soviel, aber was machte das schon! ... Was war also zu erwarten? Mit der Hautevolee von London bekannt zu werden. Das war ein schwerwiegendes Argument, das auch ins Feld geführt wurde.

Der Herzog hatte ein paar Fürsprecher eingeschaltet.

Eine seiner Freundinnen, die jene perlmutterne Haut und die besondere Intensität hatte, welche den Engländern so gefällt, eine jener lebhaften jungen Frauen, von denen viele um ihn herumwirbelten, spielte unter Gabrielles engen Freunden eine große Rolle. Sie hieß Vera Bate. Die schöne Vera ... Keine andere war in der oberen Londoner Gesellschaft so beliebt wie sie, und Vera hatte auch, ohne sich etwas dabei zu denken, Bend'or nach einer *party* in Monte Carlo mit Gabrielle bekannt gemacht. Sie war Engländerin von Geburt, Amerikanerin durch ihre Ehe, eine unvergleichliche Mischung aus Wagemut und Schönheit, und gerade in Scheidung begriffen. Veras Lebenshunger erinnerte Gabrielle an Antoinette, ihre Eleganz an Adrienne und ihre Geldsorgen an beide zugleich. Darum arbeitete sie auch seit 1925 bei Chanel, ohne daß man recht wußte, worin ihre Arbeit bestand.

Es gibt immer noch kein Wort für jene Funktionen, die sich zwar nicht definieren lassen, aber doch auf den ersten Blick erkennbar sind. Ein Lockvogel? Vera – hatte sie ihren Vornamen Sarah abgelegt, um sich der Mode anzupassen? Es waren noch viele Slawen bei Gabrielle – Vera also hatte die Aufgabe, das Haus Chanel von ihren Beziehungen profitieren zu lassen. Außerdem stand ihr alles so gut, daß ihre Freundinnen sich sofort auch solche Kleider wünschten.

Waren es ihre eigenen? Man nahm es zu Unrecht an, denn in Wirklichkeit wurden sie ihr von Chanel geschenkt. Sie war also eigentlich ein Mannequin, eine elegante Erscheinung, die ohne große Unkosten ausstaffiert wurde. Aber Vera Bate war noch viel mehr. Denn sie war eine gute Ratgeberin, und Gabrielle hörte auf sie. Außerdem hatte sie so viele Verehrer, daß Gabrielle beim Anblick all der Archies, Harolds, Winstons und Duffs, die um Veras Gesellschaft buhlten, und beim Anhören ihrer tadellosen Oxford- und Cambridge-Akzente zu der Überzeugung kam, daß Vera genügte, um England zu erobern. Wozu brauchte sie noch einen Herzog?

Manche Zeugen bestätigen, daß Gabrielle die ersten Annäherungsversuche Bend'ors recht barsch zurückwies. Sollte es ein Trick gewesen sein, um ihn desto fester an sich zu binden, so hätte sie keinen besseren finden können. Der Herzog kam nur um so häufiger nach Paris. Überraschungen und Streiche folgten in immer schnellerem Rhythmus aufeinander. Eines Abends spät öffnete Joseph einmal einem Riesen die Tür, der unter einer Ladung Blumen fast verschwand. »Stellen Sie's da hin«, sagte er zu dem Laufjungen. Aber als er ihm ein Trinkgeld geben wollte, erkannte er den Herzog von Westminster, der persönlich gekommen war, um die Erzeugnisse seiner Gewächshäuser zu überreichen.

Ein andermal klingelte ein unbekannter junger Mann an der Tür, und da er wußte, daß Gabrielle mitten bei den Vorbereitungen für ihre Kollektion war, bat er flehentlich, sie nicht zu stören. Er behauptete, mit Vera Bate verabredet zu sein. »Sie ist nicht da«, antwortete Joseph. Der Besucher, der tadellose Manieren hatte, schien dennoch schrecklich verlegen zu sein. Er wollte auf jeden Fall im Anrichtezimmer warten. Joseph wunderte sich zwar, aber dachte, es sei vielleicht »jemand Feines«, ließ ihn Platz nehmen und vergaß ihn ganz. Es vergingen mehrere Stunden. Schließlich klingelte Vera an der Tür. Da erinnerte sich Joseph an den Gast, der immer noch wartete. Dieser hatte sich jedoch im Anrichtezimmer gelangweilt und deshalb in der Küche niedergelassen, wo er sich angeregt mit dem Koch darüber unterhielt, wie man die besten *profiteroles* herstellte.

»Mrs. Bate ist da. Wen darf ich melden?« fragte Joseph.

»Den Prince of Wales«, antwortete der Unbekannte.

Während ihre Freunde über solche Geschichten herzlich lachten, fand Gabrielle sie gar nicht so komisch. Was verbarg sich hinter dieser Zurückhaltung? Nichts anderes als eine Feindseligkeit jemandem gegenüber, der glaubte, sie mit Schmuckstücken, schmeichelhaften Beziehungen und Blumen erobern zu können. Das alte

Lied ... Man zwang sie, jene Zeit, in der sie sich ausgehalten fühlte und an die sie so ungern zurückdachte, noch einmal zu erleben. Bend'or mochte sich noch so sehr anstrengen, ihre Bitterkeit war lange Zeit stärker als alles andere. Und lange Zeit bemühte sie sich, ihm ebensoviel Geschenke zu machen, wie sie selbst erhielt.

Aber dann kam der Moment, da die englischen Lokalreporter dem Herzog Heiratspläne zuschrieben. Sie schworen: diesmal sei es eine Französin, eine berühmte Couturière ... Gabrielle ließ sich blenden und beschloß, hinfort nachgiebiger zu sein. Eines Abends, als sie sich an Bord der *Flying Cloud* befand und fast alle Gäste gegangen waren, nutzte Bend'or die Gelegenheit, um den Anker heben zu lassen. Sie waren auf der Höhe von Monte Carlo, Gabrielle und Bend'or, fast allein. Nun ja ... »allein« kann man es nicht nennen, denn der Herzog hatte ein ganzes Orchester mitgenommen, das er versteckt hielt.

Ein letzter Schabernack vor den Freuden, die er sich erhoffte.

Die Lehrzeit des üppigen Lebens

Wieder einmal begann für Gabrielle die Zeit, in der sie Märchenhaftes erlebte. Wieder einmal glaubte sie, daß das, was sich anbahnte, immer währen würde. Der Backfischtraum vom großen Glück ... Kaum war die erste Überraschung vorbei, da verlor sie den Kopf und träumte von Ehe. Sie sah in jedem der Häuser, in die der Herzog sie führte – in Mimizan, seiner »Chaumière« in den Landes, in Saint-Saens, seinem Schloß in der Normandie oder in seinem Fischerhaus in Schottland –, eine endgültige Zufluchtsstätte. Sie war dauernd unterwegs.

Sooft sie konnte, fuhr sie nach England. In einer Rekordzeit lernte sie die zahlreichen Besitzungen ihres neuen Liebhabers kennen. Zunächst seine Yachten. Eine lag in einem Mittelmeerhafen, die andere am Ärmelkanal oder am Atlantik, und alle beide warteten nur auf das Belieben Seiner Gnaden. Die *Flying Cloud* war ein viermastiger Schoner. Sie hatte vierzig Mann Besatzung und war ganz und gar im Queen-Anne-Stil möbliert. Betten mit Baldachinen, schwere geschnitzte Anrichten, Tische aus massivem Holz, ein schwimmendes Museum. Das andere Schiff war ein 883 Tonnen großer ehemaliger Zerstörer, die *Cutty Sark*, die von Major Henry Keswick, einem großspurigen Geschäftsmann irgendeiner *China Trading Firm*, für den Handel mit dem Fernen Orient umgebaut worden war. Da der Major außerstande war, das Schiff zu unterhalten, hatte er es sofort an Bend'or weiterverkauft, der heilfroh darüber war. Die *Cutty Sark* konnte den schlimmsten Stürmen standhalten, und es gab auf der ganzen Welt keinen Ort, an dem Bend'or sich so wohl fühlte. Kaum war er an Bord, so wartete er auch schon mit kindlicher Ungeduld auf ein heranziehendes Unwetter. Er brauchte so was, um glücklich zu sein. Freilich mußte seine Mätresse seefest sein – er hatte mehr als eine nur deshalb verstoßen, weil sie sich vor starkem Wellengang oder Seekrankheit fürchteten –, die *Cutty Sark* mußte schlingern und so heftig geschüttelt werden, daß die Möbel sich lösten und zu einer Gefahr für die Passagiere wurden, ja es mußte so hoch hergehen, daß die entsetzten Damen den Kapitän anflehten, so schnell wie möglich den nächsten Hafen anzulaufen. Wie immer das Wetter war, der Kapitän hatte Anweisung, sich nicht darum zu scheren. Der Herzog pflegte sich dann in der allgemeinen Aufregung in seiner Kabine einzuschließen und tief zu schlafen. Man sah ihn erst wieder, wenn sich der Sturm gelegt hatte.

Die Unerschrockenheit, die Gabrielle angesichts der entfesselten Gewalten bewies, war ein wesentlicher Grund für die Achtung, die ihr der Herzog zollte.

Bei schönem Wetter nutzte Bend'or die Nacht, um insgeheim einen Kurswechsel zu befehlen. Die Pläne gerieten dabei durcheinander. Am Morgen fragten die verwirrten Passagiere den Steward besorgt: »Welche Küste ist das?« Dieser hatte, wo immer sie sich befanden, zu antworten: »Das muß wohl Spanien sein.«

Gabrielle lernte auch die Sonderzüge kennen, die aus zwei Pullman-Wagen und vier Waggons für Koffer und Hunde bestanden. Sie wurde an Bend'ors Seite am *Grand Liverpool* fotografiert. Die Journalisten erspähten jede ihrer Bewegungen, und Bend'ors Freundinnen wunderten sich, daß »die berühmte Couturière« sich so einfach kleidete.

Schließlich lernte sie auch Eaton Hall kennen. Sie wunderte sich über das Raffinement, das noch von den fernen Zeiten der viktorianischen Pracht herrührte, als es öfter vorkam, daß die Mitglieder der Königlichen Familie unerwartet zu Gast erschienen und der Schloßherr von Eaton Hall, der reichste Untertan der Königin, sich genötigt sah, sagen zu lassen, daß jeder Tag bei ihm ein Festtag sei. Zur Zeit von Gabrielles *weekends* in Eaton Hall, wenn etwa sechzig Gäste, darunter Winston Churchill und seine Frau, die zu den engsten Freunden gehörten, dort übernachteten, wurden noch viele Gewohnheiten von damals beibehalten.

Ihr ganzes Leben dachte Gabrielle entzückt an den herrlich weichen englischen Rasen zurück, an die Fülle der Blumen und die außerordentliche Tüchtigkeit der Gärtner, denn neben den schottischen Tweeds und den Westen mit gestreiftem Vorderteil und schwarzen Ärmeln, welche die Diener von Eaton Hall vormittags trugen, neben der dunklen Uniform der Seeleute der *Cutty Sark*, ihren Matrosenblusen mit goldenen Knöpfen und der Mütze direkt über den Augenbrauen, hatte ihr das in England am besten gefallen.

All diese Elemente nutzte sie sogleich als beherrschende Themen für ihre neuen Kreationen.

Von 1926 bis 1931 war die Chanel-Mode englisch. Nie hatte man bei ihr, wie die Zeitungen berichteten, so viel »ausgesprochen männlich geschnittene« Jacken gesehen, so viel breitgestreifte Blusen und Westen, so viel Mäntel »für den Sport«, so viele Kostüme und Kleider »für Rennveranstaltungen«. Gabrielle nahm die englische Gewohnheit an, im Pullover zu leben. Aber sie ging noch einen Schritt weiter, indem sie Schmuck dazu trug, was keine Dame der englischen Gesellschaft gewagt hätte, es sei denn zu einem Ballkleid. So konnte es geschehen, daß Misia unter Gabrielles Einfluß ihre Tischgäste mittags in einem »Crêpe marocain«-Kleid mit einer schlichten Strickjacke darüber empfing, eine Zusammenstellung, die bei den Moderichtern die größte Verwunderung hervorrief. Und diese waren erst recht verblüfft, als sie feststellten, daß Misia zu ihrem Vormittagskleid sogar »ihre herrliche dreireihige Diamantenkette« trug. Denn 1926 erlagen Chanels Kundinnen einem Prachtrausch, der sich jedoch so diskret äußerte, daß man ihn übersehen konnte. Bis ans Ende ihres Lebens war Gabrielle überzeugt davon, daß der Luxus keinen anderen Sinn habe, als die Schlichtheit bemerkenswert zu machen.

Sie empfand schon bald eine starke Neigung zur englischen Lebensart. Ihr war bewußt, was sie diesem Mileu verdankte, und sie fühlte sich bald in Eaton Hall wie zu Hause. So sehr, daß sie sogar das, was sie anfangs am meisten schockiert hatte, liebgewann: die Architektur des Schlosses voller Anklänge ans Mittelalter und die Maßlosigkeit von alledem ... Sie vergaß, wieviel in diesem Dekor von der Bilderwelt eines Ritter- und Räuberromans und der kargen Poesie eines Dramas von Victor Hugo steckte, was Misia bei jedem ihrer Besuche zu ironischen Bemerkungen herausforderte. Sie behauptete, daß die Westminsters etwas Macbeth'sches an sich hätten und daß nur ein Verrückter solch einen Wald von Türmen errichten konnte, auf denen man immer schlafwandlerische Gestalten zu sehen glaubte, die jeden Moment ins Leere zu stürzen drohten. Wenn

Gabrielle aber das phantastische Dekor von Westminster mit dem der Serts verglich, so mußte sie feststellen, daß beide vieles gemeinsam hatten. Am Ende liebte sie Eaton Hall wegen der Anmut eines gewissen schlechten Geschmacks. Warum? Wenn man sie drängte, es zu erklären, versuchte sie es mit Vergleichen, bei denen immer wieder die Wunden der Vergangenheit zu spüren waren: ihr Drang nach Klarheit und Sauberkeit, ihre Angst, gegen die Gesetze des Natürlichen zu verstoßen, mit anderen Worten, ihre Schwäche für alles, was die wahre Gesellschaft von der Welt der Kurtisanen und Parvenüs unterschied.

»Eaton Hall«, sagte sie »hätte *ekelhaft* sein können ... Verstehen Sie, was ich meine? Von der Art eines D'Annunzio, voll staubiger Wandbehänge, Theaterkostüme, *lächerlicher* Objekte, voll von Krimskrams wie für Maskeraden. Hingegen bewunderte man die Sauberkeit des Wohnsitzes, die englische Unbefangenheit. Man vergaß das Häßliche darüber. Auf einem Treppenabsatz ein Ritter in Rüstung, das wirkt etwas kitschig ... Es sei denn, daß er immer da gestanden hat. Also betrachtet man ihn, als sei er aus der Erde emporgewachsen, stolz und aufrecht, vor allem, wenn seine Waffen gut geputzt sind und aussehen, als sollten sie gleich wieder benutzt werden. In Eaton Hall gab es vor allem einen, eine Art Hidalgo, der mit seinem Helm, an dem nur die Federn fehlten, alle Blicke auf sich zog. Dieser in seiner Eisenrüstung eingeschlossene Ritter war für mich fast ein Freund geworden. Ich stellte ihn mir jung und schön vor. Ich grüßte ihn, sooft ich an ihm vorbeiging. Und ich staunte insgeheim: ›Wahrhaftig, so ein Ding ist gut gemacht. Und wie verführerisch und stark man sich darin fühlen mußte!‹ Wenn ich sicher war, daß niemand mich sehen konnte, ging ich auf ihn zu und gab ihm die Hand.«

Was sie als echtes Dekor hier kennenlernte, war das gleiche, das in bescheidenerem Maßstab die ausgehaltenen Frauen Anfang des Jahrhunderts nachzuahmen versucht hatten. Das veranlaßte sie zu Äußerungen, hinter denen man eine regelrechte Anklageschrift vermutete. Aber da es bei ihr nicht ohne Verbrämung ging, gebrauchte sie, anstatt die Plüschatmosphäre und die Moden der Kurtisanerie direkt anzugreifen, einen Decknamen: D'Annunzio. Ein billiger Trick. Der Geist von Emilienne d'Alençon spukte von ferne in ihre Worte hinein. War nicht auch Emilienne nach England gereist? »Ich werde dich als Comtesse de Songeon mit meinem Vetter Edward bekannt machen ...« Mit diesen Worten hatte der belgische König sie aufgefordert, ihm zu folgen. Emilienne, Otero, Liane ... Sie trugen »Gamaschen, Stulpenstiefel, Panzerhandschuhe,

Perlenhalfter, Federschilde, Wehrgehänge aus Satin, Samt und Edelsteinen, und Kettenhemden, diese vor Tüll starrenden Ritter[49] ... « und Gabrielles Haß allem Gekünstelten gegenüber war so groß, daß er einem nicht entging. Was konnte sie anderes tun als das, was sie tat, nämlich ihrem Haß keinen Zwang antun, auch wenn er jedes ihrer Urteile beeinflußte. Wir dürfen daher ihre uneingeschränkte, unerschütterliche Anglophilie nicht mißverstehen, denn sie beruhte weniger auf ihrer Sympathie für Bend'or als auf ihrer Antipathie jenen »Kriegern der Liebe« gegenüber, mit denen sie um nichts in der Welt identifiziert werden wollte. Typisch Gabrielle, deren eigentlicher Lebensodem die Ressentiments waren und die stets mit dem ihr eigenen Genius, ihrer Größe und ihrer tiefen Ernüchterung gegen ihre Erinnerungen ankämpfte.

Dennoch war während ihrer englischen Liaison die Hoffnung, die sie allem zum Trotz in ihrem Herzen hegte, groß gewesen: zu heiraten ... Heiraten wie Marthe Davelli, die das Singen aufgegeben und Constantin Say, den »Zucker-Say«, geheiratet hatte. Heiraten wie jene andere, die sich auf der Bühne weiterhin Gabrielle Dorziat nannte, aber im Leben die Comtesse de Zogheb geworden war. Heiraten wie ihre Freundin Vera Bate, die in den Armen eines schönen italienischen Offiziers die wahre Liebe erlebte und nun Vera Lombardi hieß. Bend'or heiraten ... Gabrielle setzte alles daran, es zu erreichen. Sie folgte ihm. Sie ließ sich vom Wirbelwind der Vergnügungen mitreißen und machte sich die unbekümmerte Lebensweise des Grandseigneurs zu eigen, dessen Schicksal sie teilte. Die Freude, mit der er unablässig den Wohnort wechselte, wirkte ansteckend. Sie reiste. Wo auch immer er sich befand, nahm er für sich das souveräne Recht in Anspruch, nach englischen Maßstäben zu denken und zu handeln. Seine Hemden, seine Hüte, sein Gang, seine Stimme, seine Späße, seine Gedanken – alles machte ihn zum Engländer, sogar sein Krieg ... Denn jede Anekdote, die er erzählte, bekam durch ihn ein englisches Gepräge. Gabrielle hörte ihm zu. Was blieb von dem *esprit nouveau*, dem überschäumenden, freien Geist, der bei ihren letzten Liebesverhältnissen in ihrer Pariser Wohnung geherrscht hatte, übrig, was von Cocteau, von Max Jacob, von Reverdy? Nichts. Sie tat, als machte es ihr nichts aus, und hörte willig zu, wenn der Herzog von Westminster von seinen byronschen Ritten durch die afrikanischen Wüsten erzählte. Denn Bend'or haßte zwar seine Epoche, haßte moderne Kunst und Flugzeuge, aber den Krieg hatte er geliebt.

1914 hatte sein Beitrag zum Weltkonflikt darin bestanden, seine Rolls-Royces der englischen Armee zur Verfügung zu stellen. Er besaß acht davon. So kam es, daß der Herzog nach einer kurzen Zeit beim Generalstab von Sir John French – es scheint, daß alle englischen Liebhaber Gabrielles sich dort ein Stelldichein gaben: nach Boy, Bend'or... in die Libysche Wüste geschickt wurde, wo er mit Hilfe von ein paar Freunden seinen eigenen kleinen Krieg führte, so als wäre eseine Jagdpartie. Jedes Mitglied seiner »cuadrilla« hatte ein bewaffnetes Auto, aus dem die Sitzbänke herausgenommen waren und das an der Stelle des Kofferraums hinten ein Maschinengewehr hatte. Zu den Rolls-Royces waren bescheidenere PKWs hinzugekommen sowie eine imponierende Anzahl kleiner und großer Lastwagen, die aus den herzoglichen Garagen in Frankreich und England stammten. Zu der Kompanie gehörte auch ein Arzt sowie das Personal von Eaton Hall, soweit es seinem Herrn gefolgt war. Jockeys, Kutscher und Diener waren zu diesem Zweck in Kampfkleidung gesteckt worden und waren für die Wasserversorgung, das Instandhalten der Autos, das Schuheputzen und die Brennstoffbeschaffung verantwortlich.

Bend'or und seine Freunde, die den edlen Gebrauch der Waffen für sich selbst reserviert hatten, bedienten unterdessen die Hotchkiss-Maschinengewehre.

Ihre Einheit drang vor und stieß unversehens auf ein Lager mit Kriegern, die mit den Türken und den Deutschen verbündet waren und sich verblüfft ergaben. Es waren Senussi. Die Sieger beschlagnahmten Waffen, Lebensmittel und Munition und entdeckten beim Durchsuchen des Lagers mehrere Säcke mit englischen Briefen: die Post der englischen Gefangenen, welche die Senussi mitten in der Wüste festhielten. Bend'or verstärkte seine Kolonne um ein paar Kamele, lud seine Beute auf und machte sich, unter der Führung eines als Geisel mitgenommenen Senussi, auf die Suche nach seinen Landsleuten. Er fand sie hundertfünfzig Kilometer weiter an einem Ort, wo sie nahe daran waren zu verdursten. Als die Gefangenen die hohen Verdecks der Rolls' zwischen den Dünen auftauchen sahen, glaubten die einen, verrückt geworden zu sein, und die anderen, eine Fata Morgana vor sich zu haben.

Das alles erzählte er, als ob es ein großer Jux gewesen wäre.

Aber man kann verstehen, daß der Herzog gern auf seine Vergangenheit zu sprechen kam.

Solange Gabrielle mit ihm zusammenlebte, behauptete sie, daß sie ihn »perfekt in seiner Art« fand. Erst nachdem sie ihn verlassen hatte, war sie bereit, eine gewisse intellektuelle Unzulänglichkeit bei ihm zuzugeben.

Ob Bend'or je an Heiraten dachte? Sagen wir, daß trotz aller Widersprüche, in die er sich verstrickte, und solange die Leidenschaft noch groß war – etwa bis 1928 – die Frage unausgesprochen offenblieb. Aber es ging ihm nicht so sehr darum zu heiraten, als einen Erben zu bekommen. Gabrielle hatte das bald begriffen. Damit wurde es eines ihrer Hauptprobleme, ein Kind in die Welt zu setzen. Sie war nicht mehr jung. Sechsundvierzig Jahre ... Ihr blieb nicht mehr viel Zeit. Hoffnungen und Enttäuschungen folgten aufeinander, aber in ihrer Verbissenheit gab sie nicht auf, auch wenn ihr Körper sich sträubte. Sie hatte mit ihm nicht mehr Nachsehen als mit allem anderen, das ihr bisweilen Widerstand leistete – Angestellte, Näherinnen, Mannequins oder Stoffe. Sie zwang sich also zu Konsultationen. Sie lieferte sich Ärzten aus, begab sich in die mehr oder weniger bedenkliche Behandlung von Frauen, die sie für erfahrener hielt als sich selber. Als sie hochbetagt war, deutete sie vertrauten Freunden gegenüber an, daß sie eine Operation durchgemacht und sich auf Anraten einer Hebamme zu »demütigenden gymnastischen Übungen« gezwungen habe. In Wahrheit ließ sich ihr Elend in einem Wort zusammenfassen: Sterilität. Ihr Ressentiment, ihr Groll, ihre Einsamkeit, ihr Scheitern, alles rührte daher. Aber wieder gelang es ihr, durch sprachliche Tricks oder höchst komische Anspielungen die Verantwortung auf andere abzuwälzen. Bald wurde Bend'ors Sterilität unverblümt angeprangert, bald gab sie zu verstehen, daß er nicht imstande gewesen sei, eine gewisse Art der Jungfräulichkeit bei ihr zu besiegen. Aber immerhin sagte sie auch: »Ich hatte immer einen Bauch wie ein Kind. Schon bei Boy ...« Somit wurde trotz ihres Pathos klar, daß darin ihr Unglück lag. Bei Capel wie bei Bend'or. Ein Drama, das sich wiederholte. Und man kann kaum verstehen, daß sie trotz ihrer ersten Erfahrung noch so lange voller Hoffnung war. Bend'or heiraten ... Jeder Beweis der Liebe erschien ihr wie ein Zeichen, daß das Schlimmste nicht immer eintrifft. War dieser Erbe wirklich so unerläßlich, wie sie gedacht hatte? Sie sagte sich: »Wer weiß? Vielleicht heiratet er mich trotzdem.« Denn Bend'or überschüttete sie mit Geschenken. Sie nahm sie an, wie sie kamen, bald waren sie überwältigend, bald rührend, bisweilen lächerlich. Sie bestärkten sie in ihren Illusionen.

1928 leistete sie sich den Kauf eines Grundstücks voller Olivenbäume auf den Höhen von Roquebrune, mit einer herrlichen Aussicht. Eine fürstliche Erwerbung. Ein Sommerhaus, ein Feriensitz in der Nähe der tonangebenden Persönlichkeiten Londons und der attraktivsten Gastgeberinnen ... Ein Haus an der Côte d'Azur, ein *home* in Frankreich, was gab es Besseres, um Bend'or zu verführen?

Ein paar Kilometer von *La Pausa* entfernt, schrieb sein alter Freund Winston Churchill, nun, da er nicht mehr an der Macht war, die Geschichte seiner Familie. Er weilte bei Maxime Elliot in Golfe-Juan oder bei Lord Beaverbrook und Lord Rothermere am Cap d'Ail. Und damit *La Pausa* wirklich zum Treffpunkt für Bend'ors Freunde würde, schenkte Gabrielle der schönen Vera und ihrem Mann ein kleines Haus hinten im Garten: *La Colline*. Denn Vera verkehrte mit all diesen Berühmtheiten, sie war mit den Churchills und dem Prince of Wales viel enger befreundet als Gabrielle.

Bend'or schien von ihren Plänen begeistert zu sein.

Gabrielle faßte wieder Mut und sann darüber nach, was, abgesehen von ihrer Unfähigkeit, dem Herzog einen Nachkommen zu schenken, ihrer Vereinigung noch im Wege stehen könnte.

Ihre Vergangenheit wäre, wenn man ihr auf die Spur käme, nicht das Schlimmste. Ihr Singen und sogar ihr Auftreten im Caf'conc' hatte in den Augen der Engländer nichts Beschämendes. London war nicht Paris. Aber die Chanels? Gabrielle hatte keine Schwestern und keine Mutter mehr. Und ihr hausierender Vater? Er war höchstwahrscheinlich längst in der Gosse verendet. Also auch kein Hindernis. Sie hatte eine vorbildliche Tante, die ein sehr diskretes Leben führte: Adrienne. Auf ihr Schweigen konnte sie sich verlassen. Die Aussicht auf eine Hochzeit machte Adrienne vorsichtiger denn je. Es blieben Gabrielles Brüder. Niemand außer ihr wußte etwas von ihnen. Weder von Alphonse noch von Lucien. Aber es genügte, daß irgendein Reporter sie entdeckte, daß eine gewisse Presse sich ihrer bemächtigte, und die Folgen wären nicht auszudenken. Ja, ihre Brüder. Da lag die Gefahr.

Merkwürdigerweise war Alphonse, der lästigere von beiden, nicht der Bruder, den Gabrielle am meisten fürchtete. Alphonse hatte außer ihr niemanden, der ihn unterstützte, und er war ohne Beruf. Man konnte ihn eventuell als Rentner, als einen Mann im Ruhestand gelten lassen. Er kam mehrmals im Jahr »rauf« nach Paris. Sooft er einen Schaden am Wagen, eine Schuld im Spiel, eine stürmische Auseinandersetzung mit seiner Frau hatte, die sofort das Geld vor ihm versteckte und alles abschloß, wandte Alphonse sich hilfesuchend an Gabrielle und setzte sich an einem Tag, an dem sie allein war, ihr gegenüber an den Tisch, der übrigens nie zweimal an derselben Stelle stand. Alphonses Mittagessen im Faubourg Saint-Honoré waren kein gewöhnliches Schauspiel. Man braucht nur seine Töchter zu hören, um sich die Szene vorzustellen. Was sagten sie: »Vater kam voller Geschichten zurück. Geschichten darüber, wie seine Schwester lebte, auch über ihr Haus, ›wie ein

Hindu-Palast‹, und über ihre Dienstboten, die in Livree waren und weiße Handschuhe trugen. Einmal erzählte er uns, wie er, kaum daß er bei Tisch saß, zu Gabrielle gesagt hatte: ›Schick den Kerl da hinter mir zum Teufel! So jemand hinter meinem Rücken verdirbt mir n Appetit.‹ Tante Gabrielle hatte schallend gelacht. Der Maître d'hôtel hatte jedoch ein Gesicht gemacht! Ein andermal hatte Vater seiner Schwester die traurige Wahrheit gestanden: ›Kein Auto mehr, Gaby. Es liegt unten in ner Schlucht. Besser, man läßt es da liegen. Total kaputt ...‹ Statt böse zu werden, hatte Gabrielle ausgerufen: ›Ich hab das Richtige für Dich. Befreie mich von dem Auto, das da vor meiner Tür steht, und nimm auch den Chauffeur gleich mit.‹ Daraufhin tauchte Vater in einem Coupé unbekannter Marke, mit einem langen Lulatsch mit Schirmmütze am Steuer, wieder in Valleraugue auf.«

Da sieht man Gabrielle, entwaffnet durch den Witz des wiedergefundenen Bruders, und da den Bruder, den ehemaligen Bergarbeiter und Hausierer, den Schürzenjäger mit der großen Klappe seines Vaters, da sitzt er zwischen den Wandschirmen von Coromandel, im schwarzen Anzug wie die Leute aus den Cevennen und mit seinem breitrandigen Hut. Ja, Gabrielle täuschte sich nicht: von Alphonse hatte sie nichts zu befürchten. Er brauchte sie viel zu sehr. Und außerdem Valleraugue? Wer würde ihn je dort ausfindig machen? Die Cevennen lagen am anderen Ende der Welt. Gabrielle beschränkte sich darauf, ihm noch mehr Geld zu überweisen, wobei sie Alphonse ermahnte, vernünftiger zu werden und vor allem seinem Bruder kein schlechtes Beispiel zu liefern. Sie arbeitete so schon genug und konnte wahrhaftig auf Scherereien von seiner Seite verzichten.

Alphonse gelobte es. Er versprach immer alles.

Lucien in seiner Unabhängigkeit war wesentlich gefährlicher. Sie überwies ihm zwar eine Pension. Aber er hatte deshalb nicht seine Arbeit aufgegeben. Er schlug immer noch an den Markttagen seinen Stand hinter der Kathedrale von Clermont-Ferrand auf, und man konnte ihn in aller Frühe seine Körbe voller Schuhe wie eh und je herbeischaffen sehen. Das schlimmste war, daß er es gern tat und gut verdiente. Straßenhändler! Wenn das bekannt würde, wenn Lucien, der allzu vertrauensselig war, in die Hände der Presse von Clermont-Ferrand geriet, so wäre das augenblicklich eine Fundgrube an Anekdoten für diese Gaunerbande. In Paris und London würde das Getratsche kein Ende nehmen.

Gewiß wäre es das einfachste gewesen, zu den Chanels zu gehen und mit Lucien und seiner Frau zu sprechen. Aber Gabrielle hatte weder Zeit noch Lust dazu. In diese hoffnungslose Provinz reisen? Das kam nicht in Frage.

Lucien erhielt einen Brief. Gabrielle wollte, daß er aufhörte zu arbeiten. Sie hatte hinfort *das Nötige*. Es war selbstverständlich, daß ihre Brüder davon profitierten. Warum sollte Lucien weiterhin von Markt zu Markt ziehen, während Alphonse »den Herrn spielte«? War es nicht für Lucien an der Zeit, das gleiche zu tun? Er hatte genug erlebt, genug geschuftet. Er sollte nicht länger arbeiten. Er sollte sich ein schönes Haus suchen, es kaufen, sich darin einrichten, und dieses Haus sollte vor allem einen Garten haben. Sie würde ihm das nötige Geld schon schicken. Aber Gabrielle ging noch weiter, denn sie betonte listigerweise, daß sie sich im Alter gern in die Auvergne zurückziehen würde, und bat Lucien, ein genügend großes Haus auszusuchen, damit eventuell auch für sie Platz darin sei. Lucien war gerührt, ja überwältigt von so viel Sorge um seine Person und hingerissen von dem Gedanken, daß diese außerordentliche Schwester vorhatte, bei ihm zu wohnen. Er gehorchte aufs Wort. Dabei waren die Jahrmärkte mit ihrem Leben und Treiben und das frühmorgendliche Aufstehen sein ganzes Glück. Armer Lucien... Entgegen den Wünschen seiner Frau gab er seine Arbeit auf und verzichtete damit auch auf das Vertrauen, das seine Lieferanten zu ihm hatten, ja er lehnte sogar das Angebot ab, einen festen Posten als Nachfolger von bekannten Fabrikanten in der Provinz zu übernehmen.

Gabrielle wollte ja zurückkehren...

Oberhalb von Clermont-Ferrand: ein Grundstück an einem Hang. Von dort konnte man alles überblicken. Er erzählte seiner Schwester davon und kaufte es. Sie machte kein Aufhebens von dem Geld. Lucien begann zu bauen. Ein einstöckiges Haus, etwas Hübsches, in Mühlstein, mit einem gläsernen Vordach über der Tür, einer winzigen Freitreppe und von Stein eingefaßten Fenstern. Was würde Gabrielle davon halten? Lucien geriet ins Schwitzen. Würde es ihr gefallen, würde sie das Haus gern haben? Schließlich ihre Antwort: sie fand, Lucien sei zu bescheiden gewesen, und es wäre ihr lieber, wenn er sich in etwas Altem niederließe. Da bekam Luciens gesunder Menschenverstand wieder die Oberhand. Die gute Schwester ging wirklich zu weit! Wollte sie etwa ein Schloß? Was sollte er in einem großen Haus, mit dessen Zimmern er nichts anzufangen wußte? Wie sollte er sie möblieren? Außerdem wäre es anderen verdächtig vorgekommen. Was hätten die Leute der Umgebung davon gedacht, daß er plötzlich so vermögend geworden war? Schließlich wollte er nicht mit seinen Freunden vom Jahrmarkt und aus den Schuhfabriken und auch nicht mit seinen alten Kunden brechen, nur weil Gabrielle verlangte, daß er in einem Schloß wohnen sollte. Sie einigten sich. Gabrielle erklärte sich mit seinem Neubau einverstanden und bestätigte erneut, daß sie kommen würde.

Sie kam nie.

Sie hatte ihr Ziel erreicht.

Lucien trieb sich nicht mehr auf den Jahrmärkten herum, und ihre beiden Brüder lebten hinfort als Rentner. Dagegen war nichts zu sagen.

Aber in ihrem letzten Brief bat sie Lucien mit recht verletzenden Worten, nicht mehr mit Alphonse zu verkehren. Lucien wisse doch gut, daß Alphonse ein Hitzkopf sei. Es sei besser, ihn ganz in Ruhe zu lassen. Sonst käme er nur auf dumme Gedanken ...

Wenn seine gutherzige, großzügige Schwester so dachte, mußte Lucien sich wohl fügen. Warum trennte sie ihre Brüder? Warum hinderte sie die beiden daran, sich zu sehen? Das war Gabrielles letzter Trick. Hätte Alphonse von ihrer Großzügigkeit Lucien gegenüber erfahren, so hätte er sofort von Gabrielle das gleiche für sich verlangt.

So weiß ...

Die in der Familie geschaffene Ordnung war bald überflüssig geworden. Bend'or betrog Gabrielle, und sie mußte mit ihrem scharfen Blick bald erkennen, daß sie noch einmal dasselbe erlebte, was sie schon mit Capel durchgemacht hatte, nämlich daß sie die Gefangene einer entwürdigenden, trügerischen Verbindung war. Eigentlich hätte das Jahr 1929 eines der schönsten ihres Lebens sein können. Die Arbeiten in *La Pausa* waren endlich abgeschlossen, und es sah ganz so aus, als ob Gabrielle durch das Bauen ihre Position gefestigt habe. Der Stil ihres Hauses, ihre Ideen hinsichtlich der Innenausstattung, machten Schule. Sie wurden von anderen übernommen und nachgeahmt. Und überhaupt, was ihre Erfindungen anbetraf, so war ihr Nr. 5 »das am meisten verkaufte Parfum der Welt« geworden, und noch herrschte Eintracht zwischen ihr und der Gesellschaft, die mit seinem Vertrieb beauftragt war. In puncto Couture war alles, was in den dreißiger Jahren Mode werden sollte – die Stoffe: Marok und römischer Krepp, die Linien: wadenlange Kleider, Glockenröcke, eine gewisse Weite und auch die Strandanzüge – alles war vor den Spiegeln ihres berühmten Salons entstanden. Dennoch brachte ihr das Jahr, was die Gefühlswelt anbetraf, nur Enttäuschungen. Gabrielle ertrug schlecht die Ungeniertheit eines Mannes an ihrer Seite, der nicht einmal daran dachte, ihre Sensibilität zu schonen. Während seines Aufenthaltes in *La Pausa* verbrachte er die meiste Zeit im Kasino von Monte Carlo. Sie überschüttete ihn mit bissigen Bemerkungen, aber er duldete keinerlei Vorwürfe.

Zwischen 1928 und 1929 hörte man an manchen Abenden in der Stille der Olivenhaine von *La Pausa* ihre lauten Auseinandersetzungen und das Türenknallen. Kaum war das Haus fertig, in dem sie ihr Leben lang viele glückliche Stunden zu verbringen hoffte, da hatte es schon seine Daseinsberechtigung verloren.

Es war eine seltsame Kreuzfahrt, welche die *Flying Cloud* 1929 an der dalmatinischen Küste entlang machte. Misia tauchte plötzlich auf und blieb mit dem Paar zusammen, das im Begriff war, sich zu trennen. Es ist auffallend, daß bei jeder Schwierigkeit in Gabrielles Gefühlsleben Misia auf dem Plan erscheint und das Steuer in die Hand nimmt. Sie war an Bord, sie reiste mit ihnen. Allerdings hatte sie mancherlei Gründe, Paris zu fliehen. José Maria Sert brachte ihr täglich seine neueste Leidenschaft ins Haus, eine junge Georgierin, die in schwindelerregender Weise davon besessen war, sich aufzugeben, sich das Leben zu nehmen. Um nicht länger das deprimierende Schauspiel ihrer Ehe zu dritt ertragen zu müssen – »Ich erinnere mich, wie José Maria Sert zusammengesunken in einem Sessel ohne Sprungfedern saß, und seine beiden Frauen, Misia und Roussy, ausgestreckt zu seinen Füßen lagen«, liest man in Paul Morands *Venises* –, war Misia zur Kreuzfahrt aufgebrochen. Als sie in Venedig anlegten, ging sie auf die Suche nach Diaghilew. Gabrielle begleitete sie. In Venedig wiederholte sich in ihrem Leben immer das gleiche: immer litt sie unter einem Liebesverhältnis, und immer war Misia da, die eine Begegnung mit Diaghilew herbeiführte.

Ein Telegramm hatte Misia aufgeschreckt. Diaghilew lag krank in einem Hotel am Lido und wurde schlecht versorgt. Ein Leiden, das seine Nächsten schon seit Monaten beunruhigte, hatte sich plötzlich verschlimmert. Sein Pariser Arzt hatte es deutlich ausgesprochen: Diaghilew war hochgradig zuckerkrank. Um der Wahrheit, die ihn niederdrückte, aus dem Weg zu gehen, war er nach Deutschland und weiter nach Österreich in die Ferien gefahren, wo er ungehindert die Verbote überschreiten konnte. Kaum war er wieder in Venedig, als die Krise einsetzte. Es war, als hätte er eine Gehirnentzündung und Typhus zugleich. In Wirklichkeit war es weder das eine noch das andere. Der Arzt am Orte, ein *Diafoirus de palace*, der die Diagnose seines französischen Kollegen nicht bestätigen wollte, verlor sich in »höchst vagen Vermutungen«. Rheuma, Typhus, Grippe, Blutvergiftung, er war sich nicht ganz schlüssig.

Diaghilew empfing Misia und Gabrielle am 17. August 1929 in seinem Zimmer im *Hôtel des Bains*. Er war immer noch bettlägrig, aber das Fieber war gesunken. Eine letzte Atempause. Er gab sich munter und charmant und machte sogar Reisepläne. Ihr nächster Treffpunkt sollte Palermo sein. Und das Ballett? Er mochte nicht davon sprechen. Die Liebe zur Musik hatte plötzlich die Liebe zum Tanz abgelöst. Eine einzige, ausschließliche Liebe.

Misia verließ ihn mit der Überzeugung, daß er verloren sei.

Die *Flying Cloud* stach wieder in See und hatte diesmal nur zwei Passagiere an Bord, die sich beide mit dumpfen Ressentiments herumschlugen: Gabrielle, die sich durch die Untreue ihres Liebhabers herabgesetzt fühlte, und Bend'or, der zwar an eine Hochzeit mit einer anderen dachte, es aber nicht ertragen konnte, daß Gabrielle ihn verlassen wollte, und immer wieder die nötigen Kräfte fand, um sie zurückzuhalten.

Misia war in Venedig geblieben.

Am Abend zeigte sich Diaghilew im *Hôtel des Bains* Boris Kochno gegenüber sehr erfreut, daß er seine Freundinnen wiedergesehen habe. Er schilderte sie ihm und sagte immer wieder: »Sie waren so jung, ganz in Weiß! So weiß!« Seine ganze Freude schien in diesem einen Wort enthalten zu sein, in dem Weiß dieser beiden Frauen, wie das blühende Leben.

In der Nacht vom 18. auf den 19. August eilte Misia, die telefonisch herbeigerufen worden war, zum Lido. Diaghilew lag im Sterben.

Er vernahm nicht mehr das Geflüster der Freunde, die bei ihm wachten. Er merkte nicht mehr, wie die Krankenschwester beim Weggehen kurzerhand den Koffer zuschlug und sagte, daß er gerade noch die Nacht überleben werde. Er hörte und sah nichts von dem, was in seinem Zimmer oder in Venedig vorging. Zu wem sagte er: »Pardon ...«? Der Priester, den Misia gerufen hatte, war noch nicht da. Draußen lagen die Lagune und das Wasser in demselben grauen Dunst. Er sah nicht, wie es langsam heller wurde. Er starb in den frühen Morgenstunden.

Alle, die sein Ende miterlebten, bemerkten, daß er in dem Augenblick, als er zu atmen aufhörte, einen glänzenden Punkt in den Augenwinkeln hatte und eine Träne hervorquoll. Wie eine Überfülle von Bildern, Tönen, Himmeln, Menschen, Lieben, Trugbildern, erfundenen Welten, die hervordrängten. Ein letztes Zeichen des Träumers, bevor sein Blick ins unerbittliche Dunkel tauchte.

Wie gewöhnlich war die Kasse des Balletts leer. Misia stellte all ihre finanziellen Mittel zur Verfügung. Das Dringendste mußte bezahlt werden, die Hotelrechnung, die Krankenschwester, der Arzt, es mußte sein ... Aber auch Misia hatte nicht genug Geld. Sie ging zu einem Juwelier, bei dem sie bekannt war, um ein sehr kostbares Schmuckstück zu verpfänden: ihre dreireihige Kette. Es ging nicht anders. Wie sollte Diaghilew sonst gebührend beerdigt werden?

Auf dem Weg zum Juwelier begegnete sie Gabrielle, die gerade angekommen war. Eine Vorahnung. Sie hatte Bend'or angefleht, umzukehren, und er hatte eingewilligt.

Der Besuch beim Juwelier erwies sich dadurch als unnötig, und die Diamanten schmückten weiter Misias Hals. Gabrielle übernahm die Kosten für die Beerdigung. Wann sollte sie stattfinden? Am selben Abend, in derselben Nacht. Warum zu dieser ungewöhnlichen Stunde? Wegen der Hotelgäste. Sie sollten nichts merken ... Aber es kam ein Gewitter, und die Gondel konnte Diaghilews Leiche nicht am Lido abholen. Alles wurde auf den nächsten Morgen in aller Frühe verschoben. Die Badegäste, die Hotelgäste ... Es war Hochsaison.

Im Morgengrauen fuhren drei Gondeln vom Hotel fort. In der einen der Sarg: »Der venezianische Leichenzug, dieses schwimmende Paradebett, brachte die sterblichen Überreste des Zauberers zu der Toteninsel von San Michele.« Es folgten vier Freunde in Sommerkleidung: Kochno und Lifar, Misia und Gabrielle, ganz in Weiß. Sie waren die einzigen auf dem Friedhof. »Trotz der wenigen Bäume, die es in Venedig gibt, hatte das Gewitter den Weg mit grünen Zweigen bestreut«, liest man aus der Feder eines Zeitgenossen. Und das war nicht das einzig Ungewöhnliche bei dieser Zeremonie. Wenn man Gabrielle glauben darf, so wollten Lifar und Kochno, kaum daß die Gondeln angelegt hatten, auf den Knien bis zum Grab rutschen. Sie zog sie hoch und fuhr sie scharf an: »Bitte, keine Albernheiten.« Morand schreibt: »Lifar sprang in das Grab«, und er schließt mit den Worten: »Wie Byron am 25. November 1816 aus Venedig an Murray schrieb: In diesem Teil der Welt ist die Liebe keine Sinekure.«

Am Ende dieses Sommers sah man den Herzog von Westminster nicht mehr in *La Pausa*. Gabrielle weilte mit ein paar Künstlern dort, sowie mit jener Frau, die gut informierte Journalisten schon »ihre teure Freundin Misia« nannten.

In London zeigte sich der Herzog von Westminster schlechter Laune. Oder war er eifersüchtig? Es sollte einen nicht wundern.

Gabrielle hatte in Paris schnell wieder ihre alten Gewohnheiten angenommen und ihren Freundeskreis wiedergefunden. Bend'or, der sich trotz seiner Untreue nur schwer von ihr lösen konnte, sagte dazu in einem mäßigen Französisch, das sich bei seinem englischen Akzent recht komisch anhörte: »Coco ist verrückt! Sie lebt jetzt zusammen mit einem *kiuré* ...«

Sein eigener Entschluß stand fest: er wollte heiraten. Aber wenn er auch nicht erwartete, daß Gabrielle sich vor Kummer verzehrte, so wäre es ihm doch lieb gewesen, wenn sie ihm nachtrauerte. Aber die recht machiavellistische Gabrielle führte sich ganz so auf, als ob dieser Bruch sie befreit habe und der »curé«, der angebliche Pfarrer, mit dem der Herzog von Westminster sie in Verbindung brachte, war kein anderer als Pierre Reverdy.

Es entstand daraufhin eine neue Art von Beziehung zwischen ihr und Bend'or. Freilich ging es nicht ohne gewisse Schwierigkeiten. Vor allem Gabrielle hätte gern auf die Besuche verzichtet, die der Herzog von Westminster ihr bei seinen Aufenthalten in Paris immer noch machte. Nachdem sie die Partie verloren hatte, wäre ihr ein glatter Bruch lieber gewesen. Aber in gewisser Weise half ihr Bend'ors Jovialität, »das Gesicht zu wahren«. Sie mußte sich vor einer Gesellschaft hüten, die nur auf ihren Sturz wartete und nichts lieber sah, als daß Liebschaften in die Brüche gingen, Freunde sich entzweiten und trennten, eine verfluchte Gesellschaft, von der sie abhängig war. Was tun? Gabrielle verbannte jeden Gedanken an ihre verflogenen Träume, sie unterdrückte ihren Groll und zwang sich zu dieser künstlichen Freundschaft, die in Wirklichkeit nur ein verkrampftes Überspielen ihres verletzten Stolzes war.

Am 29. April 1930 konnte Adrienne endlich in Paris heiraten. Der »Angebetete« hatte durch das Ableben seines Vaters schließlich die Freiheit bekommen, die Frau zu heiraten, die seit über dreißig Jahren darauf wartete, seinen Namen zu tragen. »Mademoiselle Gabrielle Chanel, Couturière, wohnhaft 29 Rue du Faubourg Saint-Honoré«, war die Trauzeugin.

Man erfuhr auch, daß sich der Herzog von Westminster wieder verlobt hatte.

Er sollte die Ehrenwerte Loelia Mary Ponsonby, Tochter des ersten Lord Sisonby, ehelichen. Der künftige Ehemann hatte – was man kaum für möglich hält – mit der unbewußten Grausamkeit jener Menschen, die durch ein unermeßliches Vermögen gleichsam Gefangene einer Art absoluter Macht sind, nur den einen Gedanken, seine Verlobte Gabrielle vorzustellen. Er trieb seinen Edelmut sogar so weit, sie zu fragen, ob er die richtige Wahl getroffen habe.

Flicken, stopfen, zusammenknoten ... Diesmal konnte man meinen, daß Gabrielle unter dem Einfluß ihres Berufes die Sachen des Herzens nach Begriffen aus der Nähstube beurteilte. Sollte sie mit Reverdy wieder anknüpfen? Abermals verfiel sie dem Träumen. Wußte sie denn nicht, daß Liebe sich nicht zusammenflicken läßt?

Es ist anzunehmen, daß sie, um ihn zurückzugewinnen, einen höchst merkwürdigen Vorwand gebrauchte: Sie schlug ihm vor, mit ihr zusammenzuarbeiten. Aber man weiß nicht genau, ob es zwischen diesem Angebot und Reverdys Rückkehr in den Faubourg tatsächlich einen Zusammenhang gab. Zu welcher Zeit machte sie den Vorschlag? Vor der Wiederaufnahme ihrer Beziehungen oder unmittelbar danach? War die Zusammenarbeit ein Vorwand oder eine Folgeerscheinung? Wir werden es nie erfahren. Von den Briefen, die sie wechselten, sind nur ein paar Antworten Reverdys erhalten geblieben, die jedoch nicht datiert sind. Wie es auch sei, diese Korrespondenz genügt, um zu beweisen, daß das Angebot zweifellos um 1930 herum gemacht wurde, zu einer Zeit, da Reverdy »anfing, Aufzeichnungen zu machen«, aus denen *le Livre de mon bord* entstehen sollte.

Was wollte Gabrielle? Daß sie gemeinsam schrieben. Es handelte sich nur um Aphorismen, die sie für bestimmte Magazine vorsah. Aber sie glaubte, daß nichts von dem, was sie geschrieben hatte, veröffentlicht werden könnte, ohne daß Reverdy es durchgesehen hätte. Genaugenommen ging es vor allem darum, die wenigen vorhandenen Gedanken, die sich nur auf ihren Beruf bezogen, durch andere, allgemeinere Reflexionen über Liebe und Verführung zu ergänzen. Es war offensichtlich, daß sie Hilfe brauchte. Wer konnte diese Aufgabe besser übernehmen als Reverdy? Nachdem er 1927 einen Band Notizen veröffentlicht hatte, gab es keinen Zweifel mehr: Der ganze Reverdy war darin zu finden, in diesem fast unerträglich knapp formulierten Kontakt mit der Realität.

Sie mußte wirklich Macht über ihn haben, denn hätte er sonst einen solchen Vorschlag akzeptiert? Er ging bereitwillig darauf ein, ja er fand Gefallen am Spiel und suchte hervor, was er noch in Reserve hatte – » ... dies sind die letzten, sie waren in meiner Schreibunterlage« – oder »dies sind nur ein paar ganz flüchtige Geistesblitze. Die anderen, die ich nicht einmal zu meinen Lebzeiten veröffentlicht sehen möchte, gewinnen ihre Bedeutung nur aus dem Zusammenhang« – und wenn sie ihm einen Text schickte, sprach er behutsamerweise nur davon, daß er ihren Gedanken *gedeutet*, nicht etwa *korrigiert* habe. Schließlich lieferte er in jedem seiner Briefe eine brillante Analyse der schöpferischen Techniken.

»Natürlich, liebe Coco, betrifft das, was ich von meinen Aufzeichnungen sage, das Ganze, und zwar nur in bezug auf mich ... Und da sie der Niederschlag meiner inneren Aktivität sind, weiß ich nicht, wann ihre Ansammlung ein Ende nimmt ... Ich habe aus einem alten Manuskript nur ein paar davon herausgesucht, die nicht länger als eine Zeile sind. Ich schreibe sogar welche, wenn ich betrunken bin, und verbrenne sie haufenweise.

Und so habe ich Ihren interpretiert: *Comment oserions-nous confier le poids d'une justification à une oreille qui ne peut même pas attendre d'écouter une réponse?«* (Wie könnten wir es wagen, das Gewicht einer Rechtfertigung einem Ohr anzuvertrauen, das nicht einmal warten kann, um eine Antwort zu hören?)

Fünf Jahre waren seit seinem Bruch mit Paris vergangen, und Reverdy wohnte immer noch in Solesmes. Aber das anfängliche Glück, der Frieden, den er gefunden hatte, indem er wie die Mönche dort lebte – im Morgengrauen aufstehen, um 7 Uhr zur Messe, vormittags arbeiten, zurück zur Abtei fürs Hochamt und schließlich die Abendandacht und die Komplet »Und keinerlei Ablenkung von Gott«, schrieb er ... »Und so möge es bleiben, so lange es mag, in der Sonne oder unter grauem Himmel« – das alles war vorbei. Reverdy sah sich vor einem grausamen Dilemma: entweder zugeben, daß er den Glauben verloren hatte, und Solesmes verlassen, was soviel bedeutete wie sich geschlagen geben, eine unzulässige Vorstellung – »Das hieße, das Scheitern des Menschen durch das Scheitern seines Werkes zugeben und umgekehrt« – oder nicht nachgeben und in Solesmes bleiben.

Er hatte sich zu dieser letzten Lösung durchgerungen. Die Folge davon war, daß er immer weniger schrieb und noch weniger veröffentlichte – »Seine Bibliographie zeigt es uns deutlich: zwischen 1915 und 1930 dicht aufeinanderfolgende Titel und Daten und in den Jahren zwischen 1930 und 1937 plötzlich eine lange Leere« – und oft verließ er seine Klause für immer längere Aufenthalte in Paris.

Seine Ausflüge brachten ihm keine Beruhigung, sondern zeigten ihm nur um so deutlicher sein doppeltes Scheitern. In Solesmes hatte Gott ihn verlassen, aber er fühlte sich weiterhin an seine ursprüngliche Gottesauffassung gebunden und blieb für immer unter der Wirkung der Erleuchtung, die er sechs Jahre vorher erlebt hatte.

In Paris bedrückte ihn der Kult des falschen Scheins, die Hinnahme aller möglichen Mystifikationen. Sogleich fühlte er sich ausgeschlossen und genötigt, Paris zu verlassen, so wie er ein paar Tage vorher genötigt gewesen war, die Wüste von Solesmes zu fliehen.

1931, als er sich plötzlich zu seinem Scheitern bekannte, beschloß er, sich Exzessen hinzugeben. *Er kam mir vor wie jemand, der mit etwas gebrochen hat,* stellt ein Freund aus jenen Jahren fest. Der Himmel war leer, nun gut. Er brauchte sich nur mitreißen zu lassen. Erst recht, da Gabrielle tat, was sie nur konnte, um in ihm einen ganz anderen Glauben zu wecken: den Glauben an sein Talent, an seine Zukunft, an die Freuden des Lebens. Bei dieser ehrgeizigen Frau wird der Wunsch, ihn wiederzugewinnen, noch durch die Gewißheit verstärkt, daß sie sich ihrer absoluten Antithese gegenübersieht. Besiegen, was ihr Gegensatz war, das war eine ihr gemäße Forderung.

Man sieht also Reverdy wieder in Gabrielles Gesellschaft. Wer von beiden fühlte sich abhängiger: Reverdy von seiner Unentschlossenheit oder Gabrielle von den wechselhaften Stimmungen ihres Dichters? Einmal wünschte er sich eine unabhängige Wohnung, und sie ermutigte ihn, ein Atelier anzunehmen, das sie mit großer Mühe im Madeleine-Viertel für ihn gefunden und gemietet hatte. Vera war auf die Suche gegangen und hatte die nötigen Möbel und Bettücher gekauft. Aber bei dem bloßen Gedanken, in Paris wieder festen Fuß zu fassen, ergriff Reverdy eine solche Panik, daß er nach Solesmes zurückkehrte, wo er sich für ein paar Wochen einschloß. Von dort schrieb er an Gabrielle einen jener Briefe, wie nur er sie zu schreiben vermochte, eine Nachricht, die beruhigend wirken sollte, aber aus der die größte Verwirrung herausklang. Er richtete es dennoch so ein, daß der Brief die Beruhigung für Gabrielle enthielt, die sie mit Recht erwarten konnte: »Sobald ich in Paris bin, werde ich zu Ihnen eilen und Sie in meine Arme schließen, was ich hier schon tausendmal in Gedanken tue.« Oder: »Ich hatte Paris natürlich nicht verlassen, ohne an Rückkehr zu denken, aber ich dachte nicht, daß ich so bald zurückkehren würde – Ihr Ruf durchkreuzt meine Pläne, wird ihre Verwirklichung aber nur verzögern. Ich kann der Freude nicht widerstehen, Sie wiederzusehen ...«

Und man sah ihn tatsächlich wieder.

Er saß auf der Terrasse des *Dôme, offenbar ganz entspannt, aufgeschlossen, herzlich, gesprächig, etwas zynisch, bisweilen frivol*, schreibt René Bertelé. Seine alten Freunde vom Bateau-Lavoir und von Nord-*Sud*-Braque, Max Jacob, Laurens, Fernand Léger, Derain, Brassaï, Cendrars, Cocteau, Tériade – sie alle feierten ihn.

Er kam spät nach Hause, *traf viele Leute und ging oft zu Mittag- und Abendessen aus.* Wo war dieser Wolf noch anzutreffen, der mit seiner Einsamkeit gebrochen hatte, und worauf spielte er in seinem Brief an Gabrielle an, als er von »seinen Betrunkenen« und von gewissen »nicht zu rechtfertigenden Freundschaften« sprach? Halten wir uns an die Aussagen seiner Zeitgenossen: *Lange Tage und Abende und ein Glas nach dem andern.* Und wieder aus derselben Quelle: *Er zog mich mit zu jenen Bars und Restaurants, die er liebte, manchmal auch zu englischen oder amerikanischen Freunden. Er verkehrte mit vielen damals.* (Und Gabrielle?) *Ich sehe ihn noch, an manchen Abenden, in seinem stets tadellosen grauen Flanellanzug, ein Glas Scotch in der Hand, mit kühner Haartolle und glänzendem Blick, endlos von tausenderlei Dingen redend.* Es war zu der Zeit, als Derain, der ihn eines Morgens bei der *Closerie des Lilas* traf und glaubte, daß sein schlechtes Aussehen auf sein mönchisches Leben zurückzuführen sei, zu ihm sagte:

»Du hast abgenommen. Deine Pfaffen lassen dich doch wohl nicht fasten?«

Und Reverdy antwortete:

»Es kommt nicht vom Fasten, sondern vom Jazz.«

Denn da waren auch die Nachtlokale. Man hatte ihn mit Gabrielle *im Jimmy's und vielen anderen Lokalen gesehen, wo der Montparnasse von damals sein erstaunliches Ballett des Kommens und Gehens aus allen Erdteilen aufführte.*

Und schließlich war da der Reiz der langen Ferien.

1931 zogen sich Reverdys Aufenthalte in *La Pausa* über einen Teil des Sommers hin. Es war die Zeit, da sich Gabrielles Mappen mit neuen *Gedanken* füllten, die ein paar Jahre später unter ihrem Namen erscheinen sollten. Es liegt nahe, diese Texte mit einigen Aufzeichnungen von Reverdy aus *Gant de crin* und aus *le Livre de mon bord* in Zusammenhang zu bringen. Man wird verwirrende Analogien feststellen. Was soll man von einer solchen Ähnlichkeit in der Themenwahl halten: Wohltaten des Zufalls, Mißtrauen gegenüber dem *Geschmack,* Abscheu vor dem *Dekorativen,* Widerwille gegenüber allem Nachlässigen, Ängste vorm *Retouchieren, das, wenn es nicht großartig gelingt, alles zerstört?* Hinzu kommt der Wortwitz, das Talent für flüchtige Bemerkungen sowie eine unleugbare Ähnlichkeit in der Wortwahl. Aber das alles ist so offensichtlich, daß sich eine Demonstration erübrigt. Man braucht von Chanels Gedanken nur jene zu zitieren, die am meisten nach Reverdy klingen, um sich davon zu überzeugen, daß sie eher von ihm stammen als von ihr. Kann man daran zweifeln, wenn man sie liest?

»Es gibt einen Moment, da man ein Werk nicht mehr anrühren darf: wenn es im argen liegt.«

»Der gute Geschmack zerstört gewisse reelle Werte des Geistes, zum Beispiel den Geschmack an sich.«

»Der Überdruß ist oft das Nachspiel des Vergnügens und oft das Vorspiel.«

»Man kann darauf angewiesen sein, aus allzu großem Feingefühl in der Liebe zu betrügen.«

»Wenn man ohne Flügel geboren wurde, sollte man doch nicht verhindern, daß sie wachsen.«

»Es ist typisch für einen schwachen Geist, sich mit Vorzügen zu brüsten, die nur der Zufall einem verleihen kann.«

Kaum daß man von Chanels literarischen Ambitionen hörte, als auch schon die Frauenzeitungen sich dafür interessierten. Die Enttäuschung war groß. Man erwartete etwas über Mode. Eine amerikanische Zeitschrift schickte ihre tüchtigste Vertreterin zu Chanel. Es ging darum, ihr »etwas-mehr-über-Mode« zu entlocken.

»Lassen Sie mich in Ruhe mit Ihren Ideen. Das äußere Gewand ist immer nur ein Abglanz des Herzens«, erwiderte Gabrielle prompt.

Und als die andere nicht lockerließ, fügte sie hinzu:

»Ihre Mode ist mir ... egal.«

Ein Jahr vor dem Krieg, als an die Stelle der Enttäuschung die Resignation trat, beschloß die Frauenpresse, die von Chanel stammenden Gedanken, so »intellektuell« sie auch sein mochten, doch abzudrucken. Ein lobendes Vorwort bereitete die weiblichen Leser auf die neuen Schöpfungen der fabelhaften Couturière vor, die wahrhaftig »nicht ihresgleichen« hatte.

Ende 1931 war der Versöhnungsversuch endgültig gescheitert, und der Platz des Liebhabers in Gabrielles Leben war wieder leer. Die Reprise, das Flickwerk, hatte nur ein Jahr gehalten. Reverdy wurde seinen inneren Qualen überlassen, es war sein Los, jedoch nicht Gabrielles, die, der hoffnungslosen Wiederholung überdrüssig, ein für allemal verzichtete. Unglück ist ansteckend, das wußte sie. Sie wandte sich von ihm ab, sowohl aus Freude am Leben als aus Angst, angesteckt zu werden.

Wer weiß, nach wieviel Disputen, stürmischen Wortwechseln, heftigen Diskussionen und Versöhnungen, die abermals von törichten Zankereien unterbrochen wurden, dieser gnadenlose Kampf endete. Es ist schwer zu sagen. Aber es besteht kein Zweifel, daß viel Unsinniges gesagt wurde. In welchem Moment ihrer beiderseitigen Ernüchterung schickte er ihr den folgenden Brief?

»Ich würde es mir nicht verzeihen, wenn ich auch nur eine Sekunde mit der Antwort auf Ihren kurzen Brief – den ich soeben gelesen habe –, zögerte. Nichts hätte mein Inneres stärker bewegen können. Sie wissen, daß, was auch geschehen mag, und Gott weiß, was schon geschehen ist, Sie nichts daran ändern können, daß Sie mir stets unendlich lieb sein werden. Jemanden lieben heißt, ihn in einer gewissen Weise, aus einer gewissen Sicht heraus kennen, und zwar so gut, daß nichts es beeinflussen oder zerstören kann. Es ist eine Art, des anderen Wesen zu sehen, wie dieser es selbst nicht sehen und kennen kann. Jedenfalls, wenn es in meiner Macht stände, bösartig zu sein, so würde ich es bestimmt nicht Ihnen gegenüber sein wollen. Ich glaube nur, daß es in Anbetracht unserer beiden Charaktere unendlich viel vernünftiger war, einander nicht mehr zu sehen, das heißt, uns gegeneinanderzustellen in einem Moment, da die *Heftigkeit* alles mit fortriß.«

Eins ist sicher, bei jedem anderen als Reverdy hätte das Hin und Her zwischen dem oberflächlichen Paris Gabrielles und dem Frieden von Solesmes auf die Dauer an die Perepetien einer schlechten Komödie erinnert. Es war aber vielmehr ein Kalvarium; die Perepetien waren nur seine unvermeidlichen Haltepunkte. Der folgende Brief – in dem man das Wort *Krieg* findet – gibt einen Hinweis darauf, wann Reverdy endgültig in sein Gefängnis zurückkehrte:

»Ich habe eine lange Einkehr bei mir gehalten«, schrieb er, »ich bin langsam und tief in mich gegangen. Kurzum, ich habe viel nachgedacht und bin, nachdem ich alles hin und her gedreht und abgewogen habe, zu dem Schluß gekommen, daß ich von neuem hier leben muß wie zuvor, in der Einsamkeit. Zunächst wegen meines geistigen und nervlichen Zustands, der erfordert, daß ich mich selbst wie einen Kranken behandle – der ich auch bin – und worauf die andern keine Rücksicht zu nehmen brauchen und wofür ich von ihnen kein Verständnis verlangen kann. Ferner, weil es an der Zeit ist, daß ich meinen Lebensstil, den ich feigerweise seit *etwa zehn Jahren* führe, ändere, wenn ich nicht jede Achtung vor mir selbst verlieren will. Jetzt, da es die Entschuldigung von *zarten Banden* und *tiefen Gefühlen* nicht mehr gibt, ist solche Existenz nicht länger zu ertragen. Ich habe allzu lange jenem Teil in mir nachgegeben, der nur danach drängte, dem Vergnügen nachzulaufen, und alles andere außer acht ließ. Es war wie ein Laufen hinter dem Wind her – man kommt außer Atem und behält einen sehr schmerzlichen Nachgeschmack davon zurück. Ich bin zu schwerfällig, zu ernsthaft und neige von Natur eher dazu, den Dingen auf den Grund zu gehen, als mich wie eine Feder treiben zu lassen, ohne danach erst recht schwer aufzuprallen. Die Frivolität der anderen und ihre Lebhaftigkeit, so erfrischend sie auch sein mögen, können meine quälenden Gewissensbisse danach nicht beruhigen.

Ich möchte den Glauben haben, den ich gehabt habe, und ins Kloster gehen. Wenngleich auch dort ein allzu abstoßender Mechanismus herrscht. Aber das kommt nicht in Frage. Ich werde Mönch bleiben müssen, allein, ungeweiht und ohne Glauben. Das ist noch härter und heroischer.

Bescheidener gesagt, geht es darum, dieses Minimum an Gleichgewicht und Selbstbeherrschung zu behalten, das ich nur abseits von allem finde, in einem fast asketisch einfachen Leben, indem ich mir ein paar gesunde erholsame Gewohnheiten schaffe. Letztlich hat dieser Krieg mich in eine kritische finanzielle Lage gebracht, und ich muß notgedrungen mit meinen Verrücktheiten aufhören, wenn ich nicht, zu allem übrigen, auch noch das bißchen relative Freiheit verlieren will, die mir die paar verbleibenden Sous vielleicht noch erhalten. Ich umarme Sie. P.«

Muß man ihn für vollkommen aufrichtig halten? Oder skizzierte Reverdy mittels dieses Briefes nur die Gestalt des Einsamen, so wie er sich in dem Werk, an dem er arbeitete, darstellen wollte? Wenn man dieses Thema Gabrielle gegenüber anschnitt, die sich im Bezug auf ihn keinerlei Reserven gestattete, so sagte sie beinahe schmunzelnd:

»Wenn er sich in seinen Briefen für sehr unglücklich hielt, wußte ich, daß er wieder angefangen hatte zu schreiben. Es war eine Art, mir anzukündigen: ›Ich bin gerettet.‹«

Aber zur Zeit seines zweiten Bruchs mit Gabrielle war das Unglück, das er gewählt hatte, zu neu, als daß es ihn vollends hätte faszinieren können. Man findet anläßlich einer Unterhaltung mit Stanislas Fumet den Geschundenen von 1931 wieder, der den verlorenen Glauben und seine Verwirrung nicht zugeben will:

»Ich versichere Ihnen, daß ich sehr, sehr glücklich bin«, behauptete er. Und kaum waren die Worte ausgesprochen, da hatte Reverdy angefangen zu schluchzen.

Diese Szene fand 1937 in der Rue Saint-André-des-Arts statt. Es waren somit sechs Jahre vergangen, seitdem er, zum zweiten Mal, Gabrielle und die Versuchung, in Paris zu leben, geflohen hatte.

Im Sommer 32 kam Reverdy nicht in die *Pausa*. Dafür zog Misia in den rechten Flügel der Villa, in das Appartement direkt neben Gabrielles. Misia, immer wieder Misia, die im rechten Moment zur Stelle ist und die Leere, die weißen Flecken in Gabrielles Gefühlsleben ausfüllte, Misia und die Künstler, die ihr überallhin folgten, Misia und ihr Klavier ... Wenig Engländer, abgesehen von Vera. Aber war Vera durch ihre Ehe nicht Italienerin geworden? Also, gar keine Engländer. Keine Lords mehr. Dieses Blatt war umgewendet. Und keine Dichter mehr. In jenem Sommer wurde bei Gabrielle jeden Abend musiziert.

Wenn eine Einladung kam, gingen Misia und Gabrielle gemeinsam hin. Die Zeitungen meldeten ihre Anwesenheit in Monte Carlo in Gesellschaft von Philippe Berthelot, Etienne de Beaumont, etc., d. h. jenes Kreises, den Misia dort wiedergefunden hatte. Man pries die Eleganz der beiden Freundinnen. Misia in »Chanel«, »einem wassergrünen Georgette-Kleid mit Federboa im selben Ton«.

Eigentlich war Misia seit dem Bruch mit dem Herzog von Westminster dauernd dagewesen. So hatte sie auch das denkwürdige Zusammentreffen von Gabrielle und Samuel Goldwyn in Monte Carlo miterlebt.

Der Großfürst Dimitri hatte als Vermittler gedient. Der Liebhaber der zwanziger Jahre fand jene Frau auf der Höhe ihres Ruhms wieder, die ihm in der schweren Zeit geholfen hatte, und ließ ihr nun seinerseits seine Unterstützung zuteil werden. Der Abkömmling der Romanows präsentierte ihr den Hollywood-Zar.

Dies ist in Gabrielles Schicksal wieder einmal einer jener besonderen Momente, die in keinem Buch stehen, da die Geschichte nur das festhält, was große Menschenmassen bewegt – Seuchen, Kriege, Invasionen, niedergebrannte Städte –, aber unvorhergesehenen Begegnungen zwischen zwei Menschen wenig Beachtung schenkt. Als ob die Geschichte nicht *auch* die geduldige Addition von Bildern der Epoche ist, von denen jedes sein Körnchen Wahrheit enthält, jedes ein klein wenig von dem zeigt, was damals war. Auch *das* ist schließlich Geschichte.

In der unruhigen Zeit, die Amerika in den dreißiger Jahren durchmachte, in der von Monat zu Monat schlimmer werdenden Wirtschaftskrise, die, ohne daß man es merkte, Franklin D. Roosevelts Aufstieg an die Macht vorbereitete, in diesem heiklen Moment der amerikanischen Geschichte verhandelte ein Sohn polnischer Emigranten, der loyaler Staatsbürger des amerikanischen Kontinents geworden war, wo es ihm freistand, sich ein ihm angemessenes Schicksal zu schmieden, Samuel Goldwyn ex-Goldfish, der Pionier des amerikanischen Films, verhandelte mit Gabrielle und versuchte beharrlich, sie zu überreden, persönlich nach Hollywood zu kommen.

Aber was war diese Unterhaltung anderes als ein Gespräch zwischen zwei Straßenhändlerkindern, die beide gleich viel Erfahrung von berufsmäßigem Geschwätz hatten? Auf den Bürgersteigen seiner Wahlheimat hatte sich der junge Sohn Goldfish mit dem Verkaufen von Handschuhen sein Brot verdient. Er war Handelsreisender gewesen. In den düsteren Tagen ihrer Kindheit hatte die Tochter Chanel ihrer Mutter geholfen, den familiären Stand in dem Tohuwabohu der Kirmesplätze aufzubauen. Und wer war Zeuge dieser Unterhaltung, wenn nicht einer der letzten Überlebenden des Zarenregimes? Eine Feststellung, bei der man sich fragen muß, ob es in den USA überhaupt einen Goldfish gegeben hätte, wenn nicht auf dem Thron des großen russischen Reiches die Zaren gewesen wären, die sie ein Jahrhundert nach dem andern dem schlimmsten Elend ausgesetzt hatten, besonders die Vorfahren des kleinen Samuel, die im russischen Polen nur eine ununterbrochene Folge von Pogromen erlebten. Man möge mir glauben, wenn ich sage, daß es Geschichte ist, wenn man als kleiner Junge schon von weitem wußte, was das Galoppieren der Kosaken in einem polnischen Getto bedeutete, und das Laufen, das Davonlaufen vor ihnen, und was es bedeutete, Hunger zu haben, Emigrantenhunger mit sechzehn Jahren, auf den Kais von New York im Jahre 1890; es ist gut möglich, daß Samuel Goldwyns Drängen Gabrielle gegenüber ganz anderer Art gewesen wäre, wenn er nicht in seinem Innern die Erinnerung an diesen Hunger bewahrt hätte.

Sollte er ursprünglich bei seinen Bemühungen eine dunkle Vorahnung gehabt haben? Im März 1932 waren vierzehn Millionen Amerikaner ohne Arbeit. Man mußte, wie Sam Goldwyn, die ganze Tragweite des Elends kennen, um zu wissen, daß in einem Moment, in dem es einen an der Gurgel packt, man zwischen einem Stück Brot und einer Eintrittskarte fürs Theater das Brot wählt. Sam Goldwyn hatte bald begriffen, daß etwas mehr Raffinement in seinen Traumfabriken ihm helfen würde, die sich ankündigenden Schwierigkeiten zu überstehen. Es war nicht der Moment, vorsichtig zu sein, sondern vielmehr, etwas zu wagen, große Namen anzukündigen und Prestige zu gewinnen. So würde er, da er keine großen Volksmassen anlocken konnte, sich in den Städten einen größeren Zulauf von seiten der Reichen sichern. Sein Plan war, den Frauen einen doppelten Grund zu geben, ins Kino zu gehen: »*Erstens*, um seine Filme und seine Stars zu sehen, und *zweitens*, um den neuesten Modetrend kennenzulernen«. Er brauchte Chanel.

Der Vertrag garantierte Gabrielle eine traumhafte Summe: eine Million Dollar. Sam Goldwyn verlangte dafür nichts anderes, als daß sie zweimal im Jahr nach Hollywood käme. Der Entschluß des berühmten Produzenten stand unumstößlich fest: hinfort würden seine Stars ausschließlich von Gabrielle angezogen werden, sowohl auf der Leinwand als auch in der Stadt. Und das war das Neue: es ging nicht nur darum, Filme »anzuziehen«, sondern vielmehr, den Diven der Leinwand zu einem besseren Geschmack zu verhelfen. Wie würden sie darauf reagieren? In Hollywood gab es zwei Auffassungen. Die Mode-Journalisten zeigten sich optimistisch: »Die Stars werden einwilligen, weil es Chanel ist«; und die Reporter, die allen Klatsch kannten und wußten, mit wem Gabrielle es zu tun haben würde, äußerten Zweifel: »Chanel, nur noch Chanel?« In den Studios mag das gehen. Aber im täglichen Leben? Hatte nicht jeder Star seinen eigenen Geschmack, sein eigenes Temperament, ja sogar seinen eigenen schlechten Geschmack und sein launisches Temperament?

Goldwyn ließ sich nicht beirren: er brauchte Chanel.

Etwas wunderte ihn jedoch. Als er sieben Jahre früher Erté zur Mitarbeit gewonnen hatte, war dieser begeistert gewesen und hatte nichts dagegen gehabt, sich über ein Jahr in Hollywood niederzulassen. Das Angebot, das Goldwyn Gabrielle machte, war noch viel schmeichelhafter. Warum reizte es sie so wenig? Sie sollte jene Geschöpfe kleiden, welche Träume und Gelüste erweckten, war das nicht glanzvoller als alles, was er Erté geboten hatte? Alle Leinwände der Welt zur Verfügung haben? Aus den Körpern von Mary Pickford oder Gloria Swanson »Chanel-Figuren« machen, war das nicht verlockend für sie? Noch nie war einer Französin ein solcher Vorschlag gemacht worden. Würde sie endlich einwilligen? Nach tausend Bedenken gab Chanel nach. Sie würde nach Hollywood gehen.

Aber von dieser glorreichen Reise – mit der jede andere sich gebrüstet hätte – sagte Gabrielle kein Wort. Das Erstaunliche bei dieser redseligen Person war, daß sie nie von sich selbst sprach.

Es gab doch nichts zu verbergen, nichts, was ihr nicht hätte nützen, ihren Ruhm nicht noch hätte vergrößern können. Warum also diese Zurückhaltung? Schweigen war ihr zur zweiten Natur geworden. Ob wichtig oder zweitrangig, alle Episoden ihres Lebens schienen ihr gleich gefährlich, um ausgeliefert zu werden. Alle waren Glieder ein und derselben Kette, alles Fundgruben, die jeder ausbeuten konnte, der enthüllen wollte, was sie mit aller Kraft zu verbergen versuchte: ihr Alter, ihre elenden Anfänge, ihre ersten Liebschaften.

Man weiß ja nie ... Es war besser, zuviel zu schweigen als nicht genug. Wurde sie gedrängt, gezwungen, ein paar Erinnerungen preiszugeben, so zog sie sich mit einer witzigen Bemerkung aus der Affäre. Hollywood? »Der Mont Saint-Michel von Hintern und Busen.« Warum hatte sie keine lebhaftere Erinnerung daran behalten? »Es war wie ein Abend in den Folies-Bergère. Wenn man sagt, daß die Mädchen schön waren und es viele Federn dabei gab, hat man alles gesagt.« Aber immerhin ... »Es gibt kein immerhin. Sie wissen genau, daß alles, was *super* ist, sich ähnelt. Der Supersex, die Superproduktionen ... Das konnte nicht ewig gut gehen. Das Fernsehen hat die Dinge wieder an ihren richtigen Platz gerückt. Außerdem mag ich nur Krimis.« Und die Atmosphäre von Hollywood? »Kindisch ... Für Misia war es lästiger als für mich. Ich lachte darüber. Einmal wurden wir von einem großen Schauspieler empfangen, der zu unseren Ehren die Bäume in seinem Garten blau angestrichen hatte. Ich fand das nett, aber etwas einfältig ...« Und die Stars? »Oh, die Stars! Auf dieser Reise habe ich nur einen kennengelernt, für den sich die Reise lohnte.« Wer war das? »Eric von Stroheim.« Und warum? »Weil die Extravaganz bei ihm einen Grund hatte.« Welchen? »Es war ein persönlicher Racheakt. Er war ein Preuße, der die kleinen Juden verfolgte. Denn in Hollywood waren vor allem Juden ... Juden aus Mitteleuropa, die in der Person des von Stroheim einen vertrauten Alptraum wiederfanden. Das war wenigstens eine klare Sache! Gemeinsam erlebten sie wieder die alte Geschichte, deren Wechselfälle sie im voraus kannten und die ihnen im Grunde genommen beinahe lieb geworden war.«

Gabrielles Besuch erfolgte im April 1931. Misia begleitete sie. Zusammen hielten sie in der Filmstadt einen triumphalen Einzug. Sam Goldwyn war nicht knauserig. Trotz der Krise war Hollywood auch weiterhin der verrückteste Ort der Welt. Es war noch die Hauptstadt der Maßlosigkeit, der Filme mit 3000 Statisten, der riesigen Studios und einer absoluten Macht der Stars. Alle möglichen Filmgrößen kamen den Gästen entgegen. Von der Garbo bis zu Stroheim, von Marlene bis Cukor, von Claudette Colbert bis Frédéric March fühlte jeder sich sehr geehrt, sich mit der Frau unterhalten zu dürfen, von der man sagte, daß sie »den größten Mode-Verstand aller Zeiten habe«.

Als Gabrielle nach Frankreich zurückkehrte, hatte sie mehr getan, als nur Hollywood zu besichtigen. Sie war zu beruflichen Zwecken rübergefahren, das darf man nicht vergessen. So wie sie, kaum sieben Jahre früher, gelernt hatte, was ein Ballett-Kostüm ist, als sie für Diaghilew arbeitete, und was ein Theater-Kostüm ist, als sie für Cocteau und Picasso arbeitete, so lernte sie in Hollywood, im Kontakt mit den berühmtesten Technikern der Welt, was der Film verlangt. Sie hatte gesehen, wie Filme gedreht wurden. Sie hatte die besten Bühnenbildner und »fashion designer«, die Mitchell Leisen, Adrian und Cecil B. De Mille kennengelernt. Hinfort kannte sie alle und war bei ihnen bekannt. In den Augen ihrer Zeitgenossen hatte sie neues Prestige gewonnen: sie hatte »die Reise nach Amerika« gemacht; sie war »unter Vertrag genommen worden«; ihre schöpferische Kraft hatte bewirkt, daß sie zu jenen europäischen *Werten* gehörte, an die Hollywood appelierte. Die Demoiselle aus Moulins, die »gommeuse« von Vichy, die kleine Putzmacherin hatte die Etappen in Windeseile durchlaufen. Was für ein Weg! Sie hatte ihren Konkurrenten gegenüber jenen großen Vorsprung, den ein internationaler Ruf ganz gleich auf welchem Gebiet einbringt. Und schließlich – das ist vielleicht das Wichtigste – lernte sie aus erster Quelle, was das Wort *photogen* bedeutet. Eine Erfahrung, die, bewußt oder unbewußt, viele ihrer Kreationen beeinflußte.

Aber weiter ging es nicht, und nach dem ersten Film, für den Gabrielle die Kostüme gemacht hatte, begannen die Stars zu rebellieren. Sie wollten nicht, daß ihnen in jedem Film die Schöpfungen ein und derselben Person, und sei es auch Chanel, aufgezwungen würden.

Gabrielle und Goldwyn fühlten sich gleichermaßen befreit, sie von einer zweiten Reise, er von weiteren Geldverpflichtungen. Aber was die Werbung betraf, so gab es keinen Verlierer. Alle Tageszeitungen widmeten dem *Tonight or never* lange Artikel. Die *New York Herald Tribune* begrüßte »das unleugbare Talent von Miss Swanson und die wunderbare Natürlichkeit, mit der sie die Rolle dieser leichten Komödie spielte«. Sie erwähnte auch, daß die junge Schauspielerin in ihrem neuesten Film vorteilhafter wirke als in ihren früheren Rollen, die ihr wenig Glück gebracht hätten. In *Variety* begrüßte man, daß sie auf die schnoddrigen Rollen, die gar nicht zu ihr paßten, verzichtet habe und rühmte: »Wir sehen sie hier in einer Glanzleistung«. Die meisten Kritiker sprachen vom »guten Geschmack« und »gesunden Menschenverstand«. Schließlich las man im *New Yorker* einen sehr humorvollen Kommentar darüber, warum es für Gabrielle zum Bruch mit Hollywood gekommen sei. Es klang wie eine Huldigung: »Der Film bietet Gloria die Gelegenheit, viele Garderoben zur Wirkung zu bringen. Sie stammen von Chanel, der berühmten Pariserin, deren Besuch in Hollywood vor kurzem großes Aufsehen erregte. Aber es scheint, daß sie nicht bereit ist, so bald in unsere Stadt des Lichts und der Weisheit zurückzukehren. Denn man hat ihr zu verstehen gegeben, daß ihre Schöpfungen nichts ›Sensationelles‹ hätten. Sie legt nämlich Wert darauf, daß eine Dame sich wie eine wirkliche Dame aufführt. Sie konnte nicht darauf gefaßt sein, daß die Leute in Hollywood, wenn sie *eine* Dame in Szene setzen, alles tun, damit sie sich aufführt, als ob es *zwei* wären.« Das Gerede der Klatschbasen hatte also bestens funktioniert, und jeder wußte, was es mit dem kurzen Bündnis zwischen dem Erfinder von Hollywood und der großen Chanel auf sich gehabt hatte.

Weniger bekannt war, daß in Paris, im Schatten der Coromandel-Wandschirme, sich schon ein Einfluß geltend machte, ohne den Gabrielle die Einladung von Samuel Goldwyn nie angenommen hätte.

EIN PAAR BALLGESCHICHTEN
1933–1940

Quand tes pieds ont dansé si fort dans les colères,
Paris! quand tu reçus tant de coups de couteau …

ARTHUR RIMBAUD,
L'ORGIE PARISIENNE

Begegnung mit dem Dämon

Liebster, das Wetter ist herrlich. Wie soll ich es beschreiben? Man müßte es in Musik ausdrücken. So viel Frische, Wärme, Düfte, es ist unbeschreiblich … Ein Vollmond überm Meer, so daß man zu ihm sagen möchte: ›Wenn das für mich sein soll, so bitte etwas weniger.‹ Und dann das Meer, das Baden, die Blumen, der einsame Spaziergang und Deine Abwesenheit. Eine Explosion von rosa Lilien: neunundzwanzig Stengel auf der einen Seite, zwanzig auf der andern, in zwei Reihen, und alle sind zugleich aufgeblüht. Wunderbar. Vor der durchbrochenen Backsteinmauer – Du weißt schon, an die sich der Geräteschuppen lehnt – eine zweite Explosion von rosa Lilien, vermischt mit einer Kaskade von blaßblauer Bleiwurz und Strömen von leuchtend blauen Zaunwinden. Und Du bist nicht da!«

Colette, ihre Blumen, ihre Tiere, ihr Garten. Dies ist einer von all den Briefen, die sie im Sommer 1933 an Maurice Goudeket, ihren späteren Mann, richtete. In aller Ruhe genoß der kleine Mittelmeerhafen seine letzten Jahre echter Berühmtheit. Er war etwas für Kenner. Colette beschwor in ihrer Freude, dem Geliebten ein wenig von ihrem Entzücken mitzuteilen, alles herauf, was die Mittelmeerküste noch an Verführerischem besaß: das träge Meer, die Boote mit den aufgerollten Segeln, ihr Haus *la Treille muscate* und die Blumen, die es umwucherten. Aber ihre Briefe waren auch die einer Beobachterin, die jenseits von Zärtlichkeit, Humor oder Frohsinn mit der Gattung Mensch durch ihren Blick ganz objektive Beziehungen unterhielt. Die unerbittlich fortschreitende Invasion aufzuzeigen, ein Saint-Tropez zu schildern, wo die »geschäftige Pariser

14 Gabrielle Chanel entwarf sehr keusche Badeanzüge, deren Pumphosen bis zu den Knien reichten. Chanel 1914 am Strand von Deauville.

15 Die drei großen Modeschöpfer, die bis zum Ersten Weltkrieg die Pariser Haute Couture beherrschten, in Karikaturen: Worth (Cappiello), Poiret (Jean Oberlé) und Doucet (Cappiello).

16 Gabrielle Dorziat mit einem von Chanel entworfenen Hut, den sie in Maupassants *Bel ami* 1912 auf der Bühne trug.

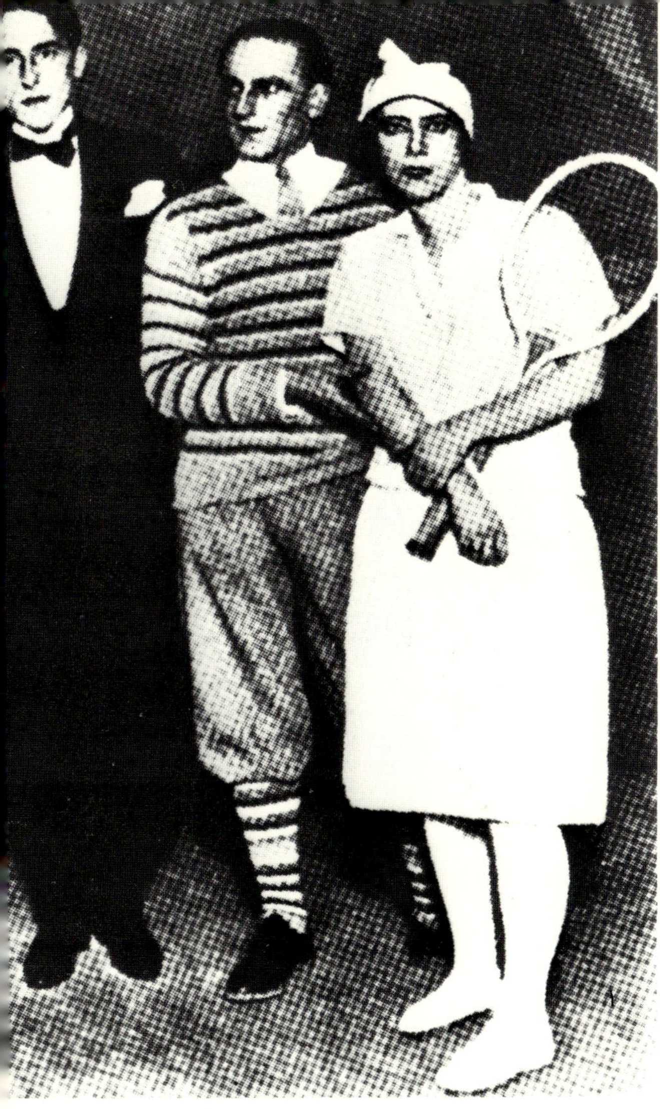

17 *Le Train bleu,* eine »getanzte Operette« von Jean Cocteau und Darius Milhaud 1924. Chanel entwarf die Kostüme: echte Sportler mit nackten Beinen, deren Füße entweder in Sandalen, Tennisschuhen oder Golfschuhen steckten. Sokolova als »Perlouse«, Anton Dolin als »Beau Gosse«, Jean Cocteau, Woizikowsky als »Golfspieler« und als »Tennisspielerin« die Nijinska, die auch die Choreographie gestaltete.

18 Gabrielle Chanel 1925 mit ihrer Freundin Vera Bates in Schottland, wo der Herzog von Westminster zu fischen pflegte. Sie tragen mit Ausnahme der Hüte und Schuhe Kleider aus der Garderobe des Herzogs: Hosen, Jacken, Westen, Hemden und Krawatten.

19 Gabrielle Chanel bei einer Jagd in St. Saens, dem Schloß des Herzogs von Westminster in der Normandie. Sie war mit ihm von 1925 bis 1933 liiert.

20 Chanel 1930. Die Halsketten trug man nicht mehr eng am Hals, sondern sie fielen wie ein Sternenregen über die Schultern.

21 Juni 1938. Chanels Romanze mit Großfürst Dimitri war beendet, sie bleiben aber befreundet. Bei einem Empfang zu Ehren der Ballets Russes, den Prinzessin Guy de Faucigny Lucinge im Hotel de Paris in Monte Carlo gab.

22 Sie hielt aus. Die Arbeit hatte sie geläutert und sogar die Falten des Exils geglättet. Man wußte nicht mehr, woher sie die Kraft nahm.

Torheit« immer mehr um sich griff, die Wahrheit menschlicher Wesen zu erfassen, darin lag eigentlich die Stärke der Briefschreiberin Colette. Wie hier, bei den Momentaufnahmen, die ihr als Ausgangspunkt für die Beschreibung von Schauspielern und Schauspielerinnen dienen, die bei dem Saint-Tropezschen Lustspiel zur Zeit seiner stotternden Anfänge mitwirkten.

Nichts erhellt die beunruhigende Persönlichkeit, die plötzlich an Gabrielles Seite auftaucht, so deutlich wie dieser Text.

»Gestern war ich am späten Nachmittag mit Moune und Kessel in der Stadt, um die Post, die um halb sieben ankommt, abzuholen und um Jeanne Marnac in dem Lädchen zu treffen, wo sie sich die Nägel maniküren lassen wollte. Als ich bei Vachon noch etwas einkaufe, halten mir zwei Hände die Augen zu, und ein angenehmer Körper lehnt sich an meinen Rücken ... Es war Misia, die sehr zärtlich gestimmt war. Überschwengliche Begrüßung.

Was, du bist hier?

Ja, freilich bin ich da, usw.

Aber sie hatte eine Neuigkeit, die sie mir schleunigst ins Ohr flüstern mußte: Denk nur, sie heiratet ihn!

Wen?

Iribe. *Herrzchen*, *Herrzchen*, das ist eine unglaubliche Geschichte: Coco liebt zum ersten Mal in ihrem Leben!

Kommentare, usw.

Oh, ich versichere dir, der versteht sein Metier!

Ich hatte keine Zeit zu fragen, welches Metier.

Wir suchten dich schon und wollten dich holen, um mit dir zusammen zu essen in Saint-Raphael, in Cannes, in ...

Ich lehne dankend ab, sinke wieder in ihre Arme und gehe mit Moune weg, um Kessel abzuholen, der alles mögliche einkaufte. Wir gehen ein paar Schritte, und schon umfangen mich zwei Arme: vor mir steht Antoinette Bernstein mit ihrer Tochter. Überschwengliche Worte usw.

Wir suchten Sie schon und wollten Sie zu Robert de Rothschild in Valescure mitnehmen zum Essen ... usw.

Sie wußte schon, daß ich die Theaterkritik beim *Journal* übernehme.[50] Abermals überschwengliche Worte, Umarmungen. Moune und ich gehen weiter, machen ein paar Schritte, und wieder umklammern mich zwei Arme: es waren die Vals.

Ich war gerade bei Ihnen, ich suche Sie, ich nehme Sie mit zum Essen in die *Escale* zusammen mit ... usw., usw.

Ich lehne wieder dankend ab, Moune und ich gehen ein paar

Schritte weiter, und schon fühle ich zwei sehr schmale, kühle Hände auf meinen Augen: vor mir Coco Chanel. Überschwengliche Worte ... aber etwas reservierter: Ich nehme Sie mit zum Essen in die *Escale* zusammen mit ... usw., usw.

Ich lehne immer wieder ab und bemerke ein paar Schritte weiter Iribe, der mir *bezers* (baisers) zuwirft. Dann, bevor ich noch die beschwörenden Riten vollendet habe, umarmt er mich, legt zärtlich meine Hand zwischen seine Wange und seine Schulter und sagt: Wie bös Sie mit mir verfahren sind ... Sie haben mich einen Dämon genannt!

Und das genügt Ihnen nicht! sage ich ihm. Aber er floß über vor Freude und Zärtlichkeit. Er ist ein sechzigjähriger Jüngling. Er ist schmal, runzlig und weißhaarig und zeigt, wenn er lacht, all seine neuen Zähne. Er gurrt wie eine Taube, was übrigens merkwürdig ist, denn Du wirst in alten Texten finden, daß der Dämon die Stimme und Gestalt des Venusvogels annimmt.«

Warum fürchtete Colette Iribe so sehr, daß sie bei seinem Näherkommen Beschwörungsgesten andeutete? Offensichtlich erweckte Gabrielles neuer »Verlobter« in ihr den größten Argwohn. War es eine Art animalischer Ablehnung gegenüber allem, was nicht echt ist? Colette ist ohne diesen dunklen Instinkt nicht denkbar.

Iribe war das Pseudonym, das Paul Iribarnegaray sich in seinen Anfängen als satirischer Zeichner um 1900 zugelegt hatte. Er war genauso alt wie Gabrielle, denn er wurde 1883 in Angoulême als Kind baskischer Eltern geboren. Obwohl ein fester, mondäner Lack sowie ein gewisser Kosmopolitismus alle Spuren seiner Herkunft verwischt hatten, wurde er doch einen undefinierbaren Akzent nicht los; daher die *bezers*, von denen Colette schreibt, wenn sie auf Iribes Aussprache und sein Lispeln, das dreißig Jahre Pariser Leben nicht hatten auslöschen können, anspielte.

Seine Anfänge erinnern ein wenig an das Debut von Cocteau, der ebenso wie Iribe unter dem Eindruck der Berühmtheiten jener Tage gestanden hatte und auch in höchstem Maße von jenem »rot-goldenen Übel«, jener Theaterleidenschaft ergriffen worden war. Für ein Theater jedoch, an dem das damalige Paris sich berauschte: das Vaudeville. Aber Iribe hatte es anfangs schwerer gehabt als Cocteau. Sein Vater, ein Journalist bei *Le Temps*, hinderte ihn, seiner Berufung zu folgen. Paul träumte nur vom Zeichnen, aber er wurde mit sechzehn Jahren als Typograph in die Druckerei dieser Zeitung gesteckt. Zwei Jahre später gab er seine Anstellung dort auf und schrieb sich für einen Architekturkursus an der Académie des

Beaux-Arts ein. Iribe war erst siebzehn, als die am Anfang des Jahrhunderts berühmte satirische Wochenzeitschrift *L'Assiette au beurre* seine ersten Zeichnungen veröffentlichte, und dreiundzwanzig, als er seine eigene Zeitung *Le Témoin* gründete. Niemand vermochte ein *Ereignis* treffender darzustellen als er, und es war dabei unwichtig, ob es sich um etwas Ernstes, Triviales oder Inexistentes handelte. Entscheidend war der Strich. *Le Témoin* veröffentlichte auch die Zeichnungen eines Anfängers, der sich auf diesem Gebiet mit Iribe messen konnte. Er signierte mit Jim. Wie konnte es anders sein, als daß die beiden Dandys sich kennenlernten? Jim war kein anderer als Cocteau. Gemeinsam gingen sie bei der Illustration mit schneidendem Scharfsinn zu Werke, der schon die kühlen ästhetischen Wagnisse der fünfundzwanziger Jahre ankündigte. Man kann sich denken, wieviel jeder dem anderen zu geben hatte. Der Ältere, Iribe, blendete Jim durch eine gewisse Gier, die man ihm anmerkte. Ihn reizte alles: Geld, Ehrungen, Frauen. Während Jim in Iribes Augen wie ein Bourgeois aus soliden Verhältnissen wirkte, der »wie zum Vergnügen arbeitete«. Cocteau verblüffte Iribe. Wenn er doch nur dessen Selbstsicherheit hätte! Was für ein Pech war es immer, einen unmöglichen Namen zu haben. Ach, wenn er doch wie Cocteau sagen könnte:

»Ich bin Pariser, ich spreche wie ein Pariser und habe den Pariser Akzent.«

Iribe hätte wer weiß was dafür gegeben, wenn man ein für allemal vergessen hätte, daß er Iribarnegaray hieß.

Die »sehr geistreich und neuartig redigierte Zeitschrift« *Le Témoin* brachte Iribe einen Auftrag von Poiret ein – der erste Schritt zu der so sehr ersehnten Parisianisierung. Die diesbezügliche Anekdote hat der sogenannte *Poiret le Magnifique* in seinen Memoiren selbst ausführlich erzählt. Sie ist allgemein bekannt, aber Iribes Porträt, das als Vorwort zu dem Buch dient, hat vielleicht nicht die nötige Beachtung gefunden. Es ist nur insofern interessant, als es weitgehend gewisse Eindrücke bestätigt, die Colettes Porträt von Iribe hinterlassen hat. »Er war ein höchst sonderbarer Bursche, ein Baske, prall wie ein Kapaun, der zugleich etwas von einem Seminaristen und Druckerei-Faktor hatte. Im siebzehnten Jahrhundert wäre er Hofgeistlicher gewesen; er trug eine goldumrandete Brille, einen weit offenen Vatermörder, um den ziemlich locker eine Matrosenschleife gebunden war (...). Er sprach sehr leise, fast geheimnisvoll, und betonte manche Wörter besonders stark, indem er die einzelnen Silben voneinander trennte, so daß er, zum Beispiel, sagte: Das ist be-wun-derns-wert!«

Iribe ahmte also durch seine Sprechweise eine Elite nach, die er um ihre Lässigkeit und guten Manieren beneidete.

Da rief ihn der berühmte Couturier zu sich und bat ihn, Zeichnungen von den Modellen seiner Kollektion anzufertigen. Es handelte sich um ein Unternehmen von großem Prestige, da das Album als Hommage an die »vornehmen Damen der ganzen Welt« geschickt werden sollte. Iribe ließ sich die Kleider vorführen und war sofort »hingerissen«. »*Wun-der-bar*«, rief er. »Ich will mich *augen-blick-lich* an die Arbeit machen.« Danach kündete er an, daß er eine seiner Freundinnen mitbringen werde, eine *»er-staun-li-che* Frau«, eine gewisse Madame L., der die Kleider *»himm-lisch«* stehen würden.

Es ist auffallend, daß ein halbes Jahrhundert später, trotz zweier Kriege und einiger Revolutionen, die gezierte Redeweise sich so wenig geändert hat. Bedeutet das etwa, daß diese Sprache untrennbar mit einer gewissen Lebensart verbunden ist und daß man sie ebenso erbt wie ein Vermögen und Ambitionen? Die kleinen Gernegroße von heute würden sie noch ebenso anwenden, ohne daß ein einziges Wort, eine einzige Betonung zu ändern wären. Aber das Komische bei Iribe ist, daß dieser Mensch, der so weltmännisch sein wollte, nirgends hinzugehören schien. Die Früchte seiner »Parisianisierung« ließen also auf sich warten. Darauf weist auch Poiret hin: »Der Zufall wollte, daß Iribe Geld brauchte. Ich überwies ihm den Betrag für seine ersten Zeichnungen, und er verschwand. Es dauerte eine ganze Weile, bis er sich wieder sehen ließ. Ich hatte versäumt, mir seine Adresse geben zu lassen. Als er mir Skizzen brachte, war ich begeistert, wie gut er meine Modelle verstanden und interpretiert hatte, und ich bat ihn, seine Arbeit rasch zu beenden (...). Vor allem, sagte ich zu ihm, geben Sie mir Ihre Adresse, damit ich Ihnen schreiben kann. Er antwortete, daß *er keine feste Adresse* in Paris habe, aber jeden Morgen bei Madame L. zum Frühstück sei. Nachdem er einen weiteren Vorschuß eingesteckt hatte, verschwand er abermals. Diesmal war es schwer, ihn wieder ausfindig zu machen und ihn zur Ablieferung seiner Arbeiten zu bewegen. Ich glaube, ich mußte ihm ernsthaft drohen (...). Schließlich schickte er mir seine letzten Originale, und die Druckarbeiten konnten beginnen. Das Werk, das sich heute in den Bibliotheken der Künstler und Kunstliebhaber befindet, ist bekannt. Es hatte den Titel: *Les Robes de Paul Poiret racontées par Paul Iribe.*« Jede europäische Herrscherin erhielt ein Exemplar. Alle nahmen das kostbare Geschenk erfreut an, ausgenommen die Königin von England, die es an den Absender zurückgehen ließ mit einem Brief ihrer Hofdame, in dem sie den Couturier darum bat, in Zukunft von Zusendungen solcher Art abzusehen...

Ein mittelloser Iribe ohne festen Wohnsitz, der auf Vorschüsse wartet, um in die vornehmen Viertel zu gehen und sich von Madame L. bewundern und durchfüttern zu lassen – alles an dieser Beschreibung erweckt widersprüchliche Gefühle. Was ist er im Grunde genommen für ein Mensch, ein Verführer oder ein Gigolo?

Durch die Partnerschaft, die Iribe mit Cocteau einging, faßte er im Pariser Leben endgültig Fuß. 1914 gründeten sie gemeinsam *Le Mot* und wandten sich damit vom reinen Journalismus ab, um sich auf einem noch wenig bekannten Terrain zu versuchen, dem Luxus-Journalismus, bei dem das Entscheidende die Zeichnung war. Seine beiden Lehrjahre unter den Druckereiarbeitern hatten ihre Früchte getragen: Iribe beherrschte die Drucktechnik wie kein anderer. *Le Mot* war in der Aufmachung etwas ganz Neues. Aber es gab ein Hindernis, den ersten Weltkrieg, der dem *Mot* keine Überlebenschance ließ. Nach einem Jahr mußte die Zeitschrift eingestellt werden. Aber für Iribe hatte es die entscheidende Wende gebracht. Luxus, Luxus in jeder Form, war hinfort sein einziger Gedanke. Und das, obwohl mit dem Frieden nicht etwa das Goldene Zeitalter wiederkehrte, sondern eher das Gegenteil. Gab es kein Europa der Vergnügungen mehr? Stellte sich alles dem Paris des *Mot* entgegen? Egal: Iribe, als einziger seiner Spezies, der nur den Reichtum liebte, suchte sein Heil in der Negation der Realitäten seiner Zeit. Was ihn nicht daran hinderte, einer der besten Schöpfer neuer Formen und Stoffe der *années folles*, der tollen Zwanziger Jahre, zu werden. Denn er brachte es fertig, Möbel, Stoffe, Teppiche und Schmuck zu entwerfen, ohne dem Geist der geometrischen Vereinfachung, der seine Zeitgenossen heimsuchte, je etwas zu opfern. Ebensowenig gewöhnte er sich an die Vorstellung, daß die Kunst *durch* und *für* den Luxus ihre Anziehungskraft verloren hatte. Und was das Abgleiten von Paris betraf, das infolge des Krieges seine »moralische Vorherrschaft in der Welt« verlor, so wollte Iribe es nie wahrhaben. Er war ein sehnsüchtiger Anhänger der *Grandeur française*, selbst in ihrer oberflächlichsten Form. Der Luxus war für ihn etwas, das keine Zugeständnisse duldete, und er ging so weit, jeder handwerklichen Kreation den Wert eines Symbols beizumessen. Kleider, Halsketten, Kopfschmuck, Stickereien, kleinere oder größere Accessoires, ganz gleich welche, vorausgesetzt, daß sie hübsch waren, all das, was er wie ein Zerberus bewachte, gehörte zum nationalen Prestige. Von hier war es nur noch ein Schritt, die Eleganz als Ausdruck einer gewissen Mentalität (der Oberschicht natürlich) und als eine angeborene Qualität zu betrachten (die weniger Bemittelten freilich versagt blieb, welche ihrerseits nur auf *Chic* Anspruch hatten). Diesen Schritt hatte er leichtfüßig getan, als seine Idylle mit Gabrielle begann.

Überraschenderweise hat man bei ihrer Beziehung den Eindruck, daß Gabrielle mit der Wahl Iribes einen Teil ihrer Machtposition an ihn abtreten wollte. War es das, was Misia zu der Äußerung veranlaßte, Gabrielle liebe zum ersten Mal in ihrem Leben? Es war nicht zu verkennen, daß Iribe in gewisser Weise all ihre Wünsche und Hoffnungen auf einmal erfüllte. Da gab es endlich einen Mann, für den die Fragen der sozialen Herkunft keine Rolle spielten, was ihre Erfahrung mit Boy wieder wettmachte; ein Mann, den seine familiäre Vergangenheit nicht erdrückte, wie es bei Dimitri und Bend'or der Fall gewesen war; ein schöpferischer Mensch, der mit der Welt der Künste so eng verbunden war, daß Gabrielle sich mit ihm eins fühlte, der aber nicht unter den inhärenten Verwünschungen litt, die das Dasein von Künstlern und Dichtern zwangsläufig begleiten, so daß er im Grunde genommen genau das war, was sie brauchte, um Reverdy zu vergessen. So entkam Gabrielle dem Joch der Genies.

Solcher Art mögen Gabrielles Gedanken gewesen sein, aber es ist nicht ausgeschlossen, daß sie auch etwas Schadenfreude dabei empfand, von jemandem hofiert zu werden, der fünfundzwanzig Jahre früher der Lobsänger ihres alten Widersachers Poiret gewesen war. Denn schließlich hatte Iribe nicht nur Poirets Kleider dargestellt, sondern er war auch der Urheber jenes symbolischen Zeichens, mit dem jedes Kleidungsstück aus den Ateliers der Avenue d'Antin versehen war. Dieses neue Design und die Rose, welche die magische Formel *Paul Poiret à Paris* betonte, hatten seinerzeit Aufsehen erregt. Man kann sicher sein, daß bei Gabrielles Eroberung auch eine gewisse professionelle Genugtuung mit im Spiele war. Außerdem konnte Gabrielle, die auf andere Frauen eifersüchtig war und nicht ertragen konnte, daß eine andere mehr Erfolg als sie selbst hatte, was eine unbewußte Art war, diese für ihre eigenen Mißgeschicke verantwortlich zu machen, durch ihre Liaison mit Iribe ihren Rivalinnen ein Schnippchen schlagen: sie schnappte ihnen einen Verführer weg.

Genügt es, wenn man sagt, daß Iribe ein bewegtes Leben hatte? Iribe beurteilte sich selbst nach seinen Erfolgen bei den Frauen. Jede Liaison, die er hatte, und von der nichts verborgen blieb, war ein weiterer Schritt auf dem Wege, sich einen Namen zu machen. In mageren Zeiten konnte nichts ihn zurückhalten. Wenn eine seiner

Freundinnen ein besonders kostbares Perlenhalsband besaß, so riet Iribe ihr unter dem Vorwand, daß es »neureich« aussehe, ein paar Perlen herauszunehmen und sie durch Onyxkugeln zu ersetzen. Am Ende ihrer Liaison bestand die ganze Kette aus Onyxkugeln.

Er hatte anfangs eine entzückende Schauspielerin verführt und höchstwahrscheinlich auch geheiratet, die ihm ihr ganzes Herz, ja, ihr ganzes Leben schenkte: Jane Diris, ein Vaudeville- und Stummfilmstar.

Sie war durch die Rolle der Marie-Bonheur in Francis Carcos für die Leinwand bearbeitetem Roman *L'Equipe* bekannt geworden. Es war die Geschichte eines jungen Arbeitermädchens, das als Flittchen anfängt, dann Ganovenliebchen wird und sich schließlich in einen schweren Jungen verknallt, der nach Afrika geht und in eine Strafkompanie gesteckt wird. Typisch Carco. Der Film endet mit einer Marie-Bonheur, die zur Luxusdirne aufgestiegen ist, aber mehr denn je »ihren Kerl« liebt. Jane Diris spielte die fatale Frau mit großer Überzeugung; die Rolle war ihr auf den Leib geschrieben. Sie spielte die Marie Bonheur auch in ihrem Privatleben.

Als Iribe in finanzielle Schwierigkeiten geriet, lieferte sie sich unter dem Namen Jeanne Iribe den Launen der Photographen aus. Und als *Comoedia* von ihr ein Porträt brachte – »in ein elegantes Hermelincape gehüllt« –, was in Wirklichkeit nur eine Werbung für Revillon-Pelze war, oder sie am Fenster eines Luxuscoupés zeigte, das man für den Anlaß, mit Chauffeur, gemietet hatte –, »Madame Jeanne Iribe in ihrem mit *Triplex-Glas* ausgestatteten Auto« – alles zusammen, der Hermelin, die stolze Haltung des Chauffeurs, die Schönheit der jungen Frau, das hohe Trittbrett des Coupés und das ganze luxuriöse Zubehör, das rundherum angeordnet war: der schwarzlackierte Werkzeugkasten, das weiß angestrichene Ersatzrad, das wie ein Rettungsring an der Seite eines Totenschiffes hing, diese ganze Pracht diente Iribe als Reklame.

Man vergißt allzuleicht den geheimen Zusammenhang, der zwischen den Jahren um 1925 und der Farbe Schwarz bestand. Der Samt der Sofas ..., das Dunkel der ersten Cabarets ..., die Versilberung, die nach und nach die Vergoldung in der Dekoration ablöste, und in Iribes Leben der Onyx, der an die Stelle der Perlen trat ... Arme Jeanne, die hinter dem heruntergelassenen Fenster dieses leichenwagenähnlichen Gefährts einem abwesenden Iribe zulächelt.

Wenn es ihr um das Glück ging, so hatte sie in ihm nicht den richtigen Ehemann gefunden. War es wegen der Gewissenlosigkeit, mit der Iribe seine Mätressen leiden ließ, wegen der Beharrlichkeit, mit der er *sein eigenes* Vergnügen suchte, war es deshalb, daß Colette ihn als Dämon bezeichnete? Colette, die mit Jane Diris befreundet war und wußte, daß diese bereits an einer Krankheit litt, die sie hinwegraffen sollte, schrieb Francis Carco besorgt jene Worte: »Jane Diris schwerkrank (...). Ich empfinde bitter, wie hilflos ich angesichts dieses großen schönen Körpers bin, der von etwas Launischem und unsichtbar Wirkendem ergriffen ist.«

Jane Diris starb 1922, während Iribe mit anderen Liebschaften beschäftigt war: dem Dollar und den schönen Amerikanerinnen. Eine von ihnen, Maybell Hogan, hatte ihn durch ihr ansehnliches Vermögen verführt. Er hatte sie 1919 in San Francisco geheiratet. Bei seiner Ankunft in New York hatte Iribe mit aufsehenerregenden Worten erklärt, daß die Wolkenkratzer »etwas *Be-zau-bern-des*« an sich hätten und daß er mehr in den beleuchteten Straßen des Broadway als zwischen den Fassaden der Herrenhäuser an der Place Vendôme gelernt habe. Darauf das Bekenntnis:

»Offen gestanden, der schlimmste Feind der Vereinigten Staaten ist ihr schlechter Geschmack.«

Der Reporter, der diese Äußerungen zitierte, fügte erklärend hinzu, daß sie von dem größten ausländischen Zeichner stammten. Er gebrauchte den Ausdruck *foreign cartoonist*. Da kannte Iribe keine Hemmungen mehr. Er hielt den Augenblick für gekommen, Vorteile aus dem zu ziehen, was er bis dahin zu verbergen gesucht hatte. War er hinfort nicht berühmt genug, um sich mit seiner Herkunft zu brüsten? Er behauptete, daß die mächtigsten Länder alle in irgendeinem Moment ihrer Geschichte etwas von ihrem Ansehen den Basken verdankten. Angefangen mit den USA ... War Christoph Kolumbus nicht ein Baske? Und Noah? Im Grunde genommen war diese Wahrheit so alt wie die Sintflut.

Der Reporter notierte Wort für Wort diese ganz neue Anschauung. Aber er erlaubte sich gewisse Reserven hinsichtlich der Tendenzen dieses *Hans-Dampf-in-allen-Künsten* und warf ihm vor, daß er seine Kreationen auf den Bereich des höchsten Luxus beschränkt habe. Eine Kritik, die Iribe mit einer Handbewegung beiseite fegte.

»Der Geschmack kommt immer von oben«, erklärte er, »nie von unten. Es ist schwerer, eine Lackkommode als einen Küchentisch herzustellen.«

Daraufhin ließ er sich mit seiner jungen Frau in einem entzückenden Cottage nieder, besuchte fleißig Hollywood und stürzte sich, wie alle andern, ins Filmgeschäft. Es waren Hollywoods goldene Jahre. Er lernte Cecil B. De Mille kennen. Iribes Stil, seine Fachkenntnisse auf vielen Gebieten – Zeichnen, Architektur, Kostüm-

und Mobiliargeschichte – mußten auf diesen Mann verführerisch wirken. Sogar seine Fehler ... Es waren dieselben wie die von De Mille.

Zunächst ließ er sich von dem jungen Franzosen Bühnenbilder und Kostüme für mehrere Filme entwerfen, insbesondere für *Man Slaughter*, bei dem De Mille selbst Regie führte. Leatrice Joy erregte in ihrer von Iribe ausgesuchten Garderobe so viel Aufsehen, daß dieser sofort zum *Artistic Director* aufstieg; damit wurden ihm Zeichner und Bühnenbildner unterstellt, von denen einige schon seit 1919 für Cecil B. De Mille arbeiteten. Aber Iribe hatte nicht, wie De Mille, die Gabe, sich unbeliebt zu machen, ohne daß die Anhänglichkeit seiner Mitarbeiter darunter litt.

De Mille wurde verehrt, Iribe hingegen ... Seine Auseinandersetzungen mit Mitchell Leisen, ihr Türenknallen und Geschrei sind bis heute nicht vergessen.

1923 wurde er mit der Ausführung der Kostüme und Bühnenbilder von *The Ten Commandments* (Die zehn Gebote) beauftragt. Leatrice Joy spielte wieder die Hauptrolle, aber keine Spur mehr von Mitchell Leisen, der, um nicht unter Iribe arbeiten zu müssen, abgelehnt hatte, bei der Superproduktion mitzuwirken.

Das Ägypten Iribes war ein Ägypten der zwanziger Jahre, lakkiert, goldglänzend und von einer Sphinx beherrscht, die imposanter als die von Gizeh war und über riesige Heiligtümer verfügte, in denen nicht eine sitzende oder aufrecht stehende Gottesfigur mit Hunde- oder Widderkopf fehlte. Unzählige Gottheiten, ein Heer von Statisten – das alles zeugte von einem außergewöhnlichen Einfallsreichtum.

Das Jahr 1924 brachte ihm eine weitere Beförderung, als er, mit De Milles Segen, sich selbst als Regisseur an *Changing Husbands* versuchte. Nur Leatrice Joy entging der Kritik. »*Amateurhaft*« ... erklärte die *New York Times*, die so weit ging, den Film als absurd zu bezeichnen.

Sofort machte Cecil B. De Mille einen Versuch, sich Mitchell Leisen wiederzuholen.

Der Hollywood-König zog dabei alle Register: er habe sich soeben von der Paramount getrennt; es sei nicht der richtige Moment, ihm seine Hilfe zu verweigern, zumal er selbst und nicht Iribe bei diesem Film Regie führen würde. Der Höhepunkt des Stücks sollte übrigens ein Eisenbahnunglück sein. Der Zug müßte in wenigen Sekunden auseinanderfliegen. Wer anders als Leisen war zu einer solchen Leistung fähig?

Leisen ließ sich erweichen. Aber die Katastrophe drohte sich nicht auf die Leinwand zu beschränken, als es zwischen ihm und Iribe zum Kampf kam. Am Ende der Dreharbeiten sprachen die beiden Männer kein Wort mehr miteinander.

Als Cecil B. De Mille *King of Kings* in Angriff nahm, blieb der Mitarbeiterstab derselbe: immer Leisen für die Kostüme, immer Iribe als künstlerischer Direktor. Das geschah nicht ohne Absicht. Ein Team mit ein paar heftigen inneren Spannungen war De Mille gar nicht so unlieb.

Auf anderen Gebieten hatte er die Vorsichtsmaßnahmen vervielfacht, damit nichts dem moralischen Ruf der Stars schade. Der Christus mußte sich vertraglich verpflichten, nie mit einer Zigarette im Mund gesehen zu werden. Er verpflichtete sich auch, keine Nachtlokale zu besuchen, und er durfte sich erst recht unter keinen Umständen vor Erscheinen des Films scheiden lassen. Nur so konnte er beim Publikum eine gewisse Glaubwürdigkeit gewinnen.

Die Sache platzte am Fuß von Golgatha, als De Mille feststellte, daß Iribe vergessen hatte, das Gewitter einzuplanen, und daß die Kreuzigungsszene dem Zufall überlassen war. Wußte man, wie Harry Warner sich am Kreuz halten sollte? Würde er an den Händen bluten? Iribe hatte an nichts gedacht.

Es war sein Todesurteil. Leisen willigte ein, Iribes Nachfolge anzutreten unter der Bedingung, nie mehr dessen Namen zu hören.

Als *King of Kings* einem religiösen Tribunal, das sich aus einem katholischen Geistlichen, einem Rabbiner, einem Vertreter der Orthodoxen Kirche und einem buddhistischen Mönch zusammensetzte, zur Zustimmung vorgeführt wurde, hatte Paul Iribe Kalifornien bereits auf Nimmerwiedersehen verlassen. Er war nach Paris zurückgekehrt, wo Maybell ihm in der Rue du Faubourg-Saint-Honoré ein Geschäft zum Geschenk gemacht hatte, an dessen Fassade der Name ihres Mannes in goldenen Lettern auf lackschwarzem Grund glänzte. Iribe kehrte zu seiner ersten Liebe zurück: den dekorativen Künsten.

Zu Möbeln, Stoffen, Teppichen und Schmuck kamen Innenausstattungen hinzu. Er nahm nur Aufträge von prominenten Persönlichkeiten an. So kam es, daß die Spinelly, deren Vorzimmer und Salon vom Atelier Martine gestaltet worden waren, Iribe für ihr Schlafzimmer engagierte. Der Dekorateur jenes Stars zu sein, den Colette und eine große Schar von Verehrern im Volke vertraulich »Spi« nannten! Konnte man sich eine Kundin vorstellen, die mehr Verständnis für ihn hätte? »Seine Unternehmungslust, die Freude am Risiko, die zwei, drei Töne aufeinanderprallen läßt, so daß ihr

Zusammenstoß erstaunt, dann bezaubert, die souveräne Freiheit in der Auswahl (...) fanden in Spinelly die ideale Komplizin. Da, wo ich nur mit amateurhaftem Blick Farbe und Arabeske bewunderte, sah die Spinelly zuerst nur die Bedeutung als Schmuck- und Konsumartikel, *die unbestreitbare Notwendigkeit des Luxus.*« Iribe fand in Spinelly die ideale Kundin. Wahrscheinlich betätigte er sich in diesem Zimmer nicht nur als Dekorateur. Denn kaum war es fertig, kaum »ausprobiert«, da brachte es ihm einen neuen Auftrag ein: die Ausstattung des Eßzimmers.

Die Spinelly genoß ein seltenes Vorrecht: sobald der einfache Mann sie sah, sei es in den Galerien des Casino de Montmartre oder in der Wandelhalle des *Européen*, nahm er sich die Freiheit, sie insgeheim zu duzen. Es war der Ausdruck einer unmittelbaren Vertrautheit. Außerdem setzte die Spinelly sich ganz ungeniert über viele Gepflogenheiten hinweg, so daß eine gewisse Presse entzückt war. Als aus ihrem Zusammentreffen mit einem Argentinier im Baskenland ein prächtiges Baby hervorging – »drei Schritte des ach so gefährlichen Tangos!«, wie sie der spanischen Zeitung, die sie interviewte, erklärte – da stürzten auch schon die Reporter herbei. Bei jedem Interview wurde das, was sie ihr »hôme« nannte, bis ins kleinste beschrieben: »Es hat etwas von einem Hindu-Tempel, einem griechischen Palast, einem persischen Alkoven und einer Cabaret-Loggia zugleich. Nachdem man das Vorzimmer durchquert hat, das von einem riesigen grünen Bronze-Buddha bewacht wird, tritt man in das mit Gold-Mosaik ausgelegte Atrium, in dessen rundem Bassin zwei Teleskop-Fische aus China schwimmen. Drei Marmorstufen führen in den Salon mit seiner Kristalldecke ... Dort in einem Lacksessel, der von zwei feuerspeienden Drachen gestützt wird, sitzt die Spinelly und erzählt uns, wie sie sich als junge Mutter fühlt.« Das von Iribe gestaltete Schlafzimmer war wie das übrige Appartement. Er entwarf für sie ein Messingbett, dessen Fuß eine Art goldenes Handzeichen darstellte. Die seegrünen Wände, der niedrige schwarzlackierte Tisch, alles war ein unbestreitbarer Erfolg. Aber das wichtigste war, daß das riesige Bett, das eine Stufe höher stand, zum Klatsch herausforderte.

Würde Iribe sich damit begnügen? Gewiß nicht. Er wurde Photograph, probierte neue Werbeverfahren aus, mischte Typographie und Photographie, tat sich mit Photomontagen hervor und errang 1931 in New York den zweiten Platz beim Werbewettbewerb, an dem fünfzig europäische Photographen aus acht verschiedenen Ländern teilnahmen. Er war Hoyningen-Huyne nur ein paar Längen voraus, aber ließ alles, was Europa an besten Kräften aufzubieten hatte, weit hinter sich. Baron Meyer und Man Ray mußten sich mit einer lobenden Erwähnung zufriedengeben.

Bald verdiente er enorm viel Geld, leistete sich zuerst einen Voisin mit silbernen Laternen und weißgepolsterten Kissen, dann ein Segelschiff, *La Belle de Mai*, dann ein Haus in Saint-Tropez. Etwas später geriet er in die Klemme und verkaufte Auto, Jacht und Haus. Dann setzte Maybell sich für ihn ein und ergatterte Verträge für ihn. So bekam sie einen Auftrag für Schmuck bei Cartier und einen zweiten ... bei Chanel.

Sie hatte sich mit Iribes Seitensprüngen abgefunden und daran gewöhnt, auf ihn zu warten. Ein Telegramm wie: »Kann nicht zurückkommen, aber liebe dich« genügte, um sie hinters Licht zu führen. In welchen Armen schlief er? Maybell glaubte, es sei typisch für einen französischen Mann.

Aber sie konnte sich immer schlechter damit abfinden, und eines Tages verließ sie ihn.

Es war ein paar Monate vor jenem Tag im Juli 1933, als Colette Iribe mit dem Dämon verglich.

Wenn man ein bißchen besser über sein Leben Bescheid weiß, versteht man, warum es zu diesem Vergleich kam.

Was Colette ihm schwer verzieh, war das Fehlen jener Qualitäten, die für Gabrielle so charakteristisch waren, vor allem eine: »Zum Glück hat sie nichts von dem ansteckenden Glanz des Goldes an sich behalten, jenem indiskreten Licht, das schwache, allzu begüterte Wesen ausstrahlen«, liest man in ihrem meisterhaften Porträt von Chanel.

Offensichtlich war Iribe diesem ansteckenden Glanz verfallen, und Colettes Antipathie rührte allein daher. Sie hätte ihn amüsant gefunden, wie er so inmitten seiner Reichtümer hockte und sich im Provisorischen einrichtete ... Aber daß er sich davon beherrschen ließ, machte ihn zum Dämon.

Das Ende des Faubourg

Was ging in der Villa Pillet-Will vor? Seltsame Wachsfiguren waren ins Erdgeschoß getragen worden. Man hatte sie aus den Hinterstübchen von Pariser Läden hervorgeholt, wo sie seit den ersten Jahren des Jahrhunderts schliefen, und sie wirkten so überraschend, daß man sich fragte, was zum Teufel Gabrielle wohl mit ihnen vorhaben mochte. Es waren keine Kleiderpuppen. Nur Büsten, wie man sie früher in den Schaufenstern der Friseure sah. Ohne den

Haarknoten ... Wachsbüsten mit wimpernverzierten Augen, tadellos geschminkt, mit kurzem Haarschnitt, und die, obwohl sie keine Arme hatten, zu leben schienen. Wären nicht die der Mode der dreißiger Jahre entsprechenden gezupften Augenbrauen gewesen, so hätte man ihrem Ausdruck nach glauben können, fünfzig Jahre zurückversetzt zu sein. Wie eigenartig das Ganze ... Solche Gegenstände hätten in der Rue Cambon keine Verwendung gefunden, wo die Mode immer noch ohne irgendwelchen Spuk auszukommen glaubte.

Chanels Kleider, strenger und nüchterner denn je, wurden von jungen Frauen mit unbeweglichen Gesichtern vorgeführt. Die Idee, die ihre Erscheinung in der vorhergehenden Saison verändert hatte, bestimmte weiterhin ihre Silhouette: gepolsterte Schultern. Seit fast zwei Jahren betonten die einflußreichsten Berichterstatter immer wieder, daß eine elegante Frau »breite Schultern« haben müsse: »Wenn Sie der rechte Typ sind, zögern Sie nicht, für den Alltag eine militärisch strenge Silhouette zu wählen ...«

Was hatte es also mit dem Aufstellen dieser leicht vorgebeugten, freundlich lächelnden Figuren auf sich?

Joseph hatte Anweisung bekommen, die Türen zum Hof geschlossen zu halten und niemanden hereinzulassen. Es entstand jedoch eine Welle der Neugier im Viertel, als sich herumsprach, daß Gabrielle den Polizeikommissar empfangen habe, daß sie gemeinsam die Türschlösser im Haus kontrolliert und ein Alarmsystem, ein ganzes Netz von Klingeln, angebracht hätten, so daß das Erdgeschoß des »Hôtel Pillet-Will« direkt an das Polizeikommissariat des Viertels angeschlossen sei. Wie sollte es geheimbleiben? Eines Nachts, als ein Gast aus Versehen den Fuß auf irgendeine Alarmleitung setzte, kam zur großen Aufregung der Concierge eine ganze Busladung voll Polizisten in den Hof gestürmt. In den oberen Etagen, in denen die Lichter schon gelöscht waren, wurde es wieder hell. Wütende Gesichter erschienen an den Fenstern. Der Ärger war groß. Was hatte diese verflixte Modeschöpferin sich nun wieder einfallen lassen? Man konnte nicht mal mehr ruhig schlafen.

Am 7. November 1932 wurde eine Ausstellung eröffnet, wie man sie in einem Privathaus noch nie gesehen hatte. Nichts als Schmuck, von dem kein einziges Stück zu kaufen war. Alle Schmuckstücke waren von Chanel entworfen. Wie sonderbar, daß eine Frau, die weder mit Diamanten handelte noch Goldschmiedin war, es unternahm, die Kunst dieser Schmuckart zu erneuern, und daß die *Ligue Internationale des Diamantaires* sich gerade an jene Frau wandte, die so bahnbrechend für den Modeschmuck gewirkt hatte, daß sie seinen Verkauf in großem Maßstab betrieb. Zwar hatte Gabrielle bei mehr als einer Gelegenheit behauptet, daß man, mit Ausnahme von Perlen, nur farbigen Schmuck tragen könne, aber sie hatte sich nun darauf eingelassen, nur das Weiß von Diamanten zu verwenden. Gabrielle und Diamanten? Man kann sich vorstellen, wie verblüfft ihre Mitarbeiter waren. Keine Frau, welcher sozialen Schicht sie auch immer angehörte, konnte übersehen, daß falsche Perlen gerade die große Mode waren. Sogar die Animierdamen trugen sie, sogar die Simone aus Aragons *Aurélien* in der orange-blauen Beleuchtung des *Lulli's ... Und ob ich Perlen trage! Das ist die große Mode jetzt... Sogar Leute, die echte haben, echte Perlen, kaufen diese jetzt meterweise. Jawohl!* Und die Frau, die ihre Zeitgenossinnen zum Modeschmuck überredet hatte, kam jetzt mit echtem? Und warum mußte man Eintritt bezahlen? Zwar ging der Gesamtbetrag der Eintrittsgelder an das *Oeuvre de l'allaitement maternel*, dem die Princesse de Poix vorstand, und an das *Oeuvre d'assistance à la classe moyenne*, deren Präsident ein Mitglied der Académie française war. Chanel als Wohlfahrtsdame mit der Sammelbüchse... für gute Zwecke... Und was für gute! Es war zum Lachen. Philantropische Gedanken waren ihr bis dahin fremd gewesen. Aber nun reihte sie sich ein in die Schar der karitativen Damen der höheren Gesellschaft. Was war passiert? Jeder merkte es: die Atmosphäre hatte sich verändert.

Die diamantengeschmückten Büsten vervielfältigten sich endlos in spiegelnden Wandschirmen. Die sehr schwache Beleuchtung rief auf den Steinen seltsame Lichtbrechungen hervor. Das Neuartige der Formen trat klar zutage. Die Armbänder, die alle auf verschiedene Weise getragen werden konnten, sahen aus wie breite Stulpen. Sie ließen sich nach Wunsch auseinandernehmen, so daß eine Frau, wenn sie es wollte, aus einem Schmuckstück vier machen konnte. Die Halsketten trug man nicht mehr eng am Hals, sondern sie fielen wie ein Sternenregen über die Schultern. Keine Tiaren mehr, sondern schmale Halbmonde, die mit unsichtbaren Spangen im Haar befestigt wurden. Auch keine Broschen mehr, sondern weiße Sonnen, die an langen Ketten, wie Steine an einer Kordel, hingen. Schließlich gab es ein barockes Schmuckstück, eine Art Stirnband, das man bewunderte, ohne auch nur einen Moment daran zu denken, daß man es tragen könnte. Es sah aus wie eine ägyptische Stirnlocke – etwa zehn Jahre später sollte daraus die »Chanel-Locke« werden –, aber sie war nicht aus Haar, sondern aus Diamanten, die alle gleich groß waren und wie ein glitzernder Vorhang bis zu den Augenbrauen herunterreichten.

Es ließe sich viel über die Bedeutung dieses Schmucks sagen, der nichts mehr mit der Mode zu tun hatte. Was sollte dieses chimärenhafte Schmuckstück? War es aus dem paradoxen Impuls heraus entstanden, dem kapillaren Element wieder zu seiner Bedeutung als Kopfputz zu verhelfen in einer Zeit, in der man nur daran dachte, abzuschneiden, glattzustreichen und einen »runden, kurzgeschorenen und wie einen Ebenholzknauf polierten Kopf« auf ein Nichts zu reduzieren? Es war wie ein Geständnis, fast ein Bedauern, diejenige gewesen zu sein, welche die Frau ihres Haars beraubt und sie dadurch entsexualisiert hatte. Denn ist nicht das Haar, *das Haar die Frau an sich in ihrem grundlegenden Anderssein*? Aber es war auch möglich, daß dieses Schmuckstück nur eine Art Skalp war, das sie dem Sieger, dem Diamantenmenschen Iribe, vor die Füße warf.

Wie dem auch sei, das neue Objekt, allein in einer Vitrine, die von Wächtern mit deutlich sichtbarem Revolver beschützt wurde, war die Hauptattraktion der Ausstellung.

Die Veranstaltung zog Scharen von französischen und ausländischen Juwelieren an. Nur »Leute vom Fach« waren zugelassen. Aber welchen Ranges auch immer jene unprofessionellen Freunde oder Gäste waren, für die Gabrielle eine Ausnahme gemacht hatte – sei es Etienne de Beaumont oder Fulco della Verdura – der eine ein französischer Graf, der andere ein italienischer Herzog, die beide Modeschmuck für Chanel entwarfen –, sei es ein Meister des guten Geschmacks wie Charles de Noailles oder seien es die Verkäuferinnen des Modehauses oder aber der getreue Joseph mit seiner damals zwanzigjährigen Tochter, alle dachten mit gemischten Gefühlen an diese Ausstellung zurück. Zweifellos war sie schön, und bisweilen sogar phantastisch, und doch, man wußte nicht recht, woran es lag, irgend etwas am Dekor schockierte. Eine Spur Hollywood. Und dieses *Zuviel* kam von Iribe.

Bis dahin hatte ihre Liaison, die seit einem Jahr andauerte, nur wenig Aufmerksamkeit erregt, ja sie war kaum bemerkt worden. Iribe hatte sich aus tausend Gründen, vor allem wohl, weil seine eigene Frau ahnungslos war, diskret verhalten. Höchstens Colette und Maurice Goudeket wußten, was vorging. Wenn überhaupt ... Und auch sie nur, weil es unumgänglich war. Das Haus, in dem die Liebenden sich insgeheim trafen, hatte Gabrielle von ihnen gekauft. »Ein Ort zum Techteln ...« Es lag oben auf den Höhen von Montfort-l'Amaury inmitten von Bäumen mit unzählig vielen Nestern. Colette hatte überall welche aufgehängt, und die Vögel hatten sie bald ausfindig gemacht. Sie kamen in Scharen angeflogen. *La Gerbière* ... so hieß das Haus, das Maurice Goudeket, »erdrosselt von der Wirtschaftskrise« und, wie Colette zu jener Zeit schrieb, »mit einem Dolch im Hintern« verkaufen mußte. In ihren Briefen war oft von finanziellen Schwierigkeiten die Rede: »Heiliger Himmel, Maurice und ich stecken wieder einmal in einer Klemme...« Die Folgen der Depression begannen sich in Frankreich bemerkbar zu machen. Aber Gabrielle schien es nicht zu berühren. Sie fuhr im Winter 1931 allein nach Montfort-l'Amaury, um *La Gerbière* zu kaufen. Es war kalt. Colette blieb am Feuer sitzen, während Goudeket und Gabrielle sich nach einem Rundgang durch den Garten einigten. War es soweit? Colette ahnte nicht, worum es ging. Als Gabrielle zurückkam, trat sie beiseite, um den Gast vorgehen zu lassen.

»Ich bitte Sie!« sagte Gabrielle. »Jetzt muß ich Ihnen den Vortritt lassen... weil ich hinfort ja hier zu Hause bin.«

Das war eine recht brutale Art, Colette beizubringen, daß *La Gerbière* ihr nicht mehr gehörte.

Gabrielle änderte sich. Man merkte es bei allen möglichen Gelegenheiten. So, zum Beispiel, als sie der Presse gegenüber Erklärungen mit einem höchst ungewöhnlichen patriotischen Beiklang abgab... Danach zu urteilen, hatte ihre Schmuckausstellung nur den einen Sinn gehabt, die Pariser Handwerker bekanntzumachen, von denen sie behauptete, daß sie »die besten der Welt« seien. Sie wollte auf keinen Fall den Juwelieren Konkurrenz machen, o nein! Sie interessierte sich nur für die Handwerker, welche »die Arbeitslosigkeit frei und freudlos machte«, und für das Juweliergewerbe, »eine typisch französische Kunst«. Ja, allerdings, der Luxus starb dahin, die Arbeitslosigkeit wurde immer größer, und wie konnte man anders darauf reagieren als mit Diamanten?

Alles wurde für sie zum Vorwand, dem Luxus eine rettende Funktion zuzuschreiben. Offensichtlich übernahm sie die Sprache Iribes.

Zur Zeit dieser Ausstellung nahm ihre Liaison eine offizielle Form an. Er zog zu ihr in den Faubourg. Seine unverhohlene Anwesenheit an ihrer Seite verwischte in ihr die Spuren von den vielen im Laufe ihres Lebens geknüpften Liebesverhältnissen und Verbindungen, die sie hatte geheimhalten müssen.

1933 kehrte, nach dreiundzwanzig Jahren des Schweigens, ein Verschollener in die Pariser Kioske zurück: *Le Témoin*. Paul Iribe war zugleich sein Herausgeber, sein Leitartikler und sein Hauptillustrator. Seine Zeichnungen hatten nichts von ihrer Kraft verloren, es war immer noch der gleiche beißende Witz, der unerbittliche Gebrauch von Schwarz, das großflächig angewandt wurde, ein Schwarz, das Kraft und Schönheit hervorbringt, ein ausdrucksvolles Schwarz, das ein ununterbrochenes *Crescendo* bewirkt. Nichts »Dekoratives«, wenig Zugeständnisse an »die Eleganz«, obwohl in graphischer Hinsicht *Le Témoin* nichts brachte, was man nicht schon kannte. Aber dann wurde alles verdorben, sogar der kraftvolle Strich, als Iribe zwei Farben, immer dieselben, in seine Zeichnungen aufnahm und die, sich von den freien weißen Flächen abhebend, dem Ganzen die unvermeidliche patriotische Note gaben: ein Fahnenrot und ein Fahnenblau ...

Bei den Texten kehrte in jeder Zeile das Wort *France* wieder. Es war stets dasselbe Thema, der Hauptakzent, ein Schlagwort, das bis zur Absurdität hervorgehoben wurde. Um Abonnenten zu gewinnen, genügte eine Formel: »*Le Témoin* spricht französisch. Abonnieren Sie ihn!« Jede Nummer hatte außerdem eine ganze Seite, auf der nur eine blau-weiß-rote Blume dargestellt war mit der Unterschrift: »Es gibt keine Luxusindustrien, es gibt nur französische Industrien.« Ein Werbeinserat? Es war hinausgeworfenes Geld. War Gabrielle sich darüber im klaren? Sie allein finanzierte diese Publikation, und *Le Témoin* wurde von einer Société Chanel herausgegeben.

Die Idee als solche hatte etwas Verführerisches. Gabrielle glaubte Iribe damit glücklich zu machen, und gleichzeitig sicherte sie sich so die Mitarbeit eines Künstlers, der politische Aktualität und Geschäftssinn geschickt miteinander in Einklang zu bringen verstand und damit etwas ganz Neues in die Werbung einführte. Die liebende Frau kam bei diesem Arrangement ebenso auf ihre Kosten wie die Geschäftsfrau.

Aber während man ein paar Jahre früher noch einen neuen Geist gespürt hatte, als Iribe sich mit seinem Talent für eine Weinmarke einsetzte, war es beim *Témoin* anders. Das Komische hatte einem sehr üblen Chauvinismus Platz gemacht. Nationalist, Antiparlamentarier, Reaktionär – Iribe war all das zugleich. Er war es wie andere wirrköpfige Bürger jener Zeit. Aber warum mußten seine Artikel so schlecht sein? Seine künstlerischen Ziele schienen von jenen Störenfrieden diktiert zu werden, die in Frankreich die Rückkehr zu *gesunden Formen* und vaterländischer Selbstgefälligkeit predigten, wie es das faschistische Italien und das nazistische Deutschland taten. Iribe war der Mann geworden, der die Verbindung von Kunst und »Kubus« – er meinte damit die moderne Kunst – anprangerte und wünschte, daß man den Menschen von »der hassenswerten Maschine« wegreiße, die das Grundübel der Menschheit sei. »Werden wir die Blume auf dem Altar des Kubus und der Maschine opfern?« Oder »die Herrschaft der Maschine bedeutet den Ansturm der europäischen Gesinnung gegen die französische, das heißt den Ansturm des Harten, Kalten, Hygienischen gegen Grazie, Weiblichkeit und Luxus.« Diese wenigen Zitate genügen, um einen Eindruck von seinem Stil zu vermitteln. Fügt man hinzu: »In einer Zeit, da alle Fahnen einfarbig und alle Meinungen einheitlich sein wollen, ist es gut, drei Farben zu lieben«, so sieht man daran, wie groß seine Xenophobie war. Wenn man ihn las, konnte man meinen, daß Frankreich das ewige Opfer einer großen internationalen Verschwörung sei. Zu den Feinden im Lande – die zwangsläufig »Samuel« oder »Lévy« hießen oder »die Fremden«, Léon Blum und seine »judeo-freimaurerische Mafia«, »der Spion Thorez und sein rotes Pack« genannt wurden – kamen die Feinde im Ausland hinzu: die UdSSR und ihre barbarischen Horden, das perfide Albion und, man weiß nicht recht warum, Amerika. Wenn er auch Hitler anprangerte und Deutschlands Einmarsch in Österreich bedauerte, so bewunderte er doch allzusehr Ordnung und Stärke, um direkt etwas gegen das »Reich« zu sagen.

Trotz seiner bewundernswerten Illustrationen war *Le Témoin* doch nur der sinnlose Abglanz der Presse jener Jahre, zumindest der sogenannten patriotischen Presse, welche die ehemaligen Kriegsteilnehmer und jungen Anhänger rechtsgerichteter Verbände die *Francistes* von Marcel Bucard, die *Croix-de-Feu*-Bewegung von Oberst de La Rocque und die Stoßtrupps der Cagoule anfeuerte. »Frankreich den Franzosen!« Das von seinem Werbeinhalt befreite und zu anderen Zwecken benutzte Schlagwort Iribes gehörte zu denen, die für die blutigen Aufstände des 6. Februar als Vorwand dienten.

Freilich hatte *Le Témoin* nur einen beschränkten Leserkreis, und man darf seine Bedeutung nicht überschätzen. Das alles wäre nicht weiter wichtig, wenn es nicht in Gabrielles Leben den Übergang von politischer Gleichgültigkeit zu einer Konzeption der Zukunft zeigte, die zwar unaufhörlich durch zahllose Widersprüche strapaziert wurde, sich aber dennoch von Iribes Meinungen herleitete. Und auch das wäre nicht schlimm, wenn Iribe sie nicht auch bildmäßig festgelegt hätte. Die Republik? Das war Gabrielle. Sie symbolisierte das Kalvarium Frankreichs in der Gestalt einer gekreuzigten Marianne, die unter ihrer unvermeidlichen phrygischen Mütze ihre Seele aufgab, sie war jener Leichnam mit nackten Brüsten, sie war das ausgesuchte Opfer unter den Schaufeln Erde eines Totengräbers, der kein anderer als Daladier war; und sie war schließlich dieses unschuldige Frankreich, das sich dem grinsenden Tribunal von Roosevelt, Chamberlain, Hitler und Mussolini als Richtern gegenübersah. Und wie könnte es anders sein – vereint, verbündet fielen sie über die unglückliche *Grandeur française* her und waren verantwortlich für die *Wirren*, die Frankreich bedrohten.

Politisch hatten Iribes Zeichnungen keine Bedeutung. Historisch gesehen, bleiben sie das Spiegelbild der Denkart einer Klasse, die sich in ihrem Wohlstand bedroht sah und ihren eigenen möglichen Untergang mit dem Ende der französischen Vorherrschaft gleichsetzte. Man sah an den Kiosken und auf den Tischen dieses Frauengesicht, das deutlich als Gabrielles zu erkennen war und das die bedrohten Werte retten sollte. War sie stolz auf die Rolle, die Iribe ihr zuwies? War sie gerührt? Die zweite Hypothese ist die wahrscheinlichere. Kein Mann vor Iribe hatte sie so *zur Schau gestellt.*

So dachte sie daran, für ihn das zu tun, was sie noch für niemanden getan hatte: ihn in ihr Berufsleben hineinzuziehen, die Macht, die sie bis dahin so eifersüchtig für sich allein bewahrt hatte, mit ihm zu teilen. Ja, sie war glücklich, daß sie nichts mehr zu verbergen brauchte.

Als ihre Auseinandersetzungen mit der *Société des parfums Chanel* begannen und alles für sie zum Vorwand wurde, einen Prozeß nach dem anderen gegen ihre Teilhaber anzustrengen, war es Iribe, den sie an ihrer Stelle als Vorsitzenden zu der Versammlung schickte, obwohl er nicht dazu berechtigt war. Sie fühlte sich geschädigt. Iribe wurde ihr Vertrauter, der Paladin, der den Auftrag hatte, sie zu verteidigen.

Auch das war etwas Neues.

Man merkte, daß sie sich neuerdings auf einen Mann verließ.

Die Gerüchte fanden also ihre Bestätigung, und Colette sprach es, immer noch in jenem Jahr 1933, wieder einmal aus: »... Ich habe gerade erfahren, daß Iribe Chanel heiratet. Bist Du nicht entsetzt darüber – wegen Chanel? Dieser Mann ist wahrhaftig ein interessanter Dämon.«

Ein Aufstand direkt vor Gabrielles Tür. Der 6. Februar trieb 40000 Demonstranten auf die Place de la Concorde. Die beste Sicht hatte man von der Stelle aus, wo das erste Opfer fiel: Corentine Gourlan, dreiunddreißig Jahre alt, Zimmermädchen im Hotel Crillon. Vom Balkon dieses schönen Gebäudes, im Schutze von Gabriels Kolonnade, konnte man den Angriff der berittenen Garde beobachten, die bald den Zugang zum Palais Bourbon, bald den zum Faubourg versperrte. In den Bäumen sah man bewaffnete

Männer, welche die Demonstranten schützen sollten. Man sah die *Anciens Combattants*, den Verband der ehemaligen Kriegsteilnehmer, die von der Terrasse der Tuilerien Pflastersteine auf den Ordnungsdienst herunterschleuderten, während andere das Marineministerium in Brand steckten. Man sah am Fuße des Obelisken einen Autobus in Flammen stehen, man sah auch die berittene Polizei, die mit heftigen Säbelhieben auf gestiefelte junge Männer mit Baskenmütze einschlug, und in der Ferne Herren mit klirrender Brust, welche, die *Marseillaise* singend und Stöcke schwingend, die Champs-Elysées herunterkamen. Ihre Stöcke waren keine gewöhnlichen Spazierstöcke. Eine Rasierklinge war an ihrem Ende befestigt, so daß sie den Pferden die Fesseln durchschneiden konnten.

Als die Schießerei sich ausbreitete, drang der Tumult in den Faubourg vor.

Frankreich hatte einen etwas rührseligen Präsidenten, den entschlossene Gendarmen schützten. Die Herren mit ihren klirrenden Brustkörben gelangten dennoch bis in die unmittelbare Nähe seines Palastes. Sie ließen auf dem Pflaster des Faubourg etwa fünfzig Schwerverletzte zurück. Aber es war ihnen nicht gelungen, die Sperre, die sich ihnen entgegenstellte, zu durchbrechen. Das Elysée hatte standgehalten.

Kurz vor Mitternacht beschloß ein Gendarmerieoffizier, der an den Kampfplatz geschickt worden war, obwohl er an jenem Abend keinen Dienst hatte, zur Tat zu schreiten. Mit dem, was von der berittenen Garde noch übrig war, versuchte er, den Platz zu säubern. Es war Oberst Simon, der den Angriff befahl und so dem Aufstand ein Ende bereitete.

Um zwei Uhr morgens hatten die gestiefelten jungen Leute es aufgegeben, die Abgeordneten aus ihrer Kammer zu verjagen, und die Herren mit ihren schneidenden Spazierstöcken hatten die Schlacht verloren. Sie hatten sich vorgestellt, das Palais Bourbon im Sturm zu erobern, unverzüglich eine provisorische Regierung auszurufen und den Präsidenten aus dem Elysée zu vertreiben, aber alles war gescheitert.

Seit den Kämpfen der Kommune hatte Paris nie mehr eine solche Nacht erlebt.

Welchen Einfluß hatten diese Ereignisse auf Gabrielles Entschluß? Im Frühjahr 1934 teilte sie ihrem getreuen Joseph mit, daß sie ihn entlassen werde. Sie werde ihren Mietvertrag nicht erneuern und aus dem Faubourg ausziehen. Die Auswirkungen der Wirtschaftskrise hatten sich schließlich doch bemerkbar gemacht. Die französische Produktion wurde kleiner und das Elend größer.

Würde es eine Abwertung geben? Sie wollte ihren Lebensstil vereinfachen. Außer ihrem Zimmermädchen entließ Gabrielle ihr ganzes Personal und zog mit ihren Möbeln in das Hotel, das bis zu ihrem Tod ihre einzige Pariser Residenz sein sollte: das Ritz.

Gabrielle und Joseph Leclerc gingen »im Streit« auseinander.

Er hat nie erzählt, worum es bei dieser letzten Auseinandersetzung ging. Er hatte das Drama Capel miterlebt, den Großfürsten Dimitri empfangen, Reverdy eingelassen, den Herzog von Westminster bedient und viele andere mehr ... Er kannte alles bis ins kleinste. Es blieb nicht aus, daß er mit Fragen bestürmt wurde, aber er sagte nie ein Wort.

Jedes Jahr, zur Zeit der Kollektionen, las Joseph die Zeitungen mit etwas größerer Aufmerksamkeit. Aber er sah Chanel nie wieder, und er schrieb ihr nie eine Zeile.

Wahrscheinlich sagte er sich, daß sein Schicksal wohl typisch für das eines Hausangestellten sei. Gabrielle würde Iribe heiraten. Sie wollte keine Erinnerungen mitnehmen, keine Zeugen. Auf der Schwelle zu einem neuen Leben sah sie sich gezwungen, ihr Personal zu entlassen. Es war immer das gleiche bei den Frauen. Wenn sie den Ehemann wechselten, mußte auch der Maître d'hôtel gewechselt werden. War es anders gewesen, als Misia Edwards Misia Sert wurde? Sie hatte sich auch von ihrem Joseph getrennt.

Joseph Leclerc hütete sich davor, die geringste Verbitterung gegenüber jener Frau zu zeigen, die ihn nach sechzehn Jahren treuen Dienstes so brutal wegschickte. Aber solange er lebte, diente Joseph ihr weiter ... durch sein Schweigen.

Er starb 1957, an einem Julitag. Es war nach Gabrielles Comeback. Sie war seit drei Jahren wieder in der Rue Cambon. Joseph hatte ihr Unternehmen wohl genau verfolgt, denn als er starb, hörten seine Angehörigen ihn murmeln: »Heute ist Kollektion ...«

Ein unleugbarer Wandertrieb hatte Gabrielle aus dem Faubourg vertrieben. Ihre ganze Aufmerksamkeit galt nun *La Pausa.* Dort würde sie hinfort *zu Hause* sein. Ihr Bruch mit dem Herzog von Westminster hatte diesem keine Zeit mehr gelassen, den fertigen Garten und die Salons in ihrer endgültigen Form zu sehen. Was das Ritz betraf, so hatte sie dort ein Appartement gemietet, ihre Coromandel-Wandschirme entfaltet und ein ebenso prunkvolles Dekor wie im Faubourg aufgestellt. Aber das Angenehme war, daß sie nie zuvor dort gewohnt hatte. Auch in dieser Hinsicht hatte sie erreicht, was sie wünschte: ein neues Leben. Wann würde die Hochzeit sein, an der niemand mehr zweifelte?

Iribe hatte gerade erst seine Trennung von Maybell durchgesetzt, als er in die *Pausa* einzog. Er beherrschte Gabrielle, die ihm gern die Vorrechte eines Hausherrn einräumte. Sie liebte ihre eigene Schwäche, also war sie verliebt.

In diesem Sommer war sie entschlossen, jeden Tag in *La Pausa* zu einem Festtag zu machen. Zum Teufel mit den Pessimisten! Zum Teufel mit allem, was im letzten Winter und Frühjahr passiert war! Es sollte sie hier, an diesem Ufer und während der Atempause, die sie dort genoß, nicht stören. Vor und hinter dem Haus: die Dünung der Olivenbäume, die der Seewind streichelte. Ferien ... *La Pausa* war es wert, daß man alles übrige vergaß.

Im Januar hatte sich das Saarland mit großer Mehrheit für seinen Wiederanschluß an Deutschland ausgesprochen, ein Recht, das niemand ihm streitig machen wollte[51]. Aber es hatte jenseits des Rheins eine Explosion kriegerischer Freude mit Liedern, Versammlungen, erhobenen Armen und Blumenregen bei Aufmärschen der Braunhemden zur Folge gehabt. Das war kein Wunder. Nach einem solchen Sieg ... Das konnte mehr als einem vernünftigen Mann den Kopf verdrehen. Außerdem machten die jungen Leute Eindruck. Man mußte zugeben, daß sie etwas mehr Schliff hatten als die Roten Falken oder andere Hitzköpfe ihrer Art. Im März hatte Hitler den Militärdienst wieder eingeführt und verkündet, daß Deutschland endlich wieder eine Armee haben werde, auf die es stolz sein könnte. Glückliche Deutsche! Aber war es möglich, die Klauseln eines Vertrages derart zu mißachten? Welches Vertrages? Welche Klauseln? Versailles und seine Restriktivklauseln ... Da fing es schon wieder an! Es fehlte nicht viel, und man würde sich den ganzen Sommer mit dem Jammern über einen Fetzen Papier verderben. Es war wirklich empörend. Nie konnte man in Ruhe seine Ferien verleben. Irgendwas war immer los. Im Jahr davor ... Schon im letzten Sommer hatte das Scheitern der Abrüstungskonferenz Stürme hervorgerufen. Denn Roquebrune war wie eine britische Enklave. Die Engländer am Mittelmeer, Gabrielles vornehme Nachbarn, hatten viel Aufhebens davon gemacht. Winston tobte angeblich. Er fand, man hätte der deutschen Wiederbewaffnung zuvorkommen müssen. Aber wieso mischte er sich ein? Er war nicht mehr im Rennen. Die sozialen Unruhen, der Krieg ... Würde man denn an nichts anderes mehr denken können? Und wie viele schöne Worte, wieviel Phrasen waren nötig, um die Realität zu verbergen. Gabrielle gab sich die größte Mühe. Daß ihre Strandanzüge überall getragen wurden und man sie wie eine auswendig gelernte Lektion kopierte, daß es mit den superweiten Hosen zu Ende war und daß man, wenn man mit der Mode gehen wollte, sie wie Gabrielle tragen mußte, weder weiter noch enger als Herrenhosen – das war der Gesprächsstoff in *La Pausa*. Hinzu kamen die Bälle zu Beginn der Saison und die Abendkleider mit ihren komischen Ärmeln wie Schaumkronen, die gar nicht am Oberteil festgemacht waren, Ärmel wie Armbänder aus gerafftem Tüll, die über den Ellbogen geschoben wurden. Ein Einfall von Gabrielle... Was würde sie wohl im Herbst erfinden, um die Neue, diese Schiaparelli, diese Italienerin, die ihr gar zu sehr ins Gehege kam, niederzustrecken? Sie war nicht mehr so leicht beiseite zu schieben. Sie existierte. Sie schnappte Gabrielle sogar ihre Kundinnen weg. Daß Frauen bereit waren, clownartige Hüte und Reitjacken zu tragen, brachte Gabrielle außer sich. Zum ersten Mal in fünfzehn Jahren würde Gabrielle mit Konkurrenz rechnen müssen. Aber das kam erst nach den Ferien... Dann würde doppelt gearbeitet werden, aber nicht früher.

Das war im Sommer 1935, in jenem Sommer, als Iribe auf dem Tennisplatz gerade in dem Moment zusammenbrach, als Gabrielle dort ankam. Er hatte gerade noch seine Augen auf sie richten können. Der Zusammengebrochene wurde bewußtlos aufgehoben und starb in einer Klinik in Menton, ohne das Bewußtsein wiedererlangt zu haben.

Dort, an der Côte d'Azur in ihrer sommerlichen Pracht, erlebte Gabrielle zum zweiten Mal einen Schock wie beim Tod von Boy.

Sie litt unsagbar.

Aber fast ohne ein Klagewort.

Wieder einmal eilte Misia herbei. Die erfahrene Musikerin mit feinem Ohr begegnete Gabrielles Schweigen mit scharfsichtiger, kritischer Aufmerksamkeit. Sie spürte heraus, wieviel Unglück dieses Schweigen ausdrückte und wieviel es verbarg. Sie deutete es richtig: es war ein furchtbarer Schrei. Wieviel Hilfe wurde Gabrielle durch diese Freundin zuteil, die sie nie mehr verließ!

Es vergingen Wochen.

In der glühenden Augusthitze Roms brüllten Männer in schwarzen Hemden: »Wir wollen unseren Platz an der Sonne« und schwitzten. Was die Sonne betraf, so versprach Mussolini ihnen ein afrikanisches Abenteuer. Die vernichtenden Erklärungen, die er einem Vertreter der englischen Presse gegenüber machte, wirkten sich sofort auf die Engländer an der Côte d'Azur aus. In Gabrielles Umgebung herrschten allgemein Zweifel. Alle glaubten an einen Bluff. Der *Daily Mail* wurde in aller Ausführlichkeit diskutiert.

Am 29. August 1935 mahnte die Stimme des Mannes, der ebenso viele Hoffnungen von links wie Haß von rechts auf sich vereinte:

»... Daß unsere geschäftigen Kollegen und die Regierung, deren Interpreten sie sind, sich diese immerhin einfache Wahrheit so recht klarmachen sollten: Wenn der Krieg einmal in Äthiopien begonnen hat, wird niemand, und sei er noch so schlau, imstande sein, seine Folgen zu ermessen oder zu begrenzen.« Aber *Le Populaire* ... Wer las in diesen Kreisen *Le Populaire*?

Es wurde Herbst.

Der italienische Angriff auf Äthiopien im Oktober wirkte wie eine Bombe. Die Saison fing wahrhaftig schlecht an.

Gabrielle kehrte nach Paris zurück. Sie war wieder einmal allein, allein mit ihren Beschlüssen, Entscheidungen und neuen Ideen. Sie machte Pläne. Sie willigte ein, Cocteau anzuhören, der ihr von einem Stück erzählte, das er schreiben wollte: *Oedipe roi*. Gabrielle sollte die Kostüme machen. Jean Renoir dachte an einen Film: *La Règle du jeu*. Auch er wollte sie haben. »Es soll ein schöner Film werden, mit Stars wie Paulette Dubost und Mila Parely.« Er drängte sie, sie möge doch zusagen.

So bemühte sich jeder und glaubte, Gabrielle durch die Arbeit zu heilen. Aber alle, die sie gut kannten, merkten genau, daß sie nicht mehr dieselbe war. Das Glück gehörte hinfort zu den Chimären – das war die Veränderung, die alles weitere erklärte.

Eine denkwürdige Freude

Was für ein seltsames Jahr, das mit so viel Gewalttätigkeit, Berauschtheit und einer kurzen Aufheiterung mit Akkordeonmusik im April begann. Ein Volk außer Rand und Band, aber nur für kurze Zeit. Ein Jahr, in dem man nichts vorhersehen konnte, nicht das kleinste Ereignis, nicht einmal die Art, in der es die Menschen bis an ihre äußersten Grenzen treiben würde.

Da war ... Aber beginnen wir von vorne. Da war der Fanatismus, der in Frankreich ein noch nie erreichtes Ausmaß annahm. Es war wie ein Taumel ... Da war Blum, der von einer Gruppe junger »Patrioten« aus seinem Wagen gezerrt und zusammengeschlagen wurde. Da waren die Arbeiter eines nahe gelegenen Bauplatzes, die ihn mit knapper Not retteten und ins Krankenhaus brachten. Es geschah am 13. Februar. So war das Frankreich des Jahres 1936: Ein Greis beschwor seine Leser, das Vaterland von »diesem deutschen Juden, diesem Monstrum der demokratischen Republik« zu befreien, und wünschte, man möge ihn von hinten abknallen, oder schlimmer noch: »Blum ist weder Engländer noch Deutscher, noch Franzose: er ist der Fremde schlechthin. Es ist sein Schicksal, Zerstörer zu sein ... Er ist es, dessen Schuhsohlen auf unserem Heimatboden die fette Spur der Gettos hinterlassen, aus denen er hervorgegangen ist.«

Im Rheinland gelang der deutschen Armee ein Gewaltstreich, und um diesen eklatanten Akt der Provokation in Worten auszudrücken, erwiesen sich die Leute in den Staatskanzleien als höchst erfinderisch. »Symbolische Besetzung«, erklärte der Baron Konstantin von Neurath den französischen und englischen Botschaftern gegenüber, und vielleicht glaubte dieser Mann aus einer anderen Zeit selbst an das, was er sagte. Es fielen Worte, die einen neuen Klang hatten, bedrohliche Worte, die jedoch die alten Gewohnheiten in keiner Weise erschütterten. So das Wort »Schulung«, das in Militärtelephone geschrien wurde. »Schulung«, das die erste einer langen Reihe vernichtender Operationen auslöste. »Schulung! Schulung!«, die Reichswehr drang ins Rheinland ein, es war an einem Sonnabend, dem 7. März, und die Mitglieder des britischen Kabinetts respektierten die Tradition des Weekends.

Die Diplomaten auf bescheideneren Posten, die genau Bescheid wußten, informierten die Diplomaten in Spitzenpositionen, die nichts davon hören wollten. Ein französischer Konsul in Köln meldete in seinen Depeschen, daß neue Kasernen wie Pilze aus dem Boden schössen, daß die Flugplätze vergrößert würden und daß massenweise Soldaten, angeblich für zivile Funktionen, einträfen. Er wies eindringlich darauf hin, aber es blieb ohne Wirkung. Brave Funktionäre am Quai d'Orsay empfingen seine Depeschen, lasen sie und hefteten sie ab, ohne darauf einzugehen.

Was für ein seltsames Jahr, in dem sogar das Wetter nicht mehr den Jahreszeiten entsprach! Am 26. April 1936 regnete es in Frankreich, und zwar in Strömen. In das vom Himmel herabströmende Wasser setzten manche ihre Hoffnungen: es war Wahltag, und die Franzosen würden zu Hause bleiben. Aber 85 % der Wähler gingen zu den Urnen, und damit siegte die Volksfront.

»Eine angstgelähmte Bourgeoisie«, lautete die Bemerkung eines ausländischen Beobachters.

In den vornehmen Vierteln wartete man ab. Hinter geschlossenen Fensterläden warteten manche auf den Ansturm der Volksmassen, der nicht stattfand. Eine aggressiv gesinnte Dame der guten Gesellschaft wartete auf Blum, »um ihm ins Gesicht zu spucken«. Und eine andere, weniger aggressive, aber ebenso törichte Person schrieb an eine römische Freundin: »Meine Liebe, in Paris passieren schreckliche Dinge. Mein Friseur hat mich warten lassen: *Prinzessin*, sagte er zu mir, *die Leute meines Schlags haben auch ihre Rechte*... so weit ist es gekommen!«

Die Feindseligkeit der begüterten Kreise war allgemein, äußerte sich aber auf verschiedene Weise: diejenigen, die ihr Kapital schon im Ausland hatten, zeigten sich grimmig, die andern, die sich hatten überraschen lassen, waren in Panik. Alle kauften Gold. In dieser geistigen Verfassung war im Jahre 1936 jene soziale Schicht, aus der sich der größte Teil von Gabrielles Kundschaft zusammensetzte. Sie selbst blieb nicht einen einzigen Tag hinter geschlossenen Fensterläden, und das Haus Chanel wartete weiterhin mit offenen Türen auf eine Kundschaft, die sich verkroch.

Die Börse krachte zusammen.

Es war ein Frühling der einfachen Worte, die man hören und begreifen konnte, ohne studiert zu haben: die Vierzig-Stunden-Woche, Kollektivverträge, bezahlter Urlaub, Amnestie, war das nicht klar genug? Klar für französische Ohren, klar für Ausländer, ja so klar, daß man es bis in die Strafkolonien von Cayenne, die Gefängnisse des Maghreb und der Levante hören konnte: die politischen Gefangenen vernahmen ihre Befreiung.

Aber das war erst der Anfang.

Danach kamen andere Reformen: Die Nationalisierung der Kriegsindustrien, die Reform des Status der Banque de France, die Verlängerung der Schulpflicht, usw. Das waren die Worte, für die, zum erstenmal in der Geschichte des Landes, ein sozialistischer Ministerpräsident, der obendrein noch Jude war, an die Macht kam.

Als dann die Mai-Welle hereinbrach und immer mehr Fabriken besetzt wurden, so daß die Existenz des Landes gefährdet war, fiel ein anderer Satz, der ebenso einfach, ebenso klar war: *Es genügt nicht, einen Streik anzufangen, man muß ihn auch beenden können.* Das war eindeutig. Die Arbeit wurde wiederaufgenommen, die Wirtschaft kam wieder in Gang, und man feierte den 14. Juli.

Was für ein Fest! Von der Concorde bis zur Bastille vierhunderttausend Menschen, das war eine Menge! An den Straßenecken riß man sich um Kokarden und Fähnchen, und die Verkäuferinnen riefen ihre Ware, phrygische Mützen, aus wie auf dem Wochenmarkt. Es war wie ein unverhofftes Ballfest, bei dem alles der Improvisation überlassen war. Aber gibt es schönere Feste als die des Zufalls?

Die von Zweifeln gepeinigten Kleinbürger und kleinen Sparer, die den Umzügen auswichen, fragten sich: »Sollte das alles sein?« Sie sahen, wenn man so was sehen nennen kann, diese *Schweine von Streikenden*, diese *Verräter*, diese *Aufrührer*, sie sahen sie und konnten sich nicht fassen vor Staunen. Daß sie sich eine ganze Woche aus Angst, unter das Messer der Revolutionäre zu geraten, versteckt hatten, und nun lustige Kerle vor sich sahen, die wie brave Rekruten Kokarden trugen und die Mädchen herumschwenkten! Was hatten sie wohl erwartet? ... Die Halsabschneider tanzten zu Musette-Weisen.

Und Gabrielle in der Mai-Welle? Gabrielle inmitten der Streiks, allein an der Spitze ihrer viertausend Angestellten? Wie groß war ihre Empörung!

Daß die Männer streikten, ging noch an. Es war zwar schon schockierend genug. Aber sie mußten es schließlich selbst wissen. Anfangs bewahrte sie ruhig Blut. Die Automobilarbeiter – Hotchkiss, Rosengart, Panhard und Levassor, Hispano-Suiza, die Eisenbahnarbeiter, die Postangestellten, die Metallindustriearbeiter, das Baugewerbe, die Tankstellen, die Taxis, die Cafés, die Restaurants, alles streikte, aber das war Männersache. Sie glaubte, weiter würde es nicht gehen. Und wie war es mit dem Brot? Der Streik der Bäcker? Die Bäcker waren Männer.

Als die Streikwelle auf die Textilbranche übergriff, war Gabrielle sprachlos. Stoffe, Gewebe, Jersey, Spitzen, das waren nun mal weibliche Gebrauchsartikel, selbst wenn Männer bei der Herstellung mitwirkten. Das Textilgewerbe im Streik – das traf sie direkt. Sie empfand es als eine persönliche Beleidigung. Wie konnte man ihr so was antun! Begriff sie, ja ahnte sie überhaupt, daß gerade diese Auffassung von Autorität, diese Denkart der Industriekapitäne des neunzehnten Jahrhunderts, in Frage gestellt wurde? Wenn man ihr gesagt hätte, daß der Chef von Gottes Gnaden als erster den Ereignissen zum Opfer fallen werde und daß das Jahr 1936 in der Geschichte sein Todesurteil bedeutete, hätte sie es dann geglaubt? Bereitschaft zum Dialog, vor den Arbeitern Rechenschaft ablegen, das fehlte noch! Diese Männer waren verrückt, sagte sie sich wiederholte sie immer wieder. Sie, die Frau, war entschlossen, nichts an ihrem Regierungsstil zu ändern.

Und sie änderte tatsächlich nichts. Sie achtete nur noch mehr darauf, daß ihre Näherinnen pünktlich waren und mehr Eifer zeigten als gewöhnlich.

Als sie erfuhr, daß die führenden Leute in der Textilindustrie sich mit dem nötigen Kampfgeist gegen die Matignon-Verträge auflehnten und sich weigerten, die Gehaltserhöhungen durchzuführen, da fanden sie bei Gabrielle die Achtung wieder, die sie verloren hatten. Sie sprach ihnen Mut zu. Endlich! Die Männer wurden wieder vernünftig ... Das war ein gutes Zeichen, und ihr Beispiel, daran zweifelte sie nicht, würde befolgt werden. Aber fast unmittelbar danach griff der Streik auf die großen Kaufhäuser über. Er erfaßte auch das weibliche Personal, und Gabrielle war entsetzt. Die Frauen streikten! Konnte man sich so etwas vorstellen? Verkäuferinnen, die um die Verkaufstische herumtanzten, auf den Treppen picknickten – das alles im Schutz der geschlossenen Türen und unter den Glaskuppeln der goldenen Tempel des Handels, des *Printemps* und der *Galeries Lafayette* – ja wirklich, das war die Revolution.

Daß mit den Streiks gewissermaßen auch der Sieg gefeiert wurde, das Recht, Gewerkschaften zu bilden, was in den USA und vor 1933 auch in Deutschland, jedoch bis 1936 in Frankreich noch nicht erlaubt war, davon wollte sie nichts wissen.

»In den USA? Kommen Sie mir nicht mit den USA! Die haben uns nichts beizubringen, jedenfalls nicht in puncto Eleganz. Nein, nein! Mit solchen Ideen werden Sie nicht weit kommen, das sage ich Ihnen ...«

Alles war Kostüm für sie, und wenn man sie so hörte, glaubte man noch Iribe reden zu hören.

Wenn man auf die Gehälter zu sprechen kam, explodierte sie.

»Reden Sie doch keinen Unsinn!«

Daß Frauen versucht hatten, sich mittels eines Streiks in einem Land durchzusetzen, wo die Frauengehälter beschämend niedrig waren brachte sie außer sich. Sie behauptete, daß 1936 die Gehälter bei Chanel »durchaus angemessen« waren, und daß sie außerdem die einzige gewesen sei, die ihre »zartesten Pflänzchen« nach Mimizan zur Erholung schickte.

Hier ging die Unterhaltung vom Dialog zum Monolog über, und es wurde unmöglich, sie zum Einhalten zu bringen.

Sie wurde ganz rot im Gesicht und rief aus: »Sie glauben wohl, das alles sei nur ein Lohnproblem gewesen? Na, ich kann Ihnen das Gegenteil beweisen. Die Leute wurden davon angesteckt wie von der spanischen Grippe, wie Schafe, welche die Drehkrankheit kriegen. Sogar die Bauern ... Ja, sogar die Bauern. Und bei ihnen ging's ja wohl nicht um den Lohn, oder? Denn der Boden, der zahlt keine Löhne, soviel ich weiß! Aber das hat nicht verhindert, daß er besetzt wurde, wie die Fabriken, wie alles andere. O ja! Im Südwesten haben die Bauern die Weinberge besetzt. Hören Sie? Die Weinberge! Sie werden doch nicht behaupten, daß diese Leute nicht krank waren? Ich sage Ihnen: 1936 herrschte die Drehkrankheit. Die Weinberge besetzen! Ein Affentheater, das nicht mehr Sinn hatte als der Sitzstreik, den meine Näherinnen auf *meinen* Kleidern machten.

Sitzstreik! Ein hübscher Anblick, was? Frauen, die dahocken und streiken. Das ist eine Idee aus Ihren USA. Der *sit-down* ist der Sitzstreik. Eine schöne Bescherung! Was für dumme Gören waren doch diese Mädchen! Und Sie wollen sie noch verteidigen ...? Nein wirklich! Meine Näherinnen im Sitzstreik ...«

Denn das war das Empörende, die Majestätsbeleidigung, das war das Unsagbare: das Haus Chanel hatte gestreikt. Aber nachdem das Ereignis einmal festgestellt war, kein Wort mehr darüber. Gabrielle verschanzte sich hinter ihrem Groll wie ihre Näherinnen an jenem Junitag in den Ateliers der Rue Cambon. Es war sinnlos, sie weiter befragen zu wollen. »Lassen Sie mich in Ruhe! Seien Sie doch still ... Sie sind verrückt, völlig verrückt!«

Aber es gibt Zeugen, die sich erinnern.

Ein Streikposten, zwei Schritte vom Ritz entfernt, so was vergißt man nicht.

An einem Morgen, als die Ateliers geöffnet wurden, hatte ein junges Ding im Kittel an die Tür des Geschäfts ein rasch hingeschriebenes Schild geklebt: »Besetzt«. Gabrielle wurde sofort benachrichtigt. »Madame Renard«, einer sanften Person, die mit der Überprüfung von Mademoiselles Privatkonten beauftragt war – einer Arbeit, die sie in der Rue Cambon verrichtete, und zwar seit der Zeit, als Gabrielle noch mit dem Herzog liiert war und im Faubourg ein Leben in Saus und Braus führte –, »Madame Renard« also, die nicht zum Personal gehörte, war der Zutritt zum Haus verwehrt worden. Man kann sich ihre Verwirrung vorstellen. Mit einem Sprung war sie im Ritz. Sie sprach nur von den Gefahren, die Mademoiselle drohten. Paris würde in die Hände des Mobs geraten. Die aufgebrachten Näherinnen brauchten nur die Straße zu überqueren ... Mademoiselle sollte schleunigst die Stadt verlassen. Sie hatte ja einen idealen Unterschlupf: *La Pausa*. Was sie selbst betraf, so bat »Madame Renard« um Erlaubnis, sich zu Hause verkriechen zu dürfen, und sie würde nicht mehr den Kopf rausstecken. Aber zuerst würde sie noch ihre Badewanne vollaufen lassen. Und das riet sie auch Mademoiselle. Notfalls bliebe einem immer noch das Badewasser.

Madame Renard hatte die gleiche Angst wie die meisten Pariser Hausfrauen aus bürgerlichen Kreisen: wer immer eine Badewanne besaß, ließ sie vollaufen.

Im Laufe des Vormittags baten die »Abgeordneten der Ateliers« darum, vorgelassen zu werden. Das bedeutete, daß sie an der Tür des Ritz erschienen waren und den livrierten Portier mit vor Erregung fast erstickter Stimme gebeten hatten, die Chefin zu benachrichtigen – ein Vorgehen, das vierzehn Tage früher undenkbar gewesen wäre.

Mademoiselle ließ antworten, daß sie keine Ahnung habe, was eine »Atelier-Abgeordnete« sei, und daß sie infolgedessen niemanden empfange. Wie sollte man etwas empfangen, was es nicht gab? Außerdem liege sie im Bett. Aber sobald sie fertig sei, werde sie wie jeden Tag in das Haus Nummer 31 gehen, und wenn man sie sprechen wolle, so würde sie *ihre* Näherinnen anhören, wann es *ihr* paßte.

Meinung des Portiers: Es sei nicht sicher, ob man Mademoiselle Chanel hineinlassen werde.

Gabrielles Antwort: Das werde man ja sehen.

Sie kleidete sich an. Sie ließ ihr Alltagskostüm, das sie Nummer 2 nannte, beiseite und wählte statt dessen unter ihren Nummern 1 etwas Angemessenes, Seriöses, ein kleines Dunkelblaues, und dazu allerhand Schmuck. Hier ein Einwurf der treuen Eugénie: Mademoiselle werde doch nicht ihre *echten* umtun? – Warum wohl nicht? – Mademoiselle wisse doch, daß in diesen Zeiten weniger als das genügte, um dafür zusammengeschlagen zu werden ... Mademoiselle wolle wohl, daß es zum Knall komme? Mademoiselle sei leichtsinnig. – Ach was, sie wollte ihre Perlen. – Doch wohl nicht ihre lange Kette? – Eben die wollte sie umtun.

Im Ritz war die Spannung groß. Würde *man* sie hineinlassen oder nicht?

Man ließ sie nicht hinein.

Sie verhandelte lange und hochmütig. Es blieb beim Nein. Und die Entschlossenheit dieses »Nein« war eine Demütigung, deren Spuren zwanzig Jahre später noch nicht ausgelöscht waren, wenn sie überhaupt je ausgelöscht wurden. Man hatte ihr den Zutritt zu *ihrem* Haus verboten. Man hatte sie *draußen stehen lassen*. Das war gerade für jemanden wie Gabrielle eine unerträgliche Situation.

Die Verhandlungen zwischen ihr und dem Personal begannen in einem gespannten Klima. Anfangs ließ Gabrielle sich auf keinerlei Forderungen ein. Wochenlohn, bezahlter Urlaub, feste Arbeitszeiten, Arbeitsverträge – Gabrielle antwortete darauf mit der Entlassung von hundert Näherinnen ..., die nicht mit der Wimper zuckten. Die Dinge zogen sich hin. Gabrielle versuchte einen letzten Schachzug. Sie schlug vor, ihren Näherinnen ihr Haus zu vermachen unter der Bedingung, daß sie selbst die Leitung behielte. Es war ein vergiftetes Geschenk, das die Abgeordneten ablehnten. Der Sommer rückte näher. Gabrielles Berater gaben ihr zu bedenken, daß man jede Hoffnung auf eine Herbstkollektion aufgeben müsse, wenn nicht vor Ende Juni ein Übereinkommen erreicht sei. Da gab Gabrielle nach.

Es war wahrscheinlich das einzige Mal in ihrer langen Karriere, daß es ihr nicht gelang, ihre Verwirrung zu verbergen. *Ihr* Haus, das war alles, was sie noch hatte. Aber nun hatte sie auch das nicht mehr fest in der Hand. Konnte man sich eine größere Ungerechtigkeit vorstellen? Was wollten diese Mädchen von ihr? Existierten sie überhaupt? Ohne *ihre* Kleider *existierten* sie gar nicht.

Freilich, in abstrakter Weise wußte Gabrielle, daß die Mädchen im Kittel, die sie keines Blickes würdigte, daß diese jungen Dinger, die den ganzen Tag nähten, einen Körper, einen Kopf und einen Mund hatten, der zwar nicht immer statt zu essen kriegte, aber gern bei der Arbeit sang. Sie kannte ihre artigen kleinen Augen, die manchmal inmitten der Stoffülle eines Kleides plötzlich auftauchten, das sie stolz am ausgestreckten Arm trugen, als wäre es das Allerheiligste. Und daß die Kleinen auch Wünsche hatten und voller Ungeduld waren, wie es ihrem Alter entsprach, ja, in abstrakter Weise wußte Gabrielle davon. Sie wußte es um so besser, als sie selbst diese Wünsche und diese Ungeduld gekannt hatte. Sie selbst war einst solch ein Mädchen gewesen, das über seine Arbeit gebeugt dagesessen hatte, bis ihm alles vor den Augen schwamm. Auch sie hatte die Arroganz der Kundinnen kennengelernt, und die Angst – ach, verflixt, mein Schrägband verzieht sich! – und die schiefen Nähte und den zipfelnden Saum. Die Zeit, da sie zum Nähen in die Häuser ging, in der Umgebung von Vichy, wo die Damen de Bourbon-Busset und andere Schloßherrinnen ihre Kundinnen waren – das alles stand ihr wie gestern vor Augen. Sie war auch einmal zwanzig gewesen, und was für eine Lehrzeit... Ihre Angestellten konnten ihr nichts vormachen. Mit dem »Nein«, das sie ihr ins Gesicht geschleudert hatten, war es, als ob die Gabrielle der ersten Jahre, als ob ihre eigene Jugend sie verleugnet hätte. Plötzlich erhob sich ihr Schatten vom Boden und bedrohte sie. Nichts in *ihrem* Haus, nichts hatte mehr denselben Sinn, nichts sah mehr so aus wie vorher. Es lag nicht in ihrer Natur, anders zu reagieren. Das Volk? Ach, man solle ihr nicht mit solchen Fragen kommen ... Es war, als wollte man ihr ihre eigene Familie erklären. Das Volk? Wie hätte sie antworten können, daß sie ja auch aus dem Volke komme, da sie doch alles tat, um es zu verheimlichen. Und wenn sie nicht wissen wollte, was in den Köpfen *ihrer* Näherinnen vorging, dann weil sie wie eine Besessene hatte arbeiten müssen, um *rauszukommen*, raus aus dem einfachen Volk. Dazu gab es keinen anderen Weg als die Arbeit. Sie war überzeugt davon.

Was sie so schockierte, war daher nicht der Streik an sich, sondern daß ihre Mädchen *den Beruf kaputtgemacht hatten*, daß sie *ihre* Arbeit mit Füßen getreten hatten, *ihr* Werk, alles, was für Gabrielle der Inbegriff von Anstand und Ehrbarkeit war.

Was konnte Gabrielle dafür, daß sie trotz ihrer Berühmtheit, trotz ihrer aufsehenerregenden Liebschaften und ihres Vermögens noch manche Ängste aus ihrer Jungmädchenzeit in sich bewahrte? Als Waisenkind, als Schülerin in Obasine hatte sie ein für allemal den Ordnungssinn, den Abscheu vor Verschwendung gelernt. Ist man allein in seiner Haut? Da sind wir und dann alles, was die anderen hineingesteckt haben. In diesem Sommer 1936 lastete der Gedanke an Moulins und Vichy, an Tante Julia und auch an Iribe schwer auf Gabrielle. Konnte sie umhin, daran zu denken? Was hätte Iribe wohl von dieser Bescherung gehalten? O nein! Genug! *Meine* Kleider! Man sabotierte *ihre* Kleider, und Gabrielle war außerordentlich erbittert darüber.

Lange nahm sie es ihren Näherinnen übel und bedauerte nur, daß sie das einzige, wozu sie Lust hatte, nicht tun konnte: die ganze schöne Gesellschaft vor die Tür setzen und den eisernen Vorhang herunterlassen. Aber es war unmöglich ... Die Schiaparelli war ihr auf den Fersen. Hätte Gabrielle sich auch nur die geringste Pause gegönnt und womöglich ihr Haus geschlossen, so hätte die andere augenblicklich daraus Profit gezogen. Der »Schiap« den Schauplatz überlassen ... Gabrielle dachte nicht daran.

Und dann war da die *Expo*. Ja, die gab es auch noch, eine *Expo*, die stark nach Krieg roch, mit dem fertigen deutschen Pavillon, der wie zum Hohn neben den Rohbauten der französischen und englischen Pavillons stand, die *Expo* mit dem ebenfalls fertigen sowjetischen Pavillon, die *Expo* mit ihrer Verspätung, die nicht mehr hatte eingeholt werden können und die am 24. Mai eröffnet wurde, während die Fanfaren und durchzuschneidenden Bänder für den 1. Mai, den Tag der Arbeit, geplant gewesen waren: ein Versagen der Volksfront und eine Folge der endlosen Streiks, über welche die Rechte sich lustig machte, die *Expo*, mit ihren Springbrunnen und der Weltuntergangsmelancholie, die *Expo* der sinkenden Sonne mit ihren Vergnügungsstätten, ihren Modenschauen, ihren Köchen mit den hohen Mützen und den Weinkellnern mit schwarzen Schürzen, und alle hundert Meter ein Restaurant, als ob Fressalien und gute Weine hinfort das einzige wären, was etwas einbringen würde: das war die *Exposition des Arts et Techniques* 1937 in Paris.

Man setzte auf den Erfolg dieser Ausstellung, um den wirtschaftlichen Aufschwung zu beschleunigen. Gabrielle war unaufhörlich zu Veranstaltungen, Festen und Eröffnungen eingeladen ... Sich zeigen war eine Pflicht. Man mußte sich zeigen, so wie Adrienne und die kleine Antoinette sich gezeigt hatten, als der erste Laden in Deauville eröffnet worden war. Aber wo waren die beiden? Manchmal fehlten sie ihr. Wären sie noch zu dritt ... dann hätte die »Schiap« ihr blaues Wunder erlebt!

Aber Gabrielle war allein. Doch sie zeigte sich. Was das anging, war sie unübertrefflich.

Die *Expo* war für Gabrielle die Gelegenheit, sich ein Gefolge von Photographen und Journalisten zu schaffen. Nein, sie würde sich nicht geschlagen geben ... Tatsächlich sah man Gabrielle nie so hübsch wie an einem Abend in der *Expo* am Arm von Christian Bérard. Ihr Kleid war so leicht, daß man sich fragte, woraus dieser blasse Schaum, diese Wolke von Blumen um ihre Hüften, wohl sein möge. Das war eines ihrer Geheimnisse, die Leichtheit. Es wirkte wie eine Herausforderung jener anderen Frau, jener Italienerin gegenüber, wie ein Zauberwerk, das nur Gabrielle hervorbringen konnte. Nein, sie würde sich nicht geschlagen geben, und da ging sie durch die Straßen der *Expo*, Gabrielle unter ihren Organdyschleiern, mit einem Blumendiadem, wie Diana ihren Halbmond getragen hatte, ganz von der Idee erfüllt zu siegen. Wäre nicht der Gegensatz zwischen dem heiteren Blick und dem, was man »lächeln« nennen würde, gewesen, die herabgezogenen Mundwinkel, die ihr Geständnis schlecht verbargen, weil sie abfielen, daß es zum Heulen war, so hätte man Gabrielle für geheilt gehalten. Aber davon konnte weniger denn je die Rede sein.

Sie verkleidete sich jedoch. Man sah sie als *Bel Indifférent* auf dem Frühlingsball des Comte Etienne de Beaumont. Im Sommer sah man sie, gelenkiger als eine Katze, in Flanellhosen in den Bäumen von *La Pausa* herumklettern. Im darauffolgenden Jahr feierte sie, zusammen mit Misia, Dali und Auric, das Wiedererwachen des russischen Ballett-Geistes mit der unvergleichlichen Danilowa. Es war in Monte Carlo. Man sah sie, Hand in Hand mit dem Großfürsten Dimitri Pawlowitch, ins *Hôtel de Paris* hineingehen. In Paris erschien sie, wie immer mit Misia, zur Eröffnung des Athénée-Theaters, wo Jouvet sich sehr um sie bemühte und Strawinsky, der Vertraute aus den Tagen in *Bel Respiro*, gerührt neben ihr Platz nahm. Es war eine kurze Rückkehr zu den »slawischen Jahren«, nur so, für nichts, aus reiner Melancholie ... Aber der Hut, den sie trug, war nicht hübsch. Und Gabrielle lächelte immer wieder Freunden und Photographen zu, als hielte sie mit beiden Händen eine Maske vor ihr Gesicht gepreßt.

Was für ein Jammer! Es fehlte ihr an Inspiration. Und vielleicht auch an Glück. Sie fragte eine Hellseherin um Rat. Die Frau riet ihr zu »Arbeit«. Das war nichts Neues für Gabrielle. Aber da sie sich leicht von schönen Männern beeindrucken ließ, konnte ein junger Schauspieler, ein Unbekannter, sie dazu überreden, die Kostüme für Cocteaus *Oedipe roi* zu machen. Fast möchte man bezweifeln, daß die Kostüme von ihr stammten, so häßlich waren die Bandagen, die aus jedem Schauspieler, je nachdem, ob er groß und weiß oder rosa und rund war, einen Schwerverwundeten oder ein Wickelkind machten. Es bedurfte der Schönheit eines jungen Gottes, es bedurfte eines Jean Marais, um so etwas zu tragen. Aber abgesehen von ihm ... wirkte das Ganze sehr kläglich. Phrygische Mützen, die wie Socken aussahen, Lady Abdy, die zwei Rollen Draht als Kette um den Hals trug, alles in allem ein höchst deprimierender Anblick ... Presse und Publikum zögerten nicht, es auszudrücken.

Am 21. September 1938 überließen die Westmächte die Tschechoslowakei ihrem Schicksal. Im Hradschin in Prag wurde Benesch um zwei Uhr morgens aus dem Schlaf gerissen. Die Regierungen von London und Paris informierten ihn von ihrem Verrat, und der Nachfolger Masaryks konnte seine Tränen nicht zurückhalten. Die Tschechen waren auf sich allein gestellt. In dem ruhigen Viertel von Bubeneč zerriß ein General seinen französischen Paß und trat in die tschechische Armee ein. In London veröffentlichten die Morgenzeitungen eine Erklärung, die sie am Abend zuvor, um Mitternacht, erhalten hatten: »Die Teilung der Tschechoslowakei unter dem Druck von England und Frankreich bedeutet die totale Kapitulation der westlichen Demokratien gegenüber den Drohungen der Nazikräfte. Ein solcher Zusammenbruch wird weder England noch Frankreich Frieden und Sicherheit bringen.« Das war eine Erklärung von Churchill. »Sieh da, wieder der alte Winston!« würde Chanel gesagt haben. Und sie sagte auch: »Er erinnert an die dicken Puppen, die Blei an den Sohlen haben. Je tiefer man sie niederdrückt, desto schneller richten sie sich wieder auf.« Da auch Gabrielle, trotz allem, was sie mit sich herumschleppte, zu solch überraschenden Aufschwüngen fähig war, gelang ihr wieder ein genialer Wurf. Vor allem die langen Kleider brachten ihr großen Erfolg. Was trug man im Sommer 1939: Zigeunerkleider. Merkwürdig war nur, daß das am meisten bewunderte Kleid in einer Farbskala gehalten war, die nichts Zigeunerhaftes mehr hatte. Welche Erinnerungen spielten dabei mit? Das war ihr Geheimnis ... Aber es besteht kein Zweifel, diese Kleider waren tatsächlich trikolor. Nur ein paar Tupfer, ein klein wenig Blau im Rock, etwas Rot am Oberteil – aber es wirkte wie eine diskrete Anspielung auf die Farben, die Iribe so geliebt hatte, und auf die kaum vergangene Zeit, als Gabrielle für *Le Témoin* posierte.

Das waren die Kleider des letzten Frühlings, in dem getanzt wurde.

Noch ein paar Wochen mit barschen Zurückweisungen, hingenommenen Beleidigungen, Schreien, hysterischen Reden, Flüchen, und plötzlich, an einem Septembermorgen – der Krieg. »La drôle de guerre«, wie die Franzosen ihn nennen sollten, aber alle waren noch ahnungslos.

Mitten in dem Durcheinander und der Verwirrung und während Millionen Franzosen dem allgemeinen Mobilmachungsbefehl gehorchten, fand Gabrielles Entschluß bei ihren Kollegen nur Mißbilligung, ja eine unverhohlene Verachtung. Chanel verkündete die Schließung von Chanel. Sie entließ fristlos alle ihre Näherinnen. Nur die Boutique blieb offen. Man sah darin eine Art Rache, die Gelegenheit, auf die Gabrielle im Grunde genommen seit 1936 gewartet hatte.

Sich totstellen

Das war es, was man in den Kreisen der Haute Couture, wo Übertreibungen zum täglichen Vokabular gehören, Chanels Verrat, ihre Desertion nannte. Aber war es das wirklich? Immerhin ... Immerhin muß man sich fragen, ob sie sich ihren Näherinnen gegenüber verpflichtet fühlen konnte, nachdem diese kaum drei Jahre früher ... War es das, was die Leute desertieren nannten, dieses Sichhinwegsetzen über Verpflichtungen? Übrigens desertieren ... warum eigentlich nicht? Alles hatte sie verlassen. Jetzt war es an ihr wegzugehen. Wenn man das Desertieren nennt, na schön! Es ließ sie kalt.

Sie wurde angeprangert, verachtet. Der Gewerkschaftsverband schaltete sich ein. Die Verhandlungsbeauftragten sollten versuchen, ihr Herz zu erweichen: man flehte sie an, ihr Haus nicht zu schließen. Sie möge das, was sie ihren Näherinnen zuliebe nicht tun wolle, ihrer Kundschaft zuliebe tun. Kundschaft in Kriegszeiten? Sie hatte ihr schon einmal gedient und war nicht bereit, es ein zweites Mal zu tun. Es hatte seinen Grund: Damals hatte sie Boy an ihrer Seite gehabt, diesmal war sie allein. Aber das konnte sie diesen Leuten nicht verständlich machen. Alles, was sie zu sagen fand, war ein verächtliches »Phh«. Man ließ nicht locker. Aber sie wollte von dieser Kundschaft nichts mehr wissen. Da versuchte man es auf andere Weise. Vielleicht wäre es besser, ihr zu schmeicheln ...

Ihr wurde versichert, daß es für das Prestige von Paris wichtig sei, daß sie bleibe. Es würde Gala-Empfänge und Modenschauen geben. Man würde alles mögliche zugunsten der kämpfenden Truppe organisieren, aber was wäre ein Gala-Empfang ohne Chanel! Sie erwiderte, daß sie schon vor nunmehr fünfundzwanzig Jahren in Deauville an solchen Veranstaltungen teilgenommen habe und daß man sie für so was nicht noch mal kriegte. Und damit nicht genug, sie fügte mit eisiger Ironie hinzu, *irgend etwas* sage ihr, daß man sich lächerlich machen würde. »Die Haute Couture im Dienste der Soldaten? Nein, vielen Dank!« Ihre verwirrten Gesprächspartner versuchten sie durch Arbeit zu ködern. Man denke nur an die Aufträge, die sie bekäme ... Alarmkleidung, zum Beispiel ... Die hatte sie schon 1916 gemacht. Wenn die Frauen mehr davon haben wollten, brauchten sie sich nur an ihre Mütter zu wenden. Die Mütter würden sich bestimmt erinnern! Und Chanel brauche man für so was bestimmt nicht. Man hielt ihr daraufhin Poiret als Beispiel vor: Warum nicht das gleiche tun wie er im ersten Weltkrieg, sich ganz der Sache verschreiben, Offiziersuniformen entwerfen, Krankenschwestern anziehen? Etwas Schlimmeres hätte man ihr nicht vorschlagen können! »Ich!« rief sie aus. »Das soll wohl ein Witz sein! Ich soll solche Frauen anziehen! Nein, vielen Dank. Schon 1914 konnte ich sie nicht ausstehen. Sie hatten doch von nichts eine Ahnung ... Ich bin sicher, daß sie eine ganze Menge junger Kerle auf dem Gewissen haben, die ohne sie heute noch am Leben wären und sich ihres Daseins freuten.« Man solle sie doch mit alledem in Ruhe lassen. Der Krieg sei Männersache. Solche Vorschläge seien etwas für einen dicken Mops wie Poiret. Für ihn war es das Richtige. »Er ist doch nicht tot, soviel ich weiß?« Gut, dann solle man ihn anrufen! Ein Größenwahnsinniger wie er würde es sich nicht entgehen lassen, die ganze französische Armee von Kopf bis Fuß einzukleiden. Was sie betreffe, so sei ihr Entschluß nicht rückgängig zu machen. Sie werde alles aufgeben und zumachen, komme, was da wolle. Sie wiederholte *komme, was da wolle*, und auch, daß niemand sie gegen ihren Willen zur Arbeit zwingen könne. Keiner.

Die Gefühle, die Gabrielle beherrschten, stammten aus einer fernen Vergangenheit: Es war cevennische Störrigkeit, und in diesem *Etwas*, das sie plötzlich warnte, war ein wenig von dem ländlichen Instinkt, der den Bauern veranlaßt, den Kopf zu heben, bevor noch der erste Tropfen Regen gefallen ist.

Gabrielle war ganz sicher: das, was jetzt kam, war keine Zeit für Abendkleider.

Es gab immerhin einen, der ihr recht gab.

Als Gabrielle sagte: »Die Zeit, die kommt, ist keine Zeit für Abendkleider«, war Reverdy ganz ihrer Meinung. Wahrscheinlich waren ihre Gründe dafür nicht dieselben, aber was machte das ... Bei der wachsenden Feindseligkeit, die sie um sich herum spürte, hatte sie wenigstens den einen Trost: Reverdy in seiner Klause in Solesmes dachte wie sie. Auch er sagte, daß man unter solchen Umständen nur eines tun könne: sich verkriechen.

Als ein Jahr später die Deutschen in Frankreich einfielen und einige bei ihrem Marsch durch Solesmes in Reverdys Gärtchen, seinen kleinen Pfarrgarten, eindrangen, Gemüse klauten und in sein Haus kamen, was tat er da? Er fand, daß es ihm hinfort nicht mehr möglich sei, darin zu wohnen. Was konnte er tun? Die Deutschen nicht mehr *sehen*, *sie* nie mehr sehen, und dazu war es nötig, nicht mehr zu *sehen*, was sie gesehen hatten. Seinen Arbeitsplatz? Sein Haus? Er verkaufte überstürzt alles und richtete sich in einer Scheune ein, von der er die Fenster, die zur Straße lagen, zumauern ließ. Und der Garten? Es könnte passieren, daß er *welche* vorbeigehen sähe. So beschloß er, die Mauern erhöhen zu lassen. Es war eine Zeit, die weder fürs Sehen noch fürs Gesehenwerden gemacht war.

Wenn man auf diese Zeit in Reverdys Leben anspielte, sagte Gabrielle kurz: »Wir waren uns ähnlich.« Und in gewisser Weise stimmte das.

Als Reverdy zum ersten Mal – es war in den ersten Monaten der Besatzungszeit – wieder nach Paris kam und Georges Herment traf, rief er: »Was? Die Deutschen sind da, und Sie können schreiben?«

Das Haus Chanel war geschlossen, und Gabrielle nicht mehr zu sehen. Wo war sie? Wo versteckte sie sich? Sie war im Hôtel du Pélerin in einem kleinen Dorf in den Basses-Pyrénées. In Corbères ... Dorthin war die Familie ihres Neffen geflüchtet.

Reverdy sollte sie lange nicht wiedersehen.

Aber Gabrielle trieb das Bedürfnis, alle Beziehungen abzubrechen, noch weiter. In manchen kritischen Momenten führt die Verzweiflung, die stärker als die Vernunft ist, zu unvorhersehbaren Reaktionen. Man denke nur an die Geschichte der Löwin im Tschad, die, kaum daß sie gefangen war, anfing, ihre Tatzen aufzufressen. Ähnlich war es mit Gabrielle, die auch die letzten Verbindungen mit ihrer Familie abbrach. Das Schicksal wollte, daß ihr Leben eine

Wüste sei, daß jeder Mann, den sie liebte, ihr entrissen werde! Nun gut! Sie würde es dem Schicksal schon zeigen! Die Wüste sollte vollkommen sein, nichts sollte mehr übrigbleiben. Keinen Liebhaber mehr! Zwei von ihren Schwestern waren tot; es blieb ihr der Sohn von Julia. Ein höflicher Junge, den man vorzeigen konnte und dessen Erziehung sie seit Boys Zeiten überwachte. Ihn würde sie nicht aufgeben. Aber was ihre Brüder betraf: sie würde aus freien Stücken mit ihnen brechen.

Der brutale Brief, den sie an Lucien schrieb, läßt sich nur durch den Wunsch erklären, *nichts* mehr für *niemanden* sein zu wollen. Mit der Einschränkung allerdings, daß sich auch hier ihre ländliche Herkunft bemerkbar machte, denn »schließen« bedeutete, nichts mehr »verdienen«, und obwohl sie enorm reich war, hatte sie immer noch »die Angst, nicht auszukommen«, eine tiefverwurzelte Angst, die es gibt, seitdem es Bauern gibt. Der Bruch mit ihren Brüdern bedeutete zweifellos »sparen wollen«.

Der Brief, den Lucien im Oktober 1939 erhielt, ließ alles offen: Konkurs, totaler Ruin ...

»Es tut mir sehr leid, Dir diese recht traurige Mitteilung machen zu müssen. Aber da das Haus geschlossen ist, bin ich selbst beinahe mittellos geworden ... Du kannst mit nichts mehr von mir rechnen, solange die Umstände sich nicht geändert haben.« Damit stellte sie die Rentenzahlungen ein. Lucien war zutiefst betroffen. Es war für ihn zu spät, sein Ausscheiden aus dem Geschäftsleben zu bedauern, die aufgegebenen Kirmesplätze, das abgelehnte Angebot der Schuhfabrikanten, alles, was er getan hatte, um Gabrielle zu gehorchen. Armer Lucien! Er hätte besser daran getan, auf seine Frau zu hören und weiter zu arbeiten, ob es Gabrielle paßte oder nicht.

Und jetzt, da es ihr selbst schlecht ging ... Seine Ersparnisse waren das einzige, was ihm zum Leben blieb, seine Ersparnisse ... Statt dessen schrieb er an Gabrielle und stellte sie ihr zur Verfügung. Jetzt war es an ihm, ihr Geld zu schenken. Wie wirkte das auf sie? War sie gerührt? Sie sah Lucien nie wieder[52].

Aber da war Adrienne, die in der Nähe von Clermont wohnte und immer noch ihr goldenes Herz, immer noch ihren »Familiensinn« bewahrt hatte, obwohl sie inzwischen Schloßherrin geworden war. Hatte sie nicht die arme Ballerina des *Théâtre de la Monnaie* bei sich aufgenommen, die kleine Freundin des schönen d'Espous? Er war tot, und Adrienne hatte seine »Illegitime«, die sozusagen noch vor der Eheschließung verwitwet war, zu ihrer Gesellschaftsdame gemacht. Denn Adrienne, die sanftmütige, liebevolle Adrienne, schämte sich ihrer Herkunft nicht ...

Das Schloß, in dem sie wohnte, wurde für manche ihrer Neffen der Ort, wo sie ihre Ferien verbrachten, und auch andere, wie Lucien, kamen zu Besuch dorthin. Wahrscheinlich ließ sie bei diesem keine Sorgen aufkommen, sondern gab ihm vielmehr zu verstehen, daß Gabrielle nicht ganz so mittellos sei, wie sie behauptete.

Alphonse, in seinem Dorf Valleraugue, erhielt eine ähnliche Nachricht. Schluß mit den Autos, Schluß mit der Rente, Schluß mit den Reisen nach Paris ... Gabrielle hatte keinen Sou mehr. Übrigens waren ihre Beziehungen zu Alphonse seit dem Beginn des Faubourg und ihrem Bruch mit Bend'or etwas abgekühlt.

Aber diesmal ging es um etwas anderes. Er mußte aufhören, an Gabrielle wie an eine oberste Hilfsinstanz zu denken. Doch Alphonse hatte ein anderes Temperament als Lucien. »Meine liebe Gaby, da sitzt Du nun in der Tinte. Das mußte ja kommen«, schrieb er ihr. Sie hatte allzu üppig gelebt. Alphonse verfügte nur über beschränkte Mittel, aber das sollte ihn nicht kümmern. Er begnügte sich weiterhin mit seiner Kneipe und dem Tabakverkauf. Auch er starb, ohne seine Schwester wiedergesehen zu haben[53].

Zehn, fünfzehn Jahre später gab es in Valleraugue einen Trauerfall, der Gabrielle mitgeteilt wurde: Yvan, Alphonses ältester Sohn, starb an Tuberkulose und hinterließ mehrere Waisen. Aber Gabrielle blieb stumm. Es gab auch Hochzeiten, es wurden Kinder geboren, es kam zu frohen Ereignissen, und zwar lange nach Gabrielles Comeback. Doch sie stellte sich weiterhin tot.

Eines Tages fuhren Gabrielle und Antoinette, die beiden Töchter von Alphonse, die Yvans Kinder aufgenommen hatten, nach Paris. Sie meldeten sich im Haus Nummer 31 an einem Tag, als in den Salons Hochbetrieb herrschte. Sie wollten nichts Besonderes. Nur guten Tag sagen und vielleicht etwas sehen ... ja, die Kleider sehen. Die Kleider von Tante Gabrielle ...

Man antwortete ihnen, daß ihre Tante nicht da sei, und was die Kleider betreffe, so brauchte man eine Erlaubnis. Die Chanels aus Valleraugue fragten nicht weiter. Aus Höflichkeit erkundigten sie sich noch, wann ihre Tante wieder in Paris sein würde. Wann würde die Tante da sein? Das wußte niemand zu sagen.

Gedemütigt kehrten sie nach Valleraugue zurück und waren entschlossen, nie wieder nach Paris zu fahren.

Vielleicht war es ihr unerträglich gewesen, die beiden Namen, Gabrielle und Antoinette, miteinander verbunden zu hören. Aber aus welchem Grund auch immer, ab Oktober 1939 gab es für Gabrielle in den Cevennen keine Familie mehr, und auch niemanden in der Auvergne. Nichts mehr!

DIE DEUTSCHEN JAHRE

1940–1945

Raum und Zeit haben auf das Wort »Verrat« unterschiedliche Einflüsse.

YURI TYNYANOW
DER TOD DES VAZIR-MUKHTAR

Von D.

Die Vorstellungen von dem, was man unter einem »schönen Mann« versteht, sind sehr verschieden. Wenn man bedenkt, wie im Hinblick auf von D. davon die Rede ist, so muß die Schönheit in seinem Leben eine besonders wichtige Rolle gespielt haben. Darin stimmen alle überein, die ihn mochten oder nicht mehr mochten, all jene Männer und Frauen, die ihn fürchteten oder verachteten. Man möge keineswegs daraus schließen, daß die Autorin auch nur im entferntesten diese Verachtung teilt. Beschränken wir uns darauf, es zur Kenntnis zu nehmen und dabei zu berücksichtigen, daß es in den meisten Fällen von D.s verflossene Mätressen waren, die so über ihn dachten. Was ließe sich da noch hinzufügen? Daß es töricht wäre, es ihm verübeln zu wollen, denn das ist nun mal das Typische an Frauenhelden: es gibt immer jemanden, der sie, zu Recht oder zu Unrecht, verachtet.

Daß er kein gewöhnlicher Typ war, bestreitet ebenfalls niemand. Von D. ist allen als ein hochgewachsener, vornehmer, schlanker Mann in Erinnerung. Alle Zeugenaussagen stimmen darin überein: er war groß, sehr groß, und wie man gleich hinzufügen kann: leichtsinnig. Wie sollte man sich sonst seinen Beinamen *Spatz* erklären? Merkwürdig, wenn man bedenkt, daß ein kräftiger Mann von besonders hohem Wuchs so genannt wurde, der zu der Zeit, da dieser Bericht spielt, schließlich kein kleiner Junge mehr war. Andere bezeichnen ihn als unseriös, und es würde den Leser in Erstaunen setzen und gleichzeitig diesem Urteil sein volles Gewicht verleihen, wenn man enthüllte, was für hochgestellte deutsche Persönlichkeiten sich so über ihn äußerten. Da diese jedoch keinesfalls genannt werden wollen, bleibt uns wiederum nichts anderes übrig, als zu vermerken: von D. war nicht nur leichtsinnig, sondern auch unseriös. Das gehört oft zusammen und ist bei Frauenhelden kein großer Nachteil. Wir wissen, daß mehr als eine seiner Geliebten ihr Leben lang auf ihn gewartet hat. Es kommt wohl daher, daß manche Gesellschaften, die einen hohen Grad an Verschleiß erreicht haben, anfälliger als andere für den eigenartigen Zauber solcher ... *Vögel* sind.

Von D.s Familie gehörte zum mittleren Adel, nicht mehr. Hannoveraner Junker. Sein Vater hatte eine Engländerin geheiratet, die reicher und von vornehmerer Geburt war als er. So erklärt es sich, daß Spatz sich gerne seiner englischen Abstammung rühmte, der er eine Art von Weltoffenheit verdankte, für den er wie geschaffen schien. Es fehlte ihm auch nicht an einer gewissen Bildung. Er sprach Englisch und Französisch und schrieb mühelos in beiden Sprachen, wenn man nach den wenigen Proben in seinen Liebesbriefen urteilt, wo der Schreiber das Englische zugunsten des Französischen aufgibt, um vice versa, je nachdem, welche Sprache sich besser dafür eignete, seine Gefühle wiederzugeben: *»Je t'embrasse comme toujours et pour toujours. Love. Ton Spatz.«* Das war die Formulierung, die er am häufigsten gebrauchte. Von D. hatte in der Tat unzählige Gelegenheiten, sie zu benutzen. Denn er gefiel. Er gefiel sogar außerordentlich, und es fehlte ihm nie an Eroberungen.

Er hatte 1914 an der russischen Front die Feuertaufe bekommen, als er Leutnant bei den Königs-Ulanen war. Wilhelm II. selber war der Chef dieses Regiments, das hauptsächlich aus Hannoveranern bestand und in dem auch von D.s Vater diente. Das war nichts Besonderes. Es kam bei den Junkern öfter vor, daß sie familienweise in den Krieg zogen, wobei die Regimenter, was das Rekrutieren ihrer Offiziere betraf, sich an jahrhundertealte Methoden hielten, die sie nur ungern geändert hätten. Man fand es selbstverständlich, daß es eine echte Waffenbrüderschaft nur unter Leuten gleichen Schlags geben konnte. Dasselbe galt für Hochzeiten. Man schätzte sich glücklich, als Spatz etwa in seinem fünfundzwanzigsten Lebensjahr eine wohlgeborene junge Dame von bester Gesundheit heiratete, die den Vornamen Maximilienne trug. Alles war *comme il faut.* Man merkte erst später, daß bedauerlicherweise die besagte Maximilienne außer ihrem Vermögen und ihren seltenen Qualitäten auch ein paar Tropfen jüdischen Bluts hatte. Das war ein Nachteil, über den man nicht so leicht hinwegsehen konnte. Somit ist es überflüssig, sich zu fragen, warum die Ehe nur so kurz dauerte. Spatz ließ sich 1935 scheiden. Nicht, daß es ihm an Zuneigung für Maximilienne gefehlt hätte, das wäre zuviel gesagt. Aber für jemanden, der auch nur ein klein wenig Ehrgeiz hatte, kurzum, für einen Deutschen, war es äußerst unbequem, jemanden mit auch noch so wenig jüdischem Blut in den Adern zur Frau zu haben. Übrigens, wenn es in seinem Land auch Leute gab, die diese Scheidung als außerordentlich feige verurteilten, so muß man auch sagen, daß Maximilienne, die Ärmste, ob Jüdin oder nicht ... Eheliche Treue war nicht gerade ihres Gatten Stärke.

Das Dumme war, daß unser junger Mann weniger Gefallen an der Arbeit als am Vergnügen fand. Außerdem neigte er dazu, viel auszugeben, und bisweilen mehr, als er hatte. Ein wichtiges Detail, wie sich schon ahnen läßt. Denn daher kam alles Übel. Aber zu der Zeit und in dem Milieu, dem er angehörte, schockierte das kaum. Mangelnde Aktivität und sogar eine gewisse Trägheit wurden damals eher geduldet als heutzutage.

Spatz' erste Besuche in Frankreich fielen ins Jahr 1928. Ein Tourist namens von D. machte häufig Gebrauch von dem *Train bleu*. In der Geborgenheit der Mahagoni-Schlafabteile, zwischen den Marketerien von René Prou und den modischen Accessoires von Lalique eroberte er mehr als ein Frauenherz. Er war wirklich ein schmeichelhafter Gesellschafter, und so begabt! ... Man hätte ihn sich sehr gut als Statisten unter den Reisenden jenes anderen *Train bleu* vorstellen können, jenes Balletts, das Diaghilew ein paar Jahre früher auf die Bühne gebracht hatte. Denn Spatz, die deutsche Verkörperung des *Beau Gosse,* mit pomadeglattem, aber blondem Haar, und nicht etwa samtenem, sondern wasserblauem Blick, war ein ebenso großer Sportler wie jener Don Juan der Badestrände, den Anton Dolin so brillant dargestellt hatte.

Im Oktober 1933 kam ein von D. als Beamter wieder nach Paris. Er nahm sich eine Wohnung am Champ-de-Mars und ging einer Arbeit nach, die ihm viel Freizeit ließ. Maximilienne war noch nicht verstoßen. Spatz nannte sich Attaché der Deutschen Botschaft, was niemand bezweifelte. Für die Leute war ein diszipliniertes Äußeres, eine gute Erscheinung, eine Ehefrau aus vornehmem Hause, ein Attachéposten, ein Büro in einer Botschaft genau das, was sie sich unter einem Diplomaten vorstellten. Und da von D. es durch nichts widerlegte, wurde er in den höheren Kreisen mit offenen Armen aufgenommen. Man wäre versucht zu bemerken, daß das Jahr, in dem die Nazis in Deutschland an die Macht kamen, das Jahr, in dem der Reichstag abbrannte und das Horst-Wessel-Lied immer mehr das Deutschland-Lied ersetzte, daß dies vielleicht nicht das richtige Jahr war, um sein Haus dem ersten besten Deutschen zu öffnen. Aber Leute, die großzügiger gesinnt sind, mögen anders darüber urteilen und behaupten, ohne daß man ihnen widersprechen könnte, daß man unter solchen Umständen nicht an alles denken kann ... Spatz war ein glänzender Tänzer. Man riß sich um ihn.

Was nicht verhinderte, daß andere Leute, in anderen Kreisen, sich weniger für das, was ihn unwiderstehlich machte, als für die Gründe seines Aufenthalts in Frankreich interessierten, die nur Fassade waren. Spatz hatte sich kaum installiert, als auch schon der französische Geheimdienst auf ihn aufmerksam wurde. Ein Beweis dafür, daß er entweder beängstigend unvorsichtig oder auffallend ungeschickt war, beides Eigenschaften, die in einem Beruf wie dem seinen die gleichen schwerwiegenden Folgen haben konnten.

Bis zu welchem Grad waren die französischen Geheimdienste über die Art von Spatz' Aktivitäten in Paris unterrichtet? Wir werden es nie wissen. Hingegen geben gewisse Archive der Deutschen Bundesrepublik genügend Auskunft, wenn nicht über die Wichtigkeit seines Auftrags, so doch zumindest über den, der sein Auftraggeber war. *Hans Günther v. D., geboren am 15. Dezember 1896 in Hannover, war Sonderbeauftragter des Reichspropaganda-Ministeriums und hatte als solcher zur Tarnung einen Posten als Presse-Attaché. Seine Aktivitäten in Paris waren Gegenstand eines privaten einjährigen Dienstvertrages, der am 17. Oktober 1933 in Kraft trat.* Hitlers rechte Hand, der die Monsterschauen des Dritten Reiches inszenierte und der ein Experte für Massenintoxikationen und bannerstarrende Paraden war, dieser unheimliche kleine Mann, der weniger als zehn Monate brauchte, um den ganzen Nazi-Propagandaapparat aufzubauen, war Spatz' Arbeitgeber. Spatz handelte im Auftrag von Dr. Goebbels.

Bei Ablauf seines Vertrags wurde Spatz nach Deutschland zurückbeordert und kehrte fast unmittelbar darauf nach Paris zurück. Es gibt keinen Beweis dafür, daß sein Vertrag erneuert wurde. Es spricht vielmehr alles dafür, daß dies nicht der Fall war. Ab 1934 hatte von D. nichts mehr mit Propaganda zu tun. Er hatte eine Arbeit gewählt, die in der Vorstellung der lateinischen Völker etwas Unwürdiges an sich hat, in angelsächsischen Ländern hingegen, bis hinauf in die höheren Kreise, ein gewisses Ansehen genießt, eine Tätigkeit, die in London als *intelligence* und in Paris als Spionage bezeichnet wird.

Daß von diesem Datum ab das Geheimnis um die Person von D.s sich verdichtet, daß er in keiner einzigen Akte auftaucht, in der ihn eigentlich die vielen hervorragenden Spezialisten finden müßten, die sich in den modernsten Nachforschungsverfahren auskennen –

und man weiß, mit welch kühler Leidenschaft die Deutschen solche Suche betreiben –, daß so viele Professoren, die sich darum bemühten, nichts von dem, was hier ihr Land betrifft, im dunkeln zu lassen, feststellen mußten, die weitere Karriere von D.s sei »Schweigen, Scham (des Historikers) und Geheimnis[54]«, daß man in den Heeresarchiven keine Spur von seiner Dienstzeit in der Armee findet, so daß man glauben könnte, es habe weder einen Leutnant noch einen Ulanen unter den Befehlen des verstorbenen Kaisers gegeben, und daß die politischen Archive sich über seine Tätigkeit in Frankreich ausschweigen, obwohl er doch einen wichtigen Platz darin einnehmen müßte (denn es besteht kein Zweifel daran, daß von. D., wenn man von mehreren anderen zivilen oder geheimen Aktivitäten absieht, seit 1937 in Paris das war, was Fürst Max-Egon von Hohenlohe-Langenburg[55] in Madrid und Baron von Türkheim in London waren, nämlich einer von den getreuen Gefolgsmännern des Nationalsozialismus), und daß schließlich die »Ex-Mitglieder der Abwehr«, die alle zusammen eine geschlossene kleine Gemeinschaft bilden und ein erstaunliches Blättchen[56] herausgeben, in dem über jede ihrer kleinen Aktionen ebenso berichtet wird wie über die bedeutenden Unternehmen, daß diese Personen hoch und heilig schwören, niemals einen sogenannten von D. unter ihren Mitgliedern gehabt zu haben – und wir haben keinen Grund, ihre Aussagen zu bezweifeln –, das alles beweist zur Genüge, was für ein ausgezeichneter Spion unser Mann war. Denn wenn er keinerlei Spuren seiner Tätigkeit weder in den Aufzeichnungen noch in den Gedächtnissen der Deutschen hinterlassen hat, so läßt sich daraus doch nicht schließen, daß die Untersuchungen des französischen Geheimdienstes völlig unbegründet waren. Wenn von D., wie manche behaupten, tatsächlich im Dienste eines gewissen Oberst Waag gestanden hat (ein Name, der so viel Unsicherheit enthält und so viel... Vages, daß ein Spion nur stolz darauf sein könnte), und wenn er unmittelbar nach dem Krieg ausgewiesen wurde – eine Maßnahme, die immer noch nicht aufgehoben ist –, so wahrscheinlich, weil er sich in den vielen Jahren, die er in Frankreich lebte, nicht darauf beschränkt hatte, wie ein Spatz herumzuflattern und hier und da in den Herzen der Damen zu nisten.

Jeder, der weiß, was es mit der Armee von Spionen, Spitzeln, doppelten und dreifachen Agenten und mehr oder weniger gedeckten Helfershelfern auf sich hatte und was das Reichssicherheitshauptamt, das R.S.H.A., war, und der sich klarmacht, welchen erbarmungslosen Kampf die Leiter dieser Organismen ab 1943 gegeneinander führten, der weiß auch, daß niemand außer von D.

selbst sagen kann, welchem Räderwerk des riesigen Apparats er angehörte.

Am 26. August 1939, um 19.00 Uhr, machte der französische Botschafter in Berlin bei Hitler einen letzten Versuch, ihn zum Verzicht auf seinen Eingriff in Danzig zu bewegen. Es ist eine Tatsache, daß es dem Vertreter Frankreichs gelang, bei Hitler Skrupel zu wekken, an die man bei ihm nicht gewöhnt war. Hitler habe die Frauen und Kinder bedauert und gemurmelt, daß er oft an sie gedacht habe. Das stand in merkwürdigem Gegensatz zu den Wutausbrüchen, mit denen Hitler bis dahin seine Gesprächspartner traktiert hatte. Aber zögerte er wirklich? Schon im nächsten Moment hatte er sich wieder in der Gewalt.

Joachim von Ribbentrop hatte während der ganzen Unterredung dasselbe »steinerne Gesicht« gemacht.

Fünf Tage später waren Hitlers Skrupel, wenn er je welche gehabt hatte, nur noch einer jener kurzen historischen Momente, von denen talentierte Diplomaten in wenigen Zeilen das Wichtigste festzuhalten wissen. »Ich habe Hitler vielleicht gerührt. Aber ich konnte ihn nicht umstimmen«, hatte der französische Botschafter Robert Coulondre telegraphiert. Und tatsächlich war sein Gespräch mit Hitler der letzte diplomatische Kontakt zwischen Frankreich und Deutschland.

Am 31. August wurde die erste Kriegsführungsdirektive herausgegeben. Der Angriff war für den 1. September 1939 um 4.45 Uhr festgesetzt, und das ganze *streng geheime* Dokument trug die Unterschrift: Adolf Hitler.

Von D. erhielt von dem Mann »mit dem steinernen Gesicht« den Befehl, Paris zu verlassen.

Er benachrichtigte seine Mätresse. Was die Identität dieser Dame betrifft, die damals sein Leben erfüllte, so müssen wir uns darauf beschränken, ihren leicht abgeänderten Vornamen zu nennen: Elena. Denn diese Unvorsichtige aus sehr altem Adelsgeschlecht – übrigens eine sehr schöne Frau, der es glänzend geht – zog, da sie von der Liebe eine vielleicht allzu utopische Vorstellung hatte, sich so viele Scherereien zu, daß wir ihr nicht noch mehr bereiten möchten, indem wir sie namentlich in diesem Bericht erwähnen.

Beim Abschied versicherte von D. ihr, daß er sich nicht in ein blutiges Abenteuer hineinziehen lassen würde. Er, ein Pazifist? Das war überraschend, aber warum daran zweifeln? Diesen Krieg, so wiederholte er, würde er nicht mitmachen. Die Person, der er sich anvertraute, ahnte nichts von dem, was für den Geheimdienst ein offenes Geheimnis war. Sie erklärte sich bereit, ihm zu helfen. Er wollte in die Schweiz und sich nicht mehr von dort wegrühren. Würde sie ihn zu zuverlässigen Freunden schicken können, die bereit wären, ihn aufzunehmen? Sie tat, was er von ihr verlangte, und von D. verließ Frankreich in Richtung eines Landes, dessen Beziehungen zu Frankreich sich in keiner Weise geändert hatten.

Da war er also in einem neutralen Land, verfügte über einen Briefkasten und eine Adresse, unter der ihn die Post aus Frankreich ohne weiteres erreichen konnte, eine Freiheit, von der die Verliebte mehr als nötig Gebrauch machte. Was keine Folgen gehabt hätte, wenn von D. nicht, wie man weiß, scharf überwacht worden wäre. Kaum hatte die Briefschreiberin etwa zehn Briefchen zur Post gebracht und selbst ebenso viele erhalten, als sie verhaftet und wegen Zusammenarbeit mit dem Feind angeklagt wurde. Es sprach sich herum. Die Angelegenheit brachte die Kreise, in denen die Angeklagte verkehrte, in größte Verwirrung, zumal Elenas Liaison nunmehr allen bekannt wurde. Die militärischen Behörden schalteten sich ein. Was das Lesen von Briefen anderer und ihre Deutung betrifft, so gab es nicht ihresgleichen. Das Verstehen war eine andere Sache. Man mochte Elena noch so sehr zu Hilfe eilen, ihre Arglosigkeit beteuern und zu beweisen versuchen, daß das, was in dem Schriftverkehr verdächtig schien, nichts als Diskretion sei und alles, was zweideutig schien, nur von Stilfeinheiten zeugte –, nichts wirkte. In jedem Liebeswort sahen ihre Ankläger eine versteckte Bedeutung. Und sogar die Verbesserungen oder Fehler, die Verliebten in der Erregung unterlaufen, schienen den Verrat zu bestätigen.

Welche Ängste diese Frau ausgestanden hat, soll hier nicht beschrieben werden. Es sei nur gesagt, daß sie ihr Leben einem Lügner zuliebe aufs Spiel setzte. Acht Monate später kehrte von D. nach einem schnell gewonnenen Krieg als Sieger zurück, und das trotz der Wachsamkeit, die unsere Briefschnüffler bewiesen hatten.

Was jedoch unbedingt zu von D.s Charakterbeschreibung gehört, ist seine Reaktion auf die Nachricht, daß Elena in der nicht besetzten Zone in Haft sei. Er ließ sich in dem Schloß, wo die Mutter seines Opfers wohnte, melden. Die Mutter kannte den Liebhaber ihrer Tochter nicht und legte auch nicht den geringsten Wert darauf, ihn kennenzulernen, zumal sie sich aus allem, was ihr nur Schande und Kummer bereitete, herausgehalten hatte. Der Besucher gab sich sehr liebenswürdig, wenn auch leicht arrogant. Plötzlich begriff sie, mit wem sie es zu tun hatte. Sogleich gab er ihr zu verstehen, daß er in der Lage sei, ihre Tochter zu befreien, wenn ... nun ja, wenn eine Dame ihres Ranges einwilligte, sich für seine

Zwecke zur Verfügung zu stellen, so daß er seine Vorgesetzten davon überzeugen könnte, daß sie sich nicht weigern würde, sie zu empfangen und Begegnungen herbeizuführen, die diese womöglich interessieren könnten, nun denn, unter diesen Bedingungen ... Ja, wenn sie dazu bereit wäre, so würde ihre Tochter viel schneller freigelassen werden. Sie erwiderte ihm, daß, selbst wenn es die Freiheit ihrer Tochter und womöglich ihr Leben koste, sie nicht daran denke, ihrem Besucher in irgendeiner Weise entgegenzukommen und, da sie dem nichts mehr hinzuzufügen habe, keinen Grund sehe, ihn noch länger aufzuhalten.

Ohne von D. verurteilen zu wollen, der nicht unbedingt aus eigenem Entschluß so handelte, sondern womöglich einem Befehl folgte, kann man doch nicht umhin, daraus zu schließen, daß die Luft um diesen Spion, wie die Marquise de Sévigné gesagt hätte, »reichlich dick« war.

Die unbesetzte Zone war bekanntlich nur ein Schwindel, der nicht lange dauerte. Kaum war die Illusion verflogen, als Elena die Freiheit wiederfand. Frei, sie war frei! Aber Spatz war nicht mehr frei. Er hatte Gabrielle kennengelernt.

Gabrielle war sechsundfünfzig Jahre alt, als ihr Idyll mit von D. begann. Sie war auch dreizehn Jahre älter als er, was ihr, wie groß ihr Charme auch sein mochte, nur wenige Trümpfe in der schönen Hand ließ. Aber wozu von Alter reden? Niemand kann sich in der Liebe zum Schiedsrichter aufspielen, und Gabrielle hatte kein Alter, denn, was immer man sagen mag, von D. liebte sie.

Versuchen wir, uns dieses eigenartige Abenteuer in dem damaligen Paris vorzustellen.

Gabrielle hatte es in Corbères nicht lange ausgehalten. Nach ein paar Wochen dort unten und einem kurzen Aufenthalt in Vichy war sie in den letzten Augusttagen des Jahres 1940 nach Paris zurückgekehrt. Es war nicht ihre Art, lange den Flüchtling zu spielen. Und außerdem war Julias Sohn in Gefangenschaft geraten. Ausnahmsweise konnte diesem Jungen sein schlechter Gesundheitszustand einmal von Vorteil sein. Sie wollte alles tun, damit er freikäme.

Eine andere als Gabrielle hätte, als sie die Deutschen im Ritz vorfand, beschlossen, umzuziehen. Aber nicht Gabrielle, die vielmehr verlangte, daß der Direktor sie anhörte. Er habe sie »rausgesetzt«? Sie sei damit einverstanden, das Zimmer zu wechseln, aber nicht die Adresse. Denn das schöne Appartement, dessen Fenster auf die Place Vendôme hinausgingen, der große Raum, in dem sie das Dekor des Faubourg aus der Zeit ihrer Liaison mit Iribe aufgebaut hatte, das alles war in den Stunden nach der Beschlagnahme geräumt worden. Wohin also? In ein anderes Viertel ziehen bedeutete, sich vom Geschäft entfernen, den Brotverdienst aus den Augen verlieren, und dazu konnte sie sich nicht entschließen. Ja, jede andere hätte Ärger mit dem Hotelier und den Deutschen befürchtet und wäre sich »verjagt« vorgekommen. Aber solche Überlegungen gab es bei Gabrielle nicht. Es war ihre Stärke, daß sie schnurstracks auf das zusteuerte, was ihr *nützlich* war. Und woran sie hing, war nicht viel. Nie hatte sie ein Dach, nie irgendwelche Mauern noch ein Dekor als etwas Endgültiges angesehen, und daß man »ihre Möbel anrührte«, die größte Angst der Bourgeoisie, ließ sie gleichgültig. Beim Geld, beim Sparstrumpf, da begann die Gefahr. Das war das einzige, wovor sie Angst hatte, eines Tages auf dem Trockenen zu sitzen. Aber abgesehen davon? Sie würde umquartiert werden? Na und?... Ihre Coromandel-Wandschirme würden sich dabei erst recht bewähren. Waren sie nicht dafür geschaffen, immer wieder zusammen- und auseinandergeklappt zu werden? Sie würde sie, ein paar Schritte vom Ritz entfernt, genau über ihrem Geschäft, wieder aufstellen und würde dort einen Salon nach ihrem Geschmack einrichten, so wie man sein Zelt aufschlägt. Sie hatte es schon in ihren Kindertagen und später, als sie auf der Wanderschaft war, so gelernt. Das Ritz bot ihr ein einfaches kleines Zimmer zur Rue Cambon hin an. Sie hatte Schlimmeres erlebt und konnte sich damit abfinden. Es genügte vollkommen zum Schlafen. Konnte sie ahnen, daß es auch zum Sterben genügen würde? Denn in diesem bescheidenen Raum nahm ihr langes Leben ein Ende.

Wie dem auch sei, sie hatte keine Wahl.

Wenn ihr jemand riet, anderswohin zu ziehen, Misia vor allem, die sich wunderte, daß sie sich mit einem so mittelmäßigen Dekor zufriedengab, so erwiderte sie prompt: »Warum umziehen? Früher oder später werden alle Hotels besetzt werden. Also kann ich genausogut hierbleiben. Mein Zimmer ist zwar klein, aber dafür um so billiger.« Immer ging es ihr darum zu sparen, und wie schnell gewöhnte sie sich wieder daran, einfach zu leben. Ihre Worte beweisen es zur Genüge. Als ein Freund ihr in Vichy begegnete und sie fragte, warum sie es so eilig habe, nach Paris zurückzukehren, gab sie den Benzinpreis als Grund an: »Warten, bis die Rückreise unerschwinglich wird? Das glauben Sie doch selbst nicht! Wenn das so weitergeht, wird das Benzin noch genauso teuer wie das Parfum...«. Das Chanel Nr. 5! Ihr einziger Maßstab, ihr Wertmesser. Dabei war sie reich. Aber bei ihr war eine Vorsichtsmaßnahme nie töricht, eine Einnahme nie nebensächlich. Wenn sie auch noch so vermögend war, ließ sie doch nichts außer acht, wie jene Bäuerinnen, die in bedrohlichen Zeiten nichts wegwerfen, alles aufbewahren, trockenes Brot und alte Knochen, von einem Monat zum andern. Gabrielle war zweifellos von dieser Art und, wie man wohl sagen darf, geizig.

Spatz und Gabrielle... Weiß man, wann, wo und wie sie sich kennenlernten... Muß man ihr glauben, wenn sie behauptete, daß sie »alte Freunde« waren? Wollte sie damit andeuten, daß sie sich schon vor dem Kriege gekannt hatten... Aber was nützte es uns, zu wissen, daß es hier oder dort war, in diesem oder jenem Jahr, bei dem einen oder andern? Werden wir die geheimnisvolle Landschaft dieser Liebe, ihr besonderes Licht, ihre Zärtlichkeiten und Gewaltausbrüche, ihre Wahrheiten und Lügen darum besser begreifen? Ob sie ihn vor der Niederlage kennenlernte oder, im Gegenteil, ihn zum ersten Mal an dem Tag sah, als sie ihn um die Repatriierung von Julias Sohn bat, was ändert das? Denn bei dieser Gelegenheit trafen sie zusammen oder wieder zusammen, und damals begann alles zwischen ihr und ihm.

Von D. bewies hinfort so wenig Ehrgeiz, daß seine Vorgesetzten ihn vergaßen, aber so viel Geschick, daß seine Anwesenheit in Paris nicht in Frage gestellt wurde. Ein heikles Spiel, ein Manövrieren voller Finessen, wobei es darauf ankam, in Frankreich zu bleiben. Er hatte nur diesen einen Wunsch und keine größere Sorge, als einen Sonderauftrag zu bekommen, der ihn womöglich genötigt hätte, in das Berliner Wespennest zurückzukehren, eine riskante Sache, wobei es das Schlimmste wäre, wenn eine intrigante Clique einen sofort mit Beschlag belegte, ohne daß man ihr entgehen könnte. Davor hatte von D. am meisten Angst, das wollte er auf jeden Fall vermeiden. Selbst wenn seine engsten Kameraden ihn für träge hielten, was nicht ausblieb. Selbst wenn dies der erste Vorwurf war, den Gabrielle ihm machte. Allerdings nicht sofort. Denn anfangs liebte Gabrielle gerade diesen diskreten von D., der stets in Zivil war und gerne Englisch sprach.

Der Wunsch der beiden, im verborgenen zu leben und ihr Glück zu genießen, sowie ein körperliches Wohlbefinden, aus dem von D. keinen Hehl machte, so daß sogar die eifersüchtigsten unter seinen ehemaligen Mätressen es bestätigen mußten, all das erklärt, daß hier ein Geheimnis vorherrscht. Spatz und Gabrielle unsichtbar, weil sie glücklich sind, und das fast drei Jahre lang, glücklich in einer Welt, in der das Grauen immer größer wurde, glücklich, während Misia langsam erblindete, obwohl sie versuchte, es zu überspielen – »Sie ahnt, wo die Türknöpfe bei mir sind«, vermerkte Colette, »... ihre vornehme Koketterie rührt uns mehr als jede Klage ...« –, glücklich, während 1942 in Davos der Gefährte aus *Bel Respiro* und den sonnigen Tagen in der Bucht von Arcachon, der Großfürst Dimitri Pawlowitsch, von Tuberkulose ergriffen, einsam starb, glücklich, während in Saint-Benoît-sur-Loire, wie könnte man es vergessen, Max Jacobs Martyrium begann, glücklich, sie waren glücklich, die beiden. Muß man es ihnen zum Vorwurf machen?

Der arme, arme Max Jacob, der seine Qualen hinter Späßen zu verstecken versuchte. Max, der den gelben Stern tragen mußte und der, mit diesem »Schandmal« auf seinem fadenscheinigen Überzieher, jeden Morgen durchs Dorf ging, um in der Basilika als Ministrant an der Frühmesse teilzunehmen. Armer, armer Max ... Er hatte die Tür geöffnet, hinter der eine Stimme »Polizei!« rief, und hatte den Mann, der gekommen war, um ihn zu verhören, mit den Worten empfangen: »Sehr erfreut! Kommen Sie doch näher ans Feuer ...« Ihr Blick, Max, an dem Tag, als wir, zusammen mit Pierre Colle[57], zu Ihnen zu Besuch kamen und Sie, am Rande der Verzweiflung, auf eine Offenbach-Melodie, glaube ich, eine Art Antiphon sangen: *»J'suis l'bou, j'suis l'bouquet, j'suis l'bouc émissaire«*, und Sie, armer Max, eine Art Mimodrama improvisierten, in dem eine Kröte *»un crapeaud«*, zur Kirche ging: »Glückliche Kröte«, sagten Sie, »sie braucht keinen Stern zu tragen.«

All das, während die beiden anderen in ihrem Wahn ... Ein Tête-à-tête, ganz im verborgenen, ein tägliches Rendezvous in dem alten Dekor, das rasch wieder aufgestellt worden war, um einen Stutzflügel, einen *Crapeaud* herum, ja wirklich ... Gabrielle hatte einen Flügel haben wollen, auf dem sie üben könnte. Ein *Crapeaud* war immerhin besser als ein Klavier, jetzt da man aus Platzmangel auf den großen Konzertflügel verzichten mußte. Sie hatte hinfort Zeit. Und Spatz liebte Musik. Das machte sich in seinem Beruf gut. Es war für niemanden ein Geheimnis, daß Heydrich anfangs durch sein Geigenspiel Karriere gemacht hatte. Nachdem er sich bei Canaris durch das Spielen von dessen Lieblingsquartetten beliebt gemacht hatte, war es zu einem gewissen Vertrauensverhältnis zwischen ihm und dem deutschen Abwehrchef gekommen, bis Rivalitäten stärker wurden als ihre Liebe zu Mozart oder Haydn. Aber das änderte nichts daran, daß anfangs ... Welch ein Bogenstrich, als endete er nie, wirklich meisterhaft. Und Gabrielle hatte sich wieder ans Klavierspielen gemacht. Ihr fiel wieder ein, was sie bei den Stiftsdamen gelernt hatte, dazu das Repertoire der *Lyre Mouli-*

noise, der sie damals insgeheim gelauscht hatte. Auch an ein paar Ratschläge erinnerte sie sich, die der Klimperer des *Alcazar* der kleinen *gommeuse* gegeben hatte, und schließlich an ein paar Konzerte, die sie auf der Terrasse des Grand Casino von Vichy gehört hatte. Immer wieder *Madame l'Archiduc* und *la Grotte de Fingal* ... Beim Üben von Opern- und Operettenmelodien fand Gabrielle ihre alte Fingerfertigkeit wieder.

Manchmal sang sie auch, und von D. hörte ihr zu. Die Liebe dieser Frau machte aus ihm einen Orientalen, einen Mann, der nicht mehr ausging und den man nirgends mehr sah, weder in den »Luxus«-Restaurants, wo man gegen einen Beitrag zum *Secours National* essen konnte, was man wollte, noch bei *Carrère,* in dem Nachtlokal à la mode, und nie in einem Bistro, sei es *le Bélier d'Argent* oder *le Veau d'Or,* und er nahm ebensowenig an der großen Ausgelassenheit teil, in der sich »die sehr nützliche Leichtherzigkeit des Volkscharakters« offenbarte, noch an der großen Traurigkeit und Niedergeschlagenheit eines erniedrigten Volkes. An nichts, nirgendwo.

So lebten Gabrielle und Spatz über einem Geschäft, in dem sich viele Käufer in Uniform drängten. Als das Chanel Nr. 5 nicht mehr zu haben war, begnügten sich diese seltsamen Touristen damit, aus dem Schaufenster die Flaschen-Attrappen mit den beiden verschlungenen C zu stehlen. Das war immerhin etwas ... ein Mitbringsel. Eine Erinnerung an die Besatzungszeit, ein Pariser Souvenir.

Das schwarze Parfum des Abenteuers

Was konnte man von einem Leben halten, das dem Unerwarteten keine Chance ließ? Schließlich konnte Gabrielle sich doch nicht mit so etwas zufriedengeben, mit dem bißchen Musik und dem täglichen Einerlei einer Liaison, die durch die Verbote jener Zeit derart eingeengt war. Von D. hingegen an ihrer Seite, in dieser Atmosphäre, wo alles bezaubernd wirkte, von D. genoß sein Glück. Er hatte nicht viel Phantasie.

Daß die Initiative zu einer Veränderung von Gabrielle kam, ist mehr als wahrscheinlich. Sie hatte immer das Bedürfnis gehabt, *etwas tun zu müssen.* Ihr Schicksal herauszufordern, das liebte sie.

Eine Zeitlang reichten ihre Auseinandersetzungen mit der Société des Parfums Chanel aus, sie zu beschäftigen. *Ihre* Parfums ... Es war fünfzehn Jahre her, daß sie den Brüdern Wertheimer das Recht zur Herstellung und zum Verkauf ihrer Parfums abgetreten hatte, und doch hatte sie sich nie an diesen ein für allemal unterzeichneten Vertrag gewöhnen können. Die berühmtesten Rechtsanwälte mochten alles aufbieten, um sie zu beruhigen und sie der Loyalität ihrer Teilhaber zu versichern, sie mochten noch soviel tun und sagen, sobald Gabrielle wieder allein war, kehrten ihre Zweifel zurück. Natürlich, es war ganz klar! Man hatte sie hereingelegt! Eine fixe Idee.

Als die Gesetze der Besatzungsmacht ihr die Möglichkeit gaben, diese Partnerschaft zu lösen, erschien ihr die Gelegenheit allzu günstig, um nicht davon Gebrauch zu machen. Konnte sie ihre Parfums den Brüdern Wertheimer wieder entreißen? Eine Verordnung der Besatzungsmacht besagte, daß in den Unternehmen, deren Geschäftsführer das Land hatten verlassen müssen, eine neue Geschäftsleitung eingesetzt werde. Gabrielle witterte darin ihre Chance. Der Trick mußte versucht werden – ein gemeiner Trick. Jetzt war es an ihr, zu spielen, an ihr, der Ausgebeuteten und Betrogenen. Der Clan Wertheimer würde schon sehen, aus welchem Holz sie geschnitzt war. Sie war schließlich arisch, die andern nicht. Sie war in Frankreich, die andern in Amerika. Emigranten ... Juden. Für die Besatzungsmacht gab es schließlich nur Gabrielle.

Ihr großer Wunsch war, einen Geschäftsführer ihrer eigenen Wahl einzusetzen. Damit würde den Vertretern eines jüdischen Unternehmens eine Frau gegenüberstehen, die zu allem entschlossen war und auf deutsche Unterstützung rechnen konnte. In dem damaligen Frankreich konnte sie kaum verlieren. Es ist kaum zu glauben, aber so geschah es. Im Lager ihrer Widersacher waren vorzügliche Spieler. Ach, sie glaubte wohl, die einzige zu sein, die auf eine gewisse Unterstützung rechnen konnte! Wie naiv ... Wußte sie denn nicht, daß es in Paris Franzosen gab, die bereit waren, sich einzuschalten, um jüdisches Eigentum zu retten, und daß es auch, wie überall anderswo, Deutsche gab, die sich bestechen ließen? In dem herrschenden Durcheinander genügte es, schnell zu handeln und keine Fehler zu machen.

Zunächst mußte ein Arier her.

Man brauchte einen, dem man die Firma für soviel wie nichts verkaufen konnte. Man fand ihn in der Person eines Industriellen, des Flugzeugfabrikanten Amiot.

Dann brauchte man einen Deutschen.

Ihn würde man bitten, die Gültigkeit der Transaktion, dieses Hin- und Hergeschiebe von vordatierten Dokumenten, zu bescheinigen und dem Ganzen eine plausible, unanfechtbare Form zu geben. Ihn zu finden, war nur eine Frage des Geldes. Man fand ihn ... Aber für viel Geld. So konnte die Société Chanel beweisen, daß sie den Brüdern Wertheimer nicht mehr gehörte. Es gab nichts dagegen einzuwenden. Die Partie war gewonnen.

Aber das war noch nicht alles. Für den Aufsichtsrat brauchte man einen Vertreter des neuen Besitzers, einen Mann, der Gabrielles eventuellen Kandidaten zu Fall bringen würde.

Dieser Mann sollte tückischerweise aus einem Milieu kommen, das Gabrielle nur allzugut kannte. Sie sah sich somit nicht nur verlieren, sondern auch noch ihren Widersachern von eh und je gegenüber, vor allem dem ironischen Blick eines Mannes, der dorthin placiert worden war, um sie zu verunsichern, eines Mannes von Welt, der eben aus jener Welt stammte, an die Gabrielle nie ohne Bitterkeit dachte. Er hatte zu der Moulins-Clique gehört. Sie sah sich einem Zeugen ihrer Vergangenheit gegenüber: der Präsident, den man ihr aufdrängte, war der Bruder des »Angebeteten« von Adrienne. Was sollte sie darauf erwidern? Sie hatte verloren. Was keineswegs bedeutete, daß sie aufgab.

Als jedoch Pierre Wertheimer – das sei hier gleich ein für allemal erwähnt – nach Frankreich zurückkehrte und die Firma wieder selbst übernahm, schien er es für das Beste zu halten, sich durch Großzügigkeit zu revanchieren. Aber machen wir keinen Heiligen aus ihm! Wo hört die Großzügigkeit auf, und wo beginnt im Geschäftsleben der Zynismus? Pierre Wertheimer hätte Gabrielle anklagen und sie mit Vorwürfen überhäufen können, er hätte leichtes Spiel gehabt. Doch er hütete sich davor. Was wäre zu Gabrielles Lebzeiten eine Firma Chanel *ohne* sie gewesen? Was eine Firma Chanel *mit* einer in den Schmutz gezogenen, entehrten Gabrielle? Vermutlich waren das seine Überlegungen.

Wie dem auch sei, sie nahmen ihre Beziehungen wieder auf, und der Kleinkrieg ging weiter wie zuvor. Aber das war besser, tausendmal besser als nichts. Denn für Leute ihres Schlags hatten diese vorübergehenden Scharmützel, diese widersprüchlichen Erklärungen und Spitzfindigkeiten der Juristen etwas Belebendes. Das war ihr Luxus.

Sie spielten sich gegenseitig die schlimmsten Streiche. Es fehlte nicht an Fußangeln, hinterlistigen, schlauen Tricks und Fallen, die sie einander stellten. Neue Parfums wurden heimlich von Gabrielle zum Verkauf gebracht und auf Wertheimers Veranlassung hin sofort wieder vom Markt zurückgezogen ... Proben wurden in die Vereinigten Staaten eingeschmuggelt und durch Wertheimer sogleich vom Zoll beschlagnahmt ... Sodann die Drohung von ihrer

Seite, ein verbessertes Chanel Nr. 5 herauszubringen ... Was den Untergang des ersten bedeutet hätte, durch das er reich wurde ... Dieser von beiden Seiten betriebene Machiavellismus entzückte die Kampfsüchtigen. Am meisten wunderte sich Wertheimer, daß Gabrielle, die Tigerin, seine intimste Feindin, nach so vielen Jahren noch genauso angriffslustig war ... Sie allein konnte es wagen, ihm derart zu trotzen. So viel Starrsinn war es wert, daß er sich die besten Anwälte nahm.

Bei dem, was Pierre Wertheimer mit Gabrielle verband, war außer dem Reiz des Gewinns eine gewisse uneingestandene Verehrung mit im Spiel. Und auch ein Bedauern: daß es zwischen ihnen immer nur entgegengesetzte Interessen gegeben hatte. Etwas anderes war nie in Frage gekommen. Dabei hätte er so sehr gewünscht, von ihr das zu bekommen, was sie ihm nicht geben wollte: Ermutigungen, Erklärungen ihrer Zufriedenheit ... Was für Erfolge er auch immer errang, nie kam ein Wort von ihr. Nicht einmal an dem Tag, als ein Pferd aus dem Gestüt Wertheimer beim Derby von Epsom siegte. Ein Wort, ein einziges Wort hätte ihn so glücklich gemacht! Offen gesagt, er liebte sie. Jedenfalls beinahe ... Denn niemand erinnerte ihn so stark wie Gabrielle an seine Vergangenheit. Niemand. Pierre Wertheimer hatte zu jenen *Aushaltern* gehört, die es nicht mehr gab. Daher die Anziehungskraft, die Gabrielle auf ihn ausübte. Wie hätte er in ihr etwas anderes denn als die *Illegitime* sehen können?

Schließlich kam der Tag, an dem Gabrielle, nachdem sie gewisse Zusicherungen erhalten hatte, eine Art Waffenstillstand annahm. Es war 1947. Unter ihren Gegnern versuchte man zwar immer noch ein paar Schliche. Aber nur so ... Aus Gewohnheit. Schließlich gab Pierre Wertheimer auf. Er erklärte sich bereit, ihr zusätzlich zu allem, was ihr schon zugestanden worden war, eine Tantieme von 2% brutto auf die Parfumverkäufe in der ganzen Welt einzuräumen, d. h. etwa eine Million Dollar pro Jahr. Da ließ sie es gut sein.

Sie war fünfundsechzig Jahre alt.

Es war höchste Zeit, die Waffen zu strecken.

Aber da ihr alter Widersacher ein paar Jahre jünger war als sie – was sie für unerträglich hielt –, gelang es ihr, als die Verträge ausgestellt wurden, den Geburtsschein, den man verlangte, zu fälschen.

Sie war eine Frau mit kolossalen Einkünften geworden. Da konnte sie es sich leisten, daß sie sich zehn Jahre jünger machte.

Aber kehren wir zur Besatzungszeit zurück, als Gabrielle bei den Parfumstreitigkeiten erkennen mußte, daß ihre Gegner das Netz ihrer Bündnisse erweiterten und in ihren Reihen einer jener schönen

Herren aus der Moulins-Clique auftauchte, den sie am liebsten nie wiedergesehen hätte.

Eine Niederlage ist schwer zu ertragen. Sie ist eine unerträgliche Last. Kann man sich vorstellen, daß Gabrielle sich mit ihrem Mißerfolg abfand? Kaum hatte es sich herausgestellt, daß sie die Firma doch nicht wieder selbst in die Hand kriegte, als sie von einer anderen Idee erfaßt wurde. War es diesmal Ehrgeiz oder Anmaßung? Es sei denn, man würde es Eroberungsgeist nennen oder das Bedürfnis, den Drang, sich durchzusetzen, zu glänzen, wer weiß ... Die Deutschen, ihre Freunde, sahen darin nur Selbstlosigkeit und Opfergeist. Es gab sogar welche, die so weit gingen, »einen Tropfen Jeanne-d'Arc-Blut in ihren Adern[58]« zu entdecken! Jeanne oder nicht ... Sicher ist, daß sie ihr tollkühner Plan in noch kompromittierendere und gefährlichere Kreise bringen sollte als ihr vorheriges Unternehmen, nämlich in die Welt des Geheimdienstes und des Krieges.

Seit dem 24. Januar 1943 und der Konferenz von Anfa war kein Zweifel mehr möglich. Roosevelt und Churchill hatten ihre Beschlüsse öffentlich bekanntgegeben: sie verlangten die bedingungslose Kapitulation Deutschlands. Nur unter diesen Bedingungen würde es Frieden geben. Wie das die Gemüter erregte ... Auf der einen Seite die Genugtuung bei all jenen, die in den besetzten Gebieten zum Untergrund gehörten, den Kampf fortsetzten und keine andere ehrenvolle oder zukunftversprechende Lösung sahen, auf der anderen Seite die grausame Enttäuschung aller anderen. Denn Stimmen wurden laut – weshalb es leugnen –, Stimmen, die bedauerten und sagten, daß genug Blut vergossen sei. Sie ertönten im Petainistischen Frankreich, ja sogar in England, wo sie jedoch wenig Echo fanden ... Es waren die Politiker aus den Kreisen um Lord Runciman, aber was konnte man von denen anderes erwarten? Und auch einige Aristokraten, die gerne gehabt hätten, daß man verhandelte, damit die Bombardierungen aufhörten – unter ihnen der Herzog von Westminster, dessen Argumente seinen alten Freund Winston in Rage brachten –, oder Leute, die Deutschland schonen wollten – und das hatte vermutlich der Herzog von Windsor im Sinn, der auf seiner fernen Insel wie im Exil lebte, das waren seine Gedanken, obwohl er, als er in den Nachkriegsjahren danach gefragt wurde, sich dagegen verwahrte.

Somit gehörte mehr als einer von Gabrielles englischen Freunden, mehr als einer von den Verehrern der schönen Vera, die einst im Faubourg ein- und ausgegangen waren, hinfort zu jenen Träumern vom Frieden, die durch Churchills Erklärungen brutal wieder auf den Boden der Tatsachen zurückgeholt worden waren.

Und wie war es in Deutschland?

Dort gab es Pazifisten eines ganz anderen Schlags, und manche von ihnen, die gegen das Regime komplottierten, waren heroisch in ihrem Mut und ihrer Opferbereitschaft. Man weiß, was aus ihnen wurde. Churchills Forderungen machten ihnen die Aufgabe nicht leichter, aber anstatt daß sie ihren Eifer bremsten, wurde er noch größer. Man würde noch entschlossener vorgehen, das Regime mußte gestürzt werden, erst danach würde man verhandeln, und vielleicht günstiger: das war ihr einziges Ziel.

Es waren unendlich viele, denen der britische Premierminister die Hoffnungen zerstörte. Diesen ging es nur darum, die Rote Armee zu vernichten, und der Separatfrieden, den sie erreichen wollten, war für sie nur ein Mittel, den Krieg, mit oder ohne England, gegen die Sowjetunion weiterzuführen. Aber wenn auch ihre Ziele verschieden, ja bisweilen völlig entgegengesetzt waren, so hatten alle, die sich für einen Kompromißfrieden einsetzten, eines gemeinsam, nämlich den unablässigen Wunsch, mit den englischen Führungskräften in Verbindung zu treten und jede Gelegenheit, die sich dazu bot, beim Schopf zu packen.

Ohne dieses Gesamtbild – das uns die wahre Situation von damals vor Augen führt – könnte das Unternehmen, in das Gabrielle sich stürzte, wie die Handlung einer Mythomanen oder Megalomanen wirken. Sieht man sie jedoch im Zusammenhang mit Atmosphäre der Unsicherheit jene Jahre, so mag diese Episode wie der fast unvermeidliche Höhepunkt in Gabrielles Leben erscheinen, dem Leben einer Frau ohne festen Status, die hin und her gerissen und von Ressentiments erfüllt ist und sich nur kraft gewagter Aktionen aus ihren ursprünglichen Verhältnissen herausgerissen hatte. Was sie versuchte, war im Grunde genommen nichts anderes als ein Pokerspiel, wieder eins.

Was war dieses verrückte Unterfangen für sie anderes als ein Mittel, sich selbst als »Siegerin« bestätigt zu fühlen? Kann man einen Spieler je anhalten …

Was für ein merkwürdiges Schicksal hatte sie! Da lebte sie im besiegten Land, in engem Kontakt mit den Siegern, und kannte doch persönlich den Mann, von dem zu einem großen Teil der Ausgang des Krieges abhängen sollte. Wie hatte das Leben ihr mitgespielt! Churchill … Wenn man bedenkt, daß vielleicht eine kurze Begegnung genügen würde, damit dieser unerbittliche alte Mann spürte, daß er, wenn er sein Todesspiel fortsetzte, den Tod Europas, *seines* Europas, des guten alten Europas der Privilegien und Traditionen, einleitete. Dieser Krieg mußte aufhören, sagte sich Gabrielle, koste es, was es wolle.

Würde sie Erfolg haben, wo andere gescheitert waren? Würde sie Churchill überzeugen? Würde er sie überhaupt anhören? Sie war entschlossen, alles auf eine Karte zu setzen... Würde Churchill es nicht ganz *natürlich* finden, daß sie ihm einen Besuch machte, wie damals in den Ferien in *La Pausa*, als der Herzog von Westminster unangemeldet bei ihm zu erscheinen pflegte und sie ihn begleitete?

Freilich träumte sie, das ist kein Wunder. Hatte sie nicht immer in einer imaginären Welt gelebt? Ihr Leben war ein einziger langer Traum, der plötzlich eine Aktion auslöste. Es ist ebenso sicher, daß der Traum etwas Wahnsinniges hatte. Schien dieses Vorhaben nicht völlig undurchführbar? Aber was ist daran verwunderlich? Alles, was sie unternahm, war anfangs grundsätzlich undurchführbar erschienen. Daß sie es trotz alledem schaffte, war für Gabrielle nichts Neues, also machte sie es weiter so.

Das Erstaunliche ist also nicht, daß sie an diesen Traum geglaubt hat, sondern daß sie ihn anderen mitteilte, und zwar Gesprächspartnern, die auch daran glaubten. Allerdings waren es Deutsche. Und die Rote Armee stand in diesem Sommer 43 an den Grenzen ihres Vaterlandes. Aber ist das eine ausreichende Erklärung? Wirklich, die Naivität mancher Leute... Und dieses Deutschland...

Etwa sechs Monate nach dem Einzug der Deutschen in Paris hatte von D. Gabrielle einen Jugendfreund vorgestellt. Wie man erwarten konnte, hatten die Bemühungen, Julias Sohn nach Frankreich zurückzuholen, noch keinen Erfolg gehabt. Wie leicht nahm es dieser Spatz... Aber er hatte den guten Einfall gehabt, die Angelegenheit einem Mann von Format anzuvertrauen. Der Jugendfreund bekleidete einen sehr verantwortungsvollen Posten, er war ein Offizier – während Spatz immer in Zivil war –, kurzum, er war ein Mann, der arbeitete und Erfahrung hatte. Wahrhaftig, wenn man ihn kennt, versteht man, daß er Gabrielle Vertrauen einflößen konnte. Der Rittmeister Momm war einer von jenen Deutschen, an deren Existenz man in Anbetracht der Ereignisse kaum noch glauben konnte.

Und als er Gabrielle dann auch noch bei seinem ersten Besuch sagen konnte, daß man in seiner Familie schon seit fünf Generationen in der Textilbranche tätig sei, was für eine ausgezeichnete Einführung war das! Danach sagte er ihr, daß er in Belgien geboren und aufgewachsen sei, wo sein Vater eine Färberei geleitet habe. Er hatte seine Ware von den Baumwollfabrikanten in Manchester bezogen. Kaum zu glauben!... 1914 sei seiner Familie nichts anderes übriggeblieben, als wieder nach Deutschland zu ziehen. Freilich, freilich, immer der Krieg. Und 1915 hatte er von D. kennengelernt. Wo? Beim dreizehnten, ja beim dreizehnten Ulanenregiment. Wie klein doch die Welt war! Außerdem teilte er ihr mit, daß der sehr gefürchtete Spitzenreiter bei internationalen Rennen, der berühmte Momm, der 1935/36 wer weiß wie viele Weltpokale gewonnen hatte, daß dieser Superstar der Rennbahn ein Vetter von ihm sei. Sein Vetter! Wer hätte das gedacht! Gabrielle hatte ihn bewundert, ihm applaudiert... Die Nachricht verfehlte nicht ihre Wirkung. Reiten gehörte zu den Themen, bei denen Gabrielle so leicht nicht zu schlagen war, und außerdem versteht man sich unter Reitern immer. Aber schließlich, und das war das Entscheidende, war der Rittmeister in Paris der Verantwortliche für das französische Textilgewerbe bei der deutschen Verwaltungsbehörde. Es war klar, was das bedeutete.

Er nahm sich der Sache von Julias Sohn an und kam zu dem Schluß, daß dringend eine kleine Weberei bei Saint-Quentin wieder in Betrieb genommen werden müsse, die, wie er bezeugte, Gabrielle gehörte. Unter diesen Umständen mußten die deutschen Behörden einen Gefangenen freilassen, der wie dazu geschaffen war, die Leitung dieses Betriebs zu übernehmen. Das Kind, über dessen Erziehung Boy Capel gewacht hatte, Gabrielles Neffe, kehrte schließlich in sein Vaterland zurück. Der Major hatte Wunder gewirkt, und Gabrielle zeigte sich weiterhin dankbar. Wer hätte nicht so gehandelt? Zumal sie schon so weit gegangen war...

Als der Augenblick kam, da der Gedanke, Churchill zu treffen, sie nicht mehr losließ, zog sie Momm ins Vertrauen. Die Tatsache, daß ihre Wahl auf ihn und nicht auf von D. fiel, zeigt, daß letzterer schon nicht mehr alle nötigen Voraussetzungen erfüllte. Der Rittmeister wunderte sich allerdings. Was für eine sonderbare Frau, die sich nicht scheute, dem einen ihr Herz und dem anderen ihr Vertrauen zu schenken. Was war zwischen ihr und Spatz vorgefallen? Aber nachdem der Rittmeister sich einmal von der Überraschung erholt hatte, fand er, daß das, was sie ihm enthüllt hatte, im Grunde bei ihm besser als anderswo aufgehoben sei.

Ihr ganzer Plan bestand darin, Churchill dafür zu gewinnen, sich prinzipiell mit einem englisch-deutschen Gespräch unter strengster Geheimhaltung einverstanden zu erklären. Zunächst setzte sie ihrem Gesprächspartner recht heftig zu, indem sie behauptete, daß die Deutschen im allgemeinen »die Engländer nicht richtig zu nehmen wüßten«, ja daß sie einen Fauxpas nach dem andern machten, denn wenn man Erfolg haben wolle, müsse man die Briten zunächst einmal gut kennen, sie lange kennen, was zum Glück bei ihr der Fall sei. Sie schilderte dem Major die Gründe, die ihrer Meinung nach den Premierminister umstimmen müßten, und mimte sogar, nachdem sie einmal in Fahrt war, wie sie sich dieses Gespräch vorstellte. In dem schmalen Salon in der Rue Cambon ging sie mit großen Schritten auf und ab und wandte sich, von ihrem Schwung mitgerissen, an den deutschen Offizier, als ob er Churchill persönlich wäre. Sie tadelte ihn: »Du hast Blut und Tränen vorhergesagt, und deine Vorhersage hat sich schon bestätigt. Aber damit gehst du nicht in die Geschichte ein, Winston.« Und mit einer Stimme, die keinen Widerspruch duldete, fügte sie hinzu: »Du mußt jetzt Menschenleben schonen und den Krieg beenden. Dadurch, daß du die Hand zum Frieden reichst, beweist du deine Stärke. Das ist deine Aufgabe.« Und plötzlich hörte der Deutsche, den diese verwirrende Szene betäubte, Churchills Antwort. Man konnte sich wirklich fragen, ob ... Träumte er? Wie konnte man dieser Frau widerstehen ... Er sah den Premierminister des Vereinigten Königreichs, der ernst an seiner Zigarre kaute und nickte. Er hörte zu, wie er Gabrielle mit höchst seltsamen Worten zustimmte:

»Du hast recht, Coco«, wiederholte er, »du hast recht.«

»Eine ungeheuer starke Persönlichkeit«, wie Theodor Momm zugeben mußte, als er dreißig Jahre später mit etwas zögernder Stimme versuchte, die denkwürdige Unterredung wiederzugeben. »Was damals unter dem Siegel der Verschwiegenheit begann, könnte eine faszinierende Geschichte abgeben«, fügte er hinzu. Aber er gestand auch, daß er gezögert habe. »O ja! Verflixt gezögert!«

Er sollte Gabrielles Mittelsmann sein? Das war nicht ungefährlich. Was hatte sie für Garantien zu bieten? Keine. Weniger als nichts. Und was würde man in Berlin davon halten? Würde man ihr erlauben, Frankreich zu verlassen? Was sie verlangte, war eine vom MBF, dem Militärbefehlshaber in Frankreich, ausgestellte Erlaubnis für eine Reise nach Madrid und zurück. Denn sie mußte nach Spanien. Sie kannte Sir Samuel Hoare persönlich. Ja, in Madrid, in direktem Kontakt mit dem englischen Botschafter, würde sich der Erfolg oder Mißerfolg ihrer Mission entscheiden. Ja, aber ... Aber wenn sie nicht zurückkäme?

Der Rittmeister Momm fuhr nach Berlin und wußte nicht so recht, wo er anklopfen sollte. Er wandte sich zunächst an das Auswärtige Amt – aus Vorsicht. Beim diplomatischen Dienst riskierte er am wenigsten. Der Staatssekretär Baron Steengracht von Moyland war bereit, ihn zu empfangen. Er war ein sehr hoher, aber unerfahrener Beamter, denn er hatte seinen Posten gerade erst angetreten. Die alarmierenden Nachrichten beschäftigten ihn mehr als genug. Außerdem stand das Auswärtige Amt damals nicht gerade glänzend da. Dort wie anderswo hatte sich der Zugriff der Nazis verheerend ausgewirkt, und die Beamten waren nur noch passive Vollzugsangestellte, was ihrem Minister gerade recht war. Der ausgesprochen mittelmäßige Joachim von Ribbentrop wollte keine denkenden Offiziere in seiner Umgebung, und der Gesprächspartner des Rittmeisters bildete dabei keine Ausnahme. »Seine vornehme, ausdrucksleere Physiognomie kündigte annehmbare, ungewöhnliche Ideen an.« Aber zugegeben, daß es Gründe genug gab, um Zurückhaltung zu üben. Berlins führende Kreise erlebten eine Zeit des Terrors. Die »Leute der Salons« erregten heftiges Mißtrauen. Die Gestapo stellte ihnen Fallen. Die »Teekränzchen-Affäre bei Frau Solf[59]« war kaum zwei Monate her, und hochgestellten Diplomaten drohte die Hinrichtung. Man versteht ohne weiteres, warum Baron Steengracht so vorsichtig war. Was wollte diese Pariser Modeschöpferin in Madrid? Sie schien sich nur auf ihre schönen Beziehungen verlassen zu können. Aber man wußte nur allzugut, wohin das führte. Kein Vertrauen... Er geleitete seinen liebenswürdigen Gast höflich hinaus und bedeutete ihm, daß er ein solches Projekt in keiner Weise unterstützen würde. Der Plan werde, wie er hinzufügte, »keine weitere Berücksichtigung finden«.

Das war ein schlechter Anfang. Der Mann, der es übernommen hatte, Gabrielles Pläne zu vertreten, hatte keine Wahl mehr. Die zuständigen Stellen beim OKW kamen nicht in Frage. Man mußte schon naiv oder beschränkt sein, um nicht zu wissen, daß Hitler die Abwehr für alle Komplotte verantwortlich machte. Die Tage des Admirals Canaris waren gezählt, seine Organisation war bedroht, und es war bestimmt nicht ratsam, sich dort sehen zu lassen.

Es blieb noch der Sicherheitsdienst von Himmler, dem einzigen, der Hitlers Vertrauen genoß. Der Reichsführer der SS regierte über eine Welt, die in Geheimnis und Dunkel gehüllt war. Nicht, daß man darauf brannte, sich in dieses Labyrinth zu wagen ... Und doch war es die Zentralstelle für Reichssicherheit, zu der Rittmeister Momm sozusagen wider Willen Zuflucht nahm. »Eine Welt, in der nichts so abwegig war, daß es unmöglich gewesen wäre, wo ein Verhalten ohne Hintergedanken, eine offene Handlungsweise als bizarr galt unde wo niemand nach seinem Äußeren beurteilt wurde, sondern vielmehr danach, was dieses Äußere möglicherweise verbergen könnte[60].«

Das Schicksal eines jeden, der in dieses Labyrinth eindrang, hing von allen möglichen unwägbaren Dingen ab. An wen oder was würde er geraten? Der erste Kontakt war entscheidend, denn der Besucher konnte, wenn seine Information interessant war, nicht mehr den Gesprächspartner wechseln: er lieferte sich dem ersten, der ihn anhörte, aus. Besser war es bekanntlich, das Interesse von AMT VI zu wecken, das sich die Kontrolle des Geheimdienstes im Ausland vorbehielt, als das von AMT IV, das die Gegenspionage in Deutschland und in den besetzten Gebieten leitete und nichts anderes als die Gestapo war. Außerdem waren die einzelnen Abteilungen des Amts durch eine strenge Gliederung voneinander isoliert. Man hatte keine Ahnung, was der Kollege am Nachbartisch bearbeitete.

Als Theodor Momm begriff, mit wem er es zu tun hatte, konnte er sich nur beglückwünschen. Der Verantwortliche von AMT VI hatte sich bereit erklärt, ihn anzuhören. Es war der jüngste der SS-Chefs, und man wäre versucht zu sagen, der mit seinem Charme operierende Vertreter des deutschen Geheimdienstes, dem der Rittmeister den Anlaß seines Besuchs auseinandersetzte.

Trotz seiner Jugend, seinem filmstarhaften Aussehen und seiner geschliffenen Sprache war Walter Schellenberg weder ein Anfänger noch ein Amateur. Es stimmte zwar, daß er eigentlich durch Zufall in die SS eingetreten war ... Er leugnete es nicht. Er war im besetzten Saarland aufgewachsen, wo er das Elend aus nächster Nähe miterlebt hatte. Der Vater war Klavierbauer, sieben ältere Geschwister, eine Rückkehr in das Deutschland der Wirtschaftskrise, wo der Vater kaum noch Arbeitsmöglichkeiten fand, Studium an der Universität Bonn, wo sich der Student mit den Schmissen im Gesicht als außerordentlich begabt herausstellte – es war im Frühjahr 1933, er war dreiundzwanzig Jahre alt und hatte sehr wenig Geld –, und da versicherte ihm plötzlich ein Richter, bei dem er ein Praktikum absolvierte, daß er mehr Erfolgsaussichten habe, wenn er in die NSDAP eintrete. Was tun? Es war nicht sehr verlockend. Er sah sich nicht als Militanten im braunen Hemd unter Bierkellerrabauken. Da war die SS-Uniform schon etwas anderes ... Und die Uniform war schließlich ausschlaggebend für seine Wahl.

Zunächst spielte er, wie alle andern, den starken Mann. Er kam zur Schutztruppe. Mit vierundzwanzig Jahren gehörte er zu den jungen Leuten, die für die Sicherheit der obersten Würdenträger des Nazismus im Hotel Dreesen in Bad Godesberg verantwortlich waren. Dort, im strömenden Regen, sah er durch die großen Erkerfenster Goebbels und Göring stehen und bemerkte den fragenden

Blick, den Hitler auf sie richtete. Der Putsch, der Röhm und die Gründer der nationalsozialistischen Bewegung das Leben kosten sollte, war soeben beschlossen worden. Das Blutbad, das folgen sollte, ließ selbst die härtesten Veteranen vor Schreck erstarren. Aber in dieser Nacht begann die absolute Vormachtstellung des Elite-Corps, in dem Schellenberg zu dienen beschlossen hatte.

Sein Aufstieg ging ganz normal vonstatten. Da er unten anfing, mußte er zeigen, wozu er fähig war. Sein erster Handstreich bestand darin, daß er sich überraschend in das Nürnberger Gefängnis einschmuggelte, wo zwei SS-Leute, die einen Juden mit dem Hammer erschlagen hatten, ihre zehnjährige Haft absitzen sollten. Denn es gab 1934 noch ein paar Städte, deren verantwortliche Kommunalbeamte keine Nazis waren. So in Nürnberg. Schellenberg gelang es, die Zellentür jenes Verurteilten zu entriegeln, der nur den Hammer geliehen hatte ... Er befreite ihn und wurde dafür von seinen Vorgesetzten aufs wärmste beglückwünscht.

Aber man verlangte von ihm andere Beweise, und zwar auf abstrakteren Gebieten. War er ein guter Redner? In seiner Eigenschaft als Jura-Student betraute man ihn mit einem Vortragszyklus über antireligiöse Themen. Er war zwar katholisch erzogen worden, aber wenn schon ... Er erwies sich als glänzender Demagoge, ja, mit einem Wort, er hatte Talent. Man konnte sich ohne Mühe vorstellen, was für einen Anwalt er abgegeben hätte. Zwei diskrete Beobachter, die als Zuhörer hingeschickt worden waren, schnappten sich sofort dieses seltene Exemplar und steckten es in eine »streng geheime« Abteilung. So war Schellenberg, ohne die SS zu verlassen, Spion geworden.

Der Bursche war sehr beschlagen, er kriegte nur die Feinarbeit.

Sein erster Auftrag im Ausland brachte ihn in Kontakt mit der Sorbonne. Es gab dort einen besonders lästigen Professor[61]. In vier Wochen führte Schellenberg eine heikle Untersuchung durch, die er mit Erfolg beendete. Aber bevor ihm sein endgültiger Platz zugewiesen wurde, glaubte man, ihn in die Ferne schicken zu müssen. Er bekam den Auftrag, den Hafen von Dakar von allen Seiten zu photographieren. Wieder ein Erfolg. Sofort mußte er sich abermals bewähren. Hatte er die rechte Lebensart? Auch das war bei alten Kämpfern nicht sehr häufig. Schellenberg wurde vor die Aufgabe gestellt, in Berlin ein Bordell für hohe Beamte, höhere Offiziere, Minister und ausländische Gäste einzurichten. Man hatte an alles gedacht: an eine tadellose Bedienung, eine sehr geschmackvolle Inneneinrichtung und ein außergewöhnlich geschicktes weibliches Personal. Niemand konnte ahnen, daß Fußböden, Wände, Zimmerdecken und sogar die Betten mit Mikrophonen gespickt waren. Was die Rekrutierung betraf, so hatte Schellenberg sich in allen europäischen Hauptstädten das Beste gekapert. Nur erste Wahl. Sobald sich der Erfolg einstellte, meldeten sich so viele, daß er nicht mehr wußte, wo er sie unterbringen sollte. Blutjunge Freiwillige aus besten Kreisen erboten sich scharenweise, ihrem Vaterland »auf diese Weise« zu dienen. Der *Salon Kitty* bot nämlich nicht nur ein gutes Gehalt, er hatte auch einen erstklassigen Weinkeller und die beste Küche von Berlin.

Daraufhin fanden seine Vorgesetzten, daß es nicht nötig sei, die Probezeit zu verlängern, und Schellenberg machte blitzartig Karriere. Er war bei allen entscheidenden Augenblicken des Nazismus, bei allen Einmärschen Hitlers, ob in Wien oder Prag, dabei und wachte über die Sicherheit des »Führers«. Überall bewies er dieselbe Tatkraft, riß Geheimdokumente, die ihm in die Hände fielen, an sich – wie im Hradschin-Palast –, entschärfte Bomben, wenn sich welche fanden, die Hitler auf seinen Siegeszügen bedrohten – wie, zum Beispiel, in Wien –, oder verbrannte die drei Millionen Rubel, die von der UdSSR im Austausch gegen Dokumente gezahlt worden waren, was den Tod von Marschall Tuchatschewski zur Folge haben sollte. Er war auch dabei, wenn scharf durchgegriffen wurde. Wer führte in Prag die Untersuchung, als nach Heydrichs Ermordung die SS die Sankt-Karl-Borromäus-Kirche umzingelte? Schellenberg. Er schreckte vor nichts zurück! Ein Spion der Spitzenklasse. Sobald eine Arbeit nicht nur Geschick, sondern eine geniale Begabung verlangte, wandte man sich an ihn. Ein Telefonkabel durch die Maginot-Linie legen, hochgestellte Persönlichkeiten bei Schneider in Le Creusot »zur Einsicht bringen«, die Liste der Ladies, Schriftsteller, Wissenschaftler und Boy-Scouts samt ihren Chefs aufstellen, die bei einer Landung in England sofort verhaftet werden sollten – das alles waren Missionen, die Schellenberg anvertraut wurden, immer ihm … Er hatte eine Spezialität: Entführungen. Die Aufsehenerregendste war die von zwei britischen Geheimagenten gewesen, die er unter einem Kugelhagel auf holländischem Gebiet geschnappt hatte; der größte Fehlschlag die mißglückte Entführung des Herzogs und der Herzogin von Windsor auf ihrer Durchreise in Lissabon. Aber konnte man erwarten, daß ein alter Freund des Herzogs eigens aus England herüberkommen würde, um die Hoheiten zur überstürzten Abreise nach den Bahama-Inseln zu überreden, wohin sie anscheinend gar nicht fahren wollten? Eines der seltenen Fiaskos in Schellenbergs Karriere. Es wurde ihm schnell vergeben, und zu der Zeit, als er den Besuch von Rittmeister Momm empfing, hatte der junge Obergruppenführer Schellenberg nicht nur die Leitung von AMT VI, sondern auch die schwerwiegende Verantwortung, die Admiral Canaris entrissen worden war, übernehmen müssen und war damit der Chef aller deutschen Spione im Ausland.

Er war dreiunddreißig Jahre alt.

Wider alles Erwarten stieß Theodor Momms Vorschlag bei Schellenberg auf größtes Interesse. Ohne daß seine engsten Mitarbeiter auch nur das geringste ahnten, bemühte sich Schellenberg aktiv um Kontakte im westlichen Lager. Er gehörte zu denen, die noch an einen Separatfrieden glaubten, an die letzte Chance für das Reich, im Osten weitermachen zu können.

Aber es wäre ein Irrtum anzunehmen, daß Schellenberg ohne Himmlers Wissen handelte. Im Gegenteil. Er hatte vielleicht nicht seine Zustimmung, aber er wußte doch, daß Himmler sich wohlwollend neutral verhalten würde. Denn eines Tages hatte er den Reichsführer der SS für seine pazifistischen Ideen gewonnen.

»Reichsführer«, hatte er geradeheraus gefragt, »sagen Sie mir, wo ist Ihre geheime Schublade, in der Sie Ihre Alternativlösungen für die Beendigung des Krieges versteckt halten?« Himmler hatte ihn sprachlos angesehen. Alternativlösungen zu haben, bedeutete, daß man sie *ohne Wissen* Hitlers hatte. Mit den Alliierten paktieren, ohne daß er davon informiert wäre? Hitler hintergehen? »Sind Sie verrückt geworden?« schrie er. Niemand hatte je gewagt, vor ihm so etwas auszusprechen. Schellenberg hatte nicht lockergelassen. War nicht klar, wohin solch ein Manöver führte? Wenn es gelänge, so würden die Alliierten sich weigern, mit Hitler zu verhandeln, und er, Himmler, der oberste Polizist des Dritten Reiches, wäre als einziger in der Lage, die Geschicke Deutschlands in die Hand zu nehmen. Nachfolger von Hitler, er! Es verlockte ihn, ohne daß er es zugeben wollte, so daß er Schellenberg ungewöhnlich viel Spielraum gewährt hatte. Das geschah in dem Jahr, das auf die Niederlage bei Stalingrad folgte, das heißt zu der Zeit, als Rittmeister Momm in Berlin vorsprach.

Gabrielles Vertrauensmann erhielt somit die Zusicherung, daß die Pariser Dienststellen des Reichssicherheitshauptamtes berechtigt seien, ihm die nötigen Papiere für die Mission auszustellen. Die Operation sollte streng geheimgehalten werden. Gabrielle würde inkognito reisen. Man einigte sich auf ein Codewort. Gabrielles Reise sollte unter dem Namen »Modellhut« laufen.

Schellenberg teilte nicht die Bedenken, die bei seinem Besucher das Fehlen von Garantien, von Beweisen für die Freundschaften, mit denen Gabrielle sich brüstete, hervorgerufen hatte. Diese Haltung bewies zur Genüge, daß Schellenberg nichts zu befürchten brauchte. »Madrid war der bestorganisierte und -ausgebaute Stützpunkt der deutschen Spionage.« Schellenberg, der oft dagewesen war und sich dort ebenso sicher wie in Berlin fühlte, verfügte in Spanien über eine Handvoll durchtrainierter Männer. Außerdem gab es unter seinen »V-Männern« keinen tatendurstigeren als den Prinzen Hohenlohe. Letzterer gehörte zu seinen engen Freunden und wohnte ausgerechnet in Madrid. Ein Abenteurer von Rang, ein adeliger Diener des nationalsozialistischen Staates. Schellenberg hatte ihm mehr als eine streng geheime Mission anvertraut. Im Januar 43 war Max Egon Hohenlohe mit »Mister Bull[62]« in Verbindung getreten. Was hatte man unter diesen Umständen von Gabrielle zu befürchten? Konnte sie, wenn etwas schiefging, Schellenbergs Leuten entkommen? Daher die Entschlossenheit, die er an den Tag legte. Wie skeptisch er auch immer hinsichtlich des Ergebnisses der Operation *Modellhut* sein mochte, es war besser, einen Fehlschlag zu riskieren, als eines Tages bedauern zu müssen, übervorsichtig gewesen zu sein.

Als der Rittmeister nach Paris zurückkehrte, erwartete ihn eine grausame Ernüchterung. Während er annahm, daß Gabrielle sofort abreisen würde, teilte sie ihm mit, daß es ihr unmöglich sei, sich ohne eine Reisebegleitung auf den Weg zu machen. Seine »Jeanne d'Arc« erwies sich plötzlich als recht zaghaft. Gabrielle sagte immer wieder, daß sie in ihrem ganzen Leben noch nie allein gereist sei. Weitere Erklärungen lieferte sie nicht. Er müsse es doch verstehen, nicht wahr? Sie brauche jemanden. Der Major erwartete vielleicht, daß sie von D. nennen würde. Aber es war Vera Bate, die sie mitnehmen wollte, und damit schuf sie eine unerhörte Situation. Vera Bate! Eine Engländerin, die mit einem Italiener verheiratet war! War Gabrielle verrückt geworden? Wie konnte sie den Major mit einer solchen Mission nach Berlin zurückschicken? Was würde Schellenberg von einem solchen Einfall denken? Und wofür hielt sie ihn? Wußte sie denn nicht, daß er sich für das Unternehmen verbürgt hatte? Sie machte ihn im voraus lächerlich, ja, sie machte ihn durch ihr amateurhaftes Benehmen sogar verdächtig. Das konnte man sich in diesen Zeiten nicht erlauben.

Aber nichts vermochte Gabrielle von ihrem Entschluß abzubringen: Sie würde mit Vera nach Madrid reisen oder überhaupt nicht hinfahren. Konnte sie die Wahrheit sagen? Konnte sie zugeben, daß ihre Mission ohne Vera keine Aussicht auf Erfolg hatte? Nur Vera war so eng mit Churchill befreundet, nur sie genoß sein Wohlwollen in einem Maße, daß die Freude über das Wiedersehen stärker sein würde als die Schwierigkeiten des Augenblicks. Und dazu kam noch alles andere. Veras Verwandtschaft mit der königlichen Familie von England, die, wenn sie geschickt ausgenützt würde ... Beim kleinsten Wort darüber würde sie alles Ansehen in Theodor Momms Augen verlieren und Vera die Hauptrolle zuschreiben. Das kam nicht in Frage. Gabrielle hatte nicht vor, ihren Erfolg gegebenenfalls zu teilen.

So kehrte der Rittmeister im November 1943, resigniert und wie unter Druck, nach Berlin zurück. Hätte Gabrielle ihm gesagt, was schon unternommen worden war – von D.s Vorgehen und die vergeblichen Einschüchterungsversuche –, hätte er geahnt, was sie vor ihm geheimhielt, wäre er dann gefahren?

Aber da er nicht wußte, was inzwischen in Rom unternommen worden war, um sich Veras Person zu bemächtigen, bat Gabrielles Vertrauter ein zweites Mal darum, von Schellenberg empfangen zu werden.

Warum die Rosen?

Zwei Wochen vorher war plötzlich in einem ruhigen Stadtviertel Roms ein deutscher Offizier mit vielen Rosen erschienen ... Es war ein sehr hochgewachsener Offizier mit einem riesigen Strauß roter Rosen. Auf eine solche Begegnung konnte man an diesem 29. Oktober 43 nicht gefaßt sein. Somit blieb sein Eintreffen im Haus Nr. 31 der Via Barnaba Oriani nicht unbemerkt. Der Offizier meldete sich in der Wohnung von Oberst Lombardi. Die Überraschung war um so weniger erwünscht, als der Oberst Rom seit dem 11. Oktober verlassen hatte. Er hielt sich in den Bergen von Frascati versteckt und war nicht der einzige, der sich so verdrückt hatte. Mehr als ein Offizier hatte es ebenso gemacht.

Italien war soeben zur sozialistischen Republik erklärt worden – einer Schattenrepublik, deren Chef, Mussolini, nur noch ein Hampelmann in Hitlers Händen war. Der König, der Kronprinz, Marschall Badoglio und die italienische Regierung waren Hitler zu seinem größten Ärger entwischt. Dabei hatte er Befehl gegeben, das Unmögliche zu versuchen. Sich ihrer mit Gewalt zu bemächtigen – »vor allem will ich den Kronprinzen« –, hatte Hitler befohlen, und auf den Prinzen de Piemont anspielend, hatte Feldmarschall Keitel hinzugefügt: »Er ist wichtiger als der Alte.« Und wie im Scherz hatte der Luftwaffengeneral, der mit der Ausführung der Befehle beauftragt war, Hitler versichert, daß er den »bambino« bestimmt nicht weglaufen lassen werde. Unterdessen waren alle Mitglieder der königlichen Familie in den Süden gelangt, und General Bodenschatz, dem sein Scherz noch im Halse steckte, brachte es nicht weit... Der »bambino« hatte sich erfolgreich abgesetzt, und Marschall Badoglio unterzeichnete einen Waffenstillstandsvertrag. Das erklärte zweifellos, was aus den Offizieren geworden war. Man hätte gern ein paar ausfindig gemacht, um sie in die Armeen der Republik zu stecken, aber leider blieben sie unauffindbar. Das alles war zum Verzweifeln, und verflixt unangenehm...

Unterdessen hatte sich in Rom, mit oder ohne König, nichts geändert.

Die Ewige Stadt war ebenso stark besetzt wie zuvor, und mehr als zwei Drittel von Italien blieben unter deutscher Oberherrschaft. Als Vera, die schöne Vera, einen deutschen Offizier vor sich stehen sah, dachte sie daher zunächst, daß man ihren Mann suche. Aber warum die Rosen?

Die Rosen kamen von Gabrielle.

Der Besucher[63] hatte nur den Auftrag, einen Brief aus Paris, vom 17. Oktober, mit dem Briefkopf des Hauses Chanel, in die richtigen Hände zu übergeben. Fast vier Jahre hatte Vera nichts von Gabrielle gehört. Aber ganz plötzlich erinnerte sich diese an ihre Freundin: »Jetzt, meine Liebe, bin ich traurig, daß ich nicht weiß, wie es mit Ihnen steht«, schrieb sie. Die Vorstellung, daß Vera immer noch für ihren Lebensunterhalt Wandschirme malen müsse, sei ihr unerträglich. Daher bitte sie Vera herzlich, so bald wie möglich zu ihr zu kommen. Als Vorwand gab sie an, daß sie ihr Modehaus wieder eröffnen wolle. »Ich will mich wieder an die Arbeit machen«, hieß es in dem Brief, »und ich möchte, daß Sie mir helfen. Tun Sie genau, was der Überbringer dieser Nachricht von Ihnen verlangt. Kommen Sie so schnell wie möglich! Vergessen Sie nicht, daß ich voller Freude und Ungeduld auf Sie warte.« Am Schluß auf englisch: »*All my love*«.

Wie hätte Vera die wahren Beweggründe für diesen Brief erraten können? Sie nahm ihn für bare Münze, ohne auch nur einen Augenblick daran zu denken, Gabrielle eine positive Antwort zu geben. Der »Überbringer« ließ nicht locker. Vera nahm ihm jede Hoffnung. Die Antwort war nein, ein kategorisches Nein.

Die Idee für diesen Verführungsversuch hatte von D. gehabt. Was geschah eigentlich, als die Rosen nicht den gewünschten Erfolg hatten? Hielten von D.s Beauftragte sich an die Anweisungen, oder gingen sie sogar weiter? Wurde Vera das Opfer des dummen Ehrgeizes irgendeines Subalternen, oder entschied von D. sich fürs Durchgreifen?

Am frühen Morgen des 11. November 1943 wurde Vera verhaftet und ins Gefängnis gebracht. Dort, im römischen Frauengefängnis Mantellate, ließ man sie, obwohl sie mit dem englischen Königshaus verwandt und eine enge Freundin Winston Churchills war, unter den Prostituierten und Strafgefangenen darüber nachdenken, was es kostete, ein solches von Rosen begleitetes Angebot abzulehnen.

Vera verhaften? Das war ein schlimmer Fauxpas. Man kann sich denken, welches Aufsehen es in gewissen Kreisen erregte. Von D. hatte einen Fehler nach dem andern begangen, und Gabrielle bereute bestimmt, daß sie ihm einen so wichtigen Auftrag anvertraut hatte. Sie verzichtete hinfort ganz auf seine Dienste. Und auf Grund dieses Vorfalls hatte sie sich, ohne Spatz etwas davon zu sagen, an Theodor Momm gewandt.

Der Rittmeister kam aus dem Staunen nicht heraus. Als er zum zweiten Mal zur Berichterstattung nach Berlin kam, wunderte er sich nicht, daß dieser Schellenberg die Nachrichten, die er ihm brachte, mit großer Ungeduld zur Kenntnis nahm. Die Operation *Modellhut* entwickelte sich in einer Weise, die eines Mannes seiner Bedeutung beinahe unwürdig war. Der Obergruppenführer hatte von der Spionage eine Auffassung, die es ihm verbot, sich mit zweitrangigen Affären abzugeben. Er operierte nur auf höchster Ebene. Er stand in direktem Kontakt mit dem Leiter des schweizerischen Geheimdienstes, General Masson, sowie mit dem britischen Generalkonsul in Zürich, der jedenfalls – und das konnte er beweisen – mit Churchill ständig in Verbindung war. Letzterer hatte dem Konsul sogar gestattet, seine »Untersuchungen« beim deutschen Geheimdienst fortzusetzen. Schellenberg hatte persönlich die Zusicherung bekommen. Wozu sollte er also seine Zeit mit der Operation *Modellhut* verlieren? Warum kam dieser Major eigens aus Paris, um ihm mitzuteilen, daß die Operation nur stattfinden könne, wenn man der Verantwortlichen eine Begleitperson zubilligte. Das war grotesk. Schellenberg hatte Wichtigeres im Kopf.

Man steckte mitten in der Affäre *Cicero*, der Geheimdienst war äußerst nervös, die Drohungen gegen Hitlers Leben häuften sich. Die inneren Kämpfe übertrafen an Heftigkeit alle Erwartungen – Himmler gegen Canaris, Kaltenbrunner gegen Schellenberg –, dazu noch die Ungeschicklichkeit und der Dünkel eines von Ribbentrop, kurzum, angesichts der immer deutlicher drohenden Katastrophe griff der Wahnsinn langsam um sich. Denn das war es: eine Art kollektiver Wahnsinn. Einmal erwog Hitler allen Ernstes, den Papst nach Avignon zu deportieren, und Himmler brauchte einen ganzen Tag, ihn davon abzubringen. Etwas später ließ Ribbentrop Schellenberg zu sich kommen und kündigte ihm schwerwiegende Entscheidungen an. Er war entschlossen, Stalin um Audienz zu bitten und ihn im Laufe des Gesprächs aus nächster Nähe zu erschießen. Wäre Schellenberg bereit, ihn bei dieser selbstmörderischen Mission zu begleiten? War das Unternehmen *Modellhut* neben alledem eigentlich so abwegig, wie es zu sein schien?

Walter Schellenberg fragte, nach dem Namen der eventuellen Begleiterin. Der Rittmeister, der weder etwas von Spatz' Vorgehen in Rom noch von Veras Schicksal wußte, nannte ihren Namen, ihre Adresse und ein paar Einzelheiten aus ihrem Leben. Der Obergruppenführer ordnete eine Untersuchung an und erhielt fast augenblicklich von seinen römischen Dienststellen das Ergebnis. Es schlug wie eine Bombe ein: die Dame saß seit vierzehn Tagen im Gefängnis. Auf wessen Veranlassung? rief Schellenberg. Auf Veranlassung von Agenten, die nicht dem AMT VI unterstanden. Die Auskunft genügte nicht, und Schellenberg wiederholte, daß er unverzüglich die Namen der Verantwortlichen wissen wolle. Diese Verantwortlichen waren lauter Gestapoleute, denen die Anfragen von so hoch oben nicht gleichgültig waren; sie gaben zu, daß Vera auf ihren Befehl hin eingesperrt worden sei, und behaupteten überdies, die Haft sei mehr als gerechtfertigt. Sie beriefen sich auf eine Spionageaffäre. Vera Bate, eine englische Spionin! Der Rittmeister, der sprachlos über diese Enthüllung war, vermerkte in seinem Bericht: »Es war überraschend zu sehen, wie Schellenberg die Pille schluckte, die schließlich für ihn besonders bitter war.«

Aber war sie wirklich so bitter? Und wenn sie es gewesen wäre, warum hätte er sie geschluckt?

Vera wegen Spionage im Gefängnis, das machte sich für Schellenberg ausgezeichnet. Die Operation *Modellhut* nahm endlich Form an. Das Amateurhafte, das ihr anhing, war verschwunden. Außerdem war Vera, diese Verwandte der Windsors – sei es auch nur zur Linken –, ein guter Fang. Ein feindlicher Agent, der aus dem Gefängnis geholt und richtig eingesetzt wurde, ließ sich fast immer als Geisel gebrauchen.

Von dem Moment an wurde die Operation *Modellhut* mit aller Macht vorangetrieben.

Die Agenten, die Vera am 29. November aus dem Gefängnis holen sollten, wurden von Schellenberg selbst sorgfältig ausgesucht.

Er nahm mit dem Chef der SS in Rom Kontakt auf und wies ihn an, persönlich die Haftentlassung zu überwachen. Vera sollte mit aller Höflichkeit, die einer Dame aus besten Kreisen gebührte, behandelt werden. Alles wurde getan, um die häßliche Erinnerung an ihre Verhaftung und die Zeit im Gefängnis auszulöschen.

Der Oberst der SS entledigte sich des Auftrags und wiederholte, daß Vera nach Paris fahren solle, wo ihre Freundin Gabrielle Chanel sie so bald wie möglich erwarte. Mehr sagte er nicht. Er gab ihr zu bedenken, mit welch außergewöhnlicher Zuvorkommenheit sie behandelt werden würde und welche Anordnungen getroffen worden seien, um ihr die Reise möglichst angenehm zu machen. Anstatt sie in ihre Wohnung zu bringen, wo nichts für sie vorbereitet sei, habe man ein Appartement im besten Hotel von Rom für sie reserviert. Die Prinzessin Windischgraetz, die dort wohne, sei von ihrer Ankunft benachrichtigt worden. Die beiden Damen waren eng befreundet. Ihre Zimmer würden nebeneinander liegen. Am nächsten Tag werde man Vera in die Via Barnaba Oriani führen, um dort das Nötigste abzuholen. Danach würden zwei Offiziere sie im Auto nach Mailand bringen, und damit Vera sich über das Ziel der Reise keine Sorgen mache, habe ein Freund aus der Vorkriegszeit sich bereit erklärt, sie zu begleiten. Der Freund, der seit vielen Jahren in Rom wohnte, ohne daß man recht wußte, wie er es fertiggebracht hatte, nicht eingezogen zu werden, war ein deutscher Adliger, ein großer Kunstkenner und ein Mann von Geschmack, der stets sehr soigniert aussah und einen wie aus Gefälligkeit, auf ein Meisterwerk aufmerksam zu machen pflegte, von dem eine seiner Bekannten sich gerade trennen müsse, die Ärmste ... Eine Art Antiquar eigentlich, aber nicht ohne Charme, und der keiner Fliege etwas zuleide getan hätte: Fürst von Bismarck, oder vielmehr Eddie, wie ihn seine jungen Freunde und die schönen Römerinnen nannten. Denn man schwärmte für ihn in den Palästen, man schwärmte für diesen Eddie, der mitreisen würde.

Vor lauter Zuvorkommenheit machte der Chef der SS Vera schon im voraus darauf aufmerksam, daß Fürst von Bismarck in SS-Uniform erscheinen werde. Eine reine Formsache. Andernfalls hätte er nicht die Genehmigung bekommen, neben ihr Platz zu nehmen. Die Befehle seien in dieser Hinsicht unerbittlich, und Fahrzeuge mit Zivilisten würden rücksichtslos angehalten. Also ... Der Fürst hatte größtes Verständnis gezeigt.

Nichts von alle dem brachte Veras Entschluß zum Wanken. Sie war überzeugt davon, daß die Einladung eine Gefahr in sich barg, und gab daher auch Gabrielles zweitem Sendboten eine Antwort, die sich in nichts von der ersten unterschied: es blieb beim Nein. Sie wiederholte, daß sie es ablehne, Rom zu verlassen, unter welchem Vorwand und für welches Ziel es auch sein möge.

Der Oberst berichtete darüber nach Berlin.

Schellenberg ließ mitteilen, daß es ihm leid tue, ihr zu mißfallen, aber entweder Paris oder die sofortige Rückkehr ins Gefängnis.

Vera ließ sich eine Nacht Zeit zum Überlegen. Was bedeutete das ganze Theater? So viel Aufhebens, nur damit Gabrielle die Hilfe bekäme, die sie verlangte, um ihr Modehaus wieder zu eröffnen? Es war nicht zu glauben, und Vera konnte sich nicht entschließen, abzureisen. Wohin wollte man mit ihr? Paris war das Exil. Wann würde sie Berto, ihren Mann, wiedersehen? Wenn diese Abreise, wie sie glaubte, nur ein Vorwand war, sie zu deportieren, war es da nicht besser, ins Gefängnis zurückzukehren? Im Mantellate war es zwar furchtbar dreckig, die hygienischen Verhältnisse und die Promiskuität unbeschreiblich, aber es war wenigstens Rom. Immerhin waren die Alliierten in Salerno, und die Befreiung stand vielleicht schon nahe bevor. Wenn die Engländer in Rom einzögen, würde ihr Bruder, George Fitzgeorge, ein *Intelligence*-Offizier, schnell heraushaben, in was für einer traurigen Lage sie sich befand. Und ihr Mann, von dem sie zu niemandem sprechen durfte? Und ihr Mann ... Es war ihm gelungen, sich bei den Aldobrandinis zu verstecken. Das heißt, auf päpstlichem Territorium. Berto, das war sicher, Berto würde sie, sobald Rom befreit wäre, hier herausholen. Während in Deutschland ... In Deutschland ...

Was für Ratschläge erhielt sie in dieser letzten Nacht, die sie in Rom verbrachte? Am nächsten Tag hatte Vera ihre Meinung geändert. Sie war einverstanden. Sie würde in Frankreich arbeiten. Aber da man diese erzwungene Abreise in eine Lustpartie verwandeln wollte, verlangte sie, *Taege* mitnehmen zu dürfen, auch wenn es den andern nicht paßte. Wer, außer ihr, könnte ihn in Abwesenheit ihres Mannes versorgen? Der arme *Taege* ... Er würde in Paris bei ihr wohnen. So hätte sie immerhin Gesellschaft.

Taege war ein langbeiniger, kalbsgroßer Hund aus einer sehr alten Rasse, die es nur noch in Italien gab. Eine Art Dogge kalabrischer Herkunft. Mit seinem kurzhaarigen Borstenfell und den leicht gefletschten Zähnen wirkte er alles andere als freundlich. Als die SS-Leute hörten, daß die Dame dieses Monstrum mitnehmen wollte, reagierten sie kühl. Aber sie wagten Schellenberg nicht noch einmal zu belästigen. Hätte er gestattet, daß die Dame mit ihrem Hund reiste oder nicht? Im Grunde genommen tat sie, was sie wollte! Auf einer italienischen Straße SS-Leute, eine Engländerin und ein

Hund – so was hatte man noch nie gesehen. Sie trieb es wirklich zu weit. Für wen hielt sie sich? Trotz aller Zuvorkommenheit ihr gegenüber hatte sie den Militärmantel abgelehnt, in den Fürst von Bismarck sie hatte hüllen wollen, und sie ließ keine Gelegenheit aus, den anderen eins auszuwischen.

Aber wie groß die Überraschung bei den Mitgliedern ihrer Eskorte auch war, sie war nicht geringer für Theodor Momm, als er Vera in Mailand in Empfang nahm. Zusammen mit der Gesellschaftsdame erschien nun auch noch ein Hund ... Warum nicht gar ein Pferd? Und was sollte mit diesem *Taege* geschehen? Aus der Nähe gesehen, war er furchterregend. Und wieviel Platz er einnahm! Wie konnte man Vera dazu überreden, sich von ihm zu trennen? Wie sollte man die Sache anpacken? Ihm wurde klar, daß Gabrielle wahrhaftig ungewöhnliche Bekanntschaften hatte.

Es war Nacht und Zeit, eine Ruhepause einzulegen. Die Übernachtung war bei einem Mailänder Grandseigneur vorgesehen. Sein Haus hatte königliche Ausmaße. Arcore... Das schönste Schloß der ganzen Umgebung. Jeder tat sein Bestes, um Vera aufzumuntern. Vergebens. Der Gastgeber überschlug sich beinahe, er machte Witze. Was, in Gottes Namen, befürchtete sie denn? Wenn man dieser Reise so viel Glanz verlieh, dann war doch wohl klar, daß sie nicht entführt werden sollte. Vielleicht war das Ganze im Moment etwas unangenehm, ja, er verstand ihre Sorge. Aber sie konnte sich schließlich nicht beklagen. Ihre Eskorte war ihrer würdig. In ihrem Wagen Fürst von Bismarck und zwei prachtvolle junge Männer; in Rom die Gesellschaft der Prinzessin Windischgraetz; in Mailand die des Grafen Borromeo, was wollte sie mehr? Sie antwortete, daß sie sich nicht damit abfinden könne, Rom zu verlassen. Sie sagte *Rom*, weil sie nicht *Berto* sagen durfte, damit man ihm nicht auch noch Schwierigkeiten machte ...

Am nächsten Morgen in aller Frühe war die Verzweiflung abermals groß. Vera sah sich auf einem Gelände abgesetzt, wo ein kleines Flugzeug auf sie wartete, in dem nur Platz für sie, den Piloten und den Rittmeister war. Sie machte von neuem mit Nachdruck klar, was sie von solch unwürdigen Methoden hielt, die darin bestanden, Leute gegen ihren Willen irgendwohin zu bringen. Das Schlimmste war, daß ihr *Taege* entrissen wurde, ohne daß sie etwas dagegen tun konnte. Es blieb nichts anderes übrig, als daß Fürst von Bismarck, der sich in der geliehenen Uniform sehr unwohl fühlte und nicht die geringste Lust hatte, den Hund wieder mit zurückzuschleppen – es war klar, daß er tausendmal lieber mit den beiden schönen Fahrern allein gewesen wäre, um mit ihnen über Kunst und römische Antiquitäten zu sprechen –, Eddie also machte gute Miene zum bösen Spiel und verpflichtete sich feierlich, sich um *Taege* zu kümmern, bis die Feindseligkeiten vorbei seien.

Das Flugzeug startete, und während des ganzen sehr unruhigen Flugs bemühte Momm sich vergeblich, Vera auch nur ein Wort zu entlocken. Sie blieb verschlossen und abweisend wie ein Gefängnistor... Man hätte meinen können, daß das Sprechen ihr weh täte. Beim Überfliegen von Ulm wurde es ganz schlimm. Da die Tragflächen stark vereist waren, mußte der Pilot so schnell wie möglich notlanden. Paris war zu weit weg. Darauf mußte verzichtet werden. Vera kam sofort der Gedanke, daß alles nur ein Trick sei. Wohin würde man sie bringen? Nach München. Daraus konnte sie logischerweise schließen, daß sie belogen worden war. Sie sah sich schon tot. Hier bot der Rittmeister alles auf, sie zu beruhigen. Kaum waren sie gelandet, als er auch schon einen Wagen fand. Wohin? Er brachte sie zum Bahnhof. Es war eine finstere Fahrt durch die Stadt, an der Seite einer Frau, die verschlossener war denn je. Der Anblick des Zugs, die Tatsache, daß sie zu zweit in den Wagen stiegen, an dem *Paris* stand, änderte nichts daran. Kaum hatte sie Platz genommen, da lehnte sie, die sich weigerte, etwas anderes als Englisch zu sprechen, sogar die freundliche Einladung ihres Begleiters ab, mit ihm in den Speisewagen zu gehen, so überzeugt war sie davon, daß man ihr Böses wollte... Der Rittmeister mochte tun, was er wollte, Veras Haltung empörte ihn.

Endlich die Worte: *Gare du Nord*.

Und damit gab es etwas, worüber die beiden sich einig waren: sie waren in Frankreich. Aber Vera fand erst im Ritz wieder zu sich selbst. Gabrielle erwartete sie. Dort wurde Vera die einzige angenehme Überraschung dieser ganzen Reise zuteil: sie würden sich nicht in Paris wieder ans Nähen machen, sondern in Madrid. Gabrielle hatte die Absicht, Chanel in Spanien wiederaufleben zu lassen.

Das spanische Imbroglio oder Eine Woche in Kastilien

Gabrielle ließ ihre Freundin bis zum Schluß über ihre wahren Absichten im unklaren. Es war nur von Couture die Rede, so daß Vera alle Bedenken von ihrer Reise vergaß und eine neue Zuneigung für ihre endlich wiedergefundene Gabrielle empfand. Sie waren wie zwei Schwestern bei der Arbeit, Schwestern im Elend. Ihre Verbundenheit, die schon lange bestand, hatte sich bewährt. Vera dachte an das Ende des Ersten Weltkriegs, an die Jahre, in denen sie nicht gewußt hatte wohin und nach einer gescheiterten Ehe ziemlich hilflos als Ausländerin in Paris herumgelaufen war, auf Arbeitssuche – und wer hätte sie aufgenommen, wenn nicht Chanel gewesen wäre? So was vergißt man nicht, wenn man das Herz auf dem rechten Fleck hat. Gabrielle ... Jetzt war für Vera der Moment gekommen, sich erkenntlich zu zeigen. Wenn Gabrielle sie so dringend an ihrer Seite brauchte, so fehlte es ihr zweifellos an Mut für diese Wiedereröffnung, die ihr höchstwahrscheinlich aufgezwungen worden war. Vera war überzeugt davon. Aber ein paar Tage später verkündete Gabrielle, daß sie zusammen nach Spanien fahren würden. Vera war klar, daß der Feind Gabrielle nicht rumgekriegt hatte und daß dieser neue Schachzug ein Vorwand war, sich aus der Affäre zu ziehen, ja daß sie beide in ein Land fahren würden, wo es keine Deutschen gab.

Da tat Vera alles, um ihren Groll zu überwinden und bemühte sich sogar, alles, was sie in Rom durchgemacht hatte, zu vergessen. Aber war es nicht seltsam zu sehen, wie diese beiden Frauen, die weder verbündet noch verfeindet waren, blindlings eine gefälschte Partie spielten? Denn wenn Gabrielle der Freundin nicht gestehen wollte, daß sie mit der Gewißheit nach Spanien fuhr, dort vom englischen Botschafter empfangen zu werden, so wollte Vera ihrerseits nicht verraten, daß sie, sobald sie in Madrid wäre, unverzüglich denselben Botschafter ebenfalls aufsuchen würde. Sie hatte einen Plan: sie wollte unbedingt dorthin, wo die Engländer in Italien schon fest Fuß gefaßt hatten. Und dann? Von dort aus mit Berto Kontakt aufnehmen. Ja, wenn sie erst einmal dort wäre, würde sie ihren Mann für immer wiederhaben. Eine kurze Nachricht: »Ich bin in Salerno.« Wo er sie doch in Paris vermutete! In Salerno! Er würde sich wohl wundern, was sie dort machte. Aber er würde sofort zu ihr eilen, das wußte sie ganz sicher, und zwar mit *Taege* natürlich ... Vera stellte sich die beiden vor, ihren Mann zu Pferde, wie er im Galopp über die Böschungen hinwegsetzte, und den Hund, der mit hängender Zunge und dem Bauch an der Erde hinter ihm her hetzte ... Der Traum, der in Veras Kopf entstand, der Traum von Reitern, die aus der Verbannung hervorsprengen und mit ihren Hunden zwischen den Militärkonvois ihres Wegs ziehen, war eine jener typisch englischen Szenen, die sie auch auf ihre Wandschirme malte.

Der Aufenthalt in Paris war von kurzer Dauer. Er verlief in gutem Einvernehmen und fast ohne Schwierigkeiten, abgesehen davon, daß Vera oft den Eindruck hatte, ihr sei jeder Kontakt mit der Außenwelt verboten. Gabrielle fehlte es nie an Argumenten. Misia? Misia sei krank. Misia sei nicht da. Außerdem sei es viel zu riskant zu telefonieren und daher besser, nichts zu unternehmen. Sie wachte unauffällig darüber, daß Vera mit niemandem außer ihr zusammenkam[64].

Es bestand nämlich die große Gefahr, daß jemand verwundert zum ersten Mal von der Wiedereröffnung des Modehauses Chanel hören würde oder, was noch schlimmer wäre, von einer Reise nach Spanien. In diesen schweren Zeiten stand einem der Sinn nicht nach Tourismus, und Reisen nach Madrid waren so selten wie Brot.

In Madrid wohnen bedeutete, wiederum im Ritz absteigen. Die elegante Koterie, die dort zusammenhockte, lauschte verzückt, wenn der Portier mit lauter Stimme die uralten Adelsnamen aufrief. Hier, im Vorkriegskomfort des Hotels, herrschte ein dauerndes Hin und Her von Herren, die zwar Deutsche, aber in Zivil waren und Spanisch sprachen, schwere amerikanische Wagen fuhren und in dem Alptraum lebten, daß es plötzlich auch anders kommen könnte. Sie sahen, wie die Zahl ihrer Feinde wuchs: andere Herren in Zivil, die Wagen derselben Marke fuhren, ebenfalls Spanisch sprachen und nach Madrid beordert waren, um sie zu überwachen. Es waren Engländer oder Amerikaner. Dieses Gegenüber hatte etwas Burleskes, denn jeder sorgte dafür, daß das Kräfteverhältnis sich nicht änderte. Wenn ein neuer Agent im Lager der Engländer auftauchte, so erhielten die Deutschen sofort von der spanischen Regierung die Genehmigung, auch einen neuen Spion kommen zu lassen. Übrigens war der Geheimdienst des Dritten Reiches der einzige, der die bedingungslose Unterstützung der Polizei genoß, da General Franco von der Neutralität eine sehr persönliche Auffassung hatte.

Wenn man auch über die Reise von Paris nach Madrid so gut wie nichts weiß, außer daß Gabrielle und Vera mit deutschen Passierscheinen fuhren, und wenn auch keineswegs bewiesen ist, daß von D. sie begleitete – er behauptete es zwar, aber seine engsten Freunde sagten das Gegenteil –, so konnten die beiden jedenfalls nicht vermeiden, daß es für ihren Aufenthalt in der spanischen Hauptstadt zahlreiche Zeugen gab.

Kaum waren Gabrielle und Vera angekommen, so machten sie sich auch schon ans Werk.

Gabrielle hat nichts Eiligeres zu tun, als unter dem trügerischen Vorwand, eine Besorgung machen zu wollen, sich in der englischen Botschaft zu melden. Und Vera, die dank dieser providentiellen Besorgung ohne Aufsicht ist, schlägt ahnungslos denselben Weg wie ihre Freundin ein. Der Moment, da die Klingel ertönt und fast unmittelbar darauf ein englischer Angestellter an der Tür erscheint, ist für sie überwältigend: endlich auf befreundetem Boden!

Ein paar Stunden später geschah das Unvermeidliche. Beim Hinausgehen prallten beide aufeinander.

Sie blieben wie angewurzelt stehen, verwirrt, beinahe zitternd, und suchten nach Worten.

Gabrielle soll als erste ihre Fassung wiedergefunden und gesagt haben: »Eine schöne Bescherung! Wir werden doch nicht hier stehenbleiben und uns dumm anglotzen.«

Und sie verließen die Botschaft.

Daraufhin gestand Gabrielle der Freundin, was sie nach Spanien geführt hatte. Sie ließ nichts im dunkeln. Sie schilderte ihr bis ins kleinste, wer Schellenberg war, und die Rolle, die er bei der ganzen Sache spielte. Gabrielle war nämlich soeben von Sir Samuel Hoare empfangen worden, und die Nachricht, die sie Winston Churchill zukommen lassen wollte, sollte weitergeleitet werden – das behauptete sie jedenfalls. Obwohl in den englischen Archiven von dieser denkwürdigen Begegnung nicht die geringste Spur zu finden ist, gibt es keinen Grund, an der Audienz und der Annahme von Gabrielles Mitteilung, deren Inhalt leicht überprüfbar war, zu zweifeln.

Aber da Gabrielle nur auf die Kraft des Geheimnisses vertraute, war sie ein unverzeihliches Risiko eingegangen, was ihre Mission in den Augen der englischen Delegation in Spanien für immer verdächtig machen sollte. Vielleicht wäre sie es ohnehin gewesen... Aber dieses Versäumnis war entscheidend, denn da Gabrielle ihre Freundin Vera in der Hinterhand behalten wollte, als letzten Trumpf sozusagen für den Fall, daß Churchill zögern sollte, sie zu empfangen, hatte sie über Veras Anwesenheit in Madrid kein Wörtchen verlauten lassen. Konnte sie ahnen, daß letztere gleichzeitig mit einem *Intelligence*-Offizier Kontakt aufgenommen hatte? Vera hingegen hatte nichts verschwiegen. Sie hatte alles erzählt, alles berichtet, von Rom, der schrecklichen Zeit im Gefängnis, den Bedingungen, unter denen sie Italien verlassen hatte, ihrem Aufenthalt in Paris, den deutschen Passierscheinen ... Man wunderte sich sogleich, warum die beiden Frauen einander widersprochen hatten. Die eine sagte alles, die andere so gut wie nichts. Die eine behauptete, Churchill sei bereit, sie zu empfangen, die andere wollte zu den alliierten Truppen in Italien. Wie kam es also, daß sie zusammen mit Passierscheinen reisten, die am selben Tag von denselben Behörden ausgestellt waren?

Ihr Fall wirkte höchst verdächtig.

Und doch war nicht alles ganz so verdächtig an diesem Rätsel. Die eine der beiden Frauen war eine bekannte Persönlichkeit, die andere hatte enge Verbindungen zum höchsten Adel. Ohne sich einen Schritt weiter vorzuwagen, fanden die englischen Agenten jedoch, daß man die Angelegenheit keinesfalls begraben dürfe. Sie erbaten Anweisungen aus London. Doch das Problem, das durch Gabrielles Initiative entstand, ging gleichsam unter in einer Fülle von weitaus schwerwiegenderen Ereignissen. In London sah man keinen Grund zur Eile. Die Damen in Madrid wurden daraufhin ungeduldig, und der Botschafter beschloß, eine ständige Verbindung mit ihnen herzustellen, denn er fand, daß beide Beachtung verdienten. Als Kontaktperson wählte er einen jungen Mann, der zwar Engländer war, sich aber immer nur *Ramon* nannte. Es gelang Gabrielle nie, das Geheimnis dieses Pseudonyms zu durchdringen, das unwiderstehlich die Zeit der *gomina* und des Tangos heraufbeschwor, obwohl der sehr distinguierte blonde junge Mann in seiner Erscheinung eher das Gegenteil davon war.

Die folgenden Tage waren entscheidend. Der sogenannte »Ramon« brachte Vera offensichtlich mehr Vertrauen entgegen als Gabrielle, die seine Zurückhaltung sofort bemerkte. Sie hatte das sichere Gefühl, daß »Ramon« nichts tun würde, um die Erfüllung ihrer Mission zu beschleunigen.

Und auch Vera schien sich nicht voll für das Projekt einzusetzen.

»Ramon« war nicht unschuldig daran.

Er hatte Vera deutlich zu verstehen gegeben, daß es besser für sie wäre, sich nicht in Chanels Gesellschaft zu zeigen. Ja, nach ihm zu urteilen, könne sie nur unter den von ihr gewünschten Bedingungen repatriiert werden, wenn sie das Ritz verließe und anderswo hinzöge. Aber woher das Geld nehmen, fragte sie sich. Sie brauchte Hilfe. Sie nutzte alle Kontakte, wo sie sich gerade boten und wie der Zufall es wollte. Gabrielle merkte, daß Vera sie gar nicht mehr fragte, welche Leute sie treffen oder besser meiden sollte, was auf den ersten Blick als ein unwichtiges Detail erscheinen mochte, in Wirklichkeit aber nicht unbedeutend war.

So lud Vera einen italienischen Diplomaten ein, der sich geweigert hatte, sich Mussolinis »republikanischer faschistischer Regierung« anzuschließen, und daraufhin seinen Posten verlor. Man hatte ihn fallenlassen, was zwar unfein, aber keine Seltenheit war, und so lebte er nun mit seiner Frau in der Verachtung derselben Leute, die ihn noch ein paar Wochen früher hofiert hatten.

Das Erscheinen der beiden Frauen in den Salons des Ritz rief fatalerweise die verschiedensten Reaktionen hervor. Gabrielle glaubte, daß Vera sich über sie lustig machte, indem sie sich über ihre Gastfreundschaft hinwegsetzte. Als Beweis dafür, daß sie es sich nicht gefallen ließ, versuchte sie, Vera durch einen unverschämten Ton zu ärgern, und schleuderte ihr zur geheiligten Teestunde, als sie ihr die Tasse reichte, ins Gesicht: »Englische Gefangene bekommen immer ihre Tasse Tee.« Was soviel heißen mochte, wie: »Vergessen Sie nicht, daß ich Sie in der Hand habe.« Eigenartige Worte, die Vera tief verletzten. Sie, eine Gefangene? Das würde man noch sehen ... Der Vorfall, so kurz er auch war, bestätigte sie in ihrem Entschluß, dieses Zusammenwohnen, das unerträglich wurde, zu beenden. Höchstens noch zwei Tage, nicht mehr ... Die Ereignisse kamen ihr zuvor und sollten ihre Entscheidung beschleunigen.

Ganz plötzlich verbreitete sich in Madrid die Nachricht, daß Churchill erkrankt sei. Attlee hatte am 16. Dezember 1943 in London das Unterhaus davon informiert. Ein rasch abgefaßter Krankenbericht wurde veröffentlicht. So erfuhren die Engländer, *daß der Premierminister eine gute Nacht verbracht habe und eine gewisse Besserung seines Gesamtzustandes zu beobachten sei*, ohne daß sie zuvor von seiner Krankheit etwas geahnt hatten.

Unter dem Druck der Fragen mußte »Ramon« zugeben, daß Churchill mit einer *bösen Erkältung* aus Teheran zurückgekehrt sei. Das war die offizielle Version, und mehr wußte man nicht darüber, es sei denn, daß die Folgen der besagten *bösen Erkältung* den Premierminister zu einer Ruhepause zwangen. Man konnte nicht vorhersehen, wie lange sie dauern würde. Churchills Termine waren alle, so dringend sie auch sein mochten, und trotz der ungeheuren Verantwortung des Premierministers, abgesagt worden. Das bedeutete unmißverständlich für Gabrielle, daß sie auf ihr Gespräch mit dem Premierminister verzichten mußte, der auf Anordnung seiner Ärzte weder die Kabinettsmitglieder noch den Generalstab empfangen durfte.

Gabrielle zweifelte ebensowenig wie Vera an der Aufrichtigkeit ihrer Gesprächspartner.

Ob es ihr gelungen wäre, mit dem Premierminister in Verbindung zu kommen, wenn er gesund gewesen wäre, ist mehr als ungewiß. Aber daß er ernstlich krank war, davon war sie überzeugt. Der alte Winston ... »Er ist wahrhaftig krank«, sagte sie angstvoll zu Vera. »Vielleicht sogar lebensgefährlich ...«

Man merkte, daß sie tief betroffen war.

Auf der anderen Seite des Mittelmeers entging der Mann, der Englands Schicksal in Händen hatte, nur um Haaresbreite dem

Tod. »Am Ende seiner Kräfte«, vermerkte sein Leibarzt am 10. Dezember 1943: »Es ist sicher, daß er bald zusammenklappt.« Und am nächsten Tag: »Als der Premierminister mit langsamen Schritten auf das Flugzeug zuging, merkte ich, daß sein Gesicht ganz fahl wurde, was mir nicht gefiel.« Churchill flog zu General Eisenhower, der ihn in Tunesien erwartete. »Als er schließlich in diesem Haus ankam, sackte er buchstäblich in den ersten besten Sessel«, vermerkte wieder sein Arzt. Und später: »Er hat den ganzen Tag nichts getan, er scheint nicht einmal die Kraft zu haben, die üblichen Telegramme zu lesen. Ich mache mir große Sorgen.« Alles geriet ins Wanken ... Plötzlich, da, in Karthago, eine drohende Lungenentzündung, was für eine Nacht! Alle in seiner Umgebung packte die Angst, ein Spezialist kam aus London angereist, und niemand wagte zu fragen: »Wird Churchill sterben?«

Schließlich fand der alte Seemann, der so lange die wütenden Wogen des Krieges bezwungen hatte und nun plötzlich von einem bösen Geschick niedergestreckt wurde, die Energie zur Hoffnung wieder, welche die treibende Kraft in seinem Leben war. Sobald er wieder reisen konnte, fuhr er nach Marrakesch, und in diesem eigenartigen Poem von Gipfeln, Himmel, Sand und Palmen kam er wieder zu Kräften.

Gabrielle hatte in Madrid gewartet, aber vergebens. Die Illusionen waren verflogen ... sie würde Winston nicht sehen. Die Operation *Modellhut* war gescheitert.

Sie teilte Vera mit, daß sie nach Paris zurückfahren werde. Wie stand es mit ihrer Freundin? Würde sie mitkommen?

Vera sagte ihr, sie wolle in Spanien bleiben. Gabrielle nahm an, daß Vera, aus Geldmangel, es sich noch anders überlegen würde und am nächsten Tag am Bahnhof wäre. Aber Vera verließ noch am selben Abend das Hotel[65], und Gabrielle hörte nichts mehr von ihr. Wo war sie? Sollte Gabrielle die ganze Reise gemacht haben, nur um Vera zu verlieren? Wie bitter! Gabrielle hatte jedes Interesse an der Sache verloren.

Rittmeister Momm, der sich in Paris schon die größten Sorgen machte, weil Gabrielles Aufenthalt im Ausland sich so in die Länge zog, war sehr erleichtert, als er sie zurückkommen sah. Vera hatte sie hintergangen? Na und? Das war vorherzusehen. Hauptsache, daß eine wieder da war. Mehr hatte man gar nicht erwartet.

Gabrielle hatte die seltsame Kraft, vertrauensvoll in eine unvorhersehbare Zukunft zu sehen. Wer könnte sagen, was in ihr vorging?

Trotz neuer Niederlagen, welche die Armeen des Dritten Reiches an allen Fronten auf einmal erlitten, trotz allem, was man hörte – überall in Deutschland zerstörte Städte, das ungewisse Schicksal von Frauen und Kindern, was schwer auf der Moral der Truppen lastete, und die Tausende von Obdachlosen, die wie Gespenster durch die Straßen schlichen, Tag und Nacht, ohne auch nur irgendeinen Unterschlupf zu finden – zu einem solchen Zeitpunkt und in einer solchen Welt, in der ganze Städte in Schutt und Asche gelegt wurden, zog Gabrielle kaltblütig Bilanz.

Als erstes kam Vera dran, diese verliebte Frau, aus der sie eine Schuldige machen mußte. Gabrielles erste Sorge war, ihr zu schreiben. Aber in welchem Ton ... Verflucht seien die Ehemänner! Alles war wieder wie damals mit Adrienne in Deauville. Aus jedem Satz spürte man die Empörung der ewig Enttäuschten angesichts jener anderen, jener falschen Freundin, die eingestand, daß sie nur darauf wartete, um wie wild wieder zu dem eilen zu können, den sie liebte.

In den letzten Tagen des Jahres 1943 erhielt Vera also von Gabrielle einen Brief, den ihr irgend jemand überbrachte, vier rasch gefüllte Seiten, von fester Hand mit Bleistift geschrieben – unwichtig, mit was für Fehlern – und ohne ein durchgestrichenes Wort. Die offensichtlich etwas hochmütige Schrift war noch von dem geprägt, was die Stiftsdamen von Moulins ihr zu Beginn des Jahrhunderts beigebracht hatten.

Es war eines jener stolzen kalligraphischen Gebilde, die beweisen sollten, daß man »wirklich eine Dame« war. Eine Dame, die knapp und von oben herab ihre Befehle erteilte:

»Liebe Vera, den Grenzen zum Trotz (sic) geht alles schnell! Ich weiß von Ihrem Verrat! Er wird Ihnen nichts nützen, nur daß Sie mich tief verletzt haben.

Ich tat, was ich konnte, um Ihnen Ihren Aufenthalt erträglich zu machen. Geduld, Geld, usw. Aber ich konnte mir in puncto Italien nichts vormachen lassen. Oder in puncto Deutschland Unwürdiges mit anhören oder selbst sagen, was man besser den Einfältigen überläßt. Seinen Feind (sie schreibt »ennemie«, was sich auf Deutschland oder auf Vera beziehen könnte) verachten heißt sich selbst erniedrigen.

Meine englischen Freunde können mir jedenfalls nichts übelnehmen oder auch nur das geringste vorwerfen.

Das genügt mir.

Ich habe M. gesprochen. Ich habe nichts gesagt, was Ihnen Schwierigkeiten machen könnte. Wenn Sie nach Rom zurück wollen, so werden Sie achtundvierzig Stunden nach Ihrer Ankunft hier wieder dort unten sein, bei Ihren wahren Freunden!...

Ihre Gleichgültigkeit meinen Angelegenheiten in Spanien gegenüber erspart es mir, Ihnen davon zu berichten! Aber ich habe gute Nachricht und hoffe, zum Ziel zu kommen.

Ihr Freund ›Ramon‹ ist mir in guter Erinnerung, obgleich er mir in geschäftlichen Dingen keine große Hilfe zu sein scheint.

Sie sollen auch wissen, daß ich Spanien nicht auf einen Befehl hin verlassen habe – ich habe viele in meinem Leben gegeben und bisher noch keinen entgegengenommen. Mein Visum war abgelaufen. S. fürchtete, daß ich Schwierigkeiten haben könnte.

Ich hoffe von Herzen, daß Sie Ihr Glück wiederfinden. Aber ich wundere mich, daß die Jahre Sie nicht mehr Vertrauen und weniger Undankbarkeit lehren.

Eine so schlimme, traurige Zeit müßte solch ein Wunder bewirken.«

Unter dem Brief nur der Name: *Coco*.

Niemand wird je eine unfehlbare Meinung über Chanel äußern können. Hätten wir, die wir sie kannten, uns vorgestellt, daß sie sich genötigt sehen würde, selbst nach Berlin zu fahren, um von ihrer fehlgeschlagenen Mission zu berichten? Bestimmt nicht. Und doch tat sie das.

Welche ihrer Freundinnen, Angestellten oder Kundinnen, die sahen, mit welch übertriebener Sorgfalt und Genauigkeit Gabrielle bei ihren Kreationen zu Werke ging, so daß es einen bisweilen nervös machen konnte – sie prüfte die Bewegungsfreiheit eines Ärmels, schätzte eine Rocklänge ab oder beseitigte energisch mit der Schere hier und da einen Fehler –, welche von ihnen hätte sich vorgestellt, daß dieselbe Gabrielle kaum zehn Jahre früher all die Gefahren einer Reise durch das damalige Europa und die deutschen Städte auf sich nahm – sie verbrachte während ihres Aufenthalts in Berlin eine lange Alarmnacht im Keller – und ganz und gar von der Idee besessen war, Schellenberg gegenüber das Vertrauen zu rechtfertigen, das er in sie gesetzt hatte? Wollte sie für ihn, diesen Unbekannten, diesen Deutschen, die weibliche Tapferkeit herauskehren? War es die Tatsache, daß sie gerade sechzig geworden war und Angst hatte, über das Alter der Liebe hinaus zu sein, die sie so begierig auf Vertrauensbeweise machte? Wovor fürchtete sie sich, daß sie soviel riskierte? Wenn man behauptete, daß sie sich über die möglichen Folgen ihrer Initiativen nicht im klaren war, so hieße das, sie als ein einfältiges Wesen darstellen ... Wem könnte man so was weismachen?

Eigentlich war es ein sehr trauriges Zeichen, daß Gabrielle nach Berlin fuhr, eine Geste aus der Tiefe unaufhörlicher Enttäuschungen heraus, in der sie sich versinken sah. Zu welchem Licht kann man Zuflucht nehmen, wenn einem so kalt ums Herz wird? Wo blieb Spatz? Genügte er ihr denn nicht? Ach, lassen Sie mich in Ruhe mit diesem Spatz! Was wog er schon, das frage ich Sie? Zwischen dem Komfort, den sie in einem Paris der Kriegszeit und des Elends genoß, zwischen diesem eng begrenzten Leben und dem Wahnwitz ihres letzten Versuchs, *anders zu existieren* als in Modezeitschriften, hat nur Gabrielles innerste Wahrheit ihren Platz, eine Wahrheit aus Melancholie und düsterer Verzweiflung.

In den letzten Tagen des Jahres 1943 traf sie also in Berlin mit jenem Schellenberg zusammen, der auf dem Höhepunkt seiner Karriere war. Empfing er sie in seinem festungsartigen Büro, das er damals in seiner Eigenschaft als Chef aller Geheimagenten Deutschlands hatte, in jenem Büro, das er stolz, man möchte beinahe sagen »fröhlich« beschreibt, so daß er seine Rolle offensichtlich außerordentlich befriedigend fand? »Es waren überall Mikrophone, in den Wänden, unter meinem Schreibtisch, in jeder Lampe, damit jede Unterhaltung bis ins kleinste aufgenommen werden konnte. (...) Mein Arbeitstisch glich einem kleinen Blockhaus. Zwei automatische Waffen waren darin eingebaut, die im Nu den ganzen Raum in Brand stecken konnten. Bei Gefahr brauchte ich nur auf einen Knopf zu drücken, um die beiden Maschinengewehre gleichzeitig zu betätigen. Ein anderer Knopf löste ein Alarmsignal aus, das der Wache befahl, sofort das ganze Gebäude zu umstellen und alle Ausgänge zu versperren.« Wieviel Zeit widmete Schellenberg seiner berühmten Besucherin? Und wenn es stimmt, »daß Frankreich das Land der gefährlichen Vierzigerin ist«, wollte da die sechzigjährige Chanel es womöglich noch besser machen? Gelang es ihr, den schönen Gastgeber in diesem finsteren Palast zu beeindrucken? Was dachte dieser Mann von ihr, der in seinem Beruf, ohne mit der Wimper zu zucken, eine Gefahr nach der anderen entstehen sah und der miterlebte, wie die schlimmsten Grausamkeiten verübt wurden und schließlich die größte Schande, die es je in der westlichen Welt gegeben hat, über die Menschen kam? Es läßt sich nicht leugnen, daß dieses Raubtier verführerisch war. Ein Mann mit vorbildlichen Umgangsformen und hochmütiger Zurückhaltung. Über dem diskret mit Schmissen markierten Kinn ein Mund mit vollen Lippen, dem jede Beleidigung oder Verhöhnung fremd war und der vielmehr nur zum Lachen und für die Liebe gemacht zu sein schien. Die einwandfreie Nase war, wie es sich gehörte, ohne Krümmung: eine

Siegernase und wie dafür gemacht, den reinrassigen Arier zu repräsentieren. Und schließlich die Augen ... Nur die Augen erschreckten durch ihre Starrheit, und man findet keine Worte, um die vielen Greuel zu erwähnen, die diese Augen gesehen haben.

Ob er Gabrielle bei ihrem Besuch die eine oder andere Spezialeinrichtung, auf die er so stolz war, vorführte? »*Hollywood could not have asked for more*«, schreibt Allan Bullock im Vorwort zu den *Memoiren* von Walter Schellenberg. Man hörte ihn in neutralem Tonfall von jenem hohlen Zahn sprechen, den er sich in den Kiefer schraubte, sobald er zu einer besonderen Mission aufbrach – für den Fall der Gefangennahme. »Er enthielt genug Gift, um mich in weniger als dreißig Sekunden zu töten.« Aber sicherheitshalber trug er auch einen einzigartigen Ring mit einem tiefblauen Cabochon. Unter dem Stein war eine Kapsel versteckt, die eine hinreichende Dosis Cyanid enthielt.

Niemand vermag zu sagen, wer von beiden dem anderen mit größerer Aufmerksamkeit zuhörte. Wir wissen nur, daß das, was in diesem Büro vor sich ging, weder eine banale Begegnung noch ein Augenblick in Gabrielles langem Leben war, den man verschweigen könnte. Denn am Tage der Abrechnung, als das Ende für die falschen Propheten kam, war Gabrielle die Frau, an die Schellenberg sich wandte, und Schellenberg der Mann, dem sie half, was zu der Zeit sonst niemand gewagt hätte.

Manchmal tötet man die Dichter

Im Januar 44 war in Paris alles anders geworden.

Kaum noch Käufer in Uniform in der Boutique Chanel, und niemand griff mehr heimlich nach den Flaschen mit den beiden verschlungenen C. Die Lippen lösten sich. Man spürte, daß das Ende nah war. Anonyme Drohungen kamen mit der Post, Gesichter wandten sich ab, und auf den Straßen, sogar in den ruhigsten Vierteln, und auf den Plätzen, überall hatte man das Gefühl, auf einem Bahnsteig zu stehen, wo endlich die Ankunft der ersten Züge gemeldet wird. Wann, wann wird die Landung erfolgen?

Ja, alles war anders geworden, außer für Gabrielle, die nach dieser vorübergehenden Verschwörung die bedrückende Ruhe eines Lebens wiederfand, dessen seltsame Folgen sie deutlich vorhersah.

Nur sehr wenige Freunde um sie herum: Misia, die alles wußte und so tat, als hätte sie keine Ahnung, Lifar, der Getreue, der jedoch über ihre Unternehmungen nicht auf dem laufenden gehalten worden war. Was die andern betraf, die aus der Glanzzeit des russischen Balletts, so schwiegen sie und gingen Gabrielle aus dem Weg.

Es ist bezeichnend, daß keiner von ihnen sich an Gabrielle wandte, als es darum ging, bei den deutschen Behörden etwas zu Gunsten von Max Jacob zu unternehmen. Unter der sehr kleinen Schar seiner Verteidiger befanden sich, neben anderen Freunden Chanels, Jean Cocteau und Henri Sauguet. Ohne sie wäre Max Jacob in seinem traurigen Schicksal verlassener gewesen, als er es an sich schon war. Denn am 23. Februar 1944, als die Mönche von Saint-Benoît-sur-Loire die Morgenmesse sangen, hatte Max Jacobs Kalvarium begonnen.

Der Mann, der trotz der Hilferufe von Madame Persillard, seiner mutigen Wirtin, abgeholt wurde, hatte nichts mehr von dem Dandy mit Monokel an sich, dessen Späße fünfundzwanzig Jahre früher Gabrielle und Marie – jene Marie, die Apollinaire liebte – und auch jene Liane, die später die Prinzessin Ghika wurde, entzückt hatten.

Es war ein ärmlich gekleideter, kleiner alter Mann mit einer großen schwarzen Baskenmütze auf dem Kopf und Strohpantinen mit »echtem Kaninchenfellfutter« an den Füßen, einer Decke überm linken Arm und einem alten Koffer in der Hand, den die über ihre eigene Ohnmacht erschütterten Mönche davongehen sahen. Max drückte sehr ruhig die Hände, die sich ihm entgegenstreckten. Er war von der Gestapo verhaftet worden, jener Gestapo, die er bis zum Schluß mit unvergleichlicher Ironie »J'ai ta peau[66]« genannt hatte.

Aus dem Gefängnis in Orleans waren »dank der Freundlichkeit der Gendarmen, die uns umgeben«, zwei verstohlen hingekritzelte Briefe hinausgeschmuggelt worden. Zwei Briefe »eines Schiffbrüchigen«, die ankündigten, daß sich die Tore von Drancy bald hinter ihm schließen würden. In dem Brief an den Pfarrer von Saint-Benoît war von ein paar Bekehrungen die Rede, die im Gange seien, und er schrieb auch: »Ich vertraue auf Gott und meine Freunde. Ich danke ihm für das Martyrium, das beginnt.« Aber er erwähnte nicht, daß er mit seinen Leidensgenossen die wenigen Vorräte und die Wäsche, die ihm von dem guten Pfarrer in aller Eile zugesteckt worden waren, geteilt hatte.

In seinem Brief an Jean Cocteau erinnerte er diesen an das Versprechen Guitrys: »Als man ihm von meiner Schwester[67] erzählte, hat Sacha geantwortet: ›Wenn es Max wäre, könnte ich etwas für ihn tun.‹ Jetzt ist es soweit!«

Max' Gefangenschaft in einer feuchten Kloake dauerte fünf

Tage. Mit zwei Trinkgläsern schröpfte er eine alte Frau, die einer Lungenentzündung erliegen sollte, und verband einen alten Legionär, der an einem Geschwür operiert worden war und auch starb.

Solange Max noch bei Kräften war, bemühte er sich, seine Leidensgefährten aufzumuntern. »Er hatte sich mit einem gewissen Jeramec angefreundet, dessen Vorliebe für Operetten und komische Opern er teilte, und die beiden Männer sangen lauthals *Le Petit Faust* und Melodien von Offenbach.«

Zwischen zwei Chansons öffnete Max sein Brevier, aus dem er den Gefangenen Abschnitte zur Meditation vorschlug. Und wenn einer von ihnen über Hunger klagte – »die Nahrung beschränkte sich auf einen Teller Suppe mittags und paar Krümel Käse abends« –, brachte Max durch romantische Schilderungen seines ärmlichen Lebens im Bateau-Lavoir seine Kameraden zum Lachen oder Weinen, oder er zitierte, wie es ihm gerade einfiel, ein paar Fragmente von dem, was er damals geschrieben hatte. Er erzählte ihnen auch von den Freunden, die er verloren hatte, und von den Malern und Dichtern, denen er geholfen und die er gern gehabt hatte. Es gab nur wenige, die ihm jetzt zu helfen wagten.

Cocteau, der mutigste, entschlossenste unter ihnen, verfaßte einen Aufruf, unter dem man gern Gabrielles Namen gesehen hätte. Hätte sie unterschrieben? Man war nicht sicher und fragte sie erst gar nicht. Sollte der Tag gekommen sein, an dem Max' Freunde ihn aufgaben? Misia? Was machte Misia? Wie kam es, daß ihr Name nicht unter der Bittschrift stand? Schlimmer war vielleicht das Schweigen Picassos. Was tat Picasso für den Mann, der ihn als einziger gleich bei seiner Ankunft aus Spanien *anerkannt* hatte, der einzige, der laut seine Genialität gerühmt und Kunden für ihn gefunden hatte, der einzige, der sein Zimmer und seinen kümmerlichen Lohn mit ihm geteilt und ihn in den Kreis seiner Freunde und Bekannten eingeführt hatte? Es tut weh, feststellen zu müssen, daß Picasso ihn vergaß[68].

Es war also Cocteau, der das Manifest aufsetzte, das einem Beamten der deutschen Botschaft übergeben wurde. Um den Verfolgern klarzumachen, wer Max Jacob war, wählte Cocteau nicht den leichtesten Weg. Er beschrieb den Mann sowohl in seinen aktiven Jahren als auch in seinem Klausnerdasein. Es kam darauf an zu zeigen, was für ein bemerkenswerter, einzigartiger Mensch Max Jacob war. Cocteau versuchte es:

»... Zusammen mit Apollinaire hat er eine Sprache erfunden, die unsere Sprache meisterhaft prägt und ihre Tiefen ausdrückt.

Er war der Troubadour jenes außergewöhnlichen Turniers, bei dem Picasso, Matisse, Braque, Derain und Chirico sich gegenseitig herausforderten und ihre bunten Wappen gegeneinander aufrichteten. Seit langem hat er auf die Welt verzichtet und versteckt sich im Schatten einer Kirche, wo er das beispielhafte Leben eines Bauern und Mönches führt.

Die französische Jugend liebt ihn, duzt ihn, respektiert ihn und findet seine Art zu leben beispielhaft. Was mich betrifft, so begrüße ich seine Noblesse, seine Weisheit, seine unvergleichliche Grazie, sein verborgenes Prestige, seine ›Kammermusik‹, wie Nietzsche es nennen würde.

Möge Gott ihm zu Hilfe kommen. *Jean Cocteau.*

PS: Ich möchte noch hinzufügen, daß Max Jacob seit zwanzig Jahren Katholik ist.

Die Unterzeichneten erlauben sich, die zuständigen Behörden auf den besonderen Fall von Max Jacob aufmerksam zu machen.

Mit der Welt verbindet ihn kaum etwas anderes als die Freundschaft von seiten zahlreicher junger Dichter und großer Gestalten des französischen Geisteslebens. Sein Alter und seine edle, würdevolle Haltung zwingen unsere Herzen und unseren Geist zu diesem äußersten Schritt, damit er die Freiheit wiedererlange und seine Gesundheit, die uns teuer ist, erhalten bleibe.«

Der Antrag wurde den Behörden zugestellt.

Allem Anschein nach waren die Verfolger taub geblieben, und Max' Schicksal war besiegelt.

In Drancy vergingen zehn Tage.

Der Dichter, dem man das deprimierende grüne Etikett, das Zeichen für den nahe bevorstehenden Abtransport, ausgehändigt hatte, »lag mit vierzig Grad Fieber auf dem Fußboden in einem Raum, in dem achtzig Gefangene zusammengepfercht waren«. Man brachte ihn ins Krankenrevier. Er begann zu delirieren. Auf einen Ellbogen gestützt, rief er: »Ich werde erdolcht hier.« Dann bat er flehentlich darum, die Einladung zum Abendessen bei der Prinzessin Ghika (Liane de Pougy) für ihn abzusagen, oder man hörte Satzfetzen, in denen der Name der Postvorsteherin von Saint-Benoît-sur-Loire immer wiederkehrte.

Am zwölften Tag kam er wieder ein wenig zu sich. »Um ihn herum nur Todkranke, deren Jammern und Klagen in allen Sprachen wie ein betäubendes Konzert klang.« Dem Dichter gelang es trotzdem, sich noch ein letztes Mal an seine Freunde zu wenden: »Wenn Salmon, Picasso und Moricand doch etwas für mich täten!«

Am 16. März 1944 ließ die Deutsche Botschaft wissen, daß Max Jacobs Fürsprecher Gehör gefunden hätten. Es wurde oft gesagt, daß jeder in der Botschaft wußte, was passiert war, als die Gestapo den Befehl gab, den Dichter freizulassen. Man befreite einen Toten.

Max Jacob war am Vorabend gestorben. Dem Arzt, der ihn pflegte, hatte er zugeflüstert: »Sie haben ein Engelsgesicht.«

Das waren seine letzten Worte. *Voller Schmerz denke ich daran, daß man die Dichter manchmal tötet, um sie später zu zitieren ...* schrieb Eugen Evtuchenko.

Im Vergleich mit dem, was die Frauen, die einer Kollaborationspolitik zugestimmt hatten, ertragen mußten und was jene anderen durchmachten, die auf Grund ihres Idylls mit einem Deutschen den Volkshaß auf sich zogen, war Gabrielles Hölle von kurzer Dauer.

Etwa zwei Wochen, nachdem General de Gaulle die Champs-Elysées, umjubelt von Menschen aller Klassen, entlanggeschritten war, wurde Gabrielle verhaftet.

Ein echter Zorn ergriff sie, wenn sie den Tag erwähnte, an dem zwei junge Leute sich morgens um acht ins Ritz gewagt hatten. Sie waren bis zu ihrem Zimmer vorgedrungen und hatten sie dort schonungslos aufgefordert mitzukommen, Befehl des Komitees. Welchen Komitees, bitte sehr? Des Säuberungskomitees.

Man konnte verstehen, daß sie später grimmig die *»fifis«* und *»résistants«* verfluchte, wenn man von den wenigen Zeugen dieser Szene wußte, in welch entwürdigender Begleitung sie vor dem Personal erschienen war, ganz verwirrt, aber beherrscht, und wie sie, eingerahmt von zwei jungen Kerlen in *kurzärmligen Hemden*, mit häßlichen Sandalen an den Füßen, zwei Rabauken mit einem Revolver am Gürtel, zwei Grobianen, zwei Revoluzzern, das Hotel verlassen hatte.

Das Schlimmste war, daß diese Rüpel den Portier geduzt hatten.

Ein paar Stunden später war Gabrielle wieder zurück und konnte allen, die sich über das üble Benehmen der Eindringlinge aufgeregt hatten, sagen, daß sie aus Versehen verhaftet worden sei und daß man sich hüten müsse, solchen Leuten Vertrauen zu schenken. Das war also die Volksarmee! Frankreich war in die Hände von Verrückten, von Kranken geraten. Übrigens würde sie das Land verlassen. Weggehen? Dann mußte sie wohl von jedem Verdacht befreit sein. Wer sie so hörte, konnte nicht umhin, sich Fragen zu stellen. Wer hatte sie gerettet? Wer und was steckte dahinter, daß sie straflos ausging?

Wenn das Säuberungskomitee sie nur so kurz festgehalten hatte, dann mußte Gabrielle etwas bei sich gehabt haben (in weiser Voraussicht des Unausbleiblichen), was ihre Richter entwaffnete. Denn es war ausgeschlossen, daß man kurz nach der *Libération* irgendwelche raffinierten Tricks gebrauchen oder den Untersuchungsrichtern etwas vormachen konnte. Nur eine Protektion von höchster Stelle konnte Gabrielle die Freiheit erhalten, die andere, weniger Belastete als sie, verloren hatten.

Es war also ein keinen Widerspruch duldender Befehl, dem sie ihre Rettung verdankte.

Wer gab diesen Befehl? Es gibt keine Spur, nichts, was erlaubte, diese Frage mit einem Minimum an Sicherheit zu beantworten.

Kurz darauf, als andere Soldaten, GIs diesmal, sich in der Boutique Chanel um jenes Nr. 5 rissen, dessen Qualität ein paar Monate früher die Deutschen so sehr geschätzt hatten, fuhr Gabrielle, die sich frei bewegen konnte, soviel man weiß, ohne Schwierigkeiten schleunigst in die Schweiz. Ebenso erstaunlich ist es, daß sie kaum zwei Jahre später ohne weiteres die Genehmigung bekam, in die USA zu reisen, wo sie nur kurz blieb. Die Anträge auf ein Visum für die Vereinigten Staaten wurden in den ersten fünf Jahren nach Ende der Feindseligkeiten peinlich genau geprüft. Aber während andere lange ausgefragt wurden, immer wieder warten und ihre Unschuld beweisen mußten, konnte Gabrielle ebenso leicht nach Amerika einreisen, wie sie 1947 überstürzt in die Schweiz fahren konnte, denn es dauerte eine geraume Zeit, bis die europäischen Nationen zu einem friedlichen Zusammenleben zurückfanden. Die Notwendigkeit, die Dinge bei ihrem Namen zu nennen, zwingt zu der Feststellung, daß in diesem ganz neuen Frieden die Gerechtigkeit schon nicht mehr für alle die gleiche war.

Eine Spur von Wahrheit im Durcheinander der Begegnungen

Es ist schwierig mit der Wahrheit, manchmal zum Verzweifeln. Nichts findet man je da, wo man es sucht. Die Leute, die es wissen müßten und allgemein als solche gelten, liefern in dem Moment, da sie sich erinnern, nur Anekdoten, mit denen man nichts anfangen kann. Das Rätsel bleibt bestehen, und das, was man gesucht hat, entzieht sich einem auch weiterhin. Die Wahrheit erscheint nur selten als Schaum an der Oberfläche einer Unterhaltung; sie ist häufiger das schwarze Loch, in das man hineinstolpert, Gekritzeltes, dem man im ersten Moment nicht mehr Bedeutung beimißt als irgendeinem Ausrutschen der Feder, einem Einschub beim Schreiben oder Erzählen, einer Klammer, die eine Gesprächspartnerin lästigerweise gerade in dem Moment öffnet, da man nicht mehr hinhört.

Bisweilen setzt man sein ganzes Vertrauen in die Arbeit von Historikern, Annalisten, Chronisten; man sortiert, klassiert, man nimmt unsichtbare Räderwerke auseinander und glaubt einen hoffnungsvollen Moment lang, aus dem Aktenstaub das auftauchen zu sehen, was einem zwischen den Fingern entgleitet. Manche sehr reichhaltige Archive erweisen sich als enttäuschend arm in dem Moment, da man sicher ist, daß sie nicht das hergeben, was man in ihnen zu finden glaubte. Wie wahr ist es, daß Reichtum nicht für alle dasselbe bedeutet. Und es ist nur gut, daß die einen rufen können: »Was für Schätze!«, während andere denken: »Wie unbedeutend!«

Aber was sagte Madame Denis, die Witwe des Gärtners, in dem kleinen Salon ihres Häuschens in der Rue Alphonse-de-Neuville in Garches, was sagte sie, das einen plötzlich aufhorchen ließ?

Ihre Aussage schien zunächst nur Oberflächliches zu enthalten, was recht gut zu der Atmosphäre von *Bel Respiro* paßte, zu diesem Haus mit den schwarzen Fensterläden, in dem Gabrielle gewohnt hatte. Und plötzlich, ohne daß schon über die einzelnen Zimmer im Haus, über das Besondere der einzelnen Gegenstände, über den Garten mit seinen tausend Gesichtern gesprochen worden war, berichtete diese Zeugin der zwanziger Jahren von Tatsachen, die sie mehr geschnuppert als gespürt zu haben schien, von Begebenheiten, die man lieber nicht hören möchte, weil solch eine Indiskretion, wenn man es sich recht überlegt, oft peinlich ist und man sich ärgert, daß sie einem anvertraut wurde.

Was sie andeutete, nämlich daß Gabrielle und Henry Bernstein, dessen Garten ja an Gabrielles grenzte, sich jeden Abend auf einem geheimen Pfad getroffen hätten, den der Mann der Erzählerin, Gabrielles Gärtner, sogleich den »Liebespfad« getauft habe, gehört zu jenen Anekdoten, auf die man wahrhaftig verzichten kann ... Denn wollte man alle Liebesabenteuer von Henry Bernstein aufzählen, so wäre dies ebenso mühsam wie die kritische Überprüfung aller Personen, die im Telefonbuch stehen, und außerdem ist nicht einzusehen, warum die beiden, wenn sie auf die Idee kamen, sich zu lieben, sich nicht irgendein möbliertes Zimmer nehmen konnten, und ferner läßt vor allem die Tatsache, daß Gabrielle nie etwas Böses über Bernstein sagte, darauf schließen, daß sie nie seine Mätresse war. Denn sie empfand einen tödlichen Haß all jenen gelegentlichen Liebhabern, jenen Männern gegenüber, denen sie sich einstmals hingegeben hatte, um zu vergessen, um die Erinnerung an Boy zu verdrängen, denen sie sich zu einer Zeit hingegeben hatte, da sie ihrem Körper jede Freiheit ließ, so wie andere den Tod im Wasser suchen.

Aber auf einmal ist es, als änderte sich in der Erzählung der Gärtnerswitwe die Beleuchtung, so daß man an eine Panne oder einen Schaltfehler glauben könnte. Denn es war nicht mehr von schwarzen Fensterläden die Rede, und kaum noch von Gabrielle. Und Strawinsky, was war aus Strawinsky geworden? Und warum war der Flügel plötzlich verstummt? Man hatte doch die Melodien von Pergolesi auf diesem Flügel gehört, und *Le Sacre du Printemps*, mein Gott, *Le Sacre*? Aber kein Ton mehr, und was, zum Teufel, erzählte diese Frau da? Sie sagte: »... zig Jahre sind vergangen.« Plötzlich hatte irgendeine Tragödie die kleine Musik der Melancholie und Libertinage, die erklungen war, zum Verstummen gebracht. Worum ging es? Um die Ankunft eines Generalstabs. In Garches? Ja, in Garches. Kein Wunder. Die Deutschen hatten vier Jahre lang dort ihre Quartiere gehabt, und nun kamen die Engländer. Wie verwirrend! Kaum daß die Besitzer der luxuriösen Cottages und schönen Villen Zeit hatten, zu begreifen, was vorging, als auf die erste Beschlagnahme auch schon die nächste folgte. So kam es, daß man in Garches nur Englisch sprach.

Wie bei allen Armeen der Welt, so waren auch hier die schönen Zimmer mit den Erkerfenstern und den großblumigen Stoffbespannungen von den Ranghöchsten besetzt worden, während die unteren Dienstgrade... Die Küchenbullen, Chauffeure, Sekretäre und Telefonisten hatten mit dem vorliebnehmen müssen, was übrigblieb. Es fehlte nicht an Bungalows im Ort noch an Häuschen mit Garten. Da, wo einst die Raouls von Gabrielle, die Piotrs des Großfürsten Dimitri und die weißbehandschuhten Maîtres d'hôtel mit ihren Ehefrauen gewohnt hatten, auf all die Josephs und Maries folgten die Ordonnanzen des britischen Generalstabs. Sie kamen gut darin zurecht. Aber sie brachten viel Durcheinander ins Viertel. Würden die Straßen von Garches je wieder so elegant werden wie in den ersten Jahren dieses Jahrhunderts? Es war schon lange her, daß man keine schicken Sportkabrios, keine Isotta Fraschini noch Delaunay-Belleville in den Straßen Edouard-Detaille und Alphonse-de-Neuville mehr sah, und der junge Mann, der nicht weit von der Gärtnerswitwe Quartier gefunden hatte, fuhr auch als Chauffeur des Generalstabs einen Jeep wie alle andern.

Ein Soldat, der viel zu beschäftigt war, um sich für die Vergangenheit des hübschen Vororts, in dem er untergekommen war, zu interessieren, sich jedoch freute, als Nachbarin eine Engländerin zu haben, mit der er reden konnte.

So hörte er sie eines Tages von einer Modeschöpferin erzählen, einer berühmten Frau, die lange am Ende dieser Straße, gewohnt habe, Sie wissen schon, in dem Haus mit den schwarzen Fensterläden und der großen Zeder... Der Soldat hatte gefragt – vielleicht nur aus Höflichkeit –, warum die Dame berühmt sei und wie sie heiße. Wie, sagen Sie? Er hatte sich den Namen zwei-, dreimal wiederholen lassen, denn komischerweise sagte er ihm etwas.

Er hatte eben diesen Namen am Vortag, zunächst aus dem Mund seines Hauptmanns, dann aus dem des Obersten gehört. Dann war am selben Tag in der Generalstabsmesse darüber gesprochen worden, und zwar in großer Aufregung. Der Name war ihm im Ohr geblieben: Cha-nel, Cha-nel. Ein Offizier hatte den Auftrag bekommen, sie überall zu suchen, diese Chanel, so daß es eigentlich schade war, daß sie nicht mehr in der Rue Alphonse-de-Neuville wohnte. Sie wäre sonst leicht zu finden gewesen. Der Haken war nämlich, daß niemand ihrer habhaft werden konnte. In ihrem Geschäft taten die Leute so, als wäre sie für immer verschwunden. Im Hotel gegenüber spielte sich dasselbe ab. Schließlich hatte man sie in einem Hotel bei Paris ausfindig gemacht, und das war noch ein Glück, denn nach den Leuten des Nachrichtendienstes zu urteilen, wurde man in London schon verflixt ungeduldig. Wieso London? fragte die Gärtnerswitwe. Der junge Mann bestätigte, daß man sich in London um Chanel Sorgen machte, und daß es wohl, ohne daß man es beschwören könnte (sondern nur instinktiv und der allgemeinen Aufregung nach zu urteilen), ein Sekretär des *Old Man* gewesen sein mußte, der angerufen hatte, ja, Madame, des Alten persönlich!

Offen gestanden, hatte die Rentnerin in Garches den Erklärungen ihres jungen Landsmanns nur schlecht folgen können, denn sie hatte zugeben müssen, daß sie nicht wußte, wer derjenige war, den er *»the Old Man«* nannte. Wer das war? Der andere rief aus, daß er in seinem ganzen Leben noch keine komischere Frage gehört habe. Und daraufhin war er, laut lachend, verschwunden, denn der *Old Man*, gütiger Himmel, wer konnte das schon sein? Das war Churchill natürlich.

So tauchte wider Erwarten, durch eine Art von Indiskretion oder, wenn Sie wollen, rein zufällig, im Dunkel der Wörter ein Fünkchen Wahrheit auf... woraus man schließen konnte, wer nämlich Gabrielle vielleicht nach der *Libération* gerettet hatte. Aber man weiß es nicht sicher, und es wäre wirklich verrückt, wenn man das alles für bare Münze nehmen wollte.

ERSTER EPILOG

1945–1952

So sieht das friedliche Frankreich aus, das alle vernichten wird, die seine Couturiers, seine Philosophen und seine Küche stören sollten.

GIRAUDOUX,
SIEGFRIED ET LE LIMOUSIN

Abseits

Man wird wohl sagen, daß die Schweiz eigentlich nie ein richtiges Exil ist, zumal in Lausanne französisch gesprochen wird. Und doch war es zu jener Zeit ein Exil, und das wußte jeder.

In Luxushotels leben, sei es in Ouchy oder in Genf, von einer Wintersportstation zur andern fahren, von einem Gasthof zum andern ... Gabrielle war eine Emigrantin geworden, und ihre kurzen Aufenthalte in Frankreich, die Freiheit, die sie hatte, ein paar Wochen im Sommer in *La Pausa* zu verbringen, änderten nichts daran.

Die Vorsicht hatte sie dazu getrieben, fortzugehen. Sie hatte ihr Land, ihren Beruf, ihre ganze Vergangenheit weit hinter sich gelassen, und da sage mir jemand, das sei kein Exil? Dieses unablässige Gefühl des Entwurzeltseins, und was noch unerträglicher ist, die Untätigkeit. Dazu noch die verwirrenden Verhältnisse, die zu der Zeit in der Schweiz herrschten, die Menge der Flüchtlinge, die gut behandelt worden waren, solange sie noch hohe nazistische, faschistische oder petainistische Posten bekleidet hatten, und die nun in ihrem Land alle als verfemt galten und in der Schweiz unaufhörlichen administrativen Schwierigkeiten ausgesetzt waren – wobei sie noch von Glück sagen konnten, wenn sie nicht aufgefordert wurden, sich aus dem Staub zu machen, denn was die helvetische Gastfreundschaft betrifft, so ließe sich viel darüber sagen –, will man mir da noch weismachen, daß diese Promiskuität von Männern und Frauen, die schuldig, ja in den Augen des übrigen Europa Verbrecher waren, daß dieses verzweifelte Stelldichein nicht das Exil war?

Ehrlich gesagt, Gabrielle hatte in der Schweiz nicht nur eine Zuflucht gefunden, sondern vor allem von D. wiedergetroffen. Es ist nicht ausgeschlossen, daß dies das Entscheidende war, wer weiß? Vielleicht wollte sie die meiste Zeit in der Schweiz sein, um mit ihm zusammenleben zu können. Denn ihr Liebhaber hatte Frankreich verlassen. Er war über die Grenze gegangen und hatte das Land ebenso leicht gewechselt wie ein Hemd, und er hatte es früh genug getan. Man kann nicht umhin, sich darüber zu wundern, obwohl es eigentlich gar nicht anders sein konnte. Gabrielles Vermögen befand sich in der Schweiz. Dort hatten sich im Kriege die Einkünfte aus dem Verkauf ihrer Parfums im Ausland angesammelt. Kann man sich Spatz anderswo vorstellen als da, wo das Geld war?

Man sah Gabrielle und ihn immer zusammen, und oft hielt man sie für verheiratet. Er war noch eine gute Erscheinung, während sie ... merkwürdig, daß sie in dieser Zeit, da sie etwa vierundsechzig war, so viel älter wirkte als zehn Jahre später. Vielleicht litt sie unter der Untätigkeit. Auch konnte man hin und wieder merken, daß es zwischen den beiden nicht zum besten stand. Manche behaupteten, er schlage sie, andere, sie schlage ihn, und wieder andere, sie schlügen einander. Und wenn man weiß, zu welchen Wutausbrüchen er fähig war ... Einem Freund gegenüber deutete er an, daß sie nur die eine Idee im Kopf habe, ihn so kleinzukriegen, daß er sie heirate. Sie sehen, was für eine Art »Gentleman« er war. Aber das änderte nichts an der Tatsache, daß sie faktisch aneinander gebunden waren. Sie hielt ihn durch ihr Geld, er sie durch sein Schweigen. Was für ein Vermögen er verdient hätte, wenn er sich dazu hätte hinreißen lassen zu reden ...

Aber so wie Gabrielle mit erhobenem Haupt den »gräßlichen Flegeln« des Säuberungskomitees gefolgt war, so ging sie trotz der Wirrnisse jener Zeit und einem Liebesleben, das alles andere als befriedigend war, weiterhin ungebeugt.

Allerdings hatte 1945 die Auseinandersetzung zwischen der Société des parfums Chanel und Pierre Wertheimer im Jahre 1945 hinreichend für Beschäftigung gesorgt. Ihr Sieg machte sie tragischerweise arbeitslos. Sie war reich, millionenschwer, aber wie stand es bei alledem um ihr Herz? Außerdem kam zu den unvermeidlichen Drohungen, die sie bedrückten, eine schreckliche Folge von Todesfällen und traurigen Ereignissen.

Nach dem endgültigen Zusammenbruch und der bedingungslosen Kapitulation der deutschen Armeen merkte man bald, daß Schellenberg sich nicht so leicht vergessen lassen würde. Gabrielle würde also weiterhin in Angst leben müssen, daß die Operation *Modellhut* bekannt wurde.

Als das Ende nahe bevorstand, versuchte der Obergruppenführer von AMT VI noch in letzter Minute, in Schweden mit dem Grafen Bernadotte zu verhandeln. Dort erreichte ihn die Nachricht von der Kapitulation. War ihm klar, welches Glück er hatte? Während sein Vorgesetzter, Himmler (den er fünf Tage vorher verlassen hatte), in Deutschland Selbstmord beging, nahm Schellenberg den Schutz des Grafen Bernadotte an und nutzte, auf Anraten des letzteren, den kurzen Aufschub, den der Zufall ihm ließ, um ein Memorandum zu verfassen, in dem er die Schritte und Versuche aufführte, die er unternommen hatte, um den Alliierten einen Verhandlungsfrieden abzuringen.

Im Juni 1945 wurde Schellenbergs Auslieferung verlangt, und er kam zu den einundzwanzig engsten Mitarbeitern Hitlers auf der Anklagebank hinzu, die nun als Kriegsverbrecher dem Militärgericht in Nürnberg gegenübersaßen. Aber man ließ ihn im Gefängnis versauern, ohne daß jemand herauskriegen konnte, wann sein Prozeß beginnen würde. So vergingen drei Jahre, in denen Gabrielle vermutlich nicht zur Ruhe kam.

1947, als ob das Unglück es wollte, daß Gabrielle keine Atempause vergönnt sei, starb José Maria Sert. Er hatte sie seinerzeit an die Hand genommen, sie aus einer Art Nacht herausgerissen und wie ein verlorenes Kind aus Venedig geführt. Seine Kunst hatte sich überlebt. Da er nicht, wie der Herzog von Westminster, Paläste gigantischen Ausmaßes geerbt hatte, konnte er sie nur erträumen. Er schuf sie an den Decken, die er ausschmückte, oder auf den großen Vorhängen der Theater, wo er arbeitete, Vorhänge, die den Blick auf unendliche Perspektiven freigaben, auf prachtvolle Träume, auf eine Welt verwirrender Wunder. Er war eine Art Ungeheuer von geradezu aufreizender Schönheit. Aber ist es verboten, ein Ungeheuer zu lieben? Er hatte sich von Misia scheiden lassen und sie wieder geheiratet. Gabrielle wußte, daß der Tod von Sert ihre Freundin zutiefst erschüttern würde, und sie ahnte, daß nichts Misia nunmehr davon abhalten würde, sich den tödlichen Rauschzuständen des Opiums hinzugeben.

Aber das war noch nicht alles... Auch Vera starb.

War es denn möglich, fragte sich Gabrielle, daß das Jahr 1947 ihr nichts als Trauer brachte? Daß sie in Rom und Paris nur Herzzerreißendes erlebte? Vera, die schöne Vera der fünfundzwanziger Jahre, starb, kaum daß sie von Madrid zurück und wieder zur Römerin geworden war.

Am 12. Februar 1947 wurde in Paris unter einem donnernden Applaus der *New Look* geboren. Es erschien eine neue Frau, deren

Kleid bis zu den Knöcheln reichte, und damit ein neuer Stern am Himmel der Haute Couture: Christian Dior. Hinter dem Unbekannten, dem Anfänger, der es wagte, Formen zu entwerfen, die von den Vereinigten Staaten industriell nicht kopiert werden konnten, da sie einen allzu raffinierten Schnitt verlangten, hinter diesem Mann stand ein hochintelligenter Industrieller, der ihn finanzierte, ein Mann aus der Textilbranche: Marcel Boussac. Er stellte dem Neuling, an den er ganz allein glaubte, ein Kapital von siebenhundert Millionen zur Verfügung, und das war erst der Anfang.

Die amerikanische Presse mußte zugeben, daß man schon lange nicht mehr etwas so Schönes gesehen hatte.

Das amerikanische Projekt, Westeuropa mit Kleidern »made in USA« zu überschwemmen und es dadurch unter seiner Kuratel zu behalten – ein Vorhaben, das mehr als einmal mit rücksichtslosem Zynismus zum Ausdruck gebracht wurde –, diese Wunschvorstellung mußte nun aufgegeben werden. Christian Dior, der alle Vorhersagen entkräftete und wider alle Vernunft *das Gegenteil* von dem anstrebte, was man von einem besiegten Land erwarten konnte, das durch jahrelange Entbehrungen erschöpft war, verhalf Frankreich wieder zu der führenden Stellung, die es sowohl auf dem Modesektor als auch in der Textilindustrie verloren hatte.

Die amerikanische Reaktion ließ nicht lange auf sich warten. Wenn man erzählte, was sich schon damals anbahnte ... Wenn man von dem Ideenraub reden wollte oder, schlimmer noch, von dem beinah ungenierten Handel mit Modellen unter dem Deckmantel des Journalismus, dem Stehlen von Entwürfen oder Fotos, die angeblich für die Werbung oder für Reportagen bestimmt waren, wenn man von der Industriespionage reden wollte, die in jeder denkbaren Form ausgeübt wurde ... Ach, wenn man davon erzählte! Aber hier ist nicht der geeignete Ort dafür, und dies alles soll nur zeigen, wie Chanels Ruhm langsam verblaßte. Denn je mehr sich die Modeindustrie veränderte und Christian Diors internationales Prestige zunahm, desto mehr vergaß man, daß Gabrielle Chanel einst die Herrscherin im Reich der Mode gewesen war. Was konnte sie daran ändern? Die Haute Couture, an deren Spitze bis dahin Frauen gestanden hatten, ging plötzlich in die Hände von Männern über. Es war nicht aufzuhalten, und Gabrielle spürte wohl, daß es um sie herum endgültig still zu werden drohte.

Aber zur gleichen Zeit, vielleicht aus reiner Gewohnheit, entstand in ihr die Gewißheit, daß das, was den Ruhm und die Anziehungskraft des Neuerwählten ausmachte, im Grunde genommen nur ein »Rückfall« war und daß die Eleganten, die sich von Dior anziehen ließen, früher oder später eine wilde Lust packen würde, die Schnürleibchen, gesteiften Röcke, Schleifen und Spitzen über Bord zu werfen. Warum sich also auf ein Abenteuer einlassen, das nicht ihres war, nicht ihres sein konnte? Ihre Rolle war es nicht, die Frauen wieder ins Korsett zu zwängen, von dem sie alle dreißig Jahre früher befreit hatte, sondern vielmehr, sie so zu kleiden, wie es ihrer Zeit entsprach.

Sie brannte darauf, es zu sagen, es immer wieder laut auszusprechen. Aber wenn sie es getan hätte, so wäre sie in ihrer Lage nicht weit damit gekommen. Es war besser, zu schweigen.

Dieses Schweigen, diese Abwesenheit, dieses berufliche »Abseits-Sein«, das 1939 begonnen hatte, sollte noch beinahe zehn Jahre andauern.

Nichts ist so zermürbend wie die Angst vor Gespenstern. Kommt es wieder, oder kommt es nicht? So ähnlich ging es Gabrielle im Zusammenhang mit Schellenbergs Prozeß. Sie wünschte bestimmt, daß er freigesprochen würde, aus Sympathie für ihn, aber auch und vor allem wegen der Rückwirkungen, die eine solche Entscheidung auf ihr eigenes Leben haben würde. Wenn Schellenberg in Nürnberg für unschuldig erklärt würde, konnte Gabrielle dann schuldig sein?

Von den einundzwanzig Angeklagten des Nürnberger Prozesses waren sieben Kriegsverbrecher mit Gefängnisstrafen davongekommen, die anderen waren zum Tode verurteilt worden. Mit Ausnahme von Göring, der sich eine Giftkapsel besorgen konnte, waren Frank, Frick, Jodl, Keitel, Kaltenbrunner, Rosenberg, Streicher, Seyss-Inquart und Sauckel aufs Schafott gestiegen, als Schellenberg vor seine Richter gerufen wurde. Sein Prozeß zog sich fünfzehn Monate hin. Das Urteil wurde im April 1949 gefällt, und Schellenberg sah sich zu der »leichtesten Strafe verurteilt, die dieses Gericht verhängt hat«: zu sechs Jahren Gefängnis.

Von diesem Zeitpunkt an durfte er Briefe und Päckchen empfangen, die seine Freunde ihm schickten. Der erste, der sich meldete, war Theodor Momm. Er ließ Schellenberg *Le siècle prend figure* von Alfred Fabre-Luce zusenden sowie das Buch, das Graf Bernadotte über die Peripitien des Waffenstillstands geschrieben hatte, und man kann sich denken, mit welchem Interesse der Gefangene gerade dieses Buch las. Wäre Schellenberg ohne den Schutz und die Ratschläge Bernadottes davongekommen? Aber offensichtlich war unter dem, was Gabrielles Vertrauensmann ihm zuschickte, etwas, für das er noch empfänglicher war.

Am 11. April 1950 erhielt Momm aus der Krankenabteilung des Nürnberger Gefängnisses einen Dankbrief, den die Krankenschwester Hilde Puchta aufgegeben hatte. In diesem Brief stand folgendes: *Lieber Herr Momm, ich danke Ihnen herzlich für Ihre guten Wünsche zu Weihnachten und besonders dafür, daß Sie mir die Grüße von ›Modellhut‹ übermittelt haben. Würden Sie ihr bitte meinen ganz besonderen Dank aussprechen? Sagen Sie ihr bitte in geeigneter Form, wie gern ich bei dieser kleinen Zusammenkunft dabeigewesen wäre! ...*

Offensichtlich hatten ihn Gabrielles Grüße am meisten gerührt. Eine Anspielung auf das Treffen der Hauptakteure der Operation *Modellhut,* eine Art Gedenktag, machte ihm seine elende Lage besonders deutlich. Aber am schlimmsten war die Tatsache, daß er furchtbar krank war. *Ich bin am 7. April 1949 hier operiert worden. Im November habe ich mehrmals die Sterbesakramente empfangen, und meine Frau wurde telegrafisch herbeigerufen. Jetzt geht es wieder etwas besser. Je nach den Umständen will man mich noch einmal operieren. Hoffen wir, daß ich so davonkomme!*

Und dann ihre Einsamkeit. Gibt es etwas, das so lang erscheint und doch so schnell erzählt ist? Allein ... Gabrielles Leben begann sich um dieses eine Wort herum zu gestalten. Aber hatte diese Einsamkeit je aufgehört? Und inwiefern sollte die Tatsache, daß Gabrielle in derselben Stadt wie von D. wohnte, sie weniger einsam gemacht haben? Ihre Gemeinsamkeit war nur ein fragwürdiger Modus vivendi. Es mußte ein Ende finden.

Ab 1950 sah man sie etwas seltener in der Schweiz und öfter in Frankreich, vor allem in *La Pausa.* 1950 ... Wenn man sich an die Daten hält, so war dieses Jahr eines der grausamsten in ihrem Leben: es war Misias Todesjahr. Gabrielle war auf alles gefaßt, nur darauf nicht. Misia war ihre einzige wahre Gesprächspartnerin gewesen, die einzige Frau, die sie geliebt hatte. Gabrielle hatte alles, was sie mit früher verband, zerrissen, alles verleugnet und immer gelogen, nur Misia hatte sie nichts vorgemacht. Wenn sie ihr Leben lang alle Spuren hinter sich verwischt und ohne Briefe, ohne Fotos, ohne Erinnerungen gelebt hatte, so weil Misia ihr Gedächtnis war und an ihrer Seite alles wieder Wirklichkeit wurde. Ohne Misia fühlte Gabrielle sich von ihrer Vergangenheit abgeschnitten, entwurzelt und wie ein Rätsel für sich selbst.

Nie hatte der Tod eine solche Verwirrung in ihr hervorgerufen. In Eile kehrte sie nach Paris zurück und tat für Misia, was sie für niemanden zuvor, weder für einen Mann noch für eine Frau, getan hatte und was sie nie wieder tun sollte. Sie trat in das Totenzimmer, und dort vollführte sie demütig die Gesten ihres Berufs: Ankleiden, Schmücken, Herausputzen. Das war doch ihr Beruf, dem allein sie verdankte, daß sie existierte? Sie kleidete Misia an, kämmte sie, schmückte sie, als wollte sie eine letzte Vision verscheuchen, was nicht genau das war, was Misia sich gewünscht hätte. Lange strich Gabrielle über das umgeschlagene Leinentuch, mit jener mechanischen Geste, die sie von den langen Jahren bewahrt hatte, in denen sie die Fehler eines Stoffes glättete, mit jener klugen Hand, der nie etwas widerstand. Es war ihr nicht angstvoll dabei zumute. Keine dieser Gesten erschreckte sie. Das Kopfkissen zurechtziehen, die Schlummerrolle aufklopfen, die herabfallende Decke lockern, lauter berufsmäßige Handgriffe ... Das Schreckliche war nur, daß sie für die tote Misia das gleiche tat, was sie so oft für die lebende Misia getan hatte. Das Schreckliche war, daß es nicht mehr darum ging, Misia anzukleiden, sondern den Tod zu travestieren.

Als sie alles bis ins kleinste überprüft hatte und feststellen mußte, daß ihr nichts mehr zu tun übrigblieb, damit etwas von der Vergangenheit, etwas von dieser ungestümen schönen Frau, die Misia gewesen war, weiter fortbestände, da klammerte Gabrielle sich an das Bett ihrer Freundin wie an den Rand der Nacht.

Im Juni 1951 wurde Schellenberg entlassen. Der unauffällig gekleidete, aber immer noch sehr höfliche Mann, der jedoch abgemagert war und mehr Ähnlichkeit mit einem jungen Anwalt ohne Klienten als mit dem ehemaligen von Leben strotzenden jungen Fuchs der SS hatte, suchte unter falschem Namen Zuflucht in der Schweiz und ließ von dort aus sofort Gabrielle benachrichtigen. Er hatte kein Geld, sie half ihm. Es war leichtsinnig, aber es wäre noch leichtsinniger gewesen, nichts zu tun. Schellenberg war entschlossen, seine Memoiren zu schreiben. Gleich nach seiner Ankunft hatte er als erstes Kontakt mit verschiedenen Agenten aufgenommen, die eventuell einen Verleger für ihn finden könnten.

Man riß sich damals um die Tagebücher, hinterlassenen Geständnisse, Korrespondenzen und jede kleine Aufzeichnung von Hitlers Gefährten oder den Zeugen seines Sturzes. Ganz gleich, ob sie tot oder noch am Leben, im Gefängnis oder auf der Flucht waren, die Hauptsache war, daß ihre Aussage existierte. Es fehlte nicht an Interessenten, die sich bei Schellenberg meldeten. Er empfing sie, machte aus nichts mehr einen Hehl, verschwieg weder seine wahre Identität noch die Freundschaft, die Gabrielle ihm bewies. Er empfing alle, die sich für sein Projekt interessierten, machte vielleicht mehr Versprechungen, als er hätte tun sollen, und ließ dem beflissensten Agenten gegenüber sogar durchblicken, daß er bereit sei, ihm einen Teil des Autorenhonorars abzutreten.

Aber bevor er noch Zeit hatte, einen Vertrag zu unterzeichnen, forderte die Schweizer Polizei ihn auf, augenblicklich das Land zu verlassen. Ein harter Schlag. Schellenberg reagierte besser darauf, als man erwartet hatte. Mehr noch als für Chanel war ihm das *Abseits-Sein* zu einem Alptraum geworden. Ausgebootet, er? Wenn man ihn auswies und Angst vor ihm hatte, so war es immerhin ein Beweis dafür, daß er existierte. Während in Italien ... Er fand Zuflucht in Pallenza in einem Haus am Ufer des Lago Maggiore, und Gabrielle kam für alle Kosten auf. Dort erlebte Schellenberg die schlimmste Demütigung, die es für einen Spion gibt, nämlich nicht mehr bespitzelt zu werden. Er, der Chef des deutschen Geheimdienstes, er, der schöne junge Schellenberg, der aus Gefallen an der Uniform in die SS eingetreten war, interessierte niemanden mehr, nicht einmal die Ortspolizei. Er wurde melancholisch. Seine Gesundheit verschlechterte sich. Ein Visum für Madrid, das ihm ohne Schwierigkeiten gewährt wurde, nahm ihm jede Lust, hinzureisen. Dabei hatte er sich geradezu wollüstig ausgemalt, wie unendlich viele Komplikationen entstehen und ihn daran hindern könnten, dorthin zu fahren, um mit seinem alten Feind Otto Skorzeny Frieden zu schließen. Eine ganz gewöhnliche Versöhnung. Anscheinend wollte niemand in Schellenberg etwas anderes sehen als einen friedlichen Touristen. Was für ein Hohn ...

Unterdessen erlebte Gabrielle in der Schweiz seinetwegen unangenehme Überraschungen. Der Agent, dem Schellenberg die größten Hoffnungen gemacht hatte, erwies sich als ein Hochstapler. Er hatte bald heraus, was Schellenberg und Gabrielle Chanel miteinander verband und nutzte seine Entdeckung, um Gabrielle skrupellos zu erpressen und einen hohen Geldbetrag für sein Schweigen von ihr zu verlangen. Das Geld wurde bezahlt. Immer waren Leute zu bezahlen, immer Schweigen zu erkaufen. Würde sie bis ans Ende ihres Lebens immer wieder Fallen umgehen müssen?

Am 31. März 1952 starb Schellenberg in einer Klinik in Turin. Er war zweiundvierzig Jahre alt. Mit ihm verschwand der wichtigste Zeuge der Operation *Modellhut.* Was bedeutete das für Gabrielle? Endlich breitete sich das Dunkel über die kompromittierendste Episode ihres Lebens. Vera war tot, Schellenberg ebenfalls. Sie wußte, daß sie nichts von Veras Mann zu befürchten hatte, der zwar alles wußte, aber sich nie zu der geringsten Indiskretion verleiten lassen würde. Es blieb noch Theodor Momm. Selbstverständlich wußte sie, was ihn betraf, ebenfalls ganz genau, was sie zu erwarten hatte. Dieser Mann war stummer als eine Sphinx. Er wäre eher gestorben, als sich auch nur auf die harmloseste Frage einzulassen.

Gabrielle sollte des öfteren Grund haben, dafür dankbar zu sein. 1952 empfahl er sogar Frau Schellenberg, obwohl er sie mochte, nicht weiter mit Gabrielle zu korrespondieren: *Was Ihre Frage bezüglich Mademoiselle Ch... betrifft, so glaube ich, daß sie für eine gewisse Zeit in die Vereinigten Staaten gereist ist (...) So, wie die Dinge nun einmal liegen, würde ich Ihnen empfehlen, nicht weiter mit Mademoiselle Ch... zu korrespondieren.* Konnte man einer Frau, die gerade ihren Mann verloren hatte, deutlicher zu verstehen geben, daß sie lästig war? Viele Jahre später ersuchte die tapfere Frau, die immer noch Scherereien hatte, Gabrielle vergeblich um eine Zeugenaussage in dem langen Prozeß, den sie gegen die verschiedenen Schweizer Schwindler führte, welche behaupteten, die alleinigen Inhaber des »Copyrights« an den Memoiren ihres Mannes zu sein. Frau Schellenberg war von den Ufern des Lago Maggiore wieder nach Düsseldorf gezogen. Warum gab Gabrielle ihr keine Antwort? Frau Schellenberg konnte sich dieses unfreundliche Schweigen nicht erklären. *Ich verstehe nur allzu gut, daß sie Ihnen nicht geantwortet hat,* schrieb ihr Theodor Momm. *Unter den augenblicklichen Umständen dürfen Sie es dieser großzügigen und hilfsbereiten Frau nicht übelnehmen. Sie weiß, daß sie mehr als jede andere exponiert ist, und möchte weder auf die Ereignisse oder Wirren der Kriegszeit noch auf die der unmittelbaren Nachkriegsjahre zurückkommen.* Immer fand er Entschuldigungen für Gabrielle. Immer war er bereit, sich in seiner ganzen Größe schützend vor Gabrielle zu stellen.

Aber trotz seiner Loyalität wunderte er sich stets über etwas, das sich ohne sein Wissen am 12. Dezember 1952 abspielte, kaum neun Monate nach dem Tod des Obergruppenführers. Von D. hatte sich auf der Durchreise in der Schellenbergschen Wohnung in Düsseldorf gemeldet, angeblich um zwei *Sachen* abzuholen, die Frau Schellenberg ihm für Gabrielle mitgeben wollte. Aber er hatte gleichzeitig eine Sterbeurkunde verlangt, nicht von der Hand der Witwe – das hätte ihm nicht genügt –, sondern eine offizielle Urkunde. Was für ein Spiel trieb Spatz da? Und was wollte er damit?

Wohl wieder eine versteckte Erpressung. Vielleicht verfolgte ein Hochstapler weiterhin Gabrielle, und Spatz und sie brauchten diese Bescheinigung, um endgültig jene zum Schweigen zu bringen, die immer noch versuchten, sie mit der Operation *Modellhut* zu erpressen.

Aber das ist nur eine Vermutung.

Der einzige Fehler dabei wäre, allzu hastige Schlüsse zu ziehen. Denn es kommt ein Moment, da man bei all den Betrügereien und Komplizenschaften, die dieser lange Alptraum mit sich bringt, laut aufschreien möchte: »Genug!«

ZWEITER EPILOG

1953–1971

Nähen ist letztlich, eine nahtlose Welt wiederherstellen ...

ROLAND BARTHES, SADE II

Hommage

Mit siebzig Jahren ist Gabrielle wieder in Paris. Die Jahre, die ihr noch bleiben, sind ein neuer Anfang.

Keinerlei Unterstützung, von keiner Seite.

Aus England, das ihr so ferngerückt war, erreichte sie 1953 die Nachricht vom Tode des Herzogs von Westminster, jenes lachenden, cholerischen Gefährten, an dessen Seite sie ein paar schöne Jahre verlebt hatte, bald im schottischen Regen und Wind, bald auf sonnigen Kreuzfahrten über blaue Meere, das ihre unbekümmerten Gesichter widerspiegelte. Wie sollte die Nachricht sie gleichgültig gelassen haben, wo nicht daran zu zweifeln war, daß Bend'or zusammen mit Churchill an ihrer Rettung mitgewirkt hatte. Aber warum versuchen, ein Gefühl zu definieren, das eher Angst als wirkliches Bedauern war. Da verschwand ein Mann, der, ohne daß es so aussah, ihr lebenslang sein Wohlwollen bewahrt hatte.

1953 war auch das Jahr, in dem sie *La Pausa* verkaufte. Was sollte sie noch mit einem Haus, das für Ferien gebaut war, zu denen sie keine Lust mehr hatte? Acht Jahre Exil, fünfzehn Jahre Untätigkeit hatten ihr für immer die Freude daran verdorben. Sie schleppte so viele Geheimnisse mit sich herum und brauchte all ihre Kraft, um sicher zu sein, daß ihr nichts von alledem, was sie in ihrem Schweigen gefangen hielt, entwischte. Fast sieben Jahre lang lauerte sie schon auf jeden Schatten, der sich im Dunkel der Jahre erheben könnte, um ihn niederzuschlagen, sieben Jahre, in denen sie sich einzureden versuchte, daß das Gedächtnis der Menschen von kurzer Dauer ist und daß etwas, was nie eingestanden wurde, eigentlich gar nicht existiert. Es war geschafft. Ja, aber unter wieviel Mühen und Anstrengungen! Sie hatte daher nur den einen Wunsch: sich von unnötigem Ballast zu befreien, von Häusern, die zu nichts mehr dienten, von Gärten, in die sie nicht mehr ging, von Zimmern, in denen das Echo verlorener Lieben widerhallte. Fortgehen, verkaufen und zum Leben nur noch ein Hotelzimmer und einen Arbeitsplatz behalten.

Denn das hatte sie im Sinn, nichts anderes: das einzige Haus, das sie wieder aufmachen wollte, war ihr Modehaus. Es weit öffnen, die Ateliers wieder in Gang bringen, eine Schar von Näherinnen einstellen. Mit siebzig Jahren war Gabrielle Chanel wieder da angekommen, wo sie angefangen hatte.

Seltsamerweise war diese Frau, die zehn Jahre später *durch* die Arbeit und *in* der Arbeit eine neue Flamme und so etwas wie eine verführerische Kraft wiederfand, aus ihrem Zwangsurlaub angeschlagen, ja, man möchte sagen, *eingerostet* zurückgekehrt. Vor allem hatte die unablässige tägliche Verstellung sie zermürbt. Seltsamerweise war auch nicht mehr das geringste von Phantasie oder Frivolität an ihr zu entdecken. Sichtbar blieb nur ihre Strenge. Erst später, nach ihrer triumphalen Rückkehr, spielte sie wieder mit ihren goldenen Ketten und duftigen Musselinstoffen und fand Freude daran, eine Blume an ihr Revers zu stecken ... Aber, ich wiederhole, in den Monaten vor ihrer Wiederauferstehung – und Robert Doisneaus Foto von ihr beweist es zur Genüge –, in jenen Monaten fehlte ihr jeder Glanz. Spröde begegnete sie den Reportern, in einem Wollrock und einem kleinen schwarzen Schoßjäckchen, so brav, daß man hätte meinen können, es sei in der Schweiz gemacht. Gabrielle Chanel, diese Frau, welche die Mode erneuern wollte, hatte 1953 etwas heillos Provinzielles an sich. Sie wirkte beinahe altfränkisch.

Denn die Augen hatten sich bei Kleidern einerseits an den Stoffaufwand und andererseits an das Romantische gewöhnt, was übrigens alles sehr verführerisch war, warum es leugnen? Es hieße Gabrielle um ihren Sieg bringen, wenn man behaupten wollte, daß niemand in ihrer Abwesenheit in Paris imstande gewesen wäre, die Frauen zu kleiden. Wem wollte man weismachen, daß Balenciaga, Dior, Givenchy, Fath, Lanvin und so viele andere keine Rolle spielten? Sagen wir lieber, daß sie auf dem Höhepunkt ihrer Berühmtheit waren und daß es wirklich mehr als unvernünftig schien, wenn jemand sich einbildete, er könne noch irgend etwas in einem Bereich verändern, den andere längst so glanzvoll für sich erobert hatten.

Das Erstaunliche ist, wie klug Gabrielle den richtigen Moment erkannte, um zu beweisen, daß die Mode, so wie sie in Paris entworfen wurde, nicht mehr zu denen paßte, die sie tragen sollten. Denn so schön das alles auch aussah, die Mode, die den Pariserinnen vorgeschlagen wurde, wirkte zeitfremd. Die neuen Modelle waren Anklänge an Vergangenes. Wenn man Erfolg haben wollte, müßte man nicht etwa die damaligen Modegötter an Phantasie überbieten, sondern mit aller Virtuosität und handwerklichem Können einen neuen reinen Stil kreieren, der ganz dem Leben angepaßt war.

Die magische Seite an Gabrielles Erfolg klingt am besten in dem folgenden Abschnitt aus Robert Musils *Der Mann ohne Eigenschaften* an: *Kleider, aus dem Fluidum der Gegenwart herausgehoben und in ihrem ungeheuerlichen Dasein auf einer menschlichen Gestalt als Form an sich betrachtet, sind seltsame Röhren und Wucherungen, würdig der Gesellschaft eines Nasenpfeils und durch die Lippen gezogenen Rings; aber wie hinreißend werden sie, wenn man sie samt den Eigenschaften sieht, die sie ihrem Besitzer leihen! Dann geschieht nicht weniger, als wenn in einen krausen Linienzug auf einem Stück Papier der Sinn eines großen Worts hineinfährt (...) Und solche Kraft, das Unsichtbare sichtbar zu machen, beweist ein gut gemachtes Kleidungsstück alle Tage.*

Den »seltsamen Wucherungen«, gegen die Gabrielle zu Felde ziehen wollte, sollte sie mit glänzendem Erfolg Kleidungsstücke gegenüberstellen, die durch ihre *unsichtbare* Strenge bemerkenswert waren.

Die Unbezwingbare

Was für eine Atmosphäre herrschte an jenem Nachmittag des 5. Februar 1954 bei Chanel? Wie in einem Schwurgericht ein paar Sekunden vor dem Urteilsspruch. Die Journalistinnen aus England und Amerika saßen in der ersten Reihe neben den französischen Berichterstatterinnen, und sie alle dort, auf den kleinen vergoldeten Stühlchen, bildeten eine Art Tribunal. Ihr Warten hatte etwas Unangenehmes, da es sich bald in einer schlecht überspielten Nervosität, bald in unverhohlener Boshaftigkeit oder sogar spöttischer Unbekümmertheit äußerte. Man wußte nicht genau, was es war, das einen an diesen Frauen störte. Vielleicht war es nur ihre Lässigkeit. Zu ihren Füßen breitete sich der Inhalt von schlecht geschlossenen Handtaschen aus, die wie Bettelsäcke aussahen. Mäntel lagen auf dem Boden herum, dazwischen dicke Notizbücher. In der einen Hand die Zigarette, in der anderen den Stift – so wartete die Presse darauf, ihr Urteil zu fällen.

Aber wo war die Angeklagte?

Viele Frauen, die gekommen waren, um »sie zu sehen«, suchten

Gabrielle vergeblich. Sie blieb unsichtbar, ganz oben auf der Treppe an ihrem Lieblingsplatz zwischen den Spiegeln.

Wenig Jugend unter den Anwesenden. Chanels Kundinnen waren vor allem Frauen im gewissen Alter. Was die reichen Schönheiten jener Zeit angeht, so trugen sie Dior oder Dior-Kopien und kannten nicht einmal den Namen Chanel.

Die Tatsache, daß Gabrielle ihre Glücksziffer als Datum gewählt hatte, verhinderte nicht, daß das Urteil vernichtend ausfiel. So schrieb Michel Déon in *Les Nouvelles littéraires:* »Die französische Presse war abscheulich vulgär; ihre Kommentare strotzten von Dummheit und Boshaftigkeit. Man witzelte über Chanels Alter und versicherte, daß sie in den fünfzehn Jahren ihrer Zurückgezogenheit nichts hinzugelernt habe. (...) Die Mannequins defilierten in eisigem Schweigen. Beim Hinausgehen waren sogar ein paar laute Grobheiten zu hören.«

Die Titel und Artikel, welche die Pariser Tageblätter diesem Ereignis widmeten, sprechen für sich. »Melancholische Rückschau«, liest man in *Aurore.* »Gespenstische Parade von Kleidern der dreißiger Jahre«, war die Meinung von *Combat.* Und die Überschrift dort war noch schlimmer: »Bei Chanel in *Fouilly-les-Oies,* der hintersten Provinz.«

Die französische Presse war nicht die einzige, die über sie herzog. Die Londoner Blätter waren nicht sanfter. »*Ein Fiasko*«, hieß die Überschrift in der *Daily Mail.* Und wenn Gabrielle etwas verletzte, so war es zweifellos die plötzliche Verachtung, die ihre englischen Freunde ihr gegenüber an den Tag legten. Alles andere war ihr schnuppe, und von der französischen Presse hielt sie sowieso nicht viel.

Die Stunden, die auf diesen aufsehenerregenden Fehlschlag folgten, gehören in Gabrielles langem Leben zweifellos zu den schwersten, die einem den größten Respekt abnötigen. Aber das schwarzgekleidete kleine Mädchen, das Kind aus Obasine, die ewige Waise, ja, diese Gabrielle hatte schon öfter Schlimmes erlebt. Warum sollte sie unbedingt klein beigeben? Sie hörte, wie ihre Freunde ihr Komplimente machten, die wie Beileidsworte klangen; sie hörte sie an und hätte am liebsten laut aufgelacht. Glaubten sie etwa, Gabrielle würde darauf hereinfallen? Man sagte ihr, daß sie gesiegt habe. Was war schon Wahres daran?

In derselben Nacht gestand sie einer ihrer Schneiderinnen von früher, die sie für die Wiedereröffnung engagiert hatte, daß sie durch ihre Untätigkeit »aus der Übung« gekommen sei. Die Schneiderin mußte ihr recht geben. Unter Handwerkern kann man sich nichts vormachen. Was tun? Sie hatte nur den einen Wunsch, wieder an die Arbeit zu gehen. Und man hätte vergeblich auf ihrem Gesicht, in ihren Bewegungen, in ihren Worten nach dem kleinsten Zeichen der Entmutigung gesucht.

Am nächsten Tag mußte sie einsehen, daß der Terminkalender leer war und sich keine Kundin einstellte. Gabrielle ließ ihren Näherinnen sagen, daß man sich diese gute Gelegenheit nicht entgehen lassen dürfe: Anstatt die Kollektion unterm Dach, in der Enge, vorzubereiten, würde sie ihre Anproben in den Salons vornehmen. »Man kann es sich wenigstens bequem machen. Das ist immerhin etwas.« Die Kollektion? Welche Kollektion? Sie hatten sie doch gerade erst hinter sich. Aber Gabrielle war ungebrochen, zerrte an der Schnur ihrer Schere und kannte nur ein Thema: die nächste Kollektion.

Die Atmosphäre war jedoch durchaus nicht vertrauenerweckend, und die Aktie Chanel erlitt eine starke Baisse.

Die Parfumhersteller machten sich Gedanken. War es vernünftig, das Unternehmen einer Frau noch weiter finanziell zu unterstützen, die offensichtlich nicht mehr *interessierte?* Ihr Fehlschlag würde, wenn er sich wiederholte, auf die Chanel-Parfums die schlimmsten Auswirkungen haben. Die Nachrichten aus der Rue Cambon bestärkten nur ihre Bedenken. Gabrielle lebte mit verkniffenem Gesicht in einem Klima falscher Zuversicht. Man hätte meinen können, daß sie versuchte, sich mit Worten zu betäuben. Bei den Anproben kniete sie auf dem Boden und ging wie besessen zu Werke.

Pierre Wertheimer hielt es für das beste, an Ort und Stelle nachzusehen, was bei seiner kampflustigen Teilhaberin vorging. Wo war seine tapfere, seine *illegitime,* seine hartnäckige Gabrielle? Es gab keine Rivalität, keine Streitereien mehr zwischen ihnen, ihre Zwistigkeiten waren beigelegt.

Er traf Gabrielle mitten in der Arbeit an und konnte die Angst und Enttäuschung von ihren Augen ablesen. Man merkte ihr auch die Erschöpfung an, denn sie ging mit gesenktem Kopf, was bei ihr ungewöhnlich war. Sie gestand: »Ich kann nicht mehr.« Und ihrem alten Verehrer verkrampfte sich das Herz. Wie gern hätte er ihr geholfen. Freilich hatte sie ihn mehr als einmal hintergangen und mehr als einmal zu Unrecht verdächtigt. Aber er bewunderte sie, erst recht an diesem Tag. Was für ein leichtes Leben hätte sie haben können, wenn ... War er nicht immer noch dazu bereit? Warum wollte sie unbedingt diese Revanche? Aber was konnte er tun? Wie sollte er dieser Frau widerstehen ...

Als Gabrielle dann, während er sie langsam nach Hause begleitete, störrisch vor sich hin brummte: »Wissen Sie, ich will weitermachen ... und siegen«, oh, da brauchte er ihr nicht mehr zu sagen, daß sein Verwaltungsrat an ihr zweifelte, denn er selbst war entschlossen, sie zu ermutigen.

»Sie haben recht«, sagte er. »Sie haben recht, weiterzumachen.«

Am nächsten Tag äußerte er einem seiner nächsten Mitarbeiter gegenüber, daß er trotz allem, was seine Umgebung auch sagen mochte, Gabrielle zugeredet habe: »Ich weiß, daß sie recht hat.«

Sie brauchte ein Jahr, um ihre Vorrangstellung wiederzuerobern. Die Anerkennung erfolgte zuerst in den Vereinigten Staaten. Wider Erwarten hatten sich ihre ersten Modelle, die sie bei der Wiedereröffnung gezeigt hatte – jene Kleidchen, die so wenig Anklang gefunden hatten, so daß die Konfektionäre sich ärgerten, dem Prestige von Chanel blind vertraut und leichtfertig geordert zu haben –, nun ja, diese verschrienen Kleider hatten sich besser verkauft, als man geglaubt hatte. Eine unerklärliche Wahl, der mysteriöse Beweis für das weibliche Flair ... Schon rissen die New Yorker Konfektionäre, lauter Spezialisten aus der Seventh Avenue, die Augen auf. Was ging da vor? Bei der »nächsten Kollektion« merkten sie, daß Amerika nur den einen Wunsch hatte, die Frau, die ein Kenner-Publikum schon vertraulich »Coco« nannte, wiederzuentdecken.

Die amerikanische Presse tat das übrige.

Bei Chanels dritter Kollektion schrieb *Life,* die meistgelesene Zeitschrift der USA, daß die berühmte Couturière ihr Comeback zwar etwas überstürzt habe, fügte jedoch hinzu: »Schon jetzt beeinflußt sie alles. Mit einundsiebzig Jahren bringt Gabrielle Chanel mehr als eine Mode, eine Revolution.« Und *Life* widmete in all ihren Ausgaben vier Seiten dem *Chanel-Look.*

Wenn man Gabrielle fragte, worauf sie ihren Sieg zurückführte, erklärte sie es ganz einfach. Ein Kleidungsstück habe eine Logik, und sie habe nur diese Logik befolgt. Die Extravaganzen und Hirngespinste »dieser Herren« – sie meinte damit die männlichen Modeschöpfer, von denen sie ganz offensichtlich wie von einer etwas entarteten Rasse sprach – waren genau das Gegenteil dieser Logik, und es war eine der Stärken der Amerikanerinnen, daß sie sich nicht »an der Nase hatten herumführen lassen«.

Gabrielle zerstörte mit wilder Energie jedes Kleidungsstück, das einer vergangenen Ästhetik zu gehorchen schien. Wenn einer ihrer Konkurrenten zu Fischbein griff, sagte sie vernichtend: »Der Kerl ist wohl verrückt! Wie sollen seine Kundinnen sich darin *bücken?*

Und der andere mit seinem *Velasquez-Stil!* Mögen Sie etwa diese Damen in Brokat, die, wenn sie einmal sitzen, wie alte Sessel aussehen?« Nein, wirklich, die Männer verstanden es nicht, die Frauen richtig anzuziehen. Aber Gabrielle räumte ihnen immerhin einen wichtigen Platz ein: im Publikum. Man mußte ihnen gefallen, darauf kam es an. Ihr persönlicher Erfolg, der Triumph des *Chanel-Look,* war nicht anders zu erklären. Sie verdankte ihn ausschließlich der männlichen Zustimmung, wie sie sagte, und dem Beifall der Straße. Von daher war die Anerkennung gekommen.

Alles war schwierig, gefährlich gewesen, und sie hatte sich überarbeitet, das stimmte. Aber jetzt war es geschafft: Zum zweitenmal hatte sie die weibliche Mode verändert und der Straße einen Stil aufgenötigt, ihren Stil, der unbestechlich streng und nüchtern war.

»Die Straße interessiert mich mehr als die Salons«, gab sie zu.

Und sie sagte auch: »Ich finde es schön, wenn die Mode sich auch unten auf der Straße durchsetzt, aber ich lasse nicht zu, daß sie von dort kommt.«

Dabei vergaß sie vielleicht allzu schnell, woher sie ihre ersten Anregungen erhalten hatte. Aber es wäre taktlos gewesen, sie daran zu erinnern. Gewiß, sie hatte sich die einzelnen Elemente ihres eigenen Alphabets in der Arbeits- und Alltagskleidung zusammengesucht, in den Uniformen und der Kluft der Seeleute, der Lads und Jockeys. Aber das war schon so lange her ... Und es läßt sich nicht leugnen, daß man, wenn man aus Männersachen Frauenkleidung machen wollte, sie neu erfinden mußte.

Doch bei allem, was verfliegt, ist klar ...

Sie sollte siebzehn Jahre lang, von der Zeit respektiert und immer noch eine schöne Frau, allein herrschen. Die Arbeit hatte sie geläutert und sogar die Falten des Exils geglättet. Vulgarität war einer ihrer Alpträume, und sie weigerte sich, die Veränderungen, die ihre fragile Perfektionswelt bedrohten, *Fortschritt* zu nennen.

Bis zum Schluß stand sie »verbissen und aufrecht wie ein Kapitän auf der Brücke eines untergehenden Schiffes«.

Man wußte nicht mehr, woher sie die Kraft nahm. Man konnte sogar daran zweifeln, daß sie etwas anderes als der Abglanz ihrer selbst, eine Art gespenstische Erscheinung war, die nach Mitternacht, bisweilen halb ohnmächtig oder gereizt und besessen vom Geräusch der Schere, noch an der Arbeit saß und für nichts anderes

Augen hatte als für das, was gerade unter ihren Händen entstand.

Sie hörte nicht die Proteste, nichts, sie war taub für alles, was nicht zu dieser neuen Form paßte, die sich langsam abzeichnete und die sie mit so sicherer Hand gestaltete, als ob es bei ihr keinen Fehlgriff geben könnte.

Ein paar von uns hielten sie für unfehlbar. Ihre Finger umschlossen einen Stoff wie Zangen, ihre Fäuste schlugen zu wie Hämmer, sie höhlte aus, sie knetete. Der Fehler mußte verschwinden, die Widerspenstigkeit des Stoffes mußte beseitigt werden. Wenn sie dann, wie sie zu sagen pflegte, »den Gebrauch ihrer Füße« wiederfand und sich aus ihrer »demütigen Wäscherinnenhaltung« erhob und, wie ein Maler vor seiner Staffelei, von ihrem Werk zurücktrat, um es besser sehen zu können, dann brummte sie leise unzusammenhängende Worte vor sich hin. »Gut, gut ... ja, gar nicht so schlecht«, denn es war klar, daß sie beim Sprechen nicht die gleiche Sorgfalt aufwandte wie bei ihrer Arbeit. Die Worte ... Im Alter füllten sie höchstens noch ihre Einsamkeit. Sie sprach nicht. Es waren die Worte, die zwischen ihren Lippen platzten, und nur abends. Ein wütend hervorbrechender Strom von Worten ... ein Delirium. Sie benutzte die Worte, so wie man Rache übt, voller Verachtung und jeden mißbrauchend, der gerade zuhörte. Die Worte? Sie waren nur zum Verdammen, zum Ausschließen da. Sie waren das Bild ihres Lebens, grausam und ungerecht. Aber was bedeutete das schon ... Nicht mit Worten hielt sie sich in ihrer beherrschenden Position, sondern durch ihre hartnäckige Arbeit und ihre große Geduld.

Sie war erschreckend einsam. Viele Leute um sie herum nutzten sie aus, das wußte sie. Aber das war ihr lieber als ihre entsetzliche Einsamkeit. »Es gibt welche«, sagte sie, »die kommen und mir zuhören, weil sie aus meinen Worten Artikel machen wollen. Andere langweilen sich, wenn sie mir zuhören, aber sie essen hier besser als bei sich zu Hause. Aber vor allem gibt es jene, die etwas von mir haben wollen. Die sind am beharrlichsten. Geld ... immer Geld.«

Bisweilen drang in dieses verschlossene Reich, in dem sie lebte, ein schwaches, Echo. Ihre Vergangenheit ... Oft genügte ein Wort, um sie heraufzubeschwören. Aber nur kurz. Von einem gewissen Alter an ist Erinnern Kraftverschleiß, und die vergangene Zeit ermessen zu wollen ist, als wollte man sich beim Sterben zusehen. Es kam allerdings vor, daß sie zurückschaute, aber ohne Freude und stets mit einer gewissen Gereiztheit. Ein Name jedoch behielt, wenn er in ihrer Erinnerung auftauchte, seine Kraft: Reverdy. Der letzte Name, der ihr nicht im Hals steckenblieb.

Nicht daß die Gefühle, die sie für ihn gehabt hatte, der Zeit besser widerstanden hätten als andere. Denn es gab für sie nur noch einen Grund zu Liebe oder Haß: entscheidend war, ob man ihr vergeben oder sie verdammt hatte. Ihre Haltung während der Besatzungszeit ... Spatz ... Das war ihre Verdammung, ihre Hölle. Alles, was sie sagte, war nur Plädoyer, Aufbegehren oder der verzweifelte Versuch, sich zu rechtfertigen. Reverdy hatte ihr verziehen.

Es erscheint fast unglaublich, wenn man weiß, wie groß sein Haß gegen die Deutschen im Krieg war und wie sehr er die Kollaboration und alles, was dazugehörte – Vichy, Admiräle an der Macht oder die Regierung Laval –, verachtet hatte. Nichtsdestoweniger hatte dieser Dichter, der mit wilder Ausgelassenheit die *Libération* gefeiert hatte, der Künstler, der so integer und streng war, daß das kleinste Zugeständnis ihm wie ein Sakrileg erschien, dieser Reverdy, der wegen einer Kleinigkeit die besten Freunde verstieß, mit Gabrielle nicht gebrochen. Warum?

Vielleicht findet sich die Erklärung in der Antwort, die er eines Tages einem Journalisten gab, der ihn fragte:

»Welchen Heiligen mögen Sie am liebsten?« – »Petrus.«

»Warum?« – »Weil er Verrat begangen hat.«

In seinen Augen hatte Gabrielle Verrat begangen.

Er sah sie nicht mehr, oder so selten, daß es war, als sähe er sie nicht mehr. Aber hin und wieder, als einer, der besser als jeder andere um die Bedeutung solcher Worte wie *Gewissensbisse, Elend, Einsamkeit* weiß und der auch die überwältigende Kraft der Zärtlichkeit kennt, hin und wieder rief er sie an. Auf ein Buch, das er ihr schenkte, schrieb er ein Gedicht. 1949 erhielt sie ein Exemplar von *Main-d'Oeuvre* mit folgender Widmung:

Voilà, Coco très chère	Hier ist, liebste Coco,
Ce que de ma main	Was ich mit eigener Hand
J'ai fait du meilleur	Bestes gemacht habe
De moi'même.	Aus mir selbst.
Bien ou mal fait	Sei es gut oder schlecht,
Je vous le donne	Ich schenke es Ihnen
Avec mon cœur	Mit meinem Herzen,
Avec ma main	Mit meiner Hand,
Avant d'aller voir	Ehe ich gehe und sehe
Au plus sombre chemin	Auf dem dunkelsten Weg,
Si l'on condamne ou	Ob man verurteilt oder
Si l'on pardonne.	Ob man verzeiht.
Et vous savez que je	Und Sie wissen,
vous aime.	daß ich Sie liebe.

1951 erhielt sie wieder einen *Pierre Reverdy* in der Ausgabe *Poètes d'aujourd'hui,* und wieder ein Gedicht und wieder eine Widmung, die letzte.

Le temps qui passe	Die Zeit, die vergeht,
Le temps qu'il fait	Die Zeit, die ist,
Le temps qui fuit	Die Zeit, die flieht.
De mon obscure vie	Meines dunklen Lebens
j'ai perdu	Spur
La trace.	Verlor ich.
La voilà retrouvée	Hier hab ich sie wiedergefunden,
Plus sombre que la nuit.	Noch dunkler als die Nacht.
Mais ce qui vole	Doch bei allem, was verfliegt,
Clair c'est ce que de tout mon cœur	Ist klar, daß ich Sie von ganzem Herzen
Je vous embrasse	In meine Arme schließe,
Et qu'importe tout ce qui suit.	Und was schert einen alles weitere.«

»Er schickte es mir einfach so, ohne es vorher anzukündigen, sagte sie, »etwa so, wie er einen Brief unter der Tür hindurchgeschoben hätte.«

Wie dankbar war sie ihm dafür!

Pierre Reverdy starb am 17. Juni 1960 in Solesmes. Er hatte seiner Frau und den Patres der Abtei strenge Anweisungen gegeben: »Niemand benachrichtigen, nicht ins Anekdotische verfallen.« Als die Nachricht von seinem Tod nach Paris drang, war er schon beerdigt. Seine Frau und zwei Mönche hatten ihn zum Friedhof begleitet.

Gabrielle erfuhr es zur gleichen Zeit wie seine letzten Freunde – Braque, Picasso und Teriade – aus der Zeitung.

Wenn man von ihm sprach, sagte Gabrielle, daß Reverdys Schweigen von allem am schwersten zu ertragen sei. Und sie fügte hinzu: »Übrigens ist er nicht tot. Mit den Dichtern, wissen Sie, ist es nicht wie mit uns. Sie sterben überhaupt nicht.«

Sie hielt aus. Siebzehn Jahre hielt sie schon aus, immer zwischen ihrem Atelier und ihrem Zimmer hin und her pendelnd, sie brauchte nur über die Straße zu gehen. Sie hielt aus, mit ein oder zwei Spaziergängen pro Woche und ein paar Tagen Erholung pro Jahr, am liebsten in der Schweiz.

Die Arbeit war in ihre Hände gedrungen, in die Finger, in die Augen, so sehr, daß ihre Nächte nur ein Abglanz des Tages waren.

Es kam vor, daß sie nachtwandelte.

Man fand sie schlafend, aber aufrecht in ihrem Zimmer stehend, bisweilen nackt. Und nackt sprach sie auch. Was bedeutete diese Unterhaltung mit dem Unsichtbaren?

Mit einer Schere in der Hand machte sie blindlings ein Kleidungsstück für eine Frau zurecht, die es nicht gab. Mit rätselhafter Genauigkeit trennte sie ihr Nachthemd auf, so daß es nur noch als ein Häufchen Stoff auf ihrem Bett lag. Manchmal war es ein Schlafanzug ... Die einzigen Gesten, die sie noch ausführte, waren auftrennen und wieder zusammennähen, auseinander, aneinander, wie die Arbeit aller drei Parzen zugleich. Eine Nacht war sie Klotho, die Spinnerin, in der folgenden Atropos, die Unabwendbare, und manchmal wurde sie wütend und regte sich auf, suchte, was ihr fehlte, tappte im dunkeln. Aber was suchte sie? Ihren Tod vielleicht. In jenen Nächten war sie Lachesis, die Erlösung.

Einmal irrte sie im Morgengrauen mit wirrem Gesichtsausdruck über den schmalen Flur des Hotels, ganz in Weiß, sehr ordentlich, aber im Nachtgewand. Wohin lief sie so eilig? Offenbar träumte sie. Monsieur Ritz, der vorbeikam, gelang es, sie bis zu ihrer Tür zurückzubringen, ohne sie zu wecken. Er sprach nicht gern davon, denn er wußte nie, ob diese Erinnerung dem Gedenken einer Frau, die er unendlich verehrt hatte, zu- oder abträglich sei. Von diesem Tage an wartete ihr Zimmermädchen, bis sie eingeschlafen war, und schloß sie dann im Zimmer ein.

Manchmal nahm ihr Alptraum eine ganz andere Form an. Jemand befahl ihr: »Wasch dich, Gabrielle.« Eine fixe Idee ... Sie wurde das Opfer einer alten Obsession, eines Traums von Sauberkeit und Weiße. Sauber sein ... Sauber sein ... Aber die Berührung mit dem Wasser weckte sie, und sie sah sich im Badezimmer stehen, mit einem Packen nasser Wäsche in der Hand. Sie legte sich dennoch wieder hin. Oh, nur nichts sagen! Es durfte niemand erfahren.

Wenn sie wieder an der Arbeit war, war ihr nichts anzumerken ... Hätte sie von ihrer Nacht erzählt, so hätte man ihr ungläubig zugehört. Sie wirkte so vernünftig, so selbstbeherrscht.

Sie hielt aus. Und zu jeder Saison brachte ihr Haus dieselbe Anzahl von Modellen. Sie war achtzig Jahre alt, als die Wunde eines ermordeten Präsidenten eine blutige Spur auf einem rosa Rock hinterließ, der aus ihrem Atelier stammte. Aber nichts konnte sie mehr in Erstaunen setzen. Am selben Tag hatte ein anderer Präsident der Vereinigten Staaten hastig neben demselben Kostüm, das von derselben jungen Witwe mit dem schönen verlorenen Blick getragen wurde, seinen Schwur geleistet. Was sagte Gabrielle dazu? »Ja, Jakkie Kennedy war im Chanel-Kostüm in Dallas.« Was sagte sie noch? Nichts. Kein Wort mehr. Sie war in einem Alter, wo jede Erregung auch ein Kräfteverlust ist. Es gab ja immer Unglück auf der Welt, und sie mußte durchhalten.

Sie hielt aus. Ihre Hände, ihre Augen wurden einundachtzig, zwei-, drei-, vierundachtzig Jahre, und immer noch hielt sie aus. Sie machte Geschichte auf ihre Weise, indem sie die Frauen der Straße, die Stars und die Königinnen kleidete.

Mit achtundachtzig Jahren mußte es wohl geschehen. Aber an dem einzigen Tag, an dem es möglich war, einem Sonntag. Denn an den Wochentagen arbeitete sie, und bei der Arbeit sterben, in dem Widerschein der Spiegel, das hätte nach Theater ausgesehen, nach schlechtem Theater. Man mußte das Anekdotische vermeiden, wie Reverdy gesagt hätte.

Es geschah mit der größten Diskretion.

Beim Heimkommen vom Spaziergang an jenem Sonntag im Januar, bei der Rückkehr in ihr Zimmer im Ritz, wollte sie niemanden stören. Sie legte sich ganz angezogen auf ihr Messingbett mit den vier dicken vergoldeten Kugeln. Ein schmales Bett. Ein Bett, um allein darin zu schlafen oder wie eine Chanel zu sterben. Auch da hätte es kaum anders sein können. Ihr Zimmermädchen, dem sie gestand, daß sie sich furchtbar schlapp fühlte, brachte sie nur dazu, ihre Schuhe abzustreifen. Sie würde sich später ausziehen, nach dem Abendessen. Schon gut.

Céline, die von Gabrielle Jeanne genannt wurde, denn Gabrielle gehörte noch zu jenen allmächtigen Vorgesetzten, die den Namen ihrer Hausangestellten änderten, wenn er ihnen nicht gefiel, Jeanne also ließ sie ruhen, ohne selbst aus dem Zimmer zu gehen. Es war immer so gewesen, daß Gabrielle Sonntag abends ihre Kräfte wiederfand. Und montags stand sie auf und ging wieder an ihre Arbeit.

Auf ihrem Nachttisch aus rohem Holz standen zwei Gegenstände: eine kitschige kleine Heiligenfigur, ein vergoldeter Antonius von Padua, aufrecht auf einer Art Altarsockel, eine Erinnerung an ihre erste Reise nach Venedig mit Misia. Gesundwerden ... Gesundwerden in Venedig. Und auch eine Ikone stand da, die sie nie verlassen hatte, ein Geschenk von Strawinsky aus dem Jahre 1925, nach seinem langen Aufenthalt in *Bel Respiro*. Die Wände ihres Zimmers waren weiß lackiert wie in einem Krankenhaus. Gabrielle sagte, daß sie das Zimmer wegen seiner Einfachheit liebe: »Ein richtiges Zimmer zum Schlafen.« Nichts an den Wänden, kein einziges Bild, keine Zeichnung. »O nein, so was gehört nicht hierher. Dies ist ein Schlafzimmer, kein Salon.« In dem Nebenzimmer stand ein ganz gewöhnlicher kleiner Wandschirm, den sie »meine Reisen« nannte. Dort heftete sie die Postkarten an, die ihre Freunde ihr schickten. Und es gab noch andere Kartensammlungen um den Spiegel ihres Frisiertischchens herum, unter einer starken Glühbirne. »Ach was! Keinen Aufwand. Dies ist kein Prunkstück. Es ist ein Spiegel, der einen so zeigt, wie man wirklich ist.«

So sah es in dem Zimmer aus, am Sonntag, dem 10. Januar 1971, als Gabrielle ausgestreckt auf ihrem Bett lag und eine reglose Silhouette im Nebenzimmer sie von weitem beobachtete. Allein infolgedessen, allein mit einer Frau, die ihr helfen sollte, ihren letzten Gast zu empfangen. Sie würde allein sterben. Aber was machte das schon? Man ist immer allein beim Sterben, beim Schreiben ...

Plötzlich rief Gabrielle: »Ich ersticke ... Jeanne!« Céline-Jeanne lief zu ihr. Gabrielle hatte eine Spritze ergriffen, die sie immer in greifbarer Nähe hatte. Aber sie hatte keine Kraft mehr ... Und die Ampulle ließ sich nicht zerbrechen. Sie konnte gerade noch sagen: *»Ah! Elles me tuent ... Elles m'auront tuée.«* Aber wer? Wer waren diese *elles,* die sie umbrachten? Waren es die Kleider, waren es die Frauen? Zusammen wurden *sie* nun zu Verbrechern. Und ihre Näherinnen? Waren es nicht auch *sie,* die Gabrielle umbrachten?

Vergeblich versuchte sie sich gegen diese letzte Rebellion zu wehren. Was wollten *sie* von ihr? Die Schatten mußten auseinander getrennt, die Fäden gelöst werden. Aber Gabri-*elle* hatte keine Kraft mehr dazu.

»So stirbt man also«, sagte sie.

Céline-Jeanne war bei ihr. Sie schloß ihr die Augen.

Panarea 1972 – Marseille 1974

ANMERKUNGEN

1. In allen Aufzeichnungen über Gabrielle Chanels Leben, die sich auf ihre Angaben stützen, machte sie sich zu Julias sechs Jahre jüngerer Schwester. Das gehörte zum Spiel.

2. Jean Genet, *L'Enfant criminel*

3. Louise de Vilmorin, *Mémoires inachevés de Gabrielle Chanel* (unveröffentlicht)

4. Spinelly war eine brünette Diseuse, deren Ruhm 1901 seinen Anfang nahm. Wie Maurice Chevalier debütierte sie blutjung im Casino de Montmartre.

5. Yvette Guilbert, *la grande Yvette*, feierte allabendlich unbeschreibliche Triumphe. Ihr Repertoire stammte fast ausnahmslos von Xanrof und Aristide Bruant.

6. Polaire mit ihren exzentrischen Chansons, ihren reizvollen Dessous und ihrer Wespentaille von 42 Zentimetern – das war *die* Sensation der Music-halls.

7. Diese Details sind dem unschätzbaren Bericht von Carlo Colcombet zu verdanken, der 1911 seinen Wehrdienst in Saint-Etienne ableistete und seinen Hauptmann, einen Habitué der Rotonde, oft nach Moulins begleitete. Der Hauptmann erzählte viel von einer gewissen Coco, die großen Eindruck auf ihn gemacht hatte. Später, in Vichy, lernte Colcombet Gabrielle Chanel persönlich kennen.

8. Yoan Loiseau, *Souvenirs et témoignages*

9. 1973 lebte in Souvigny noch ein Bäcker, der sich gut daran erinnerte, wie er Maud als Junge täglich wahre Unmengen von Brot und Croissants ins Haus brachte.

10. In Paris fuhren die ersten Autobusse im Dezember 1905, anläßlich der fünften Automobilausstellung.

11. 1908 inszenierte er an der Pariser Oper den *Boris Godunow*, mit Schaljapin in der Titelrolle. Die erste Spielzeit der *Ballets russes* fand 1909 im Théâtre du Chatelet statt.

12. Vermutlich kam diese Antipathie daher, daß Sarah Bernhardt die vom jungen Poiret für sie entworfene Uniform des Herzogs von Reichstadt so populär gemacht hatte.

13. Misia Sophie Olga Zénaïde Godebski, geb. am 30. März 1872 in Sankt Petersburg, gest. im März 1950 in Paris.

14. Lucienne trat 1912 ins Modehaus Caroline Reboux ein, das dessen Gründerin eben ihren drei ersten Putzmacherinnen übereignet hatte. Caroline Reboux war mit Léon Blum befreundet und verwirklichte in ihrem Unternehmen seine sozialen Ideen: die Angestellten waren am Gewinn beteiligt. Lucienne blieb vierundvierzig Jahre dort und wurde Direktrice. Sie galt zu Recht als die genialste Putzmacherin im Paris der Tollen Zwanziger.

15. Sie wurde 1880 geboren und war bis in unsere Zeit ein Star der Pariser Bühnen. Noch zu Lebzeiten Sarah Bernhardts trat sie in deren Theater auf, später gehörte sie

zum Ensemble des vom Autor selbst geleiteten Théâtre de Cocteau. Sie hat in sechzig Filmen mitgespielt.

16. Der Großfürst Boris, am 2. Mai 1879 geboren, war der Sohn des Großfürsten Wladimir und der Großfürstin Maria Pawlowna, die beide mit Diaghilew befreundet und seine ersten Mäzene waren.

17. Florent Schmitt, französischer Komponist (1870–1958). Hauptwerk: *Die Tragödie der Salome*, 1913 von Diaghilew für Ida Rubinstein inszeniert.

18. Elisabeth de Gramont, *Clair de lune et taxis-autos*

19. Kate Moore war der Prototyp des amerikanischen Snobs im Pariser Gesellschaftsleben. Sie drang selbst in die allerexklusivsten Kreise vor, weil niemand ihren Tränen widerstehen konnte.

20. Eine Kette billiger Restaurants, deren Besonderheit darin bestand, daß ausschließlich Frauen servierten – damals war das noch selten.

21. Elisabeth de Gramont, *Mémoires*

22. Aus einem unveröffentlichten Brief von Paul Morand an die Autorin

23. Entspricht ungefähr 6000 Francs in heutiger Währung

24. François Boucher, *Histoire de costume en Occident*

25. Marcel Proust, In Swanns Welt, dritter Teil

26. Arthur Capel, *Reflections on Victory and a Project for the Federations of Governments* (London 1917)

27. Paul Morand, *Journal d'un attaché d'ambassade*

28. Maurice Paléologue, *La Russie des tsars pendant la guerre*

29. s. o.

30. Aus einem unveröffentlichten Brief von Paul Morand an die Autorin

31. Georges Mandel (1885–1944), war im Mai 1940 französischer Innenminister und wurde 1944 auf Befehl der Vichy-Regierung ermordet.

32. Ungefähr 600 000 Francs in heutiger Währung.

33. »Manche Kleider waren aufbewahrt worden, darunter ein mit Pfauenfedern verziertes Abendkleid, das die Familie Fleming Katherine Hepburn zur Verfügung stellen wollte, als sie mit dem Musical *Coco* in Toronto gastierte. Die Federn waren jedoch völlig ausgefranst.« (Aus einem Brief von Mlle Campana, heute französische Botschafterin in Kanada, an die Autorin)

34. Joseph Leclerc war seit 1912 Diener bei Misia, die ihn, als sie sich von Edwards scheiden ließ und Sert heiratete, an Gabrielle weiterempfahl, weil sie klugerweise mit dem Ehemann auch das Personal wechselte. So kam Joseph 1917 zu Gabrielle, wo er bis 1934 blieb. Seiner Tochter, Mme Suzanne Leclerc-Gaudin, die im Alter von zwölf bis zweiundzwanzig im Chanelschen Haushalt lebte, verdankt die Autorin viele glänzend beobachtete und mit viel Einfühlungsvermögen geschilderte Details.

35. Roland Barthes, *Système de la mode*

36. Die von Thadée Natanson gegründete *Revue blanche* erschien von 1891 bis 1903. Sie war das wichtigste Forum der Impressionisten.

37. Ballett, von Diaghilew 1917 in Szene gesetzt. Buch von Cocteau, Bühnenbild von Picasso, Choreographie von Massine, Musik von Satie.

38. Der Bruder von Thadée Natanson

39. Vich, eine kleine Stadt in Katalonien. José Maria Sert fuhr über zwanzig Jahre lang immer wieder dorthin.

40. Ein junger Dichter aus der Ukraine, den Diaghilew zu seinem Sekretär gemacht hatte. Er schrieb zahlreiche Ballettszenarios und spielte von 1925 an eine wichtige Rolle bei der künstlerischen Leitung der Truppe.

41. Elisabeth de Gramont, *Mémoires*

42. Fürst Felix Jussupoff, der zusammen mit dem Großfürsten Dimitri Rasputin ermordete.

43. Aragon, Henri Matisse. Roman

44. Eine Suite andalusischer Tänze, die am 17. Mai 1921 in den Théâtres de la Gaît-Lyrique in Paris uraufgeführt wurde.

45. Aus Jean Cocteaus Werkanalyse im Programmheft zur *Antigone*

46. Die Schwester des berühmten Tänzers. Aus Solidarität mit ihm löste sie ihren Vertrag mit dem Theater *Marie*, als Nijinski wegen eines »unanständigen« Kostüms gekündigt wurde. Sie trat gleichzeitig mit ihm in die Kompanie der *Ballets russes* ein.

47. Pierre Reverdy, *En vrac*

48. Henri Clouzot in der Nummer 4307 der *Illustration*

49. Jean Cocteau im Vorwort zum Katalog der Poiret-Ausstellung in der Galerie Charpentier, 1944

50. Wie Reverdy datierte auch Colette ihre Briefe grundsätzlich nicht. Doch die Erwähnung ihrer Arbeit für das *Journal* – die erste von ihr gezeichnete Theaterkritik erschien im Oktober 1933 – läßt darauf schließen, daß der Brief aus dem Sommer dieses Jahres stammt, vermutlich aus dem Juli. Wie der gesamte Briefwechsel zwischen Colette und Maurice Goudeket ist auch dieser Brief unveröffentlicht.

51. Das Ergebnis der Volksabstimmung: 477 109 Stimmen für den Wiederanschluß an Deutschland, 46 513 für den Status quo und 2124 für den Anschluß an Frankreich.

52. Er starb im März 1941.

53. Er starb im Februar 1953.

54. Aus einem Brief von Professor Dr. Eberhard Jäckel an die Autorin

55. Max-Egon von Hohenlohe-Langenburg hatte den Auftrag, Lord Runciman auf seiner »Informations«-Reise durch das Sudetenland zu begleiten.

56. Die Nachhut. Informationsorgan für Angehörige der ehemaligen Militärischen Abwehr.

57. Pierre Colle, ein Kunsthändler, war mit Max Jacob befreundet und wurde von ihm beauftragt, seinen Nachlaß zu verwalten.

58. Aus einem Brief von Theodor Momm an die Autorin

59. Frau Solf, die Witwe eines deutschen Botschafters, unterhielt einen Salon, in dem frei gesprochen wurde. Am 10. September wurden sämtliche Gäste einer Teegesellschaft in ihrer Wohnung von der Gestapo verhaftet. Bis auf Frau Solf und ihre Tochter, die nach Ravensbrück deportiert wurden und dort überlebten, wurden alle hingerichtet.

60. Allan Bullock im Vorwort zu Walter Schellenbergs Memoiren, die unter dem Titel *The Labyrinth* in New York erschienen.

61. Schellenberg nennt in seinen Memoiren den Namen jenes Professors nicht – zweifellos mit Absicht.

62. Der Deckname von Allen Dulles, der in der Schweiz die OSS leitete – die amerikanische Abwehr.

63. Vieles spricht dafür, daß der Besucher von D. war, aber es gibt keinen Beweis.

64. Bei der einzigen Verabredung, die Vera hinter Gabrielles Rücken traf, kam es zu einer Szene. Die Freundin, es war Sabine Charles-Roux, war fassungslos, als Gabrielle hereinplatzte und Vera wie eine Furie anfauchte, sie solle »nicht wieder damit anfangen«.

65. Vera hatte beim Marquis de San Felice Zuflucht gefunden. Später nahm sie der geheimnisvolle »Ramon« bei sich auf.

66. *J'ai ta peau* – deine Haut gehört mir

67. Drei Monate früher war Myrtée nach Deutschland deportiert worden.

68. »Als Pierre Colle Picasso aufsuchte, um ihn zu bitten, er möge sich für Max Jacob bei den Deutschen verwenden, antwortete Picasso: ›Das ist nicht der Mühe wert. Max ist ein Kobold. Er kommt auch ohne uns aus dem Gefängnis heraus.‹« (Aus: Pierre Andreau, Max Jacob)

REGISTER

Französische Literatur des 20. Jahrhunderts

Jean Giono
Vom wahren Reichtum
Band 5974

Anatole France
Die Insel der Pinguine
Roman. Band 10393

Raymond Queneau
Der Flug des Ikarus
Roman. Band 5977

J. M. G. Le Clézio
Mondo
Erzählungen. Band 9593

Louis Aragon
Das Wahr-Lügen
Erzählungen. Band 5831

Marguerite Yourcenar
Gedenkbilder
Eine Familiengeschichte. Band 5472

Michel Tournier
Kaspar, Melchior & Balthasar
Roman. Band 5947